복 있는 사람

하나님 말씀에 사로잡혀 밤낮 성경말씀 곱씹는 그대!
에덴에 다시 심긴 나무,
달마다 신선한 과실을 맺고, 잎사귀 하나 지는 일 없이, 늘 꽃 만발한 나무라네.
시편 1:2-3, 메시지

나는 저자에게 직접 「메시지」의 저술 동기를 물은 적이 있습니다. 유진은 순전히 '목회적 동기'였다고 대답했습니다. 교인들이 성경 읽기를 너무 어려워하고, 말은 안 하지만 성경 읽기의 당위성을 알면서도 그렇게 못하고 있는 죄책감에서 교인들을 해방시키고 즐겁게 성경을 읽을 수 있도록 도울 길은 없을까를 고민했다고 합니다. 그 결과가 이 책 「메시지」입니다.

나는 지난 수년 동안 영어 성경을 이 「메시지」로 읽어 왔습니다. 얼마나 쉽고 흥미까지 있는지요! 그러면서도 이 책은 성경 원문의 표현을 벗어나지 않는 학문적 엄밀성까지 지키고 있습니다. 나는 성경에 흥미를 느끼며 성경을 독파할 다시없는 우리 시대의 대안으로, 단연 유진 피터슨의 「메시지」를 추천하고 싶습니다. _ **이동원 목사 | 지구촌교회**

문자로 기록된 성경은 하나님의 말씀이다. 거기에는 하나님의 깊은 뜻이 담겨 있다. 성경에 담겨 있는 깊은 뜻은 어느 시대 어떤 번역자에 의해서도 완전하게 드러낼 수 없다. 시대의 상황에서 최선을 다한 번역일 뿐이다.

유진 피터슨의 「메시지」는 우리 시대에 살고 있는 사람들에게 하나님의 깊은 뜻을 가장 적절하게 잘 드러낸 최선의 번역이라는 찬사를 아끼지 않는다. 이름 그대로 독자들에게 살아 있는 메시지로 들려질 수 있는 번역이다. 어느 때보다 하나님의 말씀에 목말라 하는 이때에, 이 「메시지」가 많은 독자들에게 영의 양식이 될 줄 확신하는 바이다. _ **임영수 목사 | 모새골 공동체**

성경은 자구(字句)를 따져 가며 세심히 읽어야 하는 진리의 말씀입니다. 뿐만 아니라, 성경은 하나님께서 우리를 인격적 존재로 대하시며 건네시는 생생한 일상의 말씀이기도 합니다. 그 살아 있는 말씀으로 하나님의 마음을 느끼며 신앙의 내용도 바로 이해하게 될 때, 우리는 더욱 성숙한 믿음으로 나아가게 될 것입니다. 그 길로 나아가는 데 이 책 「메시지」는 크나큰 유익을 줄 것이라 기대합니다. _ **박영선 목사 | 남포교회**

유진 피터슨의 「메시지」는 묵상 성경이다. 유진 피터슨은 문학적 상상력과 신학적 치밀성이 통합된 아주 놀라운 성경 해석가요 설교자다. 그의 풍요로운 문학적 상상력이 신학적 경직을 훌쩍 건너뛰어, 그의 모든 글들을 풍요롭고 자유롭고 아름답게 해준다. 딱딱한 성경의 이야기(narrative)를 흥미롭고 풍요로운 시적 언어로 다시 풀어내어 신선한 통찰력이 넘치는 새로운 이야기로 전하는 '스토리텔링 바이블'이 바로 「메시지」이다. _ **이문식 목사 | 광교산울교회**

저는 「메시지」의 출판을 정말 오랫동안 기다려 왔습니다. 1996년도 안식년에 저는 리젠트 칼리지에 머물면서 저자도 만나고 그의 저서들도 접하게 되었습니다. 그때 「메시지」를 소개받고 읽으며 얼마나 좋아했는지 모릅니다. 그리고 그때부터 저는 한국어판의 간행을 기다려 왔습니다. 벌써 15년이나 되었네요. 이 책의 출간을 진심으로 기뻐하며 추천합니다. 여러분 모두 성경처럼 옆에 두고 읽어 보십시오. 은혜가 되고 영감이 떠오를 것입니다. _ **정주채 목사 | 향상교회**

저는 「메시지」 성경을 읽으면서, 성경 읽기를 무척이나 어려워하는 우리 성도들이 떠올랐습니다. 묵상은커녕 성경을 하루 한 장 읽기에도 바쁜 오늘날, 「메시지」는 한국교회에 참 귀한 선물입니다. 저는 성도를 말씀으로 깨워 각자의 삶 속에서 예수님 닮은 모습으로 서도록 도와주는 일이 목회자의 본질적인 사명이라 확신하며 사역해 왔습니다. 그러한 목회자의 마음이 담긴 「메시지」는, 어렵게만 느껴지던 성경을 우리 일상의 언어로 풀어 주어 성도 스스로 삶 속에서 말씀으로 하나님과 관계 맺도록 도와줍니다. 진정한 그리스도인의 영성은 구체적이고 실천적인 '일상의 영성', '삶의 영성'입니다. 「메시지」를 통해 한국교회의 성도들이 말씀의 깊은 세계로 뛰어들어 그 말씀대로 살기 위해 씨름하는, 주님의 참된 제자로 세워지기를 소망합니다.   _ 이찬수 목사 | 분당우리교회

성에 낀 창가, 흐린 불빛 아래 앉아 시린 손을 호호 불며 시를 쓰던 지바고를 생각한다. 그리고 말씀의 지층을 탐사하면서, 곱씹은 말씀 한 자 한 자를 명징한 언어로 옮기느라 골똘했을 한 사람을 생각한다. 「메시지」의 행간에는 각고의 세월 동안 그가 흘렸을 눈물과 탄식, 기쁨과 감동이 배어 있다. 그 행간까지도 읽으려 한 번역자들과 편집자들의 노고도 눈물겹다. 아브라함 요수아 헤셸은 현대인을 가리켜 '메시지를 잃어버린 메신저'라 했다. 그런 현대인들에게 이 한 권의 책은 우리가 잃어버린 혹은 잊고 있는 본래적 삶을 되찾도록 도와줄 것이다. 성경의 세계와 깊이 만날 수 있는 또 하나의 창을 얻은 기분이다.   _ 김기석 목사 | 청파교회

우리 교회는 성경을 읽을 때 두 가지 번역본을 사용하려고 합니다. 하나는 개역개정 성경이고, 하나는 「메시지」라는 의역 성경입니다. 특히, 「메시지」란 성경을 적극적으로 활용해 주시기를 바랍니다. 이미 성경을 여러 번 읽으셨던 분들은 새로운 번역본으로 읽으면서 성경의 새로운 의미를 깨달을 수 있을 것입니다. 그리고 처음 성경을 읽는 분들은 현대어로 번역된 이 성경을 통해 성경의 의미를 쉽게 파악할 수 있을 것입니다. 말씀을 통해 우리의 심령에 주실 하나님의 은혜의 단비를 사모합니다.   _ 정현구 목사 | 서울영동교회

「메시지」는, 변함없는 진리의 말씀을, 지금 이 시대의 평범하고 일상적인 단어들에 담아 생동감 있게 전해 줍니다. 성경의 원문에 충실한 바른 번역이 살아 있는 언어로 더욱 빛을 발하는 「메시지」는, 성경을 처음 읽는 사람이든 오랫동안 상고해 온 사람이든, 누구에게나 깊이 파고드는 생명력 있는 진리의 귀한 통로가 될 것입니다. 이 시대의 젊은이와 미래를 이끌어 갈 다음 세대에게 생명을 살리는 도구로 크게 쓰일 것입니다.   _ 오정현 목사 | 사랑의교회

성경은 하나님에 대하여 어디서도 얻을 수 없는 살아 있는 정보를 가득 담고 있는 세상에서 가장 소중한 책이지만, 성경 원어가 모국어가 아닌 모든 사람에게 늘 쉽지 않은 책이기도 하다. 유진 피터슨은 문화와 시간의 벽을 뛰어넘어 그 소중한 의미를 밝혀 주는 번역과 의역 작업을 통해 우리를 성경 말씀에 더 가까이 나아가게 만든다. 한국인에 의한 한국판 「메시지」가 나올 때까지, 이 책은 우리 모두에게 축복의 보고가 될 것이다.   _ 김형국 목사 | 나들목교회

「메시지」는 목회자의 마음으로 번역된 성경이다. 독자에게 하나님의 마음을 전달하려는 간절한 목자의 마음이 문체와 어조 속에 잘 반영되어 있다. 유진 피터슨은 자신이 목회하는 교회의 회중의 눈높이에 맞춰, 현대인의 접근을 어렵게 만드는 구약성경의 구절들을 일상의 언어로 탁월하게 번역해 냈다.
_김회권 교수 | 숭실대학교 구약학

유진 피터슨의 「메시지」를 우리말로 읽는다는 것은 커다란 감동입니다. 히브리어와 그리스어로 기록된 성경의 말씀이 무슨 뜻인지를 오늘날 우리들의 글말로 새롭게 듣게 하기 때문입니다. 성경의 세계와 오늘 우리 사이에는 커다란 시간적·공간적·문화적 거리가 있습니다. 유진 피터슨의 「메시지」는 이 거리를 단숨에 건너뛰게 해줍니다. 그때 선포되었던 말씀을 오늘 우리에게 선포되는 말씀으로 듣게 할 뿐만 아니라 그 뜻이 무엇인지를 정확하게 깨닫게 해줍니다. 어렵게만 느껴지던 구약의 구절이 '아! 그런 뜻이었구나' 하면서 우리에게 다가오는 경험을 하게 됩니다. 그런 점에서 유진 피터슨의 「메시지」는 '뜻으로 푼 성경'이라고 말할 수 있습니다. 그가 풀어 놓은 말씀의 향연에 참여할 때, 독자들은 하나님의 말씀을 "종일 작은 소리로 읊조리는"(시 119:97) 시인의 고백을 공유하게 됩니다.
_왕대일 교수 | 감리교신학대학교 구약학

광야길을 가며 구약성경을 읽고 있던 에티오피아 재무장관에게 예루살렘 교회의 전도자 빌립이 다가와 물었습니다. "읽는 것이 이해가 되십니까?" 그러자 에티오피아 내시는 "도와주는 사람이 없는데 어찌 이해가 되겠습니까?"라고 대답했습니다. 이 에피소드는 유진 피터슨의 「메시지」의 역할이 무엇인지 잘 설명해 줍니다. 우리가 부르는 찬송가의 한 구절처럼 「메시지」는 하나님의 말씀을 잘 알아듣기 쉽고 이해하기 쉽게 들려주는 탁월한 통역자입니다. 천상의 언어를 알아듣기 쉬운 일상의 언어로 번역한 성육신적 성경입니다. 어느 것도 이보다 더 좋을 순 없을 겁니다.
_류호준 교수 | 백석대학교 구약학

성경은 고전(古典) 가운데서도 최고의 고전이다. 고전이란 반드시 읽어야 할 책이라는 것은 누구나 알지만, 고전을 읽는다는 것은 말 그대로 고전(苦戰)이라, 쉽게 읽지 못하는 책이기도 하다. 성경이 영원히 읽어야 할 책이라는 점에는 그 누구도 이의를 제기하지 않을 것이다. 그러나 열정적인 독서에 비해서 그만큼 이해되지 않는 책이기도 하다. 이런 문제를 단번에 해결하는 책이 드디어 발간되었다. 문자적인 번역은 그 의미를 파악하기가 쉽지 않고, 풀어 쓴 의역은 본래의 의미를 벗어나기가 심상이다. 그런데 「메시지」는 이 둘의 한계를 신기하게 극복하고, 본문의 의미를 현대적인 언어로 되살린 탁월한 결과물이다. 마치 성경의 원저자이신 하나님께서 옆에서 우리가 쓰는 언어로 말씀하시는 것 같은 착각을 불러일으킬 정도다.
_차준희 교수 | 한세대학교 구약학

성경 읽기의 궁극적 목표는 순종이다. 순종은 하나님의 뜻에 대한 깨달음을 전제한다. 그리고 우리는 이 깨달음을 위해 성경을 읽는다. 그렇지만 우리는 종종 내게 칼날을 겨누는 깨달음보다는 그런 불편함이 없는 읽기 자체에만 몰두하려 한다. 그런 우리에게는 우리의 무릎을 꿇게 하는 성령의 감화가 필요하겠지만, 깨달음의 장애를 제거하려는 노력도 필요할 것이다. 유진 피터슨의 「메시지」는 깨달음을 위한 읽기를 돕는 참 좋은 도구다. 물론 한 사람의 경험으로 비춘 사적인 읽기이지만, 그래서 오히려 더 구체적이고 더 살갑다. 「메시지」를 읽으며 우리는 '나도 이처럼 실감나게 말씀을 읽고 싶다'는 열망을 갖게 된다. 세상의 온갖 잡음으로 난청의 지병에 시달리는 우리를 돕는 좋은 보청기가 될 수 있을 것이다.

_ 권연경 교수 | 숭실대학교 신약학

성경의 존재 이유는 하나님의 선물인 구원을 인류에게 전달하는 데 있다. 이 「메시지」 성경은 하나님의 말씀만이 제공할 수 있는 영혼을 살려 내는 싱싱함을 듬뿍 안겨 준다. 알찬 짜임새로 독자를 사로잡는 이 「메시지」 성경의 한 구절 한 구절은, 독자가 이해하기 쉽도록 현대적인 번역은 물론, 감칠맛 나는 수사학적 뉘앙스가 어우러져 수천 년 전 바로 그 선포의 자리에 함께하고 있다는 느낌마저 들게 한다. 동시에 본문의 의미를 정확하게 담아내려는 노력은 이 「메시지」 성경을 현대인의 영적 해갈을 위한 명작으로 손꼽히게 만든다. 그래서 성경에 대해서 이해하기 어렵다는 불평은 본 「메시지」 성경을 손에 든 순간부터 더 이상 설득력을 잃게 될 것이다. 현란한 언어가 난무하고 진리의 순수성이 훼손되는 현대사회의 모든 문제와 사회적 병폐를 치유해 줄 본 「메시지」 성경의 출간을 축하하며, 그리스도인들과 진리에 목마른 모든 현대인들에게 「메시지」를 강력히 추천하는 바이다.   _ 윤철원 교수 | 서울신학대학교 신약학

'그때 거기에서의' 옛 메시지의 보화를 캐내어 '이제 여기에서의' 신선하고 살아 있는 복음 메시지로 우리에게 친숙하게 다가온 우리말 「메시지」 성경 출간을 기쁘게 생각합니다. 그 옛날 쉽게 알아들을 수 있었던 하나님의 말씀이 오늘 우리에게도 그렇게 다가와야 함은, 사람들의 기대이자 하나님의 선하신 뜻이라 확신합니다. 서구에서 그러했듯이, 「메시지」 성경은 한국의 오늘과 내일의 성도들에게도 많은 사랑을 받을 것입니다. 이에 설렘과 감사 가운데 「메시지」 성경을 환영하며 추천합니다.   _ 허주 교수 | 아세아연합신학대학교 신약학

포스트모던 시대에 교회가 유념해야 하는 사실은 매체가 메시지가 된다는 점입니다. 교회가 간직해 온 가장 소중하고 핵심적인 매체는 하나님의 말씀인 성경인데, 그간 다양한 번역이 나오기는 했지만 아직도 개역이나 개역개정에 대해 많은 사람들이 어렵다는 반응을 보이고 있습니다. 이처럼 한국교회의 매체는 여전히 어렵고 접근하기 불편한 것이 사실입니다. 성경이라는 매체가 '교회는 어려운 곳'이라는 메시지를 전한다면 안타까운 일입니다. 유진 피터슨의 「메시지」는 이미 영어권에서는 폭발적인 반응을 일으킨 바 있습니다. 이 「메시지」가 우리나라의 독자들에게도 전해지게 되어 기쁘게 생각합니다. 바라기는 「메시지」가 우리와 함께하시는 임마누엘의 하나님을 대면하는 새로운 매체가 되어, 교회의 문호가 모든 사람에게 활짝 열려 있다는 메시지도 함께 전달되기를 기대합니다.
_ 김중안 | 전 한국기독학생회 IVF 대표

나는 「메시지」 출간으로, 한반도에 사는 남과 북의 사람들이 성경이 읽고 이해할 수 있는 책이라는 것을 알게 되리라고 확신한다. 유진 피터슨은 보통 사람들의 일상 언어로 성경을 번역했지만 학문적인 엄밀성도 갖춰, 젊은 사람이나 나이 든 사람, 성경을 공부해 온 사람이나 성경을 한 번도 읽은 적 없는 사람 모두에게, 하나님의 말씀이 "살아 있는" 말씀이 되게 했다. 하나님께서 「메시지」를 사용하셔서, 이 땅 한반도가 그분의 살아 있는 말씀으로 가득 채워지기를 기도한다.
_ 오대원 목사 | 예수전도단 설립자

"말씀이 육신이 되어……." 육신이 된 말씀은 역사의 분기점마다 새 세상을 창조하는 영감과 통찰, 그리고 힘의 원천이었다. 위대한 개혁의 시대에는 일상의 언어, 보통 사람의 말로 생생하게 살아 펄떡이는 말씀이 있었다. 위클리프의 성경이, 루터의 성경이, 암울했던 일제 강점기에는 개역성경이, 그리고 이제 우리에게는 「메시지」가 주어졌다. 주님께서는 우리 시대 또 어떤 역사를 시작하실 것인가?
_ 이윤복 | 전 죠이선교회 대표

「메시지」 성경의 출간은 오랫동안 기다려 왔던 일입니다. 왜냐하면 성경을 오늘날의 언어로 이해할 수 있는 탁월한 성경이기 때문입니다. 「메시지」를 통해 많은 사람들이 성경의 진수를 오늘의 생각과 언어 그리고 정서로 이해할 수 있었으면 좋겠습니다. 성경을 손에 잡히는 언어로 이해하고 묵상하기에 가장 훌륭한 도구가 될 것입니다.
_ 한철호 | 미션파트너스 상임대표

기독교는 창조주 하나님께서 친히 속내를 드러내신 계시의 종교다. 성경은 영원한 하나님의 진리를 제한된 사람의 언어로 담아낸 책으로 평범한 사람이 이해하도록 배려하신 하나님의 커뮤니케이션이다. 그러나 역사상 수많은 번역이 난삽하거나 고전적 표현을 고집함으로써 성경의 메시지로부터 일반인을 격리시키는 오류를 범하곤 했다. 개역성경도 긴 시간이 흐르면서 현대인이 쉽게 읽기 어려운 책이 되고 말았다. 유진 피터슨의 「메시지」가 우리말로 번역된 것을 보니 오랜 가뭄에 단비같이 반가운 소식이다. 이 탁월한 '성경 옆의 성경'을 통해, 하나님의 말씀이 독자의 삶에 친숙하고 풍성하게 되살아나는 축복이 있기 바란다.
_ 정민영 | 전 국제 위클리프 성경번역선교회 부대표

원어의 운율과 숙어적인 의미를 살리면서도 편안하게 빠져서 읽을 수 있는 「메시지」를 우리 말로 읽을 수 있게 됨을 환영한다. 우리말로 옮기면서 운율과 어감이 다소 달라졌지만, 성경을 살아 있는 메시지로 듣고자 하는 이들의 보조성경으로 흔쾌히 권하련다.

_ 권영석 | 전 학원복음화협의회 상임대표

개역성경, 솔직히 좀 어려운 게 사실이지만 다들 쓰니까 어쩔 수 없이 들고 다녀야 했다. 다른 현대어 성경, 좀 밋밋하고 아쉬운 구석이 많아 영어 성경 보듯 가끔 참고만 했다. 유진 피터슨의 「메시지」 성경, 오랜만에 앉은자리에서 책 읽듯이 쭉 읽고 묵상하고 싶게 만드는 성경이다. 못 믿겠으면 지금 당장 로마서 12장 1-2절을 찾아 읽어 보라! _ 서재석 | Young2080 대표

「메시지」가 다른 쉬운 번역 성경과 차별되는 독특함은, 번역과 의역을 넘나드는 그 문학성 때문이다. 「메시지」는 딱딱한 성경의 이야기성(narrative)을 멋지게 되살려 낸, 이 시대를 사는 그리스도인들에게 참 반가운 선물이다. 「메시지」는 피터슨의 학문적인 토대 위에서 30여 년간의 목회 사역과 그의 문학적 소양이 빚어 낸 역작이다. 하지만 역설적으로 「메시지」는 유진 피터슨의 책이 아니다. 그는 창작자가 아니라 통역자이기 때문이다. 하나님이 말씀하시고, 피터슨 목사는 알아듣기 쉬운 언어로 그 말씀을 전하는 또 한 명의 도구일 뿐이다. 이 지혜로운 동네 목사님이 준비해 주신 말씀이 우리 안에서 살아 내지도록 하는 것만이 그 은혜에 보답하는 길이리라. _ 고(故) 안수현 | 「그 청년 바보의사」 저자

제가 이스라엘에서 10년간 사역하면서 누린 최고의 복은, 이스라엘의 역사·지리·문화에 대한 폭넓은 이해를 통해 성경을 역사 드라마처럼 익사이팅하게 읽을 수 있게 되었다는 점입니다. 유진 피터슨의 「메시지」 또한 성경 속 이야기를 눈앞에서 움직이듯이 생생히 전달해 주어 성경을 더욱 친근하고 입체적으로 이해하도록 돕습니다. 이 책을 통해, 풍성하고 벗어날 수 없는 성경의 매력에 푹 빠져 보시기 바랍니다. _ 류모세 | 「열린다 성경」 저자

「메시지」는 마치 다리와도 같다. 성경과 사람들 사이에 다리를 놓아 우리로 하여금 바로 일상에서 말씀하시는 것 같은 생생한 어조로 진리를 듣게 해준다. _ 하덕규 I CCM 아티스트

유진 피터슨은 일상과 사람과 영성을 따로 보지 않았습니다. 「메시지」에는 뭇 백성을 향한 애끓는 사랑과 그분을 향한 한결같은 장인 정신이 살아 있습니다. 예수가 사람이 되어 오신 사랑과 연민을 그는 「메시지」를 통해 실천했습니다. _ 홍순관 I CCM 아티스트

「메시지」의 출간을 독자의 한 사람으로 기다리고 있었습니다. 따뜻하고 친절한 저자의 배려가 글 한 구절 한 구절에 담겨져 있는 듯합니다. 덕분에 쉽게 펼쳐 보지 못했던 성경의 구석구석을 「메시지」와 함께 여행할 수 있어 읽는 내내 가슴 설레고, 인생이라는 여행길에 걸음걸음 흥겨움을 줍니다. 고맙습니다. 좋은 책을 만나게 해주셔서……. _ 조수아 I CCM 아티스트

하나님은 인간의 언어를 사용하여 우리의 수준으로 말씀하셨다. 신약성경이 코이네(평범한) 그리스어로 쓰여진 것도 바로 그 맥락일 것이다. 「메시지」는 누구나 이해할 수 있는 일상의 언어로 우리에게 말씀하신 그 놀라운 성육신의 은혜를 고스란히 담아내고 있다.
_ 조준모 I CCM 아티스트, 한동대학교 국제어문학부 교수

「메시지」는 이 시대의 언어로 성경 속 그 시절을 물 흐르듯 자연스럽게 만나게 합니다. 「메시지」를 통해 더 많은 이들이 우리를 향한 하나님의 계획하심과 일하심을 생생하게 느끼기를, 나아가 예수님을 알지 못하는 이들 역시 지금 이 순간에도 살아 역사하시는 하나님을 뜨겁게 맞이하기를 소망합니다. _ 김경란 I 전 KBS 아나운서

「메시지」는 유진 피터슨의 35년간의 목회 경험과 신학 교수로서의 전문성이 집약된 '읽는 성경'이다. 학자적 엄밀성뿐 아니라 공역 성경이 줄 수 없는 친근함과 정겨움이 넘쳐나는 이 책은, 기독교인과 일반인 모두에게 성경을 더욱 가까이하는 계기를 제공한다 _ 국민일보

종교개혁의 중요한 공헌 가운데 하나는, 신부들의 전유물처럼 여겨진 라틴어로 된 성경을 각 나라말로 번역하여 평신도들이 직접 성경을 읽게 함으로써 성경 중심의 신앙을 세운 것이다. 한국에서는 예배용으로 사용되는 개역성경의 전통이 있고 최근에 다양한 성경이 보급되었지만, 여전히 신앙인들이 쉽게 성경을 읽기에는 장애물들이 있는 실정이다. 이러한 상황에서, 성경 옆의 성경 「메시지」는 성경이 신앙인들에게 더 가까이 다가가게 만드는 역할을 한다는 면에서 반갑지 않을 수 없다. 나 자신도 예언서 감수를 하면서 쉬운 일상의 말로 번역된 성경의 이야기가 통전적으로 다가오는 편안함을 느낄 수 있었다. 「메시지」가 한국어를 사용하는 신앙인들에게 성경의 오묘한 세계로 들어가는 친절한 친구가 되기를 소망한다.

_ 배정훈 교수ㅣ장로회신학대학교 구약학

「메시지」의 미덕은 두 가지다. 무엇보다 성경을 막힘없이 읽을 수 있게 해준다. 하나님의 거대한 이야기를 만들었던 소소한 일상 속에서 사람들이 웃고 떠들고 화내고 슬퍼하던 소리를 생생히 듣는다. 그들과 함께했던 하나님의 일하심을 또렷하게 본다. 이것이 「메시지」의 잘 알려진 첫 번째 미덕이다. 그런데 「메시지」의 두 번째 미덕은 첫 번째 미덕과는 반대의 성격을 띤다. 「메시지」는 종종 성경을 읽는 걸음을 멈추게 한다. 하나님의 말씀이 잘 들리지 않는 이유 중 하나는 우리가 그 말씀에 너무 "익숙해져" 있기 때문이다. 익숙한 말은 더 이상 들리지 않는다. 더 이상 설레지도 않는다. 그런데 「메시지」는 하나님의 말씀을 낯설게 한다. 이런 말씀이 성경에 있었단 말인가? 말씀을 낯설게 하기, 이것이 「메시지」의 두 번째 미덕이다. 이런 낯설음이 정말로 성경이 무엇을 말하고 있는지 다시금 꼼꼼히 살펴보는 계기가 된다면, 「메시지」는 '성경 옆의 성경'이라는 소임을 성공적으로 수행한 것이다. 모든 만남은 그 처음이 낯설다. 그러나 그 만남 속에 누리게 되는 기쁨은 낯설음을 어느덧 설렘으로 바꾸어 놓을 것이다. 「메시지」를 통해 하나님 말씀을 가슴 설레며 읽게 되는 것, 그 하늘의 복을 모든 독자들이 누릴 수 있기를 바란다.

_ 전성민 교수ㅣ밴쿠버 기독교세계관대학원 원장

나는 「메시지」에서 단어를 읽을 뿐 아니라, 단어 뒤에서 말하는 소리까지도 듣게 된다. 「메시지」는 우리 눈에 읽히고 귀로도 들려서, 성경 속으로 들어가는 문을 활짝 열어 준다.

_ 마이클 카드 | CCM 아티스트

「메시지」는 한 번 손에 들면 놓을 수 없는 책이다. 다음에 어떤 내용이 있을지 궁금해서 계속해서 읽게 되고, 읽다 보면 끊임없이 놀라게 된다. 「메시지」의 신선한 관점과 형식은 예수님에 관한 사실들을 단번에 읽어 내는 경험을 가져다줄 것이다.

_ 에이미 그랜트 | CCM 아티스트

「메시지」는 나를 사로잡아 놀랍도록 살아 있게 한다. 「메시지」는 경이와 흥분, 인간의 진정한 언어와 감정으로 가득 차 있다.

_ 프레드릭 뷰크너 | 「하나님을 향한 여정」 저자

성경의 이야기를 새롭고 신선하게 보는 눈을 열어 준 이 책을 처음 만난 것이 아주 오래전 일인 것 같다. 이제 「메시지」를 읽고 싶어 하는 저 수많은 사람들의 명단에 내 이름이 올라 있다. 「메시지」는 내게 너무도 소중한 친구이다.

_ 맥스 루케이도 | 「예수님처럼」 저자

유진 피터슨 덕분에 이 시대 모든 이들이 성경을 흥미롭고 강력하고 감미롭고 날카롭고 설득력 있고 통렬하고 인간적이고 현대적이고 따뜻하고 극적으로 읽을 수 있게 되었다.

_ 월터 왱어린 | 「오직 나와 내 집은」 저자

나는 「메시지」의 한 구절을 읽고, 다시 읽고 생각한다. '아, 이것이 그런 뜻이었구나!' 피터슨은 우리에게 평생의 선물을 주었다.

_ 레베카 피펏 | 「빛으로 소금으로」 저자

놀랍다! 나는 항상 「메시지」를 가지고 다닌다. 「메시지」는 어디를 가든 꺼내 보고 싶은 보화다.

_ 조니 에릭슨 타다 | 「하나님의 눈물」 저자

「메시지」를 주신 하나님께 감사드린다. 유진 피터슨은 「메시지」를 통해 교회가 성경을 새롭게 읽을 수 있게 해주었다.

_ 「크리스채너티 투데이」

「메시지」(원서) 구약 감수자

로버트 L. 허버드 Jr. 교수(구약학) 노스 파크 신학교

리처드 E. 에버벡 교수(구약학) 트리니티 복음주의 신학교

피터 E. 엔즈 교수(구약학) 웨스트민스터 신학교

듀안 A. 개럿 교수(구약학) 고든 콘웰 신학교

프레스콧 H. 윌리엄스 Jr. 교수(구약학) 오스틴 장로교 신학교

브라이언 E. 베이어 교수(구약학) 컬럼비아 바이블 칼리지

레이머 E. 쿠퍼 교수(구약학) 크리스웰 칼리지

도널드 R. 글렌 교수(구약학) 댈러스 신학교

폴 R. 하우스 교수(구약학) 트리니티 성공회 신학교

V. 필립스 롱 교수(구약학) 리젠트 칼리지

트렘퍼 롱맨 3세 교수(구약학) 웨스트몬트 칼리지

존 N. 오스월트 교수(구약학) 웨슬리 성서 신학교

리처드 L. 프랫 Jr. 교수(구약학) 리폼드 신학교

존 H. 월튼 교수(구약학) 무디 바이블 인스티튜트

마빈 R. 윌슨 교수(구약학) 고든 칼리지

「메시지」 구약 예언서 한국어판 작업에 도움을 준 이들

번역

이종태 서울여자대학교 교목실장, 번역가(「메시지」 「순전한 기독교」 「다윗: 현실에 뿌리박은 영성」 등 다수)

책임 감수

김회권 숭실대학교 기독교학과 교수, 「청년설교 시리즈」 「하나님 나라 신학 강해 시리즈」 저자

신학 감수

배정훈 장로회신학대학교 구약학 교수

전성민 밴쿠버 기독교세계관대학원 원장

김구원 개신대학원대학교 구약학 교수

김근주 기독연구원 느헤미야 전임연구위원

영문 감수

홍종락 전문 번역가(「올 댓 바이블」 「피고석의 하나님」 「영광의 무게」 등 다수)

편집 및 독자 감수

「메시지」 구약 예언서 번역 이후 일 년 동안, '복 있는 사람' 출판사 박종현 대표를 비롯한 문준호, 김은아, 이정혜, 이혜린, 강전원, 박주상, 최새봄, 문신준, 이승용, 이파얼, 심혜인 열두 명의 정성어린 손길과 편집, 선교단체 간사들을 비롯한 개교회 목회자와 신학생들 그리고 무명의 독자들의 날카롭고도 애정어린 감수가 「메시지」 구약 예언서 곳곳에 배어 있다.

메시지 구약 | 예언서

Eugene H. Peterson

The Message: The Old Testament Prophets

메시지 구약 I 예언서

유진 피터슨

복 있는 사람

메시지 구약 | 예언서

2013년 8월 14일 초판 1쇄 발행
2023년 12월 29일 초판 20쇄 발행

지은이 유진 피터슨
옮긴이 이종태
감수자 김회권
펴낸이 박종현

(주) 복 있는 사람
주소 서울특별시 마포구 연남동 246-21(성미산로23길 26-6)
전화 02-723-7183(편집), 7734(영업·마케팅)
팩스 02-723-7184
이메일 hismessage@naver.com
등록 1998년 1월 19일 제1-2280호

ISBN 979-11-7083-092-4 03230

The Message: The Old Testament Prophets
by Eugene H. Peterson

차례

일러두기

- 유진 피터슨의 「메시지」 영어 원문을 번역하면서, 한국 교회의 실정과 환경을 고려하여 「메시지」 한글 번역본의 극히 일부분을 의역하거나 문장과 용어를 바꾸었다.

- 유진 피터슨은 「메시지」 영어 원문에서, 유일무이한 하나님의 인격적 이름을 주(LORD) 대신에 대문자 GOD로 번역했다. 따라서 「메시지」 한국어판은 많은 논의와 신학 감수를 거쳐, 원저자의 의도를 반영해 '주'(LORD) 대신에 강조체 **'하나님'**(GOD)으로 표기했다.

- 「메시지」 한국어판의 도량형(길이, 무게, 부피)은 「메시지」 영어 원문을 기초로 하여, 오늘날 우리나라에서 일반적으로 통용되는 단위로 환산해 표기했다.

- 지명, 인명은 대한성서공회에서 발행한 「개역개정」 「새번역」 성경의 원칙을 따랐다.

한국의 독자에게

한국의 많은 친구들이 하나님의 말씀, 이 귀한 성경 말씀을 오늘의 언어로 된 새로운 번역으로 읽게 된다니 기쁘기 그지없습니다.

하나님의 말씀—하나님은 말씀하시고, 언어를 사용하십니다—은 세상과 우리 안에서 벌어지는 모든 일, 글자 그대로 모든 일의 기초입니다. 성경의 첫 페이지에는 "하나님께서 말씀하셨다"가 아홉 번이나 나옵니다. 하나님이 말씀하시면, 일이 생겨납니다. 우리가 존재하게 됩니다. 성경은 하나님이 말씀하실 때 생겨나거나 존재하게 되는 일들의 이야기입니다. 그 이야기는 우리가 자녀와 부모 간에, 친구와 이웃들과 이야기할 때 사용하는 언어와 똑같은 언어로 말하고 기록되었습니다. 그러므로 하나님의 백성이, 하나님이 누구시며 그분이 무슨 일을 하시는지를 계시해 주는 말씀을 읽는 데 계속해서 열심을 내는 것은 놀랄 일이 아닙니다. 참으로 놀라운 사실은, 하나님의 백성인 우리가 모든 것을 포괄하는 그 거대한 창조와 구원의 이야기에 등장하고, 그 이야기에 참여하고 있으며, 그 이야기를 살아 낸다는 것입니다.

여러분이 이 책을 펴서 읽는 동안, 기독교 신앙과 모든 삶의 핵심에 자리한 그 거대한 대화 속으로 들어가기를, 하나님이 말씀하시고 여러분이 응답하는 대화 속으로 들어가기를 간절히 바랍니다.

유진 피터슨

「메시지」를 읽는 독자에게

「메시지」에 독특한 점이 있다면, 현직 목사가 그 본문을 다듬었기 때문일 것이다. 나는 성경의 메시지를 내가 섬기는 사람들의 삶 속에 들여놓는 것을 내게 주어진 일차적 책임으로 받아들이고 성인 인생의 대부분을 살아왔다. 강단과 교단, 가정 성경공부와 산상수련회에서 그 일을 했고, 병원과 양로원에서 대화하면서, 주방에서 커피를 마시고 바닷가를 거닐면서 그 일을 했다. 「메시지」는 40년간의 목회 사역이라는 토양에서 자라난 열매다.

인간의 삶을 만들고 변화시키는 하나님의 말씀은, 내가 「메시지」 작업을 하는 동안 정말로 사람들의 삶을 만들고 변화시켰다. 우리 교회와 공동체라는 토양에 심겨진 말씀의 씨앗은, 싹을 틔우고 자라서 열매를 맺었다. 현재의 「메시지」를 작업할 무렵에는, 내가 수확기의 과수원을 누비며 무성한 가지에서 잘 영근 사과며 복숭아며 자두를 따고 있다는 기분이 들곤 했다. 놀랍게도 성경에는, 내가 목회하는 성도며 죄인인 사람들이 살아 낼 수 없는 말씀, 이 나라와 문화 속에서 진리로 확증되지 않는 말씀이 단 한 페이지도 없었다.

내가 처음부터 목사였던 것은 아니다. 원래 나는 교사의 길에 들어서서, 몇 년간 신학교에서 성경 원어인 히브리어와 그리스어를 가르쳤다. 남은 평생을 교수와 학자로 가르치고 집필하고 연구하며 살겠거니 생각했었다. 그러다 갑자기 직업을 바꾸어 교회 목회를 맡게 되었다.

뛰어들고 보니, 교회는 전혀 다른 세계였다. 제일 먼저 눈에 띈 차이는, 아무도 성경에 별로 관심이 없어 보인다는 점이었다. 얼마 전까지만 해도, 사람들은 내게 돈을 내면서까지 성경을 가르쳐 달라고 했는데 말이다. 내가 새로 섬기게 된 사람들 중 다수는, 사실 성경에 대해 아무것도 몰랐다. 성경을 읽은 적도 없었고, 배우려는 마음조차 없었다. 성경을 몇 년씩 읽어 온 사람들도 많았지만, 그들에게 성경은 너무 익숙해서 무미건조하고 진부한 말로 전락해 있었다. 그들은 지루함을 느낀 나머지 성경을 제쳐 둔 상태였다. 그 양쪽 사이에 있는 사람은 많지 않았다. 내가 가장 중요하게 여긴 일은, 성경 말씀을 그 사람들의 머리와 가슴 속에 들여놓아서, 성경의 메시지가 그들의 삶이 되게 하는 것이었다. 그러나 거기에 관심을 갖는 사람은 거의 없었다. 신문과 잡지, 영화와 소설이 그들 입맛에 더 맞았다.

결국 나는, 바로 그 사람들에게 성경의 메시지를 듣게—정말로 듣게—해주는 일을 내 평생의 본분으로 삼게 되었다. 그것이야말로 확실히 나를 위해 예비된 일이었다.

나는 성경의 세계와 오늘의 세계라는 두 언어 세계에 살고 있었다. 나는 언제나 그 두 세계가 같은 세계인 줄 알았다. 그러나 사람들은 그렇게 보지 않았다. 나는 어쩔 수 없이 "번역가"(당시에는 그런 표현을 쓰지 않았지만)가 되었다. 날마다 그 두 세계의 접경에 서서, 하나님이 우리를 창조하시고 구원하시고 치유하시고 복 주시고 심판하시고 다스리실 때 쓰시는 성경의 언어를, 우리가 잡담하고 이야기하고 길을 알려 주고 사업하고 노래 부르고 자녀에게 말할 때 쓰는 오늘의 언어로 옮긴 것이다.

그렇게 하는 동안, 성경의 원어—강력하고 생생한 히브리어와 그리스어—는 끊임없이 내 설교의 물밑에서 작용했다. 성경의 원어는 단어와 문장을 힘 있고 예리하게 해주고, 내가 섬기는 사람들의 상상력을 넓혀 주었다. 그래서 오늘의 언어 속에서 성경의 언어를 듣고, 성경의 언어 속에서 오늘의 언어를 들을 수 있게 해주었다.

나는 30년간 한 교회에서 그 일을 했다. 그러던 어느 날(1990년 4월 30일이었다), 한 편집자가 내게 편지를 보내 왔다. 그동안 내가 목사로서 해온 일의 연장선에서 새로운 성경 번역본을 집필해 달라는 청탁의 편지였다. 나는 수락했다. 그 후 10년은 수확기였다. 그 열매가 바로 「메시지」다.

「메시지」는 읽는 성경이다. 기존의 탁월한 주석성경을 대체하기 위한 것이 아니다. 내 취지는 간단하다. (일찍이 우리 교회와 공동체에서도 그랬듯이) 성경이 충분히 읽을 수 있는 책이라는 사실을 모르는 사람들에게 성경을 읽게 해주고, 성경에 관심을 잃은 지 오래된 사람들에게 성경을 다시 읽게 해주는 것이다. 그렇다고 굳이 내용을 쉽게 하지는 않았다. 성경에는 이해하기 어려운 부분도 많이 있다. 그래서 「메시지」를 읽다 보면, 더 깊은 연구에 도움이 될 주석성경을 구하는 일이 조만간 중요하게 여겨질 것이다. 그때까지는, 일상을 살기 위해 읽으라. 읽으면서 이렇게 기도하라. "하나님, 말씀하신 대로 내게 이루어지기를 원합니다."

유진 피터슨

「메시지」 머리말

읽는 것이 먼저다. 일단 성경을 읽는 것이 중요하다. 읽다 보면, 어느새 우리
는 새로운 말의 세계에 들어가 대화를 나누게 된다. 하나님께서 시작과 끝을
쥐고 계신 그 대화에 우리도 참여하고 있음을 곧 알게 된다. 이것은 우리가 예
상치 못한 일이다. 하지만 어느 시대를 막론하고 성경을 읽는 사람들은, 성경
이 우리에 관해서 기록된 책일 뿐 아니라 우리를 향해 기록된 책이라는 사실
을 알고 있었다. 성경 속에서 우리는 대화의 참여자가 된다. 그 대화를 통해,
하나님은 말씀으로 우리를 만드시고 복 주시고 가르치시고 인도하시고 용서
하시고 구원하신다.

우리는 이런 일에 익숙하지 못하다. 반면에, 설명이나 지시나 감동이나
즐거움을 주는 책을 읽는 데는 익숙하다. 하지만 성경은 다르다. 성경은 계시
의 세계. 하나님은 바로 우리 같은 사람들—하나님 형상대로 지음받은 남
녀들—에게, 그분이 일하시는 방식과 우리가 살고 있는 세계의 실상을 계시
해 주신다. 동시에 하나님은 우리를 이끌어 그분의 일하시는 삶에 동참하도
록 초청하고 명령하신다. 우리 시대의 가장 중요한 일은 하나님께서 (하늘에
서와 같이) 이 땅에 사랑과 정의의 위대한 통치를 세우시는 것이다. 우리가
그 일의 주체임을, 우리는 서서히 (혹은 갑자기) 깨닫는다. '계시'란 우리 스
스로는 알아내지 못할 일, 짐작지도 못할 내용을 읽고 있다는 뜻이다. 성
경의 독특성은 바로 계시에 있다.

「메시지」 성경도, 일단 읽고 귀 기울여 듣는 것이 중요하다. 공부할 시간
은 나중에 얼마든지 있을 것이다. 우선은 그냥 읽는 것이 중요하다. 서두르지
말고 생각하면서 읽어야 한다. 성경의 이야기와 노래, 기도와 대화, 설교와
환상이 우리를 보다 큰 세계로 초청하는 방식을 느낄 수 있어야 한다. 하나님
께서는 그 큰 세계에 계시면서 우리 눈에 보이는 모든 것에 개입하신다. 이 땅
에 산다는 것—그냥 왔다 가는 것이 아니라 정말로 산다는 것—의 의미를 일

깨워 주신다. 읽다 보면, 우리는 "알아듣기" 시작한다. 읽으면 읽을수록, 더욱 그렇다. 우리는 하나님과 대화를 나누고 있다. 우리에게 가장 중요한 사안들에 관해서 어느새 듣고 대답하고 있다. 우리는 누구인가, 어디서 와서 어디로 가는가, 무엇이 우리를 움직이는가, 우리가 사는 세계와 공동체의 원리는 무엇인가, 무엇보다도 우리 가운데 계시면서 우리 힘으로 할 수 없는 일들을 대신 해주시는 하나님의 신기한 사랑에 관해 대화하게 된다.

성경을 읽으면서 우리는, 이 세상에 더 큰 의미가 있음을 알게 된다. 인간이라는 존재에도, 보이는 세계에도, 보이지 않는 세계에도 더 큰 의미가 있다. 모든 것에 더 큰 의미가 있다! 그리고 그 의미는 하나님과 관계가 있다.

많은 사람들에게 성경은 새로운 책, 전혀 다른 종류의 책이다. 성경은 우리가 읽는 책이지만, 우리를 읽는 책이기도 하다. 우리는 뭔가 얻어 낼 수 있는 책을 찾아 읽는 데 익숙하다. 이를테면, 유용한 정보나 기운을 북돋아 주는 감동적인 이야기, 온갖 일의 방법론, 비오는 날 시간을 때울 오락물, 더 행복한 삶으로 이끌어 줄 지혜 같은 것을 찾는다. 성경 읽기에도 그런 유익이 있을 수 있고, 실제로 있기도 하다. 하지만 하나님께서 우리에게 성경을 주신 본래 목적은, 단순히 우리를 초청하시기 위해서다. 하나님의 세계와 하나님의 말씀을 내 집처럼 느끼도록, 하나님이 말씀하시는 방식과 우리가 삶으로 그분께 응답하는 방식에 익숙해지도록 하려는 것이다.

성경을 읽다 보면, 몇 가지 놀라운 일이 있다. 가장 놀랄 만한 일은, 성경은 일단 펼쳐서 읽어 보면 참으로 다가가기 쉬운 책이라는 점이다. 성경은 사실 누구나 읽고 이해할 수 있는 책이다. 두어 세대마다 새로운 번역본이 나오는 이유는, 성경의 언어를 우리가 현재 쓰는 일상어, 성경이 맨 처음 기록된 바로 그 언어로 유지하기 위해서다. 똑똑하지 않은 사람, 교육을 많이 받지 못한 사람도 성경을 이해할 수 있다. 성경은 우리가 시장과 놀이터와 저녁 식탁에서 흔히 듣는 단어와 문장들로 기록되었기 때문이다. 성경이 워낙 유명하고 높여지다 보니, 반드시 전문가들이 설명하고 해석해 주어야 한다고 생각하는 사람들이 많다. 물론 설명이 필요한 부분도 있다. 하지만 성경에 기록된 말을 처음 들은 사람들은 평범한 노동자 계층이었다. 성경을 영어로 옮긴 초기의 최고 번역가 중 한 사람인 윌리엄 틴데일이 한 말이 있다. 그는 "쟁기로 밭을 가는 소년"이 읽을 수 있도록 성경을 번역하고 있다고 말했다.

교육을 많이 받은 아프리카인 어거스틴은 나중에 역사상 가장 영향력 있는 성경 교사가 되었지만, 성경을 처음 읽었을 때는 큰 반감을 가졌다. 문학적으로 세련되고 깔끔한 책을 극찬했던 그가 보기에, 성경은 평범하고 시시한 사람들의 투박하고 촌스러운 이야기로 가득했던 것이다. 그가 읽은 라틴어역 성경에는 속어와 은어가 수두룩했다. 많은 등장인물이 "속되고" 예수는 평범해 보여서, 그는 성경을 한 번 보고는 경멸하며 내던졌다. 그러나 하나님은 세련된 지성인의 몸을 입고 오지 않으셨고, 그분의 고상한 세계를 터득하도록 우리에게 수준 높은 지식인 문화를 가르치지도 않으셨다. 어거스틴은 세월이 흐른 뒤에야 그것을 깨달았다. 하나님이 우리를 구원하기 위해 유대인 종의 모습으로 인간의 삶에 들어오셨다는 것을 알게 되면서부터, 그는 감사하고 믿는 마음으로 성경을 읽기 시작했다.

성경을 읽어도 세상이 "더 나아지지" 않는다며 놀라는 사람들도 있다. 성경의 세계는 결코 여행사의 안내 책자에 나오는 그런 이상적인 세계가 아니다. 하나님께서 이 세계 속에서 일하시고 사랑하시고 구원하시지만, 그렇다고 해서 고난과 불의와 악이 말끔히 사라지지는 않는다. 그렇게 간단한 문제가 아니다. 하나님은 죄로 물든 우리의 본성과 역사 속에서 끈기 있고 깊이 있게 일하시지만, 종종 은밀하게 일하신다. 이 세계는 깔끔하고 단정한 곳이 못되며, 우리가 모든 일을 통제할 수 있다는 보장도 없다. 이런 현실에 익숙해져야 한다. 어디에나 신비가 있다. 성경이 우리에게 제시하는 세계는, 우리의 직업을 계획하여 미래를 보장받을 수 있는 세계, 인과법칙에 따라 움직이는 예측 가능한 세계가 아니다. 모든 일이 우리의 미숙한 바람대로 이루어지는 꿈의 세계도 아니다. 고통과 가난과 학대가 있다. 그 앞에서 우리는 분개하여 "어떻게 이러실 수 있습니까!" 하고 부르짖는다. 대다수 사람들의 경우, 우리의 꿈의 세계가 성경이 제시하는 실제 세계로 바뀌기까지, 길고 긴 세월이 걸린다. 그 실제 세계는 은혜와 자비, 희생과 사랑, 자유와 기쁨의 세계다. 하나님께 구원받은 세계다.

놀라운 사실이 하나 더 있다. 성경은 우리의 기분을 맞추려고 하지 않는다는 것이다. 성경은 더 쉬운 삶을 약속하는 어떤 것도 우리에게 팔려고 하지 않는다. 성경은 우리가 흔히 생각하는 형통이나 쾌락이나 짜릿한 모험의 비결을 내놓지 않는다. 성경을 읽으면서 뚜렷이 부각되는 실체는, 하나님께서 구원을 위해 사랑으로 행하시는 일이다. 우리와, 우리가 하는 모든 일이 그 하나님의 일에 포함되어 있다. 이것은 죄와 문화 속에서 위축되고 너저분해진 우리가 상상하던 것과는 사뭇 다르다. 성경을 읽는 것은, 여러 우상을 소개하는 우편 주문용 카탈로그에서 우상 하나를 골라서 우리의 환상을 채우는 것이 아니다. 성경은 하나님께서 말씀으로 만물과 우리를 창조하시는 것에서 시작한다. 그리고 하나님께서 우리 각 사람과의 복잡한 관계 속으로 들어오셔서, 우리를 도우시고 복 주시고 가르치시고 훈련하시고 책망하시고 징계하시고 사랑하시고 구원하시는 이야기를 들려준다. 이것은 현실 도피가 아니라, 오히려 더 큰 현실 속으로 뛰어드는 것이다. 희생이 따르지만, 시종 훨씬 더 나은 삶으로 말이다.

하나님은 이 가운데 어느 것도 우리에게 강요하지 않으신다. 하나님의 말씀은 인격적인 부름이기 때문에, 초청하고 명령하고 도전하고 책망하고 심판하고 위로하고 지도하지만, 절대로 강요하지는 않는다. 결코 억지로 시키지 않는다. 대화에 참여해서 응답할 자유와 여지가 우리에게 주어져 있다. 무엇보다도 성경은 하나님의 일과 언어에 동참하도록 우리를 초청하는 책이다.

읽으면서 우리는, 말씀을 읽는 일과 말씀대로 사는 삶이 연관되어 있음을 알게 된다. 성경의 모든 말씀은 삶으로 살아 낼 수 있다. 많은 사람들이 발견하듯이, 성경을 읽으면서 가장 중요한 질문은 '이것이 무슨 의미인가'가 아니라 '어떻게 이대로 살 수 있는가'이다. 그래서 우리는 성경을 비인격적으로 읽지 않고 인격적으로 읽는다. 우리의 참 자아로 살기 위해서 읽는다. 그저 생활수준을 높이는 데 유용한 정보를 얻기 위해 읽는 것이 아니다. 성경 읽기는 하나님의 음성을 듣고 순종하기 위한 방편이지, 종교 자료를 수집해서 우리 스스로 신이 되기 위한 수단이 아니다.

지금부터 당신은 성경의 이야기를 듣게 될 것이다. 그 이야기들은 당신을 자신에게 몰입된 상태에서 이끌어 내어, 세상의 구원을 이루고 계신 하나님의 드넓은 자유 속으로 데려갈 것이다. 거기서 만나게 될 단어와 문장들이, 당신을 비수처럼 찔러 아름다움과 희망에 눈뜨게 할 것이다. 그것이 당신을 참된 삶과 연결해 줄 것이다.

그 메시지에 꼭 응답하기 바란다.

감수의 글

한국교회는 구약성경을 대체로 멀리한다. 특히 설교강단에서 구약 예언서를 설교하는 경우는 거의 없다. 십일조를 강조하는 말라기 3장이 가장 빈번히 설교되는 본문이라는 사실을 제외한다면, 예언서는 설교자들이 가까이하기에는 너무 '거룩하고 난해하고 신랄한' 비판 어록처럼 보인다. 한국교회에서 예언서가 소외되는 까닭에 한국 그리스도인들이 입는 손해는 막대하다. 우선, 세속사회를 거룩하게 변화시키려는 사회선교적 기상의 상실이 가장 큰 손해다. 기독교 구원을 내면의 구원 확신이나 내세의 구원으로 축소시켜 버리는 협소한 구원 이해는 예언서 영성의 결핍에서 비롯된다. 또한 예언서와 예언자들에 대한 이해 부족은 예수 그리스도의 하나님 나라 복음에 대한 이해 부족을 드러내고, 세상을 복음화하려는 선교적 비전의 약화, 그리고 그 결과 교회의 사회적 영향력 약화를 가져온다.

그렇다면 한국교회가 예언서를 통해 얻을 수 있는 풍성한 유익은 무엇인가? 예언서를 관통하는 여러 주제를 중심으로 생각해 보고자 한다. 모든 예언서는 정도와 빈도의 차이는 있지만 대략 여섯 가지 주제를 공통적으로 다룬다.

첫째, 예언서는 신정통치의 지도자들 중 왕과 제사장, 재판관의 죄를 가장 맹렬하게 탄핵하고, 지주와 부유층들의 타락이 이스라엘 자유농민들의 생존 기반을 붕괴시킨 주범이라고 적시한다. 예언자들은 추상적이고 보편적인 인간의 죄성을 논하기 전에 권력층과 사회 지배세력의 죄를 훨씬 더 자주, 강도 높게 정조준하며 비판한다. 결국 이러한 지배층 탄핵을 바탕으로 예언서들은 하나님 백성 이스라엘의 죄성과 타락성을 해부하고, 더 나아가서 인간의 타락과 집단적 죄악성을 집요하게 추적하고 단죄한다. 예언서가 그토록 강조하는 하나님의 공평과 정의는 하나님의 사회적 자비 실천을 대변하는 신앙술어다. 예언서는 부동산 및 토지 투기, 소작인 착취, 임금체불, 무역거래상의 불법, 성적 타락 등이 왜 하나님의 심판을 촉발시키는 죄인지를 소상하게 다룬다. 한국 교회의 사회정의 사역 투신은 예언서를 진지하게 공부할 때 시작된다.

둘째, 예언서는 하나님 나라 백성들의 가장 구체적이고 곤궁한 삶의 자리에까지 내려오시는 성육신적 영성을 대변하고 실천하는 예언자들의 활약상을 보여준다. 예언자들은 생활밀착형, 민중친화적인 '거리의 성직자'들이었다. 그들은 왕이나 제사장처럼 고정된 왕궁이나 성소를 거점 삼아 사역하는 성직자들이 아니라, 민중의 신음과 아우성이 있는 곳이면 바람처럼 나타났다가 문제가 해결되면 이슬처럼 사라지는 하나님의 사역자들이었다. 예언자는 심판예언으로 지배계층의 양심을 진동시켰으나, 곤궁하고 가난한 하나님의 백성들 가운데 와서는 유순한 목자처럼 군림하지 않고 섬기다가 스스로 자취를 감추었다.

셋째, 예언서는 하나님과 이스라엘의 언약(아브라함과 맺은 언약, 모세를 통해 맺은 언약, 다윗을 통해 맺은 언약)이 이스라엘의 참혹한 죄에도 불구하고 파기될 수 없는 영원한 언약임을 상기시킨다. 모든 예언서는 멸망과 심판의 예언으로 시작했다가 위로와 회복, 미래를 열어 주실 하나님의 새 구원경륜 기대로 종료된다. 모든 예언서에는 심판, 회복, 위로의 메시지가 절묘하게 교직되어 있으며, 희망과 미래 구원의 언어가 참혹한 심판언어를 덮어쓰기하고 있다.

넷째, 예언서는 보편적인 하나님 나라를 선포한다. 예언서는 하나님 나라와 구원의 사회적, 우주적 비전을 전개한다. 열방 백성은 물론이요 온 누리의 동식물계까지 하나님의 우주적 구원 계획의 일부다. 하나님과 이스라엘 사이의 특수한 언약관계와 이스라엘의 선민 지위를 확고하게 붙들면서도, 예언서는 결코 배타적인 선민주의를 주창하지 않는다. 예언자들은 국제정세에 정통했으며 다른 나라에서 일어나는 죄악들과 그에 대한 하나님의 심판 및 구원

역사에 대해서도 정확한 이해를 가졌다. 그래서 예언서를 읽는 그리스도인들은 전 세계적인 차원의 위기에 민감해진다. 식량위기, 남북문제, 문명충돌, 기후생태위기, 핵문제 등 전 세계적인 파급력을 가진 시사쟁점들에 대한 예언자적 식견은 하나님 나라 운동가들의 필수교양이다.

다섯째, 예언서는 세계를 지배하는 제국주의의 제한적 가치(하나님 백성에 대한 징계용 방망이)를 인정하지만, 본질적으로 모든 압제적 지배국가를 비판하고 탄핵한다. 앗시리아, 바빌론, 이집트, 메대-페르시아, 그리스 제국등 모든 제국들은 도래하는 하나님 나라에 의해 산산조각난다. 하나님 나라는 압제적 지배국가들을 부서뜨린 잔해 위에 건설되는, 영원히 평화로운 나라다. 왜냐하면 하나님 나라는 하나님의 공평과 정의 위에 건설된, 지극히 약자 친화적인 공동체이기 때문이다.

여섯째, 모든 예언서는 이스라엘과 하나님의 언약관계를 회복시켜 줄 이상적인 이스라엘과, 이상적인 이스라엘의 대표자인 세상 죄를 지고 가는 하나님의 어린양의 도래를 앙망하고 기다린다. 모든 예언서는 하나님의 계명을 모두 준행하여 이스라엘에게 두신 거룩한 백성, 제사장 나라 비전을 온전히 구현할 이스라엘의 대표자, 메시아의 도래시점을 가리키고 있다. 예수님의 하나님 나라 비전과 사도 바울의 세계선교 비전도 모두 예언서 안에 이미 예고되어 있다. 구약성경 안에 이미 십자가와 부활의 복음이 들어와 있다. 신약성경의 새 언약은 이미 예레미야 31장과 에스겔 36장에 소개되고 있다. 신약성경은 구약의 온전한 성취물인 것이다.

특히 나사렛 예수의 하나님 나라 언어, 하나님 나라 구현 사역의 일거수일투족을 자세하게 이해하려면 예언서 이해가 반드시 요청된다. 나사렛 예수의 십자가 구원 여정 시나리오는 이미 구약성경 안에 있다. 예레미야 7장과 26장의 미신적 성전숭배 비판 예언, 에스겔 34장의 선한 목자 예언, 이사야 53장의 세상 죄를 지고 가는 어린양 예언, 스가랴 9장의 나귀 타고 예루살렘에 입성하는 평화의 왕 메시아 예언, 요나서의 삼 일 만의 인자(人子) 부활 예언 등은 모두 예언서에 기록된 메시아의 각본들이다. 심지어 아라비아로 갔다가 시리아를 거쳐 땅끝으로 전진하는 사도 바울의 세계선교 여정도 결국 이사야서의 예언 성취였다.

　　나사렛 예수의 하나님 나라 운동은, 이스라엘과 야웨 하나님 사이의 언약은 이스라엘의 죄가 끊을 수 없다는 예언자들의 신앙이 옳았음을 공증했다. 이스라엘의 회복, 부활, 소생 약속은 나사렛 예수의 고난과 십자가 죽음 후에 찾아온 부활로 확증되고 실현되었다. 나사렛 예수의 언어와 행동은 구약성경의 예언서라는 큰 산맥을 휘몰아쳐 들리는 큰 울림이다. 예언서를 읽으며 '만물보다 심히 부패한 것이 인간의 마음'(렘 17:9)임을 알고 절망하지만, 나사렛 예수 안에 있는, 끝내 인간의 죄악을 이기고 승리한 그 찬란한 사죄 은총을 보고는 하나님을 경배하지 않을 수 없다. 예언자들은 인간의 죄악에 대한 하나님의 좌절감, 진노, 슬픔의 파토스에 공감하는 한편, 구원을 위해 당신의 독생자를 보낼 수밖에 없는 하나님 아버지의 깊이를 헤아릴 수 없는 자비와 은총에 전율했다. 예언서에는 이미 당신의 독생자에게 세상 죄를 전가시켜 지고 가게 하시는 상처 입은 아버지 하나님이 와 계신다!

예언서는 어떤 책인가?

열여섯 명의 예언자들은 남북분열왕국시대 후반인 주전 8세기 중반 이후부터 등장했다. 그들은 먼 미래의 일을 알아맞히는 천리안적 신통력을 가진 예언가들이 아니라, 하나님의 입장에서 역사적 사건들을 해석하고 하나님의 의도를 대변했던 대언자들이었다. 예언자들의 눈에 비친 왕정시대는 사사시대의 영적·도덕적 무정부 상태와 다르지 않았고, 오히려 전제왕권을 휘두르는 인간 왕들은 하나님의 직접적 통치를 방해하는 장애물들이었다. 이런 상황에서 예언자들은 스스로를 하나님의 어전회의에서 의논된 의제를 지배계층에게 전달하는 거룩한 전령(messenger)이라고 자임하였다(왕상 22장, 사 6장).

구약성경의 예언이란 당대의 역사적·자연적 사건이나 현상들을 신학적으로 해석하는 틀을 가리킨다. 예언은 점성술에서 주로 시도하는 미래 예측(fortune-telling)이 아니라 하나님 나라 중심의 현실분석이었으며, 동시대 사람들의 마음에 모종의 신앙적 결단을 하도록 돕는 목회사역의 일환이었다. 인간 역사가 하나님의 공평과 정의의 잣대로 보아 급격한 퇴락과 영적 일탈의 길로 치달을 때 예언이 분출하였다. 남유다와 북이스라엘 왕국이 맞이한 주전 8세기 중후반(주전 750-701년)은 위기의 시대였다. 그래서 하나님의 회오리바람 같은 예언운동이 주전 8세기 중후반에 일어났다. 물론 정통 예언자들이 질풍노도처럼 북이스라엘과 남유다를 진동하기 전에도 많은 생계형 예언자들이 활동하고 있었다(미 3장). 그들은 모두 고객 중심의 예언활동에 종사하고 있었다. 그들은 하나님 말씀을 동시대의 지배층을 비롯하여 모든 백성들이 마땅히 들어야 할 공적 담론으로 전하지 못하였고, 지극히 사유화된 "예언"으로 개인의 길흉화복을 예측하고 그것들에 대처할 만한 액땜들을 처방하는 "종교적 흥행사"로 머물렀다. 이에 비해 정통 예언자들은 자신들을 찾아오는 고객이 아닌, 하나님이 지정하신 청중에게 하나님 말씀을 전달했다. 정통 예언자들은 당대의 역사적인 재난이나 위기를 하나님의 의도와 목적의 빛 아래서 해석했다. 미래 예언의 목적은 동시대 사람들에게 회개를 촉발시키기 위함이었다. 결국 대부분의 예언자들은 철두철미하게 당대의 중심과제를 안고 씨름하던 사람들이었다.

1. 주전 8세기 예언자: 요나, 아모스, 호세아, 이사야, 미가

요나서는 주전 8세기 북이스라엘 여로보암 2세 시대에 활동한 예언자 **요나**를 주인공으로 삼는 예언서인데, 정작 주전 7세기 상황, 곧 앗시리아가 몰락하는 주전 612년 전후를 다루고 있다. 요나서는 편협한 선민의식을 부드럽고 익살 스럽게 비판한다.

아모스(주전 750년경 여로보암 2세)와 **호세아**(여로보암 2세 직후)는 이스 라엘이 금과옥조처럼 여겨 오던 고대 이스라엘의 구원사 전승을 과격하게 재 해석하여 선택과 계약 전승을 책임의 전승으로 전환시킨다. 그는 출애굽 전승 마저도 상대화시키며, 진정 택함받은 백성이라면 하나님의 계약적 요구에 부 응하는 높은 도덕과 윤리적 이상을 사회 각 영역에서 구현해야 함을 강조한다 (암 9:7). 아모스가 사회정치적·경제적인 영역에서 공의의 실현을 강조한 반 면, 호세아는 이스라엘의 종교적 배교의 문제에 초점을 맞춘다. 바알 숭배가 어떤 사회경제적인 함의를 가지고 있는지를 깊이 파헤친 호세아는 제사장 계 급의 타락과 부패, 왕정제도의 배교적 특성, 그리고 종교윤리적 음란의 문제 를 집중적으로 다룬다.

이사야와 **미가**가 공식적인 예언활동을 시작할 무렵인 주전 8세기 중엽은 북쪽의 앗시리아 제국이 제국주의적 정복전쟁을 남서쪽으로 확장하던 시점 이었다. 앗시리아 제국의 디글랏빌레셀 3세는 이미 주전 740-738년경에 북 시리아 지역의 소왕국들을 모두 정복한 상태였다(웃시야 왕이 죽기 전후의 시 기). 앗시리아 제국은 아람의 도시국가인 하맛(Hamath) 정복을 필두로 갈로 (Calno) 등 시리아-페니키아-팔레스타인의 소왕국들도 차례로 정복하였다 (사 10:8-11; 36:18-20). 디글랏빌레셀 3세는 주전 734년경에 팔레스타인 에 진출하였으며, 심지어 이집트 국경선에까지 육박하였다. 그는 블레셋 정복 일지에서 "이집트 강 앞에" 군사(무역)기지를 구축하기에 이르렀다고 자랑한

다. 이 가공할 만한 앗시리아의 군사적 팽창에 직면하여 많은 작은 왕국들이
반역을 시도했으나 잔혹하게 진압되어 버렸다. 이 와중에 시리아와 북이스라
엘이 주도하는 시리아-에브라임 전쟁이 일어나고(주전 734-732년), 두 나라
동맹군은 유다의 아하스 왕에게 반앗시리아 연합전선에 동참하도록 강요하
기에 이른다. 예언자 이사야가 처음으로 공적인 무대에 등장하는 때가 바로
이 상황이었다. 이사야는 예루살렘에 본거지를 둔 상류계층에서 태어났으며,
왕실 내부에서 일어나는 일들과 외교정책의 추이들을 면밀하게 분석하고 비
판할 수 있을 만큼 유다 왕국 내부의 사정에 정통하였다. 그는 유다가 야웨 하
나님과의 계약관계를 파기함으로써 발생되는 사회 문제들을 폭로하고 귀족
과 관료, 지주 등 상류사회의 타락과 부패를 공격하였다(사 1:3-9; 3:13-15;
5:8-23).

이사야는 시리아-에브라임 전쟁 이후 약 40년간 지속된 국가적 위기 속
에서 하나님의 말씀을 대언하였다. 이사야는 40장부터 위로와 희망의 예언으
로 주조음(leitmotif)을 바꾼다. 연대기적으로 볼 때 이사야 40-66장은 바빌
론 포로기와 페르시아 시기, 그리고 바빌론 귀환포로들의 가나안 재정착 과정
상황을 다루고 있다. 미가는 주로 산헤립의 유다 침략기인 주전 701년 전후의
피폐해질 혹은 피폐해진 유다 농촌 현실에 초점을 맞추며 예언하였다. 그는
북이스라엘의 유력자들이 예루살렘에 피신해 와서 남유다의 정치적·경제적
불의와 불법을 조장하는 상황을 주목하고, 유다 농민들의 입장에서 예루살렘
중심의 지주들과 정치 권력자들에게 심판을 예언하였다. 시온의 패망 가능성
에 대하여 극도로 조심했던 이사야와 달리, 미가는 시온도 멸망당할 수 있음
을 공공연히 선포했다.

2. 주전 7-6세기 포로기 예언자: 예레미야, 에스겔

예레미야와 에스겔은 주전 6세기 바빌론 제국에 의한 조국 유다의 멸망을 목격하였거나(예레미야) 멸망 소식을 망명지에서 들었던(에스겔) 사람들이다. 주전 586년에 유다는 하나님이 그들을 선택하셨다는 상징적 보증이었던 성전과 다윗 왕조를 상실하였다. 주전 586년 사건의 그림자가 예레미야서 전체와 에스겔서의 후반부를 뒤덮고 있다. 이 두 책의 주제는 절망을 초극하는 희망, 하나님이 창조하신 희망이다. 예레미야는 예루살렘 몰락(렘 1, 20, 25, 29, 31-33장)의 현장을 목격하면서 하나님의 언약적 신실성이 아니면 이제 다시는 유다에게 희망이 없다고 단언한다. 그는 유다 멸망의 필연성을 역설하고 바빌론 유배의 신학적 의의를 강조한다(렘 25장, 29:11-13). 가나안 땅에 사는 것이 얼마나 큰 은혜인지 모를 바에는 차라리 바빌론 포로로 잡혀가서, 약속의 땅 상실이 무엇을 의미하는지, 약속의 땅에 살았던 시절이 얼마나 놀라운 은혜의 시절이었는지를 회상해야 한다고 주장한다. 그는 바빌론에 포로로 잡혀간 사람들에게 유다의 미래가 있을 것이라고 말한다. 그치지 않는 사랑으로 이스라엘을 돌보셨던 거룩하고 은혜로우신 하나님의 정당한 분노를 옹호해 온 예레미야는, 나라가 멸망한 뒤에는 그릇된 길로부터 돌이키는 백성을 능히 회복시키실 하나님의 구원 의지를 옹호하기 시작했다. 뿌리를 뽑고 기초를 훼파(毁破)하셨던 그 하나님이 바로 다시 건축하고 심으시는 하나님이시다(렘 1:10).

에스겔은 주전 597년에 바빌론으로 끌려가 약 10년간의 포로생활이 지난 후 예루살렘의 멸망 소식을 망명지에서 듣고 경악한다. 그는 망명지에서 아내를 잃고도 공식적인 애도의식을 거행하지 못할 만큼 비극적인 인물이었다. 사독 계열 제사장의 아들로 태어난 에스겔은 서른 살의 나이에 바빌론 포로들 한복판에서 하나님의 부르심을 받고 예언자적 목회에 돌입한다. 그는 성전의 그룹 사이에 좌정하신 하나님이 아니라 불전차를 타고 세계를 종횡무진하시는, 절대적으로 초월적이고 절대적으로 자유하신 하나님과 부딪힌다. 그는 유다 왕실은 망하고 유다 왕의 보좌는 텅 비어 있었지만, 하나님 나라의 보좌에는 이상이 없다는 것을 깨달았다. 유다 왕조의 흥망성쇠와 상관없이 여전히 하나님은 우주와 역사, 인생과 온 삼라만상을 주재하는 왕이시다. 유다 왕의 보좌는 비어 있지만 하나님은 불전차 보좌 위에 앉아 계시며 세계를 다스리신다. 전체적으로 에스겔서의 주제는 예루살렘 성전을 떠나는 하나님의 영광(Shekinah)과 회복된 성전(시 46편, 겔 40장)이다.

3. 주전 7-6세기의 소예언서: 나훔, 오바댜, 하박국, 스바냐, 요엘, 예레미야 애가
나훔은 앗시리아 제국의 몰락을 기뻐하는 나훔이 남긴 민족주의적인 예언서다(주전 7세기). **오바댜**는 한 장으로 구성된 예언서로서, 유다 왕국이 바빌론에게 함락될 때(주전 597-586년) 바빌론을 도와 유다를 노략질한 에돔에 대한 가혹한 심판을 선포하는 예언을 담고 있다(주전 6세기).

하박국서는 예레미야와 거의 동시대의 예언자인 **하박국**의 예언서로서, "믿는 자가 의인이며, 하나님의 심판(바빌론 유수)의 필연성을 영접하는 자가 의인"임을 역설한다.

스바냐는 예레미야와 동시대에 활동한 유다 왕국의 예언자 스바냐가 남긴 예언서로, 하나님 백성을 정결케 하는 날인 "여호와의 날"과 정결케 된 "남은 자들"의 회복에 대하여 예언한다. 스바냐와 거의 동시대의 유다 예언자인 **요엘**은 "야웨의 날"은 심판의 날임과 동시에 위로의 날이 될 것임을 선포한다.

예레미야 애가는 예루살렘 파괴(요시야 왕의 때 이른 죽음)에 대한 애가와 하나님의 한없는 은혜에 대한 감사를 담고 있으며, 심판을 초월하는 하나님의 무궁한 자비를 노래한다. 이 책은 심판을 넘어 하나님이 열어 가실 미래에 대한 기대를 표명하며, 폐허가 된 예루살렘 성전 터를 배경으로 슬픔과 통곡을 표출한다.

4. 주전 6-5세기 포로기 이후 예언자: 학개, 스가랴, 말라기

학개와 **스가랴**는 주전 538-515년 사이에 귀환포로 공동체에게 성전 재건을 독려한 예언자들이다. 두 장으로 구성된 학개서는 주로 귀환포로들의 영적 해이와 성전 재건에 대한 열의 부족을 질타한다. 당시 유다에 닥친 가뭄에 대해, 성전 건축에 충성을 다하지 않는 백성들의 영적 해이와 근시안적 이기주의에 대한 하나님의 심판이라고 주장한다.

스가랴도 거의 비슷한 기조의 예언을 선포하지만 훨씬 더 비의적이고 종말론적인 메시지를 전한다. 모두 열네 장으로 구성된 스가랴서는 주전 6세기 상황을 반영한 1-8장과, 다소 비의적이고 종말론적인 음조를 띠고 있는 9-14장으로 나뉜다. 저자 스가랴는 주전 520년(다리오 왕 2년) 어느 시점(학개보다 약간 늦은 시점)에 예언사역을 시작했다. 그의 메시지는 회개를 촉구하는 예언이다. 망령된 조상들을 본받지 말고 그들의 길에서 떠나라고 말한다.

네 장으로 구성된 **말라기**는 주전 5-4세기의 귀환포로 공동체에게 예언한 예언자다. 그는 포로기 이후의 이스라엘의 영적 해이와 제사장들의 업무태만에 대하여 개탄하고 규탄한다. 마지막 4장은 메시아 강림 전에 엘리야의 회개 운동이 있을 것을 예언하며, 세례자 요한의 인생 요절 중 하나를 제공한다(말 4:2).

5. 묵시예언서: 다니엘서

다니엘서는 한글 성경에서 대예언서로 분류되지만, 히브리 성경은 성문서로 간주한다. 다니엘은 주전 7세기와 6세기에 걸쳐 활동한 예언자요 묵시가이지

만 다니엘서가 다루는 상황은 신구약 중간시대이므로 학개, 스가랴, 말라기와
함께 읽는다. 문학적인 양식으로 볼 때 다니엘서는 주전 3세기부터 꽃피기 시
작한 장르인 유대 묵시문학(주전 250-주후 250년)의 하나다. 묵시문학은 천
상의 계시자가, 박해를 경험하고 스스로를 주류 세력들에 의하여 희생당하는
소수자라고 느끼는 사람들에게 미래 환상이나 천상 비밀을 몰래 알려 주는 현
상을 다루는 문학이다. 미래 환상이나 천상 비밀을 일부 사람들에게 몰래 알
려 주는 목적은, 어둠이 지배하는 고난의 시기가 얼마 남지 않았음을 알려 줌
으로써 그들을 지지하고 보존하는 데 있다.

　　다니엘서의 주제는 하나님의 백성으로서의 정체성을 결코 희생시키지 말
아야 한다는 것이다. 다니엘서는 하나님께서 역사를 주관하시기에 모든 것은
하나님의 계획 속에 들어 있다고 믿으며 악에 대한 하나님의 궁극적 승리를
주장한다. 그러나 동시에 믿음을 빌미 삼아 역사로부터 도피하지 말고, 하나
님 나라의 도래를 믿고 역사 안에서 준동하는 악과의 싸움에 능동적으로 참여
할 것을 독려한다.

「메시지」가 한국교회에 던지는 도전: 왜 「메시지」 예언서인가?

그동안 출간된 「메시지」의 다른 책과 동일하게, 예언서에서도 하나님의 마음
이 잘 느껴진다. 지존하시며 거룩하신 하나님이 낮고 천한 인간의 거리에 내려
오신 느낌을 준다. 특히, 우리 시대의 문화적·사상적 감수성에 적절하게 호소
하며, 인간의 죄악과 타락에 대한 하나님의 진노, 좌절, 그리고 비통의 감정을
잘 전달한다. 「메시지」 예언서를 읽을 때 가장 강하게 다가오는 진실은, 이스
라엘의 죄악으로 인한 하나님의 슬픔과 고통이 진노보다 더 크고 앞선다는 사
실이다. 이스라엘의 죄와 씨름하시다가 당신의 독생자에게 모든 죄를 전가시

켜 지고 가게 하시는 하나님 아버지의 마음이 예언서에 나타나 있다. 「메시지」 예언서가 역동적 동등성(dynamic equivalence)의 원리로 의미역함으로써 성경의 정교하고 심오한 맛을 일부 놓치고 있으나, 그것을 상쇄시킬 만한 특장 또한 많다. 몇 가지 사항을 주목함으로써 「메시지」 예언서의 유익을 상고해 보고자 한다.

첫째, 예언서 안의 다양한 하위문학 장르들을 가독성 높은 편집으로 잘 부각시켰다. 독백, 대화, 논쟁, 내러티브, 기도, 찬양, 비탄이 잘 읽힌다. 「메시지」로 읽을 때, 성경 읽는 속도가 두 배 이상 빨라질 수 있다. 예레미야 6:26이 좋은 예다. "카운트다운이 시작된다. 육, 오, 사, 삼……공포가 들이닥친다!" 이런 번역은 심판 이미지의 박진감을 한껏 넘치게 한다.

둘째, 기존 한글성경의 단어, 개념, 어휘들에 익숙하지 않은 신세대 독자들의 감수성에 잘 맞는 흥미로운 비유, 유비 등이 사용되었다. '역동적 동등' 번역이라는 번역원리에 충실하여 독자들에게 하나님의 파토스가 부드럽게 이입되는 성경읽기가 가능하다. 이사야 28:14-15, "우리는 좋은 생명보험을 들어 두었다." 이사야 28:18-22, "애지중지하던 생명보험 증권이 한낱 종잇조각에 불과하다는 것을 알게 되리라." 이사야 29:9-10, "위스키 없이도 정신을 잃으리라." 예레미야 2:33-35, "너는 죄를 가르치는 학교를 세우고 대학원 과정까지 개설해 악을 가르쳤다!"

또한 도량형 단위가 한국 독자들에게 익숙한 단위로 표현되어 있어 잘 읽힌다(예를 들어, 다니엘 3:1의 "높이 27미터, 두께 2.7미터나 되는 금 신상").

셋째, 예언서 전체를 하나의 드라마처럼 읽을 수 있도록 번역했다. 옴니버스 형식의 다중플롯 드라마 같은 예언서에서, 등장인물과 시대상황은 각기 다르지만 그 안에 등장하는 '주인공 하나님'의 상처 입은 마음은 예언서의 드라마적 구조를 지탱시켜 가고 있다. 야웨 하나님은 과연 당신의 신실하지 못한

아내를 영구적으로 버리실 것인가? 아버지 하나님은 당신의 언약백성이자 당신께서 친히 낳으신 자녀 이스라엘을 영구적으로 버리실 것인가? 이런 긴장과 박진감을 일으키며 전개되는 예언서는 독생자를 보내시기까지 세상을 사랑하시는 하나님의 심연 같은 사랑의 물길을 재고 있다.

넷째, 「메시지」 예언서는 왜 하나님께서 인간의 믿음과 순종을 애타게 요구하시는지를 잘 부각시켜 주며, 구약의 하나님 아버지가 곧 신약의 예수 그리스도를 파송하신 그 하나님임을 확신시켜 준다. 개역개정 성경의 경우 구약에서 신약으로 전환될 때 쉽게 극복할 수 없는 이격감(離隔感)이 들지만, 「메시지」 예언서는 예언자를 파송하셔서 이스라엘을 영생의 길로 이끄시려고 분투하신 하나님이, 바로 갈릴리 땅에 오셔서 회개를 촉구하며 하나님 나라의 영생잔치를 벌여 주셨던 나사렛 예수의 아버지 하나님임을 확신시켜 주기에 충분할 정도로 하나님의 속마음이 잘 드러난다. 목회자의 마음으로 번역한 성경의 위력을 또 한번 실감하는 곳이 「메시지」 예언서다.

하지만 다른 「메시지」 책에서도 언급했듯이, 다바르(말씀), 하자(환상), 마사(예언), 에차(계획) 등 숱한 의미 함축적인 히브리어 단어들을 '메시지'라는 말로 과도하게 평탄화하였기에 성경말씀의 묘미와 신학적 깊이를 음미하려는 독자들에게는 원문 확인의 열망을 불러일으킨다. 그러나 이 아쉬움이 「메시지」 예언서를 한국 독자들에게 적극 추천하는 것을 주저하게 만들지는 않는다. 부디 독자들이 「메시지」 예언서를 통해, 도시의 거리에 성큼 다가오는 예언자들의 천상의 메시지를 원음처럼 생생하게 들을 수 있기를 기도한다.

마지막으로, 우리는 유진 피터슨의 수고 위에 한국어판 작업에 쏟아진 번역자와 편집진의 노고 속에서, 하나님 말씀을 우리 마음의 귓전에 들려주시려는 하나님의 간절하고 애타는 마음을 체감한다. 예언서에 적힌 글자 하나, 단어 하나, 구문 하나에 쏟아부어진 예언자적 중보의 영성이 독자들에게 잘 전달되어, 문자를 넘어 영이신 하나님과 막힘없는 교감이 일어나기를 간구한다.

「메시지」 예언서를 읽는 독자는 크게 다섯 가지 유익을 얻게 될 것이다. 첫째, 하나님의 말씀을 듣는 영적 감청력이 현저하게 향상될 것이다. 예언자들의 양심을 진동시켰던 그 말씀이 독자들의 마음을 하나님의 마음과 결속시켜 줄 것이다. 독자들은 「메시지」 예언서를 읽으면서 예언자들의 육성을 증폭된 음조로 들을 것이며, 예언자들 각각의 개성과 비전에 공감할 수 있을 것이다. 둘째, 개인 구원과 내면 영성에 제한되었던 신앙생활이 사회적, 우주적 차원까지 확장될 것이다. 신문을 읽고 방송을 듣고 시사 문제를 대면할 때마다 예언자적인 시각을 계발할 수 있을 것이다. 셋째, 예언서의 드라마적 구조를 감지하며 속도감 있게 예언서를 통독할 수 있을 것이다. 넷째, 예수 그리스도의 하나님 나라 복음이 예언자들이 전한 예언의 적분적 종합임을 깨닫게 될 것이며, 왜 하나님의 아들이 십자가에 달려 세상 죄를 지고 가는 어린양이 되셔야 했는지 그 논리를 깊이 깨닫게 될 것이다. 마지막으로, 「메시지」 예언서의 상관성 넘치고 생동감 넘치는 언어에 매료되고 나면, 구약성경 전체에 대한 호감과 관심이 비약적으로 증가되어 성경통독의 소망이 새록새록 자랄 것이다.

김회권 교수
숭실대학교 기독교학과

옮긴이의 글

"만일 이사야나 요한이 우리 시대 사람이었다면 어떤 식으로 말했을까?" 이
는 히브리어와 그리스어 성경 원전을 현대어로 옮긴 유진 피터슨이 작업 중에
늘 떠올렸던 질문이었다고 합니다. 「메시지」의 가치와 한계는 바로 이 질문의
가치와 한계에서 찾을 수 있지 않을까 생각합니다. 한계는 분명합니다. 이사
야나 요한은 어찌 되었든 현대인이 '아니기' 때문입니다. "하늘아 땅아……
귀를 기울여라"(사 1:2)고 외친 그 예언자는 지금으로부터 2,700여 년 전 인
물이었고, "처음에 그 말씀이 있었다"(요 1:1)고 기록한 이 역시 지금으로부터
1,900여 년 전 인물이었습니다. 그런 그들을 마치 청바지를 입고 '뉴욕 타임
스'를 읽는 사람처럼 보이게 만든 「메시지」는 정말이지 '번역'(traduttore)을
한 것이 아니라 '반역'(traditore)을 한 것인지도 모르겠습니다. 하지만 이 '반
역'을 통해 「메시지」가 도모했던 목적이 있고, 저는 그 목적이 매우 가치 있는
것이며, 「메시지」가 그 목적을 탁월하게 성취했다고 생각합니다.

「메시지」의 존재 이유(raison d'etre)이기도 한 그 목적은 바로 성경 '메시
지'의 전달입니다. 유진 피터슨은, 성경은 역사적 '텍스트'이기도 하지만 더
중요하게는 오늘 우리를 위한 '메시지'이며, 따라서 현대 독자들에게는 텍스
트 자체에 충실한 번역 성경들뿐 아니라, '오늘 우리를 위한 메시지 전달'에 보
다 주안점을 둔 번역 성경도 필요하다고 생각했습니다.

"만일 이사야나 요한이 우리 시대 사람이었다면 어떤 식으로 말했을까?"
이것은 그러한 '메시지' 성경을 의도하며 유진 피터슨이 자신의 번역 작업의
도구로 삼은 질문이었습니다. '신학적 상상력'을 번역 도구로 삼은 셈인데, 생
각해 보면 성경에서 '하나님의 말씀'—이사야의 말이나 요한의 말이 아니라
—을 듣는 모든 이들은 사실 이미 그러한 신학적 상상력을 동원해 성경을 읽
고 있습니다.

물론, 성경의 말씀을 너무 친숙한 말과 개념으로 바꾸어 읽는 것은 오히려

"성경 안의 낯설고 새로운 세계"(칼 바르트)를 발견하는 일에 방해가 될 수도 있습니다. 아마도 그런 이유로, 유진 피터슨 자신도 「메시지」를 예배 중 성경 봉독 시간이나 본격적 성경 연구에 사용하는 것은 권장하지 않았던 것 같습니다. 개인적으로, 「메시지」가 사용되면 가장 좋을 시간은 개인 성경묵상 시간과 더불어 주일예배 설교시간이라고 생각합니다. '해석적'(interpretive) 번역을 넘어 가히 '설교적'(sermonic) 번역이라고 할 만한 「메시지」가 '메시지'를 듣고자 모인 성도들 앞에서 우렁차고 낭랑하게 낭독될 경우, 그 자체만으로도 충분히 훌륭한 설교가 될 수 있다고 생각하기 때문입니다.

성경 중에서, 설교강단에서 낭독하기에 가장 안성맞춤인 책임에도 실제로는 가장 적게 낭독되고 있는 책이 있다면, 바로 예언서 책들일 것입니다. 이사야서에서 말라기까지의 예언서 책들은, 개인적 성경 읽기에서뿐 아니라 주일 공동예배에서도, 성경에서 가장 적게 읽히는 부분입니다. 구약성경 말미에 자리 잡고 있어서 그런 것이기도 하지만, 더 큰 이유는 예언서의 말씀들이 거의 대부분 '시'(詩)이기 때문입니다. 시는 텍스트의 '문자'(letter)에 충실한 번역만으로는 그 텍스트의 '영'(spirit)을 충실히 전하기 어려운 문학장르인데, 이 시들은 '예언'이라고 하는, 오늘 우리에게는 생경한 형식의 메시지를 전해 주는 시들이기 때문입니다. 이 시들은 "하나님의 파토스"(아브라함 요수아 헤셸)로 불붙어 있는 '신학적 시'들이요 '시적 설교'들입니다. 어찌나 불같은 시, 불같은 설교들이었던지, 당대 청중은 그 불에 열을 받아 그 예언자들을 잡아다 죽이거나, 그 불에 돌같이 굳었던 그들의 마음이 녹아 새로 태어나거나, 둘 중에 하나로만 반응할 수 있었을 정도입니다. 「메시지」 예언서는 예언서의 말씀이 이러한 불칼 같은 '예언자적 설교'요 불꽃같은 시들이었음을, 그 어떤 다른 번역 성경들보다 더 생생하고 충실하게 전달해 주고 있다고 저는 생각합니다.

　　물론, 지금까지의 이야기는 엄밀히 말하면 유진 피터슨의 「메시지」(*The Message*)에 대한 것입니다. 사실 「메시지」 한국어판이, 「메시지」가 영어 사용자들에게 해주는 일을 한국어 사용자들에게 똑같이 해주는지 묻는다면, 정직히 말해 다소 '회의적'인 것은 사실입니다. 장차 '한국의 유진 피터슨'이 나와서 히브리어·그리스어 성경 원전을 가지고 번역 작업을 한 성경이라야 「메시지」의 성경 번역 정신을 제대로 이어받은 성경이라 할 수 있을 것입니다. 많은 이들이 그러한 성경을 기다리고 있습니다. 「메시지」 한국어판이 비록 '한국판 더 메시지'는 되지 못할지라도, 그런 성경이 나오기까지 그 길을 예비하는 세례 요한 같은 역할은 할 수 있지 않을까 생각합니다. (실제로 많은 이들이 「메시지」 한국어판을 접하고서 '한국판 더 메시지'를 고대하게 되었습니다.) 많은 이들이 고대하는 그 책이 등장하면, 「메시지」 한국어판은 기꺼이 '신랑의 들러리'가 되어 "그는 흥하고 나는 쇠하여야 하리라" 말하며 기뻐할 것입니다.

　　「메시지」 프로젝트에 번역자의 한 사람으로서 참여하게 된 것은 제게 과분한 영광이었습니다. 그 '영광의 무게'는 곧 책임의 무게이기도 해, 감당하기에 많은 힘이 들었던 것도 사실이지만, 받은 복도 이루 헤아릴 수 없습니다. 특히 「메시지」 예언서를 우리말로 옮긴 일은 제게는 아주 특별한 경험이었습니다. 'translate'(번역하다)는 '옮긴다'는 말인데, 「메시지」 예언서 번역을 마친 지금, 저는 제가 그 책을 옮겼다는 생각보다는 그 책이 저를 '옮겨(移動) 주었다'는 사실에 더 큰 감회를 느낍니다. 참으로 「메시지」 예언서는 저를 옮겨 주었습니다! 허언(虛言), 감언(甘言), 교언(巧言)이 판치는 거짓 예언자들의 시장판에서 참 하나님의 예언자들의 '말씀의 세계'로 말입니다. '광야에서 외치는 소리', 천지를 진동시키는 그 벽력같은 소리는 사람의 말에 지쳤던 저의 귀를 깨워 '하나님'의 말씀을 듣게 해주었습니다. 그 '빈 들의 소리'는 도성 거짓 설교자들의 시끄러운 잔소리, 얼빠진 헛소리, 하나 마나 한 시시한 소리들과 얼마나 다른지요! 하나님의 예언자들이 전한 메시지는 과연 '말씀'이었습니다. '일을 내는 말', '다바르'(*dabar*)였습니다. 이 땅에 하나님 나라를 가져오는 말이요, 이 땅을 불법 점령한 세상 나라를 전복시키는 말이었습니다. 하늘에서 떨어지는 불덩이 같은 말씀이요, '좌우에 날선 검'과 같은 말씀이었습니다. '소멸하는 불'이신 하나님의 영의 검이었습니다. 죄인의 오만과 기만과 태만을 사정없이 도려내는 검이었습니다. 그런데 그 불칼 같은 말씀 앞에 서는 일은 신비하게도 구원이었습니다. '힐링'이었습니다. 세상이 주는 것과 다른, 세상이 알 수도 없는 힐링이었습니다. "말씀이 육신이 되어" 우리 가운데 오신 분을 새롭게 만나는 일이었습니다.

이런 만남을 통해 개혁되고 성숙하는 한국교회를 보고자 하는 것이 「메시지」 프로젝트에 기획자로, 번역자로, 편집자로, 조언자로, 그 밖에 여러 모양으로 힘과 정성을 쏟고 계신 모든 분들의 바람이라고 믿습니다. 동역자로 탁월한 섬김을 베풀어 준 문준호 편집자를 비롯하여 복 있는 사람 사역자 분들과, 늘 격려와 도전을 주시는 박종현 대표님께 이 자리를 빌려 깊은 감사의 말씀을 드립니다.

말의 홍수와 말씀의 기갈을 겪는 이 시대에, 「메시지」 예언서가 이 땅에 "하나님의 말씀이 점점 왕성하여"지고 "흥왕하여 세력을 얻는" 일에 쓰임받기를 간절히 기도합니다.

2013년 7월
이종태 목사

예언서

수백 년에 걸친 기간 동안 히브리 민족은 예언자들을 놀랍도록 많이 배출해 냈다. 그들은 하나님의 실재를 제시하는 일에 탁월한 능력과 솜씨를 보여주었다. 하나님에 대한 온갖 판타지와 거짓말에 속아 살던 공동체와 민족들에게 그들은 참 하나님의 명령과 약속과 임재를 전해 주었다.

정도의 차이가 있을 뿐 우리는 누구나 하나님을 믿고 있다. 그러나 우리 대부분은 어떻게든 하나님을 우리 삶의 주변 자리에 묶어 두려 하고, 그것이 여의치 않을 경우, 하나님을 각자의 편의대로 축소시켜 대하려 한다. 그런 우리에게, 하나님은 중심이 되시며 결코 무대 뒤에서 우리가 불러 주기를 기다리는 존재가 아니라고 목소리 높이는 이들이 바로 예언자들이다. 이사야는 우리에게 하나님이 "놀라우신 조언자", "전능하신 하나님", "영원하신 아버지", "온전케 하시는 왕"(사 9:6)이라는 사실을 깨닫게 하며, 예레미야는 "**하나님은 참되시다. 살아 계신 하나님은 영원한 왕이시다**"(렘 10:10)라고 말한다. 다니엘은 그분을 "비밀들을 계시해 주시는 분"(단 2:29)이라고 부르고, 요나는 하나님이 "지극히 은혜로우시며 자비로우신 분", "웬만해서는 노하지 않으시고, 사랑이 차고 넘치며, 벌을 내리려고 했다가도 툭하면 용서해 주시는 분"(욘 4:2)이라 표현하고 있다. 나훔은 독자들에게, "**하나님을 가벼이 여기지 말라**"(나 1:2)고 말하며, 하박국은 하나님이 "영원부터 계신 분", "거룩하신 하나님", "반석이신 하나님"(합 1:12)이라는 것을 상기시킨다. 예언자들은 우리가 상상하는 대로가 아니라, 하나님이 스스로 계시해 주신 대로 그분을 알고 대해야 한다고 역설한다.

그들은 사람들을 일깨워 그들의 삶 가운데 주권적으로 역사하시는 하나님을 볼 수 있게 해주었다. 그들은 고함치며 울었고, 꾸짖고 쓰다듬었으며, 도전과 위로를 주었다. 투박하게 말할 때나 공교히 말할 때나 그 안에는 늘 힘과 상상력이 있었다.

이들 예언자 중 열여섯 사람이, 말한 바를 글로 남겼다. 그들은 '문서 예언자들'(writing prophets)이라 불리는데, 이사야서에서 말라기까지가 그들이 남긴 문서들이다. 하나님 앞에서 신실하게 순종하며 사는 길을 찾는 이들에게 이 열여섯 명의 히브리 예언자들은 없어서는 안될 길잡이들이다. 하나님의 길은 이 세상의 길—전제, 가치, 일하는 방식—과 다르기 때문이다. 그 둘은 결코 같지 않다.

예언자들은 우리의 상상력을 정화시켜 준다. 어떻게 살고, 무엇을 위해 살아야 하는지에 대해 그동안 세상이 우리에게 심어 놓은 생각들을 일소해 준다. 미가는 다음과 같이 말한다.

> 그분께서는 이미 말씀해 주셨다. 사람이 어떻게 살아야 하는지,
> **하나님**께서 찾으시는 것이 무엇인지 분명히 말씀해 주셨다.
> 간단하다. 이웃에게 공의를 행하고,
> 자비를 베풀고 사랑에 충실하며,
> 자신을 중심에 두지 말고
> 하나님을 중심에 모시면 된다(미 6:8).

성령 하나님께서는 예언자들을 도구로 사용해 당신의 백성을 주변 문화와 떨어뜨려 놓으시고, 세상이 주는 칭찬과 보상을 과감히 저버리고 순전한 믿음과 순종과 예배의 길로 돌아가게 해주신다. 예언자들은 이 세상의 길과 복음의 길을 구분하고, 늘 하나님의 현존에 깨어 있게 하는 이들이다.

예언서를 몇 페이지 읽지 않아도 우리는 예언자들이 결코 편한 상대가 아니라는 것을 금세 알아차린다. 예언자들은 인기 있는 이들이 아니었다. 그들은 스타의 위치에 있지 않았다. 늘 주변 사람들의 심기를 불편하게 하고, 그들의

비위를 거스르는 이들이었다. 수세기가 지났음에도, 그들은 여전히 우리에게 편하지 않은 인물들이다. 우리가 그들을 부담스러워 하는 것은 당연하다. 그들은 사람의 감정을 잘 도닥거려 주지 못하기 때문이다. 요즘 말로 '관계 기술'이 모자란 이들이다. 우리는 우리 문제를 잘 이해해 주는, 포스터나 텔레비전 화면에 멋진 모습으로 등장하는 지도자들—특히 종교 지도자들—을 원한다.

그렇다. 한마디로 말해, 예언자들은 우리 취향에 맞지 않다.

"어느 정도 하나님을 위한 자리를 염두에 두며" 산다는 자들, 그렇게 하나님을 자기 삶에 "끼워 맞추는" 데 익숙한 자들은 예언자들을 받아들이기 어려워한다. 그래서 쉽게 무시해 버리고 만다. 왜냐하면 예언자들이 말하는 하나님은 우리 삶에 끼워 맞추기에는 너무 큰 존재이기 때문이다. 예언자들의 하나님과 의미 있는 관계를 맺고 싶다면, 우리 자신을 그분께 맞추어야 한다. 이사야는 이것을 우리에게 상기시킨다.

"나는 너희가 생각하는 방식으로 생각하지 않는다.
나는 너희가 일하는 방식으로 일하지 않는다."
하나님의 포고다.
"하늘이 땅보다 높은 것처럼
내가 일하는 방식은 너희의 방식을 초월하며,
내가 생각하는 방식은 너희의 방식을 뛰어넘는다"(사 55:8-9).

예언자들은 "합리적"이지 않다. 우리의 상식적 판단을 거스른다. 그들은 전혀 싹싹하지 않으며, 도무지 우리와 타협점을 찾으려 하지 않는다. 그저 막무가내로 우리를 우리 예상과 이해를 뛰어넘는 거대한 실재 속으로 밀어 넣을 뿐이다. 우리를 어마어마한 신비 속에 풍덩 빠뜨려 넣고 만다.

그들의 메시지와 환상은, 우리가 실재로부터 우리 자신을 보호하기 위해

쳐 놓은 온갖 허상을 모조리 꿰뚫고 들어온다. 인간에게는 진실을 부인하고 자신을 기만하는 탁월한 능력이 있다. 우리는 죄의 결과를 감수하는 능력을 스스로 거세하여, 심판을 직시할 수도, 진실을 받아들일 수도 없는 상태에 이른다. 이런 때에 예언자들이 나선다. 그들은 우리를 도와 하나님께서 열어 주시는 새로운 삶을 알아보게 하고, 그 안으로 들어가게 한다. 하나님을 향한 소망이 가져다주는 새로운 삶 속으로 말이다. 예레미야는 이렇게 말한다. "**하나님**의 말씀이다.…… 나는 내가 할 일을 안다. 그 일을 계획한 이가 바로 나다. 나는 너희를 돌보기 위해 계획을 세웠다. 너희를 포기하려는 계획이 아니라, 너희가 꿈꾸는 내일을 주려는 계획이다"(렘 29:10-11). 또한 미가는 그 본보기를 보여준다. "그러나 나는, 희망을 버리지 않을 것이다. 나는 **하나님**께서 행하실 일을 기다릴 것이다. 모든 것을 바로잡으시고, 내게 귀 기울여 주실 것을 기대하며 살 것이다"(미 7:7).

예언자들은 하나님을 설명하지 않는다. 대신 그들은 편협한 사고와 좀스런 종교생활에 틀어박혀 있던 우리를 흔들어, 경이와 순종과 경배가 약동하는 탁 트인 공간으로 나오게 해준다. 먼저 예언자들을 이해할 수 있어야 받아들이겠다고 고집부리는 자들은 결코 그러한 경험에 도달하지 못한다.

기본적으로, 예언자들이 행한 일은 두 가지다. 먼저, 현실로 닥친 최악의 상황을 하나님의 심판으로 받아들이게 해주었다. 단순한 종교적 재앙이나 사회적 재난이 아닌, 하나님의 심판으로서 말이다. 최악의 상황으로만 보았던 것을 하나님의 심판으로 볼 줄 알게 되면, 이제 우리는 그것을 부인하거나 회피하지 않고 받아들일 수 있게 된다. 왜냐하면 하나님은 우리를 구원하시려는 선의를 가진 분이시기 때문이다. 따라서 심판은—물론 일부러 기다릴 사람은 없겠지만—우리에게 일어날 수 있는 최악의 일이 아니다. 아니, 사실은 최선의 상황이다. 하나님께서 하시는 모든 일은 결국 세상과 우리를 바로잡아 주시려는 것이기 때문이다.

그 다음으로 예언자들이 한 일은, 기진맥진해 쓰러진 자들이 일어나서 하나님이 열어 주실 미래를 향해 다시 걸어가도록 용기를 북돋은 것이었다. 예언자들은 포로생활과 죽음과 수치와 죄라는 총체적 파멸 한가운데서 다시금 희망의 횃불을 들었고, 하나님께서 어느 시대 어느 곳에서나 하고 계신 새로운 구원의 역사에 사람들을 동참시켰다. 하나님은 이사야를 통해 말씀하셨다.

"내 백성아, 주목하여라.
민족들아, 내게 귀 기울여라.
내게서 계시가 흘러나오고,
나의 결정들이 세상을 밝혀 준다.
나의 구원이 빠르게 달려오며,
나의 구원하는 일이 제때에 이루어진다.
내가 민족들에게 정의를 베풀 것이다.
먼 섬들도 나를 바라보며,
내 구원의 능력에 희망을 둘 것이다.
하늘을 올려다보며,
네 발 아래 있는 땅을 깊이 생각하여라.
하늘은 연기처럼 사라질 것이며,
땅은 작업복처럼 해어질 것이다.
사람들은 하루살이처럼 죽어 나가겠지만
나의 구원은 다함이 없으며,
세상을 바로잡는 나의 일은 결코 쇠하지 않을 것이다"(사 51:4-6).

살면서 우리가 아주 일찍부터 갖게 되는 나쁜 습관이 있는데, 사물이나 사람을 성(聖)과 속(俗)으로 이분하는 것이다. 우리는 직업생활, 시간관리, 오락, 정치, 사회생활 등을 '속된 일'로 여기고, 우리에게 얼마간 재량권이 있는 영역이라고 생각한다. 반면 예배와 성경, 천국과 지옥, 교회와 기도 같은 것들은 '성스러운 일'이며, 하나님의 영역이라고 여긴다. 우리는 이런 이원론적 생각에 입각해 각자의 삶에서 하나님을 위해 일정한 자리를 내어 드리며 살고 있다고 생각한다. 겉보기에는 하나님을 높이는 것 같지만, 이것은 사실 하나님을 일정한 자리에 한정시키고 그 밖의 모든 것은 우리 멋대로 하겠다는 속셈에 지나지 않는다.

예언자들은 이런 시도를 절대 용납하지 않는다. 그들은 모든 일―절대적으로 모든 일―이 성스러운 영역 안에 있다고 역설한다. 하나님은 우리 삶의 전 영역을 다스릴 권한을 가지신 분이다. 이른바 사적 영역이라는 우리의 감정과 가정생활을 비롯해, 돈을 벌고 쓰는 방식, 채택하는 정치형태, 전쟁, 재난, 우리가 해를 입히는 사람, 도움을 주는 사람 등 그 어떤 것도 하나님께서 무시하시거나, 그분의 통치영역을 벗어나 있거나, 그분의 목적과 무관한 것은 없다. 그분은 "거룩, 거룩, 거룩"하신 분이다.

예언자들은 우리가 하나님을 피할 수 없게 만든다. 그들은 하나님을 전면적으로 받아들이라고 촉구한다. 예언자에게 하나님은, 바로 이웃에 사는 사람보다 더 분명한 실재이시다.

이사야
머리말

이사야에게 말이란, 참된 것과 아름다운 것과 선한 것을 만들어 내는 물감이요 멜로디요 조각칼이라 할 수 있다. 경우에 따라서는, 죄와 악과 반역을 부서뜨리는 망치요 창이요 메스가 되기도 한다. 이사야는 그저 정보만을 전달한 예언자가 아니다. 그는 비전을 창조하고 계시를 전하고 믿음을 세워 준 사람이다. 그는 실로 근본적 의미에서의 시인, 곧 장인이다. 하나님의 현존을 우리 피부에 와 닿게 하기 때문이다. 이사야는 히브리 민족이 낳은 최고의 예언자요 시인이다.

믿음으로 사는 이들, 하나님의 말씀으로 빚어지고자 늘 자신을 드려 거룩을 추구하며 사는 이들에게, 이사야는 실로 우뚝 솟은 산이다. 그렇다, 거룩. 이사야서에서 볼 수 있는 가장 특징적인 하나님의 호칭은 다름 아닌 "거룩하신 분"이다. 이 광대한 책은 고대 이스라엘 백성에게 전해진 메시지 모음집으로, 읽는 이들을 거룩하신 분의 현존과 역사(役事) 속에 빠뜨린다. "만군의 하나님께서 정의를 행하심으로, 산이 되실 것이다. 거룩하신 하나님께서 의를 행하심으로, '거룩'이 무엇인지 보여주실 것이다"(사 5:16).

이사야의 말은 '거룩'에 대한 우리 생각을 바꾸어 놓는다. 지금까지 거룩이 그저 경건한 말, 별다른 감흥 없는 민숭민숭한 말에 지나지 않았다면, 이사야의 설교는 그 단어를 불덩이 같은 그 무엇으로 바꾸어 놓는다. 거룩은 우리가 삶에서 가져 볼 수 있는 가장 매혹적이고 가장 강렬한 체험이다. 그저 겉핥기식 삶이 아닌, 삶의 진수를 있는 그대로 맛보는 것, 그것이 바로 거룩이다. 우리는 하나님이 직접 행하고 계신 일들 속으로 뛰어들게 된다. 그저 그 일들에 대해 입으로 떠들거나 책으로 읽는 것이 아니라는 말이다. 거룩은 거기 들어오는 자들을 완전히 녹여서 새로운 존재로 만들어 내는 용광로다. 그래서,

"누가 이 불폭풍에서 살아남을 수 있으랴?
누가 이 대숙청을 모면할 수 있으랴?" 하고 묻는다.

답은 간단하다.
의롭게 살면서
진실을 말하며,
사람을 착취하는 일을 혐오하고
뇌물을 거절하여라.
폭력을 거부하고
악한 유흥을 피하여라.
이것이 너의 삶의 질을 높이는 길이다!
안전하고 안정된 삶을 사는 길,
넉넉하고 만족스러운 삶을 사는 길이다(사 33:14-16).

'거룩, 거룩, 거룩'은 장식용으로 수놓은 레이스가 아니다. 그 것은 혁명의 깃발이다. 진정한 혁명이다.

이사야서는 실로 광범위한 책이다. 이 지구 행성에서 하나 님의 백성으로 살아가는 일에 포함된 거의 모든 것을 다루고 있다. 이사야는 하나님께서 우리의 지극히 일상적이고 때로 실망스러운 경험을 들어, 창조와 구원과 희망의 일들을 이루 시는 과정을 보여준다. 이것이 바로 이 책의 특징이다. 이 방대 한 파노라마가 펼쳐지는 광경을 보며 우리는 깨닫는다. 이 세

상과 우리 인생에, 하나님이 사용하실 수 없는 것은 아무것도 없다는 사실을 말이다. 하나님께서는 존재하는 모든 것과 모든 사람을 당신의 일을 위한 재료로 사용하시며, 우리가 엉망진창으로 만들어 놓은 삶을 다시 고쳐 사용하신다.

> "두고 보아라. 너를 푸대접했던 자들,
> 천대받게 될 것이다.
> 실패자가 될 것이다.
> 너를 대적하던 자들,
> 빈털터리가 될 것이다.
> 아무것도 보여줄 것 없는 신세가 될 것이다.
> 네가 옛 적들을 찾아보려고 해도
> 찾지 못하리라.
> 너의 옛 원수들, 흔적조차 남지 않을 것이다.
> 기억하는 자 하나 없으리라.
> 그렇다. 나 너의 **하나님**이,
> 너를 꽉 붙잡고, 결코 놓지 않기 때문이다.
> 내가 네게 말한다. '겁먹지 마라.
> 내가 여기 있다. 내가 너를 도우리라'"(사 41:11-13).

'교향곡'은 단순성과 복잡성이 절묘하게 어우러진 이사야서의 특징을 묘사할 때 많은 사람들이 즐겨 쓰는 표현이다. 이사야서의 중심 주제는 뚜렷하다. '하나님이 이루시는 구원', 바로 이것이다. 이사야서는 '구원 교향곡'이다(이사야라는 이름 자체가 "하나님이 구원하신다"라는 뜻이다). 이 웅장한 교향곡에는 작품 전체에 걸쳐 반복되고 발전되는 주된 주제 셋이 있으니, 바로 '심판'과 '위로'와 '희망'이다. 이 세 가지 주제는 거의 모든 장에서 발견되는데, 하나하나가 하나님의 구원역사를 힘 있게 펼쳐 놓은 세 '악장'의 주제이기도 하다. 다시 말해 이사야서는 '심판의 메시지'(1-39장), '위로의 메시지'(40-55장), 그리고 '희망의 메시지'(56-66장)로 이루어져 있다.

이사야

심판의 메시지

예배 시늉만 내는 너희여

1 아모스의 아들 이사야가 유다 왕 웃시야, 요담, 아하스, 히스기야
의 재위기간에 유다와 예루살렘에 대해 본 환상이다.

2-4 하늘아 땅아, 너희 배심원들아,
하나님의 진술에 귀를 기울여라.
"내게 자식들이 있다. 애지중지 키운 자식들이다.
그런데 그들이 내게 등을 돌렸다.
소도 제 주인을 알아보고
노새도 제게 먹이 주는 손을 알아보는 법이건만,
이스라엘은 그렇지 못하다.
내 백성은 도무지 알지 못한다.
아, 이 무슨 꼴인가! 죄에 눌려 비틀비틀하며
하나님의 길에서 탈선한 낙오자들,
사악한 무뢰배,
야만스런 패거리다.
내 백성이 저희의 하나님인 나를 떠났고,
'이스라엘의 거룩한 이'인 내게 등을 돌렸다.
뒤도 돌아보지 않고 떠나가 버렸다.

5-9 한사코 고집부리는 너희,
내가 무엇을 할 수 있겠느냐?
자기 머리로 계속 벽을 들이박고
온몸으로 나를 거스르는 너희,
머리끝에서 발끝까지,
어디 성한 곳 하나 없다.
온몸이 상처와 멍, 고름 흐르는 종기로 뒤덮였는데,
치료도 받지 못하고, 씻지도 못하고, 붕대도 감지 못했다.
너희 땅은 황폐해졌고,
너희 성읍들은 불타 버렸다.
온 땅이 너희 눈앞에서 이방인들에게 짓밟혀,
미개인들에게 결딴나 버렸다.
딸 시온이 버림을 받았다.
막다른 골목의 다 쓰러져 가는 폐가처럼,
인적 없는 곳의 초라한 판잣집처럼,
쥐들도 다 떠난 침몰하는 배처럼 되고 말았다.
만군의 **하나님**께서 얼마라도 생존자들을 남겨 두시지 않았더라면,
우리는 그야말로 소돔처럼 폐허가 되고, 고모라처럼 망했을 것이다.

10 너희, 소돔을 좇아가는 지도자들아,
내 메시지에 귀를 기울여라.
너희, 고모라를 좇아가는 지도자들아,
하나님의 계시를 받아들여라."

11-12 **하나님**께서 물으신다.
"이 정신없이 널려 있는 제물은 다 무엇이냐?
번제물, 숫양, 포동포동한 송아지들,
나는 이미 질리도록 먹었다.
황소, 어린양, 염소들의 피도 지겹다.

대체 어디서 배워 먹은 짓들이냐?
누가 내 앞에서 이리저리 뛰어다니고, 이 짓 저 짓 벌이며
예배 장소에서 이렇듯 소란을 피우라고 가르치더냐?

13-17　예배 시늉 놀이, 이제 그만 집어치워라.
같잖은 경건 놀음, 더 이상 참아 줄 수가 없다.
달마다 열리는 회합, 주마다 돌아오는 안식일, 갖가지 특별 모임,
모임, 모임, 모임, 더는 못 참겠다!
이런저런 목적의 집회들, 나는 싫다!
정말 신물이 난다!
죄는 죄대로 지으면서
경건, 경건, 경건을 떠벌이는 너희가 지겹다.
이제 너희가 기도 쇼를 벌여도,
나는 외면할 것이다.
아무리 오래, 아무리 크게, 아무리 자주 기도해도
나는 듣지 않을 것이다.
왜 그런지 아느냐?
너희가 사람을 찢어발겼기 때문이다. 너희 손에 피가 흥건하다.
집에 가서 씻어라.
너희 행실을 씻어라.
너희 삶에서 악행을 깨끗이 씻어 내어
내 눈에 보이지 않게 하여라.
바르지 못한 일에 대해서는 '아니요'라고 말하여라.
선한 일을 배워 행하여라.
정의를 위해 일하여라.
낙오자들을 도와주어라.
집 없는 이들을 대변해 주어라.
힘없는 자들을 변호해 주어라."

18-20 **하나님의 메시지다.**

　"여기 와 앉아라. 한번 끝까지 따져 보자.

　너희 죄가 피처럼 붉으냐?

　눈처럼 새하얘질 것이다.

　너희 죄가 주홍빛처럼 붉으냐?

　양털처럼 하얘질 것이다.

　너희가 순종하고자 하면,

　왕처럼 잔치를 즐기게 될 것이다.

　그러나 완고하게 고집을 부린다면,

　너희는 개처럼 죽게 될 것이다."

　그렇다. 하나님의 말씀이다.

하나님을 떠나간 자들

21-23 오! 믿어지느냐? 순결했던 성읍이

　창녀가 되었다!

　전에는 정의 빼면 시체였던 그녀,

　서로 좋은 이웃으로 살았던 자들이,

　이제는 서로가

　서로의 목을 노린다.

　너희 돈은 위조지폐고,

　너희 포도주는 물 탄 가짜다.

　너희 지도자들은

　사기꾼과 내통하는 변절자들이다.

　그들은 가장 높은 값을 부르는 자들에게 자신을 팔아넘기며,

　뭐든지 닥치는 대로 집어삼킨다.

　그들은 집 없는 이들을 대변하는 법이 없고,

　힘없는 자들을 변호해 주는 법도 없다.

24-31 그러므로, 주 곧 만군의 하나님,

'이스라엘의 전능하신 분'의 포고다.

"이제, 나를 대적하던 자들을 가만두지 않겠다!

내 원수들에게 보복하겠다.

귀싸대기를 갈겨서라도

너의 삶에서 쓰레기를 치우고, 너를 깨끗이 청소해 주겠다.

처음으로 되돌아가,

네 가운데 정직한 재판관과 현명한 조언자들이 서게 하겠다.

그러면 너는 새 이름을 갖게 될 것이다.

'백성을 바르게 대하는 성읍', '참 푸른 성읍'이라 불릴 것이다."

하나님의 바른 길이 시온을 다시 바로 세워 줄 것이다.

하나님의 올바른 조처가 회개한 백성을 회복시킬 것이다.

그러나 반역자와 하나님을 배신한 자들은 끝장날 것이다.

하나님을 저버린 자들은 막다른 골목에 몰릴 것이다.

"저 상수리나무 숲 산당에서 농탕질을 벌인 너희,

최신 유행하는 신과 여신의 동산을 찾아다니며

얼빠진 짓거리를 벌인 너희는,

천하제일의 얼간이로 판명날 것이다.

결국

잎이 다 떨어진 상수리나무처럼 되고 말 것이다.

물이 말라

시들어 죽은 정원처럼 되고 말 것이다.

강한 자가 죽은 나무껍질, 죽은 잔가지에 불과하고,

그가 벌이는 일이란 화재나 일으키는 불똥일 뿐임이 드러날 것이며,

그 화재로, 그와 그의 모든 일이,

재와 연기만 남긴 채 사라질 것이다."

하나님의 산에 오르자

2 1-5 유다와 예루살렘에 관해 이사야가 받은 **메시지다.**

하나님의 집이 서 있는 산이
모든 산 위로 우뚝 솟은,
으뜸 산이 될 날이 오고 있다.
모든 민족이 그리로 모여들고,
사방에서 사람들이 찾아올 것이다.
그들이 말하리라.
"자, 하나님의 산에 함께 오르자.
야곱의 하나님의 집으로 가자.
그분이 우리에게 그분의 길을 보여주실 것이다.
그러면 우리, 가야 할 길을 알게 될 것이다."
시온에서 계시가 흘러나온다.
하나님의 메시지가 예루살렘에서 나온다.
그분이 민족들 사이의 일을 공정하게 처리하시고,
뭇 백성 사이의 일을 바로잡아 주시리라.
사람들은 칼을 쳐서 삽을 만들고,
창을 쳐서 괭이를 만들 것이다.
민족과 민족이 더 이상 싸움을 벌이지 않고,
전쟁이 사라질 것이다.
야곱 가문아,
이제 하나님의 빛 가운데 살자.

6-9 하나님, 주께서 주의 가문 야곱을 버리신 것은
그들이 거짓 종교로,
블레셋 마술과 이방 요술로,
주체 못할 재물들로,
온갖 물건들로,
무수한 기계와 도구들로,
온갖 종류, 온갖 크기의 신들로 꽉 차 있기 때문입니다.
저들은 자기 손으로 신을 만들어서 그 앞에 경배합니다.

시궁창에 얼굴을 처박은 타락한 종족입니다.
그들에게 신경 쓰지 마십시오! 용서하실 만한 가치가 없는 자들입니다!

콧대 높았던 자들, 콧대가 납작해질 것이다
10 언덕으로 내빼라.
동굴로 숨어들어라.
무시무시한 하나님을 피해,
눈부신 그분의 임재를 피해 숨어라.

11-17 목에 힘주고 다니던 자들, 목이 꺾일 것이다.
콧대 높았던 자들, 콧대가 꺾일 것이다.
우리가 말하는 그날에,
오직 하나님만이 우뚝 서시리라.
그날, 만군의 하나님께서
모든 허세 부리는 것들,
모든 뽐내는 것들과 맞서신다.
높이 솟은 거목들,
거대한 밤나무와 맞서신다.
킬리만자로와 안나푸르나,
알프스 산맥, 안데스 산맥과 맞서신다.
하늘 높은 줄 모르는 마천루와 맞서시며,
웅장한 오벨리스크와 신상들과 맞서신다.
대양을 항해하는 큰 배들과 맞서시며,
우아한 호화 범선과 맞서신다.
허풍 가득한 자들, 결국 바람이 빠질 것이다.
콧대 높았던 자들, 콧대가 납작해질 것이다.
우리가 말하는 그날에,
오직 하나님만이 우뚝 서시리라.

18 신처럼 보이게 하려고 꾸민
막대기와 돌멩이들이
죄다 영구히 사라질 것이다.

19 절벽동굴 속으로 기어올라라.
무슨 구멍이든 보이는 대로 찾아 들어라.
무시무시한 **하나님**을 피해,
눈부신 그분의 임재를 피해 숨어라.
하나님께서 땅 위에 우뚝 서시며,
무섭도록 높이 서시는 그날에.

20-21 그날이 오면,
사람들은 신처럼 보이게 하려고
금과 은으로 꾸며 경배하던
막대기와 돌멩이들을
아무 하수구나 도랑에
던져 버리고서,
바위굴이나
절벽에 난 구멍을 찾아 도망칠 것이다.
무시무시한 **하나님**을 피해,
그분의 눈부신 임재를 피해 숨을 것이다.
하나님께서 땅 위에 우뚝 서시며,
무섭도록 높이 서시는 그날에.

22 인간에 불과한 존재들에게 아첨하는 짓을 그만두어라.
그들은 자아와 허풍으로 가득할 뿐,
별 볼 일 없는 존재인 것을 모른단 말이냐?

다 쓰러져 가는 예루살렘

1-7 **3** 만군의 주 하나님께서,
예루살렘과 유다에서
빵과 물을 시작으로
모든 생필품이
동나게 하신다.
경찰과 치안,
재판관과 법정,
목사와 교사,
지휘관과 장군,
의사와 간호사,
심지어 수리공이나 잡기에 능한 자들까지 모두 사라지게 하신다.
그분께서 말씀하신다.
"이제 내가 철부지 꼬마들이 성읍을 맡도록 할 것이다.
어린아이들이 명령권자가 되게 하겠다.
사람들은 서로 목을 노리고
서로 등 뒤에 칼을 꽂을 것이다.
이웃과 이웃, 젊은이와 늙은이,
무지렁이와 명망가들이 서로 맞설 것이다.
한 사람이 자기 형제를 붙들고 말할 것이다.
'너는 그래도 머리가 좀 되잖아.
뭔가 해봐!
이 진창에서 우리를 구해 줘!'
그러면 그가 말할 것이다. '무슨 소리! 나도 갈팡질팡하는데!
내게 책임을 맡길 생각 마.'

8-9 예루살렘이 다 쓰러져 가고 있다.
유다가 망하기 직전이다.
사람들이 하는 모든 말과 행동이

다 **하나님**과 어긋난다.
내 **뺨**을 후려치는 격이다.
썩을 대로 썩어 철면피가 된 그들,
타락한 소돔처럼 오히려 자신의 죄를 과시한다.
그들의 영혼에 영원히 화가 있으리라!
이제, 그들은 스스로 뿌린 씨를 거둘 때다.

10-11 의인들에게 전하여라.
그들의 선한 삶은 보상받을 것이다.
그러나 악인들에게는 화가 있을 것이다! 재앙이 닥치리라!
그들이 행한 그대로 되돌려 받을 것이다.

12 주먹만한 꼬마 아이들에게 내 백성이 당한다.
우스꽝스런 여자아이들이 내 백성을 괴롭힌다.
내 사랑하는 백성들아! 네 지도자들은 지금 너를 막다른 골목으로 데려가고 있다.
가봐야 소용없는 길로 보내고 있다."

하나님께서 백성을 재판하시다

13-15 **하나님**께서 법정에 입장하신다.
자기 백성을 재판하러 자리에 앉으신다.
명령을 내리셔서,
자기 백성의 지도자들을 끌어다가 피고석에 앉히신다.
"너희가 이 나라를 결딴냈다.
너희 집 안에는, 가난한 이들에게서 도적질한 것들로 꽉 차 있다.
내 백성을 짓밟고
가난한 이들의 얼굴을 흙바닥에 처박다니, 있을 수 있는 일이냐?"
만군의 주 **하나님**의 말씀이다.

16-17 **하나님**께서 말씀하신다. "시온의 여자들,
하이힐을 신고 우쭐거리며 다닌다.
싸구려 보석을 주렁주렁 걸친 채
머리카락 흩날리며,
엉덩이를 흔들며
거리의 남자들에게 추파 던지며 돌아다닌다."
그 시온의 여자들을, 주님은 모두
대머리로 만드실 작정이다.
경멸받는 대머리 여자들이 되게 하실 작정이다.
주께서 그렇게 하실 것이다.

18-23 주께서 그들이 걸친 싸구려 노리개들을 다 벗기실 날이 오고 있다. 대롱
대롱 매달린 귀걸이, 발찌, 팔찌, 빗, 거울, 실크 스카프, 다이아몬드 브로
치, 진주 목걸이, 손가락 반지, 발가락 반지, 최신 유행 모자, 외국 향수,
최음제, 가운, 망토, 그리고 세계 최고의 직물과 디자인이라는 것을 모두
벗기실 것이다.

24 호리는 향수 냄새가 아니라,
이 여자들에게서 배추 썩는 냄새가 날 것이다.
멋지게 늘어진 가운이 아니라,
누더기를 걸치게 될 것이다.
폼 나는 머리가 아니라,
꾀죄죄한 머리를 하게 될 것이다.
애교점 대신
상처딱지와 흉터를 갖게 될 것이다.

25-26 너희 최고 전사들이 죽임당하고,
군인들이 전쟁터에서 쓰러질 것이다.
시온으로 들어가는 입구가

사람들의 애곡소리로 뒤덮일 것이다.
상실의 무게를 이기지 못해 엎어진 도성,
슬픔에 눌려 무릎 꿇은 도성이 될 것이다.

1 **4** 그날에 여자 일곱이
남자 하나에게 떼로 덮치면서 말할 것이다.
"우리 몸은 우리가 알아서 돌보겠소.
우리 먹을 음식과 옷은 우리가 알아서 해결하겠소.
다만 우리에게 아이를 갖게 해주오. 우리를 임신시켜 주오.
그래서 우리에게 살아갈 이유가 있게 해주오!"

하나님의 가지

2-4 그날에 '하나님의 가지'가 움터 나오리라. 싱싱하고 푸르게 움터 나오리라. 이스라엘의 살아남은 자들이 자기 나라의 산물을 다시금 자랑거리로 삼고, 오, 그들이 다시 머리를 들게 되리라! 시온에 남겨진 자들, 예루살렘의 버림받고 거절당한 자들 모두가, 거룩한—살아 있고 소중한—이들이라 불리게 되리라. 하나님께서 시온의 여인들을 목욕시켜 주시고, 피로 물든 성읍에서 폭력과 잔인함을 씻어 내시며, 불폭풍 심판으로 깨끗하게 해주시리라.

5-6 하나님께서 옛적의 구름기둥과 불기둥으로 시온 산과 거기 모인 모든 자들 앞에 밤낮 영광스럽게 임하실 것이다. 그 거대한 보호의 임재가, 그들에게 불볕을 피할 그늘, 폭우를 피해 숨을 곳이 되어 주리라.

최상품 포도를 기대했건만

1-2 **5** 내가 사랑하는 분에게, 노래 하나 지어 불러 드리려 하네.
그분의 포도원에 대한 사랑 노래를.
사랑하는 그분에게 포도원이 하나 있었다네.
좋은 땅의 아름다운 포도원이었지.

그분은 땅을 일구고 잡초를 뽑아내어,
최상품 포도나무를 심었다네.
망대를 세우고, 포도주 짜는 곳도 만들었지.
자랑할 만한 포도원이었다네.
그러나 최상품 포도 수확을 기대했건만,
그 모든 수고 끝에 열린 것은 돌포도였다네.

3-4 "너희 예루살렘과 유다에 사는 자들아,
이제 내가 하는 말을 잘 들어라.
나와 내 포도원 사이의 일을
한번 판단해 보아라.
내가 내 포도원을 위해 할 수 있었으면서도 하지 않은 일이
어디 하나라도 있었느냐?
좋은 포도를 기대했는데
쓴 포도만을 수확한 것은 어째서란 말이냐?

5-6 좋다. 이제 내가 내 포도원을 어떻게 할지
너희에게 말해 주겠다.
나는 그 울타리를 허물고
그곳을 폐허로 만들 것이다.
그 문을 부서뜨려
마구 짓밟히게 할 것이다.
그곳을 잡초 밭, 버려진 땅,
엉겅퀴와 가시만 무성한 곳이 되게 할 것이다.
내가 구름을 향해
'다시는 저 포도원에 비를 내리지 말라!'고 명령을 내릴 것이다."

7 너희는 알아들었느냐? 만군의 하나님의 포도원은
바로 이스라엘 나라다.

그분이 그토록 자랑스러워했던 그 정원은
바로 유다의 모든 자들이다.
그분은 정의를 수확하기를 바라셨지만,
보이는 것이라곤 서로 죽이는 모습뿐이었다.
의를 거두기를 바라셨지만,
들리는 것이라곤 희생자들의 애통소리뿐이었다.

이스라엘에 대한 재앙

8-10 집들을 있는 대로 사들이고
땅을 독차지하는 너희에게 화가 있으리라.
너희는 이전 주인들을 다 쫓아내고서,
출입금지 푯말을 붙여 놓고
나라 전체를 장악했다.
모두를 집 없고 땅 없는 이들로 만들어 버린다.
나는 만군의 **하나님**께서 말씀하시는 소리를 들었다.
"으리으리한 집들, 다 텅텅 비게 될 것이다.
호화롭던 사유지들, 다 폐허가 될 것이다.
만 평이나 되는 포도원에서 고작 포도주 1리터가 나고,
열 말이나 되는 씨에서 겨우 곡식 한 말밖에 나지 않을 것이다."

11-17 아침 일찍 일어나서
아침밥도 먹기 전에 술잔을 들고,
밤이 새도록
코가 삐뚤어져라 마셔 대는 자들에게 화가 있으리라.
그들은 술자리에
하프와 플루트와 충분한 포도주에는 마음 쓰면서도
하나님의 일,
그분이 하시는 일에는 아무 관심이 없다.
내 백성이 포로가 된 것은 바로 이 때문이다.

그들의 무지 때문이다.
거물들이 굶어 죽고
서민들은 목말라 죽을 것이다.
식욕이 커질 대로 커진 스올이,
닥치는 대로 사람들을 집어삼킬 것이다!
거물들, 서민들 할 것 없이 모두가
그 식도를 따라 굴러떨어질 것이다. 주정뱅이는 더 말할 것도 없다.
밑바닥 인생들이나
지체 높은 자들이나 매한가지다.
기세등등하던 자들이
구멍 난 방광처럼 쪼그라들 것이다.
그러나 만군의 **하나님**께서 정의를 행하심으로,
산이 되실 것이다.
거룩하신 하나님께서 의를 행하심으로,
'거룩'이 무엇인지 보여주실 것이다.
그러고 나면 어린양들이
마치 제 땅인 양 그곳에서 풀을 뜯고,
아이들과 송아지들이
제 집인 듯 그 폐허에서 편하게 살 것이다.

18-19   거짓말로 악을 팔고
죄를 한 트럭씩 시장에 내다 파는 너희,
"하나님은 대체 뭐하고 계시나?
우리가 볼 수 있게 좀 움직여 보시라고 해봐.
'이스라엘의 거룩하신 분'이라는 그가 대체
뭘 하시려는지 알고 싶다"고 말하는 너희에게 화가 있으리라.

20   악을 선이라
선을 악이라 부르고,

빛을 어둠으로
어둠을 빛으로 대체하며,
단 것을 쓴 것으로
쓴 것을 단 것으로 바꾸는 너희에게 화가 있으리라!

21-23 스스로를 똑똑하고
대단하다고 여기는 너희에게 화가 있으리라!
너희가 잘하는 것이라곤 술 마시는 일이 전부다.
술 마시기 대회 챔피언 트로피나 모으는 너희,
범죄자에게서 뇌물을 받아먹고서는
죄 없는 이들의 권리를 짓밟는다.

24 그러나 그들, 무사하지 못하리라. 불에 나무가 그루터기까지 타 버리고
마른 풀이 연기가 되어 사라지듯,
그들의 영혼이 쭈그러지고
그들이 이룬 것들도 다 허물어져 먼지가 될 것이다.
그들이 만군의 하나님의 계시를 거부했고,
'이스라엘의 거룩하신 분'에게
아무 관심도 없었기 때문이다.

25-30 그러므로 하나님께서 당신의 백성을 향해 불같이 노하시고,
손을 들어 그들을 때려눕히셨다.
그들의 시체가 거리에 쌓일 때,
산들이 몸을 떨었다.
그러나 그분의 진노는 아직 풀리지 않았고,
또다시 치시려고 주먹을 높이 들고 계신다.
그분께서 깃발을 들어 먼 나라에 신호를 보내신다.
휘파람을 불어 땅 끝의 민족들을 불러들이신다.
그러자 저기, 그들이 온다.

달려온다!
굼뜬 자, 비틀거리는 자,
조는 자, 꾸물거리는 자 하나 없다.
군복에 허리띠를 동이고
광이 나는 군화는 끈이 질끈 매여 있다.
그들의 화살은 날카롭고,
활의 줄이 팽팽하게 당겨 있다.
말발굽에 편자가 박혀 있고,
전차바퀴는 기름칠 되어 있다.
새끼 사자 떼같이 으르렁거리며,
귀청이 떨어져라 포효하는 젊은 사자 떼처럼 달려와,
먹이를 잡아채서는 끌고 간다.
누구도 구해 주지 못한다!
그날에, 그들은 포효하고, 포효하고, 또 포효할 것이다.
대양의 파도소리같이 포효할 것이다.
그 땅을 샅샅이 살펴보아라.
어둠과 고통 말고는 아무것도 보이지 않으리라.
하늘의 모든 빛을
구름이 덮어 꺼뜨릴 것이다.

거룩하시다, 거룩하시다, 거룩하시다!

6 웃시야 왕이 죽은 해에, 나는 주께서 지극히 높은 보좌 위에 앉아 계시고 그분의 긴 옷자락이 성전을 가득 채우고 있는 모습을 보았다. 그분 위로 천사 스랍들이 머물러 있는데, 저마다 여섯 개의 날개를 달고 있었다. 둘로는 자기 얼굴을, 둘로는 자기 발을 가리고, 두 날개로 날면서, 서로를 향해 이렇게 외치며 화답하고 있었다.

거룩하시다, 거룩하시다, 거룩하시다, 만군의 하나님.
그분의 빛나는 영광, 온 땅에 가득하도다.

천사들의 소리에 바다 전체가 흔들리더니, 성전 안에 연기가 가득해졌다. 내가 말했다.

"재앙이다! 재앙의 날이다!
이제 나는 죽은 목숨이다!
나는 이제껏 하나같이 더러운 말을 일삼았다.
하나님을 모독하기까지 했다!
나와 함께 살아가는 자들도 마찬가지다.
다 썩어 빠진 말들, 불경스런 말들을 쏟아 놓았다.
그런데 내가 여기서 하나님을 대면하다니!
왕이신 만군의 하나님을!"

그때 천사 스랍들 가운데 하나가 내게 날아왔다. 제단에서 타고 있는 숯 하나를 부집게로 집어 들더니, 그 숯을 내 입에 대며 말했다.

"보아라. 이 숯이 네 입술에 닿았으니,
네 죄과가 사라지고
네 죄가 씻겨졌다."
그때 내게 주의 음성이 들렸다.
"내가 누구를 보낼까?
누가 우리를 위해 갈까?"
내가 소리쳐 말했다.
"제가 가겠습니다.
저를 보내 주소서!"

9-10 그분께서 말씀하셨다. "가서 이 백성에게 전하여라.

'귀를 쫑긋하고 들어도, 알아먹지 못하리라.

뚫어져라 쳐다보아도, 알아보지 못하리라.'
이 백성을, 손가락으로 귀를 틀어막고 눈가리개로 눈을 가린
바보천치로 만들어라.
아무것도 보지 못하고,
아무 말도 듣지 못하도록.
뭐가 뭔지 도무지 깨닫지 못하고,
그래서 돌이켜 고침받지 못하도록."

11-13 소스라치게 놀라 내가 말했다.
"그런데 주님, 언제까지 그렇게 하시렵니까?"
그분께서 말씀하셨다. "성읍들이 텅 비어
사람 하나 남지 않게 될 때까지,
집들이 텅 비어
구석구석 황무지가 될 때까지,
나 하나님이 사람들을 모조리 멀리 쫓아내어,
땅이 완전히 텅 빌 때까지다.
설령 십분의 일 정도가 살아남는다 해도,
그들에게 다시금 참화가 덮칠 것이다.
이 나라는 나무들이 다 잘려 나간
소나무 숲, 상수리나무 숲 같을 것이다.
그루터기들만 남은 거대한 그루터기 밭이 될 것이다.
그러나 그 그루터기 안에는 거룩한 씨가 담겨 있다."

한 처녀가 아들을 낳을 것이다

1-2 **7** 웃시야의 손자요 요담의 아들인 아하스가 유다의 왕으로 있던 때에, 아람 왕 르신과 르말리야의 아들인 이스라엘 왕 베가가 예루살렘을 공격했으나 성공하지 못했다. 아람과 에브라임(이스라엘)이 동맹을 맺었다는 사실이 다윗 왕실에 전해지자, 아하스와 백성은 크게 동요했다. 그들은 사시나무 떨듯 떨었다.

3-6 　　그러자 **하나님**께서 이사야에게 말씀하셨다. "가서 아하스를 만나라. 네 아들 스알야숩(남은 자가 돌아오리라)을 함께 데리고 가거라. 성의 남쪽 공중 빨래터로 가는 길인 윗저수지의 수로 끝에서 그를 만나 이렇게 전하여라. 내 말을 듣고 진정하여라. 두려워하지 마라. 다 탄 막대기에 불과한 그 둘, 아람의 르신과 르말리야의 아들을 두려워할 이유가 없다. 큰소리치지만, 그들은 아무것도 아니다. 아람이 에브라임의 르말리야의 아들과 더불어 너를 해칠 계략을 꾸몄다. '가서 유다를 치자. 결판내서 우리 것으로 삼고, 다브엘의 아들을 꼭두각시 왕으로 세우자'며 둘이 공모했다."

7-9 　그러나 주 **하나님**께서 말씀하신다.

　"결코 그렇게 되지 않을 것이다.
　아람의 수도는 다마스쿠스고,
　다마스쿠스의 왕, 르신은 그저 인간에 불과하기 때문이다.
　에브라임도 육십오 년이 지나기 전에,
　나라가 망해 돌무더기밖에 남지 않을 것이다.
　에브라임의 수도는 사마리아고,
　사마리아의 왕은 고작 르말리야의 아들에 불과하다.
　너희가 믿음 안에 굳게 서지 않으면,
　도무지 제대로 서지 못할 것이다."

10-11 **하나님**께서 아하스에게 다시 이렇게 말씀하셨다. "네 **하나님**에게 표징을 구하여라. 무엇이든 구하여라. 통 크게 구하여라. 하늘의 달이라도 구하여라!"

12 　　그러나 아하스가 말했다. "아닙니다. 나는 **하나님**께 그런 요구를 하지 않을 것입니다!"

13-17 　　이사야가 그에게 말했다. "다윗 왕실이여, 잘 들으십시오! 그대들은 소심과 위선에 불과한 경건으로 사람들을 지치게 만들고, 그것으로도 모

자라서 이제는 하나님까지 지치게 만들고 있습니다. 그러니 주께서 친히 그대들에게 표징 하나를 주실 것입니다. 두고 보십시오. 처녀인 한 소녀가 잉태하게 될 것입니다. 그녀는 아들을 낳고 그의 이름을 임마누엘(하나님이 우리와 함께 계신다)이라 할 것입니다. 그 아이가 열두 살이 되어 도덕적 판단을 할 수 있을 때가 되면, 전쟁의 위협이 끝나 있을 것입니다. 그러니 마음을 놓으십시오. 그대들을 그토록 근심케 하는 저 두 왕은 그 때쯤 사라져 없어지게 될 것입니다. 그러나 이 경고도 함께 들으십시오. 하나님께서는 왕과 백성과 이 왕실에, 에브라임이 유다를 떠나 나라가 두 동강 났던 그때 이래로 가장 혹독한 심판을 내리실 것입니다. 앗시리아의 왕이 올 것입니다!"

18-19 그때가 되면, 하나님께서 이집트 나일 강 원류의 파리 떼를 부르시고, 앗시리아 땅의 벌 떼를 불러오실 것이다. 그것들이 와서 이 나라 구석구석까지 쓸어버릴 것이다. 무엇으로도 그것들을 막을 수 없을 것이다.

20   또 그때가 되면, 주께서 유프라테스 강 저편에서 빌려 온 면도칼―앗시리아의 왕을 말한다!―을 가지고서 너희 머리와 음부의 털을 다 밀어 버리실 것이다. 너희는 발가벗겨져 수치와 치욕을 당하게 되리라. 그분께서 너희 수염을 다 밀어 버리실 것이다.

21-22   그때, 살아남은 자들은 소 한 마리, 양 두 마리만 있어도 자신을 행운 아로 여길 것이다. 적어도 우유는 많을 테니 말이다! 그 땅에 남은 자들은 극히 간소한 음식―버터와 꿀―만으로 사는 법을 배워야 할 것이다.

23-25   그것이 다가 아니다. 좋은 포도원들이 지천이던―수천 개도 넘었던 수억 가치의 포도원들!―이 나라가 조그만 잡초 밭으로 바뀔 것이다. 어디를 보아도 잡초와 가시덤불밖에 없으리라! 아무짝에도 쓸모없는 잡초 밭이, 토끼 사냥 때나 소용 있을지 모르겠다. 소와 양들만이 먹을 것을 찾아 이리저리 헤매고 다니겠지만, 잡초뿐인 그 땅, 예전의 비옥하고 잘 가꿔진 과수원과 들판은 흔적조차 찾을 수 없을 것이다.

8 ¹ 하나님께서 내게 말씀하셨다. "커다란 종이 한 장을 가져다가 지워지지 않는 잉크로 이렇게 적어라. '이는 마헬－살랄－하스－바스(노략－빨리 온다－약탈－서둘러 온다)의 것이다.'"

²⁻³ 나는 정직한 사람 둘, 곧 제사장 우리야와 여베레기야의 아들 스가랴를 그 문서의 증인으로 세웠다. 그런 다음에 여예언자인 내 아내가 있는 집으로 돌아갔다. 그녀가 아이를 가졌고, 아들을 낳았다.

³⁻⁴ 하나님께서 내게 말씀하셨다. "아기의 이름을 '마헬－살랄－하스－바스'라고 지어라. 그 아기가 아빠와 엄마를 부를 줄 알기 전에, 앗시리아왕이 다마스쿠스의 재물과 사마리아의 재산을 모두 약탈해 갈 것이다."

⁵⁻⁸ 하나님께서 내게 다시 말씀하셨다.

"이 백성이
고요한 실로아 물에 등을 돌리고
르신과 르말리야의 아들을 바라보며
흥분해 있으니,
내가 나서서
유프라테스의 거친 홍수를 톡톡히 맛보게 해주겠다.
앗시리아 왕과 그의 위력이
홍수처럼 강둑을 터뜨리고
유다로 넘쳐흘러와,
눈앞에서 모든 것을 다 쓸어버릴 것이다.
물이 너희 목까지 차오르리라.
오 임마누엘이여, 미친 듯이 날뛰는 그 강물,
거대한 날개처럼 너희 온 땅을 뒤덮을 것이다."

⁹⁻¹⁰ 그러나 너희 압제자들아, 사태를 직시하고 너희 가슴을 쥐어뜯어라.

먼 나라든 가까운 나라든, 모두 잘 들어라.
최악을 각오하고 너희 가슴을 쥐어뜯어라.
그렇다. 진정 최악을 각오하고 너희 가슴을 쥐어뜯어라!
너희 생각대로 이런저런 일을 도모해 보아라. 다 헛일일 뿐이다.
이런저런 말을 떠들어 보아라. 다 헛말일 뿐이다.
모든 말, 모든 일 뒤에 남는 것은
결국 임마누엘─하나님이 우리와 함께 계신다─일 테니.

하나님을 두려워하라

11-15 **하나님**께서 내게 강하게 말씀하셨다. 두 손으로 나를 움켜잡으시고는,
이 백성을 따라가지 말라고 경고하셨다. 그분께서 말씀하셨다.

"이 백성을 따라 하지 마라.
그들은 늘 누군가 자신을 해칠 음모를 꾸미고 있다고 생각하며,
두려워 떤다.
그들이 두려워하는 것을 두려워하지 마라.
그들이 염려하는 것을 염려하지 마라.
염려하려거든, 거룩하신 분을 염려하여라.
만군의 **하나님**을 두려워하여라.
거룩하신 분은 너희의 은신처가 되기도 하시지만,
너희 길을 막는 암석,
고집 센 이스라엘 두 집안의 가는 길을 막아서는 바위,
예루살렘 시민의 출입을 막는
철조망이 될 수도 있다.
많은 자들이 뛰어가다 그 바위와 부딪쳐
뼈가 아스러지고,
그 철조망에 걸려
헤어 나오지 못할 것이다."

16-18 이 증언을 잘 받아들이고
이 가르침을 잘 간직하여, 내 제자들에게 전하여라.
나는 **하나님**을 기다릴 것이다.
자신을 숨기고 계신 그분을 기다리며, 그분께 소망을 둘 것이다.
나는 이 소망을 지키며 여기 있을 것이다.
하나님께서 내게 주신 자녀들과 더불어.
그들은 이스라엘을 향한 표징이다.
시온 산에 거하시는 만군의 **하나님**께서 주시는 경고의 표징,
소망의 표징이다.

19-22 사람들이 너희에게 "점쟁이들을 한번 찾아가 보지 그래.
영매들에게 물어보지 그래.
영계에 들어가서
죽은 자들과 접촉해 보는 것이 어때?"라고 말하면,
이렇게 대답하여라. "아니, 우리는 성경을 연구할 것이다."
다른 길을 시도해 보는 자는 결국 아무데도 이르지 못할 것이다.
막다른 골목이 기다릴 뿐이다!
좌절하고 절박한 그들
이것저것 시도해 보지만,
아무 효과가 없으면 화가 치밀어 올라,
처음에는 이 신, 다음에는 저 신에게 욕을 퍼붓는다.
이 길, 저 길 기웃거리고
위를 보았다, 아래를 보았다, 옆을 보았다 하지만,
결국 아무것도 보지 못한다.
막다른 골목, 텅 빈 굴,
공허한 흑암에 처할 뿐이다.

우리를 위해 한 아이가 태어났다

9 그러나 고난 가운데 있던 자들은 이제 어둠에서 벗어날 것이다. 전에 주께서 스불론 땅과 납달리 땅을 불명예 가운데 두셨지만, 이제 그 지역 전체를, 곧 바다 따라 난 길과 요단 강 건너 국제적인 성읍 갈릴리를 영광스럽게 만드실 때가 오고 있다.

2-7 어둠 속을 헤매던 백성이
큰 빛을 보았다.
짙은 그늘이 드리운 땅에 살던 자들 위로
빛! 구름 사이를 뚫고 햇살이 비추었다!
주께서 그 나라를 다시 사람들로 북적이게 하시고
그들의 기쁨을 넓혀 주셨습니다.
오, 주 앞에서 그들이 얼마나 즐거워하는지요!
축제의 기쁨!
풍성한 선물과 따뜻한 인사를 나누는
큰 축일의 기쁨.
압제자들의 학대와 독재자들의 잔인함,
채찍질, 몽둥이질, 욕설들이
다 사라졌다. 이제 끝났다. 이 구원은,
전에 기드온이 미디안 족속을 꺾었던 승리만큼 놀라운 구원이로다.
침략 군대의 군화들,
무고한 피로 얼룩진 겉옷들이
한 무더기로 쌓여 불살라질 것이다.
며칠 동안 타오를 것이다!
이는, 우리를 위해 한 아이가 태어났기 때문이다!
그 아들을 우리에게 선물로 주셨기 때문이다!
이제 그가
세계를 통치할 것이다.
그의 이름은 '놀라우신 조언자'

'전능하신 하나님'
'영원하신 아버지'
'온전케 하시는 왕'이라 불리리라!
그분의 통치권, 점점 커지고
그분의 온전하심, 끝이 없으리라.
그분은 역사적인 다윗 보좌에 앉으셔서
약속된 왕국을 다스리시고,
그 왕국 굳게 세우셔서
세세토록 다스리실 것이다.
공정함과 올바름으로
이제부터 영원까지, 다스리시리라.
만군의 **하나님**의 열심이
이 모든 일을 이루실 것이다.

하나님께서 이스라엘을 벌하신다

8-10 주께서 야곱을 벌하시겠다는 메시지를 보내셨다.
그 메시지는 이스라엘 집 문 앞에 도달했고,
모든 백성, 에브라임과 사마리아의 시민들 모두가
그것을 들었다.
그러나 교만하고 오만한 떼거리인 그들,
그 메시지를 묵살하며 말했다.
"뭐, 상황이 그렇게 나쁜 것은 아니다.
우리는 뭐든지 대처할 수 있으니.
건물이 무너지면
더 크고 좋게 다시 지으면 되고,
나무들이 쓰러지면
다시 더 좋은 나무를 심으면 된다."

11-12 그래서 **하나님**께서 적들을 자극해 그들을 치게 하셨다.

원수들을 부추겨 그들을 공격하게 하셨다.
동쪽으로는 아람 사람들을, 서쪽으로는 블레셋 사람들을 일으키셨다.
그들이 이스라엘을 요절냈다.
그럼에도 아직 그분의 노는 풀리지 않으셨고,
다시 그들을 치시려고 높이 주먹을 쳐들고 계신다.

13-17 그런데도 이 백성은 자기들을 치는 분에게 무관심하다.
만군의 **하나님**을 찾지 않는다.
그래서 **하나님**께서는 이스라엘의 머리와 꼬리를,
그 종려가지와 갈대를 잘라내 버리셨다. 같은 날 한꺼번에.
그 머리는 우두머리 장로들이고,
그 꼬리는 거짓말하는 예언자들이다.
백성을 이끌어야 할 그들이
백성을 도리어 막다른 골목으로 끌고 들어갔으니,
지도자를 따랐던 이들이
길을 잃고 갈팡질팡한다.
주께서 젊은이들에게 흥미를 잃으시고,
그들의 고아와 과부들을 불쌍히 여기지 않으시는 것은 그래서다.
그들 모두 사악하고 악독하며,
더럽고 아둔한 말들을 떠벌린다.
그럼에도 아직 그분의 노는 풀리지 않으셨고,
다시 그들을 치시려고 높이 주먹을 쳐들고 계신다.

18-21 그들의 악독한 삶, 걷잡을 수 없는 불과 같다.
나무와 수풀, 잡초와 목초,
뭐든지 닥치는 대로 태워 버려,
온 하늘을 연기 자욱하게 만드는 불과 같다.
그 불에 만군의 **하나님**께서 불로 응답하셨다.
나라 전체에 불을 놓으셔서,

사람들 모두 불이 되게,
욕망 가운데 서로가 서로를 삼키는 불이 되게 하셨다.
만족을 모르는 그 욕망,
그들은 주위에 사람과 물건을 쌓아 놓고 게걸스럽게 집어삼킨다.
그래도 여전히 허기에 시달린다. 심지어 그들의 아이들도
그들의 탐욕스런 허기에서 안전하지 못하다.
므낫세가 에브라임을 먹어 치우고, 에브라임이 므낫세를 먹어 치웠으며,
그 둘이 유다를 해치려고 패를 지었다.
그럼에도 아직 그분의 노는 풀리지 않으셨고,
다시 그들을 치시려고 높이 주먹을 쳐들고 계신다.

악을 합법화하는 너희

1-4

10
악을 합법화하고,
희생자를 양산하는 법을 제정하는 너희에게 화가 있으리라.

가난한 이들을 비참하게 만들고
내 빈궁한 백성에게서 존엄을 앗아가며,
힘없는 과부들을 이용하고
집 없는 아이들을 착취하는 법을 만들다니.
심판 날, 너희가 무슨 할 말이 있을까?
청천벽력처럼 임할 그 운명의 날에,
누가 너희를 도울 수 있겠느냐?
돈이 있다 한들 무슨 소용이 있겠느냐?
그때 너희는, 짐짝 취급 받는 죄수나,
거리의 시체들 사이에 끼인 비참한 신세가 될 텐데.
그럼에도 아직, 이 모든 일로 그분의 노가 풀리지 않으셨고,
다시 그들을 치시려고 높이 주먹을 쳐들고 계신다.

앗시리아에게 화가 있으리라!

5-11 "앗시리아에게 화가 있으리라. 그는 내 진노의 무기요,
      그의 손에 들린 곤봉은 바로 나의 진노다!
      내가 그를 보내어 사악한 민족을 치며,
      나를 노하게 만든 백성을 친다.
      나는 그들을 모조리 노략질하고 약탈하여,
      그 얼굴을 진창에 처박아 버리라고 명령한다.
      그런데 앗시리아는 딴 속셈을 품는다.
      속으로 딴생각을 한다.
      그는 닥치는 대로 나라들을
      짓밟아 멸망시키는 일에 광분해 있다.
      앗시리아가 말한다. '내 지휘관은 다 왕들이 아니냐?
      뭐든 제 맘대로 할 수 있는 자들이다.
      나는 갈그미스뿐 아니라 갈로도 꺾지 않았느냐?
      아르밧과 하맛도 멸망시켰고, 다마스쿠스처럼 사마리아도 뭉개 버렸다.
      나는 예루살렘과 사마리아의 신들보다 훨씬 대단해 보이는
      신들로 가득했던 나라들도 다 쓸어버렸다.
      그러니, 예루살렘을 멸망시키려는 나를 막을 자 누구랴?
      사마리아와 그 신―우상들을 모조리 쓰러뜨린 나인데.'"

12-13 주께서 시온 산과 예루살렘에 관한 일을 다 마치시면, 이렇게 말씀하실
      것이다. "이제 앗시리아 차례다. 나는 앗시리아 왕의 오만과 허풍을 벌할
      것이다. 그는 거들먹거리며 목에 힘을 잔뜩 주고 이렇게 말한다.

13-14 '나는 이 모든 일을 혼자 힘으로 이루었다.
      나보다 뛰어난 자 누구랴.
      나는 나라들의 경계를 허물었다.
      밀고 들어가서, 원하는 것은 뭐든지 취했다.
      황소처럼 돌진해 들어가,

왕들을 보좌에서 다 끌어내렸다.
그들이 쌓아 놓은 보물들을 다 내 손아귀에 넣었다.
아이가 새 둥우리에서 새알을 꺼내듯 손쉽게 차지했다.
농부가 닭장에서 달걀을 꺼내 모으듯
온 세상을 내 바구니 안에 거두어들였다.
그런데도 날개를 푸덕이거나 꽥꽥 울어 대기는커녕
찍소리조차 내는 놈 하나 없었다.'"

15-19 도끼가 도끼질하는 자를 대신할 수 있느냐?
톱이 톱질하는 자 대신 주인공으로 나설 수 있느냐?
마치 삽이 스스로 인부를 부려서 도랑을 팠다는 식이구나!
마치 망치가 스스로 목수를 부려서 못을 박았다는 식이구나!
그래서다. 주 만군의 **하나님**께서 질병을 보내어
그 건장한 앗시리아 전사들을 쇠약하게 만드실 것이다.
하나님의 빛나는 영광 아래
한 맹렬한 불이 터져 나올 것이다.
'이스라엘의 빛이신 분'이 큰불이 되시고,
'거룩하신 분'이 불폭풍이 되실 것이다.
그리하여 하루 만에, 앗시리아 가시덤불을
하나도 남김없이 새까맣게 태워 버리실 것이다.
하나님께서 장대한 나무들과 우거진 과수원을 파괴하실 것이다.
앗시리아는 병든 환자처럼
몸도 영혼도 허약해져 쓰러질 것이다.
남은 나무들의 숫자를
아이가 두 손의 손가락으로도 셀 수 있을 것이다.

20-23 또한 그날에는, 이스라엘의 남은 자들, 야곱의 소수 생존자들이 더 이상
난폭한 압제자 앗시리아에게 매혹당하지 않을 것이다. 그들은 **하나님**,

'거룩하신 분'을 의지할 것이다. 진정으로 의지할 것이다. 소수의 남은 자들—야곱의 남은 자들—이 전능하신 하나님께 돌아올 것이다. 너 이스라엘이 한때는 바다의 모래처럼 그 수가 많았지만, 그날에는 오직 소수만이 흩어졌던 곳에서 돌아올 것이다. 파괴 명령이 내려졌다. 이것은 의로 충만한 명령이다. 주 만군의 **하나님**께서, 온 세상에 걸쳐 시작하신 일을 여기서 끝마치실 것이기 때문이다.

24-27 　그러므로 주 만군의 **하나님**께서 말씀하신다. "시온에 사는 내 사랑하고 사랑하는 백성들아, 앗시리아 사람들이 너를 곤봉으로 때릴 때, 전에 이집트 사람들이 그랬던 것처럼 너를 몽둥이로 위협할 때, 무서워하지 마라. 잠시 잠깐 뒤면 너에 대한 나의 진노가 풀리겠고, 내가 나의 진노를 그들에게 돌려 그들을 파멸시킬 것이다. 나 만군의 **하나님**이 아홉 가닥 채찍을 들고 그들을 쫓을 것이다. 기드온이 오렙 바위에서 미디안 사람들을 쓰러뜨렸듯이, 모세가 이집트를 발칵 뒤집어 놓았듯이, 그들을 아주 끝장내 버릴 것이다. 그날, 너의 등을 타고 있던 앗시리아 사람들이 끌어내려지고, 너의 목에서 종의 멍에가 벗겨질 것이다."

27-32 앗시리아가 오고 있다. 림몬으로부터 올라와
아얏에 이르고,
미그론을 통과해
믹마스에서 야영을 한다.
험한 길을 지나온 그들,
밤에 게바에 진을 쳤다.
라마가 겁에 질려 떤다.
사울의 고향 기브아가 줄행랑을 놓는다.
갈림의 딸아, 도와 달라고 소리쳐라!
라이사야, 그 외침을 들어라!
아나돗아, 뭐든 해보아라!
맛메나가 산속으로 내빼고,

게빔 주민들은 공포에 질려 도망간다.
적군이 놉에 이르렀다. 거의 코앞이다!
성읍이 보이자, 그들이 사랑하는 딸 시온 산,
예루살렘 언덕 위에서, 주먹을 휘두른다.

33-34 그러나 두고 보아라. 주 만군의 **하나님**께서
당신의 도끼를 휘둘러 그 가지들을 쳐내시며,
커다란 나무들을 베어 쓰러뜨리시고,
행진해 오는 그 높다란 나무들을 모조리 쓰러뜨리신다.
그분의 도끼가 그 나무들을 이쑤시개로 만들어 버릴 것이며,
레바논 같은 군대는 불쏘시개로 전락할 것이다.

이새의 그루터기에서 새싹이 나며

1-5 # 11 이새의 그루터기에서 한 푸른 새싹이 나며,
그 뿌리에서 한 가지가 움터 나오리라.
생명을 주는 **하나님**의 영,
곧 지혜와 깨달음을 주는 영,
방향을 잡아 주고 힘을 부어 주는 영,
지식과 **하나님**을 경외하는 마음을 불어넣어 주는 영이, 그 위에 머물리라.
하나님을 경외하는 것이
그의 기쁨과 즐거움이 될 것이다.
그는 겉모습으로 판단하지 않으며,
풍문에 따라 판결을 내리지 않을 것이다.
궁핍한 이들을 위해 의롭게 재판하고,
땅 위의 가난한 이들을 위해 정의롭게 판결할 것이다.
모두 옷깃을 여미고 그의 말을 주목하여 듣게 되리라.
그의 입에서 나오는 숨만으로도 악한 자들이 거꾸러질 것이다.
매일 아침 그는 튼튼한 작업복과 신발을 갖추고 나와,
이 땅에 의와 신실함을 세우는 일을 할 것이다.

6-9 이리와 어린양이 함께 뛰놀며,
표범과 새끼 염소가 같이 잘 것이다.
송아지와 사자가 같은 여물통에서 먹고,
어린아이가 그들을 기를 것이다.
암소와 곰이 목초지에서 함께 풀을 뜯고
새끼들도 서로 어울려 지내며,
사자가 소처럼 짚을 먹을 것이다.
젖 먹는 아이가 방울뱀 소굴 위를 기어 다니고,
걸음마하는 아이가 독사 굴에 손을 넣으며 놀리라.
나의 거룩한 산에서는
어떤 짐승이나 사람도 남을 해치거나 죽이는 일이 없을 것이다.
온 땅에 하나님을 아는 산 지식,
대양처럼 깊고, 대양처럼 넓은
산 지식으로 차고 넘치리라.

10 그날이 오면, 이새의 뿌리가 높이 세워져, 만백성을 집결시키는 깃발
로 설 것이다. 모든 민족이 그에게 나아오고, 그의 본부가 영광스럽게
되리라.

11   또한 그날이 오면, 주께서 다시 한번 손을 뻗으셔서, 흩어졌던 자기
백성 중에 남은 자들을 데려오실 것이다. 앗시리아, 이집트, 바드로스,
에티오피아, 엘람, 시날, 하맛, 바다 섬들에서 그들을 다시 데려오실 것
이다.

12-16 그분은 모든 민족이 볼 수 있게 깃발을 높이 드시고
흩뿌려진 이스라엘 유랑민들을 불러 모으시며,
뿔뿔이 흩어진 유다 난민 모두를
땅의 사방과 칠대양에서 이끌어 오실 것이다.
에브라임의 질투가 풀리고,

유다의 적개심이 사라지리라.
에브라임은 더 이상 유다를 질투해 맞서지 않으며,
유다는 더 이상 에브라임을 증오해 맞서지 않을 것이다!
그들은 피를 나눈 형제로 하나 되어, 서쪽으로 블레셋 사람들을 덮치고,
동맹군을 이뤄 동쪽의 민족들을 약탈하며,
에돔과 모압을 공격할 것이다.
암몬 사람들도 그들과 같은 처지가 될 것이다.
하나님께서 다시 한번 이집트의 홍해를 말리셔서,
쉽게 건널 수 있는 길을 내실 것이다.
거대한 강 유프라테스에
거센 바람을 내려보내셔서,
그 강을 일곱 개의 실개울로 만들어 버리실 것이다.
발을 적시지 않고 건널 수 있는 실개울로!
마침내, 대로가 열릴 것이다.
하나님의 백성 중에 남은 자들이 앗시리아에서 쉽게 나올 수 있는 대로,
과거 이스라엘이 이집트에서 행군해 나올 때와 같은
그런 대로가 열릴 것이다.

나의 힘, 나의 노래

¹ **12** 그날에 너는 이렇게 말할 것이다.
"**하나님**, 주께 감사드립니다.
주께서 노하셨으나
주의 진노는 영원하지 않았습니다.
주께서 노를 거두시고
제게 오셔서, 위로해 주셨습니다.

² 그렇습니다. 참으로 하나님은 나의 구원이십니다.
내가 주를 믿고 두려워하지 않겠습니다.
하나님께서―진정 **하나님**께서!―나의 힘이시요 나의 노래이시며,

무엇보다, 나의 구원이십니다!"

3-4 너희는 구원의 우물에서
기쁨 가득 물을 길어 올릴 것이다.
그러면서 말하리라.
"하나님께 감사드려라.
그분의 이름 소리 높여 외쳐라.
무엇이든 그분께 구하여라!
민족들에게 외쳐라. 그분이 하신 일을 들려주어라.
그분의 높은 명성, 그 소식을 전하여라!

5-6 하나님께 찬양을 드려라. 그분이 이 모든 일을 이루셨다!
온 땅에 그분이 하신 일을 알려라!
오 시온아, 지붕이 떠나갈 듯 외쳐라! 심장이 터지도록 크게 불러라!
한없이 위대하신 이가 너희 가운데 계시니,
그분은 '이스라엘의 거룩하신 분'이시다."

바빌론은 끝났다!

13

1 아모스의 아들 이사야가 본, 바빌론에 대한 메시지다.

2-3 "탁 트인 언덕 위에 깃발을 높이 올려라.
크게 소리쳐라. 그들로 주목하게 하고,
구령을 붙여 대형을 갖추게 하여라.
그들을 지휘해 권력의 핵심부로 쳐들어가라.
내가 특수부대를 맡고
돌격대를 소집했다.
내 진노의 심판을 수행하는 그들,
긍지와 열의가 끓어오른다."

4-5 산들 위에서 우르르 천둥소리가 울려 퍼진다.
큰 무리의 폭도들이 내는 소리 같다.
그 소리는 전쟁하러 모인 왕국과
나라들이 일으킨 소란이다.
만군의 **하나님**께서 당신의 군대를 소집하시고
전투대형을 갖추게 하신다.
먼 곳에서 오는 그들,
밀물처럼 밀어닥쳐 땅을 뒤덮는다.
하나님이 오고 계신다. 당신의 진노의 병기 들고서,
이 나라를 결딴내러 오신다.

6-8 통곡하여라! **하나님**의 심판 날이 가까이 왔다.
전능하신 하나님이 오실 날이, 눈사태처럼 밀어닥친다!
모두 공포에 질려 심신이 얼어붙고
신경이 쇠약해져 히스테리를 부리며,
해산하는 여인처럼
고통으로 몸부림친다.
무서워 떠는 그들, 누구를 보든지,
악몽을 보는 듯하리라.

9-16 "잘 보아라. **하나님**의 심판의 날이 온다.
이는 무자비한 날, 진노와 격분의 날,
땅을 황폐하게 만들고
모든 죄인을 쓸어버리는 날.
하늘의 별들, 그 거대한 별들의 행렬이
블랙홀에 지나지 않게 될 것이다.
해는 그저 검은 원반이 되고,
달도 있으나 마나 한 것이 되리라.

내가 이 땅의 악을 완전히 멈춰 세우고,

악한 자들의 사악한 행위를 뿌리째 뽑아 버릴 것이다.

허풍 치며 뻐기던 자들의 입에 재갈을 물리면, 그들, 찍소리도 못 내리라.

거드름 피우며 활보하던 폭군들, 다 자빠트려 땅바닥에 얼굴을 처박게 만들 것이다.

교만한 인류, 지상에서 종적을 감출 것이다.

내가, 인간을 가물에 콩 나듯 하게 만들리라.

그렇다. 만군의 **하나님**의 진노 아래

그 맹렬한 진노의 심판 날에,

하늘도 흔들리고

땅도 뿌리까지 떨릴 것이다.

사냥꾼에 쫓기는 사슴처럼,

목자 없이 길 잃은 양처럼,

사람들이 소수의 동류들과 떼를 지어

임시변통할 피난처로 도망쳐 갈 것이다.

그렇게 뛰다가 넘어지는 자들, 가련하다. 그들은 그 자리에서 죽임을 당할 것이다.

목이 잘리고, 배가 찢겨 터지리라.

부모가 보는 앞에서

아기들이 바위에 메어쳐지고,

집들이 약탈당하며,

아내들이 겁탈당할 것이다.

17-22 이제 잘 보아라.

내가 메대를 자극해 바빌론을 치게 할 것이다.

뇌물로도 막을 수 없는 무자비,

무엇으로도 누그러뜨릴 수 없는 잔인함의 대명사인 메대 사람들.

그들은 젊은이들을 죄다 몰살시키고,

갓난아기들도 발로 걷어차며 놀다가 죽이는 자들이다.

가장 찬란했던 왕국,
갈대아 사람들의 자랑이요 기쁨이던 바빌론.
하나님이 끝장내신 소돔과 고모라처럼,
결국 연기와 악취만 남기고 사라질 것이다.
누구도 거기 살지 않게 되리라.
세대가 지나고 또 지나도, 유령마을로 남을 것이다.
유목민, 베두인 사람들도 거기에는 천막을 치지 않을 것이다.
목자들도 피해서 멀리 돌아갈 것이다.
이름 모를 들짐승이나 찾아와서,
밤마다 빈집들을 섬뜩한 괴성으로 채울 것이다.
스컹크들이 집으로 삼고,
무시무시한 귀신들이 출몰할 것이다.
하이에나의 괴성이 피를 얼어붙게 하고,
늑대의 울부짖음이 몸을 오싹하게 만들 것이다.

바빌론은 이제 망했다.
끝이 멀지 않았다."

1-2 **14** 그러나 야곱은 다르다. **하나님**께서 야곱에게 자비를 베푸시
리라. 그분이 다시 한번 이스라엘을 택하실 것이다. 그들을
고향 땅에 자리 잡고 살게 하실 것이다. 이방인들이 야곱에게 매혹되어
운명을 같이하기 원할 것이다. 그들이 타향살이하던 곳의 여러 민족들이
고향으로 돌아가는 이스라엘을 도우며, 이스라엘은 그들을 남종과 여종
으로 삼을 것이다. **하나님**의 나라에서 그들을 종으로 취할 것이며, 과거
자신들을 사로잡았던 자들을 사로잡고, 자신들을 압제하던 자들 위에 군
림하며 살 것이다.

3-4 　　**하나님**께서 너희를 압제와 고생과 혹독한 종살이에서 풀어 주시는
날, 너희는 이런 풍자노래로 바빌론 왕을 조롱하며 재미있어 할 것이다.

바빌론아, 이제 너는 아무것도 아니다

4-6 믿어지느냐? 폭군이 사라졌다!
폭정이 끝났다!
만인을 짓밟던 악인의 통치를,
그 악당의 권력을
하나님께서 깨부수셨다.
그칠 줄 모르는 빗발 같은 잔혹함으로,
고문과 박해로 점철된
폭력과 광포로 통치하던 그를.

7-10 이제 끝났다. 온 땅에 안식이 깃든다.
노래가 터져 나온다! 지붕이 들썩이도록!
폰데로사 소나무들이 행복해하며,
거대한 레바논 백향목들이 안도의 한숨을 내쉬며 말한다.
"네가 망했으니,
이제 우리를 베어 쓰러뜨릴 자 없다."
지하의 망자들이
너를 맞이할 준비로 부산하다.
그들, 유령 같은 망자들,
모두 한때는 땅에서 이름 날렸던 자들이다.
나라의 왕이었다가 땅에 묻힌 그들,
모두 보좌에서 일어나,
잘 준비된 연설로
너를 죽음으로 초대한다.
"자, 이제 너도 우리처럼 아무것도 아닌 존재가 되었다!
죽은 우리와 더불어 여기서 집처럼 편히 지내거라!"

11 바빌론아, 너의 화려한 행렬과 멋진 음악이 너를 데려갈 곳은
결국 여기다.

땅 밑 독방,
구더기들을 침대 삼아 눕고
스멀스멀 기어다니는 벌레들을 이불로 덮는 곳이다.

12 오 바빌론아, 이 무슨 몰락이란 말이냐!
샛별이었던 너! 새벽의 아들이었던 너!
지하 진흙뻘에 얼굴이 처박히다니,
나라들을 쓰러뜨리던 일로 이름 높았던 네가!

13-14 너, 속으로 중얼거렸지.
"나, 하늘로 올라가리라.
하나님의 별들 위로 내 보좌를 높이겠다.
신성한 자폰 산에서 열리는
천사들의 회합을 내가 주재하겠다.
나, 구름 꼭대기로 올라가리라.
우주의 왕 자리를 내가 차지하겠다!"

15-17 그러나 성공했느냐?
아니다. 위로 올라가기는커녕, 너는 밑으로 밑으로 추락했다.
저 아래, 지하의 망자들에게로
그 깊은 구렁 속으로.
너를 보는 자들, 생각에 잠겨 중얼거린다.
"아니 정녕 이 자가
한때 세상과 나라들을 공포에 떨게 하고,
땅을 황폐케 하고,
성읍들을 멸망시키고,
죄수들을 산송장으로 만든, 바로 그 자란 말인가?"

18-20 왕들은 보통 품위 있게 장사된다.

덕을 기리는 송가와 더불어 무덤에 안장된다.
그러나 너는 매장되지 못하고,
길거리 개나 고양이처럼 시궁창에 버려져
썩어 문드러지는 시신들,
살해되고 유기된 가련한 시체들에 둘러싸였다.
네 시신은 더럽혀지고 사지가 절단되었다.
네 장례를 치러 줄 나라는 없다.
너는 네 땅을 폐허로 만들었고
대학살을 유산으로 남겼다.
네 악한 삶의 소산,
이름도 붙여지지 않으리라. 그저 잊혀질 뿐!

21 악인의 아들들을 죽일 장소를 마련하고
그 가문의 대를 끊어 버려라.
그들이 땅 한 평이라도 차지하거나
그들의 성읍들로 세상의 얼굴에 먹칠하는 것, 있을 수 없는 일이다!

22-23 만군의 **하나님**의 포고다. "내가 바빌론과 맞서겠다. 바빌론이라는 이름과 그 생존자들, 자녀와 후손들을 앗아갈 것이다." **하나님**의 포고다. "그곳을 쓸모없는 늪지대로 만들고, 고슴도치들에게 주어 버리겠다. 아주 싹 쓸어버릴 것이다." 만군의 **하나님**의 포고다.

하나님의 계획, 누가 막을 수 있겠느냐?
24-27 만군의 **하나님**께서 말씀하신다.

"내 계획 그대로,
이뤄질 것이다.
내 청사진 그대로,
일이 성사될 것이다.

내 땅을 침범한 앗시리아를 내가 바스러뜨리고
내 산에서 그를 바닥에 짓이길 것이다.
내가 사람을 잡아 종으로 삼던 그의 일을 중단시켜,
억압에 눌린 이들의 허리를 펴게 할 것이다."
이것이
온 땅을 향해 세우신 계획이다.
이 계획을 이룰 손,
온 나라들을 향해 뻗어 있다.
만군의 **하나님**께서 계획하셨다.
누가 막을 수 있겠느냐?
그분께서 손을 뻗으셨다.
누가 막을 수 있겠느냐?

28-31 아하스가 죽은 해에, 이 **메시지**가 임했다.

잠깐! 블레셋 사람들아, 너는
잔인한 압제자가 쓰러졌다고 좋아할 때가 아니다.
단말마 비명 속에 죽는 그 뱀에게서 더 독한 뱀이 튀어나오고,
거기에서 또 더 독한 뱀이 튀어나올 것이다.
가난한 이들은 염려할 것 없다.
궁핍한 이들은 재난을 면할 것이다.
그러나 너희 블레셋 사람들은 기근에 던져지고,
굶어 죽지 않은 자들은 하나님이 쳐서 죽이실 것이다.
교만한 성읍아, 통곡하고 울부짖어라!
블레셋아, 공포에 떨며 바닥에 납작 엎드려라!
북쪽 지평선에서, 연기가 피어오른다.
성읍들이 불탄다. 사납고 날랜 파괴자가 지나간 자국이다.

32 궁금해하는 이방인들에게

뭐라고 답하겠느냐?
"**하나님**께서 시온을 굳건히 세우셨다.
궁핍과 곤경에 처한 이들이 그곳을 피난처로 삼는다"고 말해 주어라.

모압 전역에 울려 퍼지는 울음소리

1-4 # 15 모압에 대한 **메시지**다.

모압 마을, 알이 폐허가 되었다.
야간공격으로 잿더미로 변했다.
모압 마을, 길이 폐허가 되었다.
야간공격으로 잿더미로 변했다.
디본 마을이 언덕 위 자기 예배실로 올라간다.
거기서 울기 위해 올라간다.
느보와 메드바를 보며
모압이 슬피 울며 통곡한다.
다들 머리를 밀고
수염을 깎는다.
그들, 상복을 입고 거리로 쏟아져 나와,
지붕 위로 올라가거나 마을 광장에 모인다.
모두 울음을 터뜨리며
비탄에 잠긴다.
헤스본과 엘르알레의 그칠 줄 모르는 큰 울음소리,
멀리 야하스까지 들린다.
모압이 흐느끼고, 슬픔을 이기지 못해 몸을 떤다.
모압의 영혼이 떤다.

5-9 오, 가련하기 짝이 없는 모압이여!
피난민의 행렬이 소알까지,
에글랏슬리시야까지 이어진다.

루힛 비탈길을 오르며 그들이 슬피 운다.
모든 것을 잃은 그들, 호로나임으로 가는 길에서 서럽게 운다.
니므림의 샘들이 다 말라 버렸다.
풀이 시들고 싹도 막혀, 아무것도 자라지 않는다.
그들, 가진 물건 전부를
등에 지고 떠난다.
버드나무 개울 건너
안전한 곳을 찾으려고 안간힘을 쓴다.
모압 전역에,
가슴 저미는 울음소리가 울려 퍼진다.
창자가 끊어지는 듯한 애곡소리, 에글라임에까지 들리고
가슴이 찢어지는 듯한 애곡소리, 브엘엘림에까지 들린다.
디본의 둑 위로 피가 흘러넘치는데,
하나님께서 디본을 위해 더 큰 재앙을 마련하셨다.
사자다. 도망치는 자들을 끝장내고
남은 자들 모두를 해치울 사자다.

모압이 한탄할 것이다

¹⁻⁴ **16** 모압이 말한다. "어서 서둘러
예루살렘 지도자들에게 어린양을 조공으로 바쳐라.
셀라에서 광야를 거쳐 예루살렘으로 가지고 가라. 그들의 환심을 사라.
모압의 성읍과 백성들,
어쩔 줄 몰라 한다.
부화되어 나오자마자 둥지를 잃은 새들,
아르논 강 둑 위에서
건너지 못할 강을 바라보며
날개만 퍼덕거리는 새들 같구나.
'우리, 어떻게 해요?
제발, 우리를 좀 도와주세요!

우리를 보호해 주세요.
우리를 숨겨 주세요!
모압에서 나오는 피난민들에게
은신처를 마련해 주세요.
대학살을 피해 도망 오는 자들에게
안전한 처소가 되어 주세요.'"

4-5 유다가 대답한다. "이 일이 모두 끝나면,
폭군이 쓰러지고
학살이 중단되고
잔인한 일들이 흔적조차 남지 않을 때가 되면,
숭엄한 다윗 전통을 따르는 새 정권,
인애의 정권이 세워질 것이다.
네가 의지할 수 있는 한 통치자가
그 정권의 수장이 될 것이다.
그는 정의를 향한 열정으로 가득한 통치자,
세상을 바로잡으려는 열의로 충만한 통치자다."

6-12 우리는 익히 들었다. 모두가 들었다!
모압의 교만에 대해.
온 세상이 다 아는 그 거만과 오만 방자와
허풍에 대해.
그러니, 이제 모압이 자신의 달라진 처지를 한탄하게 내버려 두어라.
이웃들이 번갈아 부르는 거짓 애가를 듣게 하여라!
이 무슨 수치인가! 이 얼마나 끔찍한 일인가!
그 좋았던 과일빵과 길하레셋 사탕을 더 이상 맛볼 수 없다니!
울창하던 헤스본의 밭들이 황폐해지고,
기름지던 십마의 포도원들이 모두 황무지로 변했다!

한때는 야스엘과
사막 바로 코앞에까지 뻗어 가,
눈 닿는 곳 어디에서나
풍성한 수확을 안겨 주던
그 유명했던 포도덩굴을,
외적들이 다 밟아 뭉개고 찢어발겼다.
나도 통곡하련다. 야스엘과 함께 통곡하고,
십마 포도원을 위해 통곡하련다.
그렇다. 헤스본과 엘르알레여,
너의 눈물에 내 눈물을 섞으련다!
추수 때의 즐거운 환호가 영영 사라졌다.
노래와 축제 대신 쥐 죽은 듯 정적뿐이다.
과수원에 떠들썩한 웃음소리 들리지 않고,
포도원에 신나는 노동요가 더는 들리지 않는다.
들판에서 일하는 자들의 흥겨운 노랫소리 대신에
정적, 죽음 같은 정적, 숨 막히는 정적뿐이다.
모압을 보면 내 심금 울리고,
가련한 길하레셋을 생각하면 내 동정심이 솟는다.
모압은 터벅터벅 산당에 올라가 기도하지만,
시간과 정력을 낭비할 뿐이다.
그 성소에 들어가 구원해 달라고 기도해 봐야
소용없다. 아무 일도 일어나지 않는다.

13-14 이는 전에 **하나님**께서 모압에 대해 주셨던 **메시지**다. **하나님**께서 이제 다시 주신 **메시지**는 이러하다. "삼 년 안에, 징집된 병사의 복무기간보다 짧은 그 시간 안에, 대단했던 모압이 자취도 없이 사라질 것이다. 허풍 가 득한 호화로운 풍선이 한순간에 터져 버리고, 사람들로 들끓던 그곳에는 몇몇 부랑자들만 발을 질질 끌며 구걸을 다닐 것이다."

다마스쿠스: 먼지 더미, 돌무더기가 되리라

17 1-3 다마스쿠스에 대한 **메시지**다.

"잘 보아라. 다마스쿠스는 이제 도성이 아니라
먼지 더미, 돌무더기가 되리라!
성읍들은 텅텅 비고
양과 염소들이 들어와,
주인인 듯 떡하니 자리를 차지할 것이다.
실제로 그렇게 될 것이다!
에브라임에 요새가 있었던 흔적,
다마스쿠스에 정부가 있었던 자취, 눈을 씻고 찾아도 찾을 수 없다.
아람에 남은 것이 얼마나 되겠느냐고?
이스라엘과 마찬가지다. 별로 없을 것이다."
만군의 **하나님**의 포고다.

4-6 "야곱의 눈부신 찬란함이 빛을 잃고
살찐 몸이 뼈만 앙상해질 날이 오고 있다.
나라 전체가 텅 빌 것이다. 추수가 끝난 들판처럼,
무엇 하나 남은 것이 없을 것이다.
추수 후 르바임 골짜기에 남은
몇 개의 보리 줄기 같거나,
나무 꼭대기에 달려 사람의 손길을 피한
두세 개의 익은 올리브 열매 같거나,
과수원에서 과일 따는 자들의 손 닿지 않은
네다섯 개의 사과 같을 것이다."
이스라엘의 **하나님**의 포고다.

7-8 그렇다. 사람들이 '그들을 지으신 분'을 주목하게 될 날, '이스라엘의 거
룩하신 분'을 주목하게 될 날이 오고 있다. 전에는 대단하다 여겼던 자기

작품들—제단, 기념물, 의식, 가내수공품 종교—에 대한 흥미를 모두 잃고 말 것이다.

9 그렇다. 그들이 요새 성읍들을 버리고 도망칠 날이 오고 있다. 이스라엘이 쳐들어왔을 때 히위 사람과 아모리 사람이 버리고 도망갔던 바로 그 성읍들을! 나라가 텅 빌 것이다. 전부 황폐해질 것이다.

10-11 이유를 알겠느냐? 네가 너의 구원이신 하나님을 잊었고,
너의 반석이요 피난처이신 분을 기억하지 않았기 때문이다.
그러니, 네가 아무리 종교에 열심을 낸다 하더라도,
네 풍요의 신들을 구슬려 뜻대로 하게 하려고
온갖 종류의 관목과 목초와 나무들을 심고
그것들을 잘 가꾸어
싹과 봉오리와 꽃을 활짝 피운다 하더라도,
네게는 아무 수확이 없을 것이다. 거둬들이는 것이라고는
그저 비통과 고통, 끝없는 고통뿐일 것이다.

12-13 오! 천둥이 울린다! 군중이 일으키는 천둥소리!
요란한 파도소리 같은 천둥소리!
나라들이 포효한다.
거대한 폭포처럼 포효한다.
고막을 터뜨릴 듯 포효한다!
그러나 하나님께서는 말씀 한 마디로 그들을 잠잠케 하시고,
훅 불어 날리실 것이다.
죽은 잎사귀처럼, 떨어진 엉겅퀴 잎처럼.

14 잠자리에 들 시각, 공포가 대기를 가득 채운다.
그러나 아침에 일어나 보니, 다 사라져 버렸다. 흔적도 찾을 수 없다!
바로 우리를 멸망시키려는 자들에게 일어날 일,

우리 목숨을 노리는 자들이 맞을 운명이다.

에티오피아: 강력하고 무자비한 자들

1-2 **18** 에티오피아 강 너머,
파리와 모기들의 땅에 화가 있으리라.
강 따라 바다 건너,
세계 방방곡곡에 사신들을 배에 태워 보내는 땅.

발 빠른 사신들아, 가거라.
키 크고 잘생긴 그들에게.
강줄기 여러 갈래로 나뉘어 흐르는 땅에 사는
강력하고 무자비한 민족,
어디서나 우러름 받는 그들에게 가거라.

3 모든 곳, 모든 자들,
땅의 모든 주민들아,
산에 깃발이 나부끼는 모습이 보이거든, 잘 보아라!
나팔 부는 소리가 들리거든, 잘 들어라!

4-6 하나님께서 내게 이렇게 말씀하셨기 때문이다.

"나는 아무 말 없이,
그저 여기 나 있는 곳에서 지켜보고만 있을 것이다.
따뜻한 햇살처럼 고요히,
추수 때의 이슬처럼 조용히."
그러다가 추수 직전,
꽃철이 지나 포도가 영글 무렵이 되면,
그분이 오셔서 새로 난 가지들을 다 잘라 내고,
자라난 가지들을 가차 없이 쳐내실 것이다.

그것들, 바닥에 버려져
새와 짐승들 꼴이 될 것이다.
새들이 먹고 여름을 지내고,
짐승들이 먹고 겨울을 지내는 먹이가 될 것이다.

7 그때에 만군의 **하나님**께 공물이 바쳐지리라.
키 크고 잘생긴 민족,
한때 어디서나 우러름 받던 그들,
강력하고 무자비하던 그들이
강줄기 여러 갈래로 나뉘어 흐르는 그 땅에서
시온 산, **하나님**의 처소로 공물을 가져올 것이다.

이집트: 무정부 상태, 대혼란, 살육!

1 **19** 이집트에 대한 **메시지**다.

잘 보아라! **하나님**이 **빠른** 구름을 타고서
이집트를 향해 가신다!
이집트의 신들, 그 우상들이 벌벌 떤다.
이집트 사람들이 공포에 질려 몸이 굳는다.

2-4 하나님께서 말씀하신다. "내가 이집트 사람들끼리 치고받으며 싸우게 하겠다.
형제들끼리 서로, 이웃들끼리 서로,
성읍과 성읍이, 나라와 나라가.
그곳은 무정부 상태가 되고, 대혼란과 살육이 벌어질 것이다!
내가 이집트 사람들의 혼을 **빼놓을** 것이며,
그들은 도무지 갈피를 잡지 못할 것이다.
그들이 답을 구하러 자기들의 신들, 그 우상들에게 달려갈 것이다.
응답이 절실한 그들, 혼령을 불러내는 의식을 거행할 것이다.

그러나 나는 이집트 사람들을
잔인하기 그지없는 폭군에게 넘겨,
야비하고 무자비한 왕의 통치를 받게 할 것이다."
주 만군의 하나님의 포고다.

5-10 나일 강이 말라 버릴 것이다.
강바닥까지 햇볕에 바싹 말라붙을 것이다.
운하에는 물이 고여 썩은 냄새가 풍기고,
나일 강에 닿는 개울들도 모조리 말라 버릴 것이다.
강가 식물들이 다 썩어 문드러지고
강둑은 딱딱하게 굳어지리라.
강바닥도 굳어 반질반질해지고
강가의 풀들도 말라비틀어져, 바람에 날려 사라질 것이다.
고기 잡는 어부들,
이제 고기잡이는 끝이라고 한탄할 것이다.
직물 짜는 자들, 일감이 떨어질 것이다.
아마포, 무명, 양털로 천을 짜는 모든 자들,
할 일 없어 빈둥거리며 풀이 죽어 지낼 것이다.
생계를 위해 일해야 하는 모든 자들, 아무 할 일이 없어질 것이다.

11-15 소안의 제후들은 멍청이들이고,
바로의 참모들은 얼간이들이다.
어떻게 너희가 바로에게
"저를 믿으십시오. 저는 일이 어떻게 돌아가는지 알고 있습니다.
저는 고대 이집트의 지혜를 계승한 현인입니다"라고 말할 수 있단 말이냐?
너의 이집트에 현인은 단 한 사람도 없다.
있다면, 그가 너에게
만군의 하나님께서 이집트에 대해 갖고 계신 생각을 일러 주었으리라.
실상은 소안의 제후들은 다 멍청이들이고,

멤피스의 제후들은 다 저능아들이다.

네가 사회의 기둥이라 치켜세웠던 자들,

그들이 이집트를 그릇된 길로, 막다른 골목으로 이끌었다.

하나님께서 그들의 머리를 뒤죽박죽으로 만드셨다.

이집트는 자기가 게워낸 토사물에, 스스로 미끄러져 자빠진 꼴이 되었다.

이집트는 희망이 없다. 어찌해 볼 수 있는 상황은 이미 지났다.

늙어 비실대는 노쇠한 얼간이다.

16-17 그날이 오면, 이집트 사람들은 극도로 흥분한 여학생들처럼 되어, 만군의 하나님께서 행동하실 기미가 조금이라도 보이면 마구 비명을 질러댈 것이다. 미약한 유다가 그들에게 공포의 대상이 되리라! '유다'라는 말만 들어도 공포에 질릴 것이다. 그 이름을 들을 때마다, 이집트를 치시려는 만군의 하나님의 계획이 떠올라 두려움에 사로잡힐 것이다.

18 그날이 오면, 이집트의 여러 성읍들이 믿음의 언어를 배우고 만군의 하나님을 따르겠노라 약속할 것이다. 이 성읍들 가운데 하나는 '태양의 성읍'이라는 영예로운 이름을 갖게 될 것이다.

19-22 그날이 오면, 이집트 중심부에 하나님을 예배하는 처소가 자리하고, 국경에는 하나님께 바쳐진 기념물이 들어서, 만군의 하나님께서 그동안 이집트 사람들을 어떻게 도우셨는지 증거하게 될 것이다. 그들이 압제자들로 인해 하나님께 기도하고 부르짖으면, 그분께서 도움의 손길을 내미실 것이다. 그들을 지키고 보살펴 줄 구원자를 보내 주실 것이다. 하나님께서 이집트 사람들에게 자신을 숨김없이 드러내실 그날에, 그들이 그분을 알게 되리라. 희생 제물과 번제물을 가져와 그분을 진심으로 예배하게 되리라. 그들이 하나님 앞에서 서약하고 그 서약을 지킬 것이다. 하나님께서 이집트에게 상처를 입히고 치시겠지만, 그 후에는 고쳐 주실 것이다. 이집트가 하나님께 돌아오고, 하나님은 그들의 기도를 들으시고 그들을 치료해 주실 것이다. 머리끝부터 발끝까지 낫게 하실 것이다.

23 그날이 오면, 이집트에서 앗시리아까지 이어지는 대로가 열릴 것이

다. 앗시리아 사람들이 이집트에서, 이집트 사람들이 앗시리아에서 마음 껏 활보하며 다닐 것이다. 더 이상 적수가 아닌 그들, 이집트 사람들과 앗 시리아 사람들이 함께 예배를 드릴 것이다!

24-25 　그날이 오면, 이스라엘은 이집트와 앗시리아와 어깨를 나란히 하고, 세상의 중심에서 복을 함께 나눌 것이다. 이스라엘에게 복 주신 만군의 하나님께서 그들 모두에게 넘치는 복을 내리실 것이다. "복되어라 이집트 여, 나의 백성이여! 복되어라 앗시리아여, 내 손의 작품이여! 복되어라 이 스라엘이여, 나의 소유여!"

벌거벗은 예언자의 표징

1-2 **20** 앗시리아 왕 사르곤이 보낸 야전 사령관이 아스돗을 공격하 여 점령했던 그해, 하나님께서 아모스의 아들 이사야에게 말 씀하셨다. "가서, 네 옷과 신발을 벗어 던져라." 이사야는 그렇게 했고, 알몸과 맨발로 다녔다.

3-6 　그 후 하나님께서 말씀하셨다. "내 종 이사야는 이집트와 에티오피아 에 대한 경고의 표징으로 삼 년 동안 알몸과 맨발로 다녔다. 이제 그것이 그대로 이루어져, 앗시리아 왕이 쳐들어와 이집트와 에티오피아 사람들 을 포로로 잡아갈 것이다. 젊은이나 늙은이 할 것 없이, 모두 알몸과 맨발 로 끌려가며 조롱거리가 될 것이다. 엉덩이를 드러낸 채 줄을 지어 끌려 가는 이집트 사람들의 모습을 생각해 보아라! 에티오피아에 희망을 걸었 던 자들, 이집트에게 도움을 기대했던 자들, 다 혼란에 빠질 것이다. 바닷 가에 사는 자들은 이렇게 말하리라. '저들을 봐라! 알몸으로, 맨발로 끌려 가는 저 포로들을! 저들이 우리의 희망이라 여겼는데. 우리를 앗시리아 왕에게서 구해 주리라 믿었는데. 이제 우리는 어떻게 하지? 어떻게 여기 서 빠져나가지?'"

1-4 **21** 바닷가 사막에 대한 메시지다.

거센 폭풍우가 네겝 사막,
공포 가득한 그곳을 거쳐 돌진해 올 때,
한 준엄한 환상이 내게 임했다.
배신자가 배신당하고, 약탈자가 약탈당하는 환상이다.
공격하여라, 엘람아!
포위하여라, 메대야!
페르시아 사람들아, 공격하여라!
공격하여라, 바빌론을!
내가 모든 비탄과 신음을
끝장내리라.
이 소식으로 인해 나는 고통으로 몸을 구부렸다.
해산하는 여인처럼 고통스럽게 몸을 비틀었다.
들리는 소리로 정신이 아득해지고,
보이는 광경으로 맥이 탁 풀렸다.
어안이 벙벙해지고
공포에 사로잡힌 나,
느긋한 저녁 시간을 바랐건만,
다가온 것은 악몽이었다.

5 향연이 베풀어지는 자리,
손님들이 기대어 앉아 호사와 안락을 누리며
먹고 마시며 즐기고 있는데,
갑자기 소리가 들린다. "제후들아, 무기를 들어라! 전투가 벌어졌다!"

6-9 주께서 내게 말씀하셨다. "가서, 파수꾼을 세워라.
그에게 관측한 것을 보고하게 하여라.
전투대형을 갖춘 말과 마차들,
나귀와 낙타 행렬을 보거든,
땅바닥에 귀를 대고

작은 속삭임, 풍문 하나까지 귀담아들으라고 말해 두어라."
바로 그때, 파수꾼이 소리쳤다.
"주님, 저는 온종일을 매일같이,
밤을 새워 가며
제 자리를 지키며 보초를 섭니다!
저는 몰려오는 그들,
전투대형을 갖춘 말과 마차들을 지켜보았습니다.
그들이 큰소리로 알리는 전쟁 소식을 들었습니다.
'바빌론이 쓰러졌다! 쓰러졌다!
그 귀한 신—우상들,
다 바닥에 메쳐져 산산조각 나버렸다.'"

10 사랑하는 이스라엘아, 너희가 그동안 많은 일을 겪었다.
맷돌에 넣어져 으깨졌다.
이제 내가 이스라엘의 하나님,
만군의 하나님께 들은 기쁜 소식을 너희에게 전한다.

11-12 에돔에 대한 메시지다.

에돔의 세일 산에서
한 음성이 나에게 울려 퍼진다.
"야간 파수꾼이여! 동이 트려면 얼마나 남았느냐?
이 밤이 얼마나 남았느냐?"
야간 파수꾼이 소리쳐 대답한다.
"아침이 오고 있다.
그러나 아직은 밤이다.
다시 물어도 내 대답은 같다."

13-15 아라비아에 대한 **메시지**다.

너희 드단의 대상들아,
너희는 사막 불모지에 천막을 치고 야영해야 할 것이다.
목마른 자들에게 물을 갖다 주어라.
도망자들에게 **빵**을 대접해 주어라.
데마에 사는 너희여,
너희가 잘하는 사막의 환대를 보여주어라.
사막이 전쟁의 공포를 피해 도망쳐 나오는
피난민들로 넘쳐난다.

16-17 주께서 내게 말씀하셨다. "기다려라. 일 년 안에—내가 약정하노라!—사
막의 불한당인 게달의 오만과 잔인함이 끝장날 것이다. 게달 불량배들,
살아남을 자가 많지 않을 것이다." 이스라엘의 **하나님**의 말씀이다.

예루살렘에 대한 경고

22

1-3 '환상 골짜기'에 대한 **메시지**다.

지금 무엇을 하고 있느냐?
이 시끄러운 파티소리는 무엇이냐?
길거리에 환호소리, 박수소리 요란하고
성읍 전체가 축제로 들썩이는구나!
존경할 만한 용감한 군인,
자랑스러운 전쟁 영웅 하나 없는 너희다.
너희 지도자들은 모두
칼 한번 휘두르지 못하고 붙잡힌 겁쟁이들이다.
너희는 싸움터에서 줄행랑치다 붙잡힌

겁쟁이들의 나라다.

4-8 그 소란 중에 내가 말했다. "나를 혼자 내버려 두어라.
홀로 슬피 울게 놔두어라.
다 잘될 것이라는 말, 내게는 하지 마라.
이 백성은 망할 것이다. 잘되지 않을 것이다."
주 만군의 **하나님**께서
떼 지어 몰려든 사람들로 요란해질 날이 이르게 하실 것이다.
'환상 골짜기'에서 서로 밀치며 우르르 도망치는 소리,
성벽 허물어뜨리는 소리,
산을 향해 "공격! 공격!"을 외치고 아우성치는 소리로 요란할 날을.
옛 원수들, 엘람과 기르가 빈틈없이 무장하고,
무기와 전차와 기병부대를 갖추고 쳐들어온다.
네 아름다운 골짜기들이 전쟁소리로,
이리저리 돌진하는 전차와 기병들 소리로 요란하다.
하나님께서 유다를 무방비 상태로 내버려 두셨다.

8-11 그날, 너희는 방어진을 점검하고 '숲 병기고'의 무기들을 검열했다. 성벽의 약한 지점을 찾아 보수했다. 너희는 '아랫못'에 물을 충분히 저장해 두었다. 예루살렘의 모든 집을 조사하여, 어떤 집은 허물고 그 벽돌을 성벽에 덧대어 튼튼하게 만들었다. 물을 충분히 확보하기 위해 커다란 수조도 만들었다.

너희는 이것저것을 살피고 둘러보았다. 그러나 너희는 이 성읍을 너희에게 주셨던 분을 바라보지 않았다. 이 성읍에 관해 오래전부터 계획을 세우셨던 그분께는 단 한 번도 자문을 구하지 않았다.

12-13 그날, 주 만군의 **하나님**께서
소리쳐 이르셨다.
눈물로 회개하는 시간을 가지라고,

잿빛 옷을 입고 비가를 부르라고.
그런데 너희는 지금 무엇을 하고 있느냐? 너희는 파티를 열었다!
먹고 마시고, 길거리에서 춤판을 벌였다!
소와 양을 잡고, 엄청난 잔치를 열었다.
술판, 고기판을 벌였다.
"오늘을 즐기자! 먹고 마시자!
내일이면 죽을 테니!"

14 만군의 **하나님**께서 내게 이 천박함에 대한 그분의 평결을 속삭여 일러 주셨다. "너희는 죽는 날까지 이 악한 행위에 대한 대가를 치르게 될 것이다." 주 만군의 **하나님**의 말씀이다.

셉나에게 경고하시다

15-19 주 만군의 **하나님**께서 말씀하셨다. "오라, 궁중업무 총책임자인 셉나에게 가서 이렇게 전하여라. 이것이 대체 무슨 짓이냐? 외부인에 지나지 않는 네가 마치 주인인 양 행세하고 있다. 보란 듯이 제 무덤을 크고 화려하게 만들어 놓고는 거물처럼 굴고 있다. **하나님**이 너를 덮쳐 가진 것을 다 **빼앗고**, 너를 개들에게 던져 버릴 것이다. 네 머리채를 잡아 공중에서 빙글빙글 돌렸다가 놓아 버릴 것이다. 그러면 너는 공처럼 날아가 시야에서 사라지리라. 아무도 모르는 곳까지 날아가 떨어져서, 거기서 죽을 것이다. 그동안 네가 네 무덤 속에 쌓아 둔 것들도 다 사라질 것이다. 너는 네 주인의 집을 수치스럽게 했다! 너는 이제 해고다. 아, 속이 시원하다!

20-24 그날이 오면, 나는 너 셉나를 교체할 것이다. 힐기야의 아들인 내 종 엘리아김을 불러 그에게 네 의복을 입혀 줄 것이다. 그에게 네 띠를 매어 주고, 네 권력을 넘겨줄 것이다. 그는 예루살렘과 유다 정권의 아버지 같은 지도자가 될 것이다. 나는 그에게 다윗 유산의 열쇠를 줄 것이다. 그가 장악하고서, 어떤 문이라도 열고 어떤 문이라도 닫을 것이다. 단단한 벽 속에 못을 박아 넣듯 내가 그를 박아 넣을 것이다. 그는 다윗 전통을

굳게 지킬 것이다. 모두가 그에게 매달릴 것이다. 다윗 후손의 운명뿐 아니라, 컵이나 나이프같이 그 집안의 세세한 것까지도 그를 의지하게 되리라."

25 　　만군의 **하나님**께서 말씀하신다. "그 다음에, 그 못이 느슨해져 단단한 벽에서 떨어져 나올 날이 올 것이다. 그날에, 못에 매달려 있던 것들 전부가 떨어져 부서질 것이다." 이것이 앞으로 일어날 일이다. 하나님의 말씀이다.

두로와 시돈에 대한 경고

1-4 **23** 다시스의 배들아, 슬피 울어라.
　　　　강력했던 너희 항구들, 모두 잿더미가 되었다!
키프로스에서 돌아오는 배들,
그 몰락을 목도했다.
바닷가에 사는 너희 시돈의 상인들아,
입을 다물어라.
큰 바다를 항해하면서
물건을 사고팔며,
시홀에서 생산된 밀들,
나일 강변에서 자란 밀들로 너희는 돈을 벌어들였지.
다국적 곡물 중개상을 하던 너희여!
시돈아, 이제 부끄러운 줄 알고 고개를 숙여라.
그 바다, 정력 넘치던 해양이 소리 높여 말한다.
"나는 산고를 겪어 본 적도, 아기를 낳아 본 적도,
아이를 키워 본 적도 없다.
생명을 주어 본 적도, 생명을 위해 일해 본 적도 없다.
그저 숫자들, 생명 없는 숫자들, 이윤과 손실 액수나 세어 왔을 뿐."

5 두로에 대한 소식이 이집트에 전해지면,
통곡소리! 그 가슴 쥐어뜯는 소리 들리리라!

6-12 바닷가에 사는 너희여, 다시스에 가보아라.

가서 잘 살펴보고 통곡하여라. 눈물바다를 이루어라!

이것이 너희가 기억하는, 정력과 활력 넘치던 그 성읍이 맞느냐?

활발하고 북적거리던 유서 깊은 성읍,

전 세계로 **뻗어나가**

물건을 사고팔던 그 성읍이 맞느냐?

세계시장을 주름잡던 두로,

그 두로의 멸망 배후에 누가 있는지 아느냐?

두로의 상인들, 그 세계의 거물들이었다.

두로의 거래상들, 큰손들이었다.

만군의 **하나님**께서 추락을 명하셨다.

오만의 추한 이면을 드러내시려고,

부풀린 명성을 땅에 떨어뜨리시려고 그리하셨다.

아, 다시스의 배들아, 배를 돌려 귀향하여라.

이 항구에는 선착장이 남아 있지 않다.

하나님께서 바다와 상인들에게 손을 뻗어

그 바다 왕국들을 혼란에 **빠뜨리셨다.**

하나님께서 그 바닷가 성읍들,

상업 중심지의 파괴를 명하셨다.

하나님께서 말씀하셨다. "이곳은 이제 내세울 것 하나 없이 되었다.

시돈은 파산했고 다 **빼앗겼다.**

키프로스에서 새 출발을 하고 싶다고?

꿈도 꾸지 마라. 거기서도 너희는 되는 일이 없을 것이다."

13 바빌론이 어떻게 되었는지 보아라. 남은 것 하나 없이 다 멸망했다. 앗시리아가 그곳을 사막으로, 들개와 들고양이들의 은신처로 만들어 버렸다. 거대한 포위 공격 무기들로 건물들을 모조리 무너뜨렸다. 그곳에는 돌무더기만 남았다.

14 다시스의 배들아, 통곡하여라.
강력했던 너희 항구들, 다 잿더미가 되었다!

15-16 앞으로 왕들의 평균 수명인 칠십 년 동안, 두로는 잊혀질 것이다. 그 칠십 년이 차면 재기하겠지만, 그것은 한물간 창녀의 재기일 뿐, 두로는 이런 노랫말 속의 주인공 같을 것이다.

"잊혀진 창녀여,
하프를 들고 성읍을 돌아다녀 보아라.
전에 부르던 노래, 자주 부르던 노래들을 불러 보아라.
행여 누군가 기억해 주는 사람이 있을지도 모르니."

17-18 칠십 년이 차면 **하나님**께서 두로를 돌아보실 것이다. 그녀는 전에 하던 무역일, 매춘과 같은 그 일로 돌아가 가장 높은 가격을 부르는 자에게 자신을 팔 것이다. 화대만 주면 누구와 무슨 짓이라도 할 것이다. 땅의 모든 나라와 난잡한 거래를 벌일 것이다. 그러나 그녀가 받은 돈 전부는 **하나님**께 넘겨질 것이다. 제 몫으로 저축하지 못할 것이다. 그녀가 벌어들이는 이윤 전부는, **하나님**을 알고 **하나님**을 섬기는 백성에게 풍부한 음식과 최고의 옷을 마련해 주는 일에 쓰일 것이다.

하나님께서 땅을 벌하시리라
1-3 **24** 위험이 코앞에 닥쳤다! **하나님**께서 땅을 초토화하고 잿더미로 만드실 것이다.
전부를 뿌리째 뒤엎고
모두를 갈팡질팡하게 만드실 것이다.
제사장도 백성도,
소유주도 노동자도,
이름 있는 자도 이름 없는 자도,

사는 자도 파는 자도,
재력가도 가난뱅이도,
가진 자도 못 가진 자도.
땅의 모습이 달표면처럼 되리라.
완전히 황폐해지리라.
그 까닭을 아느냐? **하나님**께서 그렇게 말씀하시기 때문이다.
그분이 명령을 내리셨기 때문이다.

4 땅이 황량해지고 잿빛이 되리라.
세상은 정적과 슬픔만이 감돌고,
하늘과 땅이 생기와 빛을 잃으리라.

5-13 땅이 거기 사는 사람들로 인해 더럽혀졌다.
법을 깨뜨리고,
질서를 교란시키며,
신성하고 영원한 언약을 범하는 자들로 더럽혀졌다.
그로 인한 저주가, 마치 암처럼
땅을 초토화시키고 있다.
사람들은 신성한 것을 짓밟은 죄값을 치르고 있다.
그들의 수가 점점 줄어 없어진다. 하나씩 죽어 나간다.
포도주도 없고 포도농장도 없고,
노래도, 노래하는 자도 없다.
소고 치며 웃는 소리가 사라지고
잔칫집의 떠들썩한 소리도 사라졌으며,
수금 켜며 웃는 소리도 사라졌다.
축배를 드는 파티, 더 이상 열리지 않는다.
술꾼조차도 고개를 젓는 역겨운 술만 남았다.
혼돈에 빠진 성읍들, 사람이 도무지 살 수 없는 곳이다. 무정부상태다.
집들은 전부 문에 못질을 하여 폐가로 변했다.

포도주를 찾아 헤매는 사람들, 길거리에서 소요를 일으키지만
좋았던 시절은 영영 가버렸다.
이 낡은 세상에 더는 남은 기쁨이 없다.
성읍은 죽고 버려져,
잔해 더미만 남았다.
이것이 이 땅에 임할 미래다.
이것이 모든 나라에 닥칠 운명이다.
다 털려 올리브 하나 남지 않은 올리브나무,
다 털려 포도알 하나 남지 않은 포도나무처럼 될 것이다.

14-16 그러나 즐거운 노래를 터뜨릴 자들도 있다.
그들, 서쪽에서 하나님의 장엄을 소리쳐 노래하리라.
그렇다. 동쪽에서 하나님의 영광이 높아지리라.
바다의 모든 섬이
하나님의 명성을,
이스라엘의 하나님의 명성을 널리 퍼뜨릴 것이다.
사방 칠대양에서 이런 노랫소리 들려오리라.
"의로우신 분께 찬양을 드리세!"

16-20 그러나 나는 말했다. "누구에게는 좋은 일이 있을지 모르겠지만,
지금 내 눈에 보이는 것은 파멸, 파멸, 더 큰 파멸뿐이다."
모든 사람이 서로의 목을 노리고 있다.
그렇다. 모두들 다른 사람의 목을 노리고 있다.
어디를 가나
공포와 구렁과 올가미 천지다.
공포를 피해 달아나면,
구렁에 빠진다.
구렁에서 기어올라오면,
올가미에 걸린다.

혼돈이 하늘에서 쏟아져 내린다.

땅의 기초가 허물어진다.

땅이 산산조각으로 깨어진다.

땅이 갈기갈기 찢어진다.

땅이 흔들린다.

땅이 술 취한 자처럼 비틀거리며,

폭풍 속의 판잣집처럼 요동한다.

쌓이고 쌓인 죄들, 이제 감당할 수 없는 무게가 되었다.

무너져 내린다. 다시는 서지 못할 것이다.

21-23 바로 그날에, **하나님**께서

하늘의 반역 세력과

땅의 반역한 왕들을 불러내 혼쭐내실 것이다.

그들을 붙잡아 죄수처럼 감옥에 가두실 것이다.

짐승을 우리에 가두듯 감옥에 처넣으시고,

형을 선고하여 중노동을 시키실 것이다.

달이 창피해서 어깨를 움츠릴 것이다.

해가 부끄러워 슬그머니 숨을 것이다.

만군의 **하나님**이 즉위하셔서,

시온 산과 예루살렘에서부터 통치하실 것이기 때문이다.

모든 지도자 앞에서

당신의 찬란한 영광을 나타내실 것이기 때문이다.

하나님의 손이 이 산 위에 머무신다

1-5 # 25 **하나님**, 주는 나의 하나님이십니다.

내가 주를 높이 기립니다. 주를 찬양합니다.

주께서 놀라운 기적들을 행하셨고,

치밀하게 세우신 계획들, 견실하고 확실히 실행하셨습니다.

주께서 성읍을 돌무더기로 만드시고,

강력했던 성읍을 잿더미로 만드셨습니다.
그 원수 '큰 도성'은 이제 도성도 아니고,
앞으로도 그럴 것입니다.
이를 목도하게 될 초강대국들이 주를 높이고,
잔혹한 압제자들도 주를 경외하며 몸을 굽힙니다.
그들은 주께서 가난한 이들을 돌보시는 광경을 보게 될 것입니다.
곤궁에 처한 가련한 이들을 돌보시되
궂은 날에는 따뜻하고 마른 보금자리를,
무더운 날에는 서늘한 쉼터를 마련해 주심을 알게 될 것입니다.
잔혹한 압제자들은 겨울의 눈보라와 같고,
사악한 이방인들은 사막의 정오와 같습니다.
그러나 주께서는 폭풍우를 피할 피난처,
뙤약볕을 피할 그늘이 되어 주시며,
그 큰소리치는 악당들의 입을 막아 버리십니다.

6-8 여기 이 산 위에서, 만군의 **하나님**이
온 세상 만민을 위한 향연을 베푸실 것이다.
최상급 음식과 최고급 포도주가 나오는 향연,
일곱 코스의 일품요리와 고급 디저트가 나오는 향연을 베푸실 것이다.
또 여기 이 산 위에서, **하나님**은
만민 위에 드리웠던 파멸의 장막,
모든 민족 위에 드리웠던 파멸의 그림자를 걷어 내실 것이다.
그렇다. 그분께서 죽음을 영원히 추방하실 것이다.
하나님께서 모든 얼굴에서 눈물을 닦아 주시며,
자기 백성의 수치를, 어디서든,
흔적도 없게 하시리라.
그렇다! **하나님**께서 그렇게 말씀하신다!

9-10 그때가 되면, 사람들이 말하리라.

"보아라! 우리 하나님이시다!
우리가 기다렸던 분, 마침내 오셔서 우리를 구원해 주셨다!
이분이시다. 우리가 기다려 왔던 **하나님**!
함께 기뻐하자. 그분의 구원을 기뻐하며 노래하자.
하나님의 손이 이 산에 머무신다!"

10-12 모압 사람들, 그들은 쓰레기 취급을 당하리라.
시궁창에 처박히리라.
물에 빠져 허우적거리는 자처럼
자맥질해도,
결국 하수구 구정물 속으로 가라앉을 것이다.
그들의 교만이 그들을 아래로 가라앉히고,
그들의 유명했던 요새들, 다 무너져 폐허가 되리라.
강력했던 성벽들, 다 허물어져 먼지 더미가 될 것이다.

삶의 경계를 넓히신 하나님
1-6 **26** 그때에, 이런 노래가
유다 나라에서 불리리라.
우리에게는 강력한 도성이 있네.
구원의 도성, 구원으로 세워진 도성.
성문을 활짝 열어 젖혀라.
선한 이들, 참된 이들이 들어올 수 있도록.
주께 일편단심인 이들,
주께서 온전히 지켜 주시며,
그들은 두 발로 굳게 선다네.
그들의 태도 한결같고 절대 물러서지 않는다.
하나님을 의지하여라. 굳게 의지하여라.
주 **하나님**만이 참으로 믿을 만한 분이시다.
지체 있고 권세 높은 자들,

그분이 높은 데서 다 떨어뜨리셨다.
언덕 위의 도성,
습지를 메우는 흙더미가 되게 하셨다.
착취당하고 소외된 백성,
땅을 되찾고 거기서 삶을 재건한다.

7-10 바르게 사는 이들의 길은 평탄합니다.
높은 것을 낮추고 낮은 것을 높이시는 분이 그 길을 닦아 주십니다.
하나님, 우리는 서두르지 않습니다. 우리는
주의 결정들이 푯말로 붙어 있는 길을 느긋하게 걷습니다.
주님 자신과 주께서 행하신 일이
우리가 원하는 전부입니다.
밤새도록 내 영혼이 주를 갈망합니다.
마음 깊은 곳에서 내 영이 주를 열망합니다.
주의 결정들이 마침내 드러나는 날,
모두가 바른 삶을 배울 것입니다.
악인들은 드러난 은혜를 보면서도
도무지 배우지 못합니다.
바른 삶의 땅에서도 끝까지 잘못된 삶을 고집합니다.
눈멀어 하나님의 광채를 보지 못합니다.

11-15 하나님, 주께서 주의 손을 높이 드십니다.
그러나 그들은 보지 못합니다.
그들의 눈을 열어 주의 일을 보게 하시고,
주의 백성을 향한 주의 열정 넘치는 사랑을 보게 해주십시오.
그들로 부끄러움을 당하게 해주십시오. 그들이 있는 곳에 불을 놓아,
모두가 주의 원수인 그들을 주목하게 해주십시오.
하나님, 우리가 평화롭고 온전한 삶을 살 수 있게 해주십시오.
우리가 성취한 일은 모두 주께서 우리를 위해 행하신 일들입니다.

오 하나님, 우리 하나님, 지금껏 여러 주인들의 지배를 받아 왔지만
우리의 참 주인은 오직 주님이십니다.
죽은 자들은 말하지 못하고
유령들은 걷지 못합니다.
주께서 "이제 그만!" 하시며,
그들을 책에서 지워 버리셨기 때문입니다.
그러나 산 자들은 주께서 더 크게 하십니다.
더 풍성한 생명을 주시고, 더 많은 영광을 보여주시며,
삶의 경계가 더 커지도록 넓혀 주십니다!

16-18 오 하나님, 그들이 환난에 처했을 때 주께 도움을 구했습니다.
주의 징계가 너무 무거워
그들은 한 마디의 기도조차 하기 어려웠습니다.
마치 해산이 임박하여,
고통 가운데 몸을 비틀며
비명을 지르는 여인 같았습니다.
오 하나님, 우리가 그러했습니다. 주 때문이었습니다.
우리는 늘 그런 임신부였습니다.
산고로 몸을 비틀었지만 아이를 낳지 못했습니다.
바람만 낳았을 뿐입니다.
우리의 산고는 아무것도 낳지 못했습니다.
어떤 생명도 생산하지 못했습니다.
우리는 세상을 구원하지 못했습니다.

19 그러나, 너희 죽은 자들이 살아날 것이다.
너희 시신이 두 발로 일어설 것이다.
죽어 묻혔던 너희 모두,
깨어나라! 노래하여라!
주의 이슬은

첫 햇살 머금은 아침 이슬이니,
생명으로 들끓는 땅,
죽은 자들을 내어놓는다.

20-21 오라, 나의 백성들아, 집에 가서
문을 닫고 그 안에 숨어라.
잠시 피해 있어라.
진노의 벌이 지나갈 때까지.
하나님께서 분명 땅 위 사람들의 죄를 벌하시려고
그분의 처소에서 나오실 것이다.
그날에, 땅이 직접 핏자국을 드러내어
살해된 사람들이 묻힌 곳을 알려 줄 것이다.

1 **27** 그때에 **하나님**께서 당신의 칼,
무자비하고 강력한 칼을 빼셔서,
달아나는 뱀 리워야단,
몸부림치며 도망가는 뱀 리워야단을 벌하실 것이다.
그분께서 바다에 사는 그 옛 용을
죽이실 것이다.

2-5 "그때에, 한 아름다운 포도원이 나타나리라.
노래가 절로 나올 만큼 아름다운 포도원!
나 **하나님**이 그 포도원을 가꾸고
물을 대어,
누구도 해를 끼치지 못하도록
늘 보살펴 준다.
나는 노를 발하지 않는다. 다만 마음 써 줄 뿐.
엉겅퀴와 가시덤불이 돋아난다고 해도,

내가 그것들을 뽑아
불에 태울 것이다.
그 포도나무가 안전하고자 하거든, 내게 꼭 붙어 있게 하여라.
나와 더불어 건강히 잘살고자 하거든, 나를 찾게 하여라.
온전한 삶을 살고자 하거든, 내게 꼭 붙어 있게 하여라."

6 야곱이 뿌리를 내리게 될 날,
이스라엘이 꽃을 피우고 새 가지를 내며,
그 열매로 온 세상을 가득 채울 날이 오고 있다.

7-11 야곱을 친 자들을 때려눕히신 것처럼
하나님께서 야곱을 바닥에 때려눕히신 적이 있느냐? 아니, 없다.
야곱을 죽인 자들이 죽임당한 것처럼
야곱이 죽임을 당한 적이 있느냐? 아니, 없다.
그분은 이스라엘에게 가혹하셨다. 유랑은 혹독한 형벌이었다.
그분께서 맹렬한 돌풍으로 그들을 멀리 불어 날리셨다.
그러나 기쁜 소식이 있으니, 이러한 일들을 통해
야곱의 죄가 사라졌다.
야곱의 죄가 제거되었다는 증거가 이렇게 나타날 것이다.
그분께서 이방 제단들을 허무실 것이다.
돌 하나도 돌 위에 남기지 않고 다 허물어뜨리시고,
그 돌을 으깨어 가루가 되게 하실 것이다.
음란한 종교 산당들도 모조리 없애실 것이다.
대단하던 위용, 이제 흔적도 없다.
이제 그곳에는 아무도 살지 않는다. 사람이 살 수 있는 곳이 못 된다.
짐승들이나 이리저리 다니며,
풀을 뜯고 누워 잘 뿐이다.
그곳은 땔감 얻기에는 나쁘지 않은 곳이다.
마른 잔가지와 죽은 가지들이 지천에 널렸다.

하나님에 대해 무지한 자들이 남기는 흔적이란 이런 것이다.
그렇다. 이스라엘을 만드신 하나님께서
그들과 절교하실 것이다.
그들을 지으신 분께서 그들에게 등을 돌리실 것이다.

12-13 **그때에 하나님께서**
유프라테스 강에서부터 이집트 시내에 이르기까지 타작 일을 하시리라.
너희 이스라엘 백성은
알곡처럼 한 알 한 알 거둬질 것이다.
바로 그때에 거대한 나팔소리가 울려 퍼질 것이다.
앗시리아의 유랑민을 고향으로 부르는 소리,
이집트의 난민들을 고향으로 맞아들이는 소리다.
그들이 와서, 거룩한 산 예루살렘에서 **하나님을 경배할 것이다.**

에브라임에 대한 경고

1-4 **28** 화가 있으리라, 몰골 사납고 초라한
에브라임의 거만한 주정꾼들,
잘나가던 과거를 엉성하게 흉내 내면서 비틀거리는
술배 나온 주정뱅이들.
잘 보아라. **하나님께서** 누군가를 선발하셨다.
그들을 때려눕힐 거칠고 힘센 누군가를.
우박폭풍과 허리케인처럼, 순식간에 밀려드는 홍수처럼,
그가 한 손으로 그들을 들어 바닥에 메어칠 것이다.
이스라엘 머리 위의 파티 모자 같은 사마리아가
한 방에 나가 떨어질 것이다.
개에게 던져진 한 조각 고기보다
더 빨리 눈앞에서 사라지고 말 것이다.

5-6 그때에, 만군의 **하나님께서** 친히

자기 백성의 남은 자들에게, 머리 위에 얹힌 아름다운 면류관이 되실 것
이다.
인도하고 결정하는 이들에게는 정의의 활력과 통찰을,
지키고 보호하는 이들에게는 힘과 용맹을 주실 것이다.

7-8 제사장과 예언자들까지 술에 취해 비틀거린다.
갈지자걸음으로 걷다가 이내 나자빠진다.
코가 삐뚤어지도록 포도주와 위스키를 마신 그들,
앞도 제대로 못 보면서 헛소리를 지껄인다.
식탁마다 구토물 범벅이다.
아예 그 속에서 뒹굴며 산다.

9-10 "그래? 대체 네가 뭔데 우리를 가르치려 드느냐?
대체 네가 뭔데 우리에게 어른 행세냐?
우리가 젖먹이도 아닌데,
왜 애한테 말하듯이
'이거, 이거, 이거, 이거,
저거, 저거, 저거, 저거,
착하지, 우리 꼬마'라고 말하느냐?"

11-12 그러나 너는 바로 그런 식으로 말을 듣게 될 것이다.
하나님께서는 이 백성에게
젖먹이에게 말하듯, 한 음절씩 끊어서 말씀하실 것이다.
이방 압제자들의 입을 통해 그렇게 하실 것이다.
그분이 전에 말씀하셨다. "지금은 쉴 때고, 여기가 쉴 곳이다. 지친 사람
들이 쉼을 얻을 때다.
여기에 너희 짐을 내려놓아라."
그러나 그들은 들으려 하지 않는다.

13 그러므로 **하나님**께서 다시 기초로 돌아가,
젖먹이에게 말하듯, 한 음절씩 끊어서 말씀하실 것이다.
"이거, 이거, 이거, 이거,
저거, 저거, 저거, 저거,
착하지, 우리 꼬마."
그러면 그들은 걸음마를 배우는 아이처럼 일어나 걷다가 넘어지고,
멍이 들어 당황하며, 길을 잃고 말 것이다.

14-15 너희, 조롱하는 자들아, 예루살렘에서 이 백성을 다스리는 자들아,
이제 **하나님**의 메시지에 귀 기울여라.
너희는 말한다. "우리는 좋은 생명보험을 들어 두었다.
손해 보는 일이 없도록 만반의 준비를 해두었다.
어떤 불상사가 일어나더라도 우리는 괜찮다. 다 대비해 두었다.
전문가의 조언대로 다 해두었다. 우리는 안전하다."

16-17 그러나 주 **하나님**께서 말씀하신다.

"잘 보아라. 나는 시온에 초석을 하나 놓을 것이다.
네모반듯하고 확고부동한 초석이다.
그 돌이 뜻하는 바는 이렇다.
'믿고 의지하는 자 흔들리지 않는다.'
나는 정의를 줄자 삼고,
의를 다림줄 삼아 건축할 것이다.
거짓말로 지어진 판잣집은 우박폭풍에 무너지고,
남은 조각은 폭우에 다 쓸려 갈 것이다.

18-22 그러면 너희는, 애지중지하던 생명보험 증권이
한낱 종잇조각에 불과하다는 것을 알게 되리라.
죽음을 막아 보겠다고 세운 그 모든 면밀한 대책들은

그저 착각과 거짓의 꾸러미일 뿐이었다.

재난이 닥쳐오면,

너희는 아스러진다.

아침에도 재난, 밤에도 재난.

재난이란 재난이 다 너희를 덮친다."

재난에 대한 소문을 듣기만 해도

너희는 공포에 질려 몸이 움츠러든다.

한숨 돌릴 수 있는 곳,

몸을 숨길 수 있는 곳은 어디에도 없을 것이다.

격노하신 **하나님**께서 벌떡 일어서시리라.

오래전 브라심 산에서와 같이,

또 기브온 골짜기에서 블레셋 사람을 치셨던 때처럼.

이번에는 너희가 표적이다.

믿기 어렵겠지만, 사실이다.

너희에게 예상치 못한 일이 닥쳐온다.

그러니, 정신 차려라. 비웃지 마라.

비웃다가는 더 심한 일을 겪는다.

나는 파괴 명령이 내려지는 소리를 들었다.

만군의 **하나님**께서 내리시는 명령, 전 세계적 재난을 명하시는 소리를 들었다.

23-26 이제 내 말에 귀 기울여라.

최대한 주목해 들어라.

쟁기질하는 농부가 쟁기질만 계속하더냐?

혹은, 써레질만 계속하더냐?

땅을 고르고 나면 파종하지 않더냐?

소회향 씨, 대회향 씨를 뿌리지 않더냐?

밭에 밀과 보리를 심고,

가장자리에는 귀리를 심지 않더냐?
그들은 무슨 일을 언제 해야 할지를 정확히 안다.
그들의 하나님께서 그들에게 가르쳐 주신 것이다.

27-29 그리고 추수 때가 되면, 섬세한 허브와 향신료들,
소회향과 대회향을 조심스레 다룬다.
밀을 탈곡하고 맷돌질할 때도, 알맞은 정도가 있다.
농부는 각각의 곡식을 어떻게 다뤄야 하는지 안다.
만군의 **하나님**에게서 배웠기 때문이다.
일을 언제, 어떻게, 어디서 해야 하는지 너무도 잘 아시는 그분에게서
배웠기 때문이다.

예루살렘의 운명

1-4 **29** 너에게 화가 있으리라. 아리엘아, 아리엘아,
다윗이 진을 쳤던 성읍아!
해가 지나고 또 지나고
축제 절기가 돌고 돌아도,
나는 예루살렘을 봐주지 않을 것이다.
그 신음소리가 계속될 것이다.
예루살렘은 내게 아리엘이다.
다윗처럼, 내가 진 치고 너를 치겠다.
포위하고 토성을 쌓고,
무기와 장치들을 동원해 공략하겠다.
너는 땅바닥에 메쳐져,
흙먼지를 뒤집어쓴 채 웅얼거릴 것이다.
흙바닥에서 나는 네 목소리가 마치 유령의 중얼거림 같을 것이다.
흙더미 속에서 들려오는 속삭임 같을 것이다.

5-8 그러나 두들겨 맞아 가루가 될 운명은 너의 원수들이다.

그 폭도들, 겨처럼 바람에 날려가 버릴 것이다.
갑자기, 난데없이,
만군의 **하나님**께서 찾아오실 것이기 때문이다.
천둥과 지진과 거대한 굉음,
허리케인과 토네이도와 번쩍이는 번개를 동반하고 오실 것이다.
그러면 아리엘과 전쟁 중이던 그 원수의 무리,
그를 괴롭히고 들볶고 못살게 굴던 그 폭도들,
결국 하룻밤 악몽에 지나지 않은 존재가 되고 말 것이다.
굶주린 사람이 자면서 스테이크 먹는 꿈을 꾸더라도
깨어나면 여전히 배가 고픈 것처럼,
목마른 여인이 자면서 아이스티 마시는 꿈을 꾸더라도
깨어나면 여전히 목이 마른 것처럼,
시온 산을 상대로 전쟁을 벌인 그 나라들, 그 폭도들은
깨어나면 자기들은 화살 하나 쏘지 못했다는 것을,
목숨 하나 없애지 못했다는 것을 알게 될 것이다.

9-10 마취제를 먹어라. 아무것도 느끼지 못하게.
스스로 장님이 되어라. 아무것도 보지 못하게.
포도주 없이도 술에 취하고
위스키 없이도 정신을 잃으리라.
하나님께서 너희를 깊고 깊은 잠 속으로 던져 넣으셨고,
분별하는 일을 해야 할 예언자들을 잠들게 하셨으며,
멀리 보아야 할 선견자들을 잠들게 하셨다.

너희는 모든 일을 뒤집어서 생각한다!

11-12 우리가 본 이것은 봉인된 봉투 속에 들어 있는 편지 같은 것이다. 너희가 글을 읽을 줄 아는 사람에게 그것을 건네며 "읽어 보라"고 하면, 그는 "못합니다. 봉투가 봉인되어 있습니다" 하고 말할 것이다. 또 너희가 글을 읽을 줄 모르는 사람에게 그것을 주면서 "읽어 보라"고 하면, 그는 "나는 글

을 읽을 줄 모릅니다" 하고 말할 것이다.

13-14 주께서 말씀하셨다.

"이 백성이 입바른 말을 거창하게 떠벌리지만,
그들의 마음은 딴 데 있다.
겉으로는 나를 경배하는 듯해도,
진심은 그렇지 않다.
그러므로 내가 나서서 그들을 놀라게 하겠다.
깜짝 놀라 소스라치게 만들겠다.
만사를 통달했다고 여긴 현자들이
알고 보니 바보였다는 사실이 폭로될 것이다.
모르는 것이 없다고 여긴 똑똑한 자들이
실은 아무것도 모른다는 사실이 드러날 것이다."

15-16 너희에게 화가 있으리라! 스스로 우위에 있다고 여기는 너희,
너희는 하나님을 밖으로 내보내고 몰래 일을 꾸민다.
만사를 모두 꿰고 있는 것처럼 장래 일을 계획하고,
은밀하게 활동하며 정체를 숨긴다.
너희는 모든 일을 뒤집어서 생각한다!
옹기장이를 진흙 덩어리처럼 취급한다.
책이 저자를 두고
"그는 한 글자도 적지 않았다"고 말할 수 있느냐?
음식이 요리한 여인을 두고
"그 여자는 아무것도 하지 않았다"고 말할 수 있느냐?

17-21 때가 되면, 너희가 모르는 사이에,
전혀 너희 힘을 빌리지 않고,

황무지였던 레바논이 울창한 동산으로 변모되며,
갈멜 산에 다시 숲이 우거질 것이다.
그때가 되면, 귀먹은 자들이
한 글자도 놓치지 않고 기록된 모든 말씀을 들을 수 있게 되리라.
평생을 암흑 속에서 보냈던 눈먼 자들이
눈을 떠서 보게 되리라.
사회에서 버림받은 자들이 하나님 안에서 웃고 춤추며,
밑바닥 인생이던 자들이 '이스라엘의 거룩하신 분'을 소리쳐 찬양하리라.
이제 거리에서 깡패들이 사라졌기 때문이다.
냉소와 조롱을 일삼던 자들도 멸종되리라.
기회만 있으면 사람을 해코지하고 우롱하던 자들,
이름조차 기억되지 않으리라.
법정을 더럽힌 자들,
가난한 이들에게 사기 친 자들,
죄 없는 이들에게 죄를 뒤집어씌운 자들, 모두 사라지리라.

22-24 이것은 야곱 가문을 향한 **하나님의 메시지**다.
아브라함을 속량하신 바로 그 **하나님**께서 말씀하신다.
"야곱이 수치 가운데 고개를 숙이고,
기다림에 지쳐 수척해지고 창백해지는 일은 더 이상 없을 것이다.
이제 그가 자손을 보게 될 것이기 때문이다.
내가 그에게 많은 자녀들을 선물로 줄 것이다.
그리고 그 자손들은,
거룩한 삶을 살면서 나를 높일 것이다.
거룩한 예배로 야곱의 거룩한 분을 높이고,
이스라엘의 하나님을 경외하며 섬길 것이다.
방황하던 자들이 다시 제정신을 차리고,
불평하고 투덜대던 자들이 감사를 배우게 될 것이다."

반역하는 자들에 대한 경고

¹⁻⁵ **30** "반역하는 자녀들아, 화가 있으리라!"
하나님의 포고다.
"너희가 세우는 계획, 나와 상관없다.
너희가 하는 거래, 내 뜻과 무관하다.
너희는 그저 죄에 죄를 더하며,
계속 높이 쌓아 갈 뿐이다.
내게는 묻지도 않고
이집트로 도망쳐 내려가서,
바로에게 보호를 요청할 생각을 한다.
이집트가 피난처가 되어 주리라 기대한다.
글쎄, 바로가 잘도 보호해 주겠구나!
이집트가 잘도 피난처가 되어 주겠구나!
북쪽으로 소안까지, 남쪽으로 하네스까지
전략적으로 관료들을 배치해 놓은 그들,
대단해 보이는 것이 사실이다.
그러나 사실 그들은 아무것도 아니다.
어리석게도 그들을 믿는 자,
결국 자신의 어리석음만 드러낼 뿐이다.
그들은 겉만 번지르르하고 속은 텅 빈,
깡통일 뿐이다."

⁶⁻⁷ 이집트로 내려가는 길에서 만나게 될
네겝의 짐승들에 대한 말씀이다.
사자와 독사가 도사리고 있는
위험천만한 길인데도,
너희는 그리로 가려고 한다. 너희 소유 전부를 질질 끌고서,
나귀와 낙타에 뇌물을 잔뜩 짊어지운 채.
아니, 빈 깡통에 불과한 나라에게서

무슨 보호를 구하겠다는 것이냐?
이집트는 겉은 번지르르하나 속은 텅 비었다.
나는 그녀를 '이빨 빠진 용'이라 부른다.

8-11 그러니, 이제 가서 이 사실을 전부 기록하여라.
책에 적어 두어
그것을 보고,
오는 세대들이 교훈을 얻게 하여라.
지금 이 세대는 반역자 세대,
거짓을 일삼는 백성이다.
하나님께서 하시는 말씀은 한 마디도
귀 기울여 듣지 않는다.
그들은 영적 지도자들에게 말한다.
"제발, 이제 현실과 동떨어진 이야기는 그만 하시오."
그들은 설교자들에게 말한다.
"그런 실용성 없는 이야기는 집어치우세요. 다 시간 낭비일 뿐입니다.
기분 좋아지는 이야기나 해주시지요.
구식 종교 이야기는 따분하단 말입니다.
우리에게는 전혀 와 닿지 않으니.
'이스라엘의 거룩하신 분' 이야기는 이제 집어치우세요. 듣기 곤혹스럽네요."

12-14 그래서다. '이스라엘의 거룩하신 분'께서 말씀하신다.
"너희가 그처럼 이 **메시지**를 업신여기고
불의에 기댄 삶,
거짓에 기초한 삶을 선호한다면,
너희의 어그러진 삶은
부실공사로 높이 세운 벽과 같이
서서히 기울고 변형되다가,
어느 날 손쓸 겨를도 없이 무너져 내릴 것이다.

옹기그릇이 부서지듯 산산조각 나서,
알아볼 수도, 수리할 수도 없는 부스러기 더미가 되고 말 것이다.
아무짝에도 쓸모없어,
빗자루에 쓸려 쓰레기통에 던져질 것이다."

포기하지 않으시는 하나님

15-17 '이스라엘의 거룩하신 분', 주 하나님께서
엄숙히 조언하신다.
"구원을 얻고자 하면, 내게 돌아와야 한다.
자기 힘으로 구원을 도모하는 어리석은 노력을 그쳐야 한다.
너희 힘은, 잠잠히 자신을 가라앉히고
온전히 나를 의지하는 데 있다.
그러나 너희는 지금껏
그렇게 하기를 거부해 왔다.
너희는 말했다. '아무것도 하지 않겠습니다! 우리는 말을 타고 날래게 도망갈 겁니다!'
그래, 날래게 도망갈 것이다! 그리 멀리 가지는 못하겠지만!
너희는 말했다. '우리는 빠른 말을 타고 갈 겁니다!'
너희 생각에, 너희를 추격하는 자들은 늙은 말을 타고 올 것 같으냐?
아서라. 공격자 한 명 앞에서 너희 천 명이 뿔뿔이 흩어질 것이다.
적군 다섯 앞에서 너희 전부가 줄행랑을 놓을 것이다.
너희는 모든 것을 잃을 것이다.
언덕 위의, 깃발 잃은 깃대,
길가의, 표지가 찢겨 나간 표지판 같을 것이다."

18 그러나 하나님께서는 포기하지 않으셨다. 너희에게 은혜를 베푸시려고
기다리며 준비하고 계신다.
너희에게 자비를 보이시려고 힘을 비축하고 계신다.
때가 되면 하나님께서 전부를 바로잡으실 것이다. 그렇다, 전부를.

그분을 기다리며 준비하는 자들은 행운아들이다.

19-22 오, 그렇다. 시온의 백성들아, 예루살렘 시민들아, 너희 눈물의 시간이
끝났다. 이제 도움을 구하며 부르짖어라. 은혜를 얻을 것이다. 풍성히 얻
을 것이다. 그분께서 듣자마자 응답해 주실 것이다. 고난의 시기에 너희
를 지켜 주신 것처럼, 너의 스승을 지켜 주셔서 네 가운데 있게 하실 것이
다. 너의 스승은 네 가까이서 본연의 일을 하여, 네가 좌로나 우로 치우칠
때 "옳은 길은 이쪽이다. 이 길로 가라"고 말하며, 바로잡아 줄 것이다.
너는 값비싼 최신 우상들을 다 찢어발길 것이다. 전부 쓰레기통에 처넣
으며 "속 시원하다!" 하고 말할 것이다.

23-26 　네가 씨를 뿌리면 하나님께서 비를 내려 주실 것이다. 너의 곡물은 왕
성하게 자라고, 너의 가축 떼는 들판을 뒤덮을 것이다. 전쟁과 지진은 잊
혀진 과거사가 될 것이요, 짐을 운반하고 땅을 가는 너의 소와 나귀들은
산과 언덕에서 콸콸 쏟아지는 시내 옆에서 배불리 꼴을 먹을 것이다. 더
욱이, 그날 **하나님**께서는 징벌의 시간에 그분의 백성이 받은 상처를 친
히 치료해 주실 것이며, 달빛은 태양빛처럼 빛나고, 태양빛은 일주일치
햇빛이 한꺼번에 쏟아지듯, 온 땅에 가득하리라.

27-28 보아라. 저 멀리
하나님께서 오고 계신다!
그분의 모습이 보인다.
불타는 진노로 어마어마한 연기를 내뿜으신다.
그분의 입에서 말씀이 흘러나온다.
태우고 고발하는 말씀이다!
급류와 홍수 같은 말씀으로,
그분이 모든 사람을 말씀의 소용돌이 속으로 휩쓸어 가신다.
파멸의 체로 민족들을 흔드시고,
막다른 골목으로 그들을 몰고 가실 것이다.

²⁹⁻³³ 그러나 너희는 노래하리라.

밤새 거룩한 축제일을 지키며 노래하리라!

너희 마음속에서 노래가 터져 나오리라.

하나님의 산으로 향할 때,

'이스라엘의 반석'께 행진하며 나아갈 때 부는

피리소리 같은 음악이 흘러나오리라.

하나님께서 장엄한 천둥으로 외치시고,

내리치시는 팔을 나타내 보이시리라.

불같은 진노의 화염이 소나기처럼 쏟아지리라.

홍수가, 폭풍이, 우박이 있으리라!

그렇다. 하나님의 천둥, 그 곤봉을 맞고

앗시리아가 몸을 움츠릴 것이다.

하나님께서 소고와 수금소리에 맞추어,

곤봉을 내리치실 것이다.

두 주먹을 불끈 쥐시고

그들과 전면전을 벌이실 것이다.

도벳의 맹렬한 불,

앗시리아 왕을 위해 준비된 불이다.

도벳의 널따랗고 깊은 화로,

잘 타는 땔감들로 빼곡히 채워져 있다.

하나님이 내쉬는 숨이, 마치 유황불 강처럼 흘러들어가,

불을 붙인다.

¹⁻³ # 31 군마의 힘을 믿고
병력 수를 의지하고

전차와 기병 수에 자신만만하여,

이집트로 내달리는 자들에게 화가 있으리라.

그들은 '이스라엘의 거룩하신 분'에게 눈길 한번 주지 않는다.

하나님께 기도 한번 하지 않는다.
그러나 그분은, 절대 무시해서는 안될 분,
무엇을 해야 할지를 잘 아시는, 한없이 지혜로우신 하나님이다.
그분은 재앙을 자유자재로 내리시고,
말씀하신 바를 행하시는 하나님이다.
잘못을 행하는 자들을 막으시고,
당신의 일을 방해하는 행악자들을 치시는 분이다.
이집트 사람들은 죽을 인생들일 뿐, 하나님이 아니다.
그들의 군마는 고깃덩어리일 뿐, 영이 아니다.
하나님께서 신호를 내리시면, 돕는 자나 도움을 받는 자나
매한가지로 땅에 쓰러져 흙으로 덮일 뿐이다.

4-5 하나님께서 내게 이렇게 말씀하셨다.

"먹이를 잡아 물어뜯고 있는 사자,
목자들이 몰려와 쫓아내려고 해도
조금도 당황하지 않는
그 짐승의 왕처럼,
그렇게 만군의 하나님이 내려와
시온 산에서 싸움을, 그 언덕에서 전쟁을 벌일 것이다.
공중을 맴도는 거대한 독수리처럼,
만군의 하나님이 예루살렘을 보호해 줄 것이다.
내가 보호하고 건져 줄 것이다.
그렇다. 내가 맴돌아 감싸고 구해 줄 것이다."

6-7 사랑하는 이스라엘아, 회개하여라. 너희가 무참하게 버린 분께 다시 돌아
오너라. 너희가 돌아오는 날, 너희 죄악된 손이 금속과 나무로 만든 우상
들을 모조리 내던져 버릴 것이다. 한 사람도 빠짐없이 그러하리라.

8-9 "앗시리아 사람들이, 쓰러져 죽을 것이다.

칼에 찔려 죽겠지만, 병사가 찌르는 칼이 아니다.

칼을 맞아 쓰러지겠지만, 죽을 인생이 휘두르는 칼이 아니다.

앗시리아 사람들이 그 칼을 피해 도망치고,

그 장정들은 종이 될 것이다.

바위처럼 강했던 백성이 공포에 질려 산산조각 나고,

지도자들도 미친 듯이 도망쳐 뿔뿔이 흩어질 것이다."

앗시리아에 대한 **하나님**의 포고다.

그분의 불이 시온에서 타오르며,

그분의 화로가 예루살렘에서 뜨겁게 달아오른다.

의로운 통치를 펼치실 왕

1-8 **32** 그러나 보아라! 한 왕이 의로운 통치를 펼치고,

그의 신하들이 정의를 수행하리라.

한 사람 한 사람 모두, 거센 바람을 막아 주는 피난처,

폭풍우를 피할 은신처가 되어 줄 것이다.

한 사람 한 사람 모두, 바싹 마른 땅을 적셔 주는 시원한 물줄기,

사막에서 그늘을 드리우는 커다란 바윗돌이 될 것이다.

눈을 드는 자 누구나 보게 되고,

귀를 기울이는 자 누구나 듣게 되리라.

충동적이던 자들이 바른 판단을 내리고,

혀가 굳었던 자들이 유창한 언변을 구사하게 되리라.

더 이상 어리석은 자가 유명인사가 되는 일은 없으며,

간교한 자가 명성을 얻는 일도 없을 것이다.

해코지하는 일에 아무리 뛰어나도,

그는 어리석은 자일 뿐이다.

많은 이들의 인생을 망치고

하나님에 대해 거짓말을 늘어놓는 그들,

집 없이 굶주린 이들에게 등을 돌리고

거리에서 목말라 죽어 가는 이들을 외면한다.
간교한 자요, 음험한 도둑이다.
죄와 부끄러운 짓에 재간이 있는 그들,
사기와 거짓말로 가난한 이들을 착취하고
짓밟힌 가난한 이들의 호소를 외면한다.
그러나 고귀한 이들은 고귀한 계획을 세우며,
고귀한 일을 위해 일어선다.

9-14 나태한 여인들아, 일어나라!
내 말에 귀 기울여라!
나태하기 짝이 없는 여인들아,
이제부터 내가 하는 말을 귀담아들어라.
앞으로 일 년이 조금 지나면,
더 이상 나태하게 지낼 수 없는 날이 닥칠 것이다.
포도농사가 망하고,
나무에 열매가 맺히지 않을 것이다.
너희 나태한 여인들아, 몸을 떨어라.
너희 철없는 여인들아, 사태의 심각성을 깨달아라!
너희 비싼 옷과 장신구들을 다 벗어 던져라.
상복을 꺼내 입어라.
망한 밭농사와 포도농사를 보며
정직한 눈물을 흘려라.
엉겅퀴와 가시덤불밖에 자라지 않는
내 백성의 동산과 농장들을 보며, 눈물을 흘려라.
울어라. 진정으로 울어라. 행복했던 가정들이 더는 행복하지 않고,
즐거웠던 성읍들이 더는 즐겁지 않으리라.
왕궁은 폐가가 되고,
붐비던 성읍은 무덤처럼 고요하며,

들짐승들이
텅 빈 동산과 공원들을 차지해,
제집처럼 뛰어다닌다.

15-20 그렇다, 눈물을 흘리며 슬피 울어라.
위로부터 그 영이 우리에게 부어져,
황무하던 곳이 비옥해지고
비옥한 땅이 숲이 될 때까지, 슬피 울어라.
황무하던 곳에 정의가 들어와 살고,
비옥해진 땅에 의가 머물며 살 것이다.
의가 있는 곳에 평화가 있고,
의가 맺는 열매는 평온한 삶과 다함없는 신뢰다.
나의 백성은 안전한 집과 평온한 동산에서
평화롭게 살 것이다.
너희가 자랑하던 숲은 다 베어질 것이고,
너희 힘을 과시하던 도성은 초토화될 것이다.
그러나 너희는 물이 넉넉한 밭과 동산을 일구고,
가축들을 자유롭게 풀어 기르며,
복된 삶을 누릴 것이다.

고통 중에 도움을 구하는 기도

1 **33** 파괴당한 적 없는 파괴자여,
네게 화가 있으리라.
배반당한 적 없는 배반자여,
네게 화가 있으리라.
너의 파괴하는 일이 끝나면,
네 차례가 될 것이다. 네가 파괴당할 것이다!
너의 배반하는 일이 끝나면,
네 차례가 될 것이다. 네가 배반당할 것이다!

2-4 **하나님**, 우리를 자애롭게 대해 주십시오. 주님은 우리의 유일한 희망이
십니다.

아침이 되면 가장 먼저, 우리를 위해 오십시오!

어려움이 닥치면, 곧장 우리를 도와주십시오!

주께서 천둥 속에서 말씀하시자, 모두가 달아났습니다.

주께서 모습을 나타내시자, 민족들이 흩어졌습니다.

주의 백성이 기분전환을 위해 밖으로 나갔다가,

적들이 두고 간 물품을 거둬들이니 들판이 말끔해집니다.

5-6 **하나님**께서 더없이 높임을 받으셨다. 그분의 처소가 든든히 섰다.

시온에 정의와 의가 차고 넘친다.

하나님께서 너의 시대를 안정되고 견고하게 지키신다.

구원과 지혜와 지식이 흘러넘친다.

시온의 가장 귀중한 보배는, 바로 '**하나님**을 경외하는 것'이다.

7-9 그러나 보아라! 들어라!

억센 남자들이 대놓고 운다.

협상을 벌이던 외교관들이 비통의 눈물을 흘린다.

도로가 텅 비었다.

거리에 다니는 사람 하나 없다.

평화조약이 깨어지고,

그 규정들이 무시되고,

거기에 서명한 자들은 욕설을 듣는다.

우리가 발 딛고 선 땅이 애곡하며,

레바논의 산들이 고개를 숙인다.

꽃이 만발하던 샤론이 잡초로 뒤덮인 도랑이 되었다.

바산과 갈멜의 숲에는 잎이 모조리 떨어진 가지뿐이다.

10-12 "이제 내가 나설 것이다." **하나님**께서 말씀하신다.

"지금부터는 내가 맡을 것이다.
내가 링에 올랐다. 내 주먹맛을 보아라.
너희에게는 아무것도 없다.
겨를 잉태하여 지푸라기를 낳을 뿐이다.
허풍으로 배불리다가 자멸할 뿐이다.
너희는 비료나 연료로밖에는 아무짝에도 쓸모없다.
흙이니 흙으로 돌아갈 뿐, 그 시기는 빠를수록 좋다.

13-14 먼 곳에 살고 있다면,
내가 한 일을 전해 들어라.
가까이 살고 있다면,
내가 한 일을 주목해 보아라.
시온의 죄인들이 겁에 질려 있다. 당연하다.
사악한 자들, 어찌할 바를 몰라 허둥댄다.
'누가 이 불폭풍에서 살아남을 수 있으랴?
누가 이 대숙청을 모면할 수 있으랴?' 하고 묻는다."

15-16 답은 간단하다.
의롭게 살면서
진실을 말하며,
사람을 착취하는 일을 혐오하고
뇌물을 거절하여라.
폭력을 거부하고
악한 유흥을 피하여라.
이것이 너의 삶의 질을 높이는 길이다!
안전하고 안정된 삶을 사는 길,
넉넉하고 만족스러운 삶을 사는 길이다.

결정권자는 하나님이시다

17-19 오, 네가 왕을 뵙게 되리라. 그 장엄한 모습을 보게 되리라!
드넓은 영토를 조망하리라.
마음속으로 옛적 두려움을 떠올리며 말하리라.
"우리에게 형을 선고하고 재산을 몰수하던
그 앗시리아 조사관은 지금 어떻게 되었지?
우리에게 세금을 부과하던 그 자는?
그 사기꾼 환전상은 어떻게 되었지?"
사라졌다! 눈앞에서 영원히! 그들의 오만,
이제 바닥에 남은 빛바랜 오물자국일 뿐이다!
이제 더 이상 알 수 없는 외국어를 들으며 살 필요가 없다.
알 수 없는 소리를 더 이상 들을 필요가 없다.

20-22 시온만 바라보면 된다. 보겠느냐?
예배가 축제로 변하는 그곳!
예루살렘으로 너의 눈을 호강시켜 주어라.
평온하고 영원한 거처,
더는 말뚝을 옮기며 다닐 필요가 없고,
더는 헝겊을 기워 만든 천막에서 살 필요가 없다.
장엄하신 **하나님**께서 친히,
우리의 처소가 되어 주신다.
넓은 강과 시내가 흐르는 그 나라,
침입하는 배와 약탈하는 해적을 강이 막아 준다.
그 나라에서는 **하나님**이 결정권자이시고, **하나님**이 우리의 왕이시기 때문이다.
하나님이 다스리시며 우리를 안전히 지켜 주신다.

23 아! 너의 돛들이 갈기갈기 찢기고
돛대는 흔들거리며,

선착장에서는 물이 샌다.
전리품은 누구든 마음껏 가져간다. 누구나 자유롭게.
힘이 약한 자도 힘이 센 자도, 내부인도 외부인도.

24 시온에서는 누구도 "아프다"고 말할 자 없으리라.
무엇보다도, 그들은 모두 죄를 용서받고 살 것이다.

민족들에 대한 심판

34

1 민족들아, 가까이 다가오너라.
백성들아, 잘 들어라. 주목하여라!
땅아, 너도 들어라. 네 안에 있는 모든 것도 함께.
세상아, 너도 들어라. 네게서 나는 모든 것도 함께.

2-4 이유는 이렇다. 하나님께서 노하셨다.
모든 민족에게 진노하셨다.
그들의 무기와 군대에 불같이 노하셔서,
이제 그들을 땅에서 쓸어 없애 버리실 참이다.
산처럼 쌓인 시체들은
한여름 도시 쓰레기 더미처럼 썩은내를 풍기고,
산에서 흘러 내려오는 그들의 피가
봄날 눈 녹은 물처럼 시내를 이룬다.
너무 익어 떨어져 썩은 과일처럼,
별들이 하늘에서 떨어진다.
하늘이 담요처럼 둘둘 말려
벽장에 처박힌다.
별들의 군대가 모두 오그라져,
가을날 잎과 열매처럼 땅에 떨어져 썩는다!

5-7 "땅과 하늘에 대한 일을 마치고 나면,

나는 에돔을 손볼 것이다.

에돔, 내가 완전히 멸망시키기로 작정한 그 민족을

짓누를 것이다."

하나님의 칼이 피에 주렸다.

살찐 고깃덩어리에,

어린양과 염소 피에,

숫양의 기름진 콩팥에 주렸다.

그렇다. 하나님께서 수도 보스라에서, 희생 제사를 벌이기로 작정하셨다.

에돔 전 지역을 도살장으로 만드실 것이다.

대대적인 도살이다. 들짐승도

가축도 매한가지로 도살된다.

나라 전체가 피에 절여지고,

온 땅에 기름이 흐를 것이다.

8-15 이는 하나님께서 정하신 보복의 때,

시온의 원한을 갚아 주시는 해다.

에돔의 강은 오염물질로 뒤덮여 제대로 흐르지 못할 것이요,

땅도 폐기물의 독이 쌓여 척박해지리라.

나라 전체가

연기와 냄새가 진동하는 쓰레기 더미가 될 것이다.

불이 밤낮으로 타오르고,

그 끝없는 연기로 하늘마저 검게 변할 것이다.

여러 세대가 지나도 여전히 황폐한 곳으로 남을 것이다.

더는 그 나라를 여행할 사람이 없으리라!

독수리와 스컹크들이 휘젓고 다니고,

부엉이와 까마귀들이 거기에 거처를 잡을 것이다.

하나님께서 그 지으신 것들을 뒤집으시니, '혼돈'으로 되돌아가리라!

그분이 다산의 복을 거두시리니, '공허'로 되돌아가리라!

백성을 이끌 지도자 하나 없으리라.

그래서 '나라 아닌 곳'이라 불릴 것이다.

왕과 제후들이 할 일 하나 없는

그런 나라가 될 것이다.

엉겅퀴가 득세하여 성들을 뒤덮을 것이며,

잡초와 가시덤불이 숲을 장악할 것이다.

들개들이 그 폐허를 배회하고,

타조들이 그곳을 주름잡을 것이다.

들고양이와 하이에나들이 함께 어울려 사냥하고,

귀신과 마귀들이 밤새 춤판을 벌일 것이다.

사악하고 게걸스런 밤귀신 릴리스가,

거기 자리 잡고 살 것이다.

썩은 고기를 뜯어 먹는 새들이 새끼를 치는 곳,

불길한 악이 횡행하는 곳이 될 것이다.

16-17 **하나님**의 책을 구해 읽어 보아라.

새끼 치는 이 악은,

그 어느 것 하나 그냥 사라지지 않는다.

그 모두는 **하나님**께서 친히 명령하신 바다.

그분의 영이 그것을 움직여 활동하게 하셨다.

하나님께서 그들이 있을 곳을 지정하시고,

그들의 운명을 세세히 정해 주셨다.

이는 영원히 지속될 일이다.

세대가 지나고 또 지나도, 계속 반복될 일이다.

거룩한 길

1-2 **35** 광야와 사막이 즐거이 노래하고,

불모였던 땅이 기뻐하며 꽃을 피우리라.

봄꽃이 만발하는 듯하니,

노래와 빛깔의 합주로다.

레바논의 걸출한 영광,
눈부신 갈멜, 황홀한 샤론을 선물로 주셨도다.
찬란하게 빛나는 **하나님**의 영광,
눈부신 위엄과 장엄이 충만하게 나타나는도다.

3-4 맥 풀린 손에 힘을 불어넣고,
약해진 무릎에 힘을 돋우어라.
두려워하는 자들에게 전하여라.
"용기를 가져라! 기운을 내라!
하나님께서 오고 계신다.
모든 것을 바로 세우시려고,
모든 잘못된 것을 바로잡으시려고, 여기로 오고 계신다.
그분께서 오고 계신다! 너희를 구원하시려!"

5-7 보지 못하던 눈이 열리고,
듣지 못하던 귀가 들을 것이다.
절던 자들이 사슴처럼 뛰고,
목소리 잃었던 자들이 소리 높여 노래할 것이다.
광야에 샘물이 터지고,
사막에 시냇물이 흐를 것이다.
뜨거운 모래밭이 시원한 오아시스로 변하고,
바싹 말랐던 땅에 물이 흘러넘칠 것이다.
비천한 승냥이도 마음껏 물을 마시고,
불모였던 땅에 초목이 무성해질 것이다.

8-10 큰길이 열릴 것이다.
야만스러운 자, 반역하는 자는
'거룩한 길'이라 불리는
그 길에 들어가지 못한다.

오직 하나님의 백성을 위한 길,
바보라도 길 잃어버릴 염려 없고
사자나 위험한 들짐승이 없으며,
어떤 위험이나 위협도 없는 길.
오직 속량받은 사람만이 그 길을 걷게 되리라.
하나님께서 몸값을 치러 주신 백성,
그 길을 걸어 돌아올 것이다.
사라지지 않는 후광, 그 기쁨을 두르고서
노래하며 시온으로 돌아올 것이다.
고향은 기쁨과 즐거움을 선사하며 그들을 환영하고,
모든 슬픔과 한숨은 뒷걸음쳐 사라질 것이다.

산헤립이 예루살렘을 공격하다

36 1-3 히스기야 왕 십사년에, 앗시리아 왕 산헤립이 유다의 모든 요새 성읍을 공격하여 점령했다. 앗시리아 왕은 랍사게라 불리는 부하 장군에게 큰 군대를 주고, 라기스에서 예루살렘의 히스기야 왕에게 보냈다. 그 장군은 공중 빨래터로 가는 길가 윗저수지 수로까지 와서 걸음을 멈추었다. 그를 맞으러 세 사람이 나왔는데, 그들은 왕궁을 책임지고 있는 힐기야의 아들 엘리아김과 서기관 셉나와 궁중 사관 아삽의 아들 요아였다.

4-7 랍사게가 그들에게 말했다. "히스기야에게 가서 위대한 앗시리아 왕의 말씀을 전하여라. '너는 대체 뭘 믿고 나와 맞서는 것이냐? 너의 행동은 허세일 뿐이다. 고작 말 몇 마디로 내 무기를 상대하겠다는 것이냐? 대체 뭘 믿고 나에게 맞서 반항하느냐? 이집트를 믿는 것이냐? 웃기지 마라. 이집트는 고무지팡이다. 이집트에 기대어 보아라. 앞으로 푹 고꾸라지고 말 것이다. 이집트 왕 바로에게 기대는 자는 다 그렇게 될 것이다. 혹 "우리는 우리 하나님을 의지한다"고 말할 참이라면, 너무 늦지 않았느냐? 히스기야는 "누구나 이 제단에서만 예배해야 한다"며 다른 예배처들을 모조리 없애 버리지 않았더냐?'

8-9 　이치에 맞게 생각해라. 현실을 직시하여라. 내 주인, 앗시리아 왕께서 네게 말 이천 마리를 내주신다 한들, 네게 그 말들에 태울 기병이나 있느냐? 없지 않느냐! 형편없는 이집트 전차와 기병들이나 의지하는 네가, 내 주인의 최하급 지휘관들인들 상대할 수 있을 것 같으냐?

10 　게다가, 너희는 내가 하나님의 축복도 없이 이 땅을 멸하러 이렇게 먼 길을 왔으리라 생각하느냐? 다름 아닌 너희 하나님께서 내게 이 땅과 전쟁을 벌여 멸하라고 말씀하셨다.”

11 　엘리아김과 셉나와 요아가 랍사게에게 대답했다. “우리가 아람 말을 알아들으니, 제발 아람 말로 말씀해 주십시오. 말소리가 들릴 만큼 가까운 곳까지 백성이 나와서 듣고 있으니, 히브리 말로 말하지 말아 주십시오.”

12 　그러자 랍사게가 대답했다. “내 주인께서 너희 주인과 너희에게만 이 메시지를 전하라고 나를 보냈다고 생각하느냐? 지금 목숨이 위태로운 쪽은 바로 저들이다. 머지않아 자기 똥을 먹고 자기 오줌을 마시게 될 저들 말이다.”

13-15 　그러더니 랍사게가 일어나, 모두가 알아들을 수 있는 히브리 말로 크게 외쳐 말했다. “위대한 앗시리아 왕의 메시지를 들어라! 히스기야의 거짓말을 듣지 마라. 그는 '하나님께서 우리를 구원하실 것이다. 그분을 의지하여라. 하나님께서는 결코 앗시리아 왕이 이 성읍을 멸하도록 놔두시지 않을 것이다'라고 설교조로 말하지만, 그의 말에 귀 기울이지 마라. 그는 너희를 구원할 수 없다.

16-20 　히스기야의 말을 듣지 말고 앗시리아 왕의 제안을 들어라. '나와 평화 조약을 맺자. 와서 내 편이 되어라. 그러면 너희 모두 넓은 땅과 풍부한 물을 제공받고 잘살게 될 것이다. 살림살이가 훨씬 나아질 것이다. 나는 너희를 광활한 장소에 풀어 줄 것이고, 너희 모두는 비옥하고 기름진 땅을 넘치도록 받을 것이다.' 히스기야의 거짓말을 믿고 오판하지 않도록 하여라. '하나님께서 우리를 구원하실 것이다'라고 하는데, 과연 그런 적이 있었느냐? 역사상 앗시리아 왕과 싸워 이긴 신이 있었더냐? 주위를 둘러보아라. 하맛과 아르밧의 신들은 어디 있느냐? 스발와임의 신들은 어디 있느냐? 신들이 사마리아를 위해 무엇을 했더냐? 내 손에서 자기 나라를

구한 신이 하나라도 있으면 어디 이름을 대보아라. 그런데 어찌하여 너희는 하나님이 내 손에서 예루살렘을 구원할 수 있으리라고 생각하느냐?'"

21 그 세 사람은 침묵했다. 왕이 이미 "그에게 아무 대답도 하지 말라"고 명령했기 때문에 아무 말도 하지 않았다

22 왕궁 관리 힐기야의 아들 엘리아김과 서기관 셉나와 궁중 사관 아삽의 아들 요아는 절망하여 옷을 찢고 돌아가서, 랍사게의 말을 히스기야에게 보고했다.

히스기야가 이사야에게 묻다

1-2 **37** 이 보고를 들은 히스기야 왕도, 옷을 찢고 회개의 굵은 마대 베옷을 입고서 하나님의 성소에 들어갔다. 그러고는 왕궁 관리 엘리아김과 서기관 셉나와 원로 제사장들을 아모스의 아들 예언자 이사야에게 보냈는데, 그들도 모두 회개의 베옷을 입었다.

3-4 그들이 이사야에게 말했다. "히스기야 왕의 말씀입니다. '오늘은 참담한 날입니다. 위기가 닥쳤습니다. 지금 우리는, 아기 낳을 때가 되었는데 출산할 힘이 없는 여인 같습니다! 당신의 하나님께서는 랍사게가 한 말을 들으셨겠지요? 살아 계신 하나님을 모독하려고 앗시리아 왕이 보낸 그 자의 말 말입니다. 당신의 하나님께서는 결코 가만있지 않으시겠지요? 이사야여, 우리를 위해 기도해 주십시오. 이곳에 남아, 요새를 지키고 있는 우리를 위해 기도해 주십시오!'"

5-7 그때 히스기야 왕의 신하들이 이사야에게 와서 이렇게 말하니, 이사야가 대답했다. "당신들의 주인에게 이렇게 전하십시오. '하나님의 메시지다. 네가 들은 말, 앗시리아 왕의 종들이 나를 조롱하며 했던 그 말에 동요할 것 없다. 내가 친히 그를 처리할 것이다. 그가 나쁜 소식을 듣고 그 일을 처리하러 자기 나라로 황급히 돌아가게 만들 것이다. 그는 거기서 살해될 것이다. 비명횡사할 것이다.'"

8 랍사게가 떠나, 립나와 전쟁하고 있는 앗시리아 왕에게 갔다. (왕이 라기

스를 떠났다는 소식을 들었기 때문이다.)

9-13 　　바로 그때, 앗시리아 왕이 에티오피아 왕 디르하가가 자신을 치러 진군해 오고 있다는 첩보를 듣게 되었다.

　　그는 즉시 히스기야에게 사신들을 보내어 이런 메시지를 전하게 했다. "너는 순진하게 믿는다만, 네 **하나님**에게 속지 마라. 예루살렘은 앗시리아 왕에게 무너지지 않을 것이라는 거짓 약속에 휘둘리지 마라. 머리를 좀 굴려 보아라! 앗시리아 왕이 모든 나라에게 한 일을 둘러보란 말이다. 하나씩 줄줄이 짓밟히고 말았다! 그런데 너라고 피할 수 있을 것 같으냐? 그 나라들, 내 선왕들이 멸망시킨 나라들—고산, 하란, 레셉, 들라살에 있는 에덴 민족—중에 대체 어느 나라, 어느 신이 자기 백성을 구했단 말이냐? 주위를 둘러보아라. 하맛 왕, 아르밧 왕, 스발와임 성읍의 왕, 헤나 왕, 이와 왕, 그들은 지금 모두 어디에 있느냐?"

14 　　히스기야가 사신들에게서 편지를 받아 읽었다. 그러고는 **하나님**의 성소에 들어가 **하나님** 앞에 편지를 펼쳐 놓았다.

15-20 　　히스기야가 **하나님**께 기도했다. "그룹 천사들 위에 앉아 계신 만군의 **하나님**, 주님은 하나님, 오직 한분이신 하나님, 세상 모든 나라를 다스리시는 하나님이십니다. 주님은 하늘과 땅을 지으신 분입니다. 오 **하나님**, 귀 기울여 들어주십시오. 오 **하나님**, 눈여겨보십시오. 산혜립이 보내온 저 말, 살아 계신 하나님을 모욕하는 저 말을 들어 보십시오. 오 **하나님**, 과연 그의 말대로 앗시리아 왕들은 모든 나라, 모든 강토를 초토화시켰습니다. 그 나라의 신들을 쓰레기통에 처넣고 불살랐습니다. 하지만 대단한 업적이 못되는 것은, 본래 그것들은 신이 아니기 때문입니다. 모두 작업장에서 만들어진 신, 나무를 자르거나 돌을 조각해 만든 신들에 불과하기 때문입니다. 신이 아닌 것들이 최후를 맞은 것일 뿐입니다! 그러니 **하나님**, 오, 우리 하나님, 속히 나서 주십시오. 그의 손에서 우리를 구원해 주십시오. 그리하여 땅 위의 모든 나라가 주께서, 오직 주님만이 하나님이신 것을 알게 해주십시오."

21-25 그때 아모스의 아들 이사야가 히스기야에게 사람을 보내어 말을 전했다.
"**하나님** 이스라엘의 하나님의 메시지입니다. '네가 앗시리아 왕 산헤립
의 일로 내게 기도했으니, 나 **하나님**이 너에게 대답한다.

산헤립아, 처녀 딸 시온에게
너 따위는 안중에도 없다. 그저 멸시뿐이다.
딸 예루살렘은
네게 침을 뱉고 홱 가버린다.

너는, 여러 해에 걸쳐
네가 누구를 조롱하고 욕했는지 아느냐?
여러 해에 걸쳐
누구를 우습게 여기고
모욕했는지 아느냐?
바로, "이스라엘의 거룩한 이"다!
너는 네 종들을 통해 주를 조롱했다.
그리고 자랑했다. "나는 전차부대로
가장 높은 산꼭대기까지 올라갔고,
레바논의 가장 깊은 곳까지 들어가,
그 거대한 백향목들,
그 멋진 잣나무들을 다 베어 넘어뜨렸다.
나는 산 위 가장 높은 곳을 정복했고,
숲 속 가장 깊은 곳을 탐험했다.
나는 우물을 파서
실컷 마셨다.
내가 발로 한번 걷어차자,
이집트의 유명한 강들이 모두 말라 버렸다."

26-27 너는 듣지 못했느냐?

그 모든 일 뒤에 내가 있었다는 소식을?
이는 오래전부터 내가 세운 계획이었고
이제 실행에 옮기고 있는 것뿐이다.
나는 너를 도구로 사용해서,
강력했던 성읍들을 무너뜨려 잔해 더미로 만들었고,
그곳의 주민들을 절망과
당혹과 혼란 속에 빠뜨려서,
그들을 가뭄 만난 식물처럼 축 처지게,
시든 묘목처럼 지지러지게 만들었다.

28-29 나는 우쭐대는 네 허세와
왔다갔다 하며 네가 벌이는 일들과,
나에 대해 갖고 있는 불끈하는 네 마음을 잘 알고 있다.
나에 대한 너의 사나운 분노,
계속해서 내 귀에 들리는 너의 날뛰는 그 오만 때문에,
내가 네 코에 갈고리를 꿰고,
네 입에 재갈을 물릴 참이다.
누가 주인인지 네게 보여주겠다. 내가 너를
네가 왔던 곳으로 되돌려 보낼 것이다.

30-32 그리고 히스기야야, 이것은 네게 주는 확실한 표징이다. 올해의 수확은
땅에 떨어진 것들이나 줍는 정도로 보잘것없고, 내년도 별로 다르지 않
을 것이다. 그러나 삼 년째가 되면 씨 뿌려 거두고, 파종하고 추수하는 농
사일이 정상을 되찾을 것이다. 유다의 남은 백성이 뿌리를 내려 새 출발
할 것이다. 예루살렘에 남은 백성이 다시 움직일 것이다. 시온 산의 살아
남은 자들이 다시 일어설 것이다. 만군의 **하나님**의 열심이 이 모든 일을
이룰 것이다.'"

33-35 "마지막으로, 앗시리아 왕에 대한 **하나님**의 말씀입니다.

'걱정할 것 없다. 그는 이 성에 들어오지 못하고,
이리로 화살 하나도 쏘지 못할 것이다.
공격축대를 쌓기는커녕
방패 한번 휘두르지 못할 것이다.
그는 자기가 왔던 길로 되돌아가게 되리라.
이 성에는 한 발자국도 들이지 못할 것이다.
하나님의 포고다.
이 성은 내가 내 손으로 지켜
구원할 것이다.
나 자신을 위해,
또 나의 다윗 왕조를 위해.'"

36-38 그러고 나서, **하나님**의 천사가 내려와 앗시리아 진영을 쳤다. 그러자 앗시리아 사람 185,000명이 죽었다. 동이 틀 무렵, 그들 모두가 죽어 있었다. 주검뿐인 군대가 된 것이다! 앗시리아 왕 산헤립은 거기서 재빨리 빠져나와 니느웨로 돌아갔다. 그가 자기의 신 니스록의 신전에서 예배하고 있을 때, 그의 아들 아드람멜렉과 사레셀이 그를 죽이고 아라랏 땅으로 도망쳤다. 그의 아들 에살핫돈이 뒤를 이어 왕이 되었다.

히스기야의 병이 회복되다

38 그때, 히스기야가 병이 들었다. 죽을병이었다. 아모스의 아들 예언자 이사야가 그에게 문병을 와서 말했다. "**하나님**께서 말씀하십니다. '네가 하는 일과 집안일을 정리하여라. 이제 너는 죽을 것이다. 낫지 못할 것이다.'"

2-3 그러자 히스기야는 이사야를 등지고 벽을 향해 돌아서서 **하나님**께 기도했다. "**하나님**, 간구하옵기는, 제가 지금까지 어떻게 살아왔는지 기억해 주십시오. 저는 주님 앞에서 신실했고, 제 마음을 온전히 주께 드렸습

니다. 주님은 제가 어떻게 살았는지, 무슨 선을 행했는지 잘 알고 계십니다." 히스기야는 기도하며 울었다. 흐느껴 울었다.

4-6 그러자 **하나님**께서 이사야에게 말씀하셨다. "가서 히스기야에게 말하여라. 나 **하나님**, 네 조상 다윗의 하나님이 그에게 메시지를 주셨다고 전하여라. '내가 네 기도를 듣고 네 눈물을 보았다. 나는 이렇게 할 것이다. 네 수명에 십오 년을 더해 주겠다. 또한 너와 이 도성을 앗시리아 왕의 손에서 구하고, 이 성을 내 손으로 지켜 줄 것이다.

7-8 네게 줄 표징은 이것이다. 나 **하나님**은 약속한 바를 틀림없이 시행한다는 것을 확증해 주는 표징이다. 잘 보아라. 지는 해를 따라 아하스의 해시계 위 그림자가 길어질 것이다. 그때 내가 그 그림자를 십 도 뒤로 돌릴 것이다.'" 정말 그렇게 되었다. 지는 해의 그림자가 그 시계 위에서 십 도 뒤로 물러났다.

9-15 이는 유다의 히스기야 왕이 병에서 회복되고 난 다음에 쓴 글이다.

생의 한창때에
떠나야 하다니.
남은 시간이 얼마든
다만 죽음의 대기실에서 보낼 뿐이네.
더는 산 자들의 땅에서
하나님을 뵙지 못하고,
이웃을 만나지 못하며,
더 이상 친구들과도 어깨동무하지 못하네.
내가 들어와 사는 이 몸,
바닥에 쓰러져 야영자의 천막처럼 거두어진다.
베 짜는 사람처럼, 나도 융단 말듯 내 생을 둘둘 말아 버렸네.
하나님이 베틀에서 나를 잘라 내시고는
날이 저물자, 바닥에 떨어진 부스러기들을 쓸어버리신다.

나, 동틀 때까지 울며 도움을 청하지만,
사자가 달려들듯, 하나님은 나를 두들겨 패시고
가차 없이 나를 끝장내신다네.
내가 화를 당한 암탉처럼 꽥꽥 울고
비둘기처럼 구슬피 울며,
눈이 빠지도록 도움을 찾았다네.
"주님, 곤경에 처했습니다! 여기서 저를 건져 주십시오!"
하지만 무슨 소용 있으랴? 하나님께서 친히 말씀하시고,
그분이 내게 행하시는 일인데.
번민과 괴로움에
잠을 이룰 수 없네.

16-19 오 주님, 인생이 처한 자리는 이런 것입니다.
그런데, 이런 처지에서도 제 영혼이 아직 살아 있습니다.
생명을 새로 받아 온전히 회복되었습니다!
이 고난을 겪은 것이
제게는 유익이었습니다.
이 고난 속에서도, 주님은 제 생명선을 꼭 잡아 주셨습니다.
제가 멸망 속으로 굴러떨어지지 않도록 보호하셨습니다.
제 죄들을 놓아 버리시고,
주의 등 뒤로 던져 버리셨습니다. 얼마나 후련한지요!
죽은 자들은 주께 감사하지 못하고,
무덤에서는 주를 찬양하는 찬송이 울려 나오지 못합니다.
땅 밑에 묻힌 자들은
주의 신실하심을 증언하지 못합니다.
지금의 나처럼,
오직 산 자만이 주께 감사할 수 있습니다.
부모가 자녀에게
주의 신실하심을 일러줍니다.

20 **하나님**께서 나를 건지고 건지시리니,

수금과 비파 뜯으며

우리 노래하리라.

평생토록 **하나님**의 성소에서 노래하고 노래하리라.

21-22 이사야가 말했다. "무화과로 습포를 만들어 왕의 종기 위에 얹으면 왕께서 나을 것입니다."

히스기야가 말했다. "내가 **하나님**의 성소에 다시 들어가도 좋다는 것을 말해 주는 표징은 무엇입니까?"

바빌론의 사신을 맞이하는 히스기야

39

1 얼마 후에, 바빌론의 발라단의 아들 므로닥발라단 왕이 히스기야에게 사신들을 보내어 인사하며 선물을 전했다. 히스기야가 병들었다가 나았다는 소식을 들었던 것이다.

2 히스기야는 그 사신들을 반갑게 맞이했다. 그는 그들에게 왕궁 내부를 구경시켜 주면서, 자기가 가진 보물—은, 금, 향료, 진귀한 기름, 무기들—전부를 자랑삼아 보이며 우쭐거렸다. 자기 왕궁이나 나라 안에 있는 것 가운데 히스기야가 그들에게 보여주지 않은 것은 하나도 없었다.

3 나중에 예언자 이사야가 나타나 히스기야에게 물었다. "그 사람들은 누구입니까? 무슨 말을 하였습니까? 어디서 온 자들입니까?"

히스기야가 말했다. "그들은 멀리 바빌론에서 왔습니다."

4 "그들이 왕궁에서 무엇을 보았습니까?"

"모든 것을 보았습니다." 히스기야가 말했다. "내가 창고 문을 활짝 열었더니, 그들이 다 보고서 감동을 받았습니다."

5-7 그러자 이사야가 히스기야에게 말했다. "이제 만군의 **하나님**께서 주시는 이 **메시지**를 들으십시오. '경고한다. 이 왕궁 안에 있는 모든 것, 네 조상이 쌓아 놓은 모든 것이 바빌론으로 옮겨질 날이 올 것이다.' **하나님**

께서 또 말씀하십니다. '아무것도 남지 않을 것이다. 아무것도. 네 소유물
뿐 아니라 네 아들들도 그러할 것이다. 네 아들들 가운데 얼마는 포로로
끌려가, 바빌론 왕궁의 내시가 될 것이다.'"

8   히스기야가 이사야에게 대답했다. "**하나님께서 그렇게 말씀하셨다면**,
당연히 그렇게 되어야 할 것입니다." 그러나 그는 속으로 "분명 내 평생에
는 나쁜 일이 일어나지 않을 테니, 내가 사는 동안에는 평안과 안정을 누
릴 것이다" 하고 생각했다.

위로의 메시지

하나님이 오고 계시니 준비하여라

1-2 **40** "위로하여라. 오, 내 백성을 위로하여라."
          너희 하나님께서 말씀하신다.
"부드럽고 다정한 말로,
그러나 분명한 말로 예루살렘에 전하여라.
이제 형을 다 살았다고,
이제 죄가 해결되었다고, 용서받았다고!
예루살렘은 벌을 충분히 받았다. 지나치도록 받았다.
이제 끝났다. 모두 끝났다."

3-5 광야에 울리는 천둥소리다!
"**하나님**이 오고 계시니 준비하여라!
길을 내어라. 곧고 평탄한 길을 내어라.
우리 하나님께 걸맞은 대로를 내어라.
골짜기는 돋우고,
언덕은 평평하게 골라라.
거친 길을 평탄하게 하고,
돌들도 말끔히 치워라.
그러면 **하나님**의 찬란한 영광이 비치리니,
모두가 그것을 보게 되리라.

그렇다. **하나님**께서 말씀하신 그대로 되리라."

6-8 한 소리가 말한다. "외쳐라!"
내가 말했다. "뭐라고 외쳐야 합니까?"

"이 사람들은 풀에 지나지 않고,
그들의 아름다움은 들꽃처럼 덧없다.
하나님께서 한 번 혹 부시면,
풀은 마르고 들꽃은 시든다.
이 백성은 그저 풀에 불과하지 않느냐?
그렇다. 풀은 마르고 들꽃은 시들지만,
우리 **하나님**의 말씀은 영원토록 굳건히 설 것이다."

9-11 시온아, 높은 산에 올라라.
너는 기쁜 소식을 전하는 자다.
예루살렘아, 목청을 돋우어라. 크게 외쳐라.
너는 낭보를 전하는 자다.
크고 분명한 소리로 전하여라. 소심하게 굴지 마라!
유다의 성읍들을 향해 말하여라.
"보아라! 너희 **하나님**이시다!"
그분을 보아라! **하나님** 우리 주께서 맹위를 떨치시며,
행동 태세를 갖추고 오신다.
원수들에게는 보복하시되,
그분을 사랑하는 이들에게는 상을 내려 주실 것이다.
목자처럼 자기 양 떼를 돌보아 주시리라.
어린양들을 친히 두 팔로 감싸
품에 안으시고,
젖먹이는 어미 양들을 푸른 초장으로 이끄시리라.

비교할 수 없는 하나님

12-17   자기 두 손으로
대양을 퍼 올리거나
자기 장뼘으로 하늘의 크기를 재 본 사람,
자기 바구니에 온 땅의 티끌을 담고
산과 언덕의 무게를 재 본 사람이 있겠느냐?
하나님께 그분이 하실 일을 일러 드리거나
일을 가르쳐 드린 사람이 있겠느냐?
그분이 조언을 구하실 전문가나
정의를 배우실 학교가 있겠느냐?
그분께 지식을 전해 주거나
세상 돌아가는 이치를 알려 준 신이 있겠느냐?
보아라. 뭇 민족들은 그저 두레박 안의 물 한 방울,
창문에 묻은 때 한 점에 지나지 않는다.
그분이 마루에서 먼지를 닦아 내듯,
섬들을 싹 쓸어버리시는 것을 보아라!
레바논의 모든 나무를 모아도,
저 거대한 숲 속 짐승 전부를 다 모아도,
그분을 예배하는 데 필요한 땔감과 제물로 부족하리라.
모든 민족을 합쳐도 그분 앞에서는 없는 것이나 마찬가지다.
아니, 없는 것만도 못하다. 오히려 손해만 끼친다.

18-20   그러니, 하나님을 누구와 견주겠으며
무엇에 비기겠느냐?
우상 신들에? 웃기는 소리다!
우상들은 작업실에서 만들어진 제품이다. 청동으로 본을 떠서
얇게 금을 입히고,
가는 은사슬로 장식을 한다.
누구는 올리브나무처럼 썩지 않는 좋은 나무를 고르고

목수를 불러 만들기도 하는데,
그 우상이 기울어져 넘어지는 일이 없도록 받침대에 특별히 신경을 쓴다.

21-24 주목해서 보지 않았단 말이냐?
귀 기울여 듣지 않았단 말이냐?
이는 너희가 평생 들어 온 이야기가 아니더냐?
만물의 기초가 무엇인지 모른단 말이냐?
하나님께서는 땅 위 높은 곳에 앉아 계신다.
거기서는 사람들이 개미 떼처럼 보인다.
그분은 휘장을 펴듯,
거주할 천막을 치듯, 하늘을 쭉 펴신다.
제후들이 무슨 말을 하거나 무슨 일을 벌여도, 괘념치 않으신다.
땅의 통치자들, 그분은 없는 셈 친다.
제후와 통치자들, 별것 아니다.
싹만 텄을 뿐 제대로 뿌리를 내리지 못한 씨앗 같아서,
하나님께서 혹 부시면 시들어 버린다.
지푸라기처럼 바람에 날아간다.

25-26 "그러니, 나와 같은 자 누구냐?
누구를 나와 견주겠느냐?" '거룩하신 분'께서 말씀하신다.
밤하늘을 올려다보아라.
그 모든 것을 누가 만들었느냐?
매일 밤 별들의 행진을 지휘하는 이,
그 하나하나의 이름을 빠짐없이 부르며
더없는 위엄과 능력으로
점호를 실시하는 이, 누구냐?

27-31 오, 야곱아, 왜 불평하느냐?
이스라엘아, 왜 투덜대느냐?

어찌하여 "**하나님**께서 나를 잊으셨다.
내게 무슨 일이 있는지 관심도 없으시다"고 말하느냐?
그렇게도 모른단 말이냐? 그렇게도 알아듣지 못한단 말이냐?
하나님은 왔다갔다 하시는 분이 아니다. 하나님은 언제나 너희와 함께하
시는 분이다.
그분은 우리 눈에 보이는 모든 것, 상상할 수 있는 모든 것을 지으신 창조
자이시다.
그분은 지치지도, 피곤해 하지도 않으신다.
모든 것을 속속들이 다 아신다.
그분은 지친 자들에게 기운을 북돋우시고,
나가떨어진 자들에게 새 힘을 불어넣어 주신다.
청년들도 지쳐 나가떨어지고,
한창때의 젊은이들도 비틀거리다 쓰러지지만,
하나님을 바라보는 이들은 새 힘을 얻는다.
그들은 독수리처럼 날개를 펼쳐 높이 날아오르며,
아무리 뛰어도 지칠 줄 모르고,
아무리 걸어도 피곤치 않다.

네가 하찮은 벌레처럼 느껴지느냐?

41

1 "먼 바다 섬들아, 진정하여라. 조용히 들어 보아라!
모두 앉아 쉬면서, 기운을 차려라.
내 주위로 모여라. 네 마음속 생각을 털어놓아라.
무엇이 옳은지 함께 판단해 보자.

2-3 이 일을 진행하는 이,
동방에서 그 정복자를 일으켜 오게 한 이가 누구냐?
그를 뽑아 일을 맡기고,
민족들을 한데 몰아넣어,
그로 하여금 왕들을 짓밟게 한 이가 누구냐?

그가 출발해 달리고 있다.
민족들을 빻아 가루로 만들고 있다.
그가 지나간 자리에는 재와 먼지뿐이다.
그들을 쫓아가 해치우는 그는 다치는 일이 없고,
발이 거의 땅에 닿지도 않는다.

4 누구냐? 이런 일을 일으킨 이가 누구냐?
만사를 시작케 하는 이가 누구냐?
나다. **하나님**이다. 무대에 가장 먼저 등장하는 이는 언제나 나다.
또 가장 늦게까지 남아 있는 이도 바로 나다.

5-7 먼 바다 섬들이 보고는 겁에 질린다.
땅끝 나라들이 뒤흔들린다.
공포에 떨며 서로 한데 모인다.
암흑 속에서 서로
없는 말 지어내며 위로해 주려 한다.
우상 제작자들,
초과근무까지 하며 신상품을 찍어 내고
서로 '좋네!' '디자인 끝내주는데!' 하고 말한다.
우상이 기울어져 쓰러지지 않도록
받침대에 단단히 못을 박아 넣으면서.

8-10 그러나 너, 이스라엘아, 너는 내 종이다.
너는 야곱이다. 내가 고르고 고른 자다.
나의 좋은 친구 아브라함의 자손이다.
나는 세상 전역에서 너를 끌어모으고,
땅의 어둔 구석구석에서 너를 불러내며 말했다.
'너는 나의 종, 내 옆에서 나를 섬기는 종이다.
내가 너를 뽑았으며, 너를 내친 적이 없다.'

겁먹지 마라. 내가 너와 함께하고 있다.
두려워할 것 없다. 내가 너의 하나님이니
내가 네게 힘을 줄 것이다. 너를 도와주리라.
내가 너를 붙들어 줄 것이다. 꼭 붙잡아 주리라.

11-13 두고 보아라. 너를 푸대접했던 자들,
천대받게 될 것이다.
실패자가 될 것이다.
너를 대적하던 자들,
빈털터리가 될 것이다.
아무것도 보여줄 것 없는 신세가 될 것이다.
네가 옛 적들을 찾아보려고 해도
찾지 못하리라.
너의 옛 원수들, 흔적조차 남지 않을 것이다.
기억하는 자 하나 없으리라.
그렇다. 나 너의 하나님이,
너를 꼭 붙잡고, 결코 놓지 않기 때문이다.
내가 네게 말한다. '겁먹지 마라.
내가 여기 있다. 내가 너를 도우리라.'

14-16 야곱아, 네가 하찮은 벌레처럼 느껴지느냐?
염려할 것 없다.
이스라엘아, 네가 보잘것없는 곤충처럼 느껴지느냐?
내가 너를 도울 것이다.
나 하나님이 장담한다.
나는 값을 치르고 너를 다시 산 하나님, '이스라엘의 거룩한 이'다.
내가 너를 벌레에서 써레가 되게,
곤충에서 철이 되게 할 것이다.
너는 날카로운 날을 가진 써레가 되어 산들을 갈아 없애고,

굳은 언덕들을 옥토 밭으로 바꾸어 놓을 것이다.

너는 거친 땅을 온갖 풍상에,

햇빛과 바람과 비에, 시달리게 만들 것이다.

그러나 너는 '이스라엘의 거룩한 이' 안에서

자신감 넘치고 원기 왕성하며,

기상이 원대해지리라!

17-20 가난하고 집 없는 자들이 간절히 물을 찾는다.

갈증으로 혀가 타지만 물이 없다.

그러나 내가 있다. 그들을 위해 내가 있다.

나 이스라엘의 하나님이, 그들을 계속 목마르게 내버려 두지 않을 것이다.

그들을 위해 메말랐던 언덕에서 강물이 터지고,

골짜기 가운데서 샘물이 터져 나게 할 것이다.

바싹 말랐던 황무지를 시원한 못으로,

메마른 사막을 물이 철철 넘쳐흐르는 시내로 바꿀 것이다.

나무 한 그루 없던 황야에 붉은 백향목과

아카시아나무, 도금양나무, 올리브나무를 심을 것이다.

사막에 잣나무를 심고,

상수리나무와 소나무가 우거지게 할 것이다.

모두가 보게 되리라. 못 볼 수가 없다.

명백한 증거가 되리라.

나 하나님이 친히 이뤄 낸 일.

반박할 수 없는 증거가 되리라.

 그렇다. 이는 '이스라엘의 거룩한 이'가 창조하고 서명까지 한 일이다."

21-24 하나님께서 말씀하신다. "너의 신들을 위해 변론을 시작해 보아라.

증거를 제시해 보아라." 야곱의 왕이신 이가 말씀하신다.

"너의 우상들을 변호하기 위해 논증을 제시하여 보아라.

근거를 대 보아라.

우리가 판단할 수 있도록,

우리 앞에 사실을 내놓아 보아라.

네 신들에게 이렇게 물어보아라.

 '그대들이 정말 신이라면, 지나간 일들의 의미를 설명해 주시오.

못하겠소? 그러면, 앞으로 일어날 일들에 대해 말해 보시오.

그것도 못하겠소?

그러면, 뭐라도 해보시오. 무슨 일이든!

좋은 일이든 나쁜 일이든, 아무거나 해보시오.

도대체 그대들은 우리에게 해를 끼치거나 도움을 줄 수 있는 존재요?

우리가 두려워해야 할 필요가 있는 존재요?'

그들, 아무 말도 못한다. 아무것도 아니기 때문이다.

가짜 신들, 우상 신들, 어릿광대 신들이기 때문이다.

25-29   나 하나님이, 북쪽에서 누군가를 일으켜 이리로 오게 했다.

내가 동쪽에서 그의 이름을 불러 뽑았다.

토기장이가 진흙을 밟아 이기듯,

그가 통치자들을 바닥에 짓이길 것이다.

네게 한번 물어보자. 이런 일이 있을 것을 미리 알았던 자가 있느냐?

우리에게 먼저 말해 주어,

 '과연 그의 말이 옳았다!'고 말하게 한 자가 있느냐?

이 일은 누구도 언급한 바 없다. 누구도 예고한 바 없다.

너 역시 찍소리도 낸 적 없다.

그러나 나는 시온에게 이 일을 미리 알려 주었다.

내가 예루살렘에 낭보를 알리는 자를 보냈다.

그러나 여기 둘러보니,

무슨 일이 벌어지고 있는지 아는 사람이 아무도 없다.

물어봐도, 누구 하나 진상을 말하지 못한다.

여기에는 아무것도 없다. 전부 연기와 헛바람뿐이다.

가짜 신들, 텅 빈 신들, 우상 신들뿐이다."

하나님의 종이 모든 일을 바로잡으리라

42

1-4 "나의 종을 유심히 보아라.
내가 전적으로 지지하는 종이다.
그는 내가 택한 사람이며,
나는 그가 더없이 마음에 든다.
나는 그를 온통 내 영으로, 내 생명으로 감싸 주었다.
그가 민족들 사이에서 모든 일을 바로잡을 것이다.
그는 일장연설이나 화려한 행사로
자기 일을 과시하지 않을 것이다.
그는 다치고 상한 이들을 무시하거나
미천하고 보잘것없는 자들에게 무관심하지 않으며,
분명하고 단호하게 모든 일을 바로잡아 줄 것이다.
그는 자기 일을 마칠 때까지 지쳐 주저앉는 법이 없고,
땅 위의 모든 일을 바로잡기까지 멈추지 않을 것이다.
먼 바다 섬들까지,
그의 가르침을 고대할 것이다."

5-9 우주를 창조하시고, 하늘을 펴셨으며,
땅과 거기 자라는 모든 것을 펼치신 분,
땅에 사는 사람들에게 당신의 생명 불어넣어,
그 생명으로 그들을 살게 하시는
하나님의 메시지다.
"나는 **하나님**이다. 의롭게 살라고 내가 너를 불렀다.
내가 너를 책임지고 안전히 지켰다.
너를 내 백성 가운데 세워 그들과 나를 잇고,
너로 하여금 민족들을 비추는 등대로 삼아,
밝고 탁 트인 곳으로 사람들을 인도하는 일을 시작했다.
눈먼 사람의 눈을 뜨게 하고,
감옥에 갇힌 자들을 풀어 주며,

어두운 감방을 텅텅 비우는 일을 시작했다.
나는 **하나님**이다. 이것이 나의 이름이다.
나는 내 영광을 남에게 빌려 주지 않으며,
우상 신들을 인정해 주지 않는다.
기억하여라. 예전에 예고했던 심판들, 모두 이루어졌다.
이제 나는 새로운 구원을 예고한다.
그 일이 엄습하기 전에,
너희에게 미리 일러 준다.”

10-16 **하나님**께 새 노래를 불러라!
온 세상에 찬양의 노래 울려 퍼지게 하여라!
바다와 그 속의 고기들이
환호성을 지르게 하여라.
모든 먼 섬들도 따라하게 하여라.
광야와 장막들이 소리 높여 노래하고
게달의 유목민들도 따라 하게 하여라.
셀라의 주민들이 찬양대를 만들어
산꼭대기에서 노래하게 하여라.
하나님의 영광이 울려 퍼지게 하여라.
그분을 찬양하는 소리가 대양을 가로질러 메아리치게 하여라.
하나님께서 작정하고 나서신다.
행동에 들어가실 태세다.
“내가 왔다.” 그분께서 큰소리로 알리신다.
적들을 단번에 장악하신다.
“내가 오랫동안 침묵을 지켜 왔다.
뒤로 물러나 이를 악물고 있었다.
그러나 이제야, 터뜨린다.
해산하는 여인처럼 크게 소리친다.
산들을 벌거숭이로 만들고

들꽃들을 말려 죽이고
강들을 말라붙게 하며,
호수들을 개펄이 되게 한다.
그러나 길을 알지 못하는 자들,
향방을 알지 못하는 자들은 내가 손을 잡아 주리라.
낯선 곳을 지나는 그들을 위해
친히 내가 길 안내자가 되어 줄 것이다.
어느 길로 가야 하는지 곁에서 일러 주고,
도랑에 빠지지 않게 도와주리라.
그들을 위해 그렇게 할 것이다.
그들 옆에 꼭 붙어, 한시도 떠나지 않으리라."

¹⁷ 그러나 우상에 투자했던 자들은
이제 파산이다. 끝장이다.

이스라엘이 깨닫지 못한다

¹⁸⁻²⁵ 주목하여라! 귀가 멀었느냐?
눈을 떠라! 눈이 멀었느냐?
너희는 나의 종이다. 그런데 보고 있지 않구나!
너희는 내가 보내는 사자다. 그런데 듣고 있지 않구나!
내가 믿었던 백성이, 하나님의 종들이
장님이다. 작심하고 눈을 감아 버린 장님이다!
너희는 많은 것을 보았으나, 제대로 본 것은 아무것도 없다.
전부 다 들었으나, 제대로 들은 것은 아무것도 없다.
하나님께서는 선한 마음으로
자신의 계시를 아낌없이 나누시기로 작정하셨다.
그런데 얻어맞고 윽박지름을 당하며 살아온 이 백성,
다락, 구석에 갇혀
피해의식에 젖은 채

자기 상처나 핥고 있다.

거기, 누구 듣고 있는 자 없느냐?

지금 벌어지는 일을 주목하는 자 없느냐?

너희는 야곱을 흉악범의 손에 넘기고,

이스라엘에 강도를 풀어 활보하게 한 이가 누구라고 생각하느냐?

하나님이 아니시더냐? 우리는 이 하나님께 죄를 범했다.

그분이 명령하신 것을 행하지 않았고,

그분이 말씀하신 바를 듣지 않았다.

이 모든 일 뒤에는 하나님의 진노가,

하나님의 심판하시는 능력이 있지 않더냐?

그런데, 자기 세상 전부가 무너졌는데, 그들은 여전히 깨닫지 못했다.

자기 삶이 폐허가 되었는데도, 그들은 여전히 마음에 새기지 않는다.

1-4 **43** 그러나 이제, **하나님**의 **메시지**를 들어라.
애초에 너, 야곱을 만드신 하나님,

너, 이스라엘을 시작하신 분의 말씀이다.

"두려워하지 마라. 내가 너를 속량했다.

내가 네 이름을 불렀다. 너는 내 것이다.

네가 길을 잃고 갈팡질팡할 때, 내가 함께할 것이다.

네가 물에 빠져 허우적거릴 때, 가라앉게 내버려 두지 않을 것이다.

사면초가에 처해도,

그것이 네게 막다른 골목이 되지 않으리라.

나는 **하나님**, 곧 너의 하나님,

'이스라엘의 거룩한 이', 너의 구원자이기 때문이다.

나는 어마어마한 값을 치르고 너를 샀다. 너를 얻으려고

이집트를 다, 귀중한 구스와 스바도 같이, 내놓았다!

너는 내게 그만큼 소중하다!

내가 너를 그만큼 사랑한다!

너를 얻기 위해서라면 나는 온 세상도 팔 수 있다.
창조세계와 너를 맞바꿀 수도 있다.

5-7 그러니 두려워하지 마라. 내가 너와 함께한다.
너의 흩어진 자녀들을 내가 다시 불러 모을 것이다.
동쪽과 서쪽에서 그들을 끌어모을 것이다.
내가 북쪽과 남쪽으로 명령을 보낼 것이다.
'그들을 다시 보내라.
먼 땅에 있는 내 아들들,
먼 곳에 있는 내 딸들을 돌려보내라.
내가 되돌려 받고자 한다. 내 이름을 지니고 있는 사람 모두.
내 영광을 위해 창조한 이들,
친히 내가 하나하나 빚어 만든 그들,
한 사람도 빠짐없이, 다 돌려보내라.'"

8-13 눈먼 자들과 귀먹은 자들을 불러 준비하게 하여라.
(눈은 멀쩡한데) 눈먼 자들,
(귀는 멀쩡한데) 귀먹은 자들 말이다.
다른 민족들도 나와서 준비하게 하여라.
그들이 무슨 말을 할지,
벌어진 일에 대해 무슨 설명을 내놓을지 보자.
그들로 하여금 노련한 증인들을 내세워
변론하게 해보아라.
자기들 말이 옳다는 것을 설득해 보게 하여라.
"그러나 내 증인은 너희다." 하나님의 포고다.
"너희는 나의 종이다. 나를 알고 신뢰하라고,
내가 존재한다는 것과 내가 어떤 존재인지를 깨달아 알라고,
내 손으로 직접 고른 나의 종이다.

나 이전부터 존재한 신이나,
나 이후에도 존재할 신 같은 것은 없다.
그렇다. 내가 하나님이다.
존재하는 유일한 구원자다.
내가 말했고, 내가 구원했으며,
건방진 신들이 설치기 훨씬 이전의 일들을 너희에게 일러 주었다.
너희도 알고 있다. 너희가 내 증인이고,
내 증거물이라는 사실을." 하나님의 포고다.
"그렇다. 내가 하나님이다.
언제나 그랬고,
언제까지나 그럴 것이다.
내게서 무엇을 앗아 갈 자 아무도 없다.
내가 만든 것을 누가 없앨 수 있겠느냐?"

너희는 나를 거들떠보지도 않았다

14-15 **하나님, 너희 속량자,**
　'이스라엘의 거룩하신 분'께서 말씀하신다.
　"내가 너를 위해 바빌론으로 행군해 갈 것이다.
　바빌론 사람들에게 보복할 것이다.
　야단법석을 떨던 그들,
　통곡하게 되리라.
　나는 하나님, 너희의 거룩한 이,
　이스라엘의 창조자, 너희의 왕이다."

16-21 **하나님께서 말씀하신다.**
　대양 가운데 길을 내시고
　거센 물결 사이로 길을 뚫으시는 하나님,
　말과 전차와 군대를 소환하시면
　다 쓰러져 일어나지 못하고

촛불처럼 꺼져 버리고 마는, 그 하나님께서 말씀하신다.
"지금까지 있었던 일들은 잊어라.
지나간 역사에 연연하지 마라.
다만, 깨어 있어라. 현재에 깨어 있어라.
이제 나는 전혀 새로운 일을 행할 것이다.
이미 시작되었다! 보이지 않느냐?
여기를 보아라! 내가 사막 가운데 길을 내고,
황무지에 강을 낼 것이다.
들짐승들이, 이리와 독수리들이
'감사합니다!' 하고 외칠 것이다.
내가 사막에 물을 가져오고
바싹 마른 땅에 강이 흐르게 하여,
나의 택한 백성이 그 물을 마시게 하기 때문이다.
그들은 나를 위해 특별히 만든 백성,
나를 찬양하라고 특별히 지은 백성이다.

22-24 그런데 야곱아, 너는 나를 거들떠보지도 않았다.
이스라엘아, 너는 빨리도 나에게 싫증을 냈다.
너는 양을 제물로 바치는 일도 하지 않으려 했다.
희생 제물을 바치는 일에도 전혀 관심이 없었다.
나는 너에게 많은 것을 요구하지 않았다.
값비싼 선물도 기대하지 않았다.
그런데 너는 최소한의 성의도 보이지 않았다.
내게 참으로 인색했다. 구두쇠처럼 굴었다.
그런데 네가 죄를 짓는 일에는 인색하지 않았다.
죄 앞에서는 손이 너무도 컸다. 나는 이제 지쳤다.

25 그러나 나는, 그렇다,
너의 죄를 처리해 주는 이다. 그것이 내가 하는 일이다.

나는 너의 죄 목록을 보관하지 않고 있다.

26-28 그러니, 내게 맞서 변론을 해보아라. 공개토론을 해보자.
너의 주장을 펼쳐 보아라. 네가 옳다는 것을 증명해 보아라.
너의 처음 조상이 범죄행위를 시작했고,
그 후로 모두가 동참했다.
그것이 내가 성전 지도자들의 자격을 박탈하고,
야곱을 버리며, 이스라엘을 불신할 수밖에 없었던 이유다."

나 같은 반석은 없다

1-5 # 44 "그러나 사랑하는 종 야곱아,
내가 친히 뽑은 너, 이스라엘아, 이제 들어라.
너를 만든 **하나님**이 네게 말한다.
모태에서 너를 빚은 그 **하나님**이 너를 도우려 한다.
사랑하는 종 야곱아,
내가 택한 여수룬아, 두려워하지 마라.
내가 메말랐던 땅에 물을 쏟아붓고,
바싹 말랐던 땅에 시내가 흐르게 할 것이다.
네 자손에게 나의 영을 부어 주며,
네 자녀들에게 나의 복을 부어 주리라.
그들이 초원의 풀처럼,
시냇가의 버들처럼 쑥쑥 자랄 것이다.
누구는 '나는 **하나님**의 것이다' 말하고,
누구는 자기 이름을 야곱이라 할 것이다.
또 누군가는 자기 손에 '이 몸은 **하나님**의 것'이라 쓰고 다니며
이스라엘이라 불리기를 자랑스러워할 것이다."

6-8 **하나님**, 이스라엘의 왕,
너희를 속량한 자, 만군의 **하나님**께서 말씀하신다.

"나는 시작이요 끝이며, 그 사이의 모든 것이다.

나는 존재하는 유일한 하나님이다.

나와 견줄 자 누구냐?

한번 나서 보아라. 어디, 자격이 되는지 보자.

처음부터 앞으로 될 일을 예고한 이가 나 말고 또 누가 있느냐?

있다면, 한번 말해 보아라. 이제 무슨 일이 있겠느냐? 누가 말해 보겠느냐?

두려워하지 마라. 염려하지 마라.

내가 너희에게 늘 알리지 않았더냐? 무슨 일인지 말해 주지 않았더냐?

너희는 나의 증인들이다.

너희가 나 말고 다른 하나님을 만나 본 적 있느냐?

나 같은 반석은 없다. 내가 아는 한, 없다."

어리석은 우상숭배자들

9-11 우상을 만드는 자들은 모두 허망한 존재에 불과하다. 그들이 땀 흘려 만들어 내는 것은 아무 쓸모가 없다. 시시한 장난감 신들, 그것들은 아무것도 못 보고 아무것도 모른다. 그저 해괴망측할 뿐이다! 아무것도 하지 못하는 신들, 신이라고 할 수도 없는 것들을 만들어 내는 자 누구냐? 부끄러워 얼굴을 들지 못하는 저 꼴을 보아라. 자기들이 만든 우상들이 기대를 저버리자, 창피해서 슬금슬금 꽁무니를 빼는 저 모습을 보아라. 그들을 이곳 광장에 데리고 나와 세워라. 그들에게 하나님의 실재를 대면시켜라.

12 대장장이가 자기 우상을 만든다. 그의 대장간에서, 모루 위에 올려놓고 망치로 탕탕 두들겨 만들어 낸다. 참 고된 일이다! 허기지고 목말라 지친 모습으로 그는 일을 마친다.

13-17 목수가 자기 우상을 만들 계획을 세우고 나무토막 위에 도면을 그린다. 끌질을 하고 대패질을 해서 사람 모양을 만든다. 근사한 미남, 미녀 모양으로 만들어 예배당에 갖다 두려는 것이다. 우선 백향목을 베어 오거나, 소나무나 상수리나무를 고르고, 그것이 숲 속에서 비를 맞고 잘 클 때까지 기다린다. 나무가 다 자라면 그는 그것을 두 가지 용도로 쓴다. 일

부는 집을 데우거나 빵 굽는 데 필요한 땔감으로 쓰고, 남는 것으로 자기가 숭배할 신을 만든다. 잘 깎아 신의 모양을 만든 다음 그것 앞에서 기도하려는 것이다. 먼저 그는 나무의 반을 가져와 방을 덥히고 불을 피워 고기를 굽는다. 배불리 먹은 다음, 배를 두드리며 따뜻한 불가에 기대어 앉아 말한다. "아, 이런 게 사는 맛이지." 그 다음에 그는 남은 나무를 가지고 자기 취향에 따라 우상을 디자인한다. 마음 내킬 때 편하게 예배할 수 있도록 간편하고 편리한 우상을 만든다. 그러고 나서 필요할 때마다 그것 앞에서 기도한다. "나를 구원해 주십시오. 당신은 나의 신입니다."

18-19   이 얼마나 바보 같은 짓이냐? 눈이 있어도 보지 못하고 머리가 있어도 생각하지 못하는구나. 아니, 그들에게는 이런 생각이 들지 않더란 말이냐? "내가 이 나무의 반으로 불을 피웠다. 그것으로 빵을 구웠고, 고기를 구웠고, 배불리 먹었다. 그리고 나머지 반으로 우상을 만들었다. 이런 혐오스런 우상을. 아니, 나무 막대기에 불과한 것 앞에서 내가 기도하고 있다니!"

20   허상에 미혹된 자들은 현실감각을 잃어버린 나머지, 자기가 무슨 짓을 하고 있는지 도무지 깨닫지 못한다. 손에 들고 있는 나무 막대기 우상을 보며 "이 무슨 미친 짓인가" 하고 말하지 못한다.

21-22 "오, 야곱아, 이것들을 기억하여라.
이스라엘아, 네가 내 종이라는 사실을 엄숙히 받아들여라.
내가 너를 만들었다. 너를 빚어 내었다. 너는 나의 종이다.
오, 이스라엘아, 나는 결코 너를 잊을 수 없다.
내가 너의 모든 죄를 청산해 주었다.
말끔히 없애 주었다.
내게 돌아오너라, 돌아오너라.
내가 너를 속량했다."

23 높은 하늘아, 노래하여라!

하나님께서 이를 이루셨다.
깊은 땅아, 소리쳐라!
너희 산들아, 노래하여라!
상수리나무, 소나무, 백향목들아, 숲 속에서 합창하여라!
하나님께서 야곱을 속량하셨다.
이스라엘에 하나님의 영광이 나타났다.

24 하나님, 너의 구원자,
네 어머니의 태에서 너의 생명을 빚어 내신 분께서 말씀하신다.
"나는 하나님이다. 내가 존재하는 모든 것을 만들었다.
너의 도움 전혀 없이 내가 하늘을 펼치고
땅을 펼쳤다."

25-28 그분께서 마술사들을 우스꽝스럽게 만드시고
점쟁이들을 가소로운 자들로 만들어 버리신다.
전문가들을 시시하게 만드시고
첨단 지식을 바보 같은 소리로 만들어 버리신다.
그러나 당신 종이 하는 말은 뒷받침해 주시며
당신이 보낸 사자의 조언은 확증해 주신다.
그분께서 예루살렘에게 "사람들이 네게 들어와 살 것이다" 말씀하시고
유다의 성읍들에게 "너희는 다시 재건될 것이다" 말씀하시며,
폐허 더미들에게 "내가 너희를 다시 일으켜 세우리라" 말씀하신다.
그분께서 대양에게 "말라 버려라.
내가 강들을 말려 버릴 것이다" 말씀하신다.
그분께서 고레스에게 "내 목자여,
내가 원하는 일 모두를 네가 해낼 것이다" 말씀하신다.
예루살렘에게 "재건될 것이다" 말씀하시고,
성전에게 "다시 세워지리라" 말씀하신다.

하나님께서 고레스를 세우시다

45 **1-7** **하나님**께서 당신의 기름부음 받은 자,
고레스에게 주시는 **메**시지다.

민족들을 길들이고
그 왕들의 간담을 서늘케 하라고
하나님이 친히 그를 붙잡아 세우시며,
전권과 재량을 주시며 말씀하셨다.
"내가 네 앞서 가며,
길을 낼 것이다.
단단한 성문들을 부서뜨리고
굳센 자물쇠를 깨뜨리며, 굳게 잠긴 출입문을 박살내겠다.
내가 너를 보물이 묻혀 있는 곳,
보석이 숨겨 있는 은닉처로 안내하겠다.
그렇게, 너를 지명하여 불러낸 이가 바로 나 **하나님**,
이스라엘의 하나님임을 확증해 주겠다.
내가 너를 뽑고, 너를 지명하고 불러내어
이 특권을 맡긴 것은,
바로 내 사랑하는 종 야곱,
내가 택한 이스라엘 때문이다.
너는 나를 알지도 못한다!
나는 **하나님**, 존재하는 유일한 하나님이다.
나 외에 다른 신은 없다.
내가 나를 알지도 못하는 너를
무장시켜 이 일을 맡긴 것은,
동쪽에서 서쪽에 이르기까지 모든 사람으로 하여금
나 외에 다른 신이 없다는 것을 알게 하려는 것이다.
나는 **하나님**, 존재하는 유일한 하나님이다.
나는 빛을 만들고, 어둠을 창조하며,
조화를 만들고, 불화를 창조한다.

나 하나님이 이 모든 일을 이룬다.

8-10 열려라, 하늘아, 비를 내려라.
구름들아, 나의 의를 쏟아부어라!
땅아, 다 내놓아라. 구원을 꽃피게 하여라.
의로운 삶을 싹트게 하여라.
나 하나님이 이 모든 일을 일으키리라.
그러나 자신의 창조자와 맞서 싸우는 자들에게는 화가 있으리라.
그들은 토기장이에게 맞서는 토기와 같다!
진흙이 토기장이에게
'이게 뭡니까? 정말 형편없는 솜씨군요!' 하고 대드는 법이 있느냐?
정자가 그 주인에게
'누구 허락을 받아 날 가지고 아기를 만듭니까?' 하거나
태아가 엄마에게
'왜 뱃속에 날 가두는 거예요?' 하고 말할 수 있느냐?"

11-13 하나님, 이스라엘의 거룩하신 분, 이스라엘의 창조자께서 말씀하신다.
"내가 누구를 만드는지, 무엇을 만드는지, 너희가 왈가왈부하느냐?
내가 무엇을 할 수 있고, 무엇을 할 수 없는지, 너희가 따지려 드느냐?
내가 땅을 만들었고,
거기에 살 사람들을 창조했다.
내가 하늘을 직접 만들었고,
별들의 움직임을 지도했다.
그런 내가 이제 고레스를 일으켰다.
그 앞에 레드 카펫을 깔아 주었다.
그가 내 성읍을 건설할 것이다.
그가 내 유랑민들을 고향으로 데리고 올 것이다.
내가 이 일을 위해 보수를 주고 그를 고용하지 않았다.
다만 그에게 명령을 내렸다.

나 만군의 하나님이."

14 **하나님**께서 말씀하신다.

"이집트의 일꾼들, 에티오피아의 상인들,
훤칠한 스바 사람들이 모두
너에게 올 것이다. 모두 너의 것이 될 것이다.
사슬에 묶인 채 고분고분하게 너를 따르고,
공손하게 두 손 모아 네 앞에서 기도하며 말하리라.
'놀랍습니다! 하나님이 당신과 함께하십니다!
다른 신은 없습니다.'"

15-17 분명, 주님은 배후에서 일하시는 하나님,
이스라엘의 하나님, 구원자 하나님이십니다.
그들은 모두 부끄러움을 당하여,
얼굴을 들지 못하게 될 것입니다.
우상을 만드는 자들, 일을 잃고 갈팡질팡하며
어쩔 줄 몰라 할 것입니다.
그러나 **하나님**, 이스라엘 백성은 주가 구원해 주셨습니다.
주께서 영원한 구원을 베풀어 주셨습니다.
그들은 수치를 당하지 않고,
갈팡질팡하는 일도 없을 것입니다.

18-24 **하나님**은 하늘을 창조하신 분.
기억하여라. 그분은 하나님이시다.
그분이 땅을 만드셨고,
태초에 땅의 기초를 세우셨다.
그분은 땅을 텅 빈 곳이 되게 하시려고

그런 수고를 들이신 것이 아니라,
생명이 살 수 있는 곳이 되게 하시려고 땅을 만드셨다.

이 **하나님**께서 말씀하신다.

"나는 **하나님**이다.
오직 나만이 그렇다.
나는 혼잣말을 중얼거리거나
웅얼대며 말하는 이가 아니다.
나는 야곱에게
'나를 공허 속에서, 어두운 무(無)에서 찾으라'고 말해 본 적이 없다.
나는 **하나님**이다. 나는 공공연하게 일하고
옳은 것을 말하며, 모든 일을 바로잡아 준다.
그러니 너희 모든 피난민, 버림받은 자들아,
함께 모여서, 오너라.
그들, 참으로 아둔하기 짝이 없다.
나무토막 신들을 지고 다니며,
죽은 막대기에다 도움을 청하는 자들 말이다.
네 생각을 말해 보아라. 증거를 보아라.
머리를 써 보아라. 변론을 해보아라.
지금 일어나고 있는 이 일을 이미 오래전에 네게 일러 준 이가 누구냐?
네가 사태를 이해하도록 도운 이가 누구냐?
바로 나, **하나님**이 아니냐?
나일 수밖에 없다. 내가 유일한 하나님이기 때문이다.
모든 일을 바로잡고
도움을 베풀 수 있는 하나님은 오직 나밖에 없다.
그러니 어디에 사는 누구든지,
모두 내게 돌아와 도움을 받아라. 구원을 받아라!
나는 **하나님**이다.

유일무이한 하나님이다.
내가 나의 이름으로 약속한다.
내 입에서 나오는 모든 말은 그대로 이루어진다.
나는 내 말을 도로 담는 법이 없다.
결국 모두가 내 앞에 무릎 꿇게 될 것이다.
결국 모두가 나에 대해 이렇게 말하게 될 것이다.
'그렇습니다! 구원과 능력은 하나님께 있습니다!'"

24-25 그분께 맞서 사납게 날뛰던 자들
다 그분 앞에 서게 되고,
그 불신으로 인해 부끄러움을 당하게 될 것이다.
그러나 이스라엘과 연결된 자들은 모두,
하나님 안에서 힘과 찬양과 복이 넘치는 삶을 누리게 되리라!

바빌론 신들의 몰락

1-2 **46** 벨 신이 쓰러진다. 느보 신이 고꾸라진다.
그 나무토막 신들이 노새 등에 실려,
가련한 노새 등에 실려
끌려간다.
짐을 지어 주기는커녕, 과중한 짐만 되어,
포로로 끌려간다.

3-4 "야곱 가문아, 이스라엘 가문의 남은 자들아,
내 말에 귀 기울여라.
나는, 너희가 태어난 날부터 지금까지
너희를 내 등에 업고 다녔다.
너희가 늙어도 나는 계속 너희를 업고 다닐 것이다.
늙어 머리가 희끗희끗해져도 너희를 지고 다닐 것이다.
지금까지 그렇게 해왔고, 앞으로도 그럴 것이다.

내 등에 너희를 업고 다닐 것이다. 너희를 구원해 줄 것이다.

5-7 그러니, 나를 누구와 비교하겠느냐? 비교할 수 없는 나를!
나를 무엇에 견주는 것은 곧 나를 격하시키는 일이 아니냐?
돈 많은 자들이 장인을 고용해
신상을 만들게 한다.
제작을 마친 기술공이 신상을 배달해 주면
그들은 그 앞에 무릎 꿇고 절한다!
그것을 지고 다니며 종교행렬을 벌이고는
집에 가져가 선반 위에 둔다.
그것은 놓인 그 자리에 밤낮으로
꼼짝 않고 그대로 앉아 있다.
그것에 무슨 말이든 해보아라. 결코 대꾸하는 법이 없다.
물론, 무슨 일을 하는 법도 없다!

8-11 잘 생각하여라. 숙고하여라.
반역자들아, 명심하여라. 이것은 심각한 일이다.
너희 역사를 기억하여라.
그 다사다난했던 시간을 기억하여라.
나는 **하나님**이다. 너희에게 유일한 하나님이었고, 앞으로도 그럴 것이다.
비교할 수 없고 대체할 수 없는 하나님이다.
맨 처음부터 나는
끝이 어떻게 될 것인지 너희에게 알려 주었고,
앞으로 일어날 일을 늘 일러 주었다.
'이는 내가 오래전부터 벌여 온 일,
나는 내가 계획한 일을 그대로 이룰 것이다'라고 너희에게 확신시켰고,
동쪽 먼 나라에서 그 독수리를 불러왔다.
나의 일을 돕는 자로 고레스를 택했다.
내가 말했으니, 내가 틀림없이 이룰 것이다.

내가 계획한 일이니, 이미 된 것이나 다름없다.

12-13 이제 내게 귀 기울여라,
돕기 어려운 고집불통들아.
나는 당장이라도 너희를 도울 준비가 되어 있다.
구원은 장기계획이 아니다.
구원은 지체 없이 온다.
나는 이미 시온에 구원을,
이스라엘에 영광을 일으키고 있다."

파티는 끝났다

47 1-3 "너, 처녀 딸 바빌론아,
네 높은 말에서 내려와 먼지 더미 위에 앉아라.
딸 갈대아야,
이제 네가 앉을 보좌는 없다. 바닥에나 앉아라.
이제는 누구도 너를 매력적이라,
매혹적이라 부르지 않는다. 현실을 받아들여라.
일자리를 찾아라. 무슨 일이든.
하수도나 화장실 청소 같은 일이라도 찾아보아라.
드레스와 스카프는 전당포에 맡기고
작업복으로 갈아입어라. 파티는 끝났다.
너는 알몸으로 거리에서
저급한 조롱을 당하리라.
보복의 때가 왔다. 내가 보복을 행하리라.
누구도 빠져나갈 수 없다."

4-13 우리의 속량자,
그 이름이 만군의 하나님이신, '이스라엘의 거룩하신 분'께서 말씀하신다.
"딸 갈대아야,

입 다물고 비켜서라.
이제 너는 더 이상
'만국의 으뜸'이라 불리지 않을 것이다.
나는 내 백성에게 질렸고,
내 자손에게 넌더리가 났다.
그래서 그들을 네게 넘겨주었다.
그런데 너는 전혀 동정심이 없었다.
너는 나이 든 노인들까지도
무자비한 중노동을 시켰다.
너는 '내가 최고야.
나는 만인의 영원한 연인'이라고 말했다.
너는 어떤 것도 진지하게 받아들이지 않고, 어떤 것도 마음에 새기지 않
았다.
내일을 생각하지 않고 하루하루를 살았다.
그러니 방탕한 여인아, 이제부터라도 생각을 가져라.
너는 세상의 중심인 양 굴면서
속으로 '내가 최고다. 나 말고 누가 있나.
나는 과부가 될 일도, 자녀를 잃을 일도 없다'고 으스댄다.
그러나 그 두 가지 일이 동시에 네게 닥칠 것이다.
한날에, 느닷없이,
너는 남편과 자식을 잃게 될 것이다.
그 많은 마력과 매력을 갖고도, 속절없이 모두를 잃게 될 것이다.
너는 '누가 보랴' 하며
대담하고 속편하게, 악하게 살았다.
스스로 똑똑하다고, 모르는 것이 없노라 여겼다.
대단한 망상이다!
속으로 '내가 최고다. 나 말고 누가 있나'며 으스대던 너에게,
파멸이 임한다.
네 매력으로 막지 못한다.

재난이 들이닥친다.

네 마력으로도 쫓아내지 못한다.

대재앙이, 대대적인 재난이 돌연히 닥친다.

너는 그저 망연자실할 뿐이다!

그러나 포기하지 마라. 네 커다란 마법 창고에

아직 시도해 보지 않은 무엇이 남아 있을지 모르니.

하루 이틀 해온 일이 아닐 테니,

분명 무엇 하나는 통하는 것이 있지 않겠느냐?

온갖 시도를 해보느라 이제 지쳤다는 것을 안다만,

그래도 포기하지 마라.

점성가들, 별을 뚫어져라 쳐다보는 자들을 불러 보아라.

이런 일에 능한 자들이니 뭔가 대책을 내놓지 않겠느냐!

14-15 그러나 가망이 없구나.

지푸라기라도 잡으려 한다만,

그것마저 맹렬한 불에 타고 있다.

너의 '전문가들', 그 불구덩이 안에 갇힌 채, 나오지 못한다.

그 불은 고깃국이나 끓이고,

추위나 녹이는 불이 아니다!

평생 너와 한통속이었던 네 친구와 동료들,

그 마술사와 마법사들이 처할 운명이 바로 이러하다.

그들, 어찌할 바를 몰라 자기들끼리 부딪힌다.

너를 도울 수 있는 형편이 아니다."

하나님께서 새 일을 약속하시다

1-11 **48** "야곱 가문아, 이스라엘이라는 이름으로 불리는 너희여,
이제 귀 기울여 들어라.

너희를 유다의 허리에서 시작케 한 이가 누구냐?

너희는 **하나님**의 이름으로 맹세하고

이스라엘의 하나님께 기도한다만,

그것이 진심이냐?

맹세한 대로 실천하느냐?

너희는 스스로를 거룩한 도성의 시민이라 주장한다.

이스라엘의 하나님,

그 이름이 만군의 **하나님**이신 분을 의지하는 것처럼 군다.

지금까지 나는 오랫동안 너희와 함께해 왔다.

내가 무슨 일을 할지 미리 너희에게 일러 주었고,

그 일을 행했으며, 실제로 일이 이루어졌다.

너희는 마음이 완고하고 얼굴에 철판을 간

고집불통들이다. 나는 그 사실을 잘 알고 있다.

그래서 일이 일어나기 전에 먼저

무슨 일이 있을지 너희에게 미리 알려 준 것이다.

그러니 너희는 이제 와서

 '이는 내 신—우상이 한 일이다'

 '내가 제일 좋아하는 조각신상이 명령한 일이다'라고 말할 수 없다.

너희는 모든 증거를 보았다.

너희 눈과 귀로 직접 확인했다.

그런데 왜 그렇게 잠자코 있느냐?

그러나 이것은 시작일 뿐이다.

너희에게 말해 줄 일들이 아직 많이 남아 있다.

너희가 전혀 들어 보지 못한 일들이다.

같은 바탕에 무늬만 새로워진 것이 아니라

전적으로 새로운 일,

너희가 짐작도 못하고 꿈도 꾸지 못한 일이다.

듣고서 '익히 알고 있던 내용'이라고 말할 수 없는 일이다.

그동안 너희는 내 말을 귀담아듣지 않았다.

늘 나를 무시해 왔다.

변덕이 죽 끓듯 한 너희는,

타고난 반역자들이었다.
그러나 나는 선한 마음으로
내가 나인 이유로,
그동안 노를 참으면서 분을 터뜨리지 않았다.
나는 너희에게서 손을 떼지 않는다.
내가 한 일을 보느냐?
나는 너희를 정련시켜 왔다. 불로 그렇게 했다.
은처럼 시련의 용광로 속에서 시험했다.
내가 하는 일의 근거는 바로 나다. 내가 나인 이유로 그 일을 한다.
내게는 지켜야 할 명성이 있다.
나는 그 누구에게도 주연 자리를 내주지 않는다.

12-13 야곱아, 들어라. 이스라엘아, 들어라.
나는 네게 이름을 지어 준 바로 그다!
내가 그다.
내가 모든 일을 시작했고, 내가 결말지을 것이다.
땅은 내가 만든 작품이다.
하늘도 내가 만들었다. 이쪽 끝에서 저쪽 끝까지.
내가 말하면, 그들은 벌떡 일어나 귀를 기울인다.

14-16 모두 모여서 들어 보아라.
신들 가운데 이 소식을 너희에게 전해 준 이가 있더냐?
나 하나님이 그 사람 고레스를 사랑하며,
그를 통해 바빌론을 향한 나의 뜻을 펼칠 것이다.
그렇다. 내가 말했다. 내가 그를 불러냈다.
내가 그를 이곳으로 데려왔다. 그는 성공할 것이다.
가까이 다가와 귀 기울여 들어라.
나는 그동안 너희에게 무엇을 숨긴 적이 없다.
나는 늘 너희와 함께했다."

백성을 인도하시는 하나님

16-19 이제, 주 **하나님**께서 나를 보내셨고 그분의 영도 함께 보내시며
메시지를 전하신다. 너의 속량자,
이스라엘의 거룩하신 분 **하나님**께서 말씀하신다.
"나는 **하나님**, 너의 하나님이다.
나는 네게 의롭고 복된 삶을 가르치며,
네가 해야 할 일과 가야 할 길을 보여주는 이다.
네가 그동안 내 말을 귀 기울여 들었더라면,
네 삶은 풍성한 강물처럼 넘실거리고
축복이 파도처럼 밀려들었을 것이다.
자녀와 손자손녀를 비롯한
자손들이 모래알처럼 많아졌을 것이다.
대가 끊어지거나
나와의 관계가 끊어질 위험은 없었을 것이다."

20 바빌론에서 나오너라! 바빌론 사람들에게서 도망쳐라!
소식을 알려라. 외쳐라.
세상에, 온 세상에 알려라.
"하나님께서 그분의 사랑하는 종 야곱을 속량하셨다!"고 전하여라.

21 그분의 인도로 광야를 지날 때, 그들은 목마르지 않았다.
그분이 바위에서 물이 쏟아져 나오게 하셨다.
그분이 바위를 쪼개시니, 물이 솟구쳐 나왔다.

22 **하나님**께서 말씀하신다. "악인에게는 평화가 없다."

내가 너를 통해 빛을 발하리라

1-3
49
먼 바다 섬들아, 들어라.
먼 나라 백성들아, 주목하여라.

하나님께서는 내가 태어난 날부터 내게 일을 주셨고,
내가 세상에 들어오자마자 내게 이름을 지어 주셨다.
칼처럼 베고 창처럼 꿰뚫는 언변을 내게 주셨으며,
당신 손으로 늘 나를 지켜 주셨다.
나를 당신의 곧은 화살로 삼으시고
당신의 화살통 속에 숨기셨다.
그분이 내게 말씀하셨다. "너는 내 사랑하는 종,
이스라엘이다. 내가 너를 통해 빛을 발하리라."

4 그러나 내가 말했다. "내가 한 일은 다 헛수고였다.
평생을 애썼지만 내놓을 만한 것은 하나도 없다.
그러나, 최종판단은 하나님께 맡기련다.
그분의 판결을 기다릴 것이다."

5-6 하나님께서 말씀하신다.
그분께서 내가 태어난 순간부터 나를 붙잡아
당신의 종으로 삼으시고,
야곱을 당신께로 다시 데려와
이스라엘을 재결합시키는 일을 맡기셨다.
하나님 앞에서 이 얼마나 영광스런 일인가!
하나님은 나의 힘이시다!
그분께서 말씀하신다. "이제 야곱 지파들을 회복하고,
이스라엘의 길 잃은 자들을 한데 모으는 일은,
나의 종에게 오히려 가벼운 일이다.
너로 하여금 모든 민족을 위한 빛으로 세워,
나의 구원을 '전 세계'에 퍼뜨릴 것이다!"

7 하나님, 이스라엘의 속량자, 이스라엘의 거룩하신 분께서
남들에게 멸시받는 자들, 민족들에게 발길질당하는 자들,

지배층에 종살이하는 자들에게 말씀하신다.
"너를 보면 왕과 제후들이 자리에서 일어날 것이며,
땅에 엎드려 경의를 표할 것이다.
신실하게 약속을 지킨 **하나님**,
너를 택한 '이스라엘의 거룩한 이' 때문이다."

8-12 **하나님**께서 말씀하신다.

"때가 되면, 내가 너희에게 응답할 것이다.
승리를 거둘 때가 되면 너희를 도울 것이다.
너희를 빚어 내고 너희를 들어서 내 일을 행할 것이다.
사람들을 다시 내게로 연결시키고,
땅의 질서를 바로잡으며,
폐허가 된 땅에서 다시 새 삶을 시작하게 할 것이다.
감옥에 갇힌 자들에게 '나오너라. 이제 너희는 자유의 몸이다!'라고 말하고,
무서워 몸을 웅크리는 자들에게
'이제 괜찮다. 안전하다'고 일러 주리라.
그들, 돌아오는 길 내내 먹을 것이 부족하지 않겠고,
언덕마다 소풍을 즐길 것이다.
누구도 주리지 않고, 누구도 목마르지 않으며,
볕을 피할 그늘과 바람을 피해 쉴 곳을 얻으리라.
나, 자비한 이가 그들의 길 안내자가 되어,
그들을 가장 좋은 샘으로 인도할 것이기 때문이다.
내가 나의 모든 산이 길이 되게 하고,
그것들을 대로로 바꾸어 놓을 것이다.
보아라. 저기 먼 나라에서 오는 자들,
저기 북쪽에서 오는 자들,
저기 서쪽에서 몰려오는 자들,

저기 나일 강을 따라 내려오는 자들!"

13 하늘들아, 지붕이 떠나갈 듯 소리 질러라!
땅들아, 죽은 자들도 깨울 듯 크게 외쳐라!
산들아, 환호성을 올려라!
하나님께서 당신의 백성을 위로해 주셨다.
이리저리 두들겨 맞은 백성을 어루만지며 돌보아 주셨다.

14 그런데 시온은 말한다.
"글쎄, 나는 잘 모르겠는데. 하나님은 나를 버리셨어.
나의 주님은 내가 존재한다는 사실조차 잊으셨어."

15-18 "어찌 어머니가 자기 품속의 젖먹이를 잊을 수 있으며,
자기가 낳은 아기를 버릴 수 있겠느냐?
설령 그럴 수 있다 해도,
나는 결코 너를 잊지 않을 것이다.
보아라, 내가 내 손바닥에 네 이름을 새겨 두었다.
나는 네가 다시 세우는 그 성벽들에서, 결코 눈을 떼지 않을 것이다.
너를 세우는 자들은 너를 무너뜨린 자들보다 더 신속하다.
파괴자들은 영원히 사라졌다.
위를 올려다보아라. 주위를 둘러보아라. 눈을 크게 뜨고 보아라!
보이느냐? 네게 몰려오고 있는 저들이?"
하나님의 포고다. "살아 있는 나 하나님을 두고 맹세하는데,
너는 저들을 보석처럼 몸에 두르리라.
저들로 신부처럼 몸을 치장하리라.

19-21 폐허가 된 네 땅에 대해 묻느냐?
살육이 자행된 그 황폐한 땅에 대해 묻느냐?
그 땅은 도저히 주체 못할 만큼 많은 사람들로 북적거릴 것이다!

야만스런 원수들, 기억에도 남지 않으리라.
유랑시절에 태어난 자녀들이 네게,
'여기는 너무 비좁아요. 더 넓은 장소가 필요해요'라고 할 것이다.
그때 너는 혼잣말로,
'아, 이 많은 아이들이 어디에서 왔는가?
다 잃고 아무 가진 것 없던 빈털터리 유랑민이었던 나인데,
누가 이 아이들을 길러 주었나?
이 아이들, 어떻게 여기 있게 되었나?' 할 것이다."

22-23 주 **하나님**께서 말씀하신다.

"보아라! 내가 민족들에게 신호를 내린다.
내 백성을 소환하려고 깃발을 쳐든다.
이곳으로 그들이 오리라. 여자들은 어린 아들을 품에 안고,
남자들은 어린 딸을 목말 태우고 올 것이다.
왕들이 너의 유모가 될 것이요,
공주들이 너의 보모가 될 것이다.
그들이 자원하여 네 허드렛일을 할 것이다.
네 마루를 닦고 네 빨래를 해줄 것이다.
그러면 너는, 내가 **하나님**이라는 것을 알게 되리라.
나에게 희망을 두는 자는 결코 후회하는 법이 없다."

24-26 거인에게 빼앗긴 것을 되찾아 올 수 있겠느냐?
폭군의 손에서 포로들을 빼내 올 수 있겠느냐?
그러나 **하나님**께서 말씀하신다. "거인이 약탈품을 움켜쥐고
폭군이 내 백성을 죄수로 붙잡고 있어도,
내가 네 편에 서서
너를 위해 싸워 네 자녀들을 구해 줄 것이다.
그러면 네 원수들은 미쳐서 발악하며

자기들끼리 죽이다 멸망하리라.
그러면 모두가 알게 되리라. 나 **하나님**이,
나 '야곱의 전능자'가 너를 구원하였음을."

1-3 # 50   **하나님**께서 말씀하신다.

"내가 너희 어머니를 쫓아냈느냐?
그 사실을 증명하는 이혼증서를 제시할 수 있느냐?
내가 너희를 팔아 넘겼느냐?
그 영수증을 제시할 수 있느냐?
너희는 당연히, 하지 못한다.
너희가 이 지경에 처한 것은 너희 죄 때문이다.
너희가 타국살이를 하게 된 것은 너희 잘못 때문이다.
내가 문을 두드렸을 때 왜 아무도 나오지 않았느냐?
내가 불렀을 때 왜 아무도 응답하지 않았느냐?
너희는 내가 돕는 법을 잊기라도 했다고 생각하느냐?
이제는 노쇠해 구원할 힘이 없다고 생각하느냐?
내 힘은 여전하다.
전에 했던 일을 뒤집어 버릴 수도 있을 만큼 여전하다.
지금 나는 말 한 마디로 바다를 말릴 수 있고
강을 모래사막으로 바꿀 수 있으며,
물고기들을 전부 뭍으로 올려
악취를 풍기며 말라 죽게 할 수도 있고,
하늘의 빛들을 모조리 *끄고*
커튼을 드리워, 하늘을 덮어 버릴 수도 있다."

4-9 **주 하나님**께서 내게

학자의 혀를 주셔서,
지친 사람들에게 힘을 불어넣게 하셨다.
그분이 아침마다 나를 깨우시고
나의 귀를 열어 주셔서, 명을 받드는 자처럼
주의 말씀을 듣고 순종하게 하셨다.
주 **하나님**께서 내 귀를 열어 주셨으니,
내가 도로 잠들거나
이불을 뒤집어쓰지 않았다.
나는 명을 따랐고,
매를 맞아도 견뎠으며,
수염이 뽑힐 때도 가만히 있었다.
사람들이 조롱해도 숨지 않았고,
내 얼굴에 침을 뱉을 때도 피하지 않았다.
주 **하나님**께서 언제나 함께 계셔 나를 도우시니,
내가 수치를 당하지 않는다.
결코 후회 없으리라 확신하기에,
내가 얼굴을 굳게 한다.
나의 옹호자께서 여기 나와 함께 계시니,
분명한 입장을 취해 보자!
누가 감히 나를 고소하겠느냐?
어디 한번 해보라고 하여라!
보아라! 주 **하나님**이 여기 계신다.
누가 감히 나를 정죄하겠느냐?
보아라! 나를 고소하는 자들은 누더기들이다.
좀에게 먹힐 자들이다!

10-11 누구, **하나님**을 경외하는 자 있느냐?
그분의 종의 음성에 진정으로 귀 기울이는 자 있느냐?

어디로 가는지도 모르고 가는 자여,

어둠 속을 헤매는 자여,

여기 길이 있다. **하나님**을 신뢰하여라.

너희 하나님을 의지하여라!

너희가 계속 말썽을 피우고

불장난을 하면,

결국 어떻게 될지 두고 보아라.

불을 피우고, 사람들을 충동질하고, 불꽃을 키워 보아라.

내가 서서 가만히 지켜만 보고 있으리라 생각지 마라.

나는 너희를 그 불구덩이 속으로 밀어 넣을 것이다.

이제 고통이 끝나고

51 1-3 "의를 따르며 **하나님** 찾는 일에 매진하는 너희여,

내게 귀 기울여라,

너희가 떨어져 나온 그 바위에 대해,

너희가 캐내어진 채석장에 대해 깊이 생각하여라.

너희 조상 아브라함,

너희를 낳아 준 사라에 대해 깊이 생각하여라.

생각해 보아라! 내가 불렀을 때 그는 혼자였지만,

내가 축복하자, 수많은 자손이 생겼다.

이와 같이, 나 **하나님**이 시온도 위로해 주리라.

그 폐허들을 어루만져 줄 것이다.

죽은 땅을 에덴으로,

황무지를 **하나님**의 동산으로 변화시킬 것이다.

열매와 웃음 가득한 곳,

감사와 찬양이 가득한 곳으로 바꾸어 놓을 것이다.

4-6 내 백성아, 주목하여라.

민족들아, 내게 귀 기울여라.

내게서 계시가 흘러나오고,
나의 결정들이 세상을 밝혀 준다.
나의 구원이 빠르게 달려오며,
나의 구원하는 일이 제때에 이루어진다.
내가 민족들에게 정의를 베풀 것이다.
먼 섬들도 나를 바라보며,
내 구원의 능력에 희망을 둘 것이다.
하늘을 올려다보며,
네 발 아래 있는 땅을 깊이 생각하여라.
하늘은 연기처럼 사라질 것이며,
땅은 작업복처럼 해어질 것이다.
사람들은 하루살이처럼 죽어 나가겠지만
나의 구원은 다함이 없으며,
세상을 바로잡는 나의 일은 결코 쇠하지 않을 것이다.

7-8 자, 들어라, 옳고 그름을 구분하며
나의 가르침을 마음속에 담고 사는 너희여.
모욕당하는 일에 개의치 말며, 조롱 앞에서
의기소침하지 마라.
그 모욕과 조롱 고리타분하며,
공허한 소리에 지나지 않는다.
그러나 세상을 바로잡는 나의 일은 계속된다.
나의 구원은 끝없이 진행된다."

9-11 깨어나십시오. 깨어나십시오. **하나님, 맹위를 떨치십시오!**
오래전, 그 옛날처럼 깨어나십시오.
그때 주께서는 라합을 완전히 제압하시고,
옛 용, 혼돈을 단칼에 해치우지 않으셨습니까?
주께서는 그 바다,

깊고도 강력한 물을 말려 버리시고
대양의 바다에 길을 내셔서,
속량받은 자들이 그리로 건너가게 하지 않으셨습니까?
바로 그렇게, 하나님께서 속량하신 자들이 이제 돌아올 것입니다.
환호성을 외치며 시온으로 돌아올 것입니다.
영원한 기쁨이 화환처럼 그들의 머리를 두르고,
모두가 넘치는 희열에 도취될 것입니다.
탄식과 신음은 흔적도 없이 사라질 것입니다.

12-16 "나, 나는 너희를 위로하는 이다.
그런데 너희는 대체 무엇을, 누구를 두려워하느냐?
죽을 목숨에 불과한 인간들을?
흙먼지로 돌아갈 가련한 인생들을?
너희는 나를 잊었구나. 너희를 만들고
하늘을 펴서 땅의 기초를 놓은 나, 하나님을 잊고서는,
자기가 세상을 쥐고 흔든다고 착각하는
성질 사나운 폭군 앞에서,
사시나무 떨듯 떨고 있구나.
그러나 그가 무엇을 할 수 있을 것 같으냐?
너희가 생각지도 못한 사이에, 희생자들은 풀려나 자유의 몸이 될 것이다.
그들은 죽지 않고
주리지도 않을 것이다.
나는 바다를 뒤흔들고 파도를 일으키는,
만군의 하나님, 바로 너의 하나님이기 때문이다.
내가 네게 한 마디 한 마디 말을 가르치고
친히 돌보아 주리라.
나는 하늘을 펴고
땅에 단단한 기초를 놓고서,
'환영한다, 내 백성아!' 하며 시온을 맞이할 것이다."

17-20 그러니 깨어나라! 눈 비비고 잠에서 깨어나라!
예루살렘아, 일어나 서라!
너는 **하나님**이 주신 잔,
그 진노의 독주를 마셨다.
마지막 한 방울까지 남김없이 마시고 나서
비틀거리다 쓰러졌다.
그런데 너를 집에 데려다 주는 자가 없다.
친구들이나 자녀들 중에도
너를 부축해서 침대에 눕혀 주는 자 없다.
너는 화에 화를 당했으나,
누구, 네게 마음을 써 주는 자 있느냐?
폭행과 구타를 당하고, 굶주림과 죽음이 코앞에 있건만,
누구, 너를 위로해 주는 자 있느냐?
너의 아들과 딸들은 기절한 토끼들마냥
제정신을 잃고 길거리에 쓰러졌다.
하나님의 진노, 네 하나님의 진노의 독주를 마시고
쓰러져 잠을 자고 있다.

21-23 그러니 잘 들어라, 너,
포도주를 마신 것도 아닌데
숙취로 머리가 **빠개질** 듯 아픈 자여.
너의 주님, 너의 **하나님**께서 네게 하실 말씀이 있으시다.
너의 하나님께서 자기 백성의 사정을 들어주셨다.
"보아라. 네가 비틀거리도록 마시게 했던 그 술을 이제 내가 거둔다.
이제 너는 더 이상 내 진노의 술잔을 마시지 않으리라!
나는 그 잔을 네 압제자들에게 보냈다.
'바닥에 엎드려! 우리가 밟고 지나가겠다'고 네게 명령하던 자들에게.
그 명령에 따를 수밖에 없었던 너는,
바닥에 납작 엎드려 먼지처럼 짓밟혔다."

하나님께서 예루살렘을 속량하시다

52 ¹⁻² 깨어나라, 깨어나라! 시온아, 너의 신발 끈을 동여매라!
예루살렘, 거룩한 성읍아, 너의 가장 좋은 옷을 꺼내 입어라!
하나님께 무관심하던 자들, 다 가려내었다.
다시는 나타나지 못할 것이다.
포로로 잡혔던 예루살렘아, 먼지를 털고 일어서라!
포로로 잡혔던 딸 시온아, 사슬을 벗어던져라!

³ 하나님께서 말씀하신다. "너희가 값없이 팔려 갔으니, 이제 값없이 속량
될 것이다."

⁴⁻⁶ 주 하나님께서 다시 말씀하신다. "전에 내 백성은 이집트로 가 그 땅
에서 이방인으로 살았다. 후에는 앗시리아가 그들을 억압했다. 그런데
지금 내가 보는 이것은 또 무엇이냐?" 하나님의 포고다. "내 백성이 또다
시 아무 이유 없이 끌려갔다. 폭군들이 길길이 날뛰고, 내 이름은 매일같
이 모욕당한다. 이제 내 백성에게 내가 누구인지, 내가 어떤 존재인지 알
릴 때가 되었다. 그렇다. 내가 할 말이 있다. 내가 여기 있다!"

⁷⁻¹⁰ 얼마나 아름다운가,
기쁜 소식을 들고 산을 넘는 이의 발이여!
모든 것이 잘되었다 전하고,
좋은 세상이 열렸다 선포한다. 구원을 선언하면서
시온에게 "이제 하나님이 통치하신다!" 일러 준다.
저 목소리들! 들어 보아라!
너의 정찰병들이 외치는 소리, 우레와 같은 소리,
환희 가득한 합창소리다.
그들이 본다.
하나님께서 시온으로 돌아오시는 광경을 똑똑히 본다.
노래를 터뜨려라! 예루살렘의 폐허들아, 노래를 꽃피워라.
"하나님께서 자기 백성을 위로해 주셨다!

그분이 예루살렘을 속량하셨다!"
하나님께서 당신의 소매를 걷어붙이셨다.
그분의 거룩한 팔, 그 억센 팔뚝을 모든 민족이 보게 되리라.
땅의 이쪽 끝에서 저쪽 끝까지, 모두가 보게 되리라.
그분께서 일하시는 광경, 그분께서 당신의 구원을 이루시는 광경을 보게
되리라.

11-12 여기서 나가라! 여기서 나가라! 이곳을 떠나라!
뒤돌아보지 마라. 약탈로 너를 더럽히지 마라.
그냥 떠나라. 깨끗이 떠나라.
하나님의 거룩한 기물을 나르는 예배 행렬이니, 스스로를 정결케 하여라.
서두를 것 없다.
너희는 도망치는 길이 아니니!
하나님께서 앞장서 너희를 이끌어 주시리라.
이스라엘의 하나님께서 너희 뒤도 맡아 지켜 주시리라.

우리의 고통을 짊어지셨네
13-15 "나의 종을 보아라! 활짝 피어난 모습,
우뚝 솟은 군계일학이다!
시작은 그렇지 못했다.
처음에는 모두가 질겁했다.
알아볼 수 없을 만큼 망가진 흉한 그 얼굴,
사람의 모습이 아니었다.
이제 온 세상 모든 민족들이 놀라고 두려워하리라.
왕들이 그를 보고, 충격에 입을 다물지 못하리라.
들어 보지도 못한 일을 목도하고,
생각지도 못한 일을 눈앞에서 보게 될 것이기 때문이다."

53 ¹ 우리가 듣고 본 이 일을 믿은 자 있었느냐?
하나님의 구원하시는 능력이 이런 것일 줄 상상이라도 해본
자 있었느냐?

²⁻⁶ 하나님 앞에서 자라난 그 종,
바싹 마른 땅에 심긴 앙상한 묘목, 왜소한 초목 같았다.
아무 볼품없고
보잘것없었다.
멸시받고 무시당하며,
고난을 아는 사람, 고통을 몸소 겪은 사람이었다.
그를 보면 사람들은 고개를 돌렸다.
우리는 그를 멸시했고, 벌레 취급했다.
그러나 그는, 질고를 짊어지고 가는 사람이었다.
우리의 고통, 우리의 추함, 우리의 모든 잘못을.
우리는 그가 제 잘못 때문에 저렇게 되었다고,
자기 잘못 때문에 하나님께 벌을 받는 것이라고 생각했다.
그러나 실은, 우리의 죄 때문이었다.
그가 찢기고, 깨지고, 밟힌 것은, 우리의 죄 때문이었다!
그가 벌을 받아들였기에 우리가 온전해졌고,
그가 입은 상처를 통해 우리가 치유를 받았다.
우리는 길 잃고 방황하는 양들같이
다 제멋대로 제 갈 길로 갔지만,
하나님은 우리의 모든 죄, 모든 잘못을
그에게 지우셨다. 그에게.

⁷⁻⁹ 두들겨 맞고 고문을 당했어도,
그는 아무 말이 없었다.
도살장에 끌려가는 어린양처럼,
털 깎이는 어미 양처럼,

잠잠히 있었다.
정의가 죽고, 그가 붙들려 갔건만,
진상을 알았던 자 있느냐?
자기 안위는 조금도 돌보지 않았던, 그가 죽었다.
피투성이가 되도록 얻어맞았다. 내 백성의 죄를 위해.
누구도 해코지하지 않고
어떤 거짓도 말한 적 없는데도,
그는 악인들과 함께 묻혔고,
어느 부자와 함께 무덤에 뉘였다.

10 그러나 그를 그렇게 고통으로 짓누른 것은,
하나님께서 뜻하신 바였다.
그로 하여금 자신을 속죄 제물로 내어 주어
거기서 나오는 생명, 그 끝없는 생명을 누리게 하시려는 계획이었다.
하나님의 계획은 그를 통해 온전하게 이루어지리라.

11-12 그 극심한 영혼의 산고 끝에,
그는 자신이 해낸 값진 일을 보며 기뻐하게 되리라.
나의 이 의로운 종이 겪은 일을 통해
의로운 이들이 많이 생겨나게 되리라.
그가 그들의 죄 짐을 대신 짊어지기 때문이다.
그러므로 내가 그에게 넘치는 상을 베풀리라.
최고의 것, 최고의 영예를 주리라.
그가 죽음과 맞서 뒤로 물러나지 않았고,
가장 낮은 이들과 기꺼이 친구가 되었기 때문이다.
그는 많은 사람들의 죄를 자기 어깨에 짊어졌고,
모든 문제아를 위해 발 벗고 나서 주었다.

하나님의 영원한 사랑

54 "아이를 가져 본 적 없는 불임의 여인아, 노래 불러라.
너, 아이 낳아 보지 못한 여인아, 목청 높여 불러라!
결국에는 네가, 아이 있는 모든 여인보다
더 많은 아이를 갖게 되리라." 하나님의 말씀이다!
"너의 장막 터를 더 넓게 잡아라!
장막을 넓혀라. 더 넓게 펼쳐라! 생각의 폭을 넓혀라!
줄을 기다랗게 늘이고
말뚝을 깊이 박아라.
가족이 늘어
더 넓은 공간이 필요하게 되리라.
너는 뭇 민족들을 차지하게 될 것이다.
버려진 성읍이 다시 주민들로 북적이게 될 것이다.
두려워하지 마라. 다시는 쩔쩔맬 일 없으리니.
주저하지 마라. 다시는 벽에 부딪힐 일 없으리니.
네 젊었을 적 당한 수치들, 다 잊을 것이다.
과부였을 적 받은 모욕들, 기억에서 모두 사라질 것이다.
너를 지은 이가, 이제 너의 신랑이기 때문이다.
그 이름, 만군의 하나님!
너를 속량한 이는 '이스라엘의 거룩한 이'
온 땅의 하나님이다.
버림받은 아내 같았던 너, 비탄에 빠진 폐인이었던 너를
나 하나님이 다시 맞아들였다.
너는 젊어서 결혼했다가
버림받은 여인 같았다." 너의 하나님의 말씀이다.

⁷⁻⁸ 너의 속량자 하나님께서 말씀하신다.

"내가 너를 버렸다만, 잠시였다.

이제 말할 수 없이 큰 연민으로 너를 다시 데려온다.
나의 노가 폭발하여 네게 등을 돌렸다만,
잠시였다.
이제 나는 너를 품에 안고 돌보아 준다.
나의 사랑은 무궁하기 때문이다.

9-10 이 유랑은 나에게 이전 노아 때와 같다.
그때 내가, 다시는 노아의 홍수가
땅을 범람하지 않으리라 약속했다.
이제 내가 더 이상 진노하지 않고,
더는 너를 혼내지 않으리라 약속한다.
설령 산들이 너를 떠난다 해도
언덕들이 산산조각 난다 해도
나의 사랑은 결코 너를 떠나지 않을 것이며,
나의 굳은 평화의 언약은 결코 깨지지 않을 것이기 때문이다."
너를 가엾게 여기시는 **하나님**의 말씀이다.

11-17 "풍파에 시달려도 동정하는 자 없던 도성아,
이제 내가 터키석으로 너를 재건하려 한다.
청보석으로 기초를 놓고,
홍옥으로 망루를 세우며,
성문은 보석으로
성벽은 보옥으로 지을 것이다.
네 자녀들에게 **하나님**이 직접 선생이 되어 줄 것이다.
이 이상의 멘토가 어디 있겠느냐!
너는 의에 기초해 굳게 세워지리라.
고난은 이제 멀리 물러갔다. 두려워할 것 전혀 없다!
폭압도 멀리 물러갔다. 네 근처에 얼씬거리지도 않을 것이다!
설령 누가 너를 공격한다 해도,

결코 내가 그들을 보냈다고는 생각지 마라.

공격 받는다 해도

아무 일 없을 것이다.

내가 대장장이를 창조했고,

그가 용광로에 불을 붙여

살상 무기를 만들어 낸다.

나는 파괴자도 창조했다.

그러나 너를 해할 수 있는 무기는 누구도 만들지 못한다.

누구든지 너를 고소하는 자는

거짓말쟁이로 판정받고 패소할 것이다.

하나님의 종들은 이 일들을 기대해도 좋다.

나는 모든 일이 협력하여 결국 최선이 되게 할 것이다."

하나님의 포고다.

너희 목마른 자들아

1-5

55 "거기! 목마른 자들아,
모두 물로 나아오너라!

무일푼이냐?

상관없으니 오너라. 와서 사 먹어라!

와서, 너희 마실 것을 사라. 포도주와 젖을 사라.

돈 없이 사라. 모든 것이 무료다!

어째서 너희는 아무 영양가 없는 것들에 돈을 낭비하며,

힘들게 번 돈을 불량식품에 허비하느냐?

내 말을 들어라. 귀담아들어라. 가장 좋은 것만 먹고,

최고의 먹거리로만 배를 채워라.

주목하여라. 이제 가까이 다가와서

생명을 주는 나의 말, 생명을 길러 내는 나의 말에 귀 기울여라.

내가 너희와 영원히 굳은 언약을 맺으려 한다.

전에 다윗과 맺은 언약과 같은, 확실하고 굳건하며 영속적인 사랑의 언약

을 맺으려 한다.
나는 그를 민족들에게 보내는 증인으로 세웠고,
그를 민족들의 지배자요 지도자로 만들었다.
이제는 너희를 그렇게 만들려고 한다.
너희는 한 번도 들어 보지 못한 민족을 불러 모을 것이며,
너희를 알지 못하는 민족들이 다 너희에게 달려올 것이다.
나, 너희 하나님 때문이다.
'이스라엘의 거룩하신 이'가 너희를 높여 주었기 때문이다."

6-7 가까이 계실 때 **하나님**을 찾아라.
옆에 계실 때 그분께 기도하여라.
불의한 자들은 불의한 생활방식을 버리고
악한 자들은 악한 사고방식을 버려라.
그리고 **하나님**께 돌아오너라. 그분은 자비하시다.
우리 하나님께로 돌아오너라. 그분은 아낌없이 용서를 베푸신다.

8-11 "나는 너희가 생각하는 방식으로 생각하지 않는다.
나는 너희가 일하는 방식으로 일하지 않는다."
하나님의 포고다.
"하늘이 땅보다 높은 것처럼
내가 일하는 방식은 너희의 방식을 초월하며,
내가 생각하는 방식은 너희의 방식을 뛰어넘는다.
하늘에서 내리는 비와 눈이
땅을 적시고
만물을 자라고 꽃피우게 하며,
농부들에게 씨를 주고
굶주린 자들에게 먹을 것을 주고 난 다음에야 하늘로 돌아가듯이,
나의 입에서 나오는 말들도
결코 빈손으로 돌아가지 않는다.

나의 말들은 내가 계획한 일을 이루며,
내가 맡긴 임무를 완수한다.

12-13 그러므로 너희는 기쁨 가운데 나아가,
온전한 삶으로 인도 받을 것이다.
산과 언덕들이 앞장서 행진하며
노래를 터뜨릴 것이다.
숲 속 나무들도 모두 환호성을 올리며
그 행진에 동참할 것이다.
엉겅퀴 대신에 거목들이 들어서고,
가시덤불 대신에 장중한 소나무들이 들어서서,
나 하나님을 기리는 기념물이 될 것이다.
하나님을 보여주는, 생생하고 영속적인 증거가 될 것이다."

희망의 메시지
구원이 코앞에 다가왔다

1-3 **56** 하나님의 메시지다.

"너희는 바르게 살아라.
구원이 코앞에 다가왔으니,
옳은 일을 행하되 바르게 하여라.
이제, 세상을 바로잡는 나의 일이 펼쳐질 것이기 때문이다.
얼마나 복된가, 이 일에 뛰어드는 자들.
이 일을 환영하고
안식일을 지켜 그날을 더럽히지 않으며,
늘 자신을 살펴 어떤 악도 저지르지 않는 사람들!
하나님을 따르기로 한 이방인들이
'나는 하나님의 이등 백성일 뿐
진짜 백성은 아니다'라고 말하는 일이 없게 하여라.

몸이 불편한 자들이,
 '나는 폐물일 뿐
진짜 백성은 못된다'고 생각하는 일이 없게 하여라."

4-5 **하나님**께서 이렇게 말씀하시기 때문이다.

"몸에 장애가 있지만 내 안식일을 지키고
내가 기뻐하는 일을 행하며
나의 언약을 굳게 붙드는 자들은,
내가 내 집과 내 성읍에서
높은 자리를 차지하게 할 것이다.
아들과 딸보다도 더 높은 자리에 앉게 할 것이다.
취소되지 않는
영원한 영예를 수여할 것이다.

6-8 나를 따르기로 한 이방인들,
나를 위해 일하고 내 이름을 사랑하여
나의 종이 되고자 하는 자들,
안식일을 지켜 그날을 더럽히지 않으며
나의 언약을 굳게 붙드는 자들은 누구든지,
내가 나의 거룩한 산으로 데려가
내 기도의 집에서 기쁨을 선사할 것이다.
그들도 나의 백성 유다 사람들과 똑같이
나의 제단에 번제와 희생 제물을 바치며, 마음껏 예배하게 되리라.
그렇다. 나를 예배하는 집은
만민을 위한 기도의 집으로 알려질 것이다."
이스라엘 유랑민을 모아들이시는
주 **하나님**의 포고다.
"내가 다른 사람들도 모아들여,

이미 모아들인 자들과 함께 있게 할 것이다."

9-12 흉포한 짐승들을 부르신다. 이리 달려오너라.
와서, 저 짐승 같은 야만인들을 잡아먹어라!
이스라엘의 파수꾼이라는 자들이 다 눈멀었다. 모조리 눈멀었다.
그들은 지금 무슨 일이 일어나고 있는지 모른다.
짖을 줄도 모르는 개들,
백일몽이나 꾸는 게을러빠진 개들이다.
그런데 먹는 데는 아주 밝은 주린 개들,
먹어도 먹어도 만족을 모르는 게걸들린 개들이다.
이스라엘의 목자들이 바로 그들이다!
아무 생각 없고 아무 개념도 없다.
다들 자기 생각뿐이며,
가질 만한 것은 무엇이든 차지하려고 혈안이다.
"오너라." 그들이 말한다. "잔치를 벌이자.
나가서 마시자!"
다음 날도 마찬가지다.
"즐기자!"

지치지도 않고 새 종교를 찾아다니는 너희

57

1-2 그러는 사이 의인들은 하나씩 죽어 나가는데,
아무도 거들떠보지 않는다.
하나님을 경외하는 이들이 하나씩 세상을 떠나는데,
아무도 주목하지 않는다.
그 의인들, 비참함에서 벗어나
마침내 안식을 누린다.
고귀한 삶을 살았던 그들,
마침내 평화를 누린다.

3-10 "그러나 너희 마녀의 자식들아, 이리 오너라!
창녀의 아들들아, 매춘부의 딸들아.
대체 너희가 지금 누구를 비웃고
조롱하며 놀린단 말이냐?
너희가 얼마나 비참한 신세가 될지 알기나 하느냐?
이 반역의 종족, 사기꾼 세대여.
어디든 구석만 있으면 들어가 색욕을 불태우고
내키는 대로 간통을 저지르는 너희다.
굴속이든 바위틈이든,
적당한 곳을 골라 제 자식을 죽이는 너희다.
너는 강가에서 돌을 옮겨 와
음란한 종교 산당을 세운다.
그렇게 너의 운명을 택했다.
너의 예배가 네 운명을 결정한다.
너는 높은 산에 올라
그 더러운 섹스교, 죽음교를 실천했다.
문을 닫아걸고서
너의 애지중지하는 신과 여신들을 불러 모았다.
나를 저버린 채, 밖으로 나돌며 옷을 훌렁 벗고
침상을 예배장소로 삼았다.
신성하다는 창녀들과 침상에 올라
그 벗은 몸뚱이들을 숭배하며
탐닉했다.
너는 네가 받들어 섬기는 신에게 기름을 바르고
네 몸에 향수를 뿌린다.
최신 유행 종교를 물색하러 사절을 보낸다.
지옥에도 갔다 오게 한다.

끝없이 새로운 것, 색다른 것을 시도해 보느라 자신을 허비하면서도,
너는 그것이 허비인 줄도 모른다.
최신 유행을 좇는 힘은 늘 남아돌아서,
지치지도 않고 새 종교를 찾아다닌다.

11-13 대체 누가 너를 꼬드겨 이런 터무니없는 짓을 하게 했느냐?
나를 잊게 만들고,
나를 알았다는 사실조차 잊게 만들었느냐?
고함도 지르지 않고 가만있으니
너는 내가 존재하지도 않는다고 생각하는 것이냐?
내가 너의 의로운 종교 행위들을 하나하나 다 파헤쳐,
그것이 얼마나 엉터리인지 폭로하겠다.
가거라. 가서, 네가 모아 둔 우상들에게 도와 달라고 부르짖어 봐라.
그것들, 바람 한번 불면 다 날아가 버린다.
연기에 지나지 않는 것들이기 때문이다.

그러나 누구든지 내게 달려와 도움을 청하는 자는
땅을 상속받을 것이며,
나의 거룩한 산을 소유하게 되리라!"

14 어디선가 음성이 들려온다. "건설하여라, 건설하여라! 길을 만들어라!
길을 닦아라. 내 백성이 걸어올 길에서
바위들을 치워라."

15-21 영원 안에 사시며
그 이름이 '거룩'이신 분,
지극히 높으신 하나님의 메시지다.
"나는 높고 거룩한 곳에 살지만,

또한 기운 잃고 풀죽은 자들과 함께한다.
그들 속에 새로운 영을 불어넣고,
그들을 다시 일으켜 세운다.
나는 끝없이 사람들을 법정에 세우거나,
끊임없이 노하지 않는다.
그렇게 하면, 그들이 용기를 잃고 말 것이고,
내가 창조한 영혼들이 지쳐 주저앉고 말기 때문이다.
나는 노했었다. 이스라엘의 죄로 인해, 몹시 노했었다.
고집스럽게 제멋대로 가는 그들을,
내가 심하게 쳤고, 노하여 등을 돌렸다.
그러나 뒤돌아 그들이 어떻게 지내는지 보면서,
그들을 치유하고 이끌어 주기로, 그들을 위로해 주기로 마음먹었다.
나는 애통하는 그들에게 새로운 언어, 찬양의 언어를 안겨 주련다.
먼 곳에 있는 자들에게도, 가까운 곳에 있는 자들에게도 평화가 있으리
라." **하나님**께서 말씀하신다.
"그렇다. 내가 그들을 치유해 줄 것이다.
그러나 악한 자들은
폭풍에 요동치는 바다와 같아서,
그 파도가 오물과 진창을 마구 솟구쳐 올린다."
하나님께서 말씀하시다. "악인에게는 평화가 없다."

하나님께서 기뻐하시는 금식

58 "외쳐라! 목이 터지도록 외쳐라!
조금도 주저하지 마라. 나팔을 불듯 크게 외쳐라!
내 백성의 문제가 무엇인지 말해 주어라.
내 가문 야곱에게 그들의 죄를 들이대어라!
그들은 예배하느라 바쁘다. 늘 바쁘다.
나에 대해 공부하는 것도 무척이나 좋아한다.
겉모습만 보면, 가히 의인들의 나라다.

율법을 지키고 하나님을 높이는 자들 같다.
그들은 내게 '무엇이 옳은 일입니까?'라고 물으며,
나를 자기들 편에 세우기를 좋아한다.
그러면서도 불평한다.
'우리가 이렇게 금식하는데 왜 알아주지 않으십니까?
우리가 이렇게 자신을 낮추는데 왜 거들떠보지도 않으십니까?'

3-5 좋다. 이유를 말해 주겠다.

금식일을 지킨다지만 결국 너희가 추구하는 것은 이윤이다.
너희는 너희 일꾼들을 혹사시킨다.
금식하면서 말다툼과 싸움질을 벌인다.
금식하면서 야비한 주먹을 휘두른다.
그런 금식으로는,
너희 기도는 땅에서 한 치도 올라가지 못한다.
너희는 내가 찾는 금식이 그런 것이라고 생각하느냐?
겸손을 과시하려는 금식?
짐짓 경건한 척 근엄한 표정을 짓고
칙칙한 옷을 입고 무게 잡고 돌아다니는 그런 것?
너희는 그런 것을 금식이라고 말하느냐?
나 하나님이 기뻐하는 금식일이라고 말하느냐?

6-9 내가 찾는 금식은 이런 것이다.
불의의 사슬을 끊어 주고,
일터에서 착취를 없애며,
압제받는 자를 풀어 주고,
빚을 청산해 주는 것이다.
또, 내가 너에게서 보고 싶은 모습은 이런 것이다.
굶주린 자들과 음식을 나누고,

집 없고 가난한 자들을 집에 초대하며,
헐벗어 추위에 떠는 자들에게 옷을 주고,
혈육을 외면하지 않고 도와주는 모습이다.
이런 일을 행하여라. 그러면 빛이 쏟아져 들어와,
너의 삶이 순식간에 달라질 것이다.
너의 의가 네 앞서 길을 닦을 것이요,
영광의 하나님이 너의 길을 지켜 주실 것이다.
네가 기도할 때 하나님이 응답하실 것이다.
네가 도와 달라고 부르짖으면, 내가 '여기 있다' 하고 대답할 것이다.

9-12 만일 네가 불공정한 관행을 없애고,
남을 공연히 비난하는 일
남의 허물을 들추는 일을 그친다면,
또, 네가 굶주린 자들에게 아낌없이 베풀고
밑바닥 사람들을 위해 일하기 시작한다면,
네 삶이 어둠을 뚫고 빛나기 시작할 것이다.
그늘졌던 네 삶에 햇빛이 가득해지리라.
내가 가야 할 네 길을 항상 일러 줄 것이다.
황량하기 그지없는 곳에서도 네 삶은 풍성할 것이며,
내가 너의 근육을 강인하게, 너의 뼈를 튼튼하게 만들어 줄 것이다.
너는 물이 넉넉한 동산,
물이 마르지 않는 샘터 같을 것이다.
너는 허물어졌던 삶의 조각들로 삶을 재건하고,
과거에서 출발해 다시 기초를 세울 것이다.
너는 무엇이든 수리해 내는 자,
오래된 폐허를 복구하고 재건하고 쇄신하는 자,
세상을 다시 살 만한 곳으로 만들어 내는 자로 알려질 것이다.

13-14 만일 네가 안식일에 스스로 조심하고

내 거룩한 날을 이용해 이득을 챙기려 들지 않으면,
네가 안식일을 기쁜 날로 여기고
하나님의 거룩한 날을 즐겁게 보내면,
네가 그날을 귀히 여겨
평일과 똑같이 돈 벌려고 이리저리 뛰어다니지 않으면,
너는 마음껏 **하나님**을 누리게 될 것이다!
내가 너를 높이 뛰게 하며, 높이 날게 할 것이다.
내가 너의 조상 야곱의 유산으로 축제를 벌이게 해줄 것이다."
그렇다! **하나님**의 말씀이다!

빛을 갈망하나 어둠 속에서 비틀거리는 우리

1-8
59
보아라! 들어라!
하나님의 팔은 잘리지 않았다. 여전히 구원하실 수 있다.
하나님의 귀도 막히지 않았다. 여전히 들으실 수 있다.
하나님 편에는 아무 문제가 없다. 문제는 너희에게 있다.
너희의 비뚤어진 삶이 너희와 하나님 사이를 갈라놓았다.
그 사이에 죄가 있기에, 그분이 듣지 않으시는 것이다.
너희 손은 피로 흥건하고,
손가락에서는 죄가 뚝뚝 떨어진다.
너희 입술은 거짓으로 얼룩졌고,
너희 혀는 추잡한 말들로 부풀어 있다.
바른 소리 하는 자 아무도 없고,
공정하게 일을 처리하는 자 아무도 없다.
그들은 헛된 망상을 믿으며, 거짓을 말한다.
그들은 악을 잉태하고 죄를 출산한다.
그들은 뱀 알을 품으며 거미줄을 짠다.
그 알은 먹으면 죽고 깨뜨리면 뱀이 나온다!
그 거미줄로는 옷을 만들지 못한다.
거미줄로 만들어진 옷을 어떻게 입겠는가!

그들은 악독을 짜는 자들,
폭력을 부화시키는 자들이다.
그들은 악행을 두고 서로 경쟁을 벌이며,
살인자의 대장 자리를 놓고 서로 다툰다.
늘 악을 계획하고 모의하며, 늘 악을 생각하고 호흡한다.
그들이 지나간 자리는 줄줄이 인생 파탄이다.
그들은 평화에 대해 아무것도 알지 못한다.
정의에 대해서는 말할 것도 없다.
그들은 길을 비트는 자들이다.
그 길을 따라가는 가련한 자들은 평화에서 멀어질 뿐이다!

9-11 이처럼 우리는 공평과 거리가 멀고,
의로운 삶 근처에도 가보지 못했다.
우리는 빛을 갈망하나 어둠 속으로 가라앉고,
광명을 갈망하나 밤새 흑암 속에서 비틀거린다.
눈먼 자들처럼 벽에 손을 대고 걸으며,
어둠 속에서 더듬거린다.
밝은 대낮에도 허우적거리는 우리,
마치 죽은 자들이 걷는 것 같다.
신음하는 우리, 곰보다 나을 게 없고,
구슬피 우는 우리, 비둘기와 다를 바 없다.
우리는 정의를 갈망하지만, 기미도 보이지 않는다.
구원을 갈망하지만, 낌새도 없다.

12-15 하나님, 우리의 잘못들이 주 앞에 쌓여 있습니다.
우리의 죄들이 일어나 우리를 고발합니다.
우리의 잘못들이 우리를 노려보고 있습니다.
우리는 스스로 행한 일을 너무도 잘 알고 있습니다.
우리는 하나님을 따르지 않았습니다.

하나님을 조롱하고 부인했습니다.
뜬소문을 퍼뜨리며 사람들을 들쑤셨고,
거짓을 품고 다니며 악독을 내뱉었습니다.
정의는 만신창이가 되었고,
의는 구석으로 팽개쳐졌습니다.
진실은 거리에서 비틀거리고,
정직은 종적을 감추었으며,
선한 행실은 실종되었습니다.
악을 멀리하는 이가 구타와 강탈을 당합니다.

15-19   하나님께서 보시니, 악이 점점 득세하는데
정의는 흔적도 찾을 수 없었다.
그분은 당신의 눈을 의심하셨다. 아무리 둘러보아도
누구 하나 이 끔찍한 상황을 바로잡으려는 자가 없었기 때문이다.
그래서 그분이 친히 일어나셨다. 당신 자신의 의를 힘입어,
몸소 구원의 과업을 떠맡으셨다.
그분께서 의를 옷처럼 입으셨다.
의를 갑옷처럼 입으시고,
구원을 투구처럼 쓰셨다.
심판을 철갑처럼 두르시고,
열정을 망토처럼 걸치셨다.
그분께서 모두가 그 소행대로 보응을 받게 하실 것이다.
당신의 원수들에게 불같은 노로 응분의 벌을 내리실 것이다.
먼 곳의 섬들도 빠짐없이 대가를 치르게 될 것이다.
서쪽 사람들이 하나님의 이름을 두려워하고,
동쪽 사람들도 하나님의 영광을 두려워하게 될 것이다.
그분께서 홍수 때의 강물처럼,
하나님의 바람에 휘몰리는 격류처럼 등장하실 것이기 때문이다.

20 "내가 시온에 당도할 것이다.
자기 죄에서 떠난 야곱의 자손들에게 속량자로 올 것이다."
하나님의 포고다.

21 **하나님**께서 말씀하신다. "자, 내가 그들과 맺는 언약은 이러하다. 내가
네 위에 둔 나의 영과 선포하라고 준 나의 말들이, 너와 네 자녀와 네 자
손들의 입에서 떠나지 않을 것이다. 너는 언제까지나 이 말들을 반복하
게 될 것이다." **하나님**의 명령이다.

예루살렘이 받을 영광

1-7 **60** "예루살렘아, 일어나라!
깨어나, 해를 맞아라.
하나님의 빛나는 영광이 너를 위해 솟아올랐다.
온 땅이 어둠에 싸였고
온 백성이 깊은 어둠 속에 잠겼으나,
네 위로 **하나님**이 떠오르시고,
그분의 새벽빛 영광이 동터 올랐다.
민족들이 너의 빛을 향해,
왕들이 너의 찬란한 광명 앞으로 나아올 것이다.
위를 올려다보아라! 주위를 둘러보아라!
그들이 너에게 몰려오는 광경을 보아라.
너의 아들들이 먼 곳에서 돌아오며,
너의 딸들이 유모의 품에 안겨서 온다.
그 모습을 보며, 너는 미소 가득 함박웃음을 지으리라.
너의 가슴이 벅차오르리라. 터질 듯 벅차오르리라!
바닷길로 귀향해 오는 저 유랑민들,
뭇 민족들에게서 거두어들인 풍성한 수확이로다!
눈 닿는 곳까지 이어지는 저 낙타와 대상들의 행렬을 보아라.
미디안과 에바 유목민들의 쌩쌩한 낙타들이

금과 유향을 잔뜩 지고서,
하나님을 찬양하며
남쪽 스바로부터 쏟아져 들어온다.
뿐만 아니라. 게달과 느바욧의 유목민들이 무수한 가축 떼를 몰고 온다.
내가 내 영광스런 성전을 광채로 둘러쌀 때
내 제단에 바쳐질 합당한 예물들이다.

8-22   저기 멀리 보이는 것이 무엇이냐?
지평선을 덮는 구름처럼, 하늘을 뒤덮는 비둘기 떼처럼 오는 저것은.
바로, 먼 섬에서 오는 배들이다.
그 유명한 다시스의 배들이,
먼 곳에서 너의 자녀들을 태우고 온다.
금은보화를 가득 싣고
너의 **하나님**, '이스라엘의 거룩한 이'의 보호를 받으며 온다.
그의 광채에 둘러싸여 온다.
이방인들이 너의 성벽을 재건하고,
그 왕들이 예배를 인도하는 네 일을 도울 것이다.
내가 노하여 너를 심하게 쳤지만,
이제는 너를 어루만져 주련다.
너의 예루살렘 성문들은 늘 열려 있어,
밤낮으로 개방되리라!
그리로 뭇 민족들이 가져오는 재물을 받을 것이다.
각 나라의 왕들이 직접 가져올 것이다!
재물을 바치지 않는 민족이나 나라는 멸망할 것이다.
그런 민족은 초토화될 것이다.
레바논의 우람한 나무들,
잣나무, 상수리나무, 소나무들을 가져와
내 성소를 장려하게 단장할 것이다.
내 발을 놓은 그곳을 내가 영광스럽게 만들리라.

너를 압제했던 자들의 후손들이
굽실거리며 네게 나아오고,
너를 깔보던 자들이
네 앞에서 머리를 조아릴 것이다.
그들은 너를 '하나님의 성읍'이라,
'이스라엘의 거룩하신 분의 시온'이라 부를 것이다.
얼마 전까지만 해도 너는 아무도 거들떠보지 않는,
멸시받는 피난민이었다.
그러나 이제 내가 너를 일으켜 세웠으니,
대대로 우뚝 서 있을 너의 모습, 모두가 기쁘게 우러르리라!
네가 민족들의 젖을 빨고
그 왕족들의 젖을 빨게 되는 날,
나 하나님이 너의 구원자이고,
너의 속량자이며, '야곱의 용사'임을 알게 되리라.
나는 너에게 최고의 것만 줄 것이다. 너절한 것이나 받던 시절은 끝났다!
구리 대신 금을, 철 대신 은을,
나무 대신 구리를, 돌 대신 철을 줄 것이다.
나는 평화가 너의 나라 최고경영자가 되게 하겠고,
의가 너의 상관이 되게 하겠다.
너의 땅에 더 이상 범죄 뉴스가 없을 것이며,
강도질도, 파괴 행위도 사라지리라.
너는 네 중심가를 '구원의 길'이라 이름 붙이고,
마을 한가운데에 '찬양 공원'을 조성할 것이다.
너는 낮의 해와
밤의 달빛이 필요 없을 것이다.
하나님이 너의 영원한 빛이 되고,
너의 하나님이 너를 광명으로 둘러쌀 것이다.
너의 해는 지는 법이 없겠고,
너의 달도 기우는 법이 없을 것이다.

내가 너의 영원한 빛이 될 것이다.
너의 암울했던 시절은 이제 지났다.
네 백성 모두가 영원히 그들 차지인 땅에서
의롭고 풍성한 삶을 누릴 것이다.
그들은 내가 내 영광을 보여주기 위해,
내 손으로 직접 심은 푸른 새싹이다.
꼬마 부족이 거인 부족이 될 것이며,
약골들이 모여 강력한 민족을 이룰 것이다.
나는 하나님이다.
때가 되면, 내가 그렇게 만들 것이다."

기쁜 구원의 소식

61 하나님께서 내게 기름을 부어 주시니,
주 하나님의 영이 내게 임하셨다.

1-7

주께서 나를 보내어 가난한 이들에게 복된 소식을 전하고,
마음 상한 자들을 치유하며,
포로 된 이들에게 자유를,
감옥에 갇힌 이들에게 사면을 선포하게 하셨다.
하나님께서 나를 보내어 당신의 은혜의 해가 임했고,
우리의 모든 원수를 섬멸하셨음을 선언하며,
슬퍼하는 이들을 위로하게 하셨다.
시온에서 슬퍼하는 이들의 사정을 돌아보게 하시고,
그들에게 재 대신 꽃다발을,
슬픈 소식 대신 기쁜 소식을 안겨 주게 하셔서,
시들했던 그들의 마음에 찬양의 꽃을 피우게 하셨다.
그들의 이름을 '의의 참나무'로 고쳐 불러라.
그들은 하나님께서 당신의 영광을 보이시기 위해 심은 나무다.
그들은 오래된 폐허를 재건할 것이며,
그 잔해 위에 새로운 성읍을 일으켜 세울 것이다.

그들은 무너진 성읍에서,
그 잿더미로부터 다시 시작할 것이다.
너희는 외부인을 고용해 너희의 가축을 치게 하고,
이방인을 고용해 너희의 밭일을 하게 할 것이다.
너희는 '**하나님**의 제사장들'이라 불려지고,
하나님의 사역자로 높임을 받게 될 것이다.
너희는 뭇 민족들이 내어 주는 부를 향유하고,
그들의 영광을 누리게 될 것이다.
지금까지 너희는 갑절로 고난을 받아 왔고
너희의 몫 이상으로 수치를 당했으니,
이제 그 땅에서 갑절로 유산을 받을 것이며
너희의 기쁨은 영원히 지속될 것이다.

8-9 "나 **하나님**은 공정한 거래를 사랑하고
도둑질과 범죄를 미워하니,
나는 너희가 받아야 할 삯을 제때에 충분히 지불할 것이며
너희와 영원한 언약을 맺을 것이다.
너희 자손들은 온 세상에 이름을 날리게 될 것이다.
이방 나라 사람들은 너희 자녀들을
내가 축복해 준 자들로
단번에 알아볼 것이다."

10-11 나, **하나님** 안에서 기뻐 노래하리라.
내 영혼 깊은 곳에서 찬양이 터져 나온다!
그분께서 나를 예복을 입은 신랑같이
보석 박힌 관을 쓴 신부같이
구원의 옷을 입히시고,
의를 겉옷처럼 두르게 하셨다.
봄이 오면 들꽃이 만발하고

꽃동산이 펼쳐지듯,
주 **하나님**께서 의를 활짝 꽃피우시고
민족들 앞에 찬양을 펼쳐 보이시리라.

보아라, 너의 구원자가 오신다!

62 시온의 의가 해처럼 빛날 때까지,
나는 가만히 입 다물고 있을 수 없다.

1-5

예루살렘의 구원이 불꽃처럼 타오르기까지,
나는 그저 잠자코 있을 수 없다.
이방 나라들이 너의 의를 볼 것이고,
세계 지도자들이 너의 영광을 보게 될 것이다.
너는 **하나님**께서 친히 불러 주시는,
전혀 새로운 이름을 얻을 것이다.
너는 **하나님**의 손바닥에 놓인 휘황찬란한 왕관,
하나님의 손에 들린 보석 박힌 금잔이 되리라.
더 이상 너를 '버림받은 자'라 부르지 않고,
너의 나라도 더 이상 '폐허'로 불리지 않을 것이다.
너는 '헵시바'(나의 기쁨)라 불리고,
너의 나라는 '뿔라'(결혼한 여자)라 불릴 것이다.
하나님께서 너를 기뻐하시고,
네 땅은 결혼 축하연이 벌어지는 곳 같을 것이기 때문이다.
젊은 신랑이 처녀 신부와 결혼하듯
너를 지으신 분께서 너와 결혼하실 것이며,
신랑이 자기 신부를 좋아하듯
너의 **하나님**이 너를 좋아하실 것이기 때문이다.

6-7 예루살렘아, 내가 너의 성벽 위에 파수꾼을 세웠다.
그들이 밤낮으로 그 자리를 지키고 기도하며 부르짖어,
하나님께 약속을 상기시켜 드릴 것이다.

말씀하신 바를 행하실 때까지,
예루살렘을 평화의 성읍으로 높이실 때까지,
그분을 쉬시지 못하게 할 것이다.

8-9 **하나님**께서 맹세하셨다.
엄숙히 맹세하셨다.
"다시는 너의 양식 창고가
원수들에게 털리는 일이 없게 할 것이다.
다시는 네가 수고해 만든 포도주를
이방인들이 마셔 버리는 일이 없게 할 것이다.
그렇다. 식량을 재배하는 농부가 그 식량을 먹으며
하나님을 찬양할 것이다.
포도주를 만드는 자들이 나의 거룩한 안뜰에서
그 포도주를 마실 것이다."

10-12 성문 밖으로 나가라. 서둘러라!
돌아올 백성을 위해 길을 내어라.
큰길을 닦아라. 공사를 시작하여라!
자갈들을 치우고
깃발을 높이 들어, 모든 백성에게 신호를 보내라!
그렇다! **하나님**께서 세계만방에 선포하셨다.
"딸 시온에게 말하여라. '보아라! 너의 구원자가 오신다.
말씀하신 일을 행하시려고,
약속하신 바를 이루시려고 그분이 오신다.'"
시온은 새 이름으로 불릴 것이다.
'거룩한 백성', '**하나님**이 속량하신 자',
'찾아낸 바 된 자', '버림받지 않은 성읍'이라 불릴 것이다.

하나님의 구원의 날

1 63 파수꾼이 힘껏 외친다.
"거기, 붉게 물든 옷을 입고
에돔과 보스라에서 나오는 당신은 누구신가요?
그처럼 빛나는 차림을 하고
원기왕성하게 전진해 오시는 당신, 그 이름을 말씀해 주십시오!"

"나다. 옳은 말을 하는 나,
구원할 힘을 가진 나다!"

2 "그런데 의복이 왜 그렇게 붉은가요?
포도주 틀을 밟고 나온 것처럼, 왜 그렇게 옷이 붉게 물들었나요?"

3-6 "나 혼자서 포도주 틀을 밟았다.
나를 도와주는 자 아무도 없었다.
나는 노하여 포도를 밟았다.
진노하여 그 백성을 짓밟았다.
그들의 피가 내게 튀었다.
내 옷은 피로 완전히 젖었다.
내가 보복하기로 작정한 때,
속량을 행할 때가 이르렀기 때문이다.
나를 도와줄 사람이 있는지 둘러보았지만,
아무도 없었다.
믿을 수 없었다.
누구 하나 자원하여 나서는 자가 없었다.
그래서 나는 혼자서 그 일을 했다.
나의 노를 힘입어 했다.
노하여 그 백성을 짓밟았고,
진노하며 그들을 밟아 뭉갰다.

그들의 피로 땅을 흠뻑 적셨다."

7-9 내가 열거해 보겠다. **하나님**의 자애로운 업적을,
하나님이 행하신 찬양받으실 일들을,
하나님께서 주신 풍성한 선물들을.
이스라엘 가문에 베푸신 크신 인애,
그 넉넉한 긍휼과
넘치는 사랑을.
그분께서 "정녕 이들은 나의 백성이다.
나를 배신하지 않을 자녀들이다"라고 말씀하시고,
그들의 구원자가 되어 주셨다.
그들이 고난을 당할 때,
당신도 친히 함께 고난을 겪으셨다.
누구를 대신 보내 그들을 돕게 하지 않으시고,
그분이 직접 나서서 도와주셨다.
당신의 사랑과 동정에 이끌려
그들을 속량해 주셨다.
그분은 그들을 건지시고 아주 오랜 세월,
그들을 안고 가 주셨다.

10 그런데 그들은 그분께 등을 돌렸다.
그분의 성령을 슬프시게 했다.
그래서 그분도 그들에게 등을 돌리셨고,
그들의 적이 되어 몸소 그들과 싸우셨다.

11-14 그러자 그들은 옛 시절을 떠올렸다.
하나님의 종, 모세의 때를.
"당신의 양 떼의 목자들을
바다에서 올라오게 하신 그분, 지금 어디에 계시는가?

그들 속에 당신의 성령을 두신 분,
지금 무엇을 하고 계시는가?
모세의 오른팔에 당신의 팔을 올려
그들 앞에서 물을 가르신 분,
그를 대대로 유명하게 만드셨으며,
그들을 이끌어 진흙뻘 심연을,
굳은 평지를 디디는 말들처럼 통과하게 하신 그분은 누구신가?
초장으로 인도되는 가축 떼처럼,
하나님의 영이 그들에게 안식을 주셨다."

14-19 주께서는 그렇게 주의 백성들을 인도하셨습니다!
그렇게 주의 이름이 널리 알려졌습니다!
하늘에서 우리를 굽어 살펴 주십시오!
주의 거룩하고 장대한 집 창문 밖으로 내려다봐 주십시오!
주님의 그 열정,
주님의 그 높으신 권능의 역사들, 이제 어디로 갔습니까?
주님의 진심어린 동정과 자비하심, 이제 어디에 있습니까?
어찌하여 물러서 계십니까?
주님은 우리 아버지이십니다.
아브라함과 이스라엘은 오래전에 죽었습니다.
그들은 우리를 전혀 알아보지 못합니다.
그러나 주님은 우리의 살아 계신 아버지이십니다!
영원 전부터 이름 높으신 우리의 속량자이십니다.
하나님, 어찌하여 우리가 주의 길을 떠나 방황하게 하셨습니까?
왜 우리를 냉담하고 완고한 자들로 만드셔서,
더 이상 주를 경외하지 않고 예배하지도 않게 하셨습니까?
주의 종들을 돌아보아 주십시오.
주님은 우리의 주인이십니다! 우리는 주의 소유입니다!
주의 거룩한 백성이 주의 거룩한 곳을 잠시 차지했으나,

이제 그곳은 우리의 원수들에게 완전히 파괴되었습니다.
오래전부터 주님은 우리에게 눈길 한번 주지 않으셨습니다.
마치 우리를 전혀 모르시는 분 같습니다.

64 ^1-7 오, 주께서 하늘을 찢고 내려오신다면!
산들이 주님 앞에서 오들오들 떨 것입니다.
숲에 불이 붙듯,
물이 불에 끓듯 할 것입니다.
주를 대면한 주의 적들, 공포에 휩싸이고,
민족들은 사시나무 떨듯 떨 것입니다!
전에 주께서는 우리가 감히 생각지 못한 놀라운 일들을 행하셨습니다.
이곳에 내려오셔서, 산들이 주님 앞에서 오들오들 떨게 만드셨습니다.
당신을 기다리는 자들을 위해 역사하시는
주님과 같은 신은,
시간이 시작된 이래
누구도 상상하지 못했고,
어떤 귀도 듣지 못했으며, 어떤 눈도 보지 못했습니다.
주께서는 의로운 일을 기쁘게 행하는 이들,
주의 길을 기억하고 따르는 이들을 만나 주시는 분입니다.
그러나 주께서는 우리에게 얼마나 노하셨던지요!
우리는 죄를 지었고, 너무 오랫동안 죄를 고집했습니다!
이런 우리에게, 희망이 있는지요? 이런 우리가, 구원받을 수 있겠는지요?
우리는 모두 죄에 감염된 자들, 죄에 오염된 자들입니다.
최선을 다한 노력도 때 묻은 누더기에 불과합니다.
우리는 가을 낙엽처럼 말랐습니다.
죄로 말라 버린 우리, 바람에 날려 갑니다.
주께 기도하는 자,
주께 이르려고 애쓰는 자, 아무도 없습니다.

주께서 우리에게 등을 돌리시고,
우리를 우리 죄 속에 내버려 두셨기 때문입니다.

8-12 그럼에도 **하나님**, 주님은 여전히 우리 아버지이십니다.
우리는 진흙, 주님은 우리의 토기장이십니다.
우리는 다 주의 작품입니다.
오 **하나님**, 너무 노하지는 말아 주십시오.
우리 잘못을 영원히 기록해 두지는 말아 주십시오.
부디 우리가, 지금도 주의 백성인 것을 기억해 주십시오.
주의 거룩한 성읍들이 유령마을로 변했습니다.
시온은 유령마을이 되었고,
예루살렘은 잡초밭이 되었습니다.
우리 조상들이 주를 향한 찬양으로 가득 채웠던
거룩하고 아름다운 성전은
불타서 잿더미가 되었고,
우리의 아름다운 공원과 동산들도 다 폐허가 되었습니다.
하나님,
이러한데도 보고만 계실 작정이십니까?
아무 말씀도 하지 않으시렵니까?
이제는 충분히, 우리를 오랫동안 비참하게 내버려 두지 않으셨습니까?

심판과 구원

65

1-7 "애써 청하지 않는 자들에게도
나는 기꺼이 응하려 했다.
애써 찾지 않는 자들도
나는 기꺼이 만나 주려 했다.
내가 늘 '여기 있다. 바로 여기 있다'고 말해 주던 민족,
그들이 나를 무시했다.
내가 날마다 손을 내밀어 주던 백성,

그들이 내게 등을 돌리고
그릇된 길로 갔다.
제멋대로 하기를 고집했다.
그들은 내 마음을 상하게 하고
날마다 내 앞에서 무례하게 굴면서,
자기 부엌에서 만든 종교,
잡탕 종교를 만들어 낸다.
그들은 죽은 자들의 메시지를 듣겠다며
무덤 속에서 밤을 지새우고,
금지된 음식을 먹으며
마법의 약물을 들이킨다.
그러고는 '물렀거라.
내게 가까이 오지 마라. 이 몸은 너희보다 거룩하다'고 말한다.
이런 자들, 내 속을 뒤집는다.
그들이 내는 악취를 나는 참을 수가 없다.
이것을 보아라! 여기,
그들의 죄가 전부 기록되어 있는 목록을 내가 들고 있다.
나는 더 이상 참지 않을 것이다.
그들로 하여금 값을 치르게 할 것이다.
그들 자신의 죄와,
거기에 더해
그들 부모의 죄에 대해서도." 하나님께서 말씀하신다.
"그런 신성모독을 자행하고
언덕 위 산당들에서 나를 모독한 그들이기에,
그 결과를 맛보게 하겠다.
그들이 저지른 행위에 대한 대가를 톡톡히 치르게 할 것이다."

8-10 **하나님**의 메시지다.

"그러나 사과 하나가 썩었다고 사과 농사 전부를 망친 것은 아니며,
여전히 좋은 사과들도 많이 남아 있다.
이스라엘 안에서 내게 순종하는 자들은 내가 보존해 줄 것이다.
나는 이 나라 전체를 멸망시키지는 않을 것이다.
야곱으로부터 나의 참 자녀를 데리고 나올 것이며,
나의 산들을 상속받을 자들을 유다에서 데리고 나올 것이다.
나의 택함을 받은 자들이 그 땅을 상속받을 것이며,
나의 종들이 거기 들어가 살 것이다.
서쪽의 울창한 샤론 골짜기는
양 떼를 위한 초장이 되고,
동쪽의 아골 골짜기는
가축을 방목하는 곳이 될 것이다.
힘써 내게 나아오는 자들, 힘써 나를 원하는 자들,
진심으로 나를 찾는 백성들이 이것을 누리게 되리라."

11-12 "그러나 너희 **하나님**인 나를 버리고
거룩한 산을 잊은 너희,
행운의 여신을 위해 상을 차리고
운명의 남신을 위해 술 파티를 여는 너희는,
결국, 너희가 구한 것을 얻을 것이다. 너희 운명이 이루어질 것이다.
너희 숙명인 죽음을 맞게 되리라.
내가 초대했지만 너희가 나를 무시했고,
내가 말을 건넸지만 너희가 나를 외면했기 때문이다.
너희는 내가 악으로 지목한 바로 그 일들을 했고,
내가 미워하는 짓만 골라서 행했다."

13-16 그러므로, 주 **하나님**께서 주시는 **메시지다.**

"나의 종들은 먹겠지만
너희는 굶주릴 것이다.
나의 종들은 마시겠지만
너희는 목마를 것이다.
나의 종들은 기뻐 환호하겠지만
너희는 부끄러워 머리를 숙일 것이다.
나의 종들은 마음이 즐거워 웃겠지만
너희는 마음이 아파 울 것이다.
그렇다. 영혼이 찢겨 울부짖을 것이다.
너희는 내가 택한 백성들이
악담할 때 쓰는 이름으로나 남을 것이다.
나 하나님이 너희를 죽음에게 넘기겠고,
나의 종들에게는 새 이름을 줄 것이다.
그러면 땅에서 복을 구하는 자는 누구나
나의 신실한 이름으로 복을 구할 것이며,
땅에서 맹세하는 자는 누구나
나의 신실한 이름으로 맹세할 것이다.
내가 지난날의 괴로움을 되새기지 않고 잊었으며,
눈앞에서 깨끗이 지워 버렸기 때문이다."

새 하늘과 새 땅

17-25 "보아라.
내가 새 하늘과 새 땅을 창조할 것이다.
이전의 괴로움과 혼돈과 고통은,
모두 옛적 일이 되어 잊혀질 것이다.
기뻐하며 앞을 보아라.
내가 창조할 것을 내다보아라.
나는 예루살렘을 순전한 기쁨이 되게 창조할 것이요,
나의 백성이 청정한 즐거움이 되게 창조할 것이다.

나는 예루살렘을 보며 기뻐하겠고,
내 백성을 보며 즐거워할 것이다.
그 성읍에서는 더 이상 우는 소리나
울부짖는 소리가 들리지 않으며,
갓난아기들이 죽거나
노인들이 천수를 누리지 못하는 일이 없으리라.
백세수가 흔한 일이 되고,
그에 못 미치면 비정상으로 여겨질 것이다.
그들은 집을 짓고,
거기 들어가 살 것이다.
밭을 경작하여,
거기서 기른 것을 먹을 것이다.
그들이 지은 집을
다른 사람이 차지하는 일이 없겠고,
그들이 경작해 얻은 수확을
적이 빼앗아 가는 일도 없을 것이다.
나의 백성은 나무처럼 장수하고,
나의 택한 자들은 자기 일에서 만족을 누리며 살 것이다.
일하고도 아무 소득을 얻지 못하거나,
자녀를 잃는 불상사도 없을 것이다.
그들이 하나님께 복을 받았고,
그들의 자녀와 자손도 하나님께 복을 받았기 때문이다.
그들이 외쳐 부르기 전에, 내가 응답할 것이다.
그들이 말을 다 끝내기도 전에, 내가 알아들을 것이다.
이리와 어린양이 풀밭에서 함께 풀을 뜯고,
사자와 황소가 구유에서 여물을 먹을 것이다.
그러나 뱀은 흙을 파먹고 살 것이다!
나의 거룩한 산에서는,
동물이나 사람이 서로 해치고 죽이는 일이 없을 것이다." **하나님**의 말씀이다.

1-2 # 66 하나님의 메시지다.

"하늘은 나의 보좌요,
땅은 나의 발 받침대다.
그러니 너희가 나를 위해 무슨 집을 짓겠다는 것이냐?
나를 위해 무슨 휴양처를 만들겠다는 말이냐?
만물을 만든 이가 나다! 만물의 주인이 나다!"
하나님의 포고다.
"그러나 내가 찾는 것이 있다.
나는 순수하고 소박한 사람,
내 말에 떨며 응답하는 사람을 찾는다.

3-4 너희의 예배는,
죄짓는 행위나 다름없다.
황소를 잡아 바치는 너희 희생 제사,
이웃을 살해하는 짓과 다름없다.
너희의 예물 봉헌,
제단에 돼지 피를 마구 뿌리는 짓과 다름없다.
너희의 기념물 봉헌,
우상을 칭송하는 짓과 다름없다.
너희 예배는, 너희 자신을 섬기는 예배다.
자기중심적인 예배를 드리며 즐거워하는 너희여, 이제 역겹다!
나는, 너희가 하는 일이 얼마나 어처구니없는지 폭로하고,
너희가 가장 두려워하던 일이 너희에게 들이닥치게 하겠다.
내가 너희를 초대했지만 너희가 나를 무시했고,
내가 너희에게 말을 건넸지만 너희가 나를 외면했기 때문이다.

너희는 내가 악으로 지목한 바로 그 일들을 했고,
내가 미워하는 짓만 골라서 행했다."

5 그러나 **하나님**의 말씀에 떨며 응답하는 너희여,
그분이 너희에게 하시는 말씀을 들어라.
"나로 인해 너희가
친족들의 미움을 받고 쫓겨난다.
그들은 '어디 **하나님**의 영광을 보여줘 봐라!
하나님이 그렇게 위대한 분이라면,
우리는 지금 왜 행복하지 못한 거지?' 하며 너희를 조롱한다.
그러나 결국 부끄러움을 당할 자들은
그들이다."

6 성읍에서 우르릉대는 천둥소리가 들려온다!
성전에서 한 음성이 울려 나온다!
당신의 적들에게 심판을 내리시는
하나님의 음성이다.

7-9 "진통이 오기도 전에
아기를 낳았다.
산고를 겪기도 전에
아들을 낳았다.
이런 일을 들어본 적이 있느냐?
이런 일을 본 사람이 있느냐?
하루 만에 나라가 태어날 수 있느냐?
눈 깜짝할 사이에 민족이 태어날 수 있느냐?
그러나 시온은,
산고 없이 아이들을 낳았다!

모태를 여는 내가,
아기를 낳게 해주지 않겠느냐?
아기를 낳게 해주는 내가,
모태를 닫아 버리겠느냐?

10-11 예루살렘아, 기뻐하여라.
그녀를 사랑하는 모든 자들아, 즐거워하여라!
그녀를 생각하며 눈물 흘렸던 너희여,
이제 함께 즐거이 노래 불러라.
갓 태어난 너희여,
그녀의 젖가슴에서 마음껏 젖을 빨아라.
그 풍족한 젖을 실컷 빨며
마음껏 즐거워하여라.”

12-13 **하나님**의 메시지다.

“나는 견고한 평안이 강물처럼,
민족들의 영광이 홍수처럼, 그녀에게 쏟아져 들어가게 할 것이다.
너희는 그녀의 젖을 빨고
그녀의 품에 안길 것이며,
그녀의 무릎 위에서 놀 것이다.
어머니가 제 자식을 위로하듯,
내가 너희를 위로해 줄 것이다.
예루살렘에서 너희가 위로를 얻을 것이다.”

14-16 너희는 이 모든 것을 보고 기쁨으로 충만하리라.
사기가 충천하리라.
하나님께서 너희 편에 서시며,
당신의 원수들을 대적하시는 모습이 명백하기 때문이다.

하나님께서 들불처럼 오시고,
그분의 병거가 회오리바람같이 들이닥친다.
그분이 불같이 노를 터뜨리시며,
맹렬한 화염같이 꾸짖으시며 오신다.
하나님께서 불로 심판을 내리시고,
모든 인류에게 사형선고를 내리신다.
많은 자들이, 오, 너무도 많은 자들이
하나님께로부터 사형선고를 받는다.

17 "신성한 숲에 들어가 부정한 입교의식을 치르고, 돼지와 쥐를 먹는 부정한 식사의식에 참여하는 자들은, 다 같이 먹다가 다 같이 죽을 것이다." 하나님의 포고다.

18-21 "나는 그들의 행위와 생각을 전부 알고 있다. 내가 가서 모두를, 언어가 다른 모든 민족을 불러 모을 것이다. 그들이 와서 나의 영광을 볼 것이다. 나는 세계의 중심 예루살렘에 본부를 설치하고, 심판에서 살아남은 자들을 세계 각지로 보낼 것이다. 스페인과 아프리카, 터키와 그리스를 비롯해, 내 이름을 들어 본 적 없고 내가 행한 일과 나에 대해 전혀 알지 못하는 먼 섬들에게까지 보낼 것이다. 내가 그들을 선교사로 보내어, 민족들 가운데서 나의 영광을 선포하게 할 것이다. 그들은 오래전에 잃었던 너희 형제자매들을 세계 각지로부터 데리고 돌아올 것이다. 돌아와서, 하나님께 산 예배를 드리며 그들을 바칠 것이다. 그들을 말과 수레와 마차에 태워, 노새와 낙타에 태워, 나의 거룩한 산 예루살렘으로 곧장 데려올 것이다." 하나님께서 말씀하신다. "그들은 이스라엘 사람들이 하나님의 성전에서 제의 그릇에 예물을 담아 바치듯, 그들을 내게 바칠 것이다. 나는 그들 가운데서 일부를 제사장과 레위인으로 세울 것이다." 하나님께서 말씀하신다.

22-23 "내가 지을 새 하늘과 새 땅이

내 앞에서 굳건히 서듯이,
너희 자녀들과 너희 명성도
바로 그렇게, 굳건히 설 것이다."
하나님의 포고다.
"달마다, 주마다,
모든 사람이 내게 나아와 예배할 것이다." 하나님께서 말씀하신다.

24 "그리고 밖으로 나가서,
나를 대적하고 반역했던 자들이 결국 어떻게 되었는지 보게 될 것이다.
그 시체들을 보게 될 것이다!
끝없이 구더기들에 파먹히고,
땔감이 되어 끝없이 불에 타는 모습.
그 광경을 보고 그 악취를 맡은 사람은 누구나,
구역질을 할 것이다."

예레미야
머리말

예레미야의 삶과 그가 쓴 책은 둘로 나뉠 수 없는 하나다. 그는 살았던 대로 썼고, 쓴 대로 살았다. 그의 삶과 책 사이에는 불일치가 전혀 없다. 어떤 이들은, 삶보다 글이 낫다. 또 어떤 이들은, 글보다 삶이 낫다. 그러나 예레미야는 글과 삶이 동일하다.

이 사실은 매우 중요하다. 어려운 시기를 맞은 많은 사람들이 그 안에서 어떻게 생각하고 어떻게 기도하며 어떻게 그 시기를 헤쳐 나갈지에 관해 도움을 얻고자 할 때, 가장 많이 찾는 예언자가 예레미야이기 때문이다. 그가 정말 도움을 줄 수 있는 사람이라는 확신을 받고 싶다면, 이 책에서 그것을 확인할 수 있다.

우리는 격변의 시대를 살고 있다. 바야흐로 21세기를 살아가고 있는 지금, 엄밀히 말해 이 시대를 전에 없던 시대라고 할 수는 없다. 분명 과거에도 오늘날과 같은 격변의 시대가 있었다. 급변하는 세상의 속도에 모두가 현기증을 느꼈던 시대 말이다. 하지만 상황과 규모가 어떠하든지, 모든 난세에는 특별한 마음의 태도가 필요하다.

예레미야의 험난했던 인생살이는 히브리 역사상 가장 험난했던 시기 중 하나와 겹친다. 그는 주전 587년에, 예루살렘이 함락되고 유다가 바빌론에 포로로 붙잡혀 가는 것을 직접 목도했다. 일어날 수 있는 최악의 상황이 모두 일어났던 시기였다. 예레미야는 이 험악한 소용돌이 한가운데서 끝까지 견디어 냈다. 기도하고 설교하면서, 고초당하고 맞서 싸우면서, 글을 쓰고 믿음을 지키면서 말이다. 그는 외부에서 오는 폭풍 같은 공격과 내면에서 치솟는 불같은 의심에 시달려야 했다. 피로와 의심과 조롱은 몸과 마음과 감정을 극한까지 내몰았다. 그러나 그는 이 모든 것과 고투하며 자신을 둘러싼 모든 것을 장엄하게 글로 담아냈다.

하나님, 주께서 저를 이렇게 만드셨으니, 저는 따를 수밖에 없습니다.
저는 주님을 이길 수 없습니다.
이제 저는 공개적인 놀림감이 되었습니다.
모든 자들이 저를 놀려댑니다.
저는 입을 열 때마다
"살인이다! 강탈이다!" 하고 외칩니다.
그런데 **하나님**의 경고의 말씀을 그렇게 외쳐서 제가 얻는 것은
모욕과 멸시가 전부입니다.
그러나 "이제 그만!
더 이상은 **하나님**의 **메시지**를 전하지 않으리라!" 하고 마음먹으면,
말씀이 제 뱃속에서 불처럼 타오르며
뼛속까지 태웁니다.
참아 보려고 했지만, 이제 지쳤습니다.
더는 견딜 수 없습니다!
제 등 뒤에서 수군대는 소리가 들려옵니다.
"저기, '사면초가' 운운했던 자다. 저 자를 잡아라! 신고하여라!"

전에 친구였던 자들이, 지금은 제가 바닥에 고꾸라지
기만을 기다립니다.
"뭐든지 하나만 걸려 봐라. 영원히 없애 줄 테니!"

그러나 하나님, 실로 맹렬한 전사이신 주께서 제 편이
십니다.
저를 쫓는 자들은 모두 대자로 쭉 뻗게 될 것입니다.
어릿광대처럼 제 발에 걸려 넘어져 땅에 뒹굴며,
우스꽝스런 장면을 연출할 것입니다.

오, 만군의 하나님, 누구도 주님을 우롱하지 못합니다.
주께서는 모든 자를, 모든 것을 꿰뚫어 보십니다.
저는 그들이 행한 그대로 되갚음 받는 것을 보고 싶습
니다.
주께 제 송사를 맡겨 드립니다.

하나님께 노래 불러라! 하나님을 찬양하여라!
그분은 악인들의 손아귀에서 약자를 건지시는 분이다.
(렘 20:7-13)

여러분이 믿고 의지하던 모든 것이 산산조각 나버리는 상
황을 맞게 된다면 어떠하겠는가? 때때로 우리는 하나님께
기대했던 것과 정반대되는 상황을 개인적으로나 공동체
적으로 경험하게 된다. 그럴 때 우리는 그 재난을 통해, 그
동안 상상했거나 바라던 하나님이 아닌 진짜 하나님을 만

나고 그 과정에서 근본적으로 달라지는가? 아니면, 하나님을 헌신짝 버리듯 내버리게 되는가? 그것도 아니라면, 거기에서 더 무너져 이미 붕괴된 신념체계나 환상을 놓지 않으려고 한사코 고집을 부리는가?

격변의 시대를 사는 사람은, 앞서 그것을 경험한 이들에게서 도움을 얻고자 한다. 그들이 어떤 일을 겪었는지, 어떻게 그것을 견뎌 냈는지 배우고 싶어 한다. 은혜에 힘입어 격변의 시기를 견디고 살아남은 이를 찾을 때면, 흔히 사람들은 예레미야를 떠올린다. 그리고 참되고 정직하며 하나님의 길을 보여주는 그를 길동무 삼아, 그와 함께 고통의 시간을 건넌다. 예레미야를 통해 우리는, 어떤 상황에도 하나님은 "나는 너를 사랑하지 않은 적이 없고, 앞으로도 그럴 것이다"(렘 31:3)라고 말씀하시는 분임을 알고 평안할 수 있다.

예레미야

1-4 **1** 베냐민 땅 아나돗의 제사장 가문 힐기야의 아들 예레미야의 메시
지다. 아모스의 아들 요시야가 유다를 다스린 지 십삼 년째 되던
해에 하나님의 메시지가 그에게 임했다. 그 메시지는 요시야의 아들 여
호야김이 유다의 왕으로 있던 동안 계속 임했고, 요시야의 아들 시드기
야 십일년, 곧 예루살렘이 포로로 잡혀가게 된 해의 다섯째 달이 되기까
지 계속해서 임했다. 하나님께서 말씀하셨다.

5 "너를 모태에서 빚기 전부터
나는 이미 너를 알고 있었다.
네가 태어나 햇빛을 보기 전부터
이미 너에 대한 거룩한 계획을 세워 두었다.
나는 너를 뭇 민족에게 보낼
예언자로 세우려는 뜻을 품었다."

6 그러나 내가 말했다. "주 하나님! 저를 보십시오.
저는 아직 아무것도 모르는 어린아이에 불과합니다!"

7-8 하나님께서 내게 말씀하셨다. "어린아이에 불과하다니,

그런 소리 하지 마라.
너는 내가 가라고 하는 곳에 가면 된다.
내가 말하라고 하는 것을 말하면 된다.
전혀 두려워할 것 없다.
내가 바로 곁에서 너를 지켜 줄 것이다."
하나님의 포고다.

9-10 **하나님**께서 손을 내밀어 내 입에 대고 말씀하셨다.
"보아라! 내가 방금 너의 입속에 나의 말을 넣어 주었다.
내가 손수 넣어 주었다!
내가 한 일을 보고 있느냐?
나는 네가 뭇 민족과 통치자들에게 가서 해야 할 일을 주었다.
오늘은 너에게 기념비적인 날이다!
네가 해야 할 일은 뽑아 허물어뜨리고,
찢고 부서뜨리고,
그러고 나서
다시 시작하는 것이다.
다시 세우고 심는 일이다."

11-12 **하나님**의 메시지가 내게 임했다. "예레미야야, 지금 무엇이 보이느냐?"
내가 말했다. "지팡이가 하나 보입니다. 그것이 전부입니다."
그러자 **하나님**께서 말씀하셨다. "잘 보았다! 내가 너의 지팡이가 되어
줄 것이다.
내가 네게 주는 말들이 다 이루어지게 할 것이다."

13-15 **하나님**의 메시지가 다시 임했다. "이제 무엇이 보이느냐?"
내가 말했다. "끓는 솥이 하나 보이는데, 이쪽으로 기울어져 곧 쏟아질
것 같습니다."
그러자 **하나님**께서 말씀하셨다. "북방에서 재앙이 쏟아져

이 땅에 사는 모든 백성에게 들이닥칠 것이다.

잘 지켜보아라. 이제 내가 북방에서 왕들을 모두 불러낼 것이다.”

하나님의 포고다.

15-16 “그들이 내려와서

예루살렘 성문과

성벽 코앞에,

유다의 모든 마을 코앞에 진을 칠 것이다.

내가 유다 백성에게 심판을 선언할 것이다.

그들이 나를 저버렸기 때문이다. 이 얼마나 천인공노할 일인가!

그들은 다른 신들에게 잘 보이려고 제물을 갖다 바쳤고,

자기들이 잘라 만든 막대기와 색칠해 만든 돌들을 신으로 섬겼다.

17 그러나 너는, 옷을 챙겨 입고 일어나 일을 시작하여라!

일어나서 네가 해야 할 말을 하여라. 내가 전하라는 말을 그대로 전하여라.

인정사정 봐주지 말고 주먹을 날려라.

그렇지 않으면 내가 너를 경기장 바깥으로 빼 버릴 것이다.

18-19 내가 너를 무장시킬 테니 너는 주의하여 서 있거라.

내가 너를 난공불락의 성으로,

꿈쩍도 않는 강철 기둥으로,

견고한 철벽으로 만들어 세울 것이다.

너는 이 시대의 문화와

유다의 왕과 제후들과

제사장과 지역 고관들에게 맞서는,

일인 방어 요새다.

그들이 덤벼들겠으나,

네게 흠집 하나 내지 못할 것이다.

내가 너를 철두철미하게 엄호해 줄 것이다."
하나님의 포고다.

하나님의 거룩한 특선품이었던 이스라엘

¹⁻³ **2** **하나님**의 메시지가 이같이 내게 임했다.

"거리로 나가 예루살렘을 향해 외쳐라.
 하나님의 메시지다!
나는 네가 젊은 시절에 바친 충성을 기억한다.
신혼 같았던 우리의 사랑을 기억한다.
그 광야 시절, 너는 내 곁을 지켰고
그 고생길에도 내 곁을 떠나지 않았다.
이스라엘은 **하나님**의 거룩한 특선품이자
특상품이었다.
감히 그녀에게 손대는 자는 누구든지
곧 후회하게 되었다!'"
하나님의 포고다.

⁴⁻⁶ 야곱의 집이여, **하나님**의 메시지를 들어라!
너희, 이스라엘의 집이여!
하나님의 메시지다. "도대체 내가 무엇을 잘못했기에
너희 조상은 나를 버리고,
거품에 불과한 우상과 붙어살다가
자기들도 거품이 되고 말았단 말이냐?
그들은 한 번도 이렇게 물은 적이 없다. '**하나님**은 어디 계신가?
우리를 이집트에서 구해 주시고
그 메마른 사막과 죽음의 골짜기,
아무도 살아 나오지 못하는 땅,

사람이 살 수 없는 잔혹한 땅을 지나던
그 험악하고 다사다난했던 광야 세월 동안,
한결같이 우리를 보살펴 주신 그 하나님은?'

7-8 나는 너희를 비옥한 땅으로 인도하여
싱싱한 과일을 따 먹게 했다.
그런데 너희는 내 땅에 난입해 들어와서 그 땅을 더럽혔다.
내가 아끼는 땅을 쓰레기장으로 만들고 오염시켰다.
제사장이라는 자들은 '하나님은 어디 계신가?' 하고 물을 생각도 하지
않았다.
종교 전문가라는 자들은 나에 대해서 아는 바가 전혀 없었다.
통치자들은 내게 도전했고,
예언자들은 바알 신을 전하면서,
허망한 꿈과 우둔한 계획에 지나지 않는 우상을 좇았다.

9-11 그래서 이제 내가 너희를 고발한다."
하나님의 포고다.
"너희와 너희 자녀와 너희 자손들을 고발한다.
주위를 한번 둘러보아라. 이런 일을 본 적이 있느냐?
배를 타고 서쪽 섬들에 가 보아라.
게달 광야에도 가 보아라.
잘 살펴보아라. 이런 일이 전에도 있었더냐?
자기 신을, 신 발꿈치에도 닿지 못하는 것들과 바꾼 나라가 있는지 말이다.
그러나 나의 백성은 나의 영광을,
허망한 꿈과 우둔한 계획에 지나지 않는 우상과 바꾸어 버렸다.

12-13 하늘아, 충격적인 이 일을 보아라!
믿을 수 없는 이 일을 보아라. 어떻게 이런 일이 있을 수 있느냐!"
하나님의 포고다.

"내 백성은 이중의 죄를 범했다.

그들은 나를 버렸다.

그들은 생수가 솟는 샘인 나를 버리고, 대신 땅에 물웅덩이를 팠다.

물이 새는 물웅덩이, 하수구나 다를 바 없는 물웅덩이를 팠다.

14-17 이스라엘은

지체 높은 가문에 태어난 귀한 종이 아니더냐?

그런데 어쩌다가 사자들이 으르렁거리며 서로 차지하려고 달려드는

한 점의 고기 신세가 되고 말았단 말인가?

이제 겨우 뼈다귀 몇 개만 남았구나.

마을들은 쑥대밭, 폐허가 되었다.

멤피스와 다바네스에서 온 이집트 사람들이

너의 두개골을 박살내었다.

왜 이런 일이 일어났다고 생각하느냐?

이는 네가 하나님을,

바른길로 인도하려던 네 하나님을 저버렸기 때문이 아니냐?

18-19 이제 와서 이집트로 도망간다 한들 무엇을 얻을 수 있겠느냐?

시원한 나일 강 물 한 잔 정도일 것이다.

앗시리아로 도망간다 한들 무엇을 얻을 수 있겠느냐?

청량한 유프라테스 강 물 한 잔 정도일 것이다.

너는 악행의 대가로 실컷 두들겨 맞을 것이다.

불충의 값을 톡톡히 치를 것이다.

네가 무슨 짓을 했는지, 그 쓰디쓴 결말이 무엇인지 똑똑히 보아라.

어떠냐. 너의 하나님을 저버린 것이 잘한 일 같으냐?"

만군의 주 하나님의 포고다.

이방 신들에 중독된 이스라엘

20-22 "너는 오래전에 고삐를 풀고 뛰쳐나갔다.

굴레를 다 벗어던져 버렸다.

'더 이상 섬기지 않을 테다!' 말하고

떠나서는,

음란한 종교 산당을 만날 때마다 한 곳도 그냥 지나치지 않고 들어가

싸구려 창녀처럼 몸을 팔았다.

너는 내가 최고의 종자를 구해다 심은

최고급 포도나무였다.

그런데 지금 네 모습이 어떤지 보아라.

엉망으로 자라 비뚤어진 네 모습, 도저히 포도나무로 봐줄 수 없는 꼴이다.

초강력 세제로 빨아 보아라.

생살이 벗겨지도록 북북 문질러 씻어 보아라.

그래도 네 죄의 때는 빠지지 않을 것이다.

너를 쳐다보는 일조차 내게는 고역이다!"

주 하나님의 포고다.

23-24 "감히 네가 '나는 죄로 내 자신을 더럽힌 적이 없습니다.

음란한 신 바알들을 찾아다닌 적이 없습니다'라고 말하느냐!

네가 골짜기에 남긴 자국을 보아라.

사막 모래 위의 흔적은 어떻게 설명하겠느냐.

발정 나 이리 뛰고 저리 뛴 낙타 자국,

몸이 달아 헐떡거리며 돌아다니던

들나귀 자국 말이다.

색욕이 발동해 이리저리 날뛰는 짐승은

누구도 말릴 수 없다!

25 진정하여라. 제발 숨 좀 돌려라. 뭐가 그리 급하냐?

왜 그렇게 몸을 망가뜨리느냐? 대체 무엇을 그렇게 좇는 것이냐?

그러나 너는 말한다. '어쩔 수 없습니다.

이방 신들에 중독되어, 멈출 수가 없습니다.'"

26-28 "도둑이 붙잡히고 나서 원통해하듯,
이스라엘 백성이 원통해한다.
왕, 제후,
제사장, 예언자들과 함께 포로로 붙잡히고 나서야 원통해한다.
그들은 나무에다 대고 '나의 아버지!' 하고,
돌을 집어들고서는 '나의 어머니! 나를 낳아 주신 어머니!' 한다.
그들은 내게 늘 뒤통수만 보여주었다.
한 번도 내게 얼굴을 보여준 적이 없다.
그런데도 상황이 안 좋아지면 거리낌 없이 달려와서는,
'손 좀 써 주세요! 우리를 구원해 주세요!' 하고 소리 지른다.
어째서 네가 그렇게도 좋아하는 신들, 네 손으로 만든 그 신들에게 가지
않느냐?
그들을 깨워라. 재앙에서 구해 달라고 하여라.
유다야, 너에게는 주체할 수 없을 정도로
많은 신들이 있지 않느냐."

유다를 심판할 것이다

29-30 "독립을 주장하며 내게서 떠나가다니,
내가 대체 너희에게 무엇을 잘못했느냐?"
하나님의 포고다.
"내가 너희 자녀를 훈련시키려 애썼지만, 시간 낭비였다.
그들은 나를 거들떠보지도 않았다. 내 훈육을 무시했다.
또한 너희는 하나님의 사자들을 제거했다.
그들을 먼지 취급하며 깨끗이 쓸어버렸다.

31-32 오, 이 세대여!
내가 너희에게 말하지 않았느냐? 경고하지 않았느냐?

이스라엘아, 내가 너희를 실망시켰더냐?
어찌하여 나를 막다른 골목 취급하느냐?
어찌하여 나의 백성이 나를 버리고 '아, 속 시원하다!
이제부터 우리는 자유다' 한단 말이냐?
여인이 자기 보석을 잊는 법이 있느냐?
신부가 면사포 쓰는 것을 잊는 법이 있느냐?
그런데 내 백성은 나를 잊었다.
날이 지나고 또 지나도 거들떠보지도 않았다."

33-35 "최대한 즐기며 살겠다더니
정말 출발부터 대단했다.
너는 죄를 가르치는 학교를 세우고
대학원 과정까지 개설해 악을 가르쳤다!
그리고 이제 졸업생들이 배출되고 있다.
멋진 학사모와 가운을 착용한 자들.
그러나 그들의 몸에는 무고한 희생자들의 피가 묻어 있다!
그 피가 너에게 유죄 선고를 내린다.
지금의 위치에 오르기 위해 너는 수많은 사람들을 해치고 찔렀다.
그런데도 뻔뻔한 얼굴로 말한다. '나는 아무 잘못이 없다.
어디, 하나님이 신경 쓰시더냐? 그분이 내게 벌을 내리신 적이 있더냐?'
그러나 보아라. 심판이 오고 있다.
'나는 아무 잘못이 없다'고 말하는 바로 너를 향해 오고 있다.

36-37 너는 한 가지 죄를 도모하다 실패하면
아무렇지 않게 또 다른 죄를 도모한다. 그렇지 않으냐?
그러나 기억하여라. 앗시리아가 그랬던 것처럼
이집트도 너희를 내팽개치고 말 것이다.
너는 가슴을 쥐어뜯으며

거기서 나오게 될 것이다.

나 **하나님**은 네가 의지하는 모든 자들의 리스트를 갖고 있다.

너는 그 누구에게서든 손톱만큼의 도움도 얻지 못할 것이다."

음란한 종교에 사로잡힌 너희

¹ **3** **하나님**의 메시지가 이같이 내게 임했다.

"어떤 남자의 아내가

그를 버리고 떠나

다른 남자와 결혼하면,

본남편이 아무 일 없었다는 듯 그녀를 다시 받아 줄 수 있겠느냐?

이는 땅 전체가 들고 일어날 일이 아니냐?

네가 한 짓이 바로 이와 같다.

너는 이 신 저 신 쫓아다니며 매춘부짓을 했다.

그래 놓고서, 이제 아무 일도 없었다는 듯 돌아오고 싶어 한다."

하나님의 포고다.

2-5 "언덕들을 둘러보아라.

네가 섹스 행각을 벌이지 않은 곳이 어디 한 군데라도 있느냐?

너는 사슴을 쫓는 사냥꾼처럼 야외에 텐트를 쳐 놓고

여러 신들에게 구애했다.

거리의 매춘부처럼

이 신 저 신 붙잡고 호객행위를 했다.

그래서 비가 그친 것이다.

더 이상 하늘에서 비가 내리지 않는 것은 그 때문이다!

그래도 너는 전혀 당황하는 빛이 없다. 매춘부처럼 뻔뻔한 너는

마치 아무 잘못이 없다는 듯 행동한다.

그러면서 뻔뻔스럽게 외친다. '나의 아버지!

제가 어렸을 때 주님은 저를 돌보아 주셨습니다. 왜 지금은 아닌가요?

쉬지 않고 계속 화만 내시렵니까?'
툭하면 네가 하는 말이다. 그러나 너는 쉬지 않고 계속 죄를 짓는다."

네 하나님을 무시하는 너희여

6-10 요시야 왕이 다스릴 때에 하나님께서 내게 말씀하셨다. "너는 변덕쟁이 이스라엘이 언덕마다, 숲마다 찾아다니며 매춘 행위를 벌여 온 것을 보았을 것이다. 나는 그녀가 할 만큼 한 다음에는 돌아오리라 여겼지만, 그렇지 않았다. 그녀의 동생, 배신자 유다는 언니가 하는 짓을 지켜보았다. 내가 그 행실 나쁜 변덕쟁이 이스라엘을 이혼장을 들려 쫓아낸 것도 지켜보았다. 그러나 배신자 유다는 전혀 동요하지 않았다. 오히려 밖으로 나가 더 과감하게 매춘 행위를 벌였다. 그녀는 저급하고 음란한 종교를 오락물과 유흥거리로 삼으면서, 닥치는 대로 정신 나간 짓과 불경한 짓을 벌였고, 나라 전체에 썩은 내가 진동하게 만들었다. 이 모든 일을 벌이면서 배신자 유다는 이따금 시늉만 했을 뿐, 내게 눈길 한번 주지 않았다." 하나님의 포고다.

11-12   하나님께서 내게 말씀하셨다. "변덕쟁이 이스라엘이 배신자 유다보다는 훨씬 낫다. 가서 이 메시지를 전하여라. 북쪽 이스라엘에게 이렇게 말하여라.

12-15 '변덕쟁이 이스라엘아, 돌아오너라.
나는 네게 벌주기를 주저하고 있다.
무슨 일이 있어도 너를 사랑하기로 굳게 마음먹었다.
나는 노했지만, 나의 노는 영원하지 않다.
그저 너의 죄를 시인하기만 하여라.
네가 감히 하나님을 무시했던 것,
나의 말에 귀를 막은 채
외간 남자들을 음란한 종교 숲에 끌어들여,
내키는 대로 난잡한 짓을 벌인 것을 시인하여라.'"
하나님의 포고다.

"방황하는 자녀들아, 돌아오너라!"
하나님의 포고다.
"그렇다. 내가 너희의 참된 남편이다.
내가 너희를 한 사람씩 뽑을 것이다.
성읍마다 한 사람씩, 지역마다 두 사람을 뽑아
너희를 시온으로 데려올 것이다.
그리고 내 뜻대로 다스리는 선한 목자 같은 통치자들을
너희에게 보내 주리라.
그들이 명철과 지혜로 너희를 다스릴 것이다."

16 하나님의 포고다. "너희는 이 땅에서 수가 늘고 번성할 것이다. 그때가 되면, 누구도 '아, 좋았던 옛날이여! 언약궤가 있던 시절이여!'라고 말하지 못할 것이다. '좋았던 옛날'이라는 말조차 떠오르지 않을 것이다. 궤가 있던 시절, 좋았던 옛 시절은 지나간 과거가 될 것이다.

17 이제, 예루살렘이 새로운 궤가 되고, 하나님의 보좌가 될 것이다. 이방 민족들이 악한 길에서 떠나, 예루살렘에 모여 하나님을 높이게 될 것이다.

18 그때, 유다와 이스라엘 집안이 하나가 될 것이다. 그들은 손을 맞잡고 북방 나라를 떠나, 내가 너희 조상에게 유산으로 준 땅으로 올 것이다."

19-20 "너희가 내게 돌아오면 이런 말을 해주리라 생각했었다.
'좋다! 너희를 다시 가족으로 받아 주겠다.
너희에게 최고로 좋은 땅,
뭇 민족들이 부러워 죽을 땅을 주겠다.'
나는 너희가 '사랑하는 아버지!' 하며 내게 와서,
다시는 나를 떠나지 않는 모습을 그렸었다.
그러나 어이없게도, 남편을 배신하고 떠난 여인처럼
너희, 이스라엘 가문 전체가 나를 배신했다."

하나님의 포고다.

21-22 언덕에서 사람들의 소리가 들려온다.
이스라엘이 울부짖는 소리다.
허송한 세월을 두고,
자기 하나님을 까맣게 잊고 살아온 시간을 두고 한탄하는 소리다.
"방황하는 자녀들아, 돌아오너라!
내가 너희 방랑벽을 고쳐 주겠다!"

22-25 "우리가 여기 왔습니다! 주께 돌아왔습니다.
우리의 참 하나님이신 주께 돌아왔습니다!
저 유행하는 종교는 전부 저급한 사기에 지나지 않았습니다.
대중에게 최신 신을 팔아먹는 수작에 불과했습니다.
우리가 돌아왔습니다! 우리의 참 하나님이신 주께,
이스라엘의 구원이신 주께 돌아왔습니다.
그 사기꾼 신이 우리를 탈탈 털어 갔고, 우리한테서
우리 조상이 남겨 준 것을 전부 빼앗아 갔습니다.
속아 넘어간 우리는 우리의 유산을,
하나님의 축복인 양 떼와 소 떼, 하나님의 선물인 자녀들을 잃고 말았습니다.
우리가 뿌린 씨를 우리가 거두고 있습니다.
지금 우리는 수치 가운데 바닥을 기고 있습니다.
이 모두는, 우리가 하나님께 범죄했기 때문입니다.
우리와 우리 부모가 다 범죄했습니다.
우리는 첫걸음마 때부터, 첫말이 터질 때부터 이미,
하나님의 음성에 불순종하는 반역자들이었습니다."

4

¹⁻² "이스라엘아, 네가 돌아오려거든,
진심으로 내게 돌이켜야 한다.
지니고 있던 역겨운 것들을 모두 없애 버리고,
더 이상 나를 떠나 방황하는 일이 없어야 한다.
그러면 너는 '하나님께서 살아 계심을 두고 맹세하는데'라는 말로
진실과 정의와 공의를 도모할 수 있게 될 것이다.
그리하여 뭇 민족들이 더불어 축복을 받게 될 것이며,
이스라엘을 우러러보게 될 것이다."

³⁻⁴ **하나님께서**
유다와 예루살렘의 백성에게 주시는 메시지다.
"너희 묵은 밭을 갈아라.
그러나 그 땅에 잡초를 심지는 마라!
그렇다. 너희는 하나님 앞에서 너희 삶에 할례를 행해야 한다.
너희, 유다와 예루살렘 백성들아,
너희 묵은 마음을 갈아라.
너희에게 나의 진노의 불이 떨어지지 않도록 하여라.
그 불은 한번 붙으면 꺼지지 않는다.
그 불을 키우는 것은
너희의 사악한 행실이다."

침략자들이 들이닥친다

⁵⁻⁸ "유다에 경보를 울려라.
예루살렘에 뉴스를 전하여라.
'온 땅에 숫양 뿔나팔을 불어라!' 하고 말하여라.
소리 질러라. 확성기에 대고 외쳐라!
'어서 움직여라!
살고 싶거든 피난처로 달아나라!'

시온이 보도록 경보 봉화를 피워 올려라.
'잠시도 지체하지 마라! 꼼지락댈 시간이 없다!'
북쪽에서 재앙이 내려온다. 내가 보낸 재앙이다!
그 재앙이 도착하면, 지축이 흔들릴 것이다.
사자가 튀어나와 달려들듯 침략자들이 들이닥친다.
민족들을 갈기갈기 찢어발기며,
너의 땅을 잿더미로 만들고,
너의 성읍들을 폐허로 만들 것이다.
검은 상복을 꺼내 입어라.
울며 통곡하여라.
하나님의 진노가 쇠망치처럼
우리 머리에 가해졌기 때문이다."

9   하나님의 포고다.
"이런 일이 일어나면
왕과 제후들은 겁에 질릴 것이다.
제사장과 예언자들도 당황하여 혼비백산할 것이다."

10   그때 내가 말했다. "오, 주 하나님!
주께서 이 백성을, 이 예루살렘을 속이셨습니다.
주께서 '괜찮다. 염려 말라'며 그들을 안심시키신 바로 그 순간에,
칼이 그들 목에 닿았습니다."

11-12   그때가 되면, 이 백성과 이 예루살렘은
이같이 분명한 말을 듣게 될 것이다.
"북방의 사막 초원지대에서
약탈자들이 휩쓸려 오고 있다.
좋을 것 하나 없는 바람, 거센 바람이다.

내가 이 바람을 명하여 불렀다.
내가 나의 백성에게
폭풍 심판을 선언한다."

너의 심장까지 파고드는 악한 삶

13-14 그들을 보아라! 두터운 먹구름 같다.
그들의 병거가 회오리바람같이 질주해 온다.
그들의 군마는 독수리보다도 빠르다!
어쩌면 좋으냐! 이제 우리는 끝장이다!
예루살렘아! 너의 삶에서 악을 깨끗이 씻어 내라.
그래야 구원받을 수 있다.
도대체 언제까지
속에 음험한 악의를 품고 있을 작정이냐?

15-17 이것은 무엇이냐? 단에서 오는 사자인가?
에브라임 언덕에서 오는 흉한 소식이로구나!
사람들에게 알려라.
예루살렘 전역에 그 소식을 전하여라.
"먼 곳에서 침략자들이 들이닥친다.
유다 성읍들을 치겠다고 함성을 질러 댄다.
뼈다귀를 향해 달려드는 개처럼, 그들이 유다를 덮칠 것이다.
왜 그런지 아느냐? 유다가 내게 반역했기 때문이다."
하나님의 포고다.

18 "이는 모두
네가 초래한 것이다.
그 쓰라린 맛은 네 악한 삶에서 비롯된 것이다.
그것이 네 심장까지 파고들 것이다."

19-21 나, 배가 뒤틀려 허리를 펼 수 없다.
불꼬챙이가 창자를 찌르는 듯하다.
오장육부가 갈기갈기 찢기는 것 같은 고통이,
한 순간도 멈추지 않는다.
전쟁을 알리는 숫양 뿔나팔소리가
내 귀를 떠나지 않는다.
재앙이 꼬리에 꼬리를 물고 이어져,
나라 전체가 잿더미가 되었다!
한순간에 내 집이 허물어졌다.
눈 깜짝할 사이에 벽이 무너져 내렸다.
저 경보 봉화를 얼마나 더 보아야 하느냐?
저 경보소리를 얼마나 더 들어야 하느냐?

악의 전문가들

22 "어리석기 짝이 없는, 내 백성이여!
저들은 내가 누구인지 전혀 모른다.
모두 얼간이,
얼뜨기, 멍청이들이다!
악에는 전문가들이지만
선에는 저능아들이다."

23-26 내가 땅을 보니,
다시 창세전의 혼돈과 공허 상태로 돌아가 있었다.
하늘을 보니,
하늘에 별이 하나도 보이지 않았다.
산들을 보니,
산들이 사시나무처럼 떨고 있고,

언덕들도 모두
바람에 마구 흔들리고 있었다.
또 보니, 어찌된 일인가! 사람이 한 사람도 보이지 않고,
하늘에는 새 한 마리 보이지 않았다.
어떻게 이럴 수 있는가! 동산과 과수원이 다 황무지로 변했다.
모든 성읍이 유령마을이 되었다.
이 모두는 다 **하나님** 때문이다.
하나님의 불타는 진노 때문이다.

27-28 그렇다. 이에 대해 **하나님**께서 말씀하신다.

"나라 전체가 폐허가 될 것이다.
그러나 완전히 망하지는 않을 것이다.
땅이 통곡하고
하늘이 애곡할 것이다.
나는 한번 말하면, 되물리지 않는다.
한번 결정하면, 마음을 바꾸지 않는다."

29 누군가 외친다. "기병과 활 쏘는 자들이다!"
그러자 모두 피신처로 달음질친다.
도랑 속으로 숨어들고,
동굴 속으로 기어오른다.
마을이 텅 비고,
어디에서도 개미 새끼 하나 볼 수 없다.

30-31 그런데 너는, 지금 무엇을 하느냐?
파티복을 차려입고,
보석으로 몸치장을 하고,
립스틱과 볼연지에 마스카라까지!

그런 꽃단장, 다 헛일이다.

너는 누구도 꾀지 못할 것이기 때문이다. 그들은 너를 죽이려고 혈안이

되어 있다!

지금 들리는 이 소리는 무엇인가? 산고 중인 여인의 고통소리,

첫째 아이를 낳고 있는 여인의 비명소리다.

숨을 헐떡이며 도움을 청하는

딸 시온의 울음소리다.

"제발, 도와주세요! 살려주세요!

살인자들이 들이닥쳤어요!"

하늘 높이 쌓인 이 백성의 죄

5 ¹⁻² "예루살렘 거리를 순찰해 보아라.

주위를 둘러보아라. 잘 살펴보아라.

중심가를 샅샅이 뒤져 보아라.

옳은 일을 하는 사람,

참되게 살고자 애쓰는 사람,

어디 하나라도 찾을 수 있는지 보아라.

그런 사람은 내가 용서해 주겠다."

하나님의 포고다.

"그렇지 않고서 '하나님께서 살아 계심을 두고 맹세하는데' 운운하며 말

만 하는 자들은,

거짓말쟁이에 지나지 않는다."

3-6 그러나 주 하나님은

진실을 찾으시는 분이 아니십니까?

주께서 그들을 치셨는데도, 그들은 정신 차리지 않았습니다.

주께서 그들을 연단하셨는데도, 그들은 훈육을 거부했습니다.

바윗돌보다 고집 센 그들,

도무지 바뀌려 하지 않았습니다.

그래서 저는 속으로 생각했습니다. "좋다.
저들은 그저 가난뱅이에 무지렁이 민초일 뿐이다.
하나님에 대해 제대로 배우지 못했고,
기도하는 곳에도 나가지 않는 자들이다.
그러니 이제, 지체 높은 가문의 사람들을 찾아
그들과 이야기해 봐야겠다.
그들이라면 이 일이 무엇인지,
하나님께서 어떻게 하실지 알고 있을 것이다.
사태를 파악하고 있을 것이다."
그러나 그들도 다르지 않았습니다!
그들 역시 제멋대로 빗나가는 반역자들이었습니다!
산속의 사자나 들의 늑대,
길가를 배회하는 표범처럼,
침략자들이 곧 달려들어 우리를 죽일 태세입니다.
거리는 더 이상 안전하지 않습니다.
왜 그렇습니까? 이 백성들의 죄가 하늘 높이 쌓였기 때문입니다.
그들의 반역 행위가 셀 수조차 없는 지경이 되었기 때문입니다.

7-9 "왜 내가 너를 더 참아 주어야 하느냐?
네 자녀들은 나를 버리고 떠나,
신도 아닌 것들에게 가서
그들과 어울렸다.
내가 그들의 간절한 필요를 해결해 주었건만, 그들은 나를 버리고
'신성하다'는 창녀들을 찾아가,
음란한 산당에서 광란의 파티를 벌였다!
훤칠하고 정력 넘치는 수말 같은 그들,
이웃의 아내를 탐하며 씩씩거리고 힝힝거린다.
이런데도, 내가 그저 팔짱만 끼고 보고 있어야 하느냐?"
하나님의 포고다.

"그런 자들,
내가 단단히 손보아야 하지 않겠느냐?"

하나님께서 백성을 버리시다

10-11 "포도원에 가서, 늘어선 포도나무들을 찍어 쪼개라.
그러나 전부 그렇게 하지는 말고, 몇 그루는 남겨 두어라.
그 포도나무에서 자라난 가지들을 쳐내 버려라!
그것들은 **하나님**과 무관하다!
그들 유다와 이스라엘은,
거듭하여 나를 배신했다."
하나님의 포고다.

12-13 "그들은 **하나님**에 대한 거짓말을 퍼뜨렸다.
그들은 말했다. '**하나님**은 신경 쓸 것 없다.
우리에게는 나쁜 일이 일어나지 않을 것이다.
기근도 전쟁도 없을 것이다.
예언자들은 말쟁이일 뿐이다.
터무니없는 말이나 늘어놓는다.'"

14 그러므로, 만군의 **하나님**께서 내게 이렇게 말씀하셨다.

"그런 말을 한 그들,
이제 그 말을 취소하게 될 것이다.
잘 보아라! 내가 너의 입에
나의 말을, 곧 불을 넣어 준다.
이 백성은 불쏘시개 더미며,
불타 잿더미가 될 것이다.

15-17 이스라엘의 집이여, 주목하여라!

내가 먼 곳에서 한 민족을 데려와 너희를 치게 할 것이다."
하나님의 포고다.

"견실한 민족이자
유구한 역사를 가진 민족,
너와 다른 말을 하는 민족이다.
너는 그들의 말을 한 마디도 알아듣지 못할 것이다.
그들이 활을 겨누면, 너는 죽은 목숨이나 다름없다.
그들은 진짜 전사들이다!
그들이 너를 집과 고향에서 몰아내고,
네 곡식과 자녀를 빼앗아 갈 것이다.
네 양 떼와 소 떼를 다 먹어 치우고,
네 포도나무와 무화과나무를 발가벗길 것이다.
네가 안전하다고 굳게 믿는 요새들이,
그들의 한 방에 모두 초토화될 것이다!"

18-19 **하나님**의 포고다. "비참하기 이를 데 없는 지경에 처하겠지만, 그러나 완전히 망하지는 않을 것이다. '왜 우리 **하나님**께서 우리에게 이런 일을 행하십니까?'라고 사람들이 묻거든, 이렇게 일러 주어라. '행한 그대로 당하는 것이다. 너희가 나를 떠나 너희 나라에서 이방 신들을 섬겼으니, 이제 너희가 그들 나라에서 이방인들을 섬겨야 한다.'

20-25 야곱 집에 이렇게 전하여라.
잘 들어라.
유다에 이런 공문을 내걸어라.
눈이 있어도 보지 못하고
귀가 있어도 듣지 못하는 너희,
아둔한 바보들아,
어찌 나를 높일 줄 모르느냐?
어찌 나를 경외할 줄 모른단 말이냐?

내가 해안선을 그어
대양을 나누었고,
모래사장에 선을 그어
물이 넘어오지 못하게 했다.
물결이 넘실대나 범람하지 못하고,
세찬 파도도 이내 부서지고 만다.
그런데, 이 백성을 보아라!
고삐 풀려 날뛰는 망아지 같다.
그들은 '우리 하나님,
봄과 가을에 비를 주시고
계절을 일정하게 순환시키시며
해마다 추수를 허락하시는 하나님,
우리를 위해 만사를 원활하게 하시는 그 하나님을
우리 삶으로 어떻게 높여 드릴까?' 생각해 본 적 없다.
당연한 일이다! 너희의 악한 행실이 너희 눈을 가렸기 때문이다.
너희에게서 나의 축복이 먼 것은 너희 죄 때문이다.

26-29 사악한 자들,
사냥하는 파렴치한들이 내 백성 안에 들어와 있다.
그들이 무고한 사람들을 잡으려 덫을 놓으니,
무죄한 이들이 덫에 걸린다.
잡은 새들로 가득한 사냥꾼의 자루처럼,
그들의 집은 부정하게 취한 이득으로 가득하다.
거만하고 권세 있고 부자인 그들,
피둥피둥 살이 쪄 기름기가 흐른다.
그들에게 양심이란 없다.
옳고 그름에 전혀 개의치 않는다.
대의를 지지하는 일도, 누군가를 지켜 주는 일도 없다.
고아들을 이리 떼에게 내어 주고 가난한 이들을 착취한다.

이런데도 너희는 내가 그저 잠자코 있으리라고 생각하느냐?"
하나님의 포고다.
"내가 그들을
크게 손봐 주지 않을 수 있겠느냐?"

※

30-31 "말이 나오지 않는다! 구역질만 일어난다!
이 나라가 대체 어찌된 것인가?
예언자들이 거짓을 전파하고
제사장들은 그들의 조수 노릇을 한다.
게다가 내 백성은 이 상황을 즐기고 있다. 완전히 그들 세상이다!
그러나 그 세상이 곧 끝날 텐데, 너희는 어찌하려느냐?"

거짓 가득한 도성

1-5 **6** "베냐민의 자녀들아, 살려거든 달아나라!
예루살렘에서 도망쳐라, 당장!
나팔소리 마을에서 숫양 뿔나팔을 크게 불어라.
봉화연기 마을에서 연기를 피워 올려라.
북방에서 재앙이 쏟아져 내려온다.
무시무시한 공포가 닥친다!
나는 사랑하는 딸 시온을
아름다운 목초지라 불렀다.
그러나 이제 북쪽의 '목자들'이 그녀를 발견하고,
군대를 몰고 와서
사방에 진을 친다
어디서 풀을 뜯어 먹을까 모의한다.
그러다가 외친다. '공격 준비! 전투 준비!
전원 무장하라! 정오에 쳐들어간다!
너무 늦었나? 날이 벌써 저문다고?

땅거미가 내린다고?
좋다. 어쨌든 준비하라! 밤에 공격해 들어갈 것이다.
그녀의 방어 요새를 초토화시켜 버리자.'"

6-8 만군의 **하나님**께서 명령을 내리셨다.

"그녀의 나무들을 베어 쓰러뜨려라.
포위 공격 축대를 쌓아서 예루살렘,
야만이 가득하고
폭력이 들끓는 그 도성을 쳐라.
멈추지 않고 솟아나는 샘처럼,
그녀에게서는 끊임없이 악이 솟아나온다.
거리마다 '폭력이다! 강간이다!' 외치는 소리가 들려오고,
곳곳마다 희생자들이 땅바닥에 쓰러져 피 흘리며 신음한다.
예루살렘아, 너는 위험에 처했다.
나는 너를 더 이상 참을 수가 없다.
이제 너는 전멸을 앞두고 있다.
유령마을이 되기 직전이다."

9 만군의 **하나님**께서 명령하신다.

"이제 시간이 되었다! 포도를 따거라. 심판을 행하여라.
이스라엘에 남아 있는 것들을 모조리 수거하여라.
그 포도나무들에게 다시 가서,
포도알 하나 남기지 말고 모조리 따거라."

귀 기울여 들을 자 있는가?
10-11 "내가 할 말이 있다. 누구, 귀 기울여 들을 자 있는가?
내가 붙일 경고문이 있다. 누구, 주목하여 볼 자 있는가?

희망이 없구나! 그들의 귀는 밀로 봉해졌다.
전부 귀머거리에, 눈뜬장님이다.
절망적이다! 그들은 **하나님**의 말에 아예 귀를 닫아 버렸다.
그들은 내가 하는 말을 듣기 싫어한다.
그러나 내 속에서 **하나님**의 진노가 부글부글 끓어오른다.
더 이상 품고 있을 수 없다.

11-12 그러니 이 분노를 거리의 아이들에게 쏟아부어라.
젊은 무리에게 쏟아부어라.
누구도 예외가 없다. 남편과 아내가 잡혀가고,
노인과 죽을 날이 얼마 안 남은 병자도 끌려갈 것이다.
모두 집을 빼앗길 것이다.
가졌던 전부를 잃고, 사랑하는 자들도 잃을 것이다.
내가 신호를 내려
이 나라에 살고 있는 모든 자를 칠 것이다.”
하나님의 포고다.

13-15 “다들 부정한 이득을 취하는 데 혈안이다.
지위 높은 자나 낮은 자나 마찬가지다.
예언자든 제사장이든, 누구 할 것 없이 모두가
말을 비틀고 진실을 조작한다.
내 백성이 망가졌다. 아주 결딴나 버렸다!
그런데도 그들은 반창고나 붙여 주면서,
'별일 아니다. 괜찮다'고 말한다.
그러나 설대 괜찮지 않다!
무도한 짓을 자행하는 그들,
부끄러움을 느낄 것 같으냐?
그렇지 않다. 그들은 부끄러움을 모른다.
얼굴 붉힐 줄을 모른다.

그들에게는 희망이 없다. 바닥에 메쳐진 그들,
일어설 가망이 없다.
내가 보기에,
그들은 끝났다."
하나님께서 말씀하셨다.

하나님의 길에서 떠난 유다 백성

16-20 **다시 하나님의 메시지다.**

"갈림길에 서서 둘러보아라.
옛길, 이미 검증된 길이 어느 방향인지 묻고,
그 길로 가거라.
너희 영혼이 살 수 있는 바른 길을 찾아라.
그러나 그들은 말했다.
'아니, 우리는 그 길로 가지 않을 것이다.'
나는 그들을 위해 파수꾼을 세우고
그들에게 경보를 울리게 했다.
그러나 이 백성은 말했다. '잘못된 경보다.
우리와 상관없다.'
그래서 이제 나는 뭇 민족들을 증인으로 부를 참이다.
'증인들아, 이제 저들에게 무슨 일이 일어나는지 잘 보아라!
땅아, 주목하여라!
이 공문을 똑똑히 보아라.'
이제 내가 이 백성에게 재앙을 내릴 것이다.
감히 나를 상대로 벌인 게임이 어떻게 끝나는지 알게 할 것이다.
그들은 나의 말을 하나도 듣지 않았다.
나의 가르침을 멸시했다.
너희가 스바에서 들여오는 향과
이국에서 가져오는 진귀한 향료 같은 것들을 내가 좋아할 것 같으냐?

너희가 바치는 번제물, 나는 전혀 즐겁지 않다.
너희가 행하는 종교 의식들, 내게는 아무 의미가 없다."

21 그러니 이제 똑똑히 들어라. 너희가 살아온 길에 대한 **하나님**의 선고다.

"잘 보아라! 나는 너희가 가는 그 길에
걸림돌과 장벽을 놓을 것이다.
너희는 그것들과 부딪혀 길 위에 나동그라질 것이다.
부모와 자식, 이웃과 친구들이,
모두 같은 운명을 맞을 것이다."

22-23 **하나님**의 선고다. 똑똑히 들어라.

"잘 보아라! 북방에서 한 침략자가 내려온다.
먼 곳에서 강력한 민족이 쳐들어온다.
사악하고 무자비한 그들,
완전무장에
전투대형을 갖추고,
바다폭풍소리 같은 굉음을 내며,
군마를 타고 너를 치러 온다.
사랑하는 딸, 시온을 치러 온다!"

24-25 그 소식을 들은 우리,
맥이 탁 풀렸습니다.
두려움에 온몸이 마비되었습니다.
공포에 목이 졸려 숨 쉴 수조차 없습니다.
절대 문 밖에 나가지 마라!
집을 나서지 마라!
죽음이 삼킬 것을 찾아 돌아다니고 있다.

도처에 위험이 도사리고 있다!

26 "사랑하는 딸 시온아, 상복을 꺼내 입어라.
얼굴에 검게 재를 바르고,
슬피 울어라.
하나밖에 없는 자식을 잃은 사람처럼 통곡하여라.
카운트다운이 시작된다.
육, 오, 사, 삼……
공포가 들이닥친다!"

27-30 **하나님께서 내게 이 임무를 맡기셨다.**

"내가 너를 내 백성의 심사관으로 삼아,
그들의 삶을 심사하고 무게를 달아 보게 했다.
하나같이 얼간이며 고집불통인 데다가
속속들이 썩어빠진 그들,
고열의 용광로 속에 넣어도
모양이 변하지 않고 그대로다.
제련하려고 아무리 애써도 소용이 없다.
어떻게 해도 그들 안의 악을 빼낼 수가 없다.
사람들은 그들을 포기하고,
그들의 **하나님**이 버린 '폐석'이라 부를 것이다."

예레미야의 성전 설교

1-2 **7** 예레미야에게 임한 **하나님**의 메시지다. "**하나님**의 성전 문에 서서 이 메시지를 전하여라.

2-3 '들어라, **하나님**을 예배하러 이 문으로 들어오는 너희 모든 유다 백성들아. 만군의 **하나님**, 이스라엘의 **하나님**께서 너희에게 말씀하신다.

3-7 너희 행위를—사는 방식과 하는 일을—깨끗하게 하여라. 그래야 내가 이 성전을 내 집으로 여기고, 너희와 함께 지낼 수 있다. 이곳에서 전하는 거짓말을 터럭만큼도 믿지 마라. "이곳은 **하나님**의 성전이다, **하나님**의 성전이다, **하나님**의 성전이다!" 이 말은 거짓이며 터무니없는 소리다! 너희가 행실을(사는 방식과 하는 일을) 깨끗하게 하고, 사는 방식과 이웃을 대하는 방식을 대대적으로 고치며, 빈민과 고아와 과부들을 착취하던 일을 멈추고, 이곳에서 무죄한 자들을 이용하거나 이 성전에 숨어 다른 신들을 섬기며 너희 영혼을 파괴하는 짓을 그만둘 때에야 비로소, 내가 너희 이웃이 되어 너희와 함께 살 것이다. 그때가 되어야, 내가 너희 조상들에게 준 이 나라는 내가 항상 머무는 집, 나의 성전이 될 것이다.

8-11 아무 생각이 없구나! 너희는 너희 지도자들이 던져 주는 거짓말을 잘도 받아 삼키고 있다! 생각해 보아라! 너희는 그렇게 강탈하고 살인하고 이웃의 아내와 간통하고 입만 열면 거짓말하며 우상숭배와 최신 유행 종교를 쫓아다니면서, 이 성전, 나를 예배하는 곳으로 구별된 이곳에 들어와 "우리는 안전하다!" 말할 수 있다고 생각하느냐? 밖에서 아무리 극악한 짓을 벌였어도 이 장소에만 들어오면 아무 문제가 없다고 생각하느냐? 여기가 그런 범죄자 소굴이더냐? 너희는 나를 예배하는 곳으로 구별된 이 성전을, 그런 곳으로 바꾸어도 된다고 생각하느냐? 그렇다면 생각을 다시 하여라. 내가 보고 있다. 무슨 일이 벌어지고 있는지 내가 똑똑히 보고 있다.'" **하나님**의 포고다!

12 "전에 실로에 있던 그 장소, 전에 내가 내 백성을 만나던 그곳을 찾아가 보아라. 그곳이 지금 어떻게 폐허가 되었는지, 나의 백성 이스라엘이 악한 길로 갈 때에, 내가 그곳을 어떻게 만들었는지 잘 보아라.

13-15 내가 거듭거듭 너희를 따로 불러 엄중히 경고했건만, 너희는 듣지 않고 가던 길을 고집했다. 회개를 촉구했건만, 달라지지 않았다. 그러므로, 이제 나는 나를 예배하는 곳으로 구별된 이 성전, 너희가 무슨 일이 있어도 너희를 안전하게 지켜 주리라 믿고 있는 이곳, 내가 너희 조상과 너희에게 선물로 주었던 이 장소에, 전에 내가 실로에서 했던 것과 같은

일을 일으키겠다. 전에 실로 주위에 살던 너희 옛 친척과 지금은 사라진 북방 왕국, 너희 동족 이스라엘 백성에게 했던 것처럼, 너희도 싹 쓸어버릴 것이다.'

16-18 너 예레미야야, 이 백성을 위해 기도하느라 네 시간을 낭비할 것 없다. 그들을 위해 간청하지 마라. 그들 일로 나에게 조르지 마라. 나는 듣지 않을 것이다. 그들이 유다 마을과 예루살렘 거리에서 하는 짓이 보이지 않느냐? 그들은 자식들에게 땔감을 주워 오게 하여, 아버지는 불을 피우고 어머니는 '하늘의 여왕'에게 바칠 빵을 굽는다! 그것으로도 모자라, 아무 신에게나 술을 부어 바치며 내 마음에 상처를 입힌다."

19 **하나님**의 포고다! "과연 그들이 내게 상처를 입히는 것이겠느냐? 사실은 그들 자신에게 상처를 입히면서, 자신의 수치를 드러내고 자신을 우스꽝스럽게 만들고 있지 않느냐?

20 주 **하나님**이 말한다. '나의 불같은 노가 이 나라와 그 안에 있는 모든 것―사람과 동물, 들의 나무와 동산의 식물―위에 임할 것이다. 무엇으로도 끌 수 없는 맹렬한 불이다.'

21-23 만군의 **하나님**, 이스라엘의 **하나님**의 메시지다. '그래, 계속 그렇게 하여라! 너희 번제물에다 희생 제물까지, 너희나 실컷 먹어라. 분명히 말하는데, 나는 그것을 원치 않는다! 내가 너희 조상을 이집트에서 구해 낼 때, 나는 그들에게 내가 그런 번제물과 희생 제물을 원한다고 말한 적이 없다. 나는 이렇게 명령했다. "나에게 순종하여라. 내가 이르는 대로 행하여라. 그러면 나는 너희 하나님이 되고, 너희는 나의 백성이 될 것이다. 내가 너희에게 이르는 대로 살아라. 내가 명령하는 바를 행하여라. 그러면 너희가 잘될 것이다."

24-26 그러나 그들이 들었느냐? 한 마디도 듣지 않았다. 그들은 그저 마음 내키는 대로 행했고, 악한 충동에 충실히 따르면서 날이 갈수록 악해졌다. 너희 조상들이 이집트 땅을 떠난 날부터 지금까지, 나는 쉬지 않고 나의 종, 예언자들을 보냈다. 그런데 그 백성이 들었느냐? 한 번도 듣지 않았다. 노새처럼 고집불통이며, 조상보다 더 완악한 그들이다!'

27-28 그들에게 가서 내 말을 전하되, 그들이 귀 기울여 들으리라고는 기대

하지 마라. 그들에게 소리쳐 외쳐라. 그러나 대답을 기대하지는 마라. 다만 그들에게 전하여라. '너희는 하나님께 순종하지 않았고, 그분의 훈계를 모조리 거부한 민족이다. 진실이 사라졌다. 너희 입에서 흔적도 없이 사라졌다.

29 그러니 너의 머리를 밀어라.
민둥산에 올라가 슬피 울어라.
하나님께서 떠나셨기 때문이다.
그분을 노하게 만든 이 세대에 등을 돌리셨다.'"

30-31 **하나님**의 포고다. "유다 백성은 내가 지켜보고 있는데도 버젓이 악을 저질렀다. 다른 곳도 아니고 나를 높여야 할 성전 안에 추악한 신상을 세워, 나를 의도적으로 모욕했다. 그들은 벤힌놈 골짜기 전역에 장소를 골라 도벳 제단을 세우고, 아기들을 불살라 바쳤다. 자기 아들딸들을 산 채로 불태웠다. 나와 나의 명령 전부를 참람하게 왜곡했다."

32-34 **하나님**의 포고다! "그러나 이제 도벳과 벤힌놈은 그 이름으로 불리지 않게 되리라. 사람들은 그곳을 '살육의 골짜기'라 부를 것이다. 더 이상 묻을 데가 없어 도벳에 시체들이 높이 쌓일 것이다! 노천에 버려진 시체들은 그곳을 활보하는 까마귀와 늑대의 밥이 되리라. 내가 유다 마을과 예루살렘 거리에서 미소와 웃음이 완전히 사라지게 만들 것이다. 결혼을 축하하는 노랫소리, 여흥을 즐기는 소리가 사라지고, 죽음 같은 정적만이 흐를 것이다."

1-2 **8** **하나님**의 포고다. "그때가 이르면, 나는 사람들이 유다 왕들의 뼈, 제후와 제사장과 예언자들의 뼈, 일반 백성들의 뼈를 다 파헤쳐, 그것들이 하늘의 해와 달과 별들을 올려다보며 숭배하는 무리들 앞에 널브러지게 만들 것이다. 오랜 세월 동안 하늘의 신들에 심취하고 '행운의 별들'을 헌신적으로 따랐던 그들이다. 그 뼈들은 노천에 흩뿌려

진 채 버려지고, 비료와 거름이 되어 땅에 스며들 것이다.

3   남은 모든 자들, 곧 악한 세대 중에 불행하게도, 그때까지 목숨이 붙어 있는 자들은, 저주 받은 장소를 여기저기 떠돌며 차라리 죽기를 바랄 것이다." 만군의 하나님의 포고다.

그들에게는 희망이 없다

4-7   "그들에게 가서, 하나님의 메시지를 전하여라.

'사람은 넘어지면 다시 일어서지 않느냐?
잘못 들어선 길이면 멈추고 돌아서지 않느냐?
그런데 어째서 이 백성은 길을 거꾸로 가면서도
계속 그 길을 고집하느냐? 거꾸로 된 그 길을!
그들은 한사코 거짓된 것을 따라가려 하고,
방향을 바꾸기를 거절한다.
내가 유심히 귀를 기울여 보아도,
전혀 들리지 않는다.
자책하는 소리,
"이런 길을 가다니" 하는 후회의 소리 하나 없다.
그들은 그저 그 길을 계속 갈 뿐이다. 맹목적으로 가다가,
멍청하게 벽에 머리를 찧는다.
겨울을 준비하는 두루미는
언제 남쪽으로 이동해야 하는지 안다.
울새, 휘파람새, 파랑새는
언제 다시 돌아와야 하는지 안다.
그러나 내 백성은 어떤가. 그들은 아무것도 모른다.
하나님과 그분의 법에 대해서는 낫 놓고 기역 자도 모른다.

8-9   "우리는 다 안다. 영광스럽게도 우리는
하나님의 계시를 소유한 자들이다'라니, 어떻게 그런 말을 할 수 있느냐?

지금 너희 상태를 보아라. 거짓된 것에 사로잡혀 있다.

너희 종교 전문가들에게 사기당한 것이다!

"다 안다"는 그들, 실상이 폭로될 것이요

정체가 탄로 날 것이다.

그들을 보아라! 정말 다 안다. 하나님의 말씀만 빼놓고 모든 것을 안다.

그런데 그런 것을 과연 "안다"고 말할 수 있겠느냐?

10-12 다 안다는 그들을 내가 어떻게 할지 말해 주겠다.

그들은 아내를 잃고 집을 잃을 것이다.

내가 그렇게 만들 것이다.

다들 부정한 이득을 취하는 데 혈안이다.

지위 높은 자나 낮은 자나 마찬가지다.

예언자든 제사장이든, 누구 할 것 없이 모두가

말을 비틀고 진실을 조작한다.

내 사랑하는 딸, 내 백성이 망가졌다. 아주 결딴나 버렸다!

그런데도 그들은 반창고나 붙여 주면서,

"별일 아니다. 괜찮다"고 말한다.

그러나 절대 괜찮지 않다!

무도한 짓을 자행하는 그들,

부끄러움을 느낄 것 같으냐?

그렇지 않다. 그들은 부끄러움을 모른다.

얼굴 붉힐 줄을 모른다.

그들에게는 희망이 없다. 바닥에 메쳐진 그들,

일어설 가망이 없다.

내가 보기에,

그들은 끝났다.'" 하나님께서 말씀하셨다.

13 하나님의 포고다.

"행여 건질 것이 있을까 해서 나가 보았지만,
아무것도 찾지 못했다.
포도 하나, 무화과 하나 얻지 못했고
시든 이파리 몇 개가 전부였다.
나는 그들에게 주었던 것 전부를
다시 회수할 것이다."

14-16 그러니 여기 이렇게 가만히 앉아서 뭘 하겠느냐?
전열을 갖추자.
그 큰 도성으로 가서 싸우자.
거기에서 싸우다 죽자.
우리에게는 이미 하나님의 최후통첩이 내려졌다.
우리는 나가 싸워도 죽고, 싸우지 않더라도 결국 죽을 것이다.
그분께 지은 죄로 인해 우리는 이미 끝장났다.
우리는 사태가 호전되고 역전되리라 기대했지만,
결국 그렇게 되지 않았다.
치유를 바라며 기다렸지만,
결국 모습을 드러낸 것은 공포였다!
북쪽 단에서
말발굽소리가 들려온다.
거센 콧소리를 내며 말들이 질주해 오는 소리다.
땅이 흔들리고 떨린다.
그들이 이 나라를 통째로 삼킬 것이다.
마을과 사람들이 전쟁의 먹이가 되어 사라질 것이다.

17 "그것이 전부가 아니다. 나는 너희 안에
독사도 풀어 놓을 것이다.
무슨 수로도 길들일 수 없는 뱀들,
너희를 모조리 물어 죽일 것이다."

하나님의 포고다!

예언자의 탄식

18-22 나는 비탄에 잠겼다.
가슴이 찢어질 듯 아프다.
들어 보아라! 귀 기울여 들어 보아라! 온 나라에 울려 퍼지는
내 사랑하는 백성의 울음소리를.
하나님께서 더 이상 시온에 계시지 않는가?
왕이신 그분께서 영영 떠나셨는가?
대체 저들이 내 앞에서 장난감 신들,
그 우스꽝스러운 수입 우상들을 자랑하는 까닭이 무엇이냐?
수확이 끝나고 여름도 지나갔지만,
우리는 아무것도 달라진 것이 없다.
우리는 여전히 구조를 기다리고 있다.
내 사랑하는 백성이 상했고, 내 마음도 상했다.
나는 비탄에 잠겨, 슬피 운다.
길르앗에 상처를 치료하는 약이 없단 말이냐?
그곳에 의사가 없단 말이냐?
내 사랑하는 백성을 치료하고 구원하기 위해
할 수 있는 일이 어째서 하나도 없단 말이냐?

1-2 **9** 내 머리가 물 가득한 우물이었으면,
내 눈이 눈물의 샘이었으면 좋으련만.
그러면, 내 사랑하는 백성에게 닥친 재앙을 가슴 아파하며
밤낮으로 울 수 있을 텐데.
때로는 광야나 숲 속에
오두막집 하나 있었으면 할 때가 있다.
내 백성을 멀리 떠나

그들이 보이지 않는 곳에서 살고 싶다.
저 불충하고 무책임한 떼거리,
저 변절자 무리를 보지 않고 살고 싶다.

3-6 "활이 화살을 쏘듯
그들은 혀로 거짓말을 쏘아 댄다.
강력한 거짓말쟁이 군대요,
진실과 철천지원수다.
나를 알지 못하는 그들,
악에 악을 쌓아 간다."
하나님의 포고다.
"오랜 이웃이라도 경계하여라.
친할머니도 믿지 마라!
옛 사기꾼 야곱처럼,
그들은 자기 형제도 속이고 이용한다.
친구들끼리
악독한 헛소문을 퍼뜨린다.
이웃에게 사기치고
진실을 감춘다.
거짓말로 혀를 단련시킨 그들,
이제는 진실을 말하고 싶어도 할 수 없다.
그들은 잘못 위에 잘못을, 거짓 위에 거짓을 쌓을 뿐
나를 알려고 하지 않는다."
하나님의 포고다.

7-9 그러므로, 만군의 하나님께서 말씀하신다.

"보아라! 내가 그들을 녹여

그 본색을 드러내 보일 것이다.
이렇게 사악한 백성에게
내가 달리 무엇을 할 수 있겠느냐?
그들의 혀는 독화살이다!
끔찍한 거짓말이 입에서 끝없이 흘러나온다.
이웃에게 미소를 지으며,
 '좋은 아침입니다! 어떻게 지내십니까?' 하고 인사를 나누지만,
속으로는 서로를 없앨 궁리만 한다.
이런데도 내가 그저 팔짱만 낀 채 보고 있어야 하느냐?"
하나님의 포고다.
"그런 자들,
내가 단단히 손봐 주어야 하지 않겠느냐?

10-11 잃어버린 초원을 생각하며 비가를 부른다.
사라진 목초지를 그리며 애가를 부른다.
그 땅들, 이제는 위험하고 황량한 황무지일 뿐이다.
양 떼 소리, 소 떼 소리가 더는 들리지 않는다.
새와 들짐승도 모두 사라졌다.
살아 꿈틀거리는 것, 살아 소리 내는 것이 하나도 없다.
나는 예루살렘을 돌무더기로 만들 것이다.
승냥이나 어슬렁거리며 다니는 곳이 되게 할 것이다.
나는 유다 성읍들을 전부 폐허로 전락시킬 것이다.
아무도 살지 않는 폐허로!"

12 내가 물었다. "우리에게 진상을 알려 줄 현자는 없는가? 하나님께 내막
을 전해 듣고 우리에게 알려 줄 자 어디 없는가?
　　나라가 이토록 황폐해진 까닭이 무엇인가?
　　어찌하여 인적 하나 없는 황무지가 되어 버렸는가?"

13-15 　　**하나님**의 대답이다. "그것은 그들이 나의 가르침을 분명히 알고도 등을 돌렸기 때문이다. 그들은 내 말을 하나도 귀담아 듣지 않았고, 내가 지시하는 삶을 한사코 거절했다. 그들은 자기들 원하는 대로 살면서, 그 조상이 그랬던 것처럼, 모든 소원을 들어준다는 바알 신을 섬겼다." 이것이 그들이 망한 이유다. 만군의 **하나님**께서 말씀하신다.

　　"나는 그들에게 돼지 똥오줌을 먹일 것이다.
　　그들에게 독을 주어 마시게 할 것이다.
16 　　그러고는 그들 모두를 저 먼 곳, 아무도 들어 보지 못한 이방 민족들 사이로 흩어 버리고, 죽음이 그들을 끝까지 추격하여 쓸어버리게 할 것이다."

깨어 있어라!
17-19 만군의 **하나님**의 메시지다.

　　"우리가 곤경에 처했으니, 도움을 청하여라.
　　슬픔을 달래 줄 노래꾼들을 불러라.
　　서둘러 오게 하여라.
　　와서, 우리가 상실과 비탄을 드러내고
　　눈물을 흘리며 울 수 있도록,
　　눈물의 노래를 부를 수 있도록 돕게 하여라.
　　귀 기울여라!
　　시온에서 흘러나오는 강물 같은 눈물소리에 귀 기울여라.
　　'우리는 망한 백성,
　　수치를 당한 백성이로다!
　　우리는 고향에서 쫓겨난 백성,
　　자기 땅을 떠나야 하는 백성이로다!'"

20-21 애곡하는 여인들아! 오, **하나님의 메시지**를 들어라!
너희 귀를 열어, 그분이 하시는 말씀을 받아라.
너희 딸들에게 장송곡을 가르치고,
너희 친구들에게 비가를 가르쳐라.
죽음이 창문을 넘어,
우리 안방까지 침입해 들어왔다.
놀이터에서 놀던 아이들이 쓰러져 죽고,
광장에서 뛰던 청년들이 고꾸라진다.

22 소리 높여 전하여라! "**하나님의 메시지**다.

'어디를 가나 사람의 시체가 즐비하다.
들판에 널린 양과 염소의 똥처럼,
추수 때 바닥에 버려져 썩는 곡식 단처럼
마구 널브러져 있다.'"

23-24 **하나님의 메시지**다.

"지혜 있는 자들은 자기 지혜를 자랑하지 마라.
영웅들은 자기 공적을 자랑하지 마라.
부유한 자들은 자기 부를 자랑하지 마라.
자랑을 하려거든,
내 뜻을 알고 나를 아는 것, 오직 그것만을 자랑하여라.
나는 **하나님**, 신실한 사랑으로 일하는 이다.
바른 일을 하며, 만사를 바로잡는 이며,
그런 일을 행하는 자들을 기뻐하는 이다.
이것이 너희가 나를 알아보는 표지다."
하나님의 포고다.

25-26 **하나님**의 포고다! "깨어 있어라! 머지않아 나는, 겉만 꾸미고 속은 텅 빈 자들을 직접 손봐 줄 것이다. 이집트, 유다, 에돔, 암몬, 모압이 그들이다. 모두 종교 연기에 능한 민족들, 이스라엘도 다를 바 없다."

거짓 신과 참된 신

1-5 **10** 이스라엘의 집이여, **하나님**께서 너희에게 보내시는 메시지를 들어라. 주의 깊게 들어라.

"저 이방 민족들을 본받지 마라.
그들의 현란한 마력에 현혹되지 마라.
그들의 종교는
허상에 불과하다.
우상은 목공이 도끼로 나무를 찍어 만든 것에 지나지 않는다.
그들은 그것에 이것저것 장식을 붙이고,
넘어지지 않도록 망치와 못으로 고정한다.
그것은 배추밭에 서 있는 허수아비와 같다. 말 한 마디 못한다!
그것은 사람들이 운반해 주어야 하는 죽은 나무토막에 불과하다. 제 발로 다니지도 못한다!
그런 물건에 현혹되지 마라.
아무짝에도 쓸모없는 무용지물일 뿐이다."

6-9 오 **하나님**, 주님은 그런 것과 비교할 수 없는 분입니다.
주님은 경이롭도록 위대하신 분, 그 이름이 더없이 높으신 분입니다.
만민의 왕이신 주님을 누가 감히 두려워하지 않을 수 있겠습니까?
주님만이 경배 받기에 합당하신 분입니다!
저기, 먼 사방의 여러 민족들을 보십시오.
그들 중 가장 뛰어난 자들이 만든 가장 뛰어난 것도

도저히 주님과 견줄 수 없습니다.
아둔하기 짝이 없는 그들, 나무 막대기를 줄지어 세우지만
모두 헛것들일 뿐입니다.
다시스에서 들여온 은박과
우바스에서 들여온 금박,
청색과 자주색 옷감으로 제 아무리 예쁘게 꾸며도
그저 나무 막대기에 불과합니다.

10 그러나 **하나님**은 참되시다.
살아 계신 하나님은 영원한 왕이시다.
그분이 노하시면 땅이 흔들린다.
그렇다, 이방 민족들이 몸을 떤다.

11-15 "그들에게 전하여라. '하늘과 땅을 지은 적 없는 신들,
아무것도 지은 적 없는 막대기 신들은,
결국 하늘과 땅 사이에서,
아무것도 아닌 것이 되어 나뒹굴 것이다.'"
그러나 하나님은 능력으로 땅을 지으시고,
지혜로 세상을 빚어 내셨다.
우주는 그분의 작품이다.
그분께서 천둥소리를 내시면, 비가 쏟아진다.
구름을 피워 올리시고,
번개로 폭풍을 두르시며,
당신의 창고에서 바람을 꺼내 날려 발진시키신다.
막대기 신을 숭배하는 자들, 참으로 어처구니없는 얼간이들이다!
자기 손으로 만든 신들로 수치를 당하여 쩔쩔맨다!
그 신들은 모두 가짜요, 죽은 막대기일 뿐이다.
말라 죽은 나무를 두고 신이라니, 어이가 없다.
심판의 불이 닥치면, 모두 재가 되고 말 것들이다.

16 그러나 '야곱의 분깃'이신 분은 참되시다.
　그분은 온 우주를 지으신 분,
　이스라엘을 특별히 주목하시는 분.
　그분의 이름이 무엇인가? 만군의 **하나님**이시다!

17-18 공격자들에게 포위된 너희여,
　짐보따리를 꼭 움켜쥐어라.
　하나님께서 경고하셨다. "주목하여라!
　나는 여기 사는 자들 전부를 쫓아낼 것이다!
　지금 당장. 그렇다, 지금 당장이다!
　내가 그들을 벼랑 끝까지 몰아붙이고
　압살시킬 것이다."

19-20 이런 재앙의 날이 오다니!
　나는 치명상을 입었다.
　"오, 내가 어찌
　이를 감당할 수 있으리라 여겼단 말인가?"
　내 집이 무너졌다.
　지붕이 허물어졌다.
　자녀들이 사라졌다.
　다시는 그들을 보지 못할 것이다.
　남아서 재건을 시작할 수 있는 사람,
　새롭게 시작할 수 있는 사람, 하나도 남지 않았다!

21 이는 다 우리 지도자들이 어리석었기 때문이다.
　그들은 **하나님**께 길을 묻지 않았다.
　그래서 모든 일이 틀어졌고,

백성은 사방으로 흩어졌다.

22 자, 들어 보아라! 무엇인가 다가오고 있다!
북쪽 국경 지대에서 큰 소요가 일어나고 있다!
이제 유다 마을들은 박살나서,
들짐승이나 돌아다니는 곳으로 전락하고 말 것이다!

23-25 **하나님**, 저는 압니다. 죽을 인생들인 저희는
인생의 주인이 될 수 없다는 것을,
그럴 만한 능력이
저희에게 없다는 것을.
그러니 **하나님**, 저희를 바로잡아 주십시오.
주께서 보시기에 최선의 길로 인도해 주십시오.
노를 참아 주십시오. 주께서 노를 발하시면 저희는 끝장입니다.
주님의 노를,
저 이방 민족들 위에 내려 주십시오.
그들은 주님을 인정하지 않으며,
주께 기도하지 않는 자들입니다.
야곱을 씹어 먹은 자들입니다.
그렇습니다. 정말로 그를 통째로,
사람과 땅을 모두
씹어 삼킨 자들입니다.

하나님의 언약의 말씀

1 **11** 하나님께서 예레미야에게 주신 메시지다.
2-4 "유다 백성과 예루살렘 주민들에게 전하여라. 그들에게 이렇
게 일러라. '이는 **하나님**의 메시지, 곧 너희를 향한 이스라엘의 하나님
의 메시지다. 이 언약의 조건을 따르지 않는 자는 누구든지 저주 아래에
놓인다. 그 조건은 분명하다. 내가 너희 조상을 이집트, 그 고통의 용광

로에서 구해 냈을 때 이미 명백히 말한 바다.

4-5 내가 하는 말에 순종하여라. 나의 명령을 지켜라. 너희가 순종하면 계약이 성사된다. 너희는 나의 백성이 되고 나는 너희의 하나님이 될 것이다. 이것이 내가 너희 조상에게 한 약속, 곧 비옥하고 기름진 땅을 주겠다고 한 그 약속을 시행할 조건이다. 그리고 너희가 알듯이, 나는 약속대로 행했다.'"

내가 대답했다. "하나님, 참으로 그렇습니다."

6-8 하나님께서 이어 말씀하셨다. "유다 성읍과 예루살렘 거리에 나가서 이렇게 전하여라. '이 언약의 조건을 기억하고 즉시 준행하여라! 너희 조상을 이집트에서 구해 냈을 때, 이미 나는 그들에게 경고했다. 경고하기를 한시도 멈추지 않았다. 아침부터 밤까지 "나에게 순종하여라!" 하고 경고했다. 그러나 그들은 순종하지 않았다. 그들은 나를 무시했다. 그들은 자기 마음 내키는 대로 살았다. 그래서 결국 내가 이렇게 나섰다. 나의 경고에도 불구하고 그들이 한사코 무시해 온 그 언약에 제시된 벌이, 마침내 시행되도록 명한 것이다.'"

9-10 하나님께서 말씀하셨다. "지금 유다 백성과 예루살렘 주민들이 모반을 꾀하고 있다. 조상의 죄를 재현하려는 모의다. 내게 불순종하고 다른 신들을 좇으며 예배하던 죄 말이다. 이스라엘과 유다가 손을 맞잡고 이 일을 벌이고 있다. 그들의 조상과 내가 맺은 언약을 함부로 깨뜨리고 있다.

11-13 그래, 너희 하나님이 이 일에 대해 할 말이 있다. 보아라! 이제 내가 너희에게 화가 닥치게 할 것이다. 누구도 빠져나오지 못한다. 너희가 도와 달라고 소리쳐 울겠지만, 나는 듣지 않을 것이다. 유다와 예루살렘의 백성들이 지금껏 제사를 지내 온 그 신들에게 달려가서 기도해도 아무 소용이 없을 것이다. 유다야, 너희 안에는 마을 수만큼이나 많은 신들이 있다! 예루살렘의 골목마다 음란하고 무능한 신 바알을 위한 제단들이 빼곡하다!

14 예레미야야, 너는 이 백성을 위해, 한 마디도 기도하지 마라! 한 마디도 간청하지 마라. 위기가 닥치면 으레 하는 그 기도에 나는 절대 귀 기울이지 않을 것이다."

아나돗 사람들이 예레미야를 죽이려 하다

15-16 "무엇하는 것이냐? 나의 사랑하는 자들이
화를 피할 궁리에 골몰하고 있다니. 그것도 예배 드리는 집에서!
너의 생각에, 이런저런 맹세와 종교 행위를 남발하면
닥쳐오는 재앙에서 구원받을 수 있을 것 같으냐?
종교적인 모양새에 더 신경을 쓰면
화를 면할 수 있다고 생각하느냐?
한때 나는 너를
우람한 상수리나무, 장대하고 영광스런 나무라 불렀다.
그러나 네가 박살나는 데에는
천둥 한 번, 번개 한 번이면 충분할 것이다.

17 그래, 나다. 너희를 심었던 나 만군의 **하나님**이 너희에게 재앙을 선고했
다. 이유를 묻느냐? 그것은 너희 삶 자체가 재앙을 부르는 삶이기 때문
이다. 한심한 신 바알에게 이스라엘과 유다가 줄기차게 바친 숭배와 봉
헌들, 그것이 나를 노하게 했다."

18-19 **하나님**께서 지금 벌어지고 있는 일을 제게 말씀해 주셨습니다.
그래서 제가 알게 되었습니다.
하나님, 주께서 제 눈을 열어 그들의 악한 계략을 보게 하셨습니다.
저는 무슨 일이 일어나고 있는지 전혀 몰랐습니다. 아무것도 모른 채
도살장으로 끌려가는 어린양 같았습니다!
그들이 저를 두고 무슨 꿍꿍이를 하는지 몰랐고,
제 뒤에서 무슨 모의를 꾸미는지도 알지 못했습니다.
"저 설교자를 없애 버리자.
그러면 설교가 중단될 것이다!
그를 영원히 없애 버리자.
기억에서 완전히 사라지게 만들자."

20 내가 말했다. "만군의 **하나님**,
주님은 공정한 재판관이십니다.
주님은 사람의 행위와 동기를
속속들이 아십니다.
저는 그들의 정체가 폭로되어 수치를 당하는 꼴을 보고 싶습니다!
주님은 제가 어떤 사람인지 샅샅이 아십니다. 부디 제 오명을 씻어 주십시오."

21-23 그러자 **하나님**께서 응답하시며 큰소리로 말씀하셨다. "너를 살해하려는 아나돗 사람들, '우리에게 **하나님**의 이름으로 설교하지 마라. 계속 그렇게 나오면 너를 죽여 버릴 테다' 하고 말하는 그들을 내가 어떻게 다룰지 말해 주겠다. 그렇다. 만군의 **하나님**이 말한다. 보아라! 나는 그들에게 책임을 물을 것이다. 그들의 젊은이들이 전쟁터에서 쓰러져 죽고, 아이들은 굶어 죽을 것이다. 아무도 살아남지 못하리라. 아무도. 내가 재앙을 몰고서 아나돗 사람들을 찾아갈 것이다. 그날은 대재앙의 날이 되리라!"

예레미야의 질문에 답하시다

12

1-4 오 **하나님**, 주님은 의로우신 분, 모든 일을 바로잡으시는 분입니다.
이에 대해서는 이의가 없습니다. 그런데 제게 질문이 있습니다.
어째서 나쁜 인간들이 잘되고,
사기꾼들이 성공하여 잘사는 것입니까?
주께서 그들을 심으셨고, 그들은 뿌리를 잘 내렸습니다.
그들은 번창했고, 열매를 많이 맺었습니다.
그들은 마치 주님이 오랜 친구나 되는 듯 떠들지만,
실은 주님에 대해 아무 관심도 없는 자들입니다.
그런데 주님은 저에 대해서는 안팎을 속속들이 꿰뚫어 보십니다.
저만은 무엇 하나도 그냥 넘어가시지 않습니다!

그들이 자신의 삶에 대해 대가를 치르게 해주십시오.
도살되는 양처럼, 그들의 생명으로 대가를 치르게 해주십시오.
그들의 사악함 때문에,
온 나라가 암울해졌고 농장은 폐허가 되었습니다.
이를 얼마나 더 보고 있어야 합니까?
짐승과 새들도 죽어 나가고 있습니다.
하나님께 무관심한 그들,
하나님도 자신들에게 무관심할 거라고 생각하는 그들 때문에 말입니다.

5-6 "예레미야야, 네가 사람들과의 경주에서도 이렇게 피곤해하면,
앞으로 말들과는 어떻게 경주하겠느냐?
평온한 시절에도 정신을 가누지 못하면,
앞으로 고난이, 홍수 때의 요단 강처럼
물밀듯 닥쳐올 때는 어떻게 하려느냐?
지금 너와 가장 가까운 친형제와 사촌들이
너를 해치려 작당하고 있다.
그들은 너를 잡으려고 혈안이다. 어떤 일도 서슴지 않을 것이다.
그들을 믿지 마라. 특히 미소를 띠고 접근할 때는 더욱 조심하여라."

7-11 "나는 이스라엘 집을 버리고,
내 사랑하는 백성을 버리고 떠날 참이다.
내 사랑하는 자들을
그 원수들의 손에 넘겨주려고 한다.
백성이, 내 사랑하는 백성이,
내게 숲 속에서 으르렁거리는 사자처럼 굴었다.
나를 향해 으르렁거리며 이빨을 드러냈다.
나는 더는 봐줄 수 없다.

어찌 내가 아끼는 자가 허영에 들뜬 공작새가 되었느냐?
내 백성은 지금 독수리의 공격을 받는 처지가 아니더냐?
좋다. 굶주린 채 먹이를 찾아 헤매는 짐승들을 다 불러라.
와서 배터지게 먹게 하여라!
닥치는 대로 먹어 삼키는 이방의 목자들이 와서
내 들판을 짓밟고 싹쓸이할 것이다
내가 정성껏 가꾼 아름다운 들판을,
빈 깡통과 엉겅퀴만 있는 공터로 바꾸어 놓을 것이다.
이 땅을, 쓰레기들만 나뒹구는 곳,
황무한 땅, 통곡하는 땅으로 만들어 놓을 것이다.
나라 전체가 황무지가 되어도,
아무도 마음 쓰는 자 없을 것이다."

12-13 "야만인들이 쳐들어와
언덕과 평원을 덮치고,
하나님의 심판의 칼이
땅 이 끝에서 저 끝까지 유린할 것이다.
살아 있는 것은 무엇 하나 안전하지 못하리라.
밀을 심어도 잡초만 거두고,
무슨 일을 해도 성과가 없을 것이다.
초라한 수확을 보며 가슴을 쥐어뜯게 되리라.
이 모두가, **하나님**의 불같은 진노의 결과다!"

14-17 **하나님**의 메시지다. "내가 이스라엘에게 유산으로 준 땅을 유린한 나쁜 이웃들, 내가 그들을 땅에서 뽑아낼 것이다. 그리고 그 지역에서 유다를 데리고 나오겠다. 그 나쁜 이웃들을 뽑아내고 난 뒤에, 마음을 누그러뜨려 그들을 다시 그들의 땅으로, 그들의 고향으로, 그들의 가족농장으로 되돌

려 보낼 것이다. 전에 내 백성으로 하여금 바알 신에게 기도하게 만든 그들이지만, 성심으로 나의 길을 따르고 내게 기도하면, 만사가 잘 풀릴 것이다. 그러나 내 말에 귀 기울이지 않을 때는, 그들의 땅에서 뿌리째 뽑아 내어 바로 폐기처분할 것이다. 완전히 끝장내 버릴 것이다!" 하나님의 포고다.

두 가지 상징

1-2 **13** 하나님께서 내게 말씀하셨다. "가서 모시 바지를 사서 입어라. 다른 옷으로 갈아입지 말고 빨지도 마라." 나는 하나님께서 지시하신 대로 바지를 사서 입었다.

3-5 　그러자 하나님께서 말씀하셨다. "네가 산 바지를 가지고 브랏으로 가서 그것을 바위틈에 숨겨 두어라." 나는 하나님께서 말씀하신 대로 그 바지를 브랏에 숨겼다.

6-7 　꽤 시간이 지난 다음에, 하나님께서 내게 말씀하셨다. "브랏에 다시 가서, 전에 내가 숨겨 두라고 한 그 모시 바지를 가져오너라." 나는 브랏으로 가서 전에 숨겨 두었던 장소에서 바지를 다시 꺼냈다. 그런데 그 바지는 썩어 문드러져 폐물이 되어 있었다.

8-11 　하나님께서 설명해 주셨다. "내가 바로 이렇게 유다의 교만과 예루살렘의 큰 교만을 없앨 것이다. 나의 말을 듣지 않고 제멋대로 살면서, 온갖 우상들을 섬기고 예배하는 저 사악한 군상들을 모조리 멸할 것이다. 그들이 그 낡은 바지만큼 썩었다는 사실이 드러날 것이다. 바지가 사람의 몸을 보호해 주듯이, 나는 지금껏 온 이스라엘의 가문을 보호하고 돌보아 주었다." 하나님의 포고다. "그들이 나의 백성이라는 것, 내가 온 세상에 내보이며 자랑할 내 백성이라는 사실을 모든 사람들에게 보이기 위해서였다. 그러나 그들은 내 말을 한 마디도 따르지 않았다.

12 　그들에게 이렇게 전하여라. '하나님 이스라엘의 하나님께서 친히 주시는 메시지다. 무릇 포도주 병은 포도주로 가득해야 한다.'

　　그러면 그들이 말할 것이다. '물론이오. 우리도 알고 있소. 포도주 병

은 포도주로 가득해야 하오!'

13-14   그러면 너는 이렇게 대답하여라. **하나님**께서 이렇게 말씀하신다. 잘 보아라. 나는 이 나라에 사는 모든 자를—다윗 보좌에 앉아 다스리는 왕과 제사장과 예언자와 예루살렘 주민 모두를—포도주로 가득 채워 취하게 만들 것이다. 그런 다음에, 그들 곧 포도주로 가득한 병들을 박살낼 것이다. 오래된 것이든 새것이든, 가리지 않을 것이다. 그 무엇도 나를 막지 못할 것이다. 눈곱만큼의 동정이나 자비나 긍휼도 베풀지 않을 것이다. 그 술 취한 병들, 최후의 하나까지 모조리 박살날 것이다!'"

너희 길을 고집하지 마라

15-17 그때 내가 말했다. 들어라. 귀 기울여 들어라. 너희 길을 고집하지 마라!
이는 다름 아니라 **하나님**의 메시지다.
하나님 앞에서 너희 삶이 빛나게 하여라.
그렇지 않으면, 그분이 빛들을 모두 꺼 버리실 것이다.
너희는 어두운 산길을 걷다가
넘어지고 말 것이다.
늘 있을 것이라고 여겨 온 빛이 꺼져 버리면
온 세상은 암흑천지가 될 것이다.
백성들아, 너희가 그래도 귀 기울여 듣지 않으면,
나는 홀로 떠나서 너희를 위해 울 것이다.
너희의 그 고집스런 오만 때문에 울 것이다.
비통한 눈물이, 쓰라린 눈물이
내 눈에서 강처럼 흘러내릴 것이다.
하나님의 양들이 결국 포로가 되고 말 것이기 때문이다.

18-19 왕과 왕후에게 이렇게 전하여라.
"너희 높은 자리에서 내려오너라.
너희의 눈부신 왕관은

너희 머리에서 벗겨져 내릴 것이다."
네겝의 마을들이 포위될 것이며,
모두가 붙잡혀 갈 것이다.
유다 전체가 포로로 끌려가고,
온 나라가 망각 속으로 끌려 들어갈 것이다.

20-22 예루살렘아, 보아라!
북쪽에서 적들이 쳐들어오고 있다!
너의 백성들,
네가 애지중지하던 양 떼들, 어찌될 것인가?
네가 지금껏 우러러보고 아첨 떨던 자들이
너를 깔볼 때,
너의 기분이 어떨 것 같으냐? 너는 생각지도 못했을 것이다.
깜짝 놀랄 것이다! 해산하는 여인과 같은 고통을 느낄 것이다!
너는
"아니, 어떻게 된 거지? 왜 내가 이런 일을 당해야 하지?" 하겠지만,
대답은 간단하다. 네 죄,
너의 엄청난 죄 때문이다.
네 죄가 너의 삶을 위험에 빠뜨렸고,
네 죄가 너를 고통 가운데 몸부림치게 만든 것이다.

23 아프리카인이 피부색을 바꿀 수 있겠느냐?
표범이 얼룩무늬를 없앨 수 있겠느냐?
이토록 오랫동안 악에 물든 네가,
과연 선을 행할 수 있겠느냐?

24-27 "내가 이 백성을
바람에 날리는 나뭇잎처럼 불어서 날려 버릴 것이다.

이 일이 곧 네게 닥치리라.

내가 이 일을 정확히 시행하리라."

하나님의 포고다.

"이는 네가 나를 잊고,

바알이라는, 터무니없는 거짓 신을 따랐기 때문이다.

그렇다. 내가 너의 옷을 찢어발기고,

온 세상이 보는 앞에서 너의 치부를 드러내어 수치를 당하게 할 것이다.

이 신, 저 신을 찾아다니던 너의 강박증,

이 남신, 저 여신과 놀아나던 너의 더러움이 폭로될 것이다.

어제는 언덕의 이 신, 오늘은 들판의 저 신,

너는 날마다 다른 신들과 놀아나고 있다.

오 예루살렘아, 이 얼마나 역겨운 삶이냐!

너는 아무 가망이 없다!"

극심한 가뭄

1-6 **14** 계속되는 가뭄에 대해 예레미야에게 임한 **하나님**의 **메시지**다.

"유다가 슬피 운다.

성읍마다 통곡한다.

백성이 땅바닥에 주저앉아 애곡하고,

예루살렘의 호곡소리가 하늘을 찌른다.

부유한 자들이 물을 구해 오라고 종들을 보낸다.

그들이 우물에 가보지만, 우물은 바싹 말랐다.

그들은 빈 그릇을 들고 돌아온다.

가슴을 쥐어뜯으며, 고개를 떨어뜨린 채 돌아온다.

모든 농사가 중지되었다.

비는 한 방울도 내리지 않는다.

망연자실한 농부들이

가슴을 쥐어뜯으며 고개를 떨어뜨린다.

먹을 풀이 없는 암사슴은
들판에 새끼를 내버린다.
흐려진 눈으로
피골이 상접한 채 죽어 간다."

7-9 저희에게 죄가 있음을 압니다. 잘못 살아왔음을 압니다.
그러나 **하나님**, 주의 이름을 생각해서서 선처해 주십시오!
저희는 거듭거듭 주님을 배반했습니다.
부인할 수 없는 사실입니다. 저희가 주께 범죄했습니다.
주께서는 이스라엘의 희망이십니다! 저희의 유일한 희망이십니다!
고난당하는 이스라엘이 기댈 마지막 소망이십니다!
어찌하여 주께서 오늘은 여기, 내일은 저기, 구경이나 다니는
관광객처럼 행세하십니까?
어찌하여 주님은 위기 앞에서 어쩔 줄 몰라하는 사람처럼
그저 멀찍이 서서 보고만 계십니까?
하나님, 주께서는 여기에 계십니다. 지금 여기에 저희와 함께 계십니다!
주님은 저희가 누구인지 아십니다. 주께서 저희에게 이름을 주셨습니다!
부디 저희를 이 궁지 속에 내버려 두지 마십시오.

10 그러자 **하나님**께서 이 백성에 대해 말씀하셨다.

"그들은 자기들이 어디로 가는지 아무 고민도 하지 않은 채,
그저 이 길 저 길로 방황하기를 좋아하는 자들이다.
그러니 내가 그들의 죄를 지적하고 그 죄를 벌한 다음에,
그들과 완전히 절교할 생각이다."

거짓 설교자

11-12 **하나님**께서 내게 말씀하셨다. "이 백성이 잘되게 해달라고 기도하지 마라. 그들이 식사를 거르며 기도한다 해도, 나는 그들의 말을 절대 듣지

않을 것이다. 그들이 갑절로 기도하고 온갖 종류의 가축과 곡물을 헌물로 가져온다 해도, 나는 그것들을 받지 않을 것이다. 나는 전쟁과 기근과 질병으로 그들을 끝장내 버릴 것이다."

13 내가 말했다. "그러나 주 **하나님**! 설교자들은 늘 그들에게, 만사가 잘될 것이라고, 전쟁도 없고 기근도 없을 것이니, 아무 걱정도 하지 말라고 말합니다."

14 그러자 **하나님**께서 말씀하셨다. "그 설교자들은 거짓말쟁이들이다. 그들은 자기들의 거짓을 위장하려고 내 이름을 이용했을 뿐이다. 나는 그들에게 명령을 내린 적이 없으며, 그들과 이야기하지도 않는다. 그들의 설교는 순전히 망상이요, 거짓말이요, 헛소리에 불과하다.

15-16 그들에 대한 나의 판결은 이러하다. 나는 내 이름을 사칭하여 설교하는 그들을 보낸 적이 없다. '전쟁과 기근은 결코 없을 것이다'라고 설교하는 그들은, 모두 전쟁과 기근으로 죽게 될 것이다. 그리고 그들의 설교를 들은 자들도 전쟁과 기근의 희생자가 되어, 땅에 묻히지도 못하고 예루살렘 거리에 내버려질 것이다. 그들과 그들의 아내, 그들의 자녀들도 같은 운명을 맞으리라. 장례조차 치르지 못하게 될 것이다! 나는 반드시 그들이 저지른 악행에 대해 응분의 대가를 치르게 할 것이다.

17-18 예레미야야, 그때 너는 그들을 향해 이렇게 전하여라.

'내 눈에서 눈물이 흘러내린다.
밤낮으로 눈물이 그치지 않는다.
내 사랑하는 백성이 참혹하게 두들겨 맞아
치명적인 상처를 입었다.
나는 들판에 나가 보고 경악했다.
그곳은 널브러진 시신들로 가득한 학살의 현장이었다.
도성에 들어가 보고 또 한번 경악했다.
그 안에는 굶어 죽는 자들 천지였다.
그런데 설교자와 제사장들은

아무 일도 없다는 듯 제 할 일만 하고 있구나!'"

19-22 하나님, 유다를 완전히 버리셨습니까?
이제 더는 시온을 참아 주실 수 없습니까?
어찌하여 저희에게 이렇게 하셨습니까?
어찌하여 저희를 거의 죽기까지 내리치셨습니까?
저희는 평화를 바랐지만,
좋은 일은 하나도 일어나지 않습니다.
저희는 치유를 바랐지만,
배만 걷어차였을 뿐입니다.
오 **하나님**, 저희가 정말 잘못 살았습니다.
저희 조상들이 정말 잘못했음을 인정합니다.
저희가 범죄했습니다. 그들도 범죄했습니다.
저희 모두가 주께 범죄했습니다!
주님의 명예가 위태롭게 되었습니다! 그러니 저희를 포기하지 말아 주
십시오!
주님의 영광스런 성전을 버리지 마십시오!
주님의 언약을 기억하시고,
우리의 믿음을 저버리지 말아 주십시오!
저 이방 민족들의 우상이 과연 비를 일으킬 수 있겠습니까?
하늘이 저절로 비를 내려 땅을 적실 수 있겠습니까?
아닙니다. 그런 일을 하시는 분은, 오직 주 **하나님**뿐이십니다.
그러므로 저희는 주님을 바라고 기다립니다.
모든 것을 만드시고,
모든 일을 행하시는 분은, 오직 주님이십니다.

1-2 **15** 그때 **하나님**께서 내게 말씀하셨다. "예레미야야, 모세와 사
무엘이 여기 내 앞에 서서 간청한다 해도, 나는 이 백성에 대

한 마음을 바꾸지 않을 것이다. 여기서 그들을 데리고 나가거라. 그들에게 어서 사라져 버리라고 말하여라! 그들이 '그러면 우리는 어디로 가야 합니까?' 물으면, **하나님**께서 이렇게 말씀하신다고 전하여라.

'죽기로 결정된 자는, 가서 죽어라.
전쟁터에서 죽기로 결정된 자는, 나가 싸우다 죽어라.
굶어 죽기로 결정된 자는, 굶어 죽어라.
포로로 잡혀가기로 결정된 자는, 포로로 잡혀가라!'

3-4　나는 네 가지 벌을 내리기로 결정했다. 그들은 전쟁터에서 죽을 것이며, 개들이 그 시체들을 물어뜯다가 버릴 것이다. 그러면 독수리들이 나머지를 말끔히 발라 먹고, 하이에나들이 남은 뼈를 갉아먹을 것이다. 온 세상이 보고 경악할, 실로 끔찍한 광경이 벌어질 것이다. 이 모든 재앙은, 히스기야의 아들 므낫세가 예루살렘에서 저지른 죄 때문이다.

5　예루살렘아, 너를 동정해 줄 자가 있을 것 같으냐?
너를 위해 눈물을 흘려 줄 자가 있을 것 같으냐?
'대체 어떻게 된 일인가?' 하고
묻기라도 할 자가 있을 것 같으냐?"

6-9　**하나님**의 포고다. "네가 나를 버렸다. 기억하느냐?
네가 내게 등을 돌리고 떠나갔다.
그러니 이제 내가 너를 붙잡아 세게 내려칠 것이다.
너를 봐주는 일에도 이제 지쳤다.
내가 너를 사방으로 던져,
바람에 날리는 나뭇잎처럼 흩어지게 만들었다.
네가 가진 전부를 잃어버리게 만들었다.
너는 그 무엇으로도 바뀌지 않았기 때문이다.
나는 너희 과부들의 수가

바닷가 모래알보다 더 많아지게 했다.
정오에, 어머니들이
전쟁터에서 죽은 아들의 소식을 듣게 될 것이다.
그 처참한 죽음의 소식에,
어머니들은 격통을 느끼며 주저앉을 것이다.
일곱 아들을 둔 어머니는,
숨을 헐떡거리며 땅바닥에 쓰러질 것이다.
한창때의 자식들을 다 잃었기 때문이다.
정오지만 그녀의 해는 이미 졌다!
나는 살아남은 자들도 모두 잡아들여
적들에게 죽임을 당하게 할 것이다."
하나님의 포고다.

예레미야의 탄식과 주님의 응답

10-11 불운한 어머니, 저 같은 아들을 두시다니요.
온 나라를 고발해야 하는 불행한 임무를 받은 저를요!
저는 누구도 해코지한 적이 없는데,
다들 저를 잡으려고 혈안입니다.
그러나 하나님은 아십니다. 제가 어떻게든 그들을 도우려 했고,
그들의 적들을 대적하며, 그들을 위해 기도한 것을 아십니다.
저는 늘 그들 편이었고, 재앙을 피하게 하려고 애썼습니다.
제가 얼마나 노력했는지 하나님은 아십니다!

12-14 "오 이스라엘아, 오 유다야, 너희가 과연
북쪽에서 내려오는 저 무시무시한 파괴자와 맞설 수 있겠느냐?
나는 너희가 가진 전부를 다른 자들에게 공짜로 나눠 주어,
너희의 죄를 벌할 것이다.
나는 너희를 먼 객지로 보내어

적들의 종이 되어 살게 할 것이다.
나의 진노가 맹렬히 타오르는 불,
뜨거운 심판의 불이 되어, 너희를 삼킬 것이다."

15-18 **하나님, 주께서는 저를 아십니다!**
제가 무슨 일을 하고 있는지 기억해 주십시오!
저를 비방하는 자들에 맞서 제 편이 되어 주십시오.
그들이 저를 파멸시키려고 할 때 막아 주십시오.
제가 어떤 학대를 당하고 있는지 보아 주십시오!
주의 말씀이 나타나자, 저는 그것들을 받아먹었습니다.
통째로 삼켰습니다. 얼마나 만족스러웠던지요!
오 하나님, 만군의 하나님,
제가 주의 것임이 얼마나 기쁜지요!
저는 웃고 떠들며 즐기는 저들 무리에
한 번도 섞인 적이 없습니다.
저는 다만 주께서 이끄시는 대로 저의 길을 갔습니다.
주께서 저를 분으로 가득 채우셨고, 그들의 죄를 볼 때마다
제 안에서 분이 끓어올랐습니다.
그러나 이 떠나지 않는 고통은 왜입니까?
어찌하여 이 상처는 나아질 가망 없이 점점 심해져만 가는지요?
하나님, 주님은 그저 신기루입니다.
멀리서 보면 아름다운 오아시스지만, 실제로는 아무것도 아닙니다!

19-21 **하나님께서 내게 이렇게 대답하셨다.**

"그 말을 거두어라. 그러면 내가 너를 다시 맞아들여,
내 앞에 우뚝 서게 하겠다.

말을 참되고 바르게 하여라. 천박한 푸념이 되지 않게 하여라.
그래야, 너는 나를 대변하여 말하는 자가 될 수 있다.
그들에게 맞추느라 말을 바꾸지 말고,
너의 말이 그들을 바꾸게 하여라.
나는 너를 누구도 무너뜨리지 못할 강철벽,
두꺼운 강철로 만들어진 벽이 되게 할 것이다.
그들이 너를 공격한다 해도, 네게 흠집 하나 내지 못할 것이다.
내가 너의 편에 서서, 너를 지키며 구원해 줄 것이기 때문이다."
하나님의 포고다.
"내가 너를 사악한 자들의 손아귀에서 건질 것이다.
무자비한 자들의 수중에서 빼낼 것이다."

임박한 재앙

¹ **16** 내게 임한 하나님의 메시지다.

²⁻⁴ "예레미야야, 너는 결혼하지 마라. 이 땅에서 가정을 꾸리지
마라. 내가 이 나라에서 태어날 모든 아이, 그들을 낳을 모든 어머니, 아
버지들에게 죽음을 선고했다. 죽음이 전염병처럼 만연하리라. 죽어도
애곡해 주는 자, 매장해 주는 자 없이 바깥에 배설물처럼 버려져 악취를
풍기며 썩어 갈 것이다. 칼에 죽고 굶주려 죽은 그들의 시신은, 썩은 고
기를 뜯어 먹는 까마귀와 잡종 개들의 먹이가 될 것이다!"

⁵⁻⁷ 하나님께서 계속 말씀하셨다. "초상집에 가지 마라. 장례식에 가지
마라. 위로해 주지도 마라. 나는 이 백성에게 아예 관심을 끊었다." 하나
님의 포고다. "더 이상 신실한 사랑을 하지 않을 것이며, 자비를 베풀지
않을 것이다. 이름 있는 자들과 미천한 자들이 모두 죽을 것이다. 그들을
위해 곡하거나 묻어 줄 사람이 없을 것이다. 장례식도 없고 그들을 돌아
보는 자도 없으며, 관심을 갖는 자도 없으리라. '안됐다'고 말해 주는 자
도 없고, 그들 부모에게 차 한 잔 대접하는 자도 없을 것이다.

⁸ 어디에서 축하잔치가 벌어져도 그것을 즐기러 가지 마라."

⁹ 만군의 하나님, 이스라엘의 하나님께서 말씀하신다. "잘 보아라! 내가

이 땅에서 미소와 웃음을 모조리 추방할 것이다. 결혼 축하잔치도 찾아볼 수 없으리라. 네가 살아 있는 동안에, 너의 눈앞에 이 일이 일어날 것이다.

10-13 네가 이런 말을 이 백성에게 전하면 그들이 물을 것이다. '하나님께서 왜 그렇게 말씀하시겠는가? 무엇 때문에 우리를 그런 재앙으로 위협하시겠는가? 우리가 범죄자인가? 우리가 하나님께 대체 무얼 잘못했기에, 우리를 그런 식으로 대하신단 말인가?' 그러면 그들에게 이렇게 대답하여라. '그것은 너희 조상들이 나를 저버리고 내게서 아주 떠났기 때문이다. 그들은 우상에 홀딱 빠져 그것들을 숭배하고 따르면서, 나를 무시하고 내가 하는 말은 한 마디도 듣지 않았다. 그런데 너희는 그들보다 더하다! 가서 거울을 들여다보아라. 너희 모두는 그저 내키는 대로 살면서, 나를 바라보기를 거절했다. 그래서 내가 너희를 없애 버리려고 한다. 너희를 이 땅에서 쫓아내고, 낯선 먼 나라에 던져 버릴 것이다. 거기서라면 너희가 애지중지하는 우상들을 마음껏 숭배할 수 있을 것이다. 안심하여라. 내가 더는 너희를 귀찮게 하지 않을 테니.'"

14-15 "그런데 이것 역시 기억하여라. 누구도 '이스라엘을 이집트에서 구해 내신 하나님께서 살아 계심을 두고 맹세하는데'라고 말하지 않을 때가 올 것이다. 그때 사람들은 '이스라엘을 북쪽 땅에서 다시 데려오신 하나님, 그들을 흩으셨던 곳에서 다시 데려오신 하나님께서 살아 계심을 두고 맹세하는데'라고 말할 것이다. 그렇다. 나는 처음 그들의 조상에게 주었던 땅으로 그들을 다시 데리고 올 것이다."

16-17 "이제, 다음에 일어날 일에 주목하여라. 나는 많은 어부들을 불러 모을 것이다." 하나님의 포고다! "그들이 나가서 내 백성을 물고기 잡듯 잡아 들여 심판할 것이다. 또 내가 많은 사냥꾼들을 보낼 것이다. 그들이 나가서, 모든 산과 언덕과 동굴들을 샅샅이 뒤져 내 백성을 찾아낼 것이다. 내가 그들의 일거수일투족을 주시할 것이다. 그들 가운데 누구 하나도

놓치지 않고, 그들의 죄 가운데 무엇 하나도 놓치지 않을 것이다.

18 　　나는 어느 것 하나도 그냥 넘어가지 않을 것이다. 그들은 자신의 악행에 대해 두 배로 값을 치르게 될 것이다. 그들은 역겨운 우상들로 자기 삶을 더럽혔고, 악취 나는 쓰레기 우상들을 사방에 흩뿌려 이 땅을 엉망진창으로 만들었다."

19-20 환난이 닥칠 때, 하나님은 내게 힘과 요새와
　　안전한 피난처가 되어 주신다.
　　하나님을 모르던 이방 민족들이
　　사방에서 모여들어 말할 것이다.
　　"저희 조상들은 거짓과,
　　쓸데없는 헛것을 믿고 살았습니다."
　　인생이 어찌 신을 만들어 낼 수 있겠느냐?
　　그들이 만들어 낸 것은 우상일 뿐이다!

21 "잘 보아라. 내가 이제 이 아둔한 백성을 가르칠 것이다.
　　지금 당장 시작할 것이다. 그들에게
　　내가 누구인지, 무슨 일을 행하는지 가르칠 것이다.
　　내 이름—하나님, 곧 '스스로 있는 자'—의 의미를 가르쳐 알게 할 것이다."

유다의 죄와 벌

1-2 **17** "유다의 죄가
　　　　철필로,
　　금강석 촉이 달린 철필로 새겨져 있다.
　　화강암 같은 그들의 마음판에도 새겨져 있고,
　　그들의 제단 돌 귀퉁이에도 새겨져 있다.
　　죄의 증거는 명명백백하다.
　　수풀이 우거진 곳마다,
　　웬만한 언덕마다 서 있는,

음란한 종교 제단과 산당이 그것들이다.

3-4 나는 너의 산들을 가판대 삼아
네가 가진 전부를 팔아 치울 것이다.
너의 것 전부가,
나라 전역에서 저지른 죄에 대한 배상물로 사용될 것이다.
너는 선물로 받은 땅,
내가 너에게 상속물로 준 땅을 잃게 될 것이다.
내가 너를 낯선 먼 땅에서
적들의 종이 되어 살게 할 것이다.
나의 노는 맹렬히 타오르는 불,
누구도 끌 수 없는 불이다."

5-6 **하나님**의 메시지다.

"사람을 의지하고
자기 근력을 믿으며,
하나님을 짐스럽게 여기는 자는
저주를 받으리라.
그는 뿌리가 잘려 굴러다니는
엉겅퀴와 같다.
그는 아무것도 자라지 못하는 땅에서
뿌리 없이, 방향 없이 살아간다.

7-8 그러나 나 **하나님**을 의지하는 자,
언제나 **하나님**을 붙드는 자는 복이 있다.
그들은 에덴에 심긴 나무 같아서,
강가에 깊이 뿌리를 내린다.

폭염을 만나도 걱정할 것 없고,
잎사귀 하나 떨어지지 않는다.
가뭄에도 끄떡없고,
철 따라 신선한 열매를 맺는다."

9-10 "사람의 마음이란 형편없이 시커멓고 기만적이어서,
아무도 풀 수 없는 퍼즐 같다.
그러나 나 **하나님**은 사람의 마음을 탐색하고,
그 생각을 살핀다.
나는 사람의 중심과
사태의 근원을 꿰뚫는다.
나는 사람의 겉모습이 아니라,
그 실상을 본다."

11 사기 쳐 돈을 모은 자들은,
마치 속임수를 써서 다른 새의 둥지에
자기 알을 누이는 자고새와 같다.
알들이 부화하면, 사기는 폭로된다.
이 얼마나 얼간이 같은 짓인가!

12-13 주의 성소는 처음부터 높이 자리 잡았습니다.
지극히 높은 영광의 보좌여!
오 **하나님**, 주님은 이스라엘의 희망이십니다.
주님을 등지는 자들은 바보입니다.
생수의 근원이신 **하나님**을 버리는 자들은,
결국 아무 열매 없는 인생으로

허무하게 죽고 말 것입니다!

＊

14-18 **하나님,** 다시 세워 주십시오.
저를 다시 일으켜 세워 주십시오.
주님은 저의 찬양이십니다!
그들이 제게 하는 소리를 들어 보십시오.
"그래, '**하나님**의 말씀'이란 게 대체 어디 있지?
우리 눈으로 볼 수 있게 해줘 보시지!"
그래도 저는 재앙의 날을 청하지 않았습니다.
환난이 닥치는 것을 바라지 않았습니다.
주께서는 제가 한 말을 다 아십니다.
주님 앞에는 모든 것이 공개되어 있기 때문입니다.
이제 더는 제게 괴로움을 주지 마십시오.
부디 한숨 돌릴 수 있게 해주십시오!
제가 아니라, 이제 저를 괴롭히는 자들이 괴롭힘을 당하게 하십시오.
제가 아니라, 그들이 수치를 당하게 하십시오.
그들에게 재앙의 날을 내려 주십시오.
쾅 하고 벼락을 내려 주십시오!

안식일을 거룩하게 지켜라

19-20 내게 임한 **하나님**의 메시지다. "가서, 유다의 왕들이 출입하는 '백성의 문'에서 시작해 예루살렘 모든 문 앞에 서서, 사람들에게 이렇게 전하여라. '너희 유다의 왕들아, 들어라. **하나님**의 메시지에 귀 기울여라. 이 문으로 출입하는 너희 모든 백성들아, 너희도 들어라!

21-23 이는 **하나님**의 메시지다. 살고 싶거든, 안식일에 평일처럼 물건을 이리저리 운반하고 다니면서 그날을 더럽히지 않도록 주의하여라. 안식일을 이용해 평일처럼 장사하지 마라. 내가 너희 조상에게 명령했듯이, 안식일을 거룩하게 지켜라. 너희가 잘 알듯이, 그들은 그 명령을 따르지 않

았다. 그들은 내 말에 주목하지 않았고, 나의 인도와 지도를 거절하며 장사를 계속했다.

24-26 그러나 이제 내가 이르는 말을 귀담아들어라. 너희 일을 하느라, 이리저리 바쁘게 돌아다니며 안식일을 더럽히던 것을 멈추어라. 안식일에 평일처럼 장사하던 것을 멈추고 그날을 거룩하게 지켜라. 그러면 다윗의 보좌를 이어받은 왕들과 그 신하들이, 계속해서 말과 마차를 타고 이 문을 출입하게 될 것이다. 유다의 백성과 예루살렘의 주민들도 계속 이 문으로 다니게 될 것이다. 예루살렘이 늘 사람들로 북적거릴 것이다. 유다 너머 사방에서, 베냐민 지방에서, 예루살렘 교외에서, 작은 언덕과 산과 사막들로부터 사람들이 몰려올 것이다. 그들이 온갖 종류의 예물—짐승과 곡식과 향료와 감사 예물—을 들고 하나님의 성소에 들어와 경배를 드릴 것이다.

27 그러나 너희가 내 말을 거역하고 안식일을 거룩하게 지키지 않으면, 안식일을 이용해 자기 사업을 하던 것과 분주하게 도성 문을 드나들며 자기 일을 하던 것을 그치지 않으면, 그때는 내가 이 문을 모두 불태우고 무너뜨릴 것이다. 아니, 궁전과 도성 전체를 불태우고 허물어 버릴 것이다. 그 무엇으로도 끌 수 없는 불로 그렇게 할 것이다!'"

토기장이의 비유

1-2 **18** 하나님께서 예레미야에게 말씀하셨다. "당장 일어나 토기장이의 집으로 가거라! 거기 도착하면 네게 할 말을 일러 주겠다."

3-4 나는 토기장이 집에 갔고, 마침 토기장이가 물레를 돌리며 일하고 있었다. 그런데 가만히 보니, 토기장이는 자기가 만든 그릇이 마음에 들지 않으면 처음부터 다시 시작해, 그 진흙으로 다른 그릇을 만들었다.

5-10 그때 하나님의 메시지가 내게 임했다. "이스라엘 백성들아, 내가 이 토기장이처럼 너희에게 할 수 없겠느냐?" 하나님의 포고다! "이 토기장이를 잘 보아라. 나는 그가 자기 진흙을 다루는 방식으로 너희 이스라엘 백성을 다룬다. 나는 언제라도 어느 백성이나 어느 나라든 뿌리째 뽑아 버리기로 결정할 수 있다. 그러나 그들이 악행을 회개하면, 나는 생각을

바꾸어 그들과 다시 시작할 수 있다. 또 나는 언제든지, 어느 백성이나 어느 나라든 다시 심기로 결정할 수 있다. 그러나 그들이 내게 협력하지 않고 내 말을 듣지 않으면, 생각을 바꾸어 그들에 대한 계획을 취소해 버릴 것이다.

11   그러니, 유다 백성과 예루살렘 주민들에게 나의 이 메시지를 전하여라. '조심하여라! 지금 나는 너희에게 내릴 재앙을 준비하고 있다. 너희를 칠 계획을 세우고 있다. 재앙에 이르는 그 길에서 돌아서라. 바른 길로 가라.'

12   하지만 그들은 이렇게 말할 것이다. '아니, 왜? 어째서 우리가 그래야 하지? 우리는 지금껏 살아온 대로 살 거야. 재앙이야 오든 말든.'"

13-17 **하나님**의 메시지다.

"주위에 물어보아라.
이방 민족들을 조사해 보아라.
이런 일을 누가 들어 본 적 있더냐?
처녀 이스라엘이 매춘부가 되다니!
레바논 산 정상에서 눈이 사라지는 것을 본 적 있느냐?
그 산에서 흘러나오는 강물이 마르는 것을 본 적 있느냐?
그런데 내 백성은 나를 버리고 떠나서,
터무니없는 거짓 우상을 숭배하는 자들이 되어 버렸다.
그들은 바른 길,
예로부터 잘 닦인 그 길을 벗어나
넝쿨이 마구 엉킨 덤불 속을
헤치며 간다.
결국 그들의 땅은 엉망이 될 것이며
비웃음거리로 전락할 것이다.
그곳을 지나는 여행자들은
머리를 절레절레 흔들 것이다.

가을 강풍이 나뭇잎들을 흩어 버리듯이,
내가 내 백성을 적들 앞에서 흩어 버릴 것이다.
그 재앙의 날, 그들은 내 얼굴을 전혀 보지 못한 채,
그들을 등지고 떠나는 내 뒷모습만 보게 될 것이다."

18 백성 가운데 어떤 자들이 말했다. "예레미야를 없앨 묘안을 짜내 보자.
우리에게는 엄연히 율법을 가르쳐 주는 제사장과 조언을 해주는 현인들
과 하나님의 말씀을 전해 주는 예언자들이 있다. 그러니 어떻게든 그의
평판을 떨어뜨려, 모두들 그가 하는 말에 더 이상 신경쓰지 않게 하자."

19-23 내가 **하나님**께 말씀드렸다.

"**하나님**, 제 말을 들어주십시오!
저의 적들이 하는 말을 들어 보십시오.
선을 악으로 갚아도 되는 것입니까?
그들이 제게 그렇게 하려고 합니다. 저를 죽여 없앨 계획을 세웠습니다!
제가 늘 주님 앞에서
그들을 대변하고,
주님의 노를 풀어 드리려고 애썼던 것을 기억하십니까?
그러나 이제는 됐습니다! 이제, 그들의 자녀들이 굶어 죽게 해주십시오!
그들이 전쟁에서 떼죽음을 당하게 해주십시오!
그들의 아내가 자식과 남편을 잃고 과부가 되게 해주십시오.
그들의 친구가 죽고, 그들의 거만한 젊은이들이 살해당하게 해주십시오.
약탈자들이 들이닥친다는 소식에,
그들의 집에서 공포에 질린 울음소리가 새어 나오게 해주십시오!
그들은 저를 잡아 족치려고 혈안입니다.
이미 제 목을 조르고 있습니다!
그러나 **하나님**, 주님은 알고 계십니다.

그들이 저를 죽이기로 작정했음을, 주님은 알고 계십니다.
그들의 범죄를 봐주지 마십시오.
죄 하나도 그냥 넘어가지 마십시오!
주님 앞에서 그들을 한 묶음으로 돌돌 말아서,
불같은 진노를 발하시고, 주의 무쇠 몽둥이로 내리쳐 주십시오!"

박살난 질그릇

1-2 **19** 하나님께서 내게 말씀하셨다. "가서 질그릇을 하나 사거라. 그리고 나서 백성 중에 지도자와 지도급 제사장들 몇 명을 데리고 '질그릇 조각의 문' 바로 앞에 있는 벤힌놈 골짜기로 가거라. 거기서 내가 네게 이르는 말을 전하여라.

3-5 이렇게 말하여라. '너희 유다 왕들과 예루살렘 백성들아, 하나님의 말씀을 들어라! 이는 만군의 하나님, 이스라엘의 하나님의 메시지다. 내가 이곳에 재앙을 쏟을 것이다. 들리느냐? 재앙이 쏟아져 내린다. 그들이 나를 등지고 떠나서, 그들과 그들 부모와 유다의 옛 왕들이 들어 본 적도 없는 낯선 신들을 예배하면서, 이곳을 남의 나라처럼 만들어 버렸기 때문이다. 재앙이 쏟아져 내린다. 그들이 죄 없는 사람을 학살했기 때문이다. 그들이 우상 바알의 제단을 세우고, 거기에 그들의 친자식들을 산 채로 불살라 제물로 바쳤기 때문이다. 이는 내가 명한 적 없는, 아니, 생각조차 해본 적 없는 끔찍한 일이다!'"

6-9 하나님의 포고다! "그러므로 값을 치를 날이 곧 온다. 이곳의 이름은 도벳이나 벤힌놈 골짜기가 아닌, 대학살 평지로 바뀔 것이다. 나는 유다와 예루살렘이 이곳에 대해 세운 모든 계획을 무효로 돌리고, 그들이 여기서 적들에게 떼죽음을 당하게 할 것이다. 나는 그들의 시체를 쌓아 올려 까마귀와 들개의 먹이가 되게 할 것이다. 이 도성을 잔혹의 대명사로 만들어, 이 부근을 지나는 모든 사람이 그 잔혹함에 말을 잃게 할 것이다. 사람이 사람을 잡아먹을 것이다. 원수들에게 포위된 채 극한으로 몰리면, 그들은 인간성을 잃고 친자식도 잡아먹을 것이다! 그렇다. 가족도 친구도 가리지 않고, 닥치는 대로 잡아먹을 것이다.'

10-13 이 말을 다 전한 뒤에, 네가 데려온 사람들 앞에서 그 질그릇을 박살 내라. 그리고 말하여라. '만군의 **하나님**께서 말씀하신다. 사람이 질그릇을 아주 못쓰게 산산조각 내듯이, 내가 이 백성과 이 도성을 아주 박살낼 것이다. 더 이상 자리가 남지 않을 때까지, 이곳 도벳에 시체를 묻게 될 것이다. 도성 전체가 도벳처럼 되리라. 백성과 왕이 이 도성을 별 신 숭배 성전으로 만들어 버렸기 때문이다. 도성 전체가 도벳 땅처럼, 썩는 냄새 진동하는 열린 무덤이 될 것이다.'"

14-15 그 후 예레미야는 **하나님**이 말씀을 전하라고 보낸 도벳에서 돌아와, **하나님**의 성전 뜰에 서서 백성에게 말했다. "너희를 향한 만군의 **하나님**의 메시지다. '경고한다! 내가 곧 이 도성과 주변 마을들에 대해 선언했던 재앙을 내릴 것이다. 그들은 자기 길을 고집하며 돌이키려 하지 않는다. 그들은 내 말을 한 마디도 들으려 하지 않는다.'"

제사장 바스훌과 충돌하다

1-5 **20** 임멜의 아들 제사장 바스훌은 **하나님**의 성전에서 지도급 제사장이었다. 그는 예레미야가 하는 이 설교를 듣고 예언자 예레미야를 채찍질했다. 그러고 나서 그를 **하나님**의 성전 위쪽 '베냐민 문' 옆 창고에 가두었다. 다음 날 바스훌이 와서 그를 풀어 주자, 예레미야가 그에게 말했다. "**하나님**께서 당신에게 새 이름을 지어 주셨소. 이제 당신 이름은 바스훌이 아니라 '사면초가'요. **하나님**께서 이렇게 말씀하셨소. '이제 너는 네 자신과 주변 사람들 모두에게 위험한 존재다. 네 친구들은 모두 전쟁터에 끌려가, 네가 지켜보는 앞에서 죽임을 당할 것이다. 그뿐 아니라, 나는 유다 백성 전부를 바빌론 왕에게 넘겨주어, 그가 원하는 대로 하게 내버려 둘 것이다. 바빌론 왕은 그들을 포로로 끌고 가서 마음 내키는 대로 죽일 것이다. 왕궁 보물 보관소에 있는 보물은 물론이고, 이 도성 안에 있는 것들 중 조금이라도 값나가는 것은 내가 무엇이든 원수에게 넘겨줄 것이다. 그들이 그 모든 재산과 소유물을 싹쓸이하여 바빌론으로 가져갈 것이다.

6 그리고 바스훌, 너와 네 가족은 모두 포로로 끌려갈 것이다. 그렇다.

너는 바빌론에 포로로 잡혀가, 거기서 죽어 묻힐 것이다. 네 거짓 설교를
듣고 동조하던 자들도 모두 그렇게 될 것이다.'"

7-10 **하나님**, 주께서 저를 이렇게 만드셨으니, 저는 따를 수밖에 없습니다.
저는 주님을 이길 수 없습니다.
이제 저는 공개적인 놀림감이 되었습니다.
모든 자들이 저를 놀려댑니다.
저는 입을 열 때마다
"살인이다! 강탈이다!" 하고 외칩니다.
그런데 **하나님**의 경고의 말씀을 그렇게 외쳐서 제가 얻는 것은
모욕과 멸시가 전부입니다.
그러나 "이제 그만!
더 이상은 **하나님**의 **메시지**를 전하지 않으리라!" 하고 마음먹으면,
말씀이 제 뱃속에서 불처럼 타오르며
뼛속까지 태웁니다.
참아 보려고 했지만, 이제 지쳤습니다.
더는 견딜 수 없습니다!
제 등 뒤에서 수군대는 소리가 들려옵니다.
"저기, '사면초가' 운운했던 자다. 저 자를 잡아라! 신고하여라!"
전에 친구였던 자들이, 지금은 제가 바닥에 고꾸라지기만을 기다립니다.
"뭐든지 하나만 걸려 봐라. 영원히 없애 줄 테니!"

11 그러나 **하나님**, 실로 맹렬한 전사이신 주께서 제 편이십니다.
저를 쫓는 자들은 모두 대자로 쭉 뻗게 될 것입니다.
어릿광대처럼 제 발에 걸려 넘어져 땅에 뒹굴며,
우스꽝스런 장면을 연출할 것입니다.

12 오, 만군의 **하나님**, 누구도 주님을 우롱하지 못합니다.

주께서는 모든 자를, 모든 것을 꿰뚫어 보십니다.
저는 그들이 행한 그대로 되갚음 받는 것을 보고 싶습니다.
주께 제 송사를 맡겨 드립니다.

13 **하나님**께 노래 불러라! **하나님**을 찬양하여라!
그분은 악인들의 손아귀에서 약자를 건지시는 분이다.

14-18 내가 태어난 날이여,
저주 받아라!
내 어머니가 나를 임신한 날이여,
그날도 저주 받아라!
내 아버지에게
"당신 아들이 태어났소" 하고
(그를 몹시도 기쁘게 했을)
소식을 전한 그도 저주 받아라.
출생의 소식이 없던 것이 되고,
기록에서 지워져 버렸으면 좋겠구나.
그 소식을 전한 자는,
자기가 전한 그 흉보에 죽을 때까지 시달림 받으리라.
그는 내가 태어나기 전에 나를 죽였어야 했다.
내 모태가 내 무덤이 되고,
내 어머니는
평생 죽은 아기를 태 안에 둔 채 살아갔어야 했다.
오, 대체 무슨 이유로 내가 그 태에서 나왔단 말인가?
고난과 눈물로 얼룩진 삶,
앞으로도 마찬가지일 이 삶.

예루살렘의 멸망 예고

21 ¹⁻² 시드기야 왕이 말기야의 아들 바스훌과 마아세야의 아들 제사장 스바냐를 예레미야에게 보냈을 때, 그에게 임한 **하나님**의 **메시지**다. 그들이 와서 말했다. "바빌론 왕 느부갓네살이 우리를 치려고 전쟁을 일으켰소. 우리를 위해 **하나님**께 기도해 주시오. 그분께 도움을 청해 주시오. 어쩌면 **하나님**께서 옛날처럼 기적을 일으켜서 그를 물리쳐 주실지 모르니 말이오."

³⁻⁷ 그러나 예레미야가 말했다. "시드기야 왕에게 이렇게 전하시오. '이스라엘의 **하나님**이 네게 이르는 메시지다. 너희 군대는 이제 없는 셈 쳐라. 병사들의 사기가 꺾이고, 가진 무기들도 무용지물이 될 것이다. 나는 너희가 지금 힘겹게 대항해 싸우는 바빌론 왕과 갈대아 사람들을 친히 이 도성 안으로 이끌고 들어올 것이다. 내가 그들 편이 되어서 너희와 맞서 싸울 것이다. 불같은 진노로 전력을 다해 싸울 것이다. 이 도성에 사는 모든 사람과 짐승들을 무서운 전염병으로 싹 쓸어버릴 것이다. 그런 후에 나는 유다 왕 시드기야와 그의 신하들, 아직 병들어 죽지 않고, 칼에 맞아 죽지 않고, 굶어 죽지 않은 생존자들 전부를 바빌론 왕 느부갓네살에게 넘겨줄 것이다. 그렇다. 그들을 죽이러 온 적들에게 내가 친히 넘겨줄 것이다. 적들이 그들을 무자비하게 죽일 것이다.'

⁸⁻¹⁰ 또 백성 전체에게 이렇게 말하시오. '너희를 향한 **하나님**의 **메시지**다. 잘 들어라. 내가 너희에게 선택권을 준다. 살고자 하느냐, 아니면 죽고자 하느냐? 이 도성에 남는 사람은 누구나 죽을 것이다. 칼에 맞아 죽든지, 굶어 죽든지, 병에 걸려 죽든지 할 것이다. 그러나 여기를 나가서 이 도성을 포위하고 있는 갈대아 사람들에게 항복하는 자는, 다 살 것이다. 모든 것을 빼앗기겠으나 목숨만은 부지할 것이다. 나는 기필코 이 도성을 멸망시킬 것이다. 나는 그만큼 크게 노했다! **하나님**의 포고다. 내가 이곳을 바빌론 왕에게 넘겨줄 것이며, 그가 모든 것을 불태워 잿더미로 만들 것이다.'"

11-14 "유다 왕실에 말한다. **하나님의 메시지**에 귀 기울여라!

다윗 집안이여, 들어라. 너희를 향한 **하나님의 메시**다.

'아침마다 새롭게 정의를 다짐하며 하루를 시작하여라.

착취당하는 자들을 구해 주어라.

그렇게 하여, 나의 진노의 불을 피하여라.

그 불은 한번 붙으면, 그 무엇으로도 끌 수 없기 때문이다.

그런데 너희는 내 진노에 불을 지피는

악한 무리다.

내가 너희를 적대시한다는 것을 모르느냐?

그래, 내가 너희를 대적한다.

너희는 모든 준비를 갖추어

안전하다고 생각한다.

"누가 우리를 손댈 수 있겠는가?

누가 우리 파티를 망칠 수 있겠는가?" 한다.

내가 그렇게 할 수 있다! 내가 그렇게 할 것이다!

내가 너희 악한 무리를 벌할 것이다.

무엇으로도 끌 수 없는 맹렬한 불을 일으켜서,

보이는 것 전부를 태워 재로 만들 것이다.'"

이 왕궁은 폐허가 될 것이다

1-3 **22** 하나님의 명령이다. "왕궁에 가서 이 **메시지**를 전하여라. '다윗 보좌에 앉은 유다 왕아, **하나님**의 말씀에 귀 기울여라. 왕과 신하들, 그리고 이 왕궁 문을 출입하는 백성들 모두 들어라. 이는 **하나님의 메시**다. 너희의 정의를 돌아보아라. 사람 사이의 일을 공정하게 다루어라. 착취당하는 자들을 구해 주어라. 빈민과 고아와 과부들을 착취하지 마라. 살인행위를 멈춰라!

4-5 너희가 이 명령에 순종하면, 그때는 다윗 왕가의 왕들이 끊이지 않고 말과 병거를 타고 이 왕궁 문을 드나들게 될 것이다. 그들의 신하와 유다 주민들도 그러할 것이다. 그러나 너희가 이 명령에 순종하지 않으면, 맹

세컨대—하나님의 포고다!—이 왕궁은 폐허가 되고 말 것이다.'"

6-7 유다 왕궁에 대한 하나님의 선고다.

"내가 너를 좋아하여
길르앗의 아름다운 언덕과
레바논의 산 정상같이 여겼으나,
이제, 맹세코 너를 황무지로,
텅 빈 유령마을로 바꾸어 놓을 것이다.
커다란 쇠망치와 무시무시한 몽둥이를 가진
파괴자들을 고용하여,
온 나라를 늘씬하게 두들겨 패고
다 불태워 버릴 것이다.

8-9 각처에서 온 여행자들이 이 땅을 지나며 물을 것이다. '무슨 이유로 하나님께서 그 대단하던 도성을 이렇게 만드셨는가?' 그들은 이런 대답을 듣게 될 것이다. '그들이 자기 하나님과의 언약을 저버리고, 다른 신들을 따르며 숭배했기 때문이다.'"

살룸과 여호야김에 대한 예언
10 죽은 왕 요시야를 두고 울지 마라.
눈물을 낭비할 필요 없다.
대신에, 포로로 잡혀간 그의 아들을 위해 울어라.
그가 영원히 떠났으니 말이다.
그는 다시 고향 땅을 밟지 못할 것이다.
11-12 아버지 요시야를 이어 유다의 왕이 된 살룸에 대해 하나님께서 이렇게 말씀하신다. "그는 이곳을 영원히 떠났다. 그는 그들에게 붙잡혀 가, 그 땅에서 죽을 것이다. 다시는 고향 땅을 밟지 못할 것이다."

13-17 "백성들을 들볶아 자기 왕궁을 짓고,
사람들을 해쳐 가며 좋은 집을 짓고,
일꾼들을 속이고
정당한 품삯을 주지 않는 자,
'널찍한 방과 화려한 창문을 갖춘
멋진 집을 지어 살아야겠다.
값비싸고 진귀한 원목과
최신 유행 장식품을 수입해 들여와야겠다'고 말하는 자에게 화가 있으
리라.
그래, 화려한 왕궁을 짓는 일이
왕의 본분이더냐?
네 아버지는 성공한 왕이었다. 그렇지 않느냐?
그는 옳은 일을 행하고 백성을 공정하게 대하여,
모든 일에 형통했다.
그가 억압받는 자들을 보살펴 주었고,
유다가 잘살게 되었다.
이런 것이 나를 안다는 말의 의미가 아니겠느냐?"
하나님의 포고다!
"그러나 너는 눈멀었고 머리도 텅 비었다.
오로지 자기 생각밖에 할 줄 모르며,
힘없는 자들을 이용하고,
힘으로 눌러 약자들을 괴롭힌다."

18-19 유다 왕 요시야의 아들 여호야김에 대한 하나님의 판결이다.
"이 자에게 화가 있으리라!
아무도 그를 위해
'가련한 형제여!' 하고 울어 주지 않는다.

아무도 그를 위해
'가련한 폐하!' 하고 울어 주지 않는다.
그들은 죽은 노새에게 하듯 그의 장례를 치르고,
성문 밖으로 끌어다가 쓰레기처럼 던져 버릴 것이다."

예루살렘에 대한 탄식

20-23 "예루살렘아, 너는 레바논 산 정상에 올라, 거기서 울어라.
바산의 산에 올라, 거기서 통곡하여라.
아바림 산등성에 올라, 거기서 애곡하여라.
너는 스스로의 삶을 완전히 망가뜨렸다.
네가 잘나갈 때 나는 네게 경고했다.
그러나 너는 '그런 이야기, 관심 없습니다' 하고 말했다.
너는 처음부터 그런 식이었다.
내 말을 한 마디도 듣지 않았다.
네 지도자들이 전부 바람에 휩쓸려 가고,
네 친구들도 다 포로로 잡혀갔으며,
너도 네 악행으로 수치를 당하고,
시궁창에 처박힐 것이다.
너는 큰 도성에 산다며 우쭐대고
으뜸가는 산이나 되는 듯이 함부로 굴었다!
그러나 머지않아 고통 가운데 사지를 비틀게 되리라.
해산하는 여인의 진통보다 더 심한 고통을 겪게 되리라."

24-26 **하나님의 포고다.** "살아 있는 나 하나님을 두고 맹세하는데, 너 유다 왕
여호야김의 아들 여호야긴아, 네가 내 오른손에 낀 옥새 반지라 해도 내
가 너를 빼내어, 너를 죽이려고 작정한 자들, 곧 바빌론의 느부갓네살 왕
과 갈대아 사람들에게 넘겨줄 것이다. 그 다음에는, 너와 네 어머니를 고
향 땅에서 멀리 떨어진 낯선 나라로 던져 버릴 것이다. 너희 둘 다 거기

서 죽을 것이다.

27   너희는 죽을 때까지 고향을 그리워하겠지만, 다시는 고향 땅을 밟지
못할 것이다."

28-30 여호야긴은 물 새는 양동이,
아무짝에도 쓸모없는 폐물인가?
그렇지 않다면 왜 버려졌겠는가? 어찌하여 자식들과 함께
낯선 땅에 버려졌겠는가?
오 땅이여, 땅이여, 땅이여,
하나님의 메시지에 귀 기울여라!
하나님의 선고다.
"그를 자식 없는 사람인 셈 치고 포기하여라.
그는 사람 구실을 하지 못할 것이다.
그에게서 대가 끊기고,
그가 마지막 왕이 될 것이다."

의로운 다윗 가지

23

1-4   "내 양 떼를 도살하고 흩어 버린 목자들아, 화가 있으리라!"
하나님의 포고다. "내 백성을 그릇된 길로 인도한 목자들에게
나 **하나님**, 이스라엘의 하나님이 말한다. '너희는 내 양 떼를 흩어 버렸
다. 너희가 그들을 몰아냈다. 너희는 그들을 지켜보지 않았다. 그런데
아느냐? 나는 그런 너희를 지켜보고 있다. 너희 범죄 행위를 하나도 빠
뜨리지 않고 지켜보고 있다. 이제 내가 나서서, 내 양들 가운데 남은 양
들을 불러 모을 것이다. 내가 쫓아 보냈던 그 땅에서 다시 불러 모아, 고
향 땅으로 데려올 것이다. 그들은 회복되고 번성할 것이다. 그들을 보살
필 목자를 내가 친히 세워 줄 것이다. 그들은 더 이상 공포와 두려움 속
에서 살지 않을 것이다. 잃었던 양들이 다시 모일 것이다!' **하나님**의 포
고다."

5-6 "그날이 오고 있다." **하나님**의 포고다.

"내가 진정으로 의로운 다윗 가지를 일으켜 세울 날이 오고 있다.

그는 정의롭게 통치를 펼칠 것이며,

정의를 세워 사람들을 하나 되게 하리라.

그의 시대가 이르면, 유다는 다시금 안전한 곳이 되고

이스라엘은 평안을 누리리라.

사람들은 그를,

'모든 일을 바로잡아 주시는 **하나님**'이라 부를 것이다."

7-8 **하나님**의 포고다. "보아라. 그날이 오면, 사람들은 더 이상 '이스라엘을 이집트에서 구해 내신 **하나님**의 살아 계심을 두고' 맹세하지 않을 것이다. 대신에 '이스라엘 자손을 북쪽 땅과, 그들을 쫓아 보낸 곳에서 다시 데려오신 **하나님**의 살아 계심을 두고' 맹세할 것이며, 그들이 비옥한 자기 땅에서 살 것이다."

거짓 예언자들에 대한 경고

9 머리가 어지럽고,

팔다리에 힘이 풀린다.

사물이 둘로 보일 만큼,

술에 취한 주정뱅이처럼 비틀거린다.

이 모든 것은 **하나님** 때문이다.

그분의 거룩한 말씀 때문이다.

10-12 거짓 예언자들에 대한 **하나님**의 말씀이다.

"믿어지느냐? 나라가 온통 간음하는 자들,

부정하고 문란한 우상숭배자들 천지다!

그들이 저주의 화근이다.

그들로 인해 땅이 황무지가 되었다.

그들의 부정이
나라 전체를 시궁창으로 바꾸어 놓았다.
예언자와 제사장들이 신성모독의 앞잡이들이다.
그들은 하나님인 나와 아무 상관이 없다.
그들은 심지어 내 성전까지도
더러운 범죄로 도배했다." 하나님의 포고다.
"그들, 무사하지 못할 것이다.
어둔 곳으로 기울어진
미끄러운 길에서 구르다가,
칠흑 같은 어둠 속으로 굴러떨어지리라.
나는 그들이 반드시 죄의 대가를 치르게 할 것이다.
재앙의 해가 닥칠 것이다." 하나님의 포고다.

13-14 "나는 사마리아 전역에서 예언자들이 벌이는
얼간이짓을 보았다. 충격적이었다!
그들은 바알 우상의 이름으로 설교하며
내 백성을 큰 혼란에 빠뜨렸다.
그런데 예루살렘 예언자들은 그보다 더 심하다. 끔찍할 정도다!
섹스에 중독되고 거짓을 따라 사는 그들,
악의 문화를 장려하고 있으면서
반성은 찾아볼 길 없다.
그들은 옛 소돔의 가련한 자들,
옛 고모라의 타락한 자들 못지않게 악하다."

15 그러므로 만군의 하나님께서 그 예언자들에 대해 주시는 메시지다.

"내가 그들에게 구더기 가득한 고기를 먹이고,
후식으로 독약을 주어 마시게 할 것이다.

그 예루살렘 예언자들이, 이 모든 문제의 배후다.
그들이 이 나라를 오염시키는 악의 원인이다."

16-17 만군의 **하나님**의 메시지다.

"그 예언자들의 설교에 귀 기울이지 마라.
다 헛소리다. 새빨간 거짓말이다.
모두 지어낸 말이다.
내게서 나온 것은 한 마디도 없다.
그들은 하나님에 대해 무감각한 회중을 앞에 두고
'모든 일이 잘될 것'이라고 말한다.
잘못된 길을 고집하는 백성들을 향해
'나쁜 일은 절대 없을 것'이라고 설교한다.

18-20 그 예언자들 중에
나 **하나님**을 만나려고 애쓰는 자,
내가 하는 말을 들으려고 진정으로 애쓰는 자,
내 말을 듣고, 그대로 살아 내려는 자가 한 사람이라도 있느냐?
보아라! **하나님**의 회오리바람이 닥칠 것이다.
폭풍 같은 나의 회오리바람이,
그 사악한 자들의 머리를 팽이처럼 돌려 버릴 것이다!
내가 다 쓸어버리고
내 일을 마친 뒤에야,
비로소 **하나님**의 맹렬한 진노가 가라앉을 것이다.
그때 너희는,
내 일이 완수되었음을 보게 될 것이다.

21-22 내가 그 예언자들을 보낸 적이 없는데도,

그들은 제멋대로 달려 나갔다.
내가 그들에게 말한 적이 없는데도,
그들은 제멋대로 말을 전했다.
정말 그들이 차분히 앉아 나를 만나고자 애썼다면,
그들은 내 백성에게 내 메시지를 전해 주었을 것이다.
내 백성을 바른 길로 되돌리고,
악한 길에서 건져 내었을 것이다."

23-24 **하나님**의 포고다. "내가 가까이에만 있는 하나님이냐?
멀리 있는 하나님은 아니냐?
내가 볼 수 없는 곳에
사람이 숨는 것이 가능하냐?"
하나님의 포고다.
"나는 보이든 보이지 않든,
어디에나 있지 않느냐?"
하나님의 포고다.

25-27 "나는 내 이름을 팔아 거짓으로 설교하는 그 예언자들이 뭐라고 말하는
지 잘 안다. 그들은 '내가 이런 꿈을 꾸었다! 내가 이런 꿈을 꾸었다!' 하
고 떠든다. 내가 얼마나 더 참아야 하느냐? 그렇게 거짓말을 전하고 거
창한 망상을 토해 내는 그 예언자들이 눈곱만큼이라도 나를 생각하겠느
냐? 그들은 서로 꿈을 교환하고 망상을 바꿔 먹으면서, 내 백성을 미혹
케 하여 나를 잊게 만든다. 우상 바알에게 미혹되었던 그들의 조상처럼
말이다.

28-29 꿈이나 꾸는 너희 예언자들,
계속 그렇게 얼빠진 꿈 이야기나 하고 다녀라.

그러나 나의 메시지를 받은 예언자들은
충실하고 성실하게 그것을 전하여라.
알곡과 쭉정이가 서로 무슨 상관이 있느냐?
하나님의 포고 같은 것이 또 어디 있으랴!
나의 메시지는 불같지 않느냐?" 하나님의 포고다.
"바위를 깨부수는 거대한 쇠망치 같지 않느냐?

30-31 서로 얻어 들은 것으로 설교하는 그 예언자들을 내가 대적하겠다. 그렇다. 내가 대적할 것이다. 그들은 자기들이 지어낸 말을 설교라 한다.

32 오, 그렇다. 몽상에 불과한 거짓말을 전하고, 그것을 나라 전역에 퍼뜨리며, 저속하고 무모한 말로 내 백성의 삶을 파멸시키는 예언자들을 내가 대적할 것이다.

나는 그들을 보낸 적이 없으며, 그들 중 누구에게도 권한을 부여한 적이 없다. 그들은 이 백성에게 아무 도움도 되지 않는, 백해무익한 존재들이다!" 하나님의 포고다.

33 "예언자나 제사장이나 그 누구든지 '하나님께서 왜 이렇게 말씀하시는 거요? 대체 뭐가 문제요?' 하고 묻거든, 그에게 이렇게 말해 주어라. '너다. 바로 네가 문제다. 그리고 나는 너를 없애 버릴 것이다.'" 하나님의 포고다.

34 "예언자와 제사장들을 포함해 입만 열면 '하나님의 메시지다! 하나님의 메시지다!' 하며 떠들고 다니는 자들, 내가 그들과 그 가족들을 벌할 것이다.

35-36 하나님이 뭐라고 말씀하는지 안다고 주장할 것이 아니라, '이 일에 있어 하나님의 뜻이 무엇일까' 하고 서로 물어보아라. 다 안다는 듯 '하나님께서 내게 이렇게 말씀하셨다. 이렇게도 말씀하셨다' 말하지 마라. 나는 그런 소리를 더 이상 듣고 싶지 않다. 오직 내가 권한을 부여한 자만이 나를 대변할 수 있다. 그렇지 않은 모든 자는 나의 메시지, 곧 살아 있

는 만군의 **하나님**의 **메시지**를 왜곡하는 자다.

37-38　너희는 예언자들에게 '**하나님**께서 당신에게 어떻게 대답하셨소? 그분이 당신에게 뭐라고 말씀하셨소?' 하고 물을 수 있다. 그러나 너희는 답을 아는 척 가장하지 말고, 그렇게 말하지도 마라. 다시 말한다. '하나님께서 내게 이렇게 말씀하셨다. 이렇게도 말씀하셨다' 하는 식으로 말하는 것을 멈추어라.

39-40　귀담아듣고 있느냐? 그렇게 하지 않으면, 내가 너희를 들어 올려 바닥에 내팽개칠 생각이다. 내가 너희와 너희 조상에게 준 이 도성 전체가 함께 널브러질 것이다. 내가 너희를 대적할 것이다. 그냥 넘어가지 않을 것이다. 너희는 수치를 당하여 역사의 무대에서 사라질 것이다."

무화과 두 바구니

1-2　**24** **하나님**께서 내게 **하나님**의 성전 앞에 놓인 무화과 두 바구니를 보여주셨다. 바빌론의 느부갓네살 왕이 예루살렘에 있던 유다 왕 여호야김의 아들 여호야긴과 유다의 지도자와 장인과 숙련공을 바빌론으로 끌고 간 뒤에 있었던 일이다. 한 바구니 안에는 먹음직스럽게 잘 익은 최상품 무화과가 들어 있었고, 다른 바구니에는 도저히 먹을 수 없을 정도로 썩어 버린 무화과가 들어 있었다.

3　**하나님**께서 내게 말씀하셨다. "예레미야야, 무엇이 보이느냐?"

"무화과입니다." 내가 말했다. "최상품 무화과와, 먹을 수 없을 정도로 썩어 버린 무화과입니다."

4-6　그러자 **하나님**께서 내게 말씀하셨다. "이스라엘의 **하나님**의 **메시지**다. 내가 멀리 바빌론 사람들의 땅으로 보낸 포로들은 최상품 무화과와 같다. 나는 그들이 거기서 좋은 대우를 받게 할 것이다. 그들을 잘 보살펴 다시 이 땅으로 데려올 것이다. 나는 그들을 세우고, 허물지 않을 것이다. 내가 그들을 심고, 뽑지 않을 것이다.

7　내가 그들에게 나 **하나님**을 아는 마음을 주어, 그들은 내 백성이 되고 나는 그들의 하나님이 될 것이다. 그들은 전심으로 내게 돌아올 것이다.

8-10　그러나 유다 왕 시드기야는 너무 썩어 먹을 수 없는 무화과와 같다.

나는 그와 그의 신하들을 썩은 무화과처럼 취급할 것이다. 이곳에 남은 생존자들과 이집트로 내려간 자들도 마찬가지다. 나는 온 세상이 그들을 역겨워하게 만들 것이다. 그들은 혐오감을 주는 유랑자들이 될 것이며, 내가 쫓아 보낸 곳마다 사람들이 그들의 이름을 욕으로 사용할 것이다. 나는 그들이 전쟁과 기아와 염병으로 떼죽음을 당하게 하고, 내가 그들과 그들 조상에게 주었던 땅에서 완전히 사라지게 만들 것이다."

바빌론 왕의 지배를 받으리라

1 **25** 유다 백성에 대해 예레미야에게 임한 **메시지다.** 때는 유다 왕 요시야의 아들 여호야김 사년, 곧 바빌론 느부갓네살 왕 원년이었다.

2 예언자가 유다의 모든 백성과 예루살렘 모든 주민에게 이 메시지를 전했다.

3 "유다 왕 아몬의 아들 요시야 십삼년부터 오늘에 이르기까지—이십삼 년 동안!—내게 **하나님**의 말씀이 임했고, 나는 이른 아침부터 밤늦게까지 매일 그것을 너희에게 전했다. 그런데 너희는 그 말을 한 마디도 귀 기울여 듣지 않았다!

4-6 **하나님**께서는 나뿐 아니라 끈질긴 예언자들을 쉼 없이 보내셨지만, 너희는 전혀 귀 기울이지 않았다. 예언자들은 너희에게 말했다. '돌아서라. 지금 당장, 한 사람도 빠짐없이! 너희 길과 악한 행실에서 돌아서라. 하나님이 너희와 너희 조상에게 준 땅, 너희에게 영원히 주려고 한 그 땅에서 살고 싶으면 돌아서라. 유행하는 신들을 좇지 말고, 우상들을 추종하여 숭배하지 마라. 신을 만들어 파는 사업을 벌여 나를 격노케 하지 마라. 위험하기 그지없는 불장난을 그쳐라!'

7 그런데도 너희는 전혀 귀 기울여 듣지 않았고, 그래서 나는 진노했다. 너희가 벌여 온 신 장사가 마침내 너희에게 화를 불러왔다.'

8-11 이제 만군의 **하나님**의 선고를 들어라. '너희가 내 말에 귀 기울이기를 계속 거절했으니, 이제 내가 나서겠다. 나는 내 종 바빌론 왕 느부갓네살을 시켜 북방에서 군대를 일으키게 하고 그들을 이곳으로 데려와

서, 이 땅과 그 백성과 주변 나라들을 모조리 치게 할 것이다. 내가 전부 진멸해 버릴 것이다. 역사상 가장 참혹한 일이 벌어질 것이다. 기쁨의 소리란 소리는 모조리 걷어낼 것이다. 노랫소리, 웃음소리, 결혼 축하연소리, 일꾼들의 흥겨운 소리, 등불을 켜고 저녁식사를 즐기는 소리가 모두 사라질 것이다. 땅 전체가 거대한 황무지가 될 것이다. 그 나라들은 칠십 년 동안 바빌론 왕의 지배를 받을 것이다.

12-14 칠십 년이 다 차면, 나는 바빌론 왕과 바빌론 나라의 죄를 물어 벌할 것이다. 이번에는 그들이 황무지가 될 것이다. 나는 그 나라에 행하겠다고 말한 모든 일을 이룰 것이다. 이 책에 기록된 모든 일, 예레미야가 그 사악한 민족들을 대적해 말했던 모든 일을 내가 낱낱이 이행할 것이다. 많은 민족과 대왕들이 바빌론 사람을 종으로 삼을 것이며, 그들이 다른 사람들에게 했던 그대로 되갚아 줄 것이다. 그들은 결코 무사하지 못할 것이다.' 하나님의 포고다."

모든 민족에게 내리는 진노의 잔

15-16 이스라엘의 **하나님**께서 내게 주신 **메시지다**. "내가 너에게 건네는 이 진노의 포도주 잔을 받아라. 내가 너를 모든 민족에게 보낼 때에, 그들이 이 잔을 마시게 하여라. 그들이 마시고 취할 것이다. 내가 그들 가운데 풀어 놓을 대학살 때문에 정신을 잃고 헛소리를 지껄이며 비틀거릴 것이다."

17-26 나는 하나님의 손에서 그 잔을 받아, 그분께서 나를 보내신 모든 민족에게 마시게 했다.

예루살렘과 유다의 마을과 그들의 왕과 고관들이 마시자, 모두 거대한 황무지로 변해 버렸다. 실로 끔찍하고 저주스런 광경이었다. 이것이 지금 그들의 모습이다.

이집트의 바로 왕과 그의 신하와 고관과 백성들, 그리고 그들과 섞여 사는 모든 외국인,

우스의 모든 왕,

아스글론과 가사와 에그론 출신 블레셋 사람의 모든 왕과 아스돗에

남아 있는 주민들,

에돔과 모압과 암몬 백성,

두로와 시돈과 바다 건너 해안 지방의 모든 왕,

드단과 데마와 부스와 사막 언저리의 유목민들,

아라비아의 모든 왕과 사막에서 옮겨 다니는 여러 베두인 족장과 추장들,

시므리와 엘람과 메대 사람의 모든 왕,

북쪽 나라의 모든 왕,

지구 위의 모든 왕국,

마지막으로 세삭(곧 바빌론)의 왕이 그 잔을 마시게 될 것이다.

27 "그들에게 전하여라. '만군의 **하나님**, 이스라엘의 하나님께서 내리시는 명령이다. 너희는 마시고 취하고 토하여라. 앞으로 자빠져 일어나지 마라. 너희에게 대학살이 예정되어 있다.'

28 그들 중 누구라도 네게서 잔을 받아 마시기를 거절하는 자가 있으면, 이렇게 전하여라. '만군의 **하나님**께서 네게 마시라고 명령하셨다. 그러니 마셔라!

29 최악의 시간이 닥쳐올 것이다! 내가 나의 것으로 삼았던 이 도성에 대재앙을 내리기 시작했다. 빠져나갈 생각은 아예 마라. 너희는 결코 빠져나가지 못할 것이다. 이것은 칼이다. 온 세계의 모든 사람을 내리치는 칼이다!'" 만군의 **하나님**의 포고다.

30-31 "예레미야야, 이 모든 말을 전하여라. 이 메시지 전부를 그들에게 전하여라.

'**하나님**께서 높은 하늘에서 사자처럼 포효하시니,
그분의 거룩한 거처에서 우르릉 천둥소리가 울려 나온다.
당신의 백성을 향해 귀청을 찢을 듯 고함을 치신다.
가을걷이 일꾼들의 환성소리 같은 고함이다.

그 거대한 소리가 온 땅에 울려 퍼진다.
모든 곳, 모든 자들에게 들린다.
하나님께서 사악한 민족들을 고발하신다.
그분이 온 인류를 심판하실 것이다.
악인들이 받게 될 선고는 명백하다.
모두 칼에 맞아 죽을 것이다.'" **하나님**의 포고다.

32 만군의 **하나님**의 메시지다.

"최악의 시간이 닥쳐온다! 대재앙의 날이다!
재앙이 이 민족에서 저 민족으로 퍼져 나가리라.
온 땅을 휩쓸어 버릴
거대한 폭풍이 일어나리라."

33 그날에, **하나님**의 심판을 받아 쓰러진 자들의 시체가 땅의 이쪽 끝에서 저쪽 끝까지 널브러질 것이다. 그들을 위해 우는 자 없고, 땅에 묻어 줄 자도 없으리라. 거름 통처럼 땅에 그대로 방치될 것이다.

34-38 목자들아, 슬피 울어라! 도와 달라고 부르짖어라!
양 떼의 주인들아, 땅바닥에 엎드려라!
시간이 다 되었다. 도살장에 끌려가는
숫양 같은 너희가, 이제 그 차례다.
지도자들은 빠져나가지 못한다.
목자들도 도망가지 못한다.
들리느냐? 살려 달라고 지도자들이 울부짖는 소리,
양 떼의 목자들이 통곡하는 소리!

아름다웠던 그들의 목장을 하나님께서 황무지로 바꾸어 놓으실 것이다.

평화로웠던 양 우리에는,

하나님의 진노로 죽음 같은 정적만 흐르게 될 것이다.

느닷없이 달려드는 사자처럼,

하나님께서 불시에 나타나시리라.

그분의 진노로 온 나라가 갈기갈기 찢기고,

땅은 폐허가 될 것이다.

예레미야의 성전 설교

26 유다 왕 요시야의 아들 여호야김이 나라를 다스리기 시작할 무렵, 하나님의 메시지가 예레미야에게 임했다.

2-3 "하나님의 메시지다. 너는 하나님의 성전 뜰에 서서, 유다 전역에서 하나님을 예배하러 오는 백성에게 전하여라. 내가 이르는 말을 남김없이 전하여라. 한 마디도 빼지 마라. 행여 그들이 듣고 악한 삶에서 돌이킬지 어찌 알겠느냐. 그러면 나는 그들의 악행을 벌하기 위해 계획한 재앙을 다시 생각해 볼 것이다.

4-6 그들에게 전하여라. '하나님의 메시지다. 너희가 내게 귀 기울이기를 거부하고, 내가 분명하게 계시한 가르침을 따라 살기를 거부하고, 내가 끊임없이 보내는 나의 종과 예언자들의 말에 귀 기울이기를 계속 거부하면—한 번도 귀 기울인 적 없는 너희는 앞으로도 그럴 것이다!—나는 이 성전을 실로처럼 폐허로 만들 것이다. 이 도성을 온 세상의 조롱과 저주가 되게 할 것이다.'"

7-9 예레미야가 하나님의 성전에서 이 메시지를 전하자, 그곳에 있던 모든 제사장과 예언자와 백성들이 들었다. 예레미야가 하나님이 이르신 모든 말씀을 남김없이 전하고 설교를 마치자, 제사장과 예언자와 백성들이 그를 붙잡고 소리쳤다. "너는 사형감이다! 감히 하나님의 이름을 들먹이며 이 성전이 실로처럼 폐허가 될 거라고 말하느냐? 이 도성 사람들이 다 전멸한다고?"

성전 안에 있던 백성 모두가 폭도처럼 예레미야에게 달려들었다.

10 유다 왕궁의 고관들이 이 일을 전해 들었다. 그들은 즉시 왕궁을 떠나 하나님의 성전에 와서 진상을 조사했다. 그리고 하나님의 성전 '새 대문' 어귀에서 현장 공판을 열었다.

11 먼저 예언자와 제사장들이 입을 열어 고관과 백성들을 향해 말했다. "이 자를 사형에 처하십시오! 그는 죽어 마땅합니다! 여러분이 들은 것처럼, 그는 이 도성을 저주하는 설교를 했습니다."

12-13 이번에는 예레미야가 군중이 보는 앞에서 고관들을 향해 말했다. "하나님이 나를 보내셔서, 여러분이 전해 들은 그 말씀 모두를 이 성전과 도성을 향해 전하라고 하셨습니다. 그러니 이제 응답하십시오! 여러분의 삶을 바꾸고, 행위를 바꾸십시오. 하나님의 메시지에 귀 기울이고 순종하십시오. 그렇게 되면, 하나님께서 내리겠다고 하신 재앙을 다시 생각하겠다고 말씀하십니다.

14-15 내 몸은 여러분의 손에 달려 있습니다. 여러분 마음대로 하십시오. 그러나 이것만은 분명히 알아 두십시오. 만일 여러분이 나를 죽인다면 그것은 죄 없는 자를 죽이는 일이고, 여러분과 이 도성과 이곳 백성 모두가 그 일에 대해 책임을 져야 할 것입니다. 나는 단 한 마디도 내 생각을 말하지 않았습니다. 하나님께서 나를 보내셨고, 내게 해야 할 말을 일러 주셨습니다. 여러분은 예레미야가 아니라 하나님께서 하시는 말씀을 들은 것입니다."

16 그러자 고관들이 백성 앞에서 제사장과 예언자들에게 판결을 내렸다. "석방하시오. 이 사람에게는 사형당할 만한 죄가 없소. 그는 우리 하나님의 권위에 기대어 말한 것이오."

17-18 그러자 존경받는 지도자들 가운데 몇몇이 일어나 군중을 향해 말했다. "유다 왕 히스기야가 다스릴 때에, 모레셋 사람 미가가 유다 백성을 향해 이런 설교를 한 적이 있습니다. '너희를 향한 만군의 하나님의 메시지다.

바로 너희 같은 자들 때문에
시온은 다시 밭으로 돌아가고,
예루살렘은 결국 돌무더기가 될 것이다.
산 위에는 성전 대신,
몇 그루 잡목만 서 있게 될 것이다.'

19 이런 설교를 했다고 히스기야 왕이나 유다 백성이 그 모레셋 사람 미가를 죽였습니까? 아닙니다. 오히려 히스기야는 그를 높이면서 하나님께 자비를 베풀어 달라고 기도하지 않았습니까? 그러자 하나님께서는 내리시겠다고 하신 재앙을 취소해 주지 않았습니까?

그러니 여러분, 자칫하면 우리가 끔찍한 재앙을 불러들일 수 있습니다."

20-23 (전에 하나님의 이름으로 유사한 설교를 했던 사람으로, 기럇여아림 사람 스마야의 아들 우리야가 있었다. 그도 예레미야처럼 이 도성과 나라를 대적하는 설교를 했다. 그의 설교를 들은 여호야김 왕과 그의 고관들은 그를 죽이기로 작정했다. 목숨이 위태로워지자, 우리야는 이집트로 도망가 숨었다. 여호야김 왕이 악볼의 아들 엘라단에게 수색대를 딸려 보내 그를 추적하게 했다. 그들이 이집트에서 우리야를 찾아내어 왕 앞으로 데려왔다. 왕은 그를 죽이라고 명령했다. 그들은 그의 시신을 쓰레기 버리듯 도성 바깥에 던져 버렸다.

24 그러나 예레미야는 사반의 아들 아히감이 나서서 그의 편을 들어주었기에, 군중의 손에 죽는 것을 면할 수 있었다.)

거짓 예언자들과 싸우는 예레미야

1-4 **27** 유다 왕 요시야의 아들 시드기야 재위 초기에, 하나님께서 예레미야에게 메시지를 주셨다. "너는 마구와 멍에를 만들어 목에 메어라. 에돔과 모압과 암몬과 두로와 시돈의 왕들에게 전갈을 보내

라. 유다 왕 시드기야를 만나러 예루살렘에 온 그들의 사신들을 통해 보내라. 그들에게, 가서 이 명령을 주인에게 전하라고 일러라. '만군의 **하나님**, 이스라엘의 하나님의 **메시지**다. 너희 주인에게 이렇게 전하여라.

5-8 　나는 땅과 사람과 세상 모든 짐승을 만든 이다. 나는 누구의 도움 없이 혼자서 그 일을 했으며, 내가 만든 것을 누구든지 내가 원하는 자에게 주어 맡긴다. 현재 나는 그 땅 전체를 나의 종 바빌론 왕 느부갓네살에게 맡겼다. 나는 들짐승들도 그에게 복종하게 했다. 민족들 모두가 그를 섬기고, 이후에는 그의 아들과 그의 손자를 섬기게 될 것이다. 그러고 나면 그의 때가 다하여 세상이 뒤집힐 것이다. 그때 바빌론은 패자가 되어 종으로 전락할 것이다. 그러나 그 전까지는, 모든 나라와 왕국이 바빌론 왕 느부갓네살에게 굴복하고 바빌론 왕의 멍에를 받아들여 그것을 메어야 한다. 그렇게 하지 않는 민족은 내가 전쟁과 기근과 염병으로 벌을 주어, 결국 내가 원하는 곳으로 끌고 갈 것이다.

9-11 　그러니 장래 일을 안다고 주장하며 너희더러 바빌론 왕에게 항복하지 말라고 말하는 자들, 곧 너희 예언자와 영매와 점쟁이들의 말에 절대 귀 기울이지 마라. 그들은 뻔뻔한 거짓말을 늘어놓을 뿐이며, 너희가 그 말을 듣다가는 고향 땅을 떠나 멀리 포로로 잡혀가게 될 것이다. 내가 직접 너희를 너희 땅에서 쫓아 보낼 것이다. 그것이 너희의 최후가 될 것이다. 그러나 바빌론 왕의 멍에를 받아들이고 그가 시키는 대로 따르는 민족은, 계속해서 자기 땅에서 생업을 돌보며 살 수 있게 할 것이다.'"

12-15 　나는 유다 왕 시드기야에게도 같은 메시지를 전했다. "바빌론 왕의 멍에를 메십시오. 그와 그의 백성을 섬기십시오. 부디 목숨을 부지하십시오! 굳이 칼에 맞아 죽고, 굶어 죽고, 병들어 죽는 길을 택할 까닭이 무엇입니까? 하나님께서는 바빌론 쪽에 붙지 않는 모든 민족이 그렇게 될 것이라고 경고하십니다. 바빌론 왕에게 복종하지 말라고 전하는 예언자들의 말을 듣지 마십시오. 그것은 거짓말입니다. 거짓 설교입니다. 이에 대한 **하나님**의 말씀은 이렇습니다. 나는 그 예언자들을 보낸 적이 없는데도, 그들은 내가 자기들을 보냈다고 주장하며 거짓 설교를 일삼는다. 너희가 그들의 말을 듣고 따른다면, 나는 너희를 이 땅에서 쫓아낼 것이

다. 그것이 너희와 거짓말하는 예언자들의 최후가 될 것이다.'"

16-22 　　마지막으로 나는 제사장과 백성 전체를 향해 말했다. "**하나님의 메시지**입니다. 여러분에게 계속 '우리를 믿어라. 탈취당한 **하나님**의 성전 기구들이 이제 곧 바빌론에서 되돌아올 것이다' 하고 말하는 예언자들의 설교에 귀 기울이지 마십시오. 거짓말입니다. 그들의 말을 듣지 마십시오. 바빌론 왕에게 무릎을 꿇고 목숨을 부지하십시오. 이 도성의 멸망과 폐허를 불러올 일을 왜 한단 말입니까? 그들이 진짜 예언자들이고 **하나님**의 메시지를 받는 자들이라면, 마땅히 만군의 **하나님** 앞에 나아가, 아직 **하나님**의 성전과 왕궁과 예루살렘에 남아 있는 기구들이 바빌론에 빼앗기지 않게 해달라고 기도해야 할 것입니다. 만군의 **하나님**께서 아직 남아 있는 성전 기구들—바빌론의 느부갓네살 왕이 여호야김의 아들 여호야긴과 유다와 예루살렘의 모든 지도자들을 포로로 잡아 바빌론으로 끌고 갈 때 가져가지 않고 남겨 놓은 기둥과 대형 청동대야, 받침대, 기타 여러 그릇과 잔들—에 대해 이미 말씀하신 바가 있지 않습니까? 그분은 **하나님**의 성전과 왕궁과 예루살렘에 남아 있는 기구들마저 결국 모두 바빌론으로 옮겨질 것이며, **하나님**께서 '이제 내가 그것들을 다시 제자리에 돌려놓을 것이다' 하실 때까지 거기 있게 되리라고 말씀하셨습니다."

거짓 예언자 하나냐

1-2 **28** 그 후 같은 해에(시드기야 왕 사년 다섯째 달이었다), 기브온 출신 예언자이자 앗술의 아들인 하나냐가 **하나님**의 성전에 모인 제사장들과 모든 백성 앞에서 예레미야와 맞섰다. 하나냐가 말했다.

2-4 　　"만군의 **하나님**, 이스라엘의 하나님께서 직접 주시는 **메시지**다. '내가 분명코 바빌론 왕의 멍에를 부서뜨릴 것이다. 두 해가 지나기 전에 내가 **하나님**의 성전 기구 전부와 바빌론 느부갓네살 왕이 약탈해 간 것들 전부를 이곳에 다시 돌려놓을 것이다. 또한 유다 왕 여호야김의 아들 여호야긴과 함께 바빌론으로 잡혀간 포로 전부를 다시 데려올 것이다.' **하나님**의 포고다. '그렇다. 내가 바빌론 왕의 멍에를 부서뜨릴 것이다. 너

희는 더 이상 그에게 매이지 않을 것이다.'"

5-9 그러자 예언자 예레미야가 그날 **하나님**의 성전에 있던 제사장들과 모든 백성 앞에서 예언자 하나냐를 향해 일어났다. 예언자 예레미야가 말했다. "놀랍소! 그것이 사실이었으면 정말 좋겠소. **하나님**께서 성전 기구들과 포로로 잡혀간 이들을 다 바빌론에서 데려오셔서 당신의 설교를 입증해 주셨으면 정말 좋겠소. 하지만 내 말을 들으시오. 내가 당신과 여기 있는 모든 백성에게 하는 말을 잘 들으시오. 옛 예언자들, 우리 이전 시대의 예언자들은 많은 나라와 왕국을 향해 심판의 메시지를 전했소. 전쟁과 재앙과 기근이 닥칠 것이라 경고했소. 그러나 모든 일이 잘 될 것이니 걱정할 필요가 전혀 없다고 설교하는 예언자는 드물었소. 그것은 몹시 이례적인 경우요. 그러니 우리는 두고 볼 것이오. 당신이 말한 대로 일이 진행된다면, 우리는 당신을 **하나님**께서 보내신 예언자로 알 것이오."

10-11 그러자 하나냐가 예레미야의 어깨에서 멍에를 잡아채 부숴 버렸다. 그러고는 백성들을 향해 말했다. "**하나님**의 **메시지**요. '내가 바로 이렇게 바빌론 왕의 멍에를 부서뜨릴 것이며, 이 년 내에 모든 민족의 목에서 그의 멍에를 풀어 줄 것이다.'"

예레미야가 그 자리를 떠났다.

12-14 하나냐가 예레미야의 멍에를 풀어 부서뜨리고 나서 얼마 후에, **하나님**께서 예레미야에게 **메시지**를 주셨다. "하나냐에게 다시 가서 전하여라. '**하나님**의 **메시지**다. 네가 나무 멍에를 부서뜨렸다만, 이제 네게는 쇠 멍에가 씌워졌다. 이스라엘의 하나님인 만군의 **하나님**의 **메시지**다. 내가 이 민족 모두에게 쇠 멍에를 씌웠다. 그들 모두 바빌론 느부갓네살 왕에게 매여서, 그가 시키는 대로 하게 될 것이다. 나는 들짐승도 다 그에게 복종하게 만들 것이다.'"

15-16 예언자 예레미야가 예언자 하나냐에게 말했다. "이보시오, 하나냐! **하나님**께서는 당신을 보내신 적이 없소. 그런데도 당신은 온 나라를 속여 당신의 거짓말에 넘어가게 했소! 그러니 **하나님**께서 당신에게 말씀하시오. '내가 너를 보냈다고 주장하느냐? 좋다. 내가 너를 이 땅에 발붙

이지 못하도록 보내 버리겠다! 감히 **하나님**을 거역하도록 선동했으니, 올해가 가기 전에 네가 죽을 것이다.'"

17 예언자 하나냐는 그해 일곱째 달에 죽었다.

포로에게 보낸 편지

1-2 **29** 이것은 예루살렘에 있던 예언자 예레미야가 포로로 잡혀간 사람들 중에 살아남은 장로와 제사장과 예언자들, 또 여호야긴 왕과 그의 모후와 관료와 모든 기술자와 장인들을 비롯해, 느부갓네살이 포로로 잡아 바빌론으로 끌고 간 모든 사람들에게 써 보낸 편지다. 3 이 편지는 유다 왕 시드기야가 바빌론 왕 느부갓네살에게 보낸 사반의 아들 엘라사와 힐기야의 아들 그마랴 편에 전달했는데, 편지의 내용은 이러하다.

4 만군의 **하나님**, 이스라엘의 하나님의 **메시지**다. 내가 예루살렘에서 바빌론으로 잡혀가게 한 모든 포로에게 말한다.

5 "너희는 거기서 집을 짓고 정착해 살아라.
과수원을 만들고, 그 나라에서 자라는 것들을 먹어라.

6 결혼해서 아이를 낳아라. 너희 자녀들도 결혼시키고 아이를 낳게 하여 그 나라에서 번성하여라. 수가 줄지 않게 하여라.

7 그곳을 고향 삼아 지내고 그 나라를 위해 일하여라.
그리고 바빌론의 번창을 위해 기도하여라. 바빌론이 잘되는 것이 너희에게도 좋은 일로 여겨라."

8-9 그렇다. 믿기지 않겠지만, 이것이 만군의 **하나님**, 이스라엘의 하나님의 **메시지**다. "너희 주변에 널리고 널린, 이른바 설교자와 박사들의 거짓말에 속아 넘어가지 마라. 듣기 좋으라고 하는 그들의 이야기에 관심을 보이지 마라. 모두 꾸며 낸 이야기에 불과하다. 그들은 거짓 설교를 일삼는 사기꾼 집단이다. 내가 자기들을 보냈다고 우긴다만, 나는 그들을 보낸 적이 없다. 전혀 근거 없는 소리다." **하나님**의 포고다!

10-11 이에 대한 **하나님**의 말씀이다. "하루도 모자라지 않게 바빌론에서

칠십 년이 다 채워지면, 내가 너희 앞에 나타나서 약속한 대로 너희를 돌보고 너희를 고향으로 데려갈 것이다. 나는 내가 할 일을 안다. 그 일을 계획한 이가 바로 나다. 나는 너희를 돌보기 위해 계획을 세웠다. 너희를 포기하려는 계획이 아니라, 너희가 꿈꾸는 내일을 주려는 계획이다.

12 너희가 나를 부르고, 내게 와서 기도하면, 내가 들어줄 것이다.

13-14 너희가 나를 찾아오면, 내가 만나 줄 것이다.

그렇다. 너희가 진지하게 나를 찾고 무엇보다 간절히 나를 원하면, 나는 결코 너희를 실망시키지 않을 것이다." 하나님의 포고다.

"내가 너희를 위해 상황을 뒤집을 것이다. 내가 너희를 쫓아 보낸 모든 나라에서 다시 너희를 이끌어 낼 것이다." 하나님의 포고다. "포로로 끌려가게 했던 곳에서 다시 너희를 찾아 데려올 것이다. 반드시 그렇게 할 것이다.

15-19 그러나 지금 너희는 자칭 '바빌론 전문가'라는 신식 예언자들에게 붙어, 그들을 '하나님이 우리를 위해 보내신 예언자들'이라고 부르며 따르고 있다. 하나님은 그 일부터 바로잡을 것이다. 지금 다윗 보좌에 앉아 있는 왕과, 너희와 함께 포로로 잡혀 오지 않고 예루살렘에 남은 백성 앞에 고난이 기다리고 있다. 만군의 하나님이 말한다. 잘 보아라! 재앙이 오고 있다. 전쟁과 기근과 질병이다! 그들은 썩은 사과들이다. 전쟁과 기근과 질병을 통해 내가 그들을 그 나라에서 모조리 치워 버릴 것이다. 온 세상이 그 악취에 코를 막고, 끔찍한 광경에 눈을 돌릴 것이다. 그들은 빈민굴에 갇혀 사는 신세가 될 것이다. 그들은 내가 보낸 나의 종들이 쉼 없이 다급하게 전한 말들, 곧 예언자들을 통해 내가 한 말들에 조금도 귀 기울이지 않았다." 하나님의 포고다.

20-23 "내가 예루살렘에서 바빌론으로 보낸 너희 포로들아, 너희에게 주는 하나님의 메시지에 귀 기울여라. 골라야의 아들 아합과 마아세야의 아들 시드기야에 대한 말이다. 내 이름으로 거짓 설교를 하는 그 '바빌론 전문가들'을, 내가 바빌론 왕 느부갓네살에게 넘겨줄 것이다.

그리고 바빌론 왕은 그들을 너희가 보는 앞에서 죽일 것이다. 유다에서 잡혀 온 포로들은 이후 남을 저주할 때 그 처형식에서 본 광경을 들어 말하리라. '바빌론 왕이 시드기야와 아합을 불사른 것처럼 **하나님**께서 너를 불에 바싹 태워 죽이시기를!' 섹스에 미친 짐승이자 예언자를 사칭한 그 자들은 마땅히 받아야 할 벌을 받을 것이다. 그들은 손에 닿는 모든 여자들을—심지어 이웃의 아내들도—침실로 끌어들였고, 나의 메시지라며 거짓을 설교했다. 나는 그들을 보낸 적이 없다. 그들은 나와 무관하다." **하나님**의 포고다.

"그들은 결코 무사하지 못할 것이다. 내가 그 모든 악행을 목격했다."

24-26 느헬람 사람 스마야에 대한 **하나님**의 **메시지**다. "만군의 **하나님**, 이스라엘의 **하나님**이 말한다. 너는 예루살렘의 백성과 마아세야의 아들 제사장 스바냐와 그 동료 제사장들에게 네 멋대로 편지를 써서 보냈다. 그 편지에서 너는 스바냐에게 이렇게 말했다. '**하나님**께서는 당신을 제사장 여호야다를 대신할 제사장으로 세우셨소. 그리고 **하나님**의 성전 일과 예언자 행세를 하는 미치광이들을 잡아 가두는 일을 맡기셨소.

27-28 그런데 어째서 예언자를 자처하며 돌아다니는 저 아나돗 사람 예레미야를 가두어 그의 입에 재갈을 물리지 않는 거요? 그는 바빌론에 있는 우리에게, 이 포로생활은 아주 오래갈 것이니 이곳에 집을 짓고 고향 삼아 살며, 과수원을 만들고 바빌론의 요리를 배우라고 편지를 써 보내기까지 했소.'"

29 제사장 스바냐가 이 편지를 예언자 예레미야에게 읽어 주었다.

30-32 그때 **하나님**께서 예레미야에게 말씀하셨다. "이 **메시지**를 바빌론 포로들에게 전하여라. **하나님**이 느헬람 사람 스마야에 대해 한 말을 그들에게 전하여라. 스마야는 거짓을 설교하고 있다. 나는 그를 보낸 일이 없다. 그는 거짓말로 너희를 속이고 있다. 그래서 나 **하나님**이 선고를 내

린다. 나는 느헬람 사람 스마야와 그의 가족을 벌할 것이다. 그는 재산
전부와 가족 모두를 잃게 될 것이다. 그의 가문 중에는 살아남아서 내가
장차 내 백성에게 가져올 좋은 날을 볼 자가 없을 것이다. 이는 그가 나
를 거슬러 반역을 꾀했기 때문이다." 하나님의 포고다.

이스라엘아, 절망하지 마라

1-2 **30** 하나님께서 예레미야에게 주신 메시지다. "이스라엘의 하나
님의 메시지다. '내가 네게 이르는 말 전부를 책에 적어라.

3 보아라. 내가 내 백성, 이스라엘과 유다를 위해 모든 상황을 뒤집을
날이 다가오고 있다. 나 하나님이 말한다. 나는 그들의 조상에게 주었던
땅으로 그들을 다시 데려올 것이다. 그들이 다시 그 땅을 차지하게 될 것
이다.'"

4 하나님께서 이스라엘과 유다에게 하신 말씀은 이러하다.

5-7 "하나님의 메시지다.

'비명소리가 들린다.
평화가 산산조각이 났다.
주위에 물어보아라! 주변을 둘러보아라!
아니, 남자도 해산하느냐?
아니라면, 남자들이 왜 저렇게
해산하는 여인처럼 잔뜩 찌푸리고
백지장처럼 창백한 얼굴로
자기 배를 움켜잡고 있단 말이냐?
전무후무한
흑암의 날이다!
야곱에게 닥친 환난의 때다.
그러나 야곱은 살아남을 것이다.

8-9 내가 그 흑암 속으로 찾아갈 것이다.
그들의 목에서 멍에를 벗겨 부수고,
그들을 마구에서 풀어 주리라.
그들은 더 이상 이방인들의 종으로 부역하지 않을 것이다!
그들은 자기들의 **하나님**을 섬기고,
내가 그들을 위해 세울 다윗 왕을 섬기게 되리라.

10-11 그러니 야곱아, 사랑하는 종아, 두려워하지 마라.
이스라엘아, 절망하지 마라.
고개를 들어 위를 보아라! 내가 너를 먼 타향살이에서 구원하고,
포로로 잡혀갔던 네 자녀들을 되찾아 줄 것이다.
야곱이 돌아와,
안전하고 평안하며 복된 삶을 누리리라.
내가 너와 함께하고, 너를 구원해 줄 것이다.
내가 너를 쫓아내어 여러 민족들로 흩어 버렸지만,
그 이방 민족들을 모조리 끝장낼 것이다.
그러나 너는 끝장내지 않을 것이다.
너를 벌하기는 하겠지만, 공정한 벌로 다스릴 것이다.
그저 손바닥 때리는 정도로 넘어가지는 않을 것이다.'

12-15 **하나님**의 메시지다.

'너는 만신창이,
죽은 목숨이다.
다들 너를 내팽개쳤다.
너는 가망이 없다.
네가 잘나갈 때 어울리던 친구들은
뒤도 돌아보지도 않고 너를 등지고 떠났다.
너를 이렇게 때려눕힌 이는 바로 나다.

이처럼 네게 결코 잊지 못할 벌을 내린 것은,
너의 죄가 극악하고
네가 지은 죄의 목록이 끝도 없기 때문이다.
그러니, 상처를 핥으며 자기연민에 빠져 있을 필요 없다.
너는 받아 마땅한 벌을 받은 것이다. 실은 더 많이 받아야 마땅하다.
너의 죄가 극악하고
네가 지은 죄의 목록이 끝도 없어,
내가 네게 이런 벌을 내렸다.

16-17 너를 해치는 자는 누구든지 해를 당하리라.
너의 적들은 종이 될 것이다.
너를 약탈한 자들이 약탈을 당하고,
너를 탈취한 자들이 탈취를 당할 것이다.
너에게는, 내가 너를 찾아와 치유해 주리라.
불치의 병을 치유해 줄 것이다.
모두가 가망 없다고,
아무짝에도 쓸모없는 시온이라며
내팽개쳤던 너를 고쳐 주리라.'

18-21 다시, 하나님의 메시지다.

'내가 야곱을 위해 사태를 역전시켜 줄 것이다.
그를 가엾게 여겨 장막을 재건해 줄 것이다.
마을이 다시 옛 토대 위에 재건될 것이다.
다시 웅장한 저택이 세워질 것이다.
집집마다 감사가 창문 밖으로 흘러넘치고,
웃음이 문 밖으로 흘러나오리라.
갈수록 형편이 나아질 것이다.
암울했던 시절은 이제 지나갔다.

그들은 번성하고 번창할 것이다.
멸시받던 시절은 이제 지나갔다.
그들은 다시 아이를 낳고 싶어하며,
내가 자랑스럽게 여길 공동체를 이룰 것이다.
그들을 해치는 자는 내가 누구든지 벌할 것이다.
그들 안에서 다스릴 자가 나올 것이다.
그들 중에 지도자가 나오고,
그들을 통치할 자가 나올 것이다.
나는 그가 언제라도 내 앞에 나올 수 있게 허락할 것이다.
누가 감히 목숨을 걸고, 초대도 없이
내 앞에 나올 수 있겠느냐?' 하나님의 포고다.

22 '그렇다. 너희는 나의 백성이 되고,
나는 너희의 하나님이 될 것이다.'"

23-24 보아라! **하나님**의 폭풍이 터져 나온다.
그분의 폭풍 같은 진노가
회오리바람이 되어, 사악한 자들의 머리를 날려 버린다!
다 쓸어버리고,
시작하신 일을 모두 끝낸 다음에야,
하나님의 맹렬한 진노가 누그러진다.
그 일이 끝나면,
너희는 그 일이 완수되었음을 보게 될 것이다.

1 **31** 하나님의 포고다. "그 일이 이루어지면,
정오의 태양만큼이나 분명해지리라.
나는 이스라엘 모든 남녀와 아이들의 하나님이 되고,
그들은 나의 친 백성이 될 것이다."

2-6 **하나님**께서 이렇게 말씀하신다.

"그들, 살육에서 살아남은 백성이
사막에서 은혜를 찾아냈다.
쉴 곳을 찾아다니다 마침내 이스라엘이,
그들을 찾아오신 하나님을 만났다!"
하나님이 그들에게 말씀하셨다. "나는 너를 사랑하지 않은 적이 없고,
앞으로도 그럴 것이다.
사랑을 기대하여라. 더 많이 기대하여라!
사랑하는 처녀 이스라엘아,
내가 너와 다시 시작할 것이다. 너를 다시 일으켜 주리라.
다시 탬버린을 들고 춤추며,
너는 노래하게 될 것이다.
예전처럼
사마리아 언덕에 포도원을 만들고,
느긋이 앉아 그 열매를 즐길 것이다.
오, 그 수확이 너에게 기쁨을 선사하리라!
에브라임의 언덕 꼭대기에서 파수꾼들이
이렇게 소리쳐 부를 날이 오고 있다.
 '일어나라! 시온으로 가자.
우리 하나님을 만나러 가자!'"

7 그렇다. **하나님**께서 그렇게 말씀하신다.

"야곱을 향해 목이 터져라 환호성을 질러라!
그 일등 민족에게 희소식을 전하여라!

환호성을 올려라! 찬송을 불러라. 선포하여라.
'하나님께서 당신의 백성을 구원하셨다.
이스라엘의 알맹이를 남겨 주셨다.'

8 이제 장차 일어날 일을 잘 보아라.

내가 내 백성을
북방 나라에서 다시 데려오고,
땅끝에서 모아들일 것이다.
눈먼 자들,
다리 절고 절뚝거리는 자들,
임신한 여인들,
산고가 시작된 임산부까지도 모아,
그 거대한 무리를, 다 데려올 것이다!

9 그들을 보아라! 기쁨의 눈물을 흘리며 올 것이다.
내가 친히 그들의 손을 잡고 길잡이가 되어 주리라.
물이 흐르는 시냇가로,
평탄하게 잘 닦인 길로 인도해 주리라.
그렇다. 나는 이스라엘의 아버지이고
에브라임은 나의 맏아들이기 때문이다!

10-14 뭇 민족들아, 들어라! 하나님의 메시지다!
세계만방에 이를 널리 알려라!
그들에게 전하여라. '이스라엘을 흩어 버리신 분께서
다시 그들을 모으실 것이다.
자기 양 떼를 보살피는 목자같이,
이제부터 그들을 보살펴 주실 것이다.'
나 하나님이 야곱의 몸값을 다 치르고,

그를 불한당 바빌론의 손아귀에서 건져 낼 것이다.

백성이 시온의 비탈길을 오르며 기쁨의 환성을 지를 것이며,

하나님이 주는 풍성한 밀과 포도주와 기름과

양 떼와 소 떼로,

그 얼굴이 기쁨으로 빛날 것이다.

그들의 삶은 물 댄 동산 같을 것이며,

다시는 메마르지 않을 것이다.

젊은 여인들이 덩실덩실 춤을 추고,

젊은이와 노인들도 따라 출 것이다.

내가 그들의 눈물을 웃음으로 바꾸고,

그들에게 위로를 쏟아부을 것이다. 슬픔을 기쁨으로 바꾸리라.

내가 제사장들이 하루 세끼 푸짐한 식사를 하게 하고,

내 백성의 형편을 넉넉하게 만들어 줄 것이다." **하나님**의 포고다.

15-17 **하나님**의 메시지다.

"들어 보아라! 라마에서 통곡소리가 들린다.

목 놓아 슬피 우는 소리다.

라헬이 자식을 잃고 우는 소리,

위로받기를 마다하고 우는 소리다.

그녀의 자식들, 다 가 버렸다.

멀리 포로로 잡혀가 버렸다."

그러나 **하나님**께서 말씀하신다. "그칠 줄 모르는 통곡, 이제 그쳐라.

네 눈물을 거두어라.

이제 네 비탄의 삯을 받아라." **하나님**의 포고다.

"네 자식들이 다시 집으로 돌아올 것이다!

그러니, 희망을 가져라." **하나님**의 포고다.

18-19 "내가 에브라임이 참회하는 소리를 들었다.
그렇다. 그가 이렇게 말하는 것을 분명히 들었다.
 '주께서 저를 길들이셨습니다.
야생마 같던 저를 꺾으시고 안장을 지우셨습니다.
이제 고분고분해진 저를 사용해 주십시오.
주님은 저의 하나님이십니다.
제멋대로 날뛰던 지난 세월을 뉘우칩니다.
주께 길들여진 나,
제멋대로 굴었던 지난 과거를 부끄러워합니다.
부끄러워 가슴을 칩니다.
이 부끄러움을 씻을 수 있겠는지요?'

20 오! 에브라임은 내 사랑하는 아들,
내 기뻐하는 자식이다!
그의 이름을 부르기만 해도,
나는 그가 보고 싶어 가슴이 탄다!
사무치게 그를 외쳐 부른다.
애틋한 심정으로 그를 기다린다." 하나님의 포고다.

21-22 "집으로 돌아오는 길에 이정표를 세워라.
좋은 지도를 구하고,
도로 상태를 점검하여라.
네가 끌려갔던 길이 돌아오는 길이다.
사랑하는 처녀 이스라엘아, 돌아오너라.
네 고향 마을로 돌아오너라.
그동안 네 마음이 얼마나 변덕스러웠느냐?
요동치는 마음을 다잡기까지 얼마나 오래 걸렸느냐?
하나님께서 이 땅에 새로운 것을 창조하실 것이다.
변화시키시는 하나님을 맞아들이는 변화된 여인을!"

23-24 이스라엘의 만군의 **하나님**의 **메시지다.** "내가 만사를 완전히 바꾸어 내 백성을 다시 데려오면, 거리마다 '**하나님**께서 당신을 축복하시기를!', '오 참된 집이여!', '오 거룩한 산이여!' 같은 옛 시절의 말들이 다시 들릴 것이다. 성읍에서나 시골에서나, 유다의 모든 백성이 서로 사이좋게 지낼 것이다.

25 내가 너희 지친 몸을 회복시켜 줄 것이다.
너희 지친 영혼에 다시 활력을 불어넣을 것이다."

26 그때에 내가 잠에서 깨어나, 주위를 둘러보았다. 꿀 같은 단잠이었다!

27-28 **하나님**의 포고다. "준비하여라. 농부가 씨를 뿌리듯, 내가 이스라엘과 유다에 사람의 씨와 짐승의 씨를 뿌릴 날이 오고 있다. 전에는 가차 없이 뽑고 허물어뜨리고 찢고 부숴뜨렸지만, 이제는 다시 시작하는 그들 곁에서 내가 세워 주고 심어 줄 것이다.

29 그날이 오면 이런 옛말은 사라지리라.

부모가 덜 익은 사과를 먹더니,
자식들이 배탈이 났다.

30 아니다. 이제 사람은 자기가 지은 죄에 대해서만 대가를 치르게 될 것이다. 네가 덜 익은 사과를 먹으면, 너만 탈이 날 것이다."

새 언약

31-32 "그렇다. 내가 이스라엘과 유다와 전혀 새로운 언약을 맺을 날이 오고 있다. 이는 전에 내가 그들의 조상을 이집트 땅에서 인도해 나올 때 그들

과 맺은 언약과 다르다. 주인인 내가 약속을 이행했는데도 그들은 그 언약을 깨뜨려 버렸다." 하나님의 포고다.

33-34 "그날에 내가 이스라엘과 맺을 전혀 새로운 언약은 이것이다. 내가 나의 법을 그들 속에 넣어 주겠고—마음판에 새길 것이다!—그들의 하나님이 되어 줄 것이다. 그리고 그들은 나의 백성이 될 것이다. 그들은 하나님에 대해 가르치는 학교를 더 이상 세울 필요가 없으리라. 둔한 자든 영리한 자든, 이해가 빠른 자든 느린 자든, 그들은 직접 나를 알게 될 것이기 때문이다. 내가 그들의 과거를 모두 청산해 줄 것이다. 나는 그들이 죄를 지었다는 사실조차 잊어버릴 것이다!" 하나님의 포고다.

35 해로 낮을 밝히시고 달과 별들로 밤을 밝히시며,
대양을 뒤흔들어 큰 물결을 일으키시는,
그 이름 만군의 하나님의 메시지다.

36 "이 우주의 질서가 무너져
내 앞에서 다시 혼돈 속으로 빠져드는 일이 없는 한,
이스라엘 민족이 허물어져
내 앞에서 사라지는 일은 없을 것이다." 하나님의 포고다.

37 하나님의 메시지다.

"누가 막대기로 하늘을 측량하거나
땅을 밑바닥까지 파 들어갈 수 있다면 모를까,
이스라엘이 저지른 역겨운 죄 때문에
내가 그들을 버리는 일은 없을 것이다." 하나님의 포고다.

38-40 "보아라. 하나님의 도성이 재건될 날이 다가온다. 하나넬 요새부터 '모

퉁이 문'에 이르기까지, 전체가 재건될 것이다." 하나님의 포고다. "완성된 도성은 서쪽으로 가렙 언덕까지 뻗고, 거기서 돌아 고아까지 이를 것이다. 불탄 시체 더미가 쌓인 남쪽 골짜기 전역—죽음의 골짜기!—과 북쪽 '말 문'에서 동쪽 기드론 시내까지 펼쳐진 계단 모양의 들판 전체가 나를 위한 거룩한 곳으로 구별될 것이다.

이 도성이 다시는 허물어지거나 파괴되지 않을 것이다."

예레미야가 아나돗의 밭을 사다

1-5 **32** 유다 왕 시드기야 십년에 예레미야가 하나님께 받은 **메시지**다. 느부갓네살 십팔년이 되던 해다. 이때에 바빌론 왕의 군대가 예루살렘을 포위했다. 예레미야는 왕궁 감옥에 갇혀 있었다. 유다 왕 시드기야가 그를 잡아 가두며 말했다. "당신은 '하나님께서 말씀하신다. 내가 네게 경고한다. 내가 이 도성을 바빌론 왕에게 넘겨주고 그의 차지가 되게 할 것이다. 유다 왕 시드기야도 이 도성과 함께 갈대아 사람들에게 넘겨질 것이다. 그는 바빌론 왕 앞에 끌려갈 것이며, 그 앞에서 응당한 처벌을 받아야 할 것이다. 그는 바빌론으로 끌려가서, 내가 다시 찾을 때까지 거기 머물게 될 것이다. 하나님의 포고다. 원한다면, 바빌론 사람들에게 맞서 싸워 보아라. 그래 봐야 아무 소용없을 것이다' 하고 설교했소. 어떻게 감히 그런 설교를 한단 말이오?"

6-7 예레미야가 말했다. "하나님의 메시지가 내게 임했습니다. '준비하여라! 너의 숙부 살룸의 아들 하나멜이 너를 보러 오는 중이다. 그가 와서 "아나돗에 있는 내 밭을 사십시오. 그 밭을 살 수 있는 법적 권한이 당신에게 있습니다" 할 것이다.'

8 그런데 하나님께서 말씀하신 대로, 정말 나의 사촌 하나멜이 감옥에 있는 나를 찾아와서 말했습니다. '베냐민 영역 아나돗에 있는 내 밭을 사십시오. 그것을 가문의 재산으로 소유할 법적 권한이 당신에게 있으니, 그 밭을 사서 차지하십시오.'

나는 그것이 하나님의 메시지라는 것을 알았습니다.

9-12 그래서 사촌 하나멜의 소유였던 그 밭을 샀습니다. 나는 그에게 은

열일곱 세겔을 지불했습니다. 그리고 필요한 절차를 모두 밟았습니다. 증인들 앞에서 매매계약서를 작성하고 봉인했으며, 저울에 돈의 무게를 달았습니다. 그러고 나서 구매증서들—계약 내용과 조건이 적힌 봉인된 문서와 봉인되지 않은 문서—을 마세야의 손자요 네리야의 아들인 바룩에게 주었습니다. 나는 내 사촌 하나멜과 증서에 서명한 증인들이 지켜보는 앞에서 이 모든 일을 행했고, 그날 감옥에 있던 유다 사람들도 이 일을 지켜보았습니다.

13-15   그 다음에, 나는 그들 모두가 보는 앞에서 바룩에게 말했습니다. '이는 만군의 **하나님**, 이스라엘의 하나님께서 내리시는 명령이다. 이 문서들을—봉인된 문서와 봉인되지 않은 문서 둘 다—가져다가 옹기그릇 안에 안전하게 넣어 두어라. 만군의 **하나님**, 이스라엘의 하나님께서 말씀하신다. "이제 사람들이 정상적인 생활을 되찾을 것이다. 집과 밭과 포도원을 사는 일이 다시 시작될 것이다."'

16-19   네리야의 아들 바룩에게 그 증서들을 넘겨준 다음, 나는 **하나님**께 기도했습니다. '사랑하는 **하나님**, 나의 주님, 주께서는 크신 능력으로—한 번의 손짓만으로!—땅과 하늘을 창조하셨습니다. 주께는 불가능이란 없습니다. 주님은 천 대에 이르기까지 한결같은 사랑을 보여주십니다. 그러나 주님은 부모가 지은 죄의 결과를 자녀가 지고 살게도 하십니다. 크고 능하신 하나님, 그 이름 만군의 **하나님**, 확고한 목적을 세우시며 뜻하신 바를 반드시 이루어 내시는 주께서는 사람이 행하는 모든 일을 보십니다. 그들이 살아온 길과 행한 일에 따라 합당하게 다루십니다.

20-23   주께서는 이집트에서 표징과 기적을 행하셨고, 바로 이 순간까지도 여기 이스라엘과 다른 모든 곳에서 그 같은 일을 행하고 계십니다. 주께서는 스스로 이름을 떨치셨으며, 그 명예는 결코 실추되는 법이 없습니다. 주께서는 표징과 기적들로, 한 번의 손짓만으로 주의 백성을 이집트에서 구해 내셨습니다. 강력한 구원의 일을 행하셨습니다! 주께서는 조상들에게 엄숙히 약속하신 대로, 그들에게 기름지고 비옥한 이 땅을 주셨습니다. 그러나 그들이 땅을 차지하게 되자, 주의 말씀 듣기를 거부했습니다. 그들은 주께서 명하신 일들을 지켜 행하지 않았습니다. 주께서

그들에게 이르시는 말씀을 한 마디도 듣지 않았습니다. 그래서 주님은 그들에게 이 재앙을 내리셨습니다.

24-25 오, 이 도성을 점령하려고 저들이 세운 포위 공격용 축대들을 보십시오. 살육과 기아와 질병이 우리 코앞에 닥쳤습니다. 바빌론 사람들이 공격해 옵니다! 주의 말씀이 이제 이루어지고 있습니다. 눈앞에서 매일 벌어지고 있습니다! 그러나 주 **하나님**, 주께서는 바빌론 사람들에게 도성이 넘어갈 것이 확실한 상황에서 제게 또 말씀하셨습니다. 그 밭을 현금을 주고 사라고, 반드시 증인들을 세워 두라고 말씀하셨습니다.'"

26-30 **하나님**의 메시지가 다시 예레미야에게 임했다. "깨어 있어라! 나는 하나님이다. 살아 있는 모든 것의 하나님이다. 내가 할 수 없는 일이 무엇이겠느냐? 그러니 **하나님**의 메시지에 귀 기울여라. 내가 분명히 이 도성을 바빌론 사람들과 바빌론 왕 느부갓네살에게 넘겨줄 것이다. 그가 이 도성을 점령할 것이다. 갈대아 사람들이 쳐들어와 이 도성을 불태울 것이다. 지붕 위에서 바알에게 제물을 바치고 수도 없이 많은 우상숭배로 나를 격노케 한 자들의 집이 모두 불탈 것이다. 그들이 나를 노하게 한 것이 이번이 처음은 아니다. 이스라엘과 유다 백성은 이미 오래전부터 그렇게 해왔다. 내가 혐오하는 악을 행하여 나를 진노케 했다." **하나님**의 포고다.

31-35 "이 성읍은 처음 건설된 날부터 나를 진노케 했고, 나는 참을 만큼 참았다. 그러나 이제는 그것을 멸하려고 한다. 이스라엘과 유다 백성의 사악한 삶을 더는 봐줄 수 없다. 왕, 지도자, 제사장, 설교자, 시골사람, 성읍사람 할 것 없이 다들 의도적으로 내 진노를 돋운다. 그들에게 사는 길을 가르치려고 그토록 애썼건만, 그들은 내게 등을 돌렸다. 내 얼굴도 보지 않는다! 그들은 귀 기울여 듣지 않고 가르침 받기를 거절했다. 그들은 나를 높이려고 세운 성전 안에 역겨운 신상과 여신상들을 두기까지 했다. 극악무도한 신성모독이다! 그들은 힌놈 골짜기에 바알 산당을 세우고, 거기서 자식들을 몰록 신에게 불살라 바치며—내가 상상조차 해

본 적 없는 악이다!—온 나라를 죄악의 소굴로 만들어 버렸다."

36 "너희는 '이 도성이 살육과 기근과 염병을 겪고 바빌론 왕의 손에 넘어 갈 것이다' 하고 말하는데, 나 이스라엘의 **하나님**이 이 도성에 주는 **메시지**를 들어라.

37-40   '두고 보아라! 내가 격노하여 그들을 여러 나라로 쫓아내겠지만, 언젠가 다시 모아들일 것이다. 그렇다. 그들을 다시 이곳으로 데려와서 평화롭게 살게 할 것이다. 그들은 나의 백성이 되고, 나는 그들의 하나님이 될 것이다. 그들이 한마음으로 나를 높이게 하여, 그들뿐 아니라 그 후손들도 복된 삶을 살게 할 것이다. 내가 그들과 영원한 언약을 맺어, 어떤 일이 있더라도 그들 곁을 지키며 그들을 보호할 것이다. 나는 그들이 한마음과 한 뜻으로 나를 늘 존귀히 여기게 하여, 내게 등을 돌릴 생각조차 못하게 만들 것이다.

41   내가 참으로 그들을 기뻐하리라! 참으로 기꺼이 좋은 것을 그들에게 베풀리라! 내가 온 마음을 다해 그들을 이 나라에 심을 것이며, 이곳에서 그들을 지키리라!'

42-44   그렇다. 이는 **하나님**의 **메시지**다. '내가 분명히 이 백성에게 엄청난 재앙을 내리겠지만, 놀라운 번영도 가져올 것이다. 내가 약속한다. 이 나라에서 밭을 사고파는 일이 재개될 것이다. 너희가 바빌론 사람들에게 짓밟혀, 영영 사람이 살 수 없는 황무지가 될 것이라고 생각하는 이 나라에서 말이다. 그렇다. 사람들이 다시 농장을 살 것이다. 구매증서를 작성하고, 문서를 봉인하고, 합당한 증인들을 세우며, 법적인 절차를 따라 살 것이다. 바로 여기 베냐민 영토에서, 예루살렘 주변에서, 유다와 산간지역 주변에서, 세벨라와 네겝에서 말이다. 너희가 잃은 모든 것을 내가 회복시킬 것이다.' 하나님의 포고다."

예루살렘과 유다의 회복에 대한 약속

33

1 예레미야가 아직 감옥에 갇혀 있을 때, **하나님**께서 두 번째 메시지를 그에게 주셨다.

2-3 "**하나님**, 땅을 만들되 생명체가 살기에 알맞고 든든한 곳으로 세운 이, 온 세상에 **하나님**으로 알려진 이의 **메시지**다. 나를 불러라. 내가 응답할 것이다. 너 스스로는 결코 깨닫지 못할 경이롭고 놀라운 것들을 너에게 말해 줄 것이다.

4-5 **하나님** 이스라엘의 하나님이, 이 성읍에서 일어나고 있는 일에 대해 말한다. 백성의 집과 왕의 집들이 무너졌고, 전쟁의 피해를 입었으며, 갈대아 사람들이 학살을 저질렀고, 거리에는 나의 불같은 진노로 인해 죽은 자들의 시체가 널브러져 있다. 내 속을 뒤집어 놓은 악행 때문에 이 성읍에서 이 모든 일이 벌어졌다.

6-9 그러나 이제 다시 보아라. 내가 이 성읍을 안팎으로 치료하여 완전히 새롭게 세울 것이다. 그들에게 온전한 삶, 복이 넘치는 삶을 보여줄 것이다. 유다와 예루살렘이 잃었던 모든 것을 되찾고, 모든 것을 처음처럼 다시 세울 것이다. 그들이 내게 지은 죄의 얼룩을 깨끗이 씻어 주고, 내가 그들이 행한 잘못과 반역을 모두 용서해 줄 것이다. 그리하여 세상 모든 나라가 예루살렘으로 인해 내게 기쁨과 찬양과 영광을 돌릴 것이다. 내가 이 성읍에 베풀 온갖 좋은 일을 만민이 전해 들을 것이다. 내가 이 성읍에 쏟아부을 복을 보며 그들 모두가 경외심을 품게 될 것이다.

10-11 그렇다. **하나님**의 **메시지**다. 너희는 이곳, 유다의 텅 빈 마을과 예루살렘의 황폐한 거리를 보며 '황무지다. 살 수 없는 곳이다. 들개도 살 수 없다' 할 것이다. 그러나 이곳에 웃음소리, 축제소리, 결혼 축하연소리가 들리게 될 날이 오리라. 그날이 오면, 사람들이 **하나님**의 성전에 감사의 제물을 바치며 큰소리로 외칠 것이다. '만군의 **하나님**께 감사하여라. 그분은 선하시다! 그분의 사랑은 다함이 없다.' 내가 이 땅이 잃은 모든 것을 회복시켜 주리라. 모든 것을 새롭게 하리라. 나 **하나님**의 말이다.

12-13 만군의 **하나님**이 말한다. '머지않아 들개도 살 수 없을 만큼 황폐해질 이곳이지만, 장차 목자들이 자기 양 떼를 보살피는 초장이 될 것이다. 사

방에서—세벨라와 네겝 주변의 산들에서, 베냐민 영토 전역에서, 예루살렘과 유다 주변에서—양 떼를 보게 되리라. 목자들이 양 한 마리 한 마리를 세심하게 보살필 것이다.' 나 **하나님**의 말이다."

하나님의 언약

14-18 "**하나님**의 포고다. 두고 보아라. 내가 이스라엘과 유다 가문에게 한 약속을 이룰 날이 올 것이다. 그날이 오면, 나는 '다윗 나무'에서 새롭고 참된 한 가지가 돋아나게 할 것이다. 그가 이 나라를 정직하고 공평하게 다스릴 것이다. 그가 모든 일을 바로잡을 것이다. 그날이 오면, 유다가 평안을 누리고 예루살렘이 안전한 곳이 되리라. 사람들은 그 성읍을 두고 '**하나님**께서 우리를 위해 만사를 바로잡으셨다'고 말할 것이다. 나 **하나님**이 분명히 말하건대, 이스라엘 백성을 통치할 다윗 후손이 끊어지지 않을 것이다. 번제와 곡식 제물과 희생 제물을 바쳐 나를 높일 레위 지파 제사장들도 끊어지지 않을 것이다."

19-22 예레미야에게 임한 **하나님**의 메시지다. "**하나님**이 말한다. 내가 낮과 밤과 맺은 언약이 깨어져 낮과 밤이 무질서해지고, 언제 밤이 되고 언제 낮이 될지 알 수 없는 일이 벌어지지 않는 한, 내가 나의 종 다윗과 맺은 언약이 깨지거나 그의 후손이 더 이상 통치하지 못하게 될 일은 결코 없을 것이다. 나를 섬기는 레위 지파 제사장들의 경우도 마찬가지다. 하늘의 별들을 다 셀 수 없고 바닷가 모래알을 다 헤아릴 수 없듯이, 너희는 나의 종 다윗의 후손과 나를 섬기는 레위인의 수를 다 셀 수 없을 것이다."

23-24 예레미야에게 임한 **하나님**의 메시지다. "너는 들어 보았느냐? '**하나님**께서 전에 택하신 두 가문, 곧 이스라엘과 유다를 이제 내쳐 버리셨다'는 소문을. 너는 보았느냐? 내 백성이 멸시를 받고 별 볼 일 없는 자들이라고 무시당하는 모습을.

25-26 자, 하나님의 응답이다. '내가 낮과 밤과 맺은 언약이 건재하고, 하늘과 땅이 내가 정한 대로 움직이는 한, 내가 야곱과 나의 종 다윗의 후손을 내치거나 다윗의 후손 중에 아브라함과 이삭과 야곱의 후손을 다스릴 자들을 세우던 것을 그치는 일은 결코 없을 것이다. 나는 그들이 잃은 것 전부를 되찾게 해줄 것이다. 그들에게 자비를 베풀 것이다. 이것이 나의 최종 결정이다.'"

시드기야 왕에 대한 예언

34 바빌론 느부갓네살 왕이 그의 군대와 동맹군과 소집 가능한 병력을 총동원하여 예루살렘과 그 주변 성읍들을 전면적으로 공격해 왔을 때, 예레미야에게 임한 하나님의 메시지다.

2-3 "나 하나님, 이스라엘의 하나님이 말한다. 너는 유다 왕 시드기야에게 가서 이렇게 전하여라. '하나님의 메시지다. 내 말을 잘 들어라. 내가 이제 이 도성을 바빌론 왕에게 넘겨줄 텐데, 그로 인해 이 도성이 잿더미가 될 것이다. 빠져나갈 생각은 아예 마라. 너는 붙잡혀서 그의 죄수가 될 것이다. 너는 바빌론 왕을 직접 대면하고 바빌론으로 끌려갈 것이다.

4-5 유다 왕 시드기야야, 하나님의 메시지를 끝까지 들어라. 네가 살해되는 일은 없을 것이다. 너는 평화롭게 죽을 것이다. 사람들은 너의 조상과 선왕들에게 한 것처럼, 너의 장례도 잘 치러 줄 것이다. "왕이시여, 왕이시여!" 하며 예법에 따라 너의 죽음을 애도할 것이다. 이것은 엄숙한 약속이다. 하나님의 포고다.'"

6-7 예언자 예레미야가 예루살렘의 유다 왕 시드기야에게 이 메시지를 전했다. 한 자도 빠뜨리지 않고 그대로 전했다. 그때 바빌론 왕은 예루살렘과 유다의 남은 성읍을 향해 맹공격을 퍼붓고 있었다. 그때까지 함락되지 않고 남은 유다의 요새는 라기스와 아세가, 두 곳뿐이었다.

8-10 하나님께서 예레미야에게 메시지를 전하셨다. 시드기야 왕이 남녀 히브리 종을 해방시켜 주겠다는 언약을 예루살렘 백성과 맺은 다음이었다.

유다에서는 누구도 동족 유다 사람을 종으로 소유해서는 안된다는 것이 언약의 내용이었다. 그 언약에 서명한 모든 지도자와 백성은 그들이 종으로 부리던 남종과 여종 모두를 해방시켜 주었다.

11 그러나 얼마 지나지 않아 그들은 그 언약을 어기고, 전에 부리던 자들을 강제로 끌고가 다시 종으로 삼았다.

12-14 그때 하나님께서 예레미야에게 메시지를 주셨다. "하나님 이스라엘의 하나님이 말한다. 나는 이집트에서 종으로 있던 너희 조상을 구해 주고 그들과 언약을 맺었다. 그때 내가 분명히 말했다. '네 동족 히브리 사람이 어쩔 수 없이 자신을 팔아 너의 종이 되더라도, 일곱 해째에는 그를 해방시켜 주어야 한다. 그가 여섯 해 동안 너를 섬겼으면, 이후에는 그를 자유롭게 풀어 주어야 한다.' 그러나 너희 조상은 내 말을 완전히 무시했다.

15-16 그렇다면 너희는 어떠했느냐? 처음에는 너희가 바른 길로 돌아섰고 바른 일을 행했다. 형제자매들에게 자유를 선언했다. 그것도 내 성전에서, 엄숙한 언약을 통해 공식적으로 그렇게 했다. 그러나 너희는 금세 돌변하여 너희가 했던 약속을 깨뜨렸다. 나와의 언약을 우습게 여겨, 얼마 전에 풀어 주었던 그들을 다시 종으로 삼았다. 그들을 강제로 다시 종이 되게 했다.

17-20 그러므로 나 하나님이 말한다. 너희는 내 말에 순종하지 않았다. 너희 형제자매들을 풀어 주지 않았다. 그러니 이번에는 내가 너희를 풀어 주겠다. 하나님의 포고다. 너희를 전쟁과 염병과 기근이 판치는 도살장에 풀어 주겠다. 너희를 공포의 주인공으로 만들겠다. 너희 모습을 보고 온 세상 사람이 무서워 떨 것이다. 나는 내 언약을 어긴 자들, 송아지를 두 토막으로 가르고 그 사이로 걸어가는 언약 의식으로 엄숙히 맹세한 언약을 이행하지 않은 자들, 그날 두 토막 난 송아지 사이로 걸어갔던 유다와 예루살렘의 지도자, 왕궁 관리, 제사장과 나머지 백성 모두를, 그들의 목숨을 노리는 적들에게 넘겨줄 것이다. 독수리와 들개가 그들의 시체를 먹어 치울 것이다.

21-22 유다 왕 시드기야와 그의 고관들도, 그들의 목숨을 노리는 적들에게

넘겨줄 것이다. 바빌론 왕의 군대가 잠시 물러가겠지만, 곧 다시 올 것이다. 내가 명령을 내려 그들을 다시 이 도성으로 불러올 것이기 때문이다. 그들이 쳐들어와 이 땅을 점령하고 모두 불태워 잿더미로 만들 것이다. 유다 주변의 성읍들도 같은 운명을 맞을 것이다. 그 성읍들도 사람이 살 수 없는 곳, 텅 빈 곳으로 만들 것이다." 하나님의 포고다.

레갑 사람들

35 ¹ 십 년 전 요시야의 아들 여호야김이 이스라엘의 왕으로 다스리던 때에, 예레미야가 하나님께 받은 메시지다.

² "레갑 공동체를 찾아가거라. 그들에게 하나님의 성전 어느 방에서 만나자고 전하고, 그 방에서 그들에게 포도주를 대접하여라."

3-4 나는 그 길로 가서 하바시냐의 손자요 예레미야의 아들인 야아사냐와 그의 형제와 아들들—레갑 공동체 전체—을 만나, 그들을 하나님의 성전 안, 하난의 회합실로 데리고 들어갔다. 하난은 익다랴의 아들로 하나님의 사람이다. 그 방은 성전 관리들의 회합실 바로 옆이었고, 살룸의 아들이자 성전 일을 맡고 있는 마아세야의 방 바로 위였다.

5 거기서 내가 레갑 집안 사람들 앞에 포도주가 담긴 주전자와 잔을 내놓으며 권했다. "드시지요!"

6-7 그러나 그들은 마시려 하지 않았다. "우리는 포도주를 마시지 않습니다." 그들이 말했다. "우리 조상 레갑의 아들 요나답이 이르기를, '너희와 너희 자식들은 절대 포도주를 마시지 마라. 집을 짓거나, 밭이나 동산이나 포도원을 경작하며 정착생활을 해서도 안된다. 재산을 소유하지 마라. 유랑민처럼 장막을 치고 살아라. 그러면 너희 유랑생활이 복되고 번창할 것이다'라고 했습니다.

8-10 우리는 그렇게 해왔습니다. 레갑의 아들 요나답이 명령한 대로 따랐습니다. 우리와 우리 아내와 우리 아들과 딸들은 포도주를 전혀 마시지 않습니다. 우리는 집을 짓지도, 포도원이나 밭이나 동산을 소유하지도 않습니다. 우리는 유랑민들처럼 장막을 치고 삽니다. 우리는 우리 조상 요나답의 말씀에 순종했고, 그가 명령한 모든 것을 지켰습니다.

11 　　그런데 바빌론 왕 느부갓네살이 우리 땅에 쳐들어왔을 때, 우리는 '갈대아 군대와 아람 군대를 피해 예루살렘으로 가자. 안전한 장소를 찾아가자'고 의견을 모았습니다. 그래서 지금 우리가 여기 예루살렘에 살고 있는 것입니다."

12-15　그때 하나님께서 예레미야에게 메시지를 주셨다. "나 만군의 하나님, 이스라엘의 하나님이 말한다. 너는 유다 사람과 예루살렘 주민에게 가서 내 말을 전하여라. '어째서 너희는 교훈을 얻으려 하지 않느냐? 어째서 내 말을 따르지 않느냐?' 하나님의 포고다. '레갑의 아들 요나답이 자손들에게 내린 명령은 그야말로 철두철미하게 준행되었다. 요나답은 그들에게 포도주를 마시지 말라고 했고, 그들은 오늘까지 한 방울의 포도주도 입에 대지 않았다. 그들은 조상이 내린 명령을 존중하여 순종했다. 그런데 너희는 어떠냐! 너희 주의를 끌고자 내가 그토록 수고하였는데도, 너희는 계속 나를 무시했다. 나는 거듭거듭 너희에게 예언자들을 보냈다. 나의 종인 그들은 이른 아침부터 밤늦게까지 너희에게 외쳤다. 삶을 바꾸고 악한 과거에서 돌이켜 옳은 일을 행하며, 다른 신들을 좇아가지 말고, 내가 너희 조상에게 준 이 나라에 정착해 신실하게 살아가라고 말했다.

15-16　그런데 내게 돌아온 것이 무엇이냐? 귀를 틀어막은 너희의 모습뿐이다. 레갑의 아들 요나답의 자손들은 조상이 내린 명령을 그토록 철두철미하게 따랐는데, 내 백성은 나를 무시한다.'

17　　그러므로 앞으로 이렇게 될 것이다. 만군의 하나님, 이스라엘의 하나님이 말한다. '내가 유다와 예루살렘의 모든 백성에게 재앙을 내릴 것이다. 이미 경고한 그 재앙이 임할 것이다. 내가 말할 때에 너희가 귀를 막았고, 내가 부를 때에 너희가 등을 돌렸기 때문이다.'"

18-19　그러고 나서, 예레미야가 레갑 공동체를 향해 말했다. "만군의 하나님, 이스라엘의 하나님께서 너희에게 이르시는 말씀이다. '너희는 너희 조상 요나답이 너희에게 이른 대로 행했고, 그의 명령에 순종했으며, 그의 지시를 철저히 따랐다. 그러므로 나 만군의 하나님, 이스라엘의 하나

님이 내리는 이 **메시지**를 받아라. 레갑의 아들 요나답의 자손 가운데서 나를 섬길 사람이 끊어지지 않으리라! 언제까지나!'"

바룩이 성전에서 두루마리를 낭독하다

1 **36** 유다 왕 요시야의 아들 여호야김 사년에, **하나님**께서 예레미야에게 **메시지**를 주셨다.

2 "두루마리를 구해서, 요시야 때부터 오늘에 이르기까지 내가 이스라엘과 유다와 다른 모든 민족에 대해 네게 말한 내용을 전부 적어라.

3 행여 유다 공동체가 알아들을지도 모른다. 내가 내리려는 재앙을 그들이 마침내 깨닫고 악한 삶에서 떠나면, 내가 그들의 고집과 죄를 용서하게 될지도 모른다."

4 예레미야는 네리야의 아들 바룩을 불렀다. 바룩은 **하나님**께서 예레미야에게 하신 모든 말씀을 예레미야가 불러 주는 대로 두루마리에 받아 적었다.

5-6 그런 다음에 예레미야가 바룩에게 말했다. "나는 감시받는 몸이어서 **하나님**의 성전에 갈 수 없으니, 나를 대신하여 그대가 가야 하오. 성전에 들어가서, 내가 불러 주는 대로 받아 적은 이 말씀 전부를 그대가 낭독하여 들려주시오. 모두가 그대의 말을 들을 수 있는 금식일을 기다렸다가 낭독하시오. 유다의 여러 성읍에서 온 모든 사람이 이 말씀을 듣게 하시오.

7 그들이 기도하기 시작하면, **하나님**께서 그들의 기도를 들어주실지 모르오. 그들이 악한 길에서 돌이킬지 모르오. 이는 참으로 중대한 문제요. **하나님**께서 얼마나 노하셨는지 그들에게 분명히 알리시니 말이오!"

8 네리야의 아들 바룩은 예언자 예레미야가 지시한 대로, **하나님**의 성전으로 가서 그가 두루마리에 적은 **하나님**의 **메시지**를 읽었다.

9 때는 유다 왕 요시야의 아들 여호야김 오년 십이월이었다. 예루살렘 주민과 유다 성읍에서 온 사람들 모두가 예루살렘에 모여 **하나님** 앞에서 금식하고 있었다.

10   바룩이 두루마리를 가지고 성전에 들어가 사람들 앞에서 예레미야의 말을 낭독했다. 낭독한 곳은 서기관 사반의 아들 그마랴의 회합실이었는데, 그 방은 **하나님**의 성전 '새 대문' 어귀의 위 뜰에 있었다. 모든 사람이 그의 말을 잘 들을 수 있었다.

11-12   그마랴의 아들 미가야가 두루마리에 기록된 **하나님**의 **메시지**를 듣고서는, 즉시 왕궁에 있는 서기관의 방으로 갔다. 마침 고관들이 거기 모여 회의를 하고 있었다. 서기관 엘리사마와 스마야의 아들 들라야와 악볼의 아들 엘라단과 사반의 아들 그마랴와 하나냐의 아들 시드기야 등 모든 고관이 그곳에 있었다.

13   미가야는 바룩이 낭독한 내용을 들은 대로 보고했고, 고관들은 귀 기울여 들었다.

14   그들은 즉시 구시의 증손이요 셀레먀의 손자요 느다냐의 아들인 여후디를 바룩에게 보내어, "그대가 백성에게 읽어 준 두루마리를 가져오시오" 하고 명령했다. 그래서 바룩이 그 두루마리를 가지고 그들에게 갔다.

15   고관들은 그에게 "거기 앉아서, 그 두루마리를 우리에게 낭독해 주시오" 하고 말했다. 바룩은 그들에게 낭독하여 들려주었다.

16   그 모든 말씀을 들은 그들은 몹시 당황했다. 그들은 서로 말을 주고받더니, "우리가 이것을 왕에게 전부 보고해야겠소" 하고 말했다.

17   그들이 바룩에게 청했다. "말해 주시오. 어떻게 이 모든 말씀을 적게 된 것이오? 예레미야의 말을 받아 적은 것이오?"

18   바룩이 말했다. "그렇습니다. 그의 입에서 나오는 대로 한 자 한 자 펜과 잉크로 받아 적었습니다."

19   고관들이 바룩에게 말했다. "당신은 여길 떠나야 하오. 가서, 예레미야와 같이 숨어 지내시오. 당신들이 어디 있는지 누구도 알아서는 안되오!"

20-21   고관들이 그 두루마리를 서기관 엘리사마의 집무실에 보관하여 두고 왕궁 뜰로 가서 왕에게 보고했다. 왕은 여후디를 보내어 그 두루마리를 가져오게 했다. 여후디가 서기관 엘리사마의 집무실에서 그것을 가져다가, 왕과 왕을 보좌하는 고관들 앞에서 낭독했다.

22-23   때는 십이월이었다. 왕은 겨울 별관에서 화롯불 앞에 앉아 있었다.

여후디가 서너 문단을 읽자, 왕은 자기 주머니칼을 꺼내 그 부분을 두루
마리에서 오려내고 불 속에 던져 버렸다. 이런 식으로 왕은 두루마리 전
부를 불에 넣고 태워 버렸다.

²⁴⁻²⁶ 왕과 신하들 모두, 낭독되는 메시지를 듣고 일말의 가책도 느끼지 않
았다. 엘라단과 들라야와 그마랴가 두루마리를 태우지 말도록 간청했으
나, 왕은 전혀 듣지 않았다. 오히려 왕은, 왕자 여라므엘과 아스리엘의 아
들 스라야와 압디엘의 아들 셀레먀에게 명령하여, 예언자 예레미야와 그
의 서기관 바룩을 잡아 오게 했다. 그러나 **하나님**께서 그들을 숨기셨다.

²⁷⁻²⁸ 예레미야가 불러 주는 대로 바룩이 받아 적은 두루마리를 왕이 불태운
뒤에, **하나님**께서 예레미야에게 **메시지**를 주셨다. "빈 두루마리를 구해
다가, 유다 왕 여호야김이 태워 없앤 처음 두루마리에 적힌 내용을 전부
다시 적어라.

²⁹ 그리고 유다 왕 여호야김에게 이 메시지를 보내라. **하나님**이 말한다.
너는 '바빌론 왕이 와서 이 땅을 파괴하고 이 땅의 모든 것을 전멸시킬 것
이라니, 말이 되는 소린가?' 하면서 감히 두루마리를 불태웠다.

³⁰⁻³¹ 좋다. 하나님이 유다 왕 여호야김에게 뭐라고 할지 알고 싶으냐? 들
어라. 그의 자손 중에 어느 누구도 다윗 보좌에 앉지 못할 것이다. 그의
시체가 길거리에 내던져져 낮에는 불볕을, 밤에는 칼바람을 받을 것이
다. 내가 여호야김과 그의 자녀와 그의 고관들의 파렴치한 죄를 물어 모
두 벌할 것이다. 그동안 경고했던 재앙, 그들이 믿지 않았던 대재앙을 그
들과 예루살렘 모든 주민에게 내릴 것이다.'"

³² 예레미야가 다른 두루마리를 가져다가 네리야의 아들 서기관 바룩에
게 주었다. 바룩은 예레미야가 불러 주는 대로, 유다 왕 여호야김이 불태
워 없애 버린 내용 전부를 다시 적었다. 어느 정도 추가된 부분이 있었으
나 내용은 전과 비슷했다.

꼭두각시 왕 시드기야

37 ¹⁻² 바빌론 왕 느부갓네살이 세운 꼭두각시 왕 요시야의 아들 시드기야가 여호야김의 아들 여호야긴을 대신하여 유다를 통치하고 있었다. 그런데 왕과 신하와 백성은 **하나님**께서 예언자 예레미야에게 주신 **메시지**에 조금도 주의를 기울이지 않았다.

3 어느 날 시드기야 왕이 셀레먀의 아들 여후갈과 마아세야의 아들 제사장 스바냐를 예언자 예레미야에게 보내어 말했다. "우리를 위해서 우리의 주님이신 **하나님**께 기도해 주시오. 열심을 다해 기도해 주시오!"

⁴⁻⁵ 그때는 예레미야가 백성 가운데 자유롭게 드나들며 활동하던 때로, 아직 감옥에 갇히기 전이었고, 바로의 군대가 이집트를 출발해 진군해 오고 있었다. 예루살렘을 포위하고 있던 갈대아 사람들이 이집트 군대가 오고 있다는 소식을 듣고 예루살렘에서 물러갔다.

⁶⁻¹⁰ 그때 **하나님**께서 예언자 예레미야에게 **메시지**를 주셨다. "이스라엘의 **하나님**이 말한다. 너는 내게 자문을 구하려고 너희를 보낸 유다 왕에게 이 **메시지**를 전하여라. '잘 들어라. 너희를 도우러 바로의 군대가 오고 있다만, 그들은 오래 머물지 않을 것이다. 그들은 여기 도착하자마자 곧 떠나 이집트로 돌아갈 것이다. 그러면 바빌론 사람들이 돌아와 공격을 재개하고, 이 도성을 점령하여 불태울 것이다. 나 **하나님**이 너희에게 말한다. 서로 안심시키려고 "바빌론 사람들은 며칠 내로 떠날 것이다" 말하며 스스로를 속이지 마라. 내가 너희에게 말하는데, 그들은 떠나지 않을 것이다. 설령 너희가 갈대아 공격부대를 모두 격퇴시켜 그들 진영에 부상병들만 남더라도, 그들이 일어나 이 도성을 불태워 버릴 것이다.'"

¹¹⁻¹³ 갈대아 군대가 예루살렘에서 물러갔을 때, 예레미야가 개인적 일을 처리하러 예루살렘을 떠나 베냐민 영토로 건너갔다. 그가 '베냐민 성문'에 이르렀을 때, 거기 수문장이던 하나냐의 손자요 셀레먀의 아들인 이리야가 예언자 예레미야를 붙잡고 고발하며 말했다. "당신은 지금 갈대아 사람들에게 투항하러 가고 있소!"

14-16 　"그렇지 않소." 예레미야가 항변했다. "갈대아 사람들에게 투항하다니, 생각도 해본 적 없소."

　그러나 이리야는 그 말을 듣지 않았다. 그는 예레미야를 체포해 경비대로 끌고 갔다. 경비대는 몹시 격분하여, 예레미야를 때린 다음 서기관 요나단의 집 감옥에 가두었다. (그들은 그 집을 감옥으로 사용하고 있었다.) 그렇게 해서 예레미야는 물웅덩이를 개조한 지하 감옥에 들어가 오랫동안 갇혀 있었다.

17 　나중에 시드기야 왕이 사람을 시켜 예레미야를 데려왔다. 왕이 그에게 은밀히 물었다. "하나님께서 주신 메시지가 있소?"

　"물론입니다. 있습니다." 예레미야가 말했다. "왕께서는 바빌론 왕의 손에 넘겨질 것입니다."

18-20 　예레미야가 계속해서 시드기야 왕에게 말했다. "왕께서는 도대체 무슨 이유로 저를 감옥에 가두신 것입니까? 제가 왕과 왕의 신하들, 그리고 백성에게 죄를 지은 것이 있습니까? 말씀해 보십시오. 바빌론 왕이 왕과 이 땅을 치러 오는 일은 결단코 없을 것이라고 설교하던 왕의 예언자들은 지금 다 어디에 있습니까? 내 주인인 왕이시여, 부디 제 말에 귀 기울여 주십시오! 부디 저를 서기관 요나단의 집 지하 감옥 속으로 다시 보내지 말아 주십시오. 거기 가면 저는 죽습니다!"

21 　시드기야 왕은 명령을 내려 예레미야를 왕궁 경비대 뜰에 두었다. 거기서 예레미야는, 도성에 빵이 동날 때까지 '빵 굽는 자들의 골목'에서 매일 빵을 한 덩어리씩 배급받았다. 이렇게 해서 예레미야는 왕궁 경비대 뜰에서 지내게 되었다.

예레미야가 웅덩이에 갇히다

38

1 　예레미야가 온 백성에게 전하는 말을, 맛단의 아들 스바댜와 바스훌의 아들 그다랴와 셀레먀의 아들 유갈과 말기야의 아들 바스훌이 들었다.

2 　"하나님의 메시지다. '이 성읍에 머무는 자는 누구든지 죽임을 당할 것이다. 칼에 찔려 죽거나, 굶어 죽거나, 병들어 죽을 것이다. 그러나 바

빌론 사람들에게 투항하면 목숨을 부지할 것이다.'

3   **하나님**의 분명한 말씀이다. '이 도성은 반드시 바빌론 왕의 군대에게 멸망당할 것이다. 그에게 점령당할 것이다.'"

4   신하들이 왕에게 말했다. "부디, 이 자를 죽이십시오. 그가 살아 있어서는 안됩니다! 그가 계속 저런 말들을 퍼뜨려서, 아직 도성에 남아 있는 군인과 온 백성의 사기를 떨어뜨리고 있습니다. 이 자는 이 백성이 잘되기를 바라지 않습니다. 그는 우리를 망하게 하려는 자입니다!"

5   시드기야 왕이 말했다. "그대들 생각이 그렇다면 뜻대로 하시오. 내가 무슨 힘이 있다고 그대들에게 반대하겠소."

6   그래서 그들이 예레미야를 붙잡아 왕궁 경비대 뜰에 있는 왕자 말기야의 집 물웅덩이에 빠뜨렸다. 그들은 그를 밧줄에 묶어 내려보냈다. 웅덩이 안에는 물 대신 진흙뿐이었다. 예레미야는 진흙 속에 빠졌다.

7-9   왕궁 관리였던 에티오피아 사람 에벳멜렉은, 사람들이 예레미야를 물웅덩이 속으로 내동댕이쳤다는 소식을 들었다. 그때 왕은 '베냐민 문'에서 나랏일을 보고 있었는데, 에벳멜렉이 왕궁을 나와 왕에게 달려가 말했다. "내 주인인 왕이시여, 저 자들이 큰 범죄를 저질렀습니다. 예언자 예레미야를 굶겨 죽이려고 그를 물웅덩이 속에 던져 넣었습니다. 그는 죽은 목숨이나 다름없습니다. 지금 도성에는 빵 한 조각 남아 있지 않습니다."

10   왕은 에티오피아 사람 에벳멜렉에게 명령을 내렸다. "사람 세 명을 데리고 가서, 예언자 예레미야가 죽기 전에 어서 물웅덩이에서 꺼내어라."

11-12   에벳멜렉이 사람 세 명을 구해 왕궁 의복창고로 가서, 해진 옷 조각 얼마를 얻어 하나로 묶고 밧줄과 함께 물웅덩이 안에 있는 예레미야에게 내려보냈다. 에티오피아 사람 에벳멜렉이 아래에 있는 예레미야를 부르며 말했다. "양쪽 겨드랑이와 밧줄 사이에 이 해진 옷 조각들을 끼워 넣으십시오."

예레미야가 그의 말을 따랐다.

13   그들이 밧줄을 당겨 예레미야를 물웅덩이 밖으로 꺼냈다. 그러나 그는 계속 왕궁 경비대 뜰에 감금되었다.

14   후에, 시드기야 왕이 예언자 예레미야를 **하나님**의 성전 셋째 입구로 불렀다. 왕이 예레미야에게 말했다. "그대에게 물을 것이 있소. 내게 아무것도 숨기지 마시오."

15   예레미야가 말했다. "제가 사실대로 말씀드리면, 왕께서는 저를 죽이실 것입니다. 제가 무슨 말을 하든지, 왕께서는 귀 기울여 듣지 않으실 것입니다."

16   시드기야가 그 자리에서 예레미야에게 은밀히 맹세하며 말했다. "우리에게 생명을 주시는 **하나님**께서 살아 계심을 두고 맹세하는데, 나는 결코 그대를 죽이거나 그대의 목숨을 노리는 자들에게 넘겨주지 않을 것이오."

17-18   예레미야가 시드기야에게 말했다. "만군의 **하나님**, 이스라엘의 하나님의 **메시지**입니다. '만일 네가 바빌론 왕의 장군들에게 투항하면, 너도 살고 이 도성도 불타지 않을 것이다. 너의 가문은 살아남을 것이다. 그러나 네가 바빌론 왕의 장군들에게 투항하지 않으면, 이 도성은 갈대아 사람들의 수중에 들어가 모조리 불타 없어질 것이다. 그들의 손에서 **빠져**나올 수 있을 것이라는 생각은 꿈에도 하지 마라.'"

19   시드기야 왕이 예레미야에게 말했다. "그러나 나는 갈대아 사람들에게 먼저 투항한 유다 사람들이 두렵소. 그들이 나를 손에 넣으면, 나를 매우 거칠게 다룰 테니 말이오."

20-22   예레미야가 그를 안심시켰다. "그들의 수중에 떨어지는 일은 없을 것입니다. 부디, **하나님**의 음성에 순종하십시오. 저는 지금 왕을 위해, 왕께서 목숨을 부지하실 수 있게 하려고 이 말씀을 드립니다. 왕께서 투항을 거부할 때 어떤 일이 있을지 **하나님**께서 제게 보여주셨습니다. 상상해 보십시오. 유다 왕의 왕궁에 남은 여인들 모두가 바빌론 왕의 신하들에게 끌려갑니다. 그들은 끌려가며 이렇게 말합니다.

'그들이 네게 거짓말을 했다.
친구라고 믿었던 자들이 너를 속였다.
이제 진창에 **빠져** 옴짝달싹 못하는 네 꼴이라니.

네 친구라는 자들, 지금 모두 어디에 있느냐?'

23 왕의 아내와 자식들 모두가 갈대아 사람들에게 넘겨질 것입니다. 그들의 손에서 빠져나올 수 있으리라 생각하지 마십시오. 왕께서는 바빌론 왕에게 붙잡힐 것이며, 그가 이 도성을 불태워 허물어 버릴 것입니다."

24-26 시드기야가 예레미야에게 말했다. "오늘 우리가 나눈 대화는 비밀로 하는 것이 그대를 위해 좋을 것이오. 고관들이 이 일을 눈치채면, 바로 달려와 말할 것이오. '왕과 무슨 얘기를 했는지 털어놓으시오. 남김없이 자백하면 목숨은 살려주겠소.' 만일 그런 일이 생기면, 그들에게 이렇게 말하시오. '나는 다만 왕께 나를 요나단의 집 지하 감옥으로 다시 보내지 말아 달라고 간청드렸을 뿐이오.'"

27 과연 고관들이 예레미야를 찾아와 물었고, 그는 왕이 지시한 대로 대답했다. 그들은 결국 그냥 돌아갔다. 그 대화를 엿들은 자는 아무도 없었다.

28 예레미야는 예루살렘이 점령당하는 날까지 왕궁 경비대 뜰에서 지냈다.

예루살렘이 함락되다

1-2 **39** 유다의 시드기야 왕 구년 열째 달에, 바빌론의 느부갓네살 왕이 그의 전 병력을 이끌고 와서 예루살렘을 포위했다. 시드기야 십일년 넷째 달 구일에, 마침내 성벽이 뚫렸다.

3 바빌론 왕의 고관들이 성 안으로 모두 들어가 '중앙 대문'에 자리를 잡고 통치위원회를 꾸렸다. 그들은 심마갈의 네르갈사레셀, 랍사리스 사람 느부사스반, 랍막 사람 네르갈사레셀, 그 밖의 여러 바빌론 왕의 고관들이었다.

4-7 유다 왕 시드기야와 남은 군사들이 그 모습을 보고 도망쳤다. 그들은 야반도주하여, 왕의 동산에 난 길을 따라 두 성벽 사이의 문을 통과하고 광야 쪽 요단 골짜기를 향해 갔다. 바빌론 군대가 그들을 추격해 여리고 광야에서 시드기야를 붙잡았다. 그들이 시드기야를 하맛 지방 리블라에 있는 바빌론 느부갓네살 왕 앞으로 끌고 갔다. 리블라에서 바빌론 왕은

시드기야가 보는 앞에서 그의 아들들을 다 죽이고, 유다의 귀족들도 모두 죽었다. 시드기야가 그 학살을 모두 목격하게 한 뒤에, 느부갓네살은 그의 눈을 멀게 했다. 그 후에 그를 사슬에 묶어 바빌론으로 끌고 갔다.

8-10 바빌론 사람들은 왕궁과 성전과 백성들의 집에 불을 질러 허물어 버렸다. 예루살렘 성벽들도 모두 무너뜨렸다. 경호대장 느부사라단이 도성 안에 남은 자들을 붙잡아서, 투항한 자들과 함께 바빌론으로 끌고 갔다. 아무 가진 것 없는 소수의 가난한 무리는 굳이 데려가지 않았다. 그들을 유다 땅에 남겨 두어, 포도원과 밭을 일구며 생계를 꾸려 가게 했다.

11-12 바빌론의 느부갓네살 왕이 예레미야에 대하여 경호대장 느부사라단에게 특별 명령을 내렸다. "그를 데려다가 잘 보살펴 주어라. 절대로 그가 해를 당하지 않게 하고, 무엇을 원하든지 다 해주어라."

13-14 경호대장 느부사라단은 랍사리스 사람 느부사스반과 랍막 사람 네르갈사레셀과 그 밖의 바빌론 왕의 모든 고관들과 함께 왕궁 경비대 뜰로 사람을 보내어, 예레미야를 데려다가 사반의 손자요 아히감의 아들인 그다랴에게 맡겨 집으로 돌아갈 수 있게 해주었다. 그렇게 해서 예레미야는 백성과 더불어 살게 되었다.

15-18 전에 예레미야가 왕궁 경비대 뜰에 구금되어 있을 때, 하나님의 메시지가 그에게 임했다. "가서 에티오피아 사람 에벳멜렉에게 전하여라. '만군의 하나님, 이스라엘의 하나님이 말한다. 잘 들어라. 내가 전에 말했던 그 일을 이제 이 도성에 행하려 한다. 이는 흉보다. 너는 이 일을 직접 목격하게 되겠지만, 재앙의 날에 내가 너를 건져 줄 것이다. 너는 네가 두려워하는 그들의 손에 넘겨지지 않을 것이다. 그렇다. 내가 반드시 너를 구해 줄 것이다. 너는 죽임을 당하지 않을 것이다. 털끝 하나 다치지 않고 무사할 것이다. 네가 나를 신뢰했기 때문이다.'" 하나님의 포고다.

40 경호대장 느부사라단이 라마에서 예레미야를 풀어 준 뒤에 하나님의 메시지가 그에게 임했다. 느부사라단이 예레미야에게 왔을 때, 그는 예루살렘과 유다의 다른 포로들과 함께 사슬에 묶여 바빌론으로 끌려가는 중이었다.

2-3 경호대장이 예레미야를 지목하여 불러 말했다. "그대의 **하나님**께서 이곳에 재앙을 선포하시더니, 과연 **하나님**께서 경고한 대로 행하셨소. 이는 그대들이 **하나님** 앞에서 죄를 짓고, 그분의 말씀을 따르지 않았기 때문이오. 그대들 모두가 이렇게 고통을 겪는 것은 바로 그 때문이오.

4-5 그러나 예레미야여, 오늘 내가 그대를 풀어 주고 그대의 손에서 사슬을 벗겨 주겠소. 나와 함께 바빌론으로 가고 싶다면 그렇게 합시다. 내가 그대를 돌보아 주겠소. 그러나 바빌론으로 가는 것을 원치 않는다 해도 괜찮소. 보시오, 그대 앞에 온 땅이 펼쳐져 있소. 그대가 원하는 대로 하시오. 어디든 그대가 원하는 곳으로 가서 사시오. 고향 땅에 머물기를 원한다면, 사반의 손자요 아히감의 아들인 그다랴에게 돌아가시오. 바빌론 왕께서 그를 유다의 도성 총독으로 삼으셨소. 그와 함께, 그대의 백성과 더불어 사시오. 어디든 원하는 곳으로 가시오. 당신의 결정에 달렸소."

경호대장은 길에서 먹을 음식과 작별 선물을 들려 주며 그를 떠나보냈다.

6 예레미야는 미스바에 있는 아히감의 아들 그다랴에게 가서, 그와 함께 그 땅에 남겨진 백성들과 함께 살았다.

유다 총독 그다랴

7-8 바빌론 왕이 아히감의 아들 그다랴를 이 땅의 총독으로 임명하고 바빌론에 포로로 끌려가지 않은 극빈자들과 그들의 자녀들을 그에게 맡겼다는 소식을 듣자, 들판에 숨어 있던 군지휘관과 부하들이 미스바로 와서 그다랴를 만났다. 그들은 느다냐의 아들 이스마엘, 가레아의 두 아들 요하난과 요나단, 단후멧의 아들 스라야, 느도바 부족 에배의 아들들, 마아가 사람의 아들 여사냐, 그리고 그들의 부하들이다.

9 　사반의 손자요 아히감의 아들인 그다랴가 그들에게 약속했다. "그대들은 갈대아 관리들을 두려워하지 않아도 되오. 여기, 이 땅에 머물러 살면서 바빌론 왕을 섬기시오. 그러면 모든 일이 다 잘될 것이오.

10 　나는 여기 미스바에 머물면서, 갈대아 사람들이 오면 그들 앞에서 그대들을 변호하겠소. 그대들은 땅을 돌보는 일을 맡아 주시오. 포도주를 만들고 여름 과실을 수확하고 올리브기름을 짜는 일을 맡으시오. 그것들을 도기 그릇에 넣어 잘 저장하고, 어느 성읍이든 그대들이 차지한 곳에 정착해 사시오."

11-12 　모압과 암몬과 에돔과 여러 나라로 피신했던 유다 사람들도 바빌론 왕이 유다에 소수의 생존자들을 남겨 두고, 사반의 손자요 아히감의 아들인 그다랴를 총독으로 세웠다는 소식을 들었다. 그들 모두 흩어졌던 곳에서 다시 유다로 돌아오기 시작했다. 그들은 유다 땅 미스바의 그다랴에게 와서 일을 시작했고, 막대한 양의 포도주와 여름 과실을 거두어 들였다.

13-14 　어느 날 가레아의 아들 요하난과 오지에 숨어 있던 군지휘관들이 미스바에 있는 그다랴를 찾아와 말했다. "아니, 모르신단 말입니까? 암몬 왕 바알리스가 총독님의 목숨을 빼앗으려고 느다냐의 아들 이스마엘을 보냈습니다." 그러나 아히감의 아들 그다랴는 그들의 말을 믿지 않았다.

15 　가레아의 아들 요하난은 미스바에서 그다랴를 은밀히 만나 말했다. "제가 가서 느다냐의 아들 이스마엘을 죽이도록 허락해 주십시오. 아무도 모르게 해치우겠습니다. 그 자가 총독님을 죽이고 이 나라를 큰 혼란에 빠뜨리려는 것을 그냥 보고만 있을 수는 없습니다. 총독께서 돌보시는 백성이 다 흩어지고 유다의 남은 자들마저 모두 망할 텐데, 그저 가만히 있을 수는 없지 않습니까?"

16 　그러나 아히감의 아들 그다랴는 가레아의 아들 요하난에게 말했다. "그래서는 안되오. 이것은 명령이오. 그대는 이스마엘에 대해 헛소문을 퍼뜨리고 있구려."

1-3 **41** 일곱째 달에, 엘리사마의 손자요 느다냐의 아들인 이스마엘이 도착했다. 그는 왕족이며 왕의 대신이기도 했다. *그가 부하* 열 명을 데리고 미스바에 있는 아히감의 아들 그다랴를 찾아왔다. 그들이 같이 식사를 하는데, 이스마엘과 그가 데리고 온 열 명의 부하들이 갑자기 일어나서 그다랴를 때려눕히고, 바빌론 왕이 그 땅의 총독으로 임명한 그를 죽였다. 또 이스마엘은 그다랴와 함께 미스바에 있던 유다 사람들을 모조리 죽이고, 거기 주둔하고 있던 갈대아 병사들까지 죽였다.

4-5 그다랴가 살해된 다음 날—아직 아무도 그 사실을 몰랐다—수염을 깎고 옷을 찢고 몸에 상처를 낸 사람들 여든 명이 세겜과 실로와 사마리아에서 왔다. 그들은 곡식 제물과 향료를 들고 예루살렘 성전에 예배하러 가는 순례자들이었다.

6 느다냐의 아들 이스마엘이 미스바에서 나와, 보라는 듯이 울며 그들을 영접했다. 그는 그들에게 인사를 건넨 다음, 안으로 초대했다. "들어오셔서 아히감의 아들 그다랴를 만나시지요."

7-8 그러나 순례자들이 도성 안으로 들어선 순간, 느다냐의 아들 이스마엘과 그의 심복들이 그들을 무참히 죽여 시신을 물웅덩이 속에 던져 버렸다. 그런데 그들 가운데 열 사람은 기지를 발휘해 그 상황을 모면했다. 그들은 이렇게 말하며 이스마엘과 흥정을 벌였다. "우리를 죽이지 마시오. 우리 밭에는 밀과 보리와 올리브기름과 꿀을 숨겨 놓은 비밀 창고가 있소." 그러자 이스마엘이 그들을 죽이지 않고 살려 두었다.

9 이스마엘이 시신들을 물웅덩이에 던진 것은 그다랴 시해 사건을 은폐하기 위해서였다. 그 물웅덩이는 아사 왕이 이스라엘 왕 바아사의 공격에 맞서 싸울 때 만들어졌는데, 느다냐의 아들 이스마엘은 그 웅덩이를 시신으로 가득 채웠다.

10 그러고 나서 이스마엘은 왕의 딸들을 비롯해 미스바의 모든 사람들, 경호대장인 느부사라단이 아히감의 아들 그다랴에게 맡긴 모든 사람들을 죄수로 삼았다. 느다냐의 아들 이스마엘은 그들을 포박해 끌고 가서 암몬 땅에 넘기려고 했다.

11-12 가레아의 아들 요하난과 그와 같이 있던 군지휘관들이 느다냐의 아

들 이스마엘이 저지른 극악무도한 일을 전해 들었다. 그들은 즉시 느다
냐의 아들 이스마엘을 잡으러 출동했다. 그들은 기브온에 있는 큰 못 근
처에서 그와 맞닥뜨렸다.

13-15 이스마엘에게 잡혀 미스바에서 끌려온 이들은 가레아의 아들 요하난
과 지휘관들을 보고 그들의 눈을 의심했다. 그들은 기뻐 어쩔 줄 몰랐다!
그들은 가레아의 아들 요하난의 주위로 모여 고향 쪽으로 다시 길을 잡
았다. 그러나 느다냐의 아들 이스마엘은 요하난을 피해 달아났고, 부하
여덟 명과 함께 암몬 땅으로 넘어갔다.

16 가레아의 아들 요하난과 군지휘관들은, 느다냐의 아들 이스마엘이 아
히감의 아들 그다랴를 살해하고 미스바에서 잡아온 사람들—남자와 여자
와 아이와 내시들—모두를 기브온에서 데려왔다.

17-18 그들은 갈대아 사람들을 피하기 위해 즉시 이집트를 향해 떠났다가,
도중에 베들레헴 근처 게롯김함에서 쉬었다. 그들은 바빌론 왕이 그 지
방 총독으로 임명한 아히감의 아들 그다랴를 느다냐의 아들 이스마엘이
살해한 일로 갈대아 사람들이 어떤 보복을 할지 몰라 두려워했다.

백성이 예레미야에게 기도를 부탁하다

1-3 **42** 가레아의 아들 요하난과 호사야의 아들 여사냐를 비롯한 모
든 군지휘관이, 낮은 자에서 높은 자에 이르는 온 백성을 이
끌고 예언자 예레미야를 찾아와 말했다. "간청이 있습니다. 부디 들어주
십시오. 우리 남은 자들을 위해 당신의 **하나님**께 기도해 주십시오. 보시
다시피, 우리는 이렇게 적은 수만 살아남았습니다! 당신의 **하나님**께서
우리가 어디로 가며 무엇을 해야 할지 알려 주시도록 기도해 주십시오."

4 예언자 예레미야가 말했다. "잘 알아들었습니다. 여러분의 간청대로,
내가 여러분의 **하나님**께 기도하겠습니다. **하나님**께서 무슨 말씀을 하시
든지, 그대로 전해 드리겠습니다. 아무것도 숨기지 않고 다 알려 드리겠
습니다."

5-6 그들이 예레미야에게 말했다. "참되고 신실한 증인이신 **하나님** 앞에
서 맹세합니다. 우리는 **하나님**께서 당신을 통해 우리에게 하시는 말씀

을 따르겠습니다. 그 내용이 좋든지 싫든지, 모두 따르겠습니다. 우리 하나님께서 무슨 말씀을 하시든지 순종하겠습니다. 우리를 믿어 주십시오. 우리는 반드시 그렇게 할 것입니다."

7-8 열흘 후에, 하나님의 메시지가 예레미야에게 임했다. 그가 가레아의 아들 요하난과 모든 군지휘관과 지위고하를 막론한 온 백성을 한자리에 불러 모았다.

9-12 예레미야가 말했다. "이스라엘의 하나님의 메시지입니다. 여러분이 나를 보내 여러분의 간구를 전해 달라고 간청했는데, 그분께서 말씀하십니다. '너희가 이 땅에 머물며 살기로 각오하면, 내가 너희를 세워 줄 것이다. 너희를 허물어뜨리지 않을 것이다. 너희를 심되, 잡초처럼 뽑아 버리지 않을 것이다. 내가 재앙을 내렸지만 내가 너희를 불쌍히 여기니, 너희는 바빌론 왕을 두려워하지 않아도 된다. 그럴 필요가 없다. 내가 너희 편이며, 그가 어떻게 하든지 내가 너희를 구하고 건져 줄 것이기 때문이다. 내가 너희에게 자비를 쏟아부을 것이다. 바빌론 왕은 너희에게 자비를 베풀 것이다! 너희가 고향 땅으로 돌아가도록 허락해 줄 것이다.

13-17 그러니 "우리는 이곳에 머물 생각이 전혀 없습니다"라는 말은 하지 마라. 너희 하나님의 명령에 순종하기를 거부하지 마라. "아닙니다! 우리는 평화로운 이집트로 달아날 것입니다. 전쟁도, 적의 공격도 없고 먹을 것이 풍부한 그곳으로 가겠습니다." 너희가 이렇게 말하고 유다의 남은 자들이 그 길로 내려가고자 한다면, 무슨 일이 있을지 하나님의 메시지에 귀 기울여라. 만군의 하나님이 말한다. 만일 너희가 이집트로 가서 그곳을 고향 삼아 살 작정이라면, 명심하여라. 너희가 두려워하던 전쟁이 이집트에서 너희를 덮치고, 너희가 두려워하던 기근이 이집트에서 너희를 괴롭힐 것이다. 너희는 그 땅에서 죽을 것이다! 이집트를 고향 삼아 살려고 작정한 자들은 거기서 최후의 한 사람까지 모두 칼에 맞아 죽거나, 굶어 죽거나, 병들어 죽을 것이다. 한 사람도 살아남지 못할 것이다! 내가 너희에게 내리는 재앙은 누구도 피해 가지 못한다.

18 만군의 하나님, 이스라엘의 하나님의 메시지다. 내가 분노와 진노로 예루살렘 주민들을 쓸어버렸듯이, 이집트에서도 같은 일을 행할 것이

다. 너희는 악담과 욕설과 조롱과 조소의 대상이 될 것이고, 다시는 고향 땅을 볼 수 없을 것이다.'

19-20 유다의 남은 여러분, **하나님**께서는 여러분에게 '이집트로 돌아가지 말라'고 분명히 말씀하셨습니다. 더없이 분명히 말씀하셨습니다. 이 자리에서 여러분에게 경고합니다. 여러분은 지금 헛된 꿈을 꾸고 있습니다. 여러분은 치명적인 실수를 범하려고 합니다.

여러분은 나를 여러분의 하나님께 보내며, '우리를 위해 우리 **하나님**께 기도해 주십시오. **하나님**께서 하시는 모든 말씀을 전해 주십시오. 무슨 말씀을 하시든지 따르겠습니다' 하고 말하지 않았습니까?

21-22 이제 내가 여러분에게 알려드렸습니다. 그분의 말씀을 전부 전했습니다. 그런데 여러분은 여러분의 **하나님**께서 나를 보내어 여러분에게 하신 말씀에, 단 한 마디도 순종하지 않았습니다. 이제 나는 여러분 앞에 무슨 일이 놓여 있는지 말하겠습니다. 여러분은 이제 가서 살려고 하는 그 꿈의 나라에서 칼에 맞아 죽고, 굶어 죽고, 병들어 죽을 것입니다."

예레미야가 이집트로 끌려가다

1-3 **43** 예레미야가 **하나님**께서 모든 백성에게 전하라고 하신 **메시지** 곧 모든 말씀 전하기를 마치자, 호사야의 아들 아사랴와 가레아의 아들 요하난이 잘난 체하는 자들을 등에 업고서 예레미야에게 말했다. "거짓말이오! 우리 **하나님**께서 이집트로 가서 살지 말라는 메시지를 당신더러 전하라고 하셨을 리 없소. 이 일의 배후에 네리야의 아들 바룩이 있는 거요. 그 자가 당신을 부추겨 우리를 대적하게 한 거요. 바빌론 사람들의 계략에 말려든 그 자 때문에, 우리는 그들 손에 죽거나 바빌론으로 끌려가게 될 거요."

4 가레아의 아들 요하난과 군지휘관들 그리고 백성들까지도 유다 땅에 머물러 살라는 **하나님**의 **메시지**에 순종하지 않았다.

5-7 가레아의 아들 요하난과 군지휘관들은 사방으로 흩어졌다가 다시 돌아온 유다의 남은 자들 전부와, 모든 남자와 여자와 아이들과 왕의 딸들, 경호대장 느부사라단이 사반의 손자요 아히감의 아들인 그다랴에게 맡

긴 자들, 예언자 예레미야와 네리야의 아들 바룩까지 데리고서 이집트 땅으로 들어갔다. 그들은 하나님의 메시지를 정면으로 거부했다. 그리고 도성 다바네스에 도착했다.

8-9 다바네스에 있을 때, 하나님의 말씀이 예레미야에게 임했다. "큰 돌 몇 개를 들고 가서, 다바네스에 있는 바로의 전용 건물로 이어지는 포장도로 부근에 진흙으로 그것들을 묻어라. 반드시 유다 사람들 몇몇이 지켜보는 앞에서 그렇게 하여라.

10-13 그러고 나서 그들을 향해 전하여라. '만군의 하나님께서 말씀하신다. 두고 보아라! 내가 사람을 보내어 바빌론 왕 느부갓네살―그는 내가 부리는 종이다!―을 이리로 불러올 것이다. 그가 와서 내가 여기 묻은 이 돌들 위에 자기 보좌를 세우고, 그 위로 천막을 칠 것이다. 그가 와서 이집트를 결딴내고, 모두를 각자 주어진 운명대로 다룰 것이다. 죽을 자는 죽을 것이고, 끌려갈 자는 끌려갈 것이며, 학살당할 자는 학살을 당할 것이다. 그가 이집트 신전에 불을 놓을 것이다. 그 안에 있는 신들은 불태우거나 전리품으로 가져갈 것이다. 목동이 자기 옷에서 이를 털어 내듯이, 그가 이집트를 이 잡듯 털어 버릴 것이다. 그러고는 아무 제지도 받지 않고 떠나갈 것이다. 그는 이집트 '태양의 집'에 있는 신성한 오벨리스크를 박살내고, 이집트 신전들을 땔감 삼아 거대한 불을 피울 것이다.'"

이집트 땅의 유다 사람에게 하신 말씀

1-6 **44** 이집트 땅에 사는 모든 유다 사람, 곧 믹돌과 다바네스와 놉과 바드로스 땅에 정착해 사는 자들을 두고 예레미야에게 임한 메시지다. "만군의 하나님, 이스라엘의 하나님이 말한다. 너희는 내가 예루살렘과 유다 성읍에 내린 끔찍한 재앙을 두 눈으로 똑똑히 보았다. 그곳이 지금 어떻게 되었느냐? 잿더미뿐인 폐허, 유령마을이 되었다. 이는 그들이 악한 길을 따르고 유행하는 신들―그들도 너희도, 너희 조상도 알지 못하는 우상들―을 좇으며, 그것들에 제물을 바치고 예배하여 나를 진노케 했기 때문이다. 나는 아침부터 밤늦게까지 날마다 너희 곁을 떠나지 않고, 내 종 예언자들을 너희에게 보내어 간청했다. '제

발, 그만두어라. 내가 너무나 혐오하는 짓, 역겨운 우상숭배를 그만두어라.' 그러나 어떠했느냐? 누구 하나 귀 기울여 듣거나 악에서 돌이켜 우상숭배를 그친 자가 있더냐? 한 사람도 없다. 그래서 나는 유다 성읍과 예루살렘 거리에 나의 불같은 진노를 쏟아부어, 잿더미 폐허로 만들어 버렸다. 지금도 그곳은 잿더미뿐인 폐허 그대로다.

7-8 　만군의 하나님, 이스라엘의 하나님의 메시지다. 어찌하여 너희는 너희 자신을—남자나 여자나 아이나 아기들 모두—생명의 길에서 끊어 내고, 스스로를 고립시켜 너희 삶을 파멸시키려는 것이냐? 왜 살기 위해 들어온 이집트 땅에서 우상들에게 제물을 불살라 바치며 나를 진노케 하느냐? 그것은 너희 자신을 파괴하는 일이며, 땅의 모든 민족에게 너희 자신을 저주의 표본으로, 조롱의 대상으로 내세우는 일이다.

9-11 　너희는 너희 조상이 저지르던 악행과, 유다 왕과 왕비들이 저지른 악행을 잊었단 말이냐? 너희 자신과 너희 아내의 악행, 유다 땅과 이스라엘 거리에서 벌이던 악행을 벌써 다 잊었단 말이냐? 오늘까지도 너희 중에는 일말의 양심의 가책을 느끼는 자가 없다. 최소한의 경외심이라도 보이는 자, 내가 말한 대로 살려는 자, 내가 너희와 너희 조상에게 분명하게 제시한 가르침대로 살려는 자가 하나도 없다! 그러므로 만군의 하나님이 내리는 포고다.

11-14 　각오하여라! 내가 너희에게 재앙을 내려, 유다와 관련된 자들을 모두 없애 버리기로 결정했다. 유다의 남은 자들, 이집트에 가서 살기로 결정한 그들 모두를 내가 잡아다가 끝장내 버릴 것이다. 그들 모두 이집트에서 칼에 맞아 죽거나, 굶어 죽을 것이다. 이름 있는 사람이든 이름 없는 사람이든, 다 같은 운명에 처할 것이다. 신분이 높은 자든 낮은 자든, 모두 살해당하거나 굶어 죽을 것이다. 너희는 결국 악담과 욕설과 조롱과 조소거리가 될 것이다. 내가 전에 예루살렘 거주민들에게 내렸던 처방을 이집트에 거주하는 그들에게도 내릴 것이다. 학살과 기근과 염병이 바로 그것이다. 용케 살아서 유다를 빠져나와 이집트로 도망친 자들 가운데, 그들이 그토록 그리워하는 유다로 돌아갈 자는 소수에 불과할 것이다. 몇몇 도망자들을 제외하면 누구도 돌아가지 못할 것이다."

15-18 자기 아내들이 우상에게 제물을 불살라 바치고 있다는 것을 알고 있던 남자들이 큰 무리의 여자들과 합세하여, 이집트의 바드로스에 사는 거의 모든 자들과 함께 예레미야를 찾아와 말했다. "우리는 당신이 **하나님**의 **메시지**라며 전하는 말에 전혀 개의치 않겠소. 우리는 '하늘 여왕님'께 제물을 불살라 바치고 술 제물을 부어 바치는 일을 계속할 거요. 예전에 좋았던 시절에 우리 조상과 왕과 고관들이 유다 성읍과 예루살렘 거리에서 하던 그 전통을 지킬 것이오. 그 시절에 우리는 유복했소. 먹을 것도 많았고, 살림살이도 넉넉했고, 불운한 일도 없었소. 그러나 '하늘 여왕님'께 제물을 불살라 바치고 술 제물을 부어 바치는 일을 그만둔 뒤로 모든 것이 엉망이 되었소. 그 후로 우리가 얻은 것이라고는 학살과 기근뿐이오."

19 그러자 여자들이 맞장구를 쳤다. "맞습니다! 우리는 '하늘 여왕님'께 제물을 불살라 바치고 술 제물을 부어 바치는 일을 계속할 겁니다. 우리 남편들도 응원해 주지 않습니까? 남편들은 우리가 여신 과자를 만들고 여신께 술 제물을 부어 바치는 것을 좋아합니다."

20-23 예레미야는 거만하게 대답하는 그들 모두와 맞서 목청을 높여 말했다. "여러분과 여러분의 부모들, 여러분의 왕과 고관과 일반 백성 모두가 유다 성읍과 예루살렘 거리에서 바쳤던 그 제사를 **하나님**께서 보시지 않았겠습니까? 물론, 그분은 주목하여 보셨습니다. 그래서 더는 참으실 수가 없었습니다. 여러분의 악한 행실과 역겨운 행위들을 더는 참아 주실 수가 없었던 것입니다. 그리하여 여러분의 땅이 황무지와 폐허와 으스스한 유령마을이 되었고, 지금도 그곳은 그 상태로 있습니다. 여러분에게 이 재앙이 닥친 것은, 제물을 불살라 바치는 제사를 그만두지 않았기 때문입니다. 여러분이 **하나님**께 죄를 지었기 때문입니다! 여러분은 그분의 말씀에 순종하기를 거부했고, 그분의 가르침대로 살지 않았으며, 언약의 조건들을 무시했습니다."

24-25 예레미야가 이번에는 특별히 여자들을 향해 말을 이었다. "이집트에

살고 있는 유다 백성 여러분, 들으십시오. 부디 **하나님**의 말씀에 귀 기울이십시오. 만군의 **하나님**, 이스라엘의 하나님께서 말씀하십니다. '너희, 여자들아! 과연 말한 대로 행했구나. 너희는 말했다. "우리는 '하늘 여왕님'께 제물을 불살라 바치고 술 제물을 부어 바치기로 한 서약을 계속해서 지킬 겁니다. 누구도 우리를 막을 수 없습니다!"

25-27   좋다. 계속 그렇게 해보아라. 너희 서약을 지킬 테면 지켜 보아라. 그러나 **하나님**이 유다를 떠나 이집트에 사는 너희 모두에게 하는 말도 귀담아들어라. **하나님**이 말한다! 내가 나의 큰 이름과 나의 전부를 걸고 맹세하는데, 이후로는 이집트 전역에서 서약할 때 "주 **하나님**께서 살아 계심을 두고 맹세하는데"라며 내 이름을 부르지 못할 것이다. 내가 너희를 위해 재앙을 준비했다. 이제 너희는 죽은 목숨이나 다름없다.

27-28   이집트에 사는 유다 사람들은 대학살과 기근으로 전멸할 것이다. 살아서 이집트를 빠져나가 유다로 돌아갈 사람은 극소수에 불과할 것이다. 유다를 떠나 이집트에 살려고 온 불쌍한 무리들은, 그때가 되어서야 모든 일의 최종 결정권이 누구에게 있는지 깨닫게 될 것이다.

29-30   내가 증거를 보여주리라. 바로 이곳에 벌을 내려, 나의 재앙 선포가 빈말이 아니라는 것을 보여주겠다. 재앙의 표징이 있을 것이니 두고 보아라. 나는 느부갓네살에게 유다 왕 시드기야를 넘겨준 것처럼, 이집트 왕 바로 호브라를 그의 목숨을 노리는 원수에게 넘겨줄 것이다.'"

하나님께서 바룩에게 구원을 약속하시다

1   **45** 여호야김 사년 어느 날에, 바룩이 예레미야의 말을 받아 적고 있을 때 예언자 예레미야가 그에게 말했다.

2-3   "바룩, **하나님** 이스라엘의 하나님께서 그대에게 하시는 말씀이오. 그대는 '이 무슨 고생인가! **하나님**께서 나를 첩첩산중으로 가게 하시는구나. 끝이 보이지 않는 이 길, 이제 지쳤다' 말하지만,

4-5   **하나님**께서는 이렇게 말씀하시오. '주위를 둘러보아라. 내가 지었던 것을 내가 허물고, 내가 심었던 것을 내가 뽑아 버릴 것이다. 어디에서든 —세상 전역에서!—나는 그렇게 할 것이다. 그러므로 스스로 거창한 계

획을 세울 생각은 마라. 상황이 호전되기 전에 악화일로를 걸을 것이다. 그러나 걱정하지 마라. 이 모든 일 가운데 내가 너를 끝까지 지켜 살아남게 할 것이다.'"

이집트에 내리신 예언

1 **46** 이방 민족들에 대해 하나님께서 예언자 예레미야를 통해 주신 메시지다.

2-5 유다 왕 여호야김 사년에, 유프라테스 강 근처 갈그미스에 진을 쳤다가 바빌론 왕 느부갓네살에게 패배한 이집트와 이집트 왕 바로 느고의 군대를 향한 메시지다.

"'전투 준비!
출격이다!
말에 마구를 채워라!
안장을 얹고 올라타라!
전열을 갖추어라! 투구를 쓰고,
창날을 갈고, 완전무장하여라!'
그런데, 이 무슨 광경인가?
모두 겁에 질려 제정신이 아니다!
대열에서 이탈하여 줄행랑을 친다.
그들의 용사들, 공황 상태다.
이리 뛰고 저리 뛰고,
이리로 우르르, 저리로 우르르.
대혼란, 엉망진창이다. 사방이 적이다!"
하나님의 포고다.

6 "제아무리 발 빨라도 도망치지 못한다.
제아무리 힘세어도 달아나지 못한다.
저 북쪽 나라, 유프라테스 강가에서

비틀거리다 쓰러진다.

7-9 범람하는 나일 강 같은 저것이 무엇이냐?
격류 같은 저것은?
이집트다. 범람하는 나일 강 같고,
격류 같은 그 자가
말한다. '내가 세상을 다 차지하리라.
모든 도성과 민족을 싹쓸이하리라.'
군마들아, 달려라!
병거들아, 질주하여라!
방패를 들고 구스와 붓에서 온 용사들아,
루드에서 온 활잡이들아,
진격하여라!

10 그러나 어쩌랴. 오늘은 너희 날이 아니다.
오늘은 주의 날, 나 만군의 **하나님**의 날,
내가 적들을 끝장내 버리는 날,
나의 칼이 적들을 결딴내고
나의 칼이 복수를 행하는 날이다.
저 북방 대국,
강력한 유프라테스 강가에서
나 주 만군의 **하나님**이
그들을 제물로 잡을 것이다. 거대한 희생 제사가 되리라!

11-12 오, 처녀 딸 이집트야,
길르앗 산지로 올라가, 약제 유향을 구해 보아라.
그러나 백약이 무효일 것이다.
너의 고통을 치유할 수 있는 것은 아무것도 없다.
온 세상이 너의 신음소리를 들으리라.

너의 울음소리가 온 땅에 울려 퍼지리라.
용사들이 쓰러지고, 겹겹이 쌓여
무더기를 이루리라."

13 바빌론 왕 느부갓네살이 이집트를 치러 길을 나섰을 때, **하나님**께서 예
언자 예레미야에게 주신 **메시지**다.

14 "이집트에 알려라. 믹돌에 위험을 알려라.
놉과 다바네스에 경보를 발하여라.
'일어나라! 전투 준비를 갖추어라!
전쟁이다!'

15-19 너의 황소 신 아피스가 왜 달아나겠느냐고?
하나님께서 쫓아 버리실 것이기 때문이다.
너의 오합지졸 군대가 박살나리라.
병사들이 다들 수군거린다.
'어서 여기를 빠져나가자.
고향으로 달아나 목숨을 부지하자.'
고향으로 돌아간 그들은, 바로를
'떠버리 불운아'라고 부르리라.
살아 있는 나 **하나님**을 두고 맹세한다."
그 이름이 만군의 **하나님**인 왕의 포고다.
"정복자가 올 것이다. 산들 위로 우뚝 솟은 다볼 산 같고,
바닷가에 불쑥 솟은 갈멜 같은 자가 올 것이다!
그러니 너희, 이집트의 응석받이 딸들아,
유배길을 위해 행장을 꾸려라.
곧 멤피스가 초토화되어,
잡초만 무성한 폐허로 변할 것이다.

20-21 정말 안됐구나, 이집트, 그 어여쁜 암송아지가
북녘에서 몰려오는 쇠파리 떼의 공격을 받다니!
자기를 보호하려고
살진 송아지들 같은 용병들을 고용했지만,
목숨이 위태로워지자 그들은 다 내뺐다.
하나같이 겁쟁이인 그들,
험한 길을 만나면
쉬운 길로 달아나 버린다.

22-24 적군이 대거 침입해 오면,
이집트는 뱀처럼 미끄러져 내뺄 것이다.
벌목꾼처럼
도끼를 휘두르며 몰려온 그들이
나라를 초토화시킬 것이다" 하나님의 포고다.
"그 무엇도, 그 누구도 성치 못하리라.
침략자들은 수를 헤아릴 수 없는
메뚜기 떼 같으리라.
딸 이집트를, 북쪽에서 온 파괴자들이
강탈하고 겁탈하리라."

25-26 만군의 하나님, 이스라엘의 하나님께서 말씀하신다. "내가 테에베의 신
아몬과, 이집트와 그 나라의 신과 왕들, 또 바로와 그를 믿는 모든 자들
에게 재앙을 내릴 테니 잘 보아라. 내가 그들의 목숨을 노리는 자들, 곧
느부갓네살과 그의 군대의 손에 그들을 넘겨줄 것이다. 이집트는 천 년
전으로 돌아가리라. 그러나 언젠가는 그 땅에 다시 사람들이 살게 될 것
이다." 하나님의 포고다.

27-28 "나의 종 야곱아, 그러나 너는 두려워할 것 없다.

이스라엘아, 너는 걱정할 것 없다.

고개를 들어라! 내가 그 먼 나라에서 너를 구해 줄 것이다.

유랑의 땅에서 네 자녀를 데리고 나올 것이다.

야곱의 삶은 다시 정상을 되찾을 것이다.

안전과 평안을 누리며 만사가 순조로울 것이다.

그렇다. 나의 종 야곱아, 너는 두려워할 것이 전혀 없다.

마음 놓아라. 내가 너의 편이다.

내가 너를 내쫓아 여러 사악한 민족들 사이로 흩어 버렸지만,

이제 그 민족들을 내가 끝장낼 것이다.

그러나 너는 망하지 않으리라.

아직 내게 할 일이 남아 있다.

나는 너를 공정하게 벌할 것이다.

그렇다. 너는 아직 내게 끝나지 않았다."

블레셋 사람들에게 닥칠 재앙

47 1-5 바로가 가사를 치기 직전, 하나님께서 블레셋 사람들에 대해 예언자 예레미야에게 주신 메시지다. 하나님께서 이렇게 말씀하신다.

"각오하여라! 북녘에서 물이 불어

범람하는 강물이 되리라.

그 격류가 땅을 덮쳐

도성과 주민을 휩쓸어 버릴 것이다.

공포에 질려 사람들이 비명을 지르고,

집집마다 통곡소리 들리리라.

군마들의 말발굽소리,

병거들의 요란한 바퀴소리가 지축을 흔들리라.

공포에 질린 아버지들은 손이 굳어

자기 아기를 붙잡지도 못하리라.

블레셋 사람들이 심판을 받아 모조리 멸망하는 날이다.
두로와 시돈이 도움을 얻을 가망은 아예 사라졌다.
하나님께서 블레셋 사람들과
크레타 섬에서 살아 나온 자들을 전부 쓸어버릴 것이다.
가사가 머리를 깎이고
아스글론이 말을 잃는다.
기진맥진한 너희,
자맥질을 얼마나 더 할 수 있겠느냐?

6 오, **하나님**의 칼이여,
언제까지 이렇게 하려는가?
다시 칼집에 들어가 다오.
이제 충분하지 않은가? 멈출 수 없는가?

7 어떻게 멈출 수 있겠느냐?
나 **하나님**이 명령을 내렸는데.
아스글론과 해변지역을 전부 베어 없애라고
내가 명령을 내렸는데."

모압의 멸망

1-10 **48** 만군의 **하나님**, 이스라엘의 **하나님**께서 모압에 대해 주신 메시지다.

"느보에게 재앙이 닥쳤다! 초토화되었다!
기랴다임이 치욕과 패배를 겪고,
철통 요새들이 모래성처럼 허물어졌다.
모압의 영광이 끝났다. 이제 재와 먼지뿐이다.
음모자들이 헤스본의 파멸을 도모한다.
'자, 모압을 아예 지도에서 없애 버리자.'

이어지는 살육을 겪으며
'똥 묻은 화상' 디몬이 목 놓아 통곡한다.
들어 보아라! 호로나임에서 들려오는 울부짖음을.
'참화다! 대재앙이다!'
모압이 박살날 것이다.
그 울부짖는 소리가 소알까지 또렷이 들려온다.
루힛의 오르막길을 오르며
사람들이 슬피 운다.
호로나임에서 내려오는 길도
다 빼앗기고, 유린당한 자들의 울음소리로 가득하다.
오, 살고 싶거든 도망쳐라! 어서 여기를 빠져나가라!
광야로 나가 어떻게든 살아남아라!
너희는 두꺼운 성벽과 든든한 재물을 믿었다.
그러나 어쩌랴? 이제 그런 것들은 너희에게 전혀 도움이 되지 못한다.
너희의 위대한 신 그모스가 질질 끌려갈 것이며,
그의 제사장과 감독자들도 같은 신세가 되리라.
파괴자의 손에 도성이 모조리 허물어지리라.
단 한 곳도 온전하지 못할 것이다.
골짜기 밭들이 황폐해질 것이요,
고원 목장들도 파괴될 것이다. 내가 말한 대로 모두 이루어지리라.
모압 땅 전역에 소금을 뿌려라.
다시는 생명이 자라지 못하게 하여라.
성읍들이 모두 유령마을이 될 것이다.
다시는 사람이 살지 못하리라.
하나님의 이름으로 하는 일을 정성껏 하지 않는 자,
심판의 칼을 마지못해 휘두르는 자는 저주를 받으리라.

11-17 꾸벅꾸벅 조는 강아지처럼
늘 팔자 좋았던 모압이다.

생계를 위해 일해야 했던 적 없고,
어려움을 겪어 본 적 없고,
어른이 되어야 했던 적 없으며,
땀 흘려 일해 본 적도 없다.
그러나 이제 다 지나간 이야기다.
내가 이제 그를 중노동에 처할 것이다.
그러면 그는 냉엄한 현실을 깨닫게 되리라.
그의 환상이 박살날 것이다.
과거 이스라엘이 자신들이 우러르던 베델의 송아지 신들 때문에 수치를
당했듯이,
모압도 그모스 신 때문에 수치를 당할 것이다.
너희 말이, '우리는 억세다.
이 세상 누구든지 때려눕힐 수 있다'고 하지만,
그런 말을 앞으로 얼마나 더 할 수 있을 것 같으냐?
모압의 파멸은 이미 시작되었다.
모압의 최고 젊은 용사들이 죽어 나자빠지고 있다."
그 이름 만군의 하나님인
왕의 포고다.
"그렇다. 모압의 파멸이 초읽기에 들어갔고,
재앙이 활시위를 떠나 과녁을 향해 날아가고 있다.
모압의 친구와 이웃들이여,
그가 얼마나 유명했는지 아는 모든 자들이여, 모압을 위해 울어라.
애곡하며 말하여라. '그 막강하던 왕의 홀이 이쑤시개처럼 부러지고 말
았구나!
그 화려하던 지휘봉이!'

18-20 디본의 방자한 미녀들아, 이제 그 높은 자리에서 내려오너라.
개똥밭에 나앉아라.
모압을 파괴할 자가 와서 너희를 칠 것이다.

안전하다는 너희 가옥들을 그가 다 부수어 버릴 것이다.
아로엘의 방자한 여인들아,
길거리에 나가 서서,
피난민들에게 물어보아라.
'무슨 일입니까? 왜 도망을 갑니까?'
모압은 그저 수치스런 과거로, 폐허로 남을 것이다.
통곡하여라. 눈이 빠지도록 울어라!
아르논 강을 따라 비보를 전하여라.
온 세상에 모압의 멸망을 알려라.

21-24 고원의 도성들 위로 나의 심판이 임하리라. 홀론과 야사와 메바앗에, 디본과 느보와 벳디블라다임에, 기랴다임과 벳가물과 벳므온에, 그리욧과 보스라와 모압 땅 원근 각처 모든 성읍에.

25 모압이 힘의 근원을 잃었다.
모압의 팔이 부러졌다." 하나님의 포고다.

26-27 "모압이 술독에 빠지게 하여라. 내 진노의 포도주를 마시고 취하여 사방에 토하며, 그 위를 뒹굴게 하여라. 이리저리 비틀거리다 자빠지는 주정꾼 모압, 온 세상의 웃음거리다. 모압아, 이제까지 이스라엘을 야비하게 놀리던 네가 아니냐? 친구를 잘못 만나 고생하는 그들을 보고, 혀를 쯧쯧 차고 수군덕대며 비웃던 네가 아니냐?

28 모압에서 자란 너희여, 떠나라!
너희 마을을 떠나 절벽 틈에 거처를 잡아라.
강 협곡 높은 곳에 둥지를 틀고 사는
비둘기처럼 살아 보아라.

29-33 모압의 오만은 다들 들어 익히 아는 바다.

그 전설적인 교만,

젠체하며 으스대고 거들먹거리던,

구역질 나는 그의 오만함 말이다."

하나님의 포고다. "나는 모압의 큰소리가

그저 허풍이요, 그의 거드름은 허세에 불과함을 알고 있다.

하지만 내가 모압을 위해 울어 주리라.

그렇다. 내가 모압 백성을 위해 애곡할 것이다.

길헤레스 백성을 위해서도 애곡하리라.

내가 십마의 포도나무들을 위해 울겠고,

야스엘과 같이 울어 줄 것이다.

지금까지는 포도나무들이 사해까지

그 덩굴이 야스엘까지 뻗어 나갔지만,

잔인한 약탈자가 나타나

너희 여름 과일과 다 익은 포도를 싹쓸이할 것이다.

번창했던 모압에서

노래와 웃음이 사라지리라.

그렇다. 내가 술틀을 닫아 버리고,

수확하는 자들의 환호성을 중단시킬 것이다.

34 헤스본과 엘르알레가 울부짖겠고, 그 소리가 야하스까지 들릴 것이다. 소알에서부터 호로나임과 에글랏셀리시야에 이르기까지, 모두가 그 소리를 듣게 되리라. 니므림의 샘들도 다 말라 버릴 것이다."

35 **하나님**의 포고다. "내가 모압의 높은 곳에 올라가, 신들에게 제물을 불살라 바치던 일을 멈추게 할 것이다.

36 바람에 실려 오는 부드러운 피리소리처럼, 내 마음이 모압과 길헤레스 사람들을 위해 슬피 운다. 그들은 모든 것을 잃었다. 남은 것이 하나도 없다.

37 어디를 가나 탄식의 몸짓들이다.

머리를 밀고, 수염을 깎고,
손에 상처를 내 피를 흘리며,
옷을 찢는 광경들이다.

38 모압의 집집마다, 모압의 거리마다 슬피 우는 소리가 들린다. 아무도 좋
아하지 않는 옹기그릇같이, 내가 모압을 부수어 버릴 것이다." 하나님의
포고다.

39 "모압이 멸망했다!
수치를 당해 얼굴을 가리는 모압!
조롱거리가 된 모압!
실로 처참한 모압!"

40-42 모압을 향한 **하나님**의 평결이다. 과연 그렇다!

"보아라! 독수리가 날개를 펼치고
모압을 내리 덮칠 태세다.
적이 성읍들을 점령하고
요새들을 탈취한다.
용사들이 해산하는 여인처럼
고통으로 몸을 웅크리며, 싸울 엄두를 내지 못한다.
모압에는 아무것도 남지 않으리라. 아무것도.
나를 거슬러 오만하고 방자하게 굴었기 때문이다.

43-44 모압아, 네가 나와 맞서 얻을 것은
공포와 함정과 올가미뿐이다." 하나님의 포고다.
"공포를 피해 도망치다가
함정에 빠질 것이다.

함정에서 올라오면
올가미에 걸릴 것이다.
이것이 재앙의 날,
내가 모압에 대해 정해 둔 예정표다." 하나님의 포고다.

45-47 "헤스본 변두리에
피난민들이 기진하여 주저앉으리라.
헤스본에서 불꽃이 치솟고,
시혼의 수도에 불폭풍이 닥쳐온다.
불이 모압의 눈썹을 태우고,
허풍선이들의 두개골을 그슬려 버릴 것이다.
모압아, 이것이 네 앞에 놓인 전부다!
그모스를 숭배하는 너, 결국 망하여 죽을 것이다!
너의 아들들은 짐짝처럼 수용소로 실려 가고,
너의 딸들은 짐승처럼 포로로 끌려갈 것이다.
그러나 훗날, 내가 모압의 만사를 바로잡을 날이 올 것이다.

지금으로서는, 이것이 모압에 떨어질 심판이다."

암몬이 받을 심판

1-6 **49** 암몬 백성에 대한 하나님의 메시지다.

"이스라엘에게 자식이 없더냐?
유산을 상속할 자가 하나도 없더냐?
어찌하여 몰렉 신이 갓의 땅을 차지하고,
그의 추종자들이 그 성읍에 들어가 살고 있느냐?
그러나 오래가지 않을 것이다."
하나님의 포고다.
"내가 보낸 적군의 함성소리로,

암몬의 큰 도성 랍바가 귀를 틀어막을 날이 올 것이다.

암몬은 폐허 더미가 되고,

성읍들은 잿더미가 되리라.

그때 이스라엘이 자신의 침략자들을 발로 걷어차 내쫓을 것이다.

나 하나님의 말이다. 반드시 그렇게 될 것이다.

헤스본아, 통곡하여라. 아이 성이 멸망했다.

랍바의 성읍들아, 가슴을 쥐어뜯어라!

애곡의 옷을 걸치고, 눈물로 강을 이루어라.

이리 뛰고 저리 뛰며 발작을 일으켜라!

너희의 신 몰렉이 포로로 질질 끌려갈 것이며,

그의 제사장과 관리인들도 그렇게 될 것이다.

한때의 위세를 아직도 자랑하느냐?

이제 너는 아무짝에도 쓸모없는 퇴물에 불과하다.

화려했던 과거를 그리며 향수에나 젖어 사는 너,

아직도 '누가 나를 건드리랴' 하며, 공상에 빠져 있다니.

정신차려라. 내가 너를 사방에서 공포와 직면하게 만들 것이다."

주 만군의 하나님의 말이다.

"너는 허둥지둥 달아나다가 흩어져,

다시는 모이지 못할 것이다.

그러나 장차 내가 암몬의 일을 바로잡아 줄 날이 올 것이다."

하나님의 포고다.

에돔이 받을 심판

7-11 에돔에 대한 만군의 하나님의 메시지다.

"그 유명한 데만에 현인이 한 사람도 없단 말이냐?

현실을 똑바로 볼 자가 하나도 없더냐?

그들의 지혜가 다 썩어 문드러졌느냐?

살고 싶거든 도망쳐라! 속히 달아나라!

드단에 사는 너희여,
몸을 숨길 곳을 찾아라!
내가 에서에게 재앙을 내릴 것이다.
이제 빚을 청산할 시간이다.
사람들이 밭에서 곡식을 거두어들일 때
이삭 정도는 남겨 둔다. 그렇지 않느냐?
집에 도둑이 들어도
원하는 것만 가져간다. 그렇지 않느냐?
그러나 나는 에서를 완전히 발가벗길 참이다.
구석구석 샅샅이 뒤져 다 찾아낼 것이다.
그의 자녀, 친척, 이웃을 비롯해
그와 관계된 모든 것을 멸할 것이다.
살아남아 네 고아들을 거두어 줄 자,
네 과부들을 보살펴 줄 자가
하나도 없으리라."

12-13 진실로 그렇다. 하나님께서 말씀하신다. "들어 보아라. 마실 이유가 없어도 하나님의 진노의 잔을 마실 수밖에 없는 사람들이 있다. 그런데 네가 어떻게 그 잔을 피할 수 있겠느냐? 너는 결코 피하지 못한다. 너는 그 잔을 마시게 될 것이다. 그렇다. 한 방울도 남기지 않고 다 마시게 될 것이다." 하나님의 포고다. "또 너의 수도 보스라에 대해 말하면, 나의 전부를 걸고 맹세하는데, 그 도성은 잿더미와 쓰레기뿐인 역겨운 장소가 될 것이다. 거기 딸린 성읍들도 다 마찬가지다."

14 내가 방금 하나님께로부터 들은 최신 소식이다.
그분이 뭇 민족들에게 특사를 보내어 말씀하셨다.
"군대를 소집하여라. 에돔을 쳐라.
무장을 갖추어라! 출정하여라!

15-16 아, 에돔이여, 내가 너를 민족들 가운데 말석으로 추락시켜,
　　　　바다에서 이리 치이고 저리 치이게 만들 것이다.
　　　　너는 스스로 대단한 줄 안다.
　　　　역사의 무대 위를 으스대며 활보한다.
　　　　난공불락의 높은 바위 요새에 살면서,
　　　　산의 정상이라도 되는 것처럼 군다.
　　　　높은 곳에 둥지를 튼 독수리인 양,
　　　　세상이 다 네 발아래로 보이느냐?
　　　　두고 봐라. 너는 추락할 것이다.
　　　　내가 너를 바닥으로 곤두박질치게 만들 것이다." 하나님의 포고다.

17-18 "에돔은 오물로 전락하리라. 악취 풍기는 역겨운 오물, 세상을 놀라게
　　　　하는 흉물이 되리라. 소돔과 고모라와 그 이웃들처럼, 에돔도 역사의 시
　　　　궁창에 처박힐 것이다." 하나님의 말씀이다.

　　　　"아무도 거기 살지 않을 것이며,
　　　　누구도 거기 머물지 않으리라.

19 　잘 보아라. 먹이를 찾아
　　　　요단 강가 깊은 숲에서
　　　　푸른 목장으로 뛰어나오는 사자처럼,
　　　　내가 에돔에게 달려들어 덮칠 것이다.
　　　　아무거나 먹이로 골라잡을 것이다. 누가 나를 막을 수 있으랴?
　　　　에돔의 목자들은 나를 어찌하지 못한다."

20-22 그러니, 하나님께서 에돔에 대해 세우신 계획, 데만 주민에 대한 계획에
　　　　귀 기울여라.

　　　　"믿기지 않겠지만, 어린 것들이

—새끼 양과 새끼 염소들도—끌려갈 것이다.
믿기지 않겠지만, 모두들 그저
충격 가운데 무력하게 지켜볼 수밖에 없을 것이다.
그 울음소리에 땅이 요동하고,
그 울부짖는 소리, 멀리 홍해까지 들릴 것이다.
보아라! 하늘 높이 날던 독수리가
날개를 펼치고 보스라를 내리 덮친다.
산고 중인 여인처럼 용사들이
몸을 비틀며, 싸울 엄두를 내지 못하리라."

다마스쿠스가 받을 심판

23-27 **다마스쿠스에 대한 메시지다.**

"비보를 듣고
하맛과 아르밧이 충격에 휩싸일 것이다.
겁에 질려 간이 콩알만 해지고,
걱정근심에 안절부절 못하리라.
다마스쿠스의 얼굴에서 핏기가 가실 것이다.
달아나다가
발작을 일으켜 쓰러지고,
해산하는 여인처럼 아무것도 할 수 없으리라.
한때 유명하던 도성이, 한때 잘나가던 그 도성이,
전부를 잃고 모두에게 버림받은 외톨이가 되었다!
총명한 젊은이들이 거리에서 죽어 나가고,
용감한 전사들도 온데간데없다."
만군의 **하나님**의 포고다.
"그날에, 내가 다마스쿠스의 성벽에 불을 질러
벤하닷의 요새를 전부 태워 버릴 것이다."

게달과 하솔이 받을 심판

28-33 바빌론 왕 느부갓네살의 공격을 받은 게달과 하솔 민족들에 대한 **하나님의 메시지다.**

"일어나라! 게달을 공격하여라!
저 동방 베두인 유목민들을 약탈하여라.
담요와 살림살이를 탈취하여라.
낙타를 **빼앗아라.**
'재앙이다! 죽음이다! 파멸이다!
사방이 위험천지다!' 하고 고함을 쳐 그들의 혼을 빼 놓아라.
오, 하솔에서 온 유목민들아,
살고 싶으면 어서 달아나라." 하나님의 포고다.
"숨을 곳을 찾아라.
바빌론 왕 느부갓네살이
너희를 쓸어버리고,
야멸치게 몰아붙일 계획을 세웠다.
'그들을 뒤쫓아라.' 그가 말한다. '사막에서 태평하게,
문도 잠그지 않고
자기들끼리 살아가는 저들,
저 팔자 좋은 유목민들을 추격하여라.'
그들의 낙타, 거저먹기다.
그들의 소 떼와 양 떼, 가져가는 사람이 임자다.
내가 사막 가장자리에 사는 힘없는 유목민들을
사방으로 흩어 버릴 것이다.
내가 사방에서 공포가 들이닥치게 할 것이다.
그들은 무엇에 얻어맞는지도 알지 못하리라." 하나님의 포고다.
"승냥이들이 하솔의 진영을 차지할 것이다.
그 땅에는 바람과 모래만 남으리라.
아무도 거기 살지 않고,

누구도 거기 머물지 않으리라."

엘람이 받을 심판

³⁴⁻³⁹ 유다 왕 시드기야가 다스리기 시작할 무렵, 엘람을 두고 예언자 예레미야에게 임한 **하나님**의 **메시지**다. 만군의 **하나님**께서 말씀하신다.

"지켜보아라! 내가 엘람의 주력 무기인 활을
내 무릎 위에서 꺾어 버리리라.
그러고는 사방, 땅의 네 귀퉁이에서
바람을 일으켜 엘람에게 불어닥치게 할 것이다.
내가 엘람 사람들을 사방으로 날려 보내
만방에 흩어 버리고, 거류민으로 살아가게 할 것이다.
그들은 목숨을 노리는 적들 사이에서
늘 공포와 두려움에 떨며 살게 될 것이다.
내가 그들에게 재앙을,
나의 진노로 타오르는 재앙을 내리리라.
내가 도살견을 풀어 그들을 쫓게 하여
아무도 살아남지 못하게 할 것이다.
그런 후에 엘람의 왕과 그 심복들을 내던져 버리고,
엘람에 나의 보좌를 세울 것이다.
그러나 장차 내가 엘람을 위해
모든 일을 바로잡을 날이 올 것이다." **하나님**의 포고다.

바빌론이 받을 심판

¹⁻³ **50** 바빌론, 곧 갈대아 사람들의 땅에 대해 **하나님**께서 예언자 예레미야를 통해 주신 **메시지**다.

"만민에게 알려라! 선포하여라!
천하에 공표하고 만방에 전하여라.

바빌론이 함락되었고, 벨 신이 수치를 당해 고개를 들지 못한다.
마르둑 신이 사기꾼으로 드러났다.
모든 우상이 수치를 당해 쭈뼛쭈뼛거리고,
장난감 신들이 저급한 사기꾼들로 드러났다.
북방에서 한 민족이 쳐들어와,
도성들을 모두 폐허로 만들어 버릴 것이다.
모든 생명이─짐승도 사람도─끊어져,
소리 하나, 동작 하나, 호흡 하나 찾을 수 없을 것이다.”

4-5 **하나님**의 포고다. “그날이 오고 그때가 이르면,
이스라엘 백성이 돌아오고,
그들과 더불어 유다 백성들도 돌아올 것이다.
울면서 걸어와, 그들의 **하나님**인 나를 찾을 것이다.
시온으로 가는 길을 묻고,
시온을 향해 길을 떠나리라.
그들이 와서는, 결코 잊을 수 없을 영원한 언약에 묶여
하나님 곁에 늘 꼭 붙어 있으리라.

6-7 나의 백성은 길 잃은 양 떼였다.
목자들이 그들을 잘못 이끌어서,
산속에 버리고 떠났다.
그들은 산으로, 언덕으로 헤매고 다녔다.
집으로 돌아가는 길을 잃고,
집에 대한 기억도 잃었다.
그들과 마주친 자들은 모두 그들을 착취했다.
적들은 전혀 양심의 가책을 느끼지 않았다.
그들은 말했다. ‘공평하지 않소? **하나님**을 등진 자들이니 말이오.
그들은 자신들의 참된 목장이신 분, 조상 대대로 소망이었던 분을 저버
렸소.’

8-10 그러나 이제, 어서 빨리 바빌론을 탈출하여라.

바빌론에서 빠져나가라.

네 길을 가라. 좋은 목양견들이 앞장을 서겠지만, 그들을 따라가지 마라.

너희가 앞장서 가라!

내가 지금 일으키는 일이 보이느냐?

바빌론을 칠 민족들을 규합하고 있다.

그들이 북녘에서 쳐들어와,

바빌론을 정복할 것이다.

오, 그들은 싸움에 능한 군대다.

빈손으로 돌아가는 법이 없는 자들이다.

바빌론은 무르익은 열매다!

모두들 배 터지게 따먹을 것이다!" 하나님의 포고다.

11-16 "바빌론 사람들아, 너희는 지금까지 참 좋은 시절을 보냈다. 그렇지 않느냐?

내 백성을 착취하고 이용하면서, 그동안 잘 먹고 잘살았다.

너희는 푸른 초원을 까불며 뛰어다니는 송아지 같았고,

넓은 들판을 마구 달리며 즐기는 야생마 같았다!

그러나 너희는 너희 어머니의 자랑이 되지 못하리라.

너희를 낳아 준 여인의 기쁨이 되지 못하리라.

지금 너희 꼴을 보아라! 아무 볼 것 없는 민족!

잡석과 쓰레기와 잡초뿐인 곳!

나의 거룩한 진노로 생명이 사라지고,

죽음과 공허뿐인 사막이 되었다.

바빌론을 지나는 자들은 그 몰락을 목격하고,

놀라서 말을 잊고 고개를 절레절레 흔들 것이다.

다 함께 바빌론에게 달려들어라! 꼼짝 못하게 만들어라!

있는 힘을 다해 두들겨 패라.

젖 먹던 힘까지 다 써라. 완전히 때려눕혀라.

바빌론은 죄인이다. 오, 내게 얼마나 큰 죄를 지었던가!
사방을 에워싸고 함성을 질러라.
바빌론은 싸울 의지를 다 잃었다.
방어진이 허물어졌고,
성벽들이 무너져 내렸다.
작전명 '하나님의 복수'를 수행하여라.
복수를 퍼부어라!
그가 행한 대로 갚아 주어라.
똑같이 해주어라!
농장들을 파괴하고, 농부들을 죽이고,
밭을 못쓰게 만들고, 곳간을 털어라.
포로로 잡혀와 있는 너희는,
이 파멸의 폭풍을 피해 어떻게든 빠져나가라.
속히 고국으로 도망쳐라."

17 "이스라엘은
사자들에게 쫓겨 흩어진 양 떼다.
앗시리아 왕이 처음 시작한
이 살육을,
바빌론 왕 느부갓네살이 완수하여
뼈까지 다 갉아먹었다."

18-20 그러나 이제, 만군의 하나님,
이스라엘의 하나님께서 말씀하신다.
"자 보아라! 내가 바빌론 왕과 그의 땅에 재앙을 내릴 것이다.
앗시리아 왕에게 내렸던 것과 똑같은 재앙을 내리리라.
그러나 이스라엘은 비옥한 목초지로 다시 데려올 것이다.
그가 갈멜과 바산의 언덕에서 풀을 뜯고,

에브라임 비탈길과 길르앗에서
마음껏 먹을 것이다."
하나님의 포고다. "그날이 오고 그때가 이르면,
이스라엘의 허물을 찾아 구석구석 뒤져도, 아무것도 찾지 못할 것이다.
유다의 죄를 찾아 샅샅이 살펴도, 하나도 발견하지 못할 것이다.
내가 구원한 그들은 과거를 청산하고 새 출발하게 될 것이다."

21   "반역자들의 땅 므라다임을 공격하여라!
파멸의 나라 브곳을 습격하여라!
그들을 추격하여라. 모조리 쓸어버려라." 하나님의 포고다.
"이는 내 명령이다. 내가 이르는 대로 하여라.

22-24   전쟁의 함성소리가
지축을 흔든다!
망치였던 자가
두들겨 맞아 박살이 났다.
바빌론이
형체를 알아볼 수 없을 정도로 얻어터졌다.
내가 올가미를 놓았으니, 네가 걸려들었다.
오, 바빌론이여, 억센 올가미에 걸려
옴짝달싹 못하고 당하기만 했다!
네가 하나님께 맞선 대가다.

25-28   나 하나님이 나의 병기고 문을 열고,
진노의 무기들을 꺼내 들었다.
주 만군의 하나님이
바빌론에서 할 일이 있다.
사방에서 그를 덮쳐라!

그 곡창지대로 쳐들어가라!
그를 장작더미에 올려 불태워라.
아무것도 남기지 마라! 아무도 살려 두지 마라!
그 불량아들을 다 잡아 죽여라.
모조리 파멸시켜라!
파멸! 그렇다. 파멸의 날이다!
이제 그들의 명이 다했다.
놀라지 마라.
바빌론을 탈출한 자들, 거기서 도망쳐 나온 자들이
시온에 나타나 **하나님**의 보복 소식을 전하리라.
하나님의 성전을 위한 복수였다고.

29-30 바빌론을 칠 병력을 소집하여라.
활을 쏠 수 있는 자는 다 불러 모아라!
올가미를 죄어라!
빠져나갈 구멍을 남기지 마라!
받은 그대로 돌려주고,
당한 그대로 똑같이 갚아 주어라!
그는 오만했다. 감히 **하나님**,
'이스라엘의 거룩한 이' 앞에서 방자하게 굴었다.
이제 그 대가를 치른다. 젊은이들이 죽어 길거리에 나뒹굴고,
용사들은 죽어 간데없다." **하나님**의 포고다.

31-32 "이제 알겠느냐? 교만의 화신이여, 내가 너의 적이다!"
주 만군의 **하나님**의 포고다.
"너의 때가 되었다.
그렇다. 파멸의 날이 이르렀다.
교만의 화신이 고꾸라질 것이다.
아무도 붙잡아 일으켜 주지 않으리라.

내가 그의 성읍들에 불을 놓을 것이다.
그 불이 들불처럼 퍼져 온 나라에 번지리라."

33-34 만군의 **하나님**께서 연이어 말씀하신다.

"이스라엘 백성이 두들겨 맞았고,
유다 백성도 그렇다.
압제자들이 억센 손아귀로 꽉 잡고
그들을 놓아주지 않는다.
그러나 강한 구원자가 있으니,
바로 만군의 **하나님**이다.
그렇다. 내가 그들 편에 설 것이다.
내가 가서 그들을 구조하고,
내가 그들의 땅을 진정시켜 주리라.
그러나 바빌론 백성은 내가 손볼 것이다."

35-40 **하나님**의 포고다. "바빌론에 전면전이 벌어졌다.
백성도, 지도자도, 현인도 다 쓸어버리는 총력전이다!
잘난 체하던 자들이 모두 얼간이가 되는 전쟁이다!
용사들을 모조리 겁쟁이로 바꾸어 놓는 전쟁이다!
사람을 죽이는 용병들을 어처구니없는 겁쟁이로 만드는 전쟁이다!
창고들을 결딴내는 전쟁이다. 다 털렸다!
상수원을 결딴내는 전쟁이다. 바싹 말라 버렸다!
미친 가짜 신들, 요귀들의 땅!
이제 바빌론은 승냥이나 전갈,
야행 올빼미나 흡혈박쥐들만 출몰하는 곳이 될 것이다.
누구도 다시는 거기 살지 않고,
죽음의 악취만을 풍기는 땅이 될 것이다.

내가 없애 버린 도성들,
소돔과 고모라와 이웃 성읍과 같은 운명을 맞으리라." 하나님의 포고다.
"누구도 다시는 거기 살지 않고,
그 땅에서 숨 쉬며 살아갈 사람이 다시는 없을 것이다."

41-43 "이제, 잘 보아라! 북방에서 사람들이
인산인해를 이루며 쏟아져 내려온다.
먼 곳에서
왕들이 떼를 지어 몰려온다.
살인병기를 휘두르는 그들,
무자비하고 잔인한 야만인들이다.
대양의 파도처럼 거칠게 노호하며
사나운 말을 모는 그들,
전투태세를 갖추고 당장
너 바빌론을 치려고 몰려온다!
바빌론 왕이 그들이 오는 소리를 듣는다.
그의 얼굴이 백지장처럼 하얗게 되고, 사지의 맥이 탁 풀린다.
공포에 질린 왕은
산고 중인 여인처럼 몸을 비틀며, 싸울 엄두를 내지 못한다.

44 이제, 잘 보아라. 먹이를 찾아
요단 강가 깊은 숲에서
푸른 목장으로 뛰어나오는 사자처럼,
내가 달려들어 덮칠 것이다.
아무거나 먹이로 골라잡을 것이다. 누가 나를 막을 수 있으랴?
이른바 목자라는 자들, 다들 나를 어찌하지 못한다."

45-46 그러니, 하나님께서 바빌론에 대해 세우신 계획, 갈대아 사람들에 대한

계획에 귀 기울여라.

믿기지 않겠지만, 어리고 약한 것들,
새끼 양과 새끼 염소들도 끌려갈 것이다.
믿기지 않겠지만, 모두들 충격으로
그저 무력하게 지켜볼 수밖에 없을 것이다.
"바빌론이 함락되었다!"는 함성소리에
땅이 요동치니,
세계만방에 그 소식이 전해질 것이다.

폭풍 페르시아

1-5
51
하나님의 말씀이 아직 남았다.

"잘 보아라. 내가 바빌론을 칠
무시무시한 폭풍을 일으킬 것이다.
'폭풍 페르시아'가
그 사악한 땅에 사는 주민 모두를 덮칠 것이다.
내가 바빌론을 짓밟을 부대를 보내어,
그들이 그곳을 완전히 쓸어버릴 것이다.
그들이 일을 마치면, 그 땅에는 더 이상
가질 만한 것, 볼만한 것이 하나도 남지 않으리라.
그들은 하나도 그냥 놔두지 않을 것이다.
진멸의 날이다!
모두 닥치는 대로 아무것이나 집어 들고 싸울 것이다.
수단과 방법을 가리지 않는 싸움이다.
그들은 그 무엇도 아끼지 않고, 그 누구도 살려 두지 않을 것이다.
모조리 멸망시키리라. 끝장을 내리라!
바빌론 전역이 부상자들로 뒤덮이고,
거리마다 시체들이 쌓일 것이다.

이스라엘과 유다를 과부라 여겼다면
오산이다.
그들의 하나님, 만군의 하나님인 내가 이렇게 살아서 건재하다.
비록 그 땅을
이스라엘의 거룩하신 하나님을 거스르는 죄로 가득 채운 그들이지만,
나는 여전히 그들에게 묶인 몸이다.

6-8 속히 바빌론에서 빠져나오너라.
살고 싶거든 달아나라! 목숨을 부지하여라!
우물쩍거리다, 그에게 죄값을 물리는 나의 복수에
너까지 목숨을 잃게 되는 일이 없게 하여라.
바빌론은 내 손에 들린 화려한 금잔이었다.
거기 가득 담긴 나의 진노의 포도주가,
온 세상을 취하게 만들었다.
뭇 민족이 그 포도주를 들이켰고,
모두 제정신을 잃었다.
이제, 바빌론 자신이 인사불성이 되도록 취해,
비틀거리다 쓰러진다. 비극이다!
향유를 구해다 상처에 발라 주어라.
어쩌면 나을지도 모르니."

9 "우리는 최선을 다했지만, 그를 도울 수 없었다.
바빌론은 나을 가망이 없다.
그가 제 운명의 길을 가게 내버려 두어라.
고향으로 돌아가라.
그에게 곧 어마어마한 심판이 떨어질 것이다.
하늘을 찌를 듯한 기념비적인 보복이 행해질 것이다.

10 **하나님**께서 우리를 위해 모든 일을 바로잡아 주셨다.
오라! 시온으로 돌아가서,
이 기쁜 소식을 전하자.
우리 **하나님**께서 모든 일을 바로잡으시기 위해 행하신 일을 전하자.

11-13 화살촉을 갈아라!
화살통을 채워라!
하나님께서 메대 왕들을 선동하여
전쟁광들로 만드셨다. '바빌론을 없애 버리자!'
하나님께서 출정길에 오르셨다.
당신의 성전을 위한 복수전을 벌이려 하신다.
공격신호를 올리고 바빌론 성벽을 쳐라.
경계병을 세워라.
병력을 증원하여라.
병사들을 매복시켜라.
하나님께서 당신의 계획을 이행하시리라.
바빌론에게 하시겠다던 일을 행하시리라.
풍족한 물과
풍족한 재물을 가진 너,
그러나 이제 너는 끝이다.
너는 죽은 목숨이다."

14 만군의 **하나님**께서 엄숙히 맹세하셨다.
"내가 이곳을 적군들로 들끓게 하리라.
그들이 메뚜기 떼처럼 이곳을 뒤덮고,
너를 고꾸라뜨려 개선가를 부를 것이다."

15-19 그분께서 능력으로 땅을 지으시고,
지혜로 세상을 빚어 내셨다.
우주는 그분의 작품이다.
그분이 천둥소리를 내시면, 비가 쏟아진다.
구름을 피워 올리시고,
번개로 폭풍을 두르시며,
당신의 창고에서 바람을 꺼내 날려 발진시키신다.
막대기 신을 숭배하는 자들, 참으로 어처구니없는 얼간이들이다!
자기 손으로 만든 신들로 수치를 당하여 쩔쩔맨다!
그 신들은 모두 가짜요, 죽은 막대기일 뿐이다.
말라 죽은 나무를 두고 신이라니, 어이가 없다.
그것들은 연기에 불과하다.
바람과 함께 사라지고 만다.
그러나 '야곱의 분깃'이신 분은 참되시다.
그분은 온 우주를 지으신 분,
이스라엘을 특별히 주목하시는 분이다.
그분의 이름이 무엇인가? 만군의 **하나님**이시다!

바빌론은 하나님의 망치다

20-23 하나님께서 말씀하신다. "너 바빌론은 나의 망치다.
나의 병기다.
내가 너를 들어 사악한 민족을 쳐부수고,
뭇 왕국을 박살낼 것이다.
내가 너를 들어 말과 기병을 쳐부수고,
병거와 전사를 쳐부술 것이다.
내가 너를 들어 남자와 여자를 쳐부수고,
노인과 아이를 쳐부술 것이다.
내가 너를 들어 청년 남녀를 쳐부수고,
목자와 양을 쳐부술 것이다.

내가 너를 들어 농부와 겨릿소를 쳐부수고,
고관과 대신을 쳐부술 것이다.

24 유다 사람들아, 너희 두 눈으로 똑똑히 보게 되리라. 내가 바빌론과 갈대
아 사람들이 시온에서 저지른 모든 악행을 그들에게 그대로 되갚아 주
는 것을." 하나님의 포고다.

25-26 "너 바빌론아, 온 세상을 황폐하게 만든
   '파괴자 산'아, 나는 너의 적이다.
   내가 팔을 뻗어 너를 내 손으로 붙잡고,
   산이던 너를 짓뭉개 버릴 것이다.
   너를 자갈밭으로 만들어 버리리라.
   이제 더는 네게서 모퉁잇돌을 얻거나,
   주춧돌을 떠낼 수 없을 것이다!
   자갈밖에는 아무것도 남지 않으리라." 하나님의 포고다.

27-28 "온 땅에 신호를 올려라.
   민족들을 향해 숫양 뿔나팔을 불어라.
   바빌론을 치는 거룩한 일을 위해 민족들을 구별하여라.
   신성한 이 일에 왕국들을 불러들여라.
   아라랏과 민니와 아스그나스를 징집하여라.
   바빌론을 칠 사령관을 임명하고,
   메뚜기 떼처럼 많은 군마들을 불러 모아라!
   바빌론을 치는 이 거룩한 일을 위해 민족들을,
   메대의 왕과 그의 지도자들과 백성을 구별하여라.

29-33 땅이 공포에 떨고, 고통으로 몸을 비튼다.
   바빌론을 치려는 내 계획,

그 나라를 아무도 살 수 없는
황무지로 바꾸어 놓겠다는 내 계획에, 소스라치게 놀란다.
바빌론 용사들이 싸우다 말고
폐허와 동굴 속으로 숨는다.
싸우지도 않고 포기해 버리는 그들,
알고 보니 계집애처럼 소심한 겁쟁이들이다.
바빌론의 집들이 화염에 휩싸이고,
성문들이 돌쩌귀에서 뜯겨져 나간다.
보고자들이 연이어 헐떡이며 달려와서,
바빌론 왕에게
도성의 함락 소식을 전한다.
강나루도 모두 점령되었다.
늪지대까지 불에 타들어 간다.
용사들이 이리 뛰고 저리 뛰며 달아난다.
나, 만군의 하나님이 말한 대로다.
　'딸 바빌론은 타작 시기의
타작마당이다.
머지않아, 수확이 시작되면
가라지가 바람에 날릴 것이다!'"

34-37 "바빌론 왕 느부갓네살이
내 백성을 질겅질겅 씹고 **뼈**를 뱉어 내었다.
그릇을 깨끗이 비운 뒤 의자를 뒤로 **빼**고 앉아
트림을 했다. 게걸스런 엄청난 트림을.
숙녀 시온이 말한다.
　'내가 당한 만행을 바빌론도 당하게 하소서!'
예루살렘도 말한다.
　'내가 흘린 피의 값을 갈대아 사람들에게 물리소서!'

그때, 나 **하나님**이 나서서 말한다.
'내가 너의 편이며, 너를 위해 싸운다.
내가 너의 원수를 갚아 주겠다. 너를 위해 복수해 주겠다.
내가 그의 강을 다 말리고, 그의 샘을 다 막아 버릴 것이다.
바빌론은 폐허 더미가 될 것이며,
들개와 들고양이들이 먹이를 찾아 배회하는 곳,
쓰레기 투기장,
황폐한 유령마을이 될 것이다.'"

38-40 "바빌론 사람들은 먹이를 두고 으르렁거리는,
게걸스런 사자와 그 새끼들 같다.
내가 그들에게 세 끼니 제대로 챙기고, 잔칫상을 차려 주리라.
그들은 실컷 마시고 취해 쓰러질 것이다.
코가 비뚤어지게 취해서, 잠이 들 것이다. 계속 잠만 잘 것이다.
그러고는 다시 깨어나지 못하리라." **하나님**의 포고다.
"내가 그 '사자들'을,
어린양, 숫양, 숫염소들처럼 도살장으로 끌고 가리라.
다시는 그들 소식을 듣지 못하리라."

41-48 "바빌론은 이제 끝났다.
온 땅의 자랑거리였던 그가 아주 바닥에 고꾸라졌다.
처참히 몰락한 바빌론,
시궁창에 처박혔다!
밀어닥친 적군들의 파도에 난타당해
대혼란에 빠져들었다.
마을에서는 썩는 냄새가 진동하고,
땅은 텅 비어 황량하다.

이제는 성읍 안에 아무도 살지 않는다.
사람들이 그곳을 피해 멀찍이 돌아간다.
바빌론의 탐욕스런 벨 신에게 내가 재앙을 내릴 것이다.
그가 꿀꺽 삼킨 것들을 다 토해 내도록 만들겠다.
더 이상 바빌론의 놀라운 볼거리들을 보려고
사람들이 줄지어 찾아오는 일은 없을 것이다.
이제 바빌론에는 볼거리들이 남아 있지 않다.
나의 백성이여, 살고 싶다면 도망쳐라!
뛰어라. 뒤를 돌아다보지 마라!
속히 그곳에서 빠져나와라.
하나님의 진노의 불이 떨어지는 그곳을 탈출하여라.
희망을 잃지 마라. 아무리 흉흉한 소문이 들려오더라도
결코 포기하지 마라.
이 해에는 이런 폭행 소문,
저 해에는 저런 전쟁 소문이 나돌 것이다.
나를 신뢰하여라. 내가
바빌론 우상들의 콧대를 꺾어 놓을 날이 오고 있다.
내가 그 나라의 역겨운 사기 행각을 드러내고,
나라 전역이 시체로 뒤덮이도록 할 것이다.
앙갚음해 줄 군대가 북방에서 내려와
바빌론을 덮치는 날,
하늘과 땅, 천사와 사람들이
승리축하 파티를 열 것이다." 하나님의 포고다!

바빌론이 멸망하리라

49-50 "바빌론은 반드시 망한다.
이스라엘의 전사자들에 대한 보상이다.
바빌론 사람들이 살육될 것이다.
그들이 저지른 참혹한 살인 행각 때문이다.

그러나 참혹한 죽음을 모면한 너희 포로들아,
떠나라! 어서 빨리!
붙잡혀 간 먼 곳에서도 언제나 **하나님**을 기억하여라.
예루살렘을 늘 마음에 간직하고 살아라."

51 너무나 오랜 세월, 수치와 조롱과 학대를 당하며 살아온 우리,
우리가 누군지조차 거의 잊었다!
마음을 추스를 수조차 없다.
우리의 옛 성소, **하나님**의 집이 이방인들에게 짓밟혔다.

52-53 "그래, 내가 안다. 그러니 나를 신뢰하여라."
하나님의 포고다.
"내가 그 우상들에게 재앙을 내릴 날이 오고 있다.
온 땅이 신음하는 부상자들 천지가 될 것이다.
설령 바빌론이 달까지 사다리를 놓고 올라가서
사다리를 걷어 아무도 올라오지 못하게 할지라도,
그래도 나를 막지는 못할 것이다.
나의 보복을 이행할 자들이 거기까지 따라 올라가리라."
하나님의 포고다.

54-56 이제 들어라! 들리느냐? 바빌론에서 들려오는 울부짖음이!
갈대아에서 들려오는 섬뜩한 울음소리가!
하나님께서 철퇴를 들고 바빌론으로 가실 것이다.
그의 마지막 신음이 들려온다.
죽음이 요란한 파도소리를 내고,
죽음이 거대한 폭포수소리를 낸다.
보복을 행할 파괴자들이 바빌론으로 쳐들어간다.
바빌론의 용사들이 사로잡히고, 그 병기들은 고철이 되리라.
실로, **하나님**은 평등을 이루어 내시는 분.

모두가 정당한 보응을 받게 되리라.

57 "내가 그들 모두를 취하게 만들 것이다.
왕자도, 현인도, 고관도, 용사도.
코가 비뚤어지게 취해서 잠들 것이다. 그들은 계속 잠만 잘 것이다.
그러고는 다시 깨어나지 못하리라." 왕이신 분의 포고다.
그분의 이름이 무엇인가? 바로, 만군의 **하나님**이시다!

58 만군의 **하나님**께서 말씀하신다.

"바빌론의 성벽, 그 거대한 벽들이
허물어지리라!
성문, 그 육중한 문들이
불타 없어지리라!
그런 헛된 삶,
열심히 살수록 더 초라해진다.
그런 야망,
재만 남길 뿐이다."

59 마세야의 손자요 네리야의 아들인 스라야가 유다 왕 시드기야와 함께
바빌론으로 갔을 때, 예언자 예레미야가 그에게 할 일을 일러 주었다. 때
는 시드기야 사년이었다. 스라야는 여행 관련 업무 책임자였다.

60-62 예레미야가 바빌론에 닥칠 모든 재앙을 작은 책자에 기록한 뒤, 스라
야에게 말했다. "바빌론에 이르면, 이것을 사람들 앞에서 낭독하십시오.
'오 **하나님**, 주께서 말씀하시기를, 이곳을 멸망시켜 인간이든 짐승이든
아무도 살 수 없는 영원한 불모의 땅으로 만들겠다고 하셨습니다' 하고
읽어 주십시오.

63-64 읽기를 마치면, 그 책자에 돌을 매달아 유프라테스 강에 던지고, 그것

이 가라앉는 모습을 보면서 이렇게 말하십시오. '내가 내린 재앙을 당한 뒤에, 바빌론이 저렇게 바닥으로 가라앉아 다시는 떠오르지 못할 것이다.'"

예루살렘의 멸망

1 **52** 시드기야가 왕이 되었을 때 그의 나이 스물한 살이었다. 그는 예루살렘에서 십일 년 동안 다스렸다. 그의 어머니는 립나 출신 예레미야의 딸 하무달이다.

2 **하나님**께서 보시기에, 시드기야 역시 악한 왕 여호야김을 그대로 베껴 놓은 자에 지나지 않았다.

3-5 예루살렘과 유다가 맞게 된 모든 파멸의 근원에는 **하나님**의 진노가 있었다. **하나님**께서 심판의 행위로 그들에게 등을 돌리신 것이다.

시드기야가 바빌론 왕에게 반역했다. 느부갓네살은 모든 군대를 이끌고 예루살렘으로 향했다. 그는 진을 치고 성 둘레에 토성을 쌓아 성을 봉쇄했다. 그는 시드기야 구년 열째 달에 예루살렘에 도착했고, 성은 열아홉 달 동안(시드기야 십일년까지) 포위되어 있었다.

6-8 시드기야 십일년 넷째 달 구일이 되자, 기근이 너무 심해져 성 안에 빵 부스러기 하나 남지 않았다. 그때에 바빌론이 성벽을 뚫고 쳐들어왔다. 그것을 본 유다의 모든 군대는 야음을 틈타 성벽 통로(왕의 동산 위쪽에 있는 두 성벽 사이의 문)로 도망쳤다. 그들은 바빌론 군사들의 전선을 몰래 뚫고 나가, 아라바 골짜기 길을 지나 요단 강으로 향했다. 바빌론 군사들이 총력을 다해 추격하여 여리고 평원에서 그들을 따라잡았다. 그러나 시드기야의 군대는 이미 흩어져 도망친 뒤였다.

9-11 바빌론 군사들이 시드기야를 사로잡아 하맛 땅 리블라에 있는 바빌론 왕에게 끌고 가자, 왕은 그 자리에서 그를 재판하고 선고를 내렸다. 바빌론 왕은 시드기야가 보는 앞에서 그의 아들들을 죽였다. 아들들의 즉결 처형을 마지막으로, 그는 더 이상 앞을 볼 수 없었다. 바빌론 군사들이 그의 눈을 멀게 했기 때문이다. 그러고 나서 바빌론 왕은 유다의 지휘관들을 모두 죽였다. 시드기야는 사슬에 단단히 묶여 바빌론으로 끌려갔다. 바빌론 왕이 그를 감옥에 가두었고, 그는 죽을 때까지 거기서 나오

지 못했다.

12-16   바빌론 왕 느부갓네살 십구년 다섯째 달 칠일에, 바빌론 왕의 수석 부관인 느부사라단이 예루살렘에 도착했다. 그는 **하나님**의 성전과 왕궁과 성까지 모두 불태워 없앴다. 그리고 자기가 데려온 바빌론 군대를 투입하여 성벽을 허물었다. 마지막으로, 전에 바빌론 왕에게 투항했던 사람들을 포함해서 예루살렘 성에 남아 있던 사람들을 모두 포로로 잡아 바빌론으로 끌고 갔다. 그는 가난한 농부 일부만을 남겨서 포도원과 밭을 관리하게 했다.

17-19   바빌론 사람들은 **하나님**의 성전 안에 있는 청동기둥과 청동세면대와 커다란 청동대야(바다)를 깨뜨려 바빌론으로 가져갔다. 또 예배용 청동 기구들과 성전 예배에 쓰이는 금과 은으로 만든 향로와 뿌리는 대접들도 가져갔다. 왕의 부관은 귀금속 조각이라면 하나도 빠뜨리지 않고 눈에 띄는 대로 다 가져갔다.

20-23   솔로몬이 **하나님**의 성전을 위해 만든 두 기둥과 바다와 바다를 떠받치는 열두 청동황소와 열 개의 세면대에서 뜯은 청동의 양은 어마어마해서 무게를 달 수조차 없었다! 각 기둥의 높이가 8.1미터였고, 둘레가 5.4미터였다. 기둥들은 속이 비었고, 청동의 두께는 3센티미터가 조금 못 되었다. 각 기둥에는 청동 석류와 금줄세공으로 장식한 2.25미터 높이의 기둥머리가 얹혀 있었다. 일정한 간격으로 아흔여섯 개의 석류가 보였는데, 보이지 않는 부분까지 더하면 하나의 기둥에 백 개의 석류가 달려 있었다.

24-27   왕의 부관은 특별한 포로들을 많이 데려갔다. 대제사장 스라야, 부제사장 스바냐, 성전 관리 세 명, 남아 있던 군 최고지휘관, 성에 남아 있던 왕의 고문 일곱 명, 군 최고 모병지휘관, 그리고 성에 남아 있던 백성 중에 지위가 높은 사람 예순 명이었다. 왕의 부관 느부사라단은 그들을 모두 리블라에 있는 바빌론 왕에게 끌고 갔다. 바빌론 왕은 그곳 하맛 땅 리블라에서 그들 무리를 처참하게 죽였다.

    유다 사람들은 자기 땅을 잃고 포로로 끌려갔다.

28 느부갓네살 칠년에, 3,023명의 유다 사람들이 포로로 잡혀갔다.

29 느부갓네살 십팔년에, 832명의 예루살렘 주민들이 잡혀갔다.

30 느부갓네살 이십삼년에, 745명의 유다 백성이 왕의 부관 느부사라단에 의해 잡혀갔다.

이렇게 해서, 총 4,600명이 포로로 잡혀갔다.

31-34 유다의 여호야긴 왕이 포로로 있은 지 삼십칠 년째 되던 해에, 에윌므로닥이 바빌론의 왕이 되어 여호야긴을 감옥에서 풀어 주었다. 석방은 열두째 달 이십오일에 있었다. 왕은 그에게 극진한 호의를 베풀어, 바빌론에 억류되었던 다른 어떤 포로들보다 그를 높이 대우했다. 여호야긴은 죄수복을 벗고 그날부터 왕과 함께 식사를 했다. 왕은 그가 남은 여생 동안 편히 살도록 필요한 것들을 모두 마련해 주었다.

예레미야 애가

머리말

예레미야 애가는 고통에 대한 성경의 압축적이고 절절한 증언이다. 고통은 거대하고도 피할 수 없는 인간 조건이다. 인간으로 산다는 것은 곧 고통을 겪으며 산다는 의미다. 누구도 예외일 수 없다. 인간의 상황에 깊이 뿌리내린 성경이, 고통에 대한 증언을 광범위하게 내놓는 것은 놀라운 일이 아니다.

히브리 역사의 중추를 이루는 두 사건은 바로 '출애굽'과 '바빌론 포로생활'이다. 출애굽은 자유를 선사 받은 구원 이야기, 결정적 구원 이야기다. (주전 1200년경) 하나님께서 당신의 백성을 이집트 종살이에서 구해 주셨다. 이는 해방인 동시에, 춤과 노래가 뒤따르는 환희의 경험이다. 반면에, 바빌론 포로생활은 엄청난 고통이 수반된 심판 이야기, 결정적 심판 이야기다. (주전 587년 예루살렘이 멸망하고) 하나님의 백성이 바빌론에 종으로 끌려갔다. 이는 비극이며 통곡이 따르는 참혹한 경험이다. 이 두 사건, 출애굽과 바빌론 유배는, 구원이 가져오는 기쁨으로부터 심판에 따르는 고통에 이르기까지, 하나님의 백성이 겪는 광범위한 경험들의 좌표를 정해 주는 두 개의 축이라고 할 수 있다.

바빌론 포로생활을 배경으로 하는 이 책 예레미야 애가는, 상실과 고통을 다루는 형식과 어휘를 신앙 공동체에 제공한다. 비극의 시작인 예루살렘 멸망 사건은 열왕기하 25장과 예레미야 52장에 기록되어 있다. 예루살렘 멸망에서 시작하여 그 후 70년간 이어진 포로생활의 고통은 과장과 묘사가 불가능할 정도다. 예레미야 애가 1:7에는 이렇게 표현되어 있다. "예루살렘이 그날을 떠올린다. 자신의 전부를 잃은 그날을. 그녀의 백성이 적군의 손에 넘어간 그날, 아무도 그녀를 돕지 못했다. 적들이 보며 웃었다. 망연자실해하는 그녀를 비웃었다." 모든 것을 잃었고, 모두가 죽어 갔다. 훼파된 예루살렘 거리에서 '식인'과 '신성모독'이 횡행했다. 잔혹한 어린이 살해는 인간의 가치가 땅에 떨어졌음을 보여주는 만행이었고, 광포한 제사장 집단 살해는 신성의 가치가 땅에 떨어졌음을 보여주는 만행이었다. 몸과 영혼, 개인과 국가에 일어날 수 있는 최악의 상황이 모두 일어났다. 가히, 고통의 극한이었다. 그리고 그 고통은 지금도 세계 도처에서 계속되고 있다. 대형 참사로든, 혹은 개인적 아픔으로든.

예레미야 애가는 고통에 대한 설명이나, 고통을 제거해 주는 프로그램을 제시하지 않는다. 다만, 성경과 한목소리를 내면서, 하나님께서 우리 고통 속에 친히 들어오시며 고통받는 우리와 함께하신다고 증언한다. 그럼으로써 우리 고통에 존엄을 부여한다.

하나님의 신실한 사랑은 다함이 없고,
그분의 자애로운 사랑은 마르는 법이 없다.
그 사랑은 아침마다 다시 새롭게 창조된다.
주의 신실하심이 어찌 그리도 크신지!
(거듭 말하노니) 나, 하나님을 붙들리라.
그분은 내가 가진 전부이시다.

열정을 품고 기다리는 사람,
열심으로 찾는 이는 하나님께서 반드시 선대하신다.
잠잠히 소망하며,
하나님의 도우심을 잠잠히 바라는 그 사람은 복되다.
젊은 시절 고난을 겪고
끝까지 견디는 이, 그 사람은 복되다.

삶이 힘겹고 짐이 무거울 때,
홀로 있어라. 침묵 속으로 들어가라.
바닥에 엎드려 기도하여라. 캐묻지 마라.
다만, 나타날 소망을 기다려라.
고난으로부터 달아나지 마라. 정면으로 맞서라.
우리에게 최악의 상황이란 없다.

왜 그런가! 주님은
한번 가면 영영 돌아오지 않는 분이 아니시기 때문이다.
그분은 엄하시나, 또한 자애로우시다.
그분의 신실한 사랑은 무궁무진하여, 동나는 법이 없다.
그분은 우리에게 고난을 주시고
난관에 봉착케 하는 것을, 즐거워하지 않으신다.

(애 3:22-33)

예레미야 애가

1 **1** 오······
    사람들로 들끓던 도성이 이제 텅 비었다.
    과부가 되었다. 뭇 민족 가운데 으뜸이던 도성,
    여왕 같던 그녀가 부엌데기로 전락했다.

2 매일 밤 베개를 적시며 울다 잠이 든다.
    그녀의 애인들, 누구 하나 남아서 그녀의 손을 잡아 주는 자 없다.
    친구들도 모두 등을 돌리고 떠났다.

3 수년간 고통과 노역에 시달렸던 유다, 결국 포로로 잡혀갔다.
    뭇 민족 가운데 떠돌며, 편히 다리 뻗고 쉴 곳 없이,
    모두에게 쫓기며, 오도 가도 못하는 신세가 되었다.

4 시온의 길이 슬피 운다. 명절이 와도 찾아오는 순례자 하나 없다.
    성문이 있던 자리는 폐허가 되었고, 제사장들은 절망에 빠졌으며,
    처녀들은 슬픔에 잠겨 지낸다. 아, 쓰라린 비운이여.

5 과거 적이었던 자들이 이제 그녀의 주인이 되었다. 그들은 승승장구한다.

하나님께서 그녀를 때려눕히셨기 때문이다.
반역을 일삼던 그녀를 벌하신 것이다.
그녀의 자녀들마저 적들에게 포로로 잡혀 끌려갔다.

6 아름다웠던 딸 시온의 미모는 이제 온데간데없다.
제후들도 먹을 것을 찾아 헤매다,
사냥꾼에게 쫓겨 기진맥진한 사슴 같다.

7 예루살렘이 그날을 떠올린다. 자신의 전부를 잃은 그날을.
그녀의 백성이 적군의 손에 넘어간 그날, 아무도 그녀를 돕지 못했다.
적들이 보며 웃었다. 망연자실해하는 그녀를 비웃었다.

8 이 세상 제일가는 죄인이던 예루살렘, 이제 세상 모두에게 버림받았다.
곁에서 칭송하던 자들, 그녀의 실체를 보고서 모두 경멸을 퍼붓는다.
부끄러움을 당해 신음하는 그녀, 비참하기 그지없다.

9 내키는 대로 살았던 그녀, 내일을 생각하는 법 없던 그녀가
보기 좋게 몰락했다. 그 손을 잡아 주는 자 아무도 없다.
"오 **하나님**, 제가 당하는 고통을 보아 주십시오! 저 잔인한 원수들이
으스대는 꼴을 보십시오!"

10 원수가 손을 뻗어 그녀의 소중한 것 전부를 빼앗아 갑니다.
그녀의 눈앞에서 이방인들, 주께서 출입을 금지시킨 자들이
성소에까지 난입해 공회를 유린합니다.

11 모두들 먹을 것이 없어 신음하는 저들, 살아남기 위해
자신이 가장 아끼던 보물을 빵 한 조각과 바꿉니다.
"오 **하나님**, 저를 살펴 주십시오! 바닥을 기는 이 비천한 몸을!

12 지나가는 이들이여, 내 모습 좀 보시오! 이런 것을 본 적 있소?
내가 겪는 참혹한 고통, 그분이 내게 하신 일,
하나님께서 진노 가운데 내게 행하신 이 같은 일을 본 적이 있소?

13 그분이 나를 번개로 내리치시고, 머리끝부터 발끝까지 꼬챙이에 꿴 다음,
내 주위 사방에 덫을 놓으셔서, 옴짝달싹 못하게 하셨다.
그분께서 나의 모든 것을 앗아 가셨다. 진저리 나는 삶만 남았을 뿐.

14 그분께서 내 죄들을 엮어 동아줄을 만드시고,
그것으로 나를 얽어매고 멍에를 씌우셨다.
이 몸은 무자비한 감독관에게 들볶이는 신세가 되었다.

15 주께서 나의 최고 용사들을 한데 불러 모으시고,
흉악한 자들을 시켜 꽃다운 목숨들을 다 꺾어 버리셨다.
주께서 아리따운 처녀 유다를 사정없이 짓밟아 버리셨다.

16 그리하여 내가 운다. 눈에서 눈물이 강물처럼 흘러나오지만,
둘러보아도 내 영혼을 위로해 줄 자 아무도 없다.
나의 자녀들은 개죽음을 당하고, 나의 원수는 승승장구한다."

17 시온이 도와 달라고 부르짖었으나, 누구 하나 나서서 도와주지 않았다.
하나님께서 야곱의 적들에게 명령을 내리시고 그를 포위하게 하셨다.
그러나 아무도 예루살렘을 돕겠다고 나서지 않았다.

18 "하나님이 옳으시다. 잘못한 것은 나다.
모두들, 내 말을 들어라! 내게 닥친 이 일을 보아라!
나의 꽃다운 젊은이들이 모조리 포로로 잡혀갔다!

19 친구들을 불렀지만, 그들이 다들 등을 돌렸다.

제사장과 지도자들도 제 살길 찾기에 바쁘고,
살아남고자 몸부림치나 결국 성공하지 못한다.

20 **오 하나님, 제가 겪는 이 고난을 살펴 주십시오! 반역을 일삼던 지난날을** 생각하니, 속이 뒤틀리고 심장이 터질 듯합니다.
거리마다 학살이 자행되고, 집집마다 사람들이 굶어 죽습니다.

21 오, 저의 신음소리에 귀 기울여 주십시오. 제게 귀 기울이는 사람, 마음 써 주는 사람 아무도 없습니다.
적들이 주께서 제게 내리신 고난을 듣고 환호성을 올렸습니다.
심판의 날이 이르게 하십시오! 그들도 저와 같은 일을 당하게 해주십시오!

22 그들의 악한 삶을 들여다보시고, 벌을 내려 주십시오!
저의 죄를 물으시며, 주께서 제게 하신 일을 저들에게도 행해 주십시오.
고통에 짓눌려 신음하는 제 몸과 마음, 더 이상 감당할 수가 없습니다."

하나님께서 성전을 버리고 떠나시다

1 **2** 오……
주께서 딸 시온을 하늘에서 떨어뜨리시고,
이스라엘의 영광스런 도성을 땅바닥에 내치시며,
가장 아끼시던 것을 진노 가운데 쓰레기처럼 내다 버리셨다.

2 주께서 망설임 없이 이스라엘을 단번에 삼켜 버리셨다.
불같이 노하셔서, 유다의 방어진들을 박살내시고,
나라의 왕과 제후들을 혹독하게 다루셨다.

3 불같이 노하셔서, 이스라엘을 바닥에 때려눕히시고,
그 팔을 부러뜨리셨다. 그녀의 적 앞에서 그녀에게 등을 돌리시고,
사방을 태우며 다가오는 들불처럼 야곱을 몰아붙이셨다.

⁴ 원수를 대하듯, 우리에게 활을 겨누고 칼을 빼어 드셨으며,
   우리의 자랑이요 기쁨이던 젊은이들을 죽이셨다.
   그분의 불같은 진노가, 시온의 집들을 잿더미로 만들어 버렸다.

⁵ 주께서 우리를 원수처럼 다루셨다. 이스라엘을 삼키셨다.
   방어 요새들을 질겅질겅 씹어서 뱉어 버리셨다.
   딸 유다가 통곡하고 신음하게 하셨다.

⁶ 그분께서 옛 밀회장소를 갈아엎으시고, 아끼시던 회합장소를 폐허로
   만드셨다.
   하나님께서 시온에서 절기와 안식일을 기억조차 나지 않게 모조리 없애
   셨고,
   노하시며 왕과 제사장도 다 내쳐 버리셨다.

⁷ **하나님**께서 당신의 제단과 거룩한 성전을 버리고 떠나실 때,
   요새들을 원수의 손에 넘기셨다.
   마치 절기라도 된 것처럼, 원수들이 **하나님**의 성전에서 환호성을 올렸다!

⁸ **하나님**께서 딸 시온의 성벽을 허물어뜨리기로 작정하셨다.
   당신의 작업반을 소집하시고 일에 착수하셨다.
   성벽은 완전히 허물어졌다! 돌들이 통곡한다!

⁹ 그녀의 성문과 쇠 빗장들, 돌무더기에 파묻혀 모두 사라졌다.
   왕과 제후들이 모두 포로로 끌려갔다. 갈 길을 지시해 줄 자 더 이상 없다.
   예언자들도 있으나 마나다. **하나님**에게서 아무것도 보지도 못하고 듣지
   도 못한다.

¹⁰ 딸 시온의 장로들, 망연자실한 채 땅바닥에 주저앉았다.
   머리에 흙을 뿌리고 거친 베옷을 입었다.

예루살렘의 젊은 처녀들이 얼굴에 먼지를 뒤집어쓰고 있다.

11 내 눈은 눈물로 멀어 버렸고, 내 위가 뒤틀린다.
내 백성의 비운에, 내 애간장이 녹아내린다.
아기와 아이들이 사방에서 까무러친다.

12 엄마를 부르며 "배고파! 목말라!" 하다가,
길에서 죽어 가는 부상병처럼 숨을 헐떡거리다,
엄마 무릎 위에서 숨을 거둔다.

13 사랑하는 예루살렘아, 내 어찌 너의 고난을 다 헤아릴 수 있으랴?
사랑하는 시온아, 내 무슨 말로 너를 위로할 수 있겠는가?
누가 너를 회복시켜 줄 수 있으랴? 끔찍한 파멸을 당한 너를.

14 예언자들이 달콤한 말로 너를 꾀었다.
네 죄를 지적해 회개로 이끌었어야 했건만,
그들의 설교는 전부 기만적인, 거짓몽상이었다.

15 지나가는 자들이 경악하며, 제 눈을 의심한다.
예루살렘을 보고 눈을 비비며, 머리를 절레절레 흔든다.
정녕 이곳이 '가장 아름다운 곳', '가장 살기 좋은 곳'으로 알려졌던
그 도성이란 말인가?

16 너의 적들이 입을 헤벌리고
히죽거리며 말한다. "이제 저들은 우리 차지다!
우리가 기다려 왔던 순간이다! 바로 이거다!"

17 **하나님**께서 전부터 말씀하신 일을 하나하나 행동에 옮기셨다.
하겠다고 하신 일을 마침내 행하셨다. 그곳을 허물어뜨리셨다.

적들이 너를 짓밟게 만드시고, 그들이 세계 챔피언이라고 선언하셨다!

18 참회하는 시온아, 마음을 찢으며 주께 울부짖어라.
밤낮으로 눈물을 강물처럼 흘려라.
쉼 없이 울어라. 한시도 눈물이 그치지 않게 하여라!

19 매일 밤 야경이 시작되면, 일어나 기도하며 부르짖어라.
주님 얼굴 앞에 네 마음을 쏟아부어라.
너의 손을 높이 들어라. 길거리에서 굶어죽어 가는
네 아이들을 살려 달라고 빌어라.

20 "하나님, 우리를 보살펴 주십시오. 생각해 주십시오. 주께서 사람을 이
렇게 대하신 적이 있었습니까?
여인이 자기 아기를, 자신이 기른 아이를 잡아먹어야 하겠습니까?
제사장과 예언자들이 주님의 성소 안에서 살해당해야 하겠습니까?

21 아이와 노인들이 거리 시궁창에 처박히고,
젊은이들이 꽃다운 나이에 목숨을 잃었습니다.
주께서 노하셔서 그들을 참혹하게 죽이시고,
그들을 무자비하게 베어 쓰러뜨리셨습니다.

22 주께서 잔치에 친구들을 부르듯 사람들을 불러 우리를 급습하게 하셔서,
하나님의 진노의 날, 그 중대한 날에, 누구도 빠져나가지 못하게 하셨습니다.
제가 사랑으로 기른 자녀들이 모두 죽었습니다. 다 죽어 없습니다."

하나님께서 나를 깊은 흑암 속에 가두시다

1-3 **3** 내가, 고난을 맛보았다.
하나님의 진노의 매질을 당했다.
그분이 내 손을 잡아,

칠흑 같은 어둠 속에 밀어 넣으셨다.
아니, 당신 손등으로 나를 후려치셨다.
거듭거듭 후려치셨다.

4-6 나를 막대기처럼
뼈만 앙상하게 만드신 다음, 뼈마저 부러뜨리셨다.
나를 사방에서 포위하시고는,
고난과 고생을 들이부으셨다.
나를 관 속에 갇힌 시체처럼
깊은 흑암 속에 가두셨다.

7-9 나로 결코 빠져나오지 못하게 하신다.
내 손을 묶으시고 내 발에 족쇄를 채우신다.
아무리 부르짖으며 도움을 청해도
내 기도를 자물쇠로 잠그시고, 열쇠마저 없애 버리신다.
떠내 온 돌로 내 길을 막으신다.
나를 사지로 몰아넣으신다.

10-12 그분은 나를 노리며 뒤를 쫓는 곰,
숨어 있다 별안간 달려드는 사자이시다.
나를 쓰러뜨려 길 바깥으로 끌고 가서는 나를 찢어발기시니,
나는 모조리 다 뜯겼다.
그분이 활과 화살을 꺼내
나를 과녁으로 삼으셨다.

13-15 화살통에서 활을 꺼내
내 배를 쏘셨다.
모두가 나를 비웃었다.
조롱하는 노래를 부르며 나를 희롱했다.

그분은 썩어 악취 나는 음식을 내 목구멍에 밀어 넣으시고,
고약한 음료를 잔뜩 마시게 하셨다.

16-18 그분이 내 얼굴을 자갈에 갈아 버리셨다.
나를 진창에 처박으셨다.
나는 삶을 아주 포기해 버렸다.
희망을 영영 잊고 말았다.
나는 속으로 중얼거렸다. "그래, 이제 모든 게 끝이다.
하나님을 믿어 봐야 헛일이다."

하나님의 도움을 바라는 자, 복되다

19-21 이 고난, 이 엄청난 상실,
내가 삼킨 독과 그 쓰라린 맛을, 나는 결코 잊지 못하리라.
전부를 생생하게 기억한다. 오, 얼마나 생생히 기억하는지,
나락에 떨어진 그때의 심정을.
그러나 내가 기억하는 또 한 가지가 있으니,
나, 그것을 기억하며, 희망을 붙든다.

22-24 **하나님**의 신실한 사랑은 다함이 없고,
그분의 자애로운 사랑은 마르는 법이 없다.
그 사랑은 아침마다 다시 새롭게 창조된다.
주의 신실하심이 어찌 그리도 크신지!
(거듭 말하노니) 나, **하나님**을 붙들리라.
그분은 내가 가진 전부이시다.

25-27 열정을 품고 기다리는 사람,
열심으로 찾는 이는 **하나님**께서 반드시 선대하신다.
잠잠히 소망하며,
하나님의 도우심을 잠잠히 바라는 그 사람은 복되다.

젊은 시절 고난을 겪고
끝까지 견디는 이, 그 사람은 복되다.

28-30 삶이 힘겹고 짐이 무거울 때,
홀로 있어라. 침묵 속으로 들어가라.
바닥에 엎드려 기도하여라. 캐묻지 마라.
다만, 나타날 소망을 기다려라.
고난으로부터 달아나지 마라. 정면으로 맞서라.
우리에게 최악의 상황이란 없다.

31-33 왜 그런가! 주님은
한번 가면 영영 돌아오지 않는 분이 아니시기 때문이다.
그분은 엄하시나, 또한 자애로우시다.
그분의 신실한 사랑은 무궁무진하여, 동나는 법이 없다.
그분은 우리에게 고난을 주시고
난관에 봉착케 하는 것을, 즐거워하지 않으신다.

34-36 불운한 죄수들을
발 아래 짓밟는 일,
높으신 하나님의 법정에서
무고한 이들의 억울함을 풀어 주지 않는 일,
증거를 조작하는 일,
주님은 이런 일들을 결코 좌시하지 않으신다.

37-39 말씀으로 명하시고 그 일을 이루시는 분 누구시냐?
그런 명령을 내리시는 분은 바로 주님이시다.
좋은 일도 힘든 일도,
지극히 높으신 하나님의 명령으로 나타나지 않느냐?
어찌하여 생명을 선물로 받은 사람이

자신의 죄 때문에 벌 받는 것을 불평하느냐?

40-42 우리의 삶을 돌이켜 보고
하나님 앞에서 다시 바르게 세우자.
우리가 마음을 다하여 손을 높이 들고,
하늘에 계신 하나님께 기도하자.
"우리는 반역했고 마음대로 행동했습니다.
주께서는 그런 우리를 용서하지 않으셨습니다.

43-45 주님은 마침내 우리에게 진노를 발하셨습니다.
우리를 뒤쫓아 오셔서, 사정없이 쓰러뜨리셨습니다.
당신을 두꺼운 구름으로 감싸시고,
어떤 기도도 뚫고 들어오지 못하게 하셨습니다.
우리를 더러운 구정물인 양,
뭇 민족들 뒷마당에 내다 버리셨습니다.

46-48 적들이 우리에게 욕을 하고,
조롱과 악담을 퍼붓습니다.
사는 곳이 지옥이 되었고,
달리 갈 곳도 없습니다.
사랑하는 내 백성의 파멸을 보며,
내 눈에서 눈물이 강물처럼 쏟아져 내립니다.

49-51 내 눈에서 눈물이 흘러내립니다.
끊임없이 눈물을 쏟아 내는 샘이 되어,
하나님, 높은 곳에 계신 주께서
굽어살펴 주시기를 기다립니다.
도성의 젊은 여인들이 겪은 일을 생각하면,
나의 가슴이 고통으로 찢어집니다.

52-54 까닭 없이 나를 대적하는 자들이
새를 사냥하듯 나를 쫓았습니다.
나를 구덩이에 던져 넣고는,
돌을 퍼부었습니다.
비가 내렸고 구덩이에 물이 차올랐습니다.
물이 머리 위까지 차오르자, '나는 이제 죽었구나' 하고 생각했습니다.

55-57 오 하나님, 제가 주의 이름을 불렀습니다.
구렁 밑바닥에서 소리쳐 불렀습니다.
'귀를 막지 마십시오! 여기서 꺼내 주십시오! 저를 건져 주십시오!'
그러자, 주께서 들으셨습니다.
제가 소리쳐 부르자 주께서 가까이 오셨고,
말씀해 주셨습니다. '염려하지 마라.'

58-60 주님, 주께서 제 편이 되어 주셨습니다.
제 목숨을 건져 주셨습니다!
하나님, 제가 겪은 부당한 일들을 주께서 보셨습니다.
법정에서 저의 원통함을 풀어 주십시오!
그렇습니다. 저를 해치려는
자들의 야비한 계략과 음모를 주께서 보셨습니다.

61-63 하나님, 저를 파멸시키려는
자들의 험담과 흉계를 주께서 들으셨습니다.
저의 원수인 저들, 끊임없이 음흉한 일을 꾸밉니다.
하루도 거르지 않고 악을 꾀합니다.
저들을 보십시오! 앉으나 서나,
졸렬한 조롱의 노래로 저를 비웃습니다.

64-66 하나님, 저들이 죄의 대가를 치르게 해주십시오.

응분의 보응을 받게 해주십시오.
저들의 야비한 가슴을 찢어발기소서, 비참히 찢기게 하소서!
저들의 눈을 저주해 주십시오!
불같은 진노로 저들을 추격하셔서,
주님의 하늘 아래 흔적도 없이 진멸해 주십시오!"

발가벗겨진 채 깨어나리라

1 **4** 오……
황금이 오물 취급을 받고,
순금이 쓰레기처럼 버려지다니.
진귀한 보석이 길거리에 나뒹굴고,
보석이 시궁창에 처박혀 널브러지다니.

2 전에는 금보다 더 귀한 대접을 받던
시온의 백성이,
이제는 옹기장이가 손으로 만든 싸구려 질그릇,
흔해 빠진 국그릇 밥그릇 취급을 당한다.

3 승냥이들도 제 새끼를 돌보고
젖을 주어 먹게 하건만,
내 백성은 광야의 타조들처럼
제 아기들에게도 잔인하구나.

4 아기들이 마실 것이 없어
혀가 입천장에 달라붙는다.
어린아이들이 빵을 달라고 애원해도
부스러기 하나 주는 자가 없다.

5 최고급 요리를 즐기던 자들이

먹을 것을 찾아 거리를 헤매고,
최신유행 옷을 걸치던 자들이
입을 것이 없어 쓰레기 더미를 뒤진다.

6 내 사랑하는 백성의 죄악은
소돔의 죄보다 더 악하다.
그 도성은 한순간에 멸망했고,
아무도 막지 못했다.

7 화려하고 고귀했던 귀족들,
전에는 혈기왕성했지.
건장하고 혈색 좋았으며
수염도 조각 같았다.

8 그러나 지금은 꺼무스름해져,
거리에서 아무도 알아보지 못한다.
몸은 막대기처럼 마르고,
피부는 낡은 가죽처럼 메말랐다.

9 굶어 죽기보다는
전쟁터에서 죽는 편이 낫다.
먹을 것이 없어 서서히 아사하기보다는
싸우다 부상을 입고 전사하는 편이 낫다.

10 자애로웠던 여인들이
자기 아이들을 삶아 먹었다.
내 사랑하는 백성이 패망했을 때,
성읍에 남은 유일한 음식이 그것이었다.

11 **하나님께서** 당신의 노를 크게 터트리시고,
불같은 진노를 퍼부으셨다.
시온에 불을 놓으셔서
잿더미로 만드셨다.

12 땅의 왕들, 자기 눈을 의심했다.
예루살렘의 오랜 적들이
보무도 당당하게 성문을 통과해 들어가는 모습을 보고,
만국의 통치자들이 경악했다.

13 이는 다 그녀의 예언자들이 지은 죄 때문이다.
그녀의 제사장들이 저지른 악 때문이다.
그들은 선량하고 순진한 백성을 착취했고,
그들의 목숨을 빼앗았다.

14 그 예언자와 제사장들, 이제 눈먼 자들처럼 거리를 헤매고 다닌다.
추잡하게 살아 더러워지고 때 묻은 그들,
헛되게 살아 황폐해진 그들,
넝마를 걸친 채, 지칠 대로 지친 모습이다.

15 사람들이 그들을 보고 고함을 지른다. "냉큼 꺼져라, 이 추악한 늙은이
들아!
얼른 사라져라, 염병 같은 놈들아!"
성읍을 떠나야 하는 그들, 갈 곳 없이 떠돈다.
아무도 그들을 받아 주지 않는다.
고향에서 쫓겨났듯,
어딜 가나 쫓겨난다.

16 **하나님께서** 직접 그들을 흩어 버리셨다.

더는 그들을 돌보아 주지 않으신다.
제사장들과 관계를 끊어 버리셨다.
장로들에게 관심을 꺼 버리셨다.

17 우리는 눈이 빠져라
도움이 오기를 기다리고 기다렸지만, 헛일이었다.
망루를 높이 세우고
도움이 나타나기를 기다렸지만, 허사였다.

18 추적자들이 우리를 잡으러 다녔다.
안심하고 거리를 나다닐 수 없었다.
우리의 끝이 바짝 다가왔고, 우리의 날수가 다 찼다.
우리는 죽은 목숨이었다.

19 그들은 하늘의 독수리보다 빠르게 우리 뒤를 쫓아와서는,
산에서 우리를 몰아붙이고, 사막에 매복하여 있다가 습격했다.

20 우리 생명의 호흡이요 하나님의 기름부음 받은 자인 우리 왕이,
그들이 파 놓은 함정에 빠져 버렸다.
우리는 그의 보호 아래 살 거라고 늘 말했지만,
헛말이 되었다.

21 오 에돔아, 어디 한번 실컷 좋아해 보아라!
우스에서 마음껏 즐겨 보아라!
머지않아 곧 너도 이 잔을 마시게 될 테니.
하나님의 진노를 마시는 것이 어떤 일인지,
하나님의 진노를 마시고 취했다가
발가벗겨진 채 깨는 것이 어떤 일인지, 너도 곧 알게 되리라.

22 시온아, 너는 다 받았다. 받아야 할 벌을 모두 받았다.
너는 다시 사로잡혀 가지 않으리라.
그러나 에돔아, 너의 차례가 오고 있다.
그분께서 너의 악행을 벌하시고, 너의 죄를 만천하에 드러내시리라.

하나님, 우리를 주께로 돌이켜 주십시오

1-22 **5** "하나님, 우리가 겪은 이 모든 일을 기억해 주십시오.
우리가 처한 이 곤경, 이 암울한 역사를 눈여겨보아 주십시오.
우리의 소중한 땅이 외인들에게 넘어갔습니다.
우리의 집들이 이방인들에게 넘어갔습니다.
우리는 아버지 없는 고아나 다름없고,
우리 어머니는 과부나 다름없습니다.
우리는 물도 사서 마셔야 하고,
장작도 돈 주고 사야 합니다.
종에 지나지 않는 우리,
쉼 없이 들볶이며 시달립니다.
먹을 것을 얻기 위해
앗시리아와 이집트에 스스로 몸을 팔았습니다.
우리 조상들이 죄를 지었고, 그들이 사라진 지금,
그 죄의 대가를 우리가 치르고 있습니다.
우리 종이었던 자들이, 우리 위에 군림하고 있습니다.
그들의 손아귀에서 벗어날 방도가 없습니다.
우리는 음식을 구하러
강도가 들끓는 사막을 목숨을 걸고 건너다닙니다.
우리 피부는 아궁이처럼 검게 그을렸고,
제대로 먹지 못하여, 낡은 가죽처럼 바싹 말랐습니다.
우리의 아내들이 시온의 거리에서,
우리의 처녀들이 유다 성읍에서 겁탈을 당합니다.
원수들이 우리 고관들을 목매달아 죽였고,

우리 장로들에게 모욕을 주었습니다.
건장한 사나이들에게 여자 일을 시키고,
어린 남자아이들에게 장정의 일을 시켰습니다.
성문에 가 보아도 현명한 장로들을 만날 수 없고,
젊은이들의 음악소리도 더는 들리지 않습니다.
우리 마음속에서 기쁨이 모조리 사라졌습니다.
춤은 통곡으로 바뀌었습니다.
우리 머리에서 영광의 면류관이 벗겨지고 땅으로 떨어졌습니다.
아! 우리가 어쩌자고 죄를 지었단 말인가!
이 모든 일로 우리의 가슴이 찢어집니다.
눈물이 앞을 가립니다.
허물어지고 황폐해진 시온 산에는,
이제 승냥이들이나 어슬렁거립니다.
하나님, 그러나 주께서는 지금도 왕이십니다.
주의 보좌는 여전히 그대로이며 영원합니다.
그런데 어찌하여 우리를 잊고 계십니까?
어찌하여 우리를 저버리고 계십니까?
하나님, 우리를 주께로 돌이켜 주십시오. 우리는 돌아갈 준비가 되었습니다.
우리에게 새 출발을 허락해 주십시오.
그동안 주님은 너무도 잔인하게 우리를 내치셨습니다.
실로 우리에게, 크게 노하셨습니다."

에스겔

머리말

하늘이 무너져 내리는 것 같은 재난을 만나면 사람들은 다양한 반응을 보인다. 가장 흔한 두 가지는, 부정(denial)과 절망(despair)이다. 부정은 닥쳐온 재난을 인정하지 않고 거부하는 것이다. 눈을 감고 아예 보려고 하지 않거나 시선을 딴 곳으로 돌려 버린다. 괜찮을 것이라고 스스로 다독거리며 하루하루 살아간다. 기분전환거리나 거짓말이나 환상 속으로 도피한다. 반면에, 절망은 닥쳐온 재난 앞에서 마비되어 마치 세상의 종말이라도 온 듯 반응하는 것이다. 그냥 주저앉아 이제 내 인생은 끝났다고 결론짓는다. 생명이 사라져 잿빛이 되어 버린 세상에 대해 눈을 감아 버린다.

성경 저자들 가운데, 에스겔은 재난을 만난 이들의 스승이다. 닥쳐온 재난, 곧 주전 6세기 바빌론의 침공 앞에서 이스라엘이 보인 주된 반응은 부정이었다. 에스겔이 보니, 하나님의 백성은 그들에게 닥친 현실을 한사코 거부하며 '부정'하고 있었다. (지금 우리와 얼마나 유사한가!) 그런가 하면, '절망'에 빠져 당장 눈앞에 보이는 것 말고는 아무것도 보려 하지 않는 사람들도 있었다.

그러나 에스겔은 보았다. 백성들이 보지 못했던 것을, 혹은 보지 않으려고 했던 것을 보았다. 그는 그 재난 가운데 일하고 계신 하나님을 보았고, 무시무시한 생물들(겔 1장), 먹을 수 있는 책(겔 2장), 되살아난 뼈들(겔 37:1-14)과 같은 이미지를 사용해, 그분의 일하심을 때로는 굵직굵직하게, 때로는 세밀하게 그려 냈다. '부정'하는 쪽을 택한 자들은 재난을 재난으로 인정하기를 거부했다. 있을 수 없는 일이라는 반응이었다. 하나님께서 그런 끔찍한 일을 그들에게 허락하셨을 리가 없다는 것이었다. 그러나 에스겔은 보여주었다. 재앙이 실제로 닥쳤다는 것, 하지만 하나님께서 그 재앙 속에서 일하고 계시며, 그 재난을 주권적으로 사용하고 계신다는 것을 보여주었다. 그 어떤 상황에서도 우리는 하나님을 붙들 수 있음을 보여주었다.

'절망'을 선택한 자들은, 눈앞의 참혹한 광경에 압도되어 삶 자체와 살아갈 이유에 대해 눈을 감아 버렸다. 나라와 성전과 자유와 수많은 목숨을 잃었고, 앞으로도 계속 잃게 될 그들에게 무슨 삶의 의미가 있겠느냐는 것이었다. 그러나 에스겔은 그 폐허와 잔해 더미 위에서 일하셨던 하나님과, 그 재난을 주권적으로 사용하여 그분의 백성을 새롭게 창조해 나가실 하나님을 그들에게 보여주었다.

"너희를 향한 주 하나님의 메시지다. 그렇다. 나는 너희를 먼 나라로 쫓았고 이국땅으로 흩어 버렸다. 그러면서도 너희가 가 있는 나라에서 너희에게 임시 성소를 마련해 주었다. 장차 나는 너희가 흩어져 살고 있는 나라와 땅에서 너희를 다시 모으고, 이스라엘 땅을 너희에게 줄 것이다. 너희는 집에 돌아와 청소를 하면서, 혐오스런 신상과 역겨운 우상들을 모두 내다 버릴 것이다. 내가 너희에게 새 마음을 줄 것이다. 너희 안에 새 영을 둘 것이다. 돌 같던 너희 심장을 도려내고, 붉은 피가 도는 튼튼한 심장을 넣어 줄 것이다. 그러면 너희가 나의 율례를 따르고, 성심으로 나의 명령을 따

르며 살게 될 것이다. 너희는 나의 백성이 되고, 나는 너희의 하나님이 될 것이다!"(겔 11:16-20)

부정과 절망은 하나님의 백성이 그 정체성을 잃게 만드는 위험 요소였다. 그러나 결국 그들은 그 위기를 극복해 냈다. 재난의 세월 끝에 그들은 활력 넘치는 하나님의 백성이 되어 있었다. 그리고 그것은 많은 부분, 에스겔 덕분이었다.

에스겔

1 내 나이 서른 살이던 해에, 나는 포로로 잡혀 온 사람들과 함께 그 발 강가에서 살고 있었다. 그해 넷째 달 오일에, 하늘이 열리고 내게 하나님의 환상이 보였다.

2-3 (바빌론 땅 그발 강둑에서 부시의 아들 에스겔 제사장에게 하나님의 말씀이 임한 시기는, 여호야긴 왕이 포로로 잡혀 온 지 오 년째 되는 달 오일이었다. 그날 하나님의 손이 그에게 임했다.)

4-9 내가 보니, 북쪽에서 거대한 모래 폭풍이 불어오는데, 번갯불이 번쩍이는 거대한 구름이 있었다. 그 구름은 청동빛으로 빛나는 거대한 불의 덩어리였다. 불 안쪽에는 생물 같아 보이는 네 형상이 움직이고 있었다. 각각 사람의 형상을 하고 있었으나, 저마다 얼굴이 넷이고 날개도 넷이었다. 다리는 기둥처럼 튼튼하고 곧게 뻗었으나, 발에는 송아지처럼 굽이 있었고, 청동빛 불꽃이 그 위로 일렁였다. 사면의 날개 밑으로는 사람 손이 있었다. 네 생물 모두 얼굴과 날개가 있었고, 날개들이 서로 맞닿아 있었다. 그들은 어느 쪽으로도 몸을 돌리지 않은 채 곧장 앞으로 나아갔다.

10-12 그들의 얼굴 모습은 이러했다. 앞쪽은 사람 얼굴이고, 오른쪽은 사자 얼굴이며, 왼쪽은 황소 얼굴이고, 뒤쪽은 독수리 얼굴이었다. 이것이 그

들의 얼굴 모양이었다. 그들의 날개는 쭉 펼쳐져 있었는데, 한 쌍의 날개
는 끝이 옆 생물에 닿아 있었고, 다른 쌍의 날개는 각자의 몸을 가리고
있었다. 각 생물은 앞으로 곧게 나아갔다. 영이 이끄는 대로 따라갔다.
앞으로 나아갈 뿐 몸을 돌리는 법이 없었다.

13-14 네 생물은 맹렬히 타는 불, 혹은 활활 타오르는 횃불 같은 모습이었
다. 불의 혀가 그 생물들 사이를 세차게 오갔으며, 그 불에서 번개가 터
져 나왔다. 그 생물들은 이리 번쩍 저리 번쩍 번개처럼 움직였다.

15-16 네 생물을 가만히 살펴보니, 바퀴처럼 보이는 물체가 네 얼굴을 가진
그 생물들 각각의 옆 바닥에 있었다. 바퀴들의 생김새를 보니 모양이 모
두 같았고, 햇빛을 받은 다이아몬드처럼 번쩍거렸다. 회전의처럼 바퀴
안에 또 바퀴가 들어 있는 것 같은 모습이었다.

17-21 그 바퀴들은 사방 어디로 가든지, 방향을 바꾸지 않고 곧게 나아갔다.
그 테두리의 크기는 어마어마했는데, 눈으로 둘러싸여 있었다. 네 생물
이 앞으로 나아가면 바퀴들도 나아갔다. 네 생물이 위로 떠오르면, 바퀴
들도 위로 떠올랐다. 생물들은 영이 가는 곳을 따라 움직였고, 바퀴들도
그들 곁에 꼭 붙어서 함께 움직였다. 네 생물의 영이 바퀴들 안에 들어 있
었기 때문이다. 생물들이 나아가면 바퀴들도 나아갔고, 생물들이 멈추어
서면 바퀴들도 멈추어 섰다. 또 생물들이 위로 떠오르면, 바퀴들도 위로
떠올랐다. 네 생물의 영이 바퀴들 안에 들어 있었기 때문이다.

22-24 네 생물의 머리 위로 둥근 천장 같은 것이 펼쳐져 있었는데, 세공 유
리같이 반짝이며 그들 머리 위를 창공처럼 덮고 있었다. 그 둥근 천장 아
래에서 그들은 한 쌍의 날개는 옆 생물을 향해 펼치고, 다른 쌍의 날개로
는 자기 몸을 덮고 있었다. 그들이 움직일 때 날개 치는 소리가 들려왔
다. 거대한 폭포소리 같기도 하고 강하신 하나님의 음성 같기도 했으며,
전쟁터에서 들리는 함성 같기도 했다. 멈추어 설 때는 네 생물이 날개를
접었다.

25-28 그들이 날개를 접고 멈추어 섰을 때, 그들의 머리 위 둥근 천장 위쪽에
서 음성이 들려왔다. 둥근 천장 위에는 보좌처럼 보이는 것이 있었는데,
청보석 같은 청옥빛이었고, 그 보좌 위로 사람처럼 보이는 형상이 우뚝

솟아 있었다. 허리 위쪽은 광을 낸 청동 같은 모습이었고, 허리 아래쪽은
타오르는 불꽃 같은 모습이었다. 사방이 휘황찬란하게 빛났다! 마치 비
온 날 하늘에 무지개가 떠오른 모습 같았다. 바로 **하나님**의 영광이었다!

그 모든 광경을 본 나는, 무릎을 꿇고 얼굴을 땅에 대고 엎드렸다. 그
때 한 음성이 내게 들려왔다.

1 **2** "사람의 아들아, 일어서라. 내가 너에게 할 말이 있다."

2 그 음성이 들려온 순간, 그분의 **영**이 내 안에 들어와 나를 일으켜
세우셨다. 그분이 내게 말씀하셨고, 내가 들었다.

3-7 "사람의 아들아, 내가 너를 이스라엘 가문에 보낸다. 역사상 가장 반
역이 심한 그 민족에게 말이다. 그들과 그 조상은 오늘날까지 반역만을
일삼아 왔다. 완악한 그들에게 내가 너를 보낸다. 죄로 완악해진 그 백성
에게 말이다. 그들에게 '이는 주 **하나님**의 메시지다' 하고 말하여라. 반
역하는 그 족속이 듣지 않더라도 상관없다. 어쨌거나 그들은 예언자가
왔었다는 사실만큼은 알게 될 것이다. 사람의 아들아, 그들을 두려워하
지 말고 그들이 무슨 말을 하든지 겁먹지 마라. 그들 가운데 살다 보면
가시밭길을 걷고 전갈이 나오는 침대에서 자는 것 같겠지만, 그래도 두
려워하지 마라. 그들의 험악한 말이나 험상궂은 표정을 무서워하지 마
라. 그들은 반역하는 족속이다. 네가 할 일은 그들에게 내 말을 전하는
것이다. 그들이 듣든지 말든지, 네가 상관할 바가 아니다. 그들은 완악
한 반역자들이다.

8 사람의 아들아, 다만 너도 그 반역자들처럼 반역하는 자가 되지 않
도록 주의하여라. 입을 열어라. 그리고 내가 주는 이것을 받아먹어라."

9-10 내가 보니 그분의 손이 내게 뻗어 있는데, 그 손 위에 두루마리 책이
놓여 있었다. 그분이 그 두루마리를 펴 보이셨는데, 탄식과 비탄과 재앙
이 앞뒤로 적혀 있었다.

이 백성에게 경고하여라

3 ¹ 그분이 내게 말씀하셨다. "사람의 아들아, 이것을 먹어라. 이 책을 먹고 가서, 이스라엘 가문에게 알려 주어라."

²⁻³ 내가 입을 벌리자, 그분이 그 두루마리를 먹여 주시며 말씀하셨다. "사람의 아들아, 내가 주는 이 책을 먹어라. 배불리 먹어라!"

나는 그것을 먹었다. 맛이 참 좋았다. 꿀맛 같았다.

⁴⁻⁶ 그러자 그분이 내게 말씀하셨다. "사람의 아들아, 이스라엘 가문에게 가서 나의 메시지를 전하여라. 보아라. 나는 지금 너를, 발음조차 배우기 힘든 외국어로 말하는 민족에게 보내는 것이 아니다. 차라리 그런 민족이라면, 귀를 쫑긋 세우고 네 말에 귀를 기울일 것이다.

⁷⁻⁹ 그러나 이스라엘 가문은 그렇지 않다. 그들은 너의 말을 듣지 않을 것이다. 그들은 나의 말을 듣기 싫어하기 때문이다. 내가 말했듯이, 그들은 완악한 자들, 죄로 완악해진 자들이다. 그러나 내가 너를 그들 못지않게 완강하게 만들겠다. 내가 네 얼굴을 바위처럼 굳세게, 화강암보다 더 굳세게 만들 것이다. 그들에게 겁먹지 마라. 그 반역자 무리들을 두려워하지 마라."

¹⁰⁻¹¹ 그런 다음 그분이 말씀하셨다. "사람의 아들아, 내가 주는 이 모든 말을 네 안에 받아들여라. 귀 기울여 듣고 순종하여 네 것으로 삼아라. 이제 가거라. 그 포로들에게, 너의 백성에게 가서 전하여라. 그들에게 '이는 주 **하나님의 메시지다**' 하고 말하여라. 그들이 듣든지 말든지, 너는 전해야 할 말을 전하여라."

¹²⁻¹³ 그때 하나님의 영이 나를 위로 들어 올리셨다. 내 뒤에서 큰 소란이 일어나는 소리가 들려왔다. "성소에 계신 **하나님**의 영광을 찬양하여라!" 네 생물이 서로 날개를 부딪치고 바퀴들이 회전하면서 큰 지진이 일어나는 소리가 들렸다.

¹⁴⁻¹⁵ 하나님의 영이 나를 들어서 멀리 데려가셨다. 나는 괴롭고 화가 났다. 나는 가고 싶지 않았다. 그러나 **하나님**께서 나를 단단히 붙드셨다. 나는 포로로 잡혀 온 사람들이 살고 있던 텔아빕 그발 강가에 도착했다. 그곳에서 망연자실한 채 칠 일 동안 앉아 있었다.

16 칠 일이 지나자, **하나님**께서 내게 이 **메시지**를 주셨다.

17-19 "사람의 아들아, 나는 너를 이스라엘 가문의 파수꾼으로 세웠다. 너는 내가 하는 말을 듣고, 그때마다 나를 대신해서 그들에게 경고해야 한다. 내가 악인들에게 '너희는 곧 죽으리라'고 말했는데, 네가 경고해 주지 않으면 그들은 그대로 죽고 말 것이다. 그러면 이는 네 잘못이 될 것이다. 내가 너에게 책임을 물을 것이다. 그러나 네가 경고했는데도 계속 그들이 죄를 고집하면, 그들은 그들 죄 때문에 죽을 것이지만 너는 죽지 않을 것이다. 너는 목숨을 보존할 것이다.

20-21 또한 의인들이라도, 내가 그들 앞에 둔 어려움을 만났을 때 의로운 삶을 버리고 악의 편에 서면, 그들 역시 죽을 것이다. 네가 그들에게 경고해 주지 않으면 그들은 그들 죄 때문에 죽을 것이며, 그들이 지금껏 행한 모든 의로운 일이 허사가 되고 말 것이다. 나는 네게 책임을 물을 것이다. 그러나 네가 그 의인들에게 죄짓지 말라고 경고하여 그들이 네 말을 들으면, 그들은 경고를 받아들였으니 살게 될 것이다. 너도 목숨을 보존할 것이다."

22 **하나님**께서 내 어깨를 꽉 붙잡으시고 말씀하셨다. "일어나 들로 가거라. 내가 너와 이야기를 나누고 싶다."

23 나는 일어나서 들로 나갔다. 믿을 수 없는 광경이 눈앞에 펼쳐졌다. **하나님**의 영광이었다! 바로 그곳에! 내가 그발 강에서 보았던 것과 같은 영광이었다. 나는 얼굴을 땅에 대고 엎드렸다.

24-26 그때 하나님의 영이 내 속에 들어와 나를 일으켜 세우시고 말씀하셨다. "집에 들어가 문을 닫아라." 이어 기이한 말씀이 임했다. "사람의 아들아, 너는 손과 발이 묶인 채 집에서 나오지 못하게 될 것이다. 내가 네 혀를 입천장에 달라붙게 하여, 네가 말을 못하게 만들 것이다. 너는 반역자들의 잘못을 지적할 수 없게 될 것이다.

27 그러나 때가 이르면 내가 네 혀를 풀어 줄 테니, 그때 너는 '주 하나님께서 이렇게 말씀하신다' 하고 말하게 될 것이다. 그때부터는 모든 것이 전적으로 그들에게 달렸다. 그들이 듣고자 하면 들을 것이고, 듣지 않고자 하면 듣지 않을 것이다. 그들은 반역자들이기 때문이다!"

예루살렘이 포위될 것이다

1-3 **4** "사람의 아들아, 이제 벽돌을 하나 가져다가 네 앞에 놓고, 그 위에 예루살렘 도성을 그려 넣어라. 그리고 군대가 그 벽돌을 포위한 모습으로 모형을 만들어라. 축대를 쌓고, 보루를 쌓고, 진을 치고, 성벽 부수는 무기를 성 둘레에 놓아라. 또 철판을 가져다가, 너와 그 도성 사이에 철벽을 세워라. 그리고 그 모형을 마주하고 서라. 도성은 포위되었고 너는 공격자다. 이는 이스라엘 가문에게 보여주는 표징이다.

4-5 그런 다음, 네 왼쪽 옆구리를 바닥에 대고 옆으로 누워, 이스라엘 가문의 죄를 네 몸에 얹어라. 너는 옆으로 누워 있는 날수만큼 그들의 죄를 짊어져라. 네가 그들의 죄를 짊어질 날수는 그들의 죄의 햇수에 상응하는 390이다. 너는 390일 동안 이스라엘 가문의 죄를 짊어져야 할 것이다.

6-7 이 일을 마친 다음에, 너는 몸을 돌려서 오른쪽 옆구리를 바닥에 대고 옆으로 누워, 유다 가문의 죄를 짊어져라. 이번에는 그렇게 사십 일 동안을 누워 있어야 한다. 그들의 죄의 햇수에 상응하는 날수로, 일 년을 하루씩 계산한 것이다. 너는 포위된 예루살렘을 똑바로 응시하여라. 그리고 소매를 걷어 올리고 손짓을 해가며, 그 도성에 대한 심판을 선포하여라.

8 내가 너를 줄로 꽁꽁 묶어, 포위 공격 날수를 다 채우기 전까지는 움직이거나 몸을 돌리지 못하게 할 것이다.

9-12 이제 너는 밀과 보리, 콩과 팥, 조와 귀리를 가져다가 한 그릇에 담고 넓적하게 빵을 하나 만들어라. 이는 네가 옆으로 누워 있는 390일 동안 먹을 식량이다. 너는 그것을 매일 220그램씩 달아 시간을 정해 놓고 먹어라. 물은 0.5리터씩 달아 시간을 정해 놓고 마셔라. 머핀을 먹는 식으로 그 빵을 먹어라. 모두가 너를 볼 수 있는 곳에서 그 머핀을 굽되, 사람 똥을 말린 것으로 불을 피워라."

13 **하나님**께서 말씀하셨다. "이는 이스라엘 백성이 당하게 될 일이다. 내가 그들을 여러 이방 민족들에게로 흩어 버리면, 그들은 거기서 거룩한 백성이 결코 먹어서는 안될 음식을 먹게 될 것이다."

14 내가 말했다. "주 나의 **하나님**, 그럴 수 없습니다! 저는 지금껏 그런 음식으로 제 자신을 더럽힌 적이 없습니다. 어려서부터 저는, 죽은 채 발견

된 것이든 들짐승에게 찢긴 것이든, 율법이 금하는 것은 그 어떤 것도 입에 대지 않았습니다. 금지된 음식은 조금도 입에 넣지 않았습니다."

15 그분이 말씀하셨다. "좋다. 그렇다면 사람 똥 대신 소똥으로 빵을 구워라."

16-17 그러고 나서 다시 말씀하셨다. "사람의 아들아, 나는 예루살렘에서 음식이 완전히 동나게 만들 것이다. 사람들은 끼니 때마다 빵을 달아 먹으면서 다음 끼니 걱정을 하고, 마실 물을 찾아 헤맬 것이다. 온 천하에 기근이 들며, 사람들이 뼈만 앙상한 서로의 모습을 보며 고개를 절레절레 흔들 것이다. 이것이 바로 그들이 저지른 죄의 결과다."

질투하시는 하나님

1-2 **5** "사람의 아들아, 이제 날카로운 칼을 가져다가 그것을 면도날 삼아 네 머리카락과 수염을 깎아라. 그 다음, 저울을 이용해 그것들을 삼등분하여라. 포위 기간이 끝나면, 그 털의 삼분의 일을 도성 안에서 태우고, 삼분의 일은 칼로 잘게 썰어 도성 주변에 뿌려라. 마지막 삼분의 일은 바람에 날려 버려라. 그러면 내가 칼을 들고 그것들을 쫓아가겠다.

3-4 너는 그 털을 조금 가져다가 주머니에 넣어라. 그중 얼마를 불 속에 던져 넣고 태워라. 거기서 불이 나와 온 이스라엘 가문으로 번질 것이다.

5-6 주 하나님이 말한다. 이것은 예루살렘 이야기다. 나는 그 도성을 세상의 중심에 세우고, 모든 민족을 그 주변에 두었다. 그런데도 예루살렘은 나의 율법과 규례를 거부했다. 주변 민족들보다 훨씬 더 심하게—악질적으로!—반역을 일삼고, 나의 인도를 거절하고, 나의 지도를 무시했다.

7 그러므로, 주 하나님이 말한다. 너희는 주변 민족들보다 더 완악하게 나의 인도를 거절했고, 나의 지도를 무시했다. 너희는 주변 민족들 수준으로 추락했다.

8-10 그러므로, 주 하나님이 말한다. 내가 너희와 맞설 것이다. 그렇다. 내가 너희 예루살렘을 대적할 것이다. 모든 민족이 보는 앞에서 너희에게 벌을 내릴 것이다. 역겨운 우상을 숭배한 너희 가운데, 내가 지금껏 한 번도 해보지 않았고 앞으로 다시는 하지 않을 일을 일으킬 것이다. 가족

이 서로를 잡아먹을 것이다. 부모가 자식을 잡아먹고, 자식이 부모를 잡아먹을 것이다! 실로 중한 벌이다. 그리고 남은 자들은 모두 바람에 날려 버릴 것이다.

11-12   그러므로, 살아 있는 나 하나님을 두고 맹세하는데—주 **하나님**의 포고다—추잡한 짓과 역겨운 우상들로 나의 성소를 더럽힌 너희를 내가 반드시 뽑아 버릴 것이다. 너희에게 털끝만큼의 동정도 베풀지 않으리라. 너희 백성의 삼분의 일은 도성 안에서 전염병에 걸려 죽거나 굶어 죽고, 또 삼분의 일은 도성 밖에서 칼에 맞아 죽을 것이며, 나머지 삼분의 일은 사방에 흩어져 살인자들에게 쫓길 것이다.

13   그제야 비로소 나의 분이 가라앉고 나의 노가 풀리리라. 그때 너희는 내 말이 진담이었음을 알게 될 것이다. 나는 질투하는 하나님이요, 너희가 결코 함부로 대할 수 없는 이임을 알게 될 것이다.

14-15   나의 일을 모두 마치면, 너는 폐허 더미로 변할 것이다. 지나가는 민족들이 보며 야비한 농담을 지껄일 것이다. 나의 모진 벌과 혹독한 징계가 끝나면 너는 조롱거리와 웃음거리로 전락하고, 주변 민족들은 너에 대해 이야기하며 무서워 떨 것이다. 나 **하나님**의 말이다.

16-17   나는 너희에게 살인적 기근의 화살을 쏠 것이다. 너희를 죽이려고 쏘는 화살이다. 기근을 점점 악화시켜 식량이 동나게 만들 것이다. 기근은 연이어 찾아오리라. 그런 다음에는 들짐승을 보내 너희 자녀들을 앗아 갈 것이다. 그리고 전염병과 살육과 죽음을 보낼 것이다! 나 **하나님**의 말이다."

하나님께서 우상숭배를 심판하시다

1-7 **6** 그때 **하나님**의 말씀이 내게 임했다. "사람의 아들아, 이제 몸을 돌려 이스라엘의 산들을 마주 보고, 그것들에게 내릴 심판을 전하여라. '이스라엘의 산들아, 주 **하나님**의 **메시지**를 들어라. 주 **하나님**께서 산과 언덕에게, 계곡과 골짜기에게 말씀하신다. 나는 너희가 신성하게 여기는 산당을 없애 버릴 것이다. 너희의 제단을 허물고, 태양신 기둥들을 무너뜨리며, 우상들에게 절하는 너희 백성을 죽일 것이다. 내가 이

스라엘 백성의 시체를 너희 우상들 앞에 쌓아 놓고, 그 뼈를 산당 주변에 흩뿌릴 것이다. 너희가 살았던 모든 곳과 성읍들이 폐허가 될 것이며, 이방 산당들이 파괴될 것이다. 제단들이 부서지고 우상들이 박살나며, 맞춤 제작된 태양신 기둥들이 모두 무너지고, 시체들이 사방에 널브러질 것이다! 그제야 너희는 내가 **하나님**인 줄 알게 될 것이다.

8-10   그러나 나는 소수의 사람들을 살려 여러 이방 땅과 민족들 가운데 흩어져 살게 할 것이다. 그들은 전쟁포로로 잡혀간 낯선 나라에서 나를 기억할 것이다. 그들은 자신들의 반역과 탐욕스런 욕망을 좇아서 행한 우상숭배에 내가 얼마나 몸서리쳤는지 깨닫게 될 것이다. 자신들이 걸어온 악한 길과 하나님이 역겨워한 그 삶을 역겨워하게 될 것이다. 그들은 내가 **하나님**인 줄 알게 되고, 그들을 심판하겠다고 했던 나의 말이 허풍이 아니었음을 알게 될 것이다.

11-14   주 **하나님**이 말한다. 너는 손뼉을 치고 발을 구르며 "아니, 이럴 수가!" 하고 소리쳐라. 이스라엘에 만연한 역겨운 악행들을 보며 소리쳐라. 그들은 칼에 맞아 죽고, 굶어 죽고, 전염병에 걸려 죽을 것이다. 사방이 죽음 천지가 될 것이다. 사람들의 목숨이 파리 목숨 같으리라. 먼 곳에서 쓰러져 죽고, 가까운 곳에서도 쓰러져 죽고, 도성에 남은 자들은 굶어 죽으리라. 이유를 묻느냐? 내가 노했기 때문이다. 불같이 노했기 때문이다. 황량한 언덕과 우거진 숲에 자리한 음란한 종교 산당들의 폐허와, 그들이 음란한 의식을 행하던 모든 곳 주위에 백성의 시체가 널브러져 뒹굴리라. 그들은 그 광경을 보고 그제야 내가 **하나님**인 줄 알게 될 것이다. 내가 그들을 내 손으로 짓누르고 그들의 땅을 황폐하게 만들 것이다. 광야 이 끝에서 리블라에 이르는 지역 전부를 황무지로 바꿔 놓을 것이다. 그제야 그들은 내가 **하나님**인 줄 알게 될 것이다!'"

끝이 가까이 왔다

1-4   **7** **하나님**의 말씀이 내게 임했다. "너 사람의 아들아, 주 **하나님**이 이스라엘 땅에 대해 주는 메시지다.

끝이다.

모두, 끝장이다.

다 끝났다. 너희는 이제 끝이다.

내가 너희를 향해 진노를 발했다.

너희가 살아온 길에 대해 유죄 선고를 내렸다.

너희가 저지른 역겨운 행위들의 대가를 치르게 하겠다.

너희를 봐주지도 않으며,

너희를 동정하지도 않을 것이다.

너희가 살아온 길의 대가를 치르게 할 것이다.

너희가 저지른 역겨운 행위들이 네 뒤통수를 칠 것이다.

그제야 너희는 내가 **하나님**인 줄 알게 될 것이다.

5-9 나, 주 **하나님**이 말한다.

재앙이다! 연이은 재앙이다! 보아라, 또 온다!

끝이다.

끝이 오고 있다.

거의 이르렀다. 보아라, 저기 온다!

이 땅에 사는 사람들아, 이것이 너희의 운명이다.

시간이 되었다.

공격 개시 시간이다.

더 이상 망설이거나,

시간을 끌지 않을 것이다.

이제 내가 너희에게 나의 진노를 쏟아붓고,

나의 노를 퍼부을 것이다.

너희가 살아온 길에 대해 유죄 선고를 내리고,

너희의 역겨운 행위들의 대가를 치르게 할 것이다.

너희를 봐주지도 않으며,

너희를 동정하지도 않을 것이다.

너희가 살아온 길의 대가를 치르게 할 것이다.

너희가 저지른 역겨운 행위들이 네 뒤통수를 칠 것이다.
그때 너희는
너희를 친 이가, 바로 나 **하나님**인 줄 알게 될 것이다.

10-13   심판의 날이다!
파멸이 임했다.
커다란 홀을 쥐고 위세를 부리며
도를 넘어 오만하게 굴던 그들,
폭력을 행사하며
악한 홀을 휘두르던 자들이었다.
그러나 그들, 이제 아무것도 아니다.
완전히 거덜 날 것이다.
시간이 다 되었다.
카운트다운이 시작된다. 오, 사, 삼, 이…….
물건을 사는 자들이여, 자만할 것 없다.
물건을 파는 자들이여, 근심할 것 없다.
진노의 심판이 세상을 완전히 뒤집어 놓았다.
이제 사고파는 일이 토대부터 무너져 내렸다.
다시는 회복되지 않으리라.
경기가 좋아지리라는 희망은 품지 마라.
나라 전체가 죄로 인해 파산할 것이다.
다시는 일어서지 못할 것이다.

14-16   전쟁 나팔이 울린다.
'전투 준비!'
그러나 아무도 싸우러 나가지 않는다.
나의 노가 그들을 마비시켰다!
밖으로 나온 자들은 길거리에서 죽임당하고,
집에 돌아간 자들은 굶어 죽거나 병들어 죽는다.

그도 아니면, 벌판에서 칼에 맞아 죽고,
성읍에서 병들어 죽거나 굶주려 죽는다.
살아남은 자들은 산으로 달아난다.
골짜기에 숨어 비둘기처럼 구슬피 운다.
각자 자신의 죄를 생각하며
슬피 운다.

17-18 모두 손에 맥이 풀리고
무릎의 힘이 빠진다.
거친 베옷을 걸친 그들,
머리를 완전히 밀고
수치심으로 얼굴을 들지 못한 채 머리만 굴리는,
초라하고 비참한 신세다.

19-27 그들, 자기 돈을 시궁창에 갖다 버린다.
어렵사리 벌어들인 현금이 오물 같은 악취를 풍긴다.
심판의 날, 그들은 돈으로
아무것도 살 수 없음을 깨닫는다.
그들은 돈에 걸려 넘어져
죄의 나락으로 떨어졌다.
보석을 주렁주렁 걸치고 으스대던 그들,
화려한 장신구로 천박한 우상을 꾸미던 그들.
내가 그 역겨운 우상들을 악취 나는 오물로 만들 것이다.
그 신성한 오물들을 내다 버릴 것이다.
이방인들이 그것을 거저 주워 갈 것이요,
불경한 자들이 거기에 침을 뱉고 농담을 지껄일 것이다.
난폭한 이방인들이 난입하여
나의 소중한 성전과 백성을
유린하고 더럽힐 때,

도성에 범죄와 폭력이 들끓고
피비린내 나는 학살이 벌어질 때,
나는 내 얼굴을 돌려, 모른 체할 것이다.
인간쓰레기들이 쳐들어와,
내 백성의 집을 차지하게 할 것이다.
지체 높고 권세 있는 자들이
자랑과 오만을 멈추게 하고,
그들의 신성한 장소에
신성한 것이 하나도 남지 않게 만들 것이다.
재앙이 내려온다. 그들은 평화를 찾지만,
평화는 종적을 감추었다.
재난이 꼬리에 꼬리를 물고 들이닥치고,
흉흉한 소문이 연이어 들려온다.
대체 무슨 영문인지 말해 줄 예언자를 찾지만,
사태를 파악하는 자 아무도 없다.
제사장도 짐작조차 하지 못한다.
장로들이 할 말을 모른다.
왕은 절망 가운데 고개를 떨어뜨리고,
제후는 망연자실 넋을 잃는다.
백성들은 사지가 굳는다.
공포에 사로잡혀 꼼짝도 하지 못한다.
내가 그들의 실체를 드러내고
그들 식대로 심판하리라.
그들은 내가 **하나님**인 줄 알게 될 것이다.”

예루살렘의 우상숭배

1-4 **8** 여섯째 해 여섯째 달 오일에, 내가 집에서 유다 지도자들과 모임을 가지며 앉아 있는데, 나의 주 **하나님**의 손이 나를 사로잡는 일이 일어났다. 나는 보았고, 보고서 몹시 놀랐다. 내가 본 것은 사람처럼

보이는 형상이었다. 허리 아래는 불 같고, 허리 위는 광채 나는 청동 같았다. 그분이 손처럼 보이는 것을 내미셔서 내 머리카락을 움켜쥐셨다. 하나님께서 환상을 보여주시는 중에, 하나님의 영이 나를 공중으로 높이 들어 올려, 예루살렘 성전 안뜰 북문 입구로 옮기셨다. 하나님을 몹시 노하게 한 음란한 여신상이 세워져 있는 곳이었다. 내 바로 앞에 이스라엘의 하나님의 영광이 있었다. 전에 들에 나가서 보았던 환상과 똑같았다.

5   그분이 내게 말씀하셨다. "사람의 아들아, 북쪽을 보아라." 북쪽을 보니, 바로 북문 입구쪽으로, 하나님을 몹시 노하게 한 음란한 여신 아세라의 제단이 모습을 드러냈다.

6   그분이 또 말씀하셨다. "사람의 아들아, 그들이 지금 무엇을 하고 있는지 보이느냐? 입에 담기조차 역겨운 짓을, 그것도 바로 이곳 성전에서 저지르고 있다! 이것만으로도 나는, 여기 내 성전에 도저히 머물 수가 없다. 그러나 너는 더 심한 것을 보게 될 것이다."

7   그분이 나를 성전 뜰로 들어가는 문으로 데려가셨다. 내가 보니, 벽에 갈라지는 구멍이 있었다.

8   그분이 말씀하셨다. "사람의 아들아, 그 벽을 파서 뚫어라."
내가 벽을 파서 뚫으니 어떤 문이 나타났다.

9   그분이 말씀하셨다. "이제 그 문으로 들어가서, 그들이 벌이는 역겨운 짓을 한번 보아라."

10-11   내가 들어가서 보니, 사방의 벽이 온갖 파충류와 짐승, 괴물 그림으로 도배가 되어 있었다. 나는 내 눈을 의심했다. 그것은 이스라엘이 숭배하는 이집트 신들의 그림이었다. 그 방 가운데 이스라엘 지도자 일흔 명이 모여 있었는데, 그 한가운데에 사반의 아들 야아사냐가 서 있었다. 저마다 손에 든 향로에서 향의 연기가 구름처럼 올라가고 있었다.

12   그분이 말씀하셨다. "사람의 아들아, 장로들이 이 어두운 방, 자기가 좋아하는 신의 그림 앞에 서서 무슨 짓을 하고 있는지 보이느냐? 그들은

이렇게 중얼거린다. '하나님은 우리를 보시지 않는다. 하나님께서 이 나라를 버리셨다.'"

13   그분이 또 말씀하셨다. "너는 더 심한 것을 보게 될 것이다."

14-15 그분이 나를 하나님의 성전 북문 입구로 데려가셨다. 그곳에는 여인들이 앉아서, 바빌론 다산의 신 담무스를 위해 슬피 울고 있었다. 그분이 말씀하셨다. "사람의 아들아, 볼 만큼 보았다고 생각하느냐? 아니다. 너는 더 심한 것을 보게 될 것이다."

16   마지막으로, 그분이 나를 하나님의 성전 안뜰로 데려가셨다. 거기 현관과 제단 사이에 스물다섯 명가량의 사람들이 모여 있었다. 그들은 하나님의 성전을 등지고 서 있었다. 동쪽을 바라보고 태양에게 절하며 경배하고 있었다.

17-18   그분이 말씀하셨다. "사람의 아들아, 잘 보았느냐? 유다는 입에 담기조차 역겨운 이런 짓을 벌이고 있다. 이것으로도 모자라 나라를 폭력으로 가득 채우고, 거기에 더해 온갖 역겨운 짓으로 나의 진노를 더하게 한다. 그렇다. 그들이 불러들인 하나님의 진노가 이제 그들에게 쏟아졌다! 더 이상 자비는 없다. 그들이 아무리 소리를 질러 대도, 나는 듣지 않을 것이다."

예루살렘을 향해 진노를 쏟으시다

1   **9** 그때 나는 그분이 큰소리로 외치는 소리를 들었다. "사형 집행인들아, 오너라! 너희 살인병기들을 들고 오너라."

2   그러자 여섯 사람이 북쪽으로 향하는 윗문 길로 내려왔는데, 각자 자신의 살인병기를 들고 있었다. 그들 사이로 모시옷을 입은 한 사람이 있었는데, 어깨에 필묵통을 메고 있었다. 그들이 들어와 청동제단 옆에 섰다.

3-4   이스라엘의 하나님의 영광이 그때까지 머물던 그룹 천사들 위로 떠올

라 성전 문지방으로 자리를 옮겨 갔다. 그분이 모시옷을 입고 필묵통을 멘 사람을 부르셨다. "예루살렘의 거리를 돌아다니면서, 그곳에서 일어나는 역겨운 짓들 때문에 괴로워하는 모든 사람의 이마에 표를 해놓아라."

5-6 나는 그분이 사형 집행인들에게 연이어 하시는 말씀을 들었다. "너희는 저 사람의 뒤를 따라 도성을 다니면서 죽여라. 누구도 불쌍히 여기거나 가엾게 여기지 마라. 노인과 여자들도 죽이고, 젊은이들도 죽이고, 엄마와 아이들도 죽여라. 그러나 이마에 표가 있는 사람은 손대서는 안된다. 내 성전에서부터 일을 시작하여라."

그들은 성전 앞에 있는 지도자들부터 죽이기 시작했다.

7-8 그분이 사형 집행인들에게 이르셨다. "너희는 성전을 더럽혀라. 시체들로 뒤덮어라. 그리고 밖으로 나가 살육을 계속하여라." 그들은 밖으로 나가 도성을 쳤다.

대학살이 진행되는 동안, 나는 홀로 남겨졌다. 나는 얼굴을 땅에 대고 엎드려 기도했다. "오, 주 나의 **하나님**! 예루살렘에 이렇듯 주의 진노를 쏟아부으셔서, 이스라엘에 남은 자들을 다 죽이실 작정입니까?"

9-10 그분이 말씀하셨다. "이스라엘과 유다의 죄악이 참으로 크다. 땅이 온통 살인 천지고, 도성이 불법으로 가득하다. 모두가, '**하나님**께서 나라를 버리셨다. 우리가 무슨 일을 하든지 보시지 않는다'고 말한다. 그것이 무슨 말이냐? 나는 똑똑히 보고 있다. 나는 그들 누구도 불쌍히 여기지 않을 것이다. 그들은 자기 죄의 대가를 치르게 될 것이다."

11 바로 그때, 모시옷을 입고 필묵통을 메고 있던 사람이 돌아와서 보고 했다. "주께서 이르신 대로 다 행했습니다."

영광이 성전을 떠나다

1 **10** 그 다음 내가 보니, 그룹 천사들의 머리 위에 있는 둥근 천장 위로 청옥처럼 빛나는 보좌의 형상 같은 것이 솟아 있었다!

2-5 **하나님**께서 모시옷을 입은 사람에게 말씀하셨다. "그룹 천사들 밑에 있는 저 바퀴들 사이로 들어가 숯불을 두 손 가득 움켜쥔 다음, 이 도성 위에 뿌려라."

나는 그 사람이 들어가는 모습을 지켜보았다. 그가 들어갈 때 그룹들은 성전 남쪽에 서 있었고, 안뜰에는 구름이 가득 피어올랐다. 그때 하나님의 영광이 그룹들 위로 떠올라 성전 문지방으로 자리를 옮겨 갔고, 성전에 구름이 가득 차면서 뜰과 성전이 하나님의 영광으로 빛나고, 그분의 임재로 가득 찼다. 그리고 소리가 들렸다! 그룹들이 날개 치는 소리였다. 그 소리가 바깥뜰에까지 들리는데, 마치 강하신 하나님의 천둥소리 같았다.

6-8   하나님께서 모시옷을 입은 사람에게 "저 바퀴들 사이, 그룹들 사이에서 불을 집어내라" 하고 명령하시자, 그가 안으로 들어가서 바퀴 옆에 섰다. 그룹들 가운데 하나가 불 속으로 손을 뻗어 숯불 얼마를 집어내어 모시옷을 입은 사람의 손에 얹어 주니, 그가 숯불을 받아서 밖으로 나왔다. 그룹들의 날개 밑에는 사람 손처럼 보이는 것이 있었다.

9-13   그 후에 나는 그룹 옆에 하나씩 있는 네 바퀴를 보았다. 광채 나는 그 바퀴들은 햇빛을 받아 반짝거리는 다이아몬드 같았다. 네 바퀴의 생김새가 비슷해서, 바퀴 안에 다른 바퀴가 들어 있는 것처럼 보였다. 그룹들이 움직일 때 바퀴도 네 방향으로 자유롭게 움직였는데, 늘 곧게만 나아갔다. 그룹들이 어디로 가든지, 바퀴들도 그리로 곧게 나아갔다. 그룹들의 등과 손과 날개는 눈으로 가득했다. 바퀴들 역시 눈으로 가득했다. 그 바퀴들의 이름은 '바퀴들 안의 바퀴들'이었다.

14   그룹들은 각각 네 개의 얼굴을 갖고 있었다. 첫째는 천사의 얼굴, 둘째는 사람의 얼굴, 셋째는 사자의 얼굴, 넷째는 독수리의 얼굴이었다.

15-17   그때 그룹들이 위로 떠올랐다. 그들은 내가 그발 강에서 보았던 바로 그 생물들이었다. 그룹들이 움직이면, 그들 옆의 바퀴들도 함께 움직였다. 그룹들이 날개를 펴고 지면에서 떠오르면, 바퀴들도 그들 곁에 바짝 붙어 따라 움직였다. 그룹들이 멈추어 서면, 바퀴들도 멈추어 섰다. 그룹들이 치솟으면 바퀴들도 치솟았는데, 이는 그 생물들의 영이 바퀴들 안에도 있었기 때문이다.

18-19   그때 하나님의 영광이 성전 입구를 떠나 그룹 위를 맴돌았다. 그룹들이 날개를 펼치고 지면에서 떠오르자, 바퀴들도 그들 곁에 바짝 붙어 따라갔다. 그들은 성전 동문 입구에서 멈추어 섰다. 이스라엘의 하나님의

영광이 그들 위에 있었다.

20-22   그들은 내가 전에 그발 강에서 본 그 생물들이었고, 이스라엘의 하나님 아래에 있었다. 나는 그들을 바로 알아보았다. 그들은 각기 얼굴이 넷이고 날개도 넷이었다. 그들의 날개 아래에는 사람의 손처럼 보이는 것이 있었다. 그 얼굴은 내가 그발 강에서 보았던 모습 그대로였다. 그들은 각기 앞으로 곧게 나아갔다.

새 마음과 새 영

1   **11** 그때 하나님의 영이 나를 들어 올리셔서, 성전 동쪽 문으로 데리고 가셨다. 그 문에는 스물다섯 사람이 서 있었다. 나는 그들 사이에 지도자인 앗술의 아들 야아사냐와 브나야의 아들 블라댜가 있는 것을 보았다.

2-3   **하나님**께서 말씀하셨다. "사람의 아들아, 저들은 이 도성의 죄를 도안하고 악을 기획한 자들이다. 저들은 말한다. '우리는 못할 일이 없다. 우리가 최고다. 고깃국 그릇 속에 든 특등심이다.'

4   사람의 아들아, 저들과 맞서라. 저들을 대적하여 말씀을 전하여라."

5-6   그때 **하나님**의 영이 내게 임하여 할 말을 일러 주셨다. "**하나님**께서 이렇게 말씀하신다. '이스라엘아, 멋진 연설이기는 하다만 나는 너희가 품은 생각을 잘 알고 있다. 너희는 이 도성에서 수많은 자들을 살해했다. 거리마다 시체 더미가 높이 쌓여 있다.'

7-12   그러므로 주 **하나님**께서 말씀하신다. '너희가 거리마다 쌓아 놓은 시체들이 바로 고기요, 이 도성은 가마솥이다. 그런데 너희는 이 가마솥 속에도 들어 있지 않다! 내가 너희를 밖으로 던져 버릴 것이다! 너희가 두려워하는 전쟁이 닥치리라. 내가 전쟁을 일으켜 너희를 칠 것이다. 너희를 이 도성 밖으로 던져 버리고 이방인들에게 넘겨주어, 혹독한 벌을 받게 할 것이다. 너희는 전쟁터에서 살해당할 것이다. 내가 이스라엘의 국경에서 너희를 심판할 것이다. 그때 너희는 내가 **하나님**인 줄 알게 될 것이다. 이 도성은 너희에게 가마솥이 되지 않을 것이며, 너희 또한 그 속에 든 특등심이 되지 못할 것이다. 천만의 말씀이다. 내가 이스라엘의 국경

에서 너희를 심판할 것이며, 그제야 너희는 내가 **하나님**인 줄 알게 될 것이다. 이는 너희가 나의 율례와 규례를 따르지 않았기 때문이다. 너희는 나의 길을 따르는 대신에, 주변 민족들의 규례를 따랐고, 그들의 수준으로 추락했다.'"

13 　내가 말씀을 전하고 있는 중에 브나야의 아들 블라댜가 죽었다. 나는 얼굴을 땅에 대고 엎드려 큰소리로 기도했다. "주 **하나님**! 이스라엘에 남은 자들 전부를 모두 없애 버리시렵니까?"

14-15 　**하나님**이 응답하셨다. "사람의 아들아, 예루살렘 주민이 네 혈육, 곧 너와 같이 포로로 잡혀 온 이스라엘 백성 전체를 두고 이렇게 말한다. '그들은 먼 나라에 가 있어 **하나님**과 멀리 떨어졌다. 이제 이 땅은 우리 차지다.'

16-20 　그러므로 그들에게 이렇게 전하여라. '너희를 향한 주 **하나님**의 메시지다. 그렇다. 나는 너희를 먼 나라로 쫓았고 이국땅으로 흩어 버렸다. 그러면서도 너희가 가 있는 나라에서 너희에게 임시 성소를 마련해 주었다. 장차 나는 너희가 흩어져 살고 있는 나라와 땅에서 너희를 다시 모으고, 이스라엘 땅을 너희에게 줄 것이다. 너희는 집에 돌아와 청소를 하면서, 혐오스런 신상과 역겨운 우상들을 모두 내다 버릴 것이다. 내가 너희에게 새 마음을 줄 것이다. 너희 안에 새 영을 둘 것이다. 돌 같던 너희 심장을 도려내고, 붉은 피가 도는 튼튼한 심장을 넣어 줄 것이다. 그러면 너희가 나의 율례를 따르고, 성심으로 나의 명령을 따르며 살게 될 것이다. 너희는 나의 백성이 되고, 나는 너희의 하나님이 될 것이다!

21 　그러나 고집을 부리며 여전히 흉측한 신상과 역겨운 우상들에 집착하는 자들은 사정이 다를 것이다! 그런 자들은 행한 그대로 갚아 줄 것이다.' 주 **하나님**의 포고다."

22-23 　그때 그룹들이 날개를 펼쳤는데, 바퀴들이 그들 곁에 있고 이스라엘의 하나님의 영광이 그들 위에 머물고 있었다. **하나님**의 영광이 도성 안에서 떠올라, 도성 동쪽 산 위에 머물렀다.

24-25 그때 하나님의 영이 환상 중에 나를 붙잡아, 바빌론에 포로로 잡혀 온 사
람들의 무리 속으로 다시 들어 옮기셨다. 그 후에 그 환상이 나를 떠났
다. 나는 하나님께서 보여주신 모든 내용을 포로로 잡혀 온 사람들에게
말해 주었다.

포로가 될 것을 상징으로 보여주다

1-6 **12** 하나님의 메시지가 내게 임했다. "사람의 아들아, 너는 지금
반역하는 백성 가운데 살고 있다. 그들은 눈이 있어도 보려고
하지 않고, 귀가 있어도 들으려 하지 않는다. 그들은 전부 반역자들이
다. 그러므로 사람의 아들아, 너는 포로 행장을 꾸려 대낮에 모두가 보는
앞에서 길을 떠나라. 포로로 잡혀가는 사람처럼 떠나라. 그러면 반역자
들인 그들이 지금의 상황을 깨닫게 될지도 모른다. 그들이 지켜보는 앞
에서 포로로 잡혀가는 사람처럼 생필품 행장을 꾸려서, 저녁 무렵에 길
을 떠나라. 그들이 보는 앞에서 성벽에 구멍을 뚫고 네 짐 꾸러미를 그리
로 내보내라. 사람들이 다 보는 앞에서 그 짐을 어깨에 메고 밤길을 떠나
라. 너는 얼굴을 가려, 다시는 못 볼 것에 네 시선이 가지 않게 하여라.
나는 너를 이스라엘 가문에 보여주는 표징으로 삼을 것이다."

7 나는 그분이 명령하시는 대로 했다. 내 물건을 한데 모아서 모두가
잘 볼 수 있도록 길거리에 내다 놓고, 포로로 잡혀가는 사람처럼 그것을
한 묶음으로 꾸렸다. 그리고 해가 저물녘에 내 손으로 성벽에 구멍을 내
었다. 어둠이 내릴 무렵, 나는 사람들이 지켜보는 앞에서 어깨에 짐을 짊
어지고 길을 떠났다.

8-10 다음 날 아침에 하나님께서 내게 말씀하셨다. "사람의 아들아, 반역
자 이스라엘의 무리 중에 '대체 지금 뭐하는 거요?' 하고 누가 네게 묻거
든, 그들에게 말하여라. '주 하나님께서 말씀하신다. 이는 예루살렘의 왕
시드기야에 관한 메시지다. 이는 또한 이스라엘 백성 전체에 관한 메시
지이기도 하다.'

11 그들에게 말하여라. '나는 지금 너희를 위해 그림을 그리고 있다. 내
가 지금 하는 이 일을, 이스라엘의 모든 백성이 하게 될 것이다. 그들 모

두가 포로로 잡혀 끌려갈 것이다.'

12-15 　시드기야 왕은 어두운 밤에 자기 짐 꾸러미를 어깨에 짊어지고 떠날 것이다. 그는 성벽에 구멍을 뚫고, 다시는 못 볼 땅을 보지 않으려고 얼굴을 가릴 것이다. 그러나 나는 그가 붙잡혀 바빌론으로 끌려가게 만들 것이다. 그는 눈이 멀어, 그 땅을 보지도 못하고 살다가 거기서 죽을 것이다. 내가 그의 탈출을 도운 자들과 그의 군대를 사방으로 흩어 버릴 것이며, 많은 자들이 전장에서 죽을 것이다. 내가 사람들을 여러 나라로 흩어 버릴 것이며, 그때에야 그들은 내가 하나님인 줄 알게 될 것이다.

16 　나는 그들 가운데 얼마를 살려 두어 살육과 굶주림과 죽을병을 피하게 하고, 이방 나라에서 그들의 추하고 역겨운 과거 행위들을 고백하면서 살게 할 것이다. 그들은 내가 하나님인 줄 알게 될 것이다."

17-20 　하나님의 메시지가 내게 임했다. "사람의 아들아, 너는 벌벌 떨며 음식을 먹고, 두려워하며 물을 마셔라. 이 땅의 백성에게, 예루살렘과 이스라엘에 사는 모두에게 하나님의 메시지를 전하여라. '너희는 벌벌 떨며 음식을 먹고, 겁에 질린 채 물을 마시게 될 것이다. 이 땅을 폭행으로 뒤덮은 일에 대한 벌로, 너희 땅이 황폐해질 것이기 때문이다. 모든 성읍과 마을이 텅텅 비고, 밭들도 황무지가 될 것이다. 그제야 너희는 내가 하나님인 줄 알게 될 것이다.'"

21-22 　하나님의 메시지가 내게 임했다. "사람의 아들아, 이스라엘 땅에 '세상은 늘 그대로다. 예언자들의 경고는 공연한 헛소리에 불과하다'는 말이 돌고 있다니, 어찌된 일이냐?

23-25 　그들에게 말하여라. '주 하나님께서 말씀하신다. 이 말은 곧 종적을 감추게 될 것이다!'

　그들에게 말하여라. '시간이 다 되었다. 이제 곧 모든 경고가 실현될 것이다. 거짓 경보와 안일한 설교는 더 이상 이스라엘에 발붙일 수 없다.

나 **하나님**이 나서서 말할 것이다. 내가 말하면, 그대로 이루어진다. 어떤 말이든 지체 없이 이루어진다. 너희 반역자들아, 나는 내가 말하는 것을 곧 이룰 것이다!' 주 **하나님**의 포고다."

26-28 **하나님**의 **메시지**가 내게 임했다. "사람의 아들아, '그 예언자의 경고는 먼 훗날에 대한 것이다', '그는 먼 장래에 대해 말하는 것이다'라는 말이 들리느냐? 이스라엘에게 말하여라. '주 **하나님**께서 말씀하신다. "나의 말은 무엇이든 지체 없이 이루어진다. 내가 말하는 것은 그대로 이루어진다.'" 주 **하나님**의 포고다."

거짓 예언자들

1-2 **13** **하나님**의 **메시지**가 내게 임했다. "사람의 아들아, 제 머리로 무언가를 지어내고 그것을 일컬어 '예언'이라고 떠드는 이스라엘 예언자들을 대적하여 말씀을 전하여라.

2-6 그들에게 진짜 예언의 말씀을 전해 주어라. 너는 이렇게 말하여라. '**하나님**의 **메시지**를 들어라! 주 **하나님**께서 제멋대로 떠드는 무지몽매한 예언자들에게 재앙을 선언하신다! 이스라엘아, 너희 예언자들은 먹이를 찾아 폐허를 배회하는 여우와 같다. 그들은 도성 방어벽을 보수하는 일에 손가락 하나 까딱하지 않으며, **하나님**의 심판 날을 맞는 이스라엘을 도우려는 생각이 전혀 없는 자들이다. 그들이 하는 일이란, 듣기 좋은 말로 망상을 심어 주고 거짓을 설교하는 것이 전부다. 그들은 입만 열면 '**하나님**께서 말씀하시기를' 하고 되뇌이지만, 나 **하나님**은 그들에게 눈길 한번 준 적이 없다. 그런데도 그들은 자신들의 말이 이루어지기를 기다린다.

7-9 너희는 순전히 잠꼬대 같은 소리를 지껄이고 있지 않느냐? 내가 너희에게 말한 적이 없는데도 '**하나님**께서 말씀하시기를' 운운하는 너희 설교는 새빨간 거짓말이 아니고 무엇이냐? 이제 기억하여라. 주 **하나님**의 **메시지**다. 하나님이 준 환상 대신에 제멋대로 본 망상을 퍼뜨리고, 설

교를 이용해 거짓을 말하는 예언자들을 내가 철천지원수로 여길 것이
다. 그들을 내 백성의 공회에서 추방시키고, 이스라엘 명부에서 이름을
빼며, 이스라엘 땅에 출입하지 못하게 할 것이다. 그제야 너희는 내가 주
하나님인 줄 알게 될 것이다.

10-12 　그들은 내 백성을 속였다. 상황을 무시하고 '다 괜찮다. 아무 문제없
다'고 말했다. 그들은 사람들이 담을 세우면, 뒤에 서 있다가 그 담에 회
칠하는 자들이다. 회칠하는 자들에게 말하여라. '폭우가 내리고 우박이
쏟아지고 폭풍이 휩쓸어 담이 무너지면, 보기 좋으라고 처바른 그 회칠
이 대체 무슨 소용이 있겠느냐?'

13-14 　앞으로 일어날 일이 바로 그와 같다. 나 주 하나님이 말한다. '나는 내
진노의 폭풍을 일으킬 것이다. 분노의 우박을 억수같이 쏟아부을 것이
다. 너희가 회칠한 그 담을 내가 쓰러뜨리리라. 완전히 무너뜨려 기초만
덩그러니 남게 할 것이다. 그것이 무너져 내리는 날, 너희도 다 같이 망
하여 죽을 것이다. 그제야 너희는 내가 하나님인 줄 알게 될 것이다.

15-16 　내가 그 담과, 거기에 회칠한 자들에게 나의 진노를 쏟아부을 것이다.
그들에게 말하리라. "담이 무너졌구나. 공들여 회칠을 했는데 헛수고였
구나." 내 경고를 무시하고 다 괜찮다며, 예루살렘에게 제멋대로 자기 환
상을 전한 이스라엘의 예언자들에게, 내가 그렇게 말할 것이다. 주 하나
님의 포고다.'

17-19 　사람의 아들아, 자기 멋대로 말을 지어내는 여예언자들을 대적하여
라. 그들과 맞서라. 마법의 팔찌나 이 사람 저 사람 구미에 맞는 머리 너
울을 만들어 영혼을 덫에 걸리게 하는 그 여자들에게 '화가 있으리라' 말
하여라. 또 이렇게 말하여라. '너희가 내 백성의 영혼을 죽이려 하느냐?
부와 인기를 얻겠다고 사람의 영혼을 이용하느냐? 너희는 성공을 위해
내 백성 앞에서 나를 욕되게 했고, 사람들의 호감을 얻기 위해 나를 이용
했다. 죽어서는 안될 영혼들을 죽였고, 살아서는 안될 영혼들을 살려 주
었다. 너희는 속기 좋아하는 백성을 속여 넘겼다.'

20-21 　하나님이 말한다. '나는 영혼을 사냥하는 데 사용하는 네 모든 도구와
기술을 그냥 두지 않을 것이다. 너희 손에서 그것들을 빼앗을 것이다. 너

희가 사로잡으려 했던 영혼들을 내가 풀어 줄 것이다. 너희 마술 팔찌와 너울을 갈기갈기 찢어 버리고, 너희의 마수에서 내 백성을 건져 내어, 그들이 더 이상 희생되지 않게 할 것이다. 그제야 너희는 내가 **하나님**인 줄 알게 될 것이다.

22-23 이제 너희는 끝장이다. 너희는 선량하고 순진무구한 이들을 거짓말로 속여 혼돈과 혼란에 빠뜨렸다. 사람들이 악을 저지르도록 거들고, 그들이 내게 돌아와 구원받을 생각을 아예 하지 못하게 만들었다. 그러나 망상을 팔고, 거짓을 설교하던 짓은 이제 끝이다. 내가 내 백성을 너희의 마수에서 건져 낼 것이다. 그제야 너희는 내가 **하나님**인 줄 알게 될 것이다.'"

마음속에 우상을 들여놓은 사람들아

1-5 **14** 이스라엘의 지도자 몇 사람이 다가와서 내 앞에 앉았다. **하나님**의 메시지가 내게 임했다. "사람의 아들아, 이 백성은 마음속에 우상을 들여놓았다. 자신을 파멸시킬 악독을 품고 산다. 그런 자들의 기도에 내가 왜 마음을 써야 하느냐? 그러니 그들에게 말하여라. '주 **하나님**의 메시지다. 마음속에 우상을 들여놓고 자신을 파멸시킬 악독을 품고 살면서, 뻔뻔스럽게 예언자를 찾아오는 이스라엘 사람들아, 모두 주목하여라. 잡다한 우상들을 질질 끌며 나오는 그들에게, 나 **하나님**이 직접 나서서 대답하겠다. 나는 이스라엘 족속의 마음, 나를 떠나 우상들에게 간 그들의 마음을 손볼 것이다.'

6-8 그러므로, 이스라엘 족속에게 말하여라. '주 **하나님**께서 말씀하신다. 회개하여라! 너희 우상들에게서 돌아서라. 역겹기 그지없는 짓들에서 돌아서라. 이스라엘에 사는 거류민과 이스라엘 족속 모두에게—내게 등을 돌리고 우상을 품고 사는 자들과, 자신을 파멸시킬 악독을 삶의 중심에 들여놓고 살면서 뻔뻔스럽게도 예언자를 찾아와 내게 묻는 모든 자들에게—나 **하나님**이 직접 나서서 대답하겠다. 나는 그들을 정면으로 대적하여 본때를 보여주고 그들을 없애 버릴 것이다. 그제야 너희는 내가 **하나님**인 줄 알게 될 것이다.

9-11 만일 어떤 예언자가 우상숭배자들에게 현혹되어 그들이 듣고 싶어

하는 거짓을 말하면, 그로 인해 나 **하나님**이 비난을 받게 된다. 그는 그 책임을 면치 못할 것이다. 나는 그의 목덜미를 잡아 밖으로 내칠 것이다. 그 예언자나 그를 찾아가는 자들이나, 모두 유죄 판결을 받을 것이다. 이는 이스라엘 족속이 다시는 내 길에서 벗어나서 헤매거나 반역죄로 자신을 더럽히지 않고, 내가 그들의 하나님이듯 그들이 나의 백성이 되게 하려는 것이다. 주 **하나님**의 포고다.'"

12-14 **하나님**의 **메시지**가 내게 임했다. "사람의 아들아, 어떤 나라가 나를 반역하고 죄를 지어, 내가 손을 펴서 기근으로 그 나라의 양식이 동나게 하고 사람과 짐승 모두를 쓸어버린다고 하자. 그럴 경우에, 노아와 다니엘과 욥이―그 훌륭한 세 사람이―살아 있다고 해도, 그들은 그 나라에 사는 자들에게 아무 도움이 되지 못할 것이다. 그 세 사람의 의는 그들 셋의 목숨만 구할 수 있을 뿐이다." 주 **하나님**의 포고다.

15-16 "내가 들짐승을 풀어 그 나라를 활보하게 만들어, 모든 사람이 떠나고 나라 전체가 황무지가 되어 아무도 거기 들어가지 못한다고 하자. 살아 있는 나 **하나님**을 두고 맹세하는데, 그때 그 세 사람이 살아 있다고 해도, 오직 그들 셋만 구원받을 것이다. 그들의 아들과 딸들도 구원받지 못하고, 나라는 황무지가 될 것이다.

17-18 내가 그 나라에 전쟁을 일으켜 '살육 개시!' 하고 명령을 내려서 사람과 짐승을 다 죽게 만든다고 하자. 살아 있는 나 **하나님**을 두고 맹세하는데, 그때 그 세 사람이 살아 있다고 해도, 오직 그들 셋만 구원받을 뿐 아들과 딸들은 구원받지 못할 것이다.

19-20 내가 그 나라에 몹쓸 전염병을 보내고 살인적인 진노를 쏟아서 사람과 짐승을 다 죽게 만든다고 하자. 살아 있는 나 **하나님**을 두고 맹세하는데, 그때 노아와 다니엘과 욥이 살아 있다고 해도, 아들이나 딸 하나라도 더 구원받지 못할 것이다. 오직 그들 셋만 자신의 의로 말미암아 구원받을 것이다."

21-23 주 **하나님**께서 말씀하신다. "이것은 그림이다. 내가 네 가지 재앙―전

쟁과 기근과 들짐승과 전염병—으로 예루살렘을 심판하여 사람과 짐승을 모두 죽일 때 일어날 일이다. 그러나 보아라! 믿기지 않겠지만, 살아남을 자들이 있을 것이다. 그들의 아들과 딸들 가운데 얼마가 구원을 받을 것이다. 그들이 살아서 너희에게 오고 너희가 그들의 구원을 목도하게 될 때에, 너희는 구원받은 그들이 어떻게 살았는지 직접 확인하게 될 것이다. 그러면 너희는 내가 예루살렘에 내린 혹독한 심판이 진실로 마땅한 것이요, 반드시 필요한 일이었음을 알게 될 것이다. 그렇다. 그들이 어떻게 살아왔는지 자세히 알게 되면, 너희 마음도 풀릴 것이다. 너희는 내가 예루살렘에서 행한 모든 일이 공연한 일이 아니었음을 알게 될 것이다." 주 하나님의 포고다.

땔감으로나 쓰일 예루살렘

¹⁻³ **15** 하나님의 메시지가 내게 임했다. "사람의 아들아, 포도나무와 그 가지가 숲에 널린 다른 나무보다 무엇이 나으냐? 포도나무로 무엇을 만들 수 있겠느냐? 물건을 걸어 둘 못 하나라도 만들 수 있겠느냐?

⁴ 기껏해야 땔감으로나 쓰일 뿐이다. 불에 던져 넣었다가 다시 꺼낸 그 나무 쪼가리를 보아라. 양쪽 끝은 타서 없어지고, 가운데 부분은 시커멓게 그을렸다. 그것을 무엇에 쓰겠느냐?

⁵ 아무 쓸 데가 없다. 성했을 때도 쓸모가 없었는데, 반쯤 타 버린 것을 대체 무엇에 쓰겠느냐?

⁶⁻⁸ 그러므로 주 하나님의 메시지다. 나는 숲의 나무 중에서 포도나무를 골라 땔감으로 쓰는 것처럼 예루살렘 주민을 다룰 것이다. 내가 그들을 철천지원수로 여길 것이다. 전에 한번 불에 그을렸던 그들이지만, 그 불이 다시 한번 그들을 사를 것이다. 내가 그들을 대적하는 날에, 너희는 내가 하나님인 줄 알게 될 것이다. 내가 이 나라를 황무지로 바꿔 놓을 것이다. 그들이 내게 반역했기 때문이다." 주 하나님의 포고다.

미모에 취해 자만한 예루살렘

16 1-3 하나님의 메시지가 내게 임했다. "사람의 아들아, 예루살렘이 벌인 어이없는 행각을 깨우쳐 주어라. 이렇게 말하여라. '예루살렘을 향한 주 하나님의 메시지다. 너는 가나안 사람들 사이에서 태어나고 자랐다. 네 아버지는 아모리 사람이고, 네 어머니는 헷 사람이다.

4-5 네가 태어난 날, 아무도 네 탯줄을 잘라 주지 않았고, 아무도 너를 목욕시켜 주지 않았다. 그날에 아무도 네 몸을 소금으로 문질러 주지 않았고, 아무도 너를 포대기로 감싸 주지 않았다. 너를 돌봐 준 사람이 아무도 없었다. 너를 따뜻이 보살펴 준 사람이 아무도 없었다. 너는 씻지 못한 더러운 모습 그대로 빈터에 버려졌다. 너는 버림받은 신생아였다.

6-7 바로 그때, 내가 그곳을 지나다가 비참하기 그지없는 핏덩어리인 너를 보았다. 그렇다. 위험하고 불결한 곳에 누워 있는 너를 보며 내가 말했다. "살아라! 들판의 초목처럼 자라라!" 그러자 나의 말대로, 너는 자랐다. 키가 자라고, 가슴 봉긋하여 긴 머리 휘날리는 성숙한 여인이 되었다. 그러나 너는 여전히 벌거벗은 채로 있었다.

8-14 내가 다시 지나다가 너를 보니, 너는 이제 사랑할 나이, 연인을 만날 나이가 되었다. 나는 너를 거두어 보살피고 옷을 입혀 주었다. 너를 보호해 주었다. 네게 사랑을 약속하고 너와 혼인 언약을 맺었다. 나 주 하나님이 네게 서약했다. 너는 내 것이 되었다. 내가 너를 목욕시켜 네 몸의 해묵은 핏자국을 씻겨 주고, 향기로운 기름을 발라 주었다. 네게 화려한 가운을 입히고 발에는 가죽신을 신겼다. 네게 모시옷과 값비싼 옷감으로 만든 최고급 옷을 입혀 주었다. 나는 너를 보석으로 아름답게 꾸몄다. 네 손목에 팔찌를 끼워 주고, 목걸이와 취옥 반지와 청보석 귀걸이와 다이아몬드 관으로 장식했다. 너는 모든 진귀하고 아름다운 것들을 받아 누렸다. 우아한 옷을 걸치고 꿀과 기름이 곁들여진 산해진미를 즐겼다. 너는 정말이지 대단했다. 너는 여왕이었다! 세계에 이름을 알린 너는 내 장신구로 단장한 완벽한 미인, 전설적인 미인이 되었다. 주 하나님의 포고다.

15-16 그러나 너는 네 미모에 취해 자만해지면서, 결국 길거리의 아무 남자

나 붙들고 침실로 가는, 흔해 빠진 창녀가 되었다. 너는 네 좋은 옷들로 장막을 만들고, 그곳에서 몸을 팔았다. 결단코 있어서는 안될 일이었다.'"

병든 영혼아!

17-19 "너는 내가 준 진귀한 보석과 금과 은을 가져다가 네 창녀집을 꾸밀 외설 조각상을 만들었다. 최고급 비단과 무명으로 네 침대를 장식하고, 거기에 나의 향유를 바르고 향을 뿌렸다. 너는 내가 마련해 준 산해진미를 —허브와 양념을 곁들인 신선한 빵과 과일을—가져다가 네 창녀집의 별식으로 내놓았다. 네가 그렇게 했다. 주 하나님의 말이다.

20-21 너는 네가 낳은 아들딸들, 나의 자녀인 그 아이들을 죽여 우상에게 제물로 바쳤다. 창녀가 된 것만으로는 충분치 않았더냐? 너는 살인까지 저질렀다. 나의 자녀들을 죽여 우상에게 제물로 바쳤다.

22 입에 담을 수조차 없는 역겨운 짓과 창녀짓을 벌여 온 그 세월 동안, 너는 단 한 번도 네 유아기 때를 돌아본 적이 없었다. 벌거벗은 핏덩이 적 시절을 기억하지 않았다.

23-24 이 모든 악행으로도 모자라서, 너는 성읍 광장마다 보란 듯이 창녀집을 세웠다. 화가 임하리라! 네게 화가 있으리라. 주 하나님의 말이다! 너는 붐비는 교차로마다 보란 듯이 창녀집을 차렸고, 지나가는 아무에게나 두 다리를 벌려 음란한 음부를 보였다.

25-27 급기야 너는 국제적으로 창녀짓을 했다. 이집트 사람들과 간통하고, 그들을 찾아다니며 광란의 섹스판을 벌였다. 네 방탕의 정도가 심해질수록, 나의 진노도 커져 갔다. 결국 나는 일어나 네 지경을 축소하고 너를 적들에게 넘겨주어 물어 뜯기게 했다. 너는 아느냐? 네 방탕한 생활은 블레셋 여자들이 보고 경악할 정도였다.

28-29 너는 만족을 모르는 음욕 때문에 앗시리아 사람들과도 간통했다. 그러나 여전히 만족할 줄 몰랐다. 너는 바빌론 사람들, 그 장사치 나라와도 간통했지만, 여전히 만족할 줄 몰랐다.

30-31 병든 영혼아! 이런 짓들을 벌인 너, 가히 창녀 중의 창녀다! 붐비는 교차로마다 보란 듯이 창녀집을 짓고, 동네마다 창녀촌을 세웠다. 그런

데 너는 보통 창녀들과 달리 화대를 받지 않았다.

32-34 　바람난 여자들은 보통 정부(情夫)에게 선물을 받는다. 남자가 창녀에게 화대를 지불하는 것이 일반적이다. 그런데 너는 오히려 정부에게 돈을 건넨다! 너는 사방에서 남자들을 돈 주고 사서 네 침실로 데려온다! 섹스의 대가로 돈을 받는 보통 창녀들과 정반대다. 그들의 호의에 감사하며 돈을 지불한다! 너는 매춘 일마저 변질시켜 놓았다!

35-38 　그러므로, 창녀야, 하나님의 메시지를 잘 들어라. 나 주 하나님이 말한다. 문란하기 이를 데 없는 너는 아무 앞에서나 옷을 벗어 네 치부를 자랑하듯 드러내고, 음란한 우상들을 숭배하며, 아이들을 죽여 그것들에게 바쳤다. 그러므로 내가 네 정부들을 모두 불러 모으리라. 네가 쾌락을 위해 이용했던 모든 자들, 네가 좋아했던 자들과 네가 혐오했던 자들을 다 모을 것이다. 내가 그들을 법정에 모아 구경꾼들처럼 너를 둘러싸게 할 것이다. 그리고 벌건 대낮에, 그들 보는 앞에서 내가 너를 발가벗길 것이다. 그러면 그들이 네 진상을 보게 되리라. 나는 간통죄와 살인죄를 물어 네게 벌을 선고할 것이다. 너에게 내 진노의 맛을 보여줄 것이다!

39-41 　내가 네 정부들을 다 모으고 그들에게 너를 넘겨줄 것이다. 그들이 네 뻔뻔스런 창녀집과 음란한 산당들을 다 허물어 버릴 것이다. 네 옷을 찢고 네 보석을 빼앗아 너를 발가벗길 것이다. 그러고는 군중을 불러 모을 것이다. 모인 군중이 네게 돌을 던지며 너를 칼로 난도질할 것이다. 그들이 네 집을 불태울 것이다. 모든 여자들이 지켜보는 앞에서 엄중한 심판이 있으리라!

41-42 　내가 너의 창녀짓을 완전히 끝장낼 것이다. 돈을 주고 남자들을 침실로 끌어들이는 일은 더 이상 할 수 없다! 그제야 나의 진노가 풀리고 질투가 가라앉을 것이다.

43 　네가 어렸을 적 일을 기억하지 않고 이런 짓들로 나를 노하게 했으니, 그 방종의 대가를 톡톡히 치르게 할 것이다. 역겨운 짓에 방탕까지 더해졌으니, 네가 치러야 할 값이 얼마나 크겠느냐?

44-45 　속담을 즐겨 사용하는 자라면 "그 어머니에 그 딸"이라고 말할 것이다. 너는 남편과 자식들에게 싫증 내던 네 어머니의 딸이다. 또 너는 남

편과 자식들에게 싫증 내던 네 자매 중 하나다. 네 어머니는 헷 사람이
며, 아버지는 아모리 사람이다.

46-48   네 언니는 사마리아다. 그녀는 딸들과 함께 네 북쪽에 살았다. 네 동
생은 소돔이며, 딸들과 네 남쪽에 살았다. 너도 그들과 똑같이 살지 않았
느냐? 그들처럼 차마 입에 담을 수 없는 역겨운 짓들을 벌이지 않았느
냐? 오히려, 너는 그들을 따라잡고 추월했다! 살아 있는 나 하나님을 두
고 맹세하며 말한다! 주 하나님의 포고다. 너와 네 딸들이 한 짓들에 비
하면 네 동생 소돔과 그 딸들의 소행은 새 발의 피다.

49-50   네 동생 소돔은 자기 딸들과 함께 온갖 사치를 부리며 살았다. 오만
했고, 탐욕스러웠으며, 게을렀다. 그들은 압제받는 자와 가난한 이들을
돕지 않았다. 거들먹거렸고 추잡했다. 그들이 결국 어떻게 되었는지 너
는 잘 알 것이다. 내가 그들을 아주 없애 버렸다.

51-52   그리고 사마리아. 사마리아의 죄는 네 반만큼도 되지 않는다. 네 역
겨운 행위들은 그녀를 훨씬 능가한다. 아니, 네 소행에 비하면 네 두 자
매는 선량해 보일 정도다! 정말 그렇다. 너에 비하면 네 자매들은 실로
성인군자들이다. 네 죄가 얼마나 그들을 능가하는지, 그들이 의인으로
보일 지경이다. 부끄럽지 않느냐? 네가 안고 살아야 할 수치다. 역사에
길이 남을 명성이 아니냐. 네 자매들의 죄를 능가하다니!

53-58   그러나 나는 소돔과 그 딸들, 사마리아와 그 딸들의 운명을 뒤집을
것이다. 그리고—잘 들어라—그들과 더불어 네 운명도 그러할 것이다!
어쨌거나 너는 네 수치를 안고 살아야 할 것이다. 네 수치를 마주하고
받아들임으로, 네 두 자매에게 얼마간 위안을 줄 것이다. 네 자매들, 소
돔과 그 딸들과 사마리아와 그 딸들은 옛 모습으로 돌아갈 것이요, 너
역시 그러할 것이다. 네가 거들먹거리면서 오만방자하게 동생 소돔을
깔보았던 시절을 기억하느냐? 그때는 네 악행들이 폭로되기 전이었다.
그러나 이제 네가 멸시의 대상이 되었다. 너는 에돔 여자와 블레셋 여자
와 주변 모든 자들에게 경멸을 받는 신세가 되었다. 그러나 너는 이 현
실을 직시해야 하고, 네 추악한 과거의 수치를 받아들여야 한다. 주 하
나님의 포고다.

59-63 　주 **하나님**이 말한다. 네가 내 맹세를 하찮게 여기고 나와의 언약을 깨
뜨렸으니, 나는 네가 행한 대로 갚아 줄 것이다. 그러나 나는 너와 어렸
을 적 맺었던 언약을 기억할 것이며, 너와 영원히 지속될 언약을 맺을 것
이다. 너는 후회스러운 네 과거를 기억할 것이며, 네가 너의 두 자매, 언
니와 동생을 다시 맞이하게 되는 날, 참으로 참회하게 될 것이다. 내가
그들을 네 딸들로 줄 것이다. 그러나 그들이 네 언약에 참여하게 되는 것
은 아니다. 나는 너와 맺은 언약을 굳게 세울 것이고, 그제야 너는 내가
하나님인 줄 알게 되리라. 너는 네 과거를 기억하고 그 수치를 마주하겠
지만, 내가 너를 위해 속죄를 행하고 네 모든 소행에도 불구하고 모든 것
을 바로잡아 줄 것이다. 그날 너는 차마 입을 열지 못할 것이다.'" 주 **하
나님**의 포고다.

독수리와 포도나무 비유

1-6 　**17** **하나님**의 **메시지**가 내게 임했다. "사람의 아들아, 이스라엘
　　　　족속을 위해 수수께끼를 하나 내어라. 그들에게 이야기를 들
려주어라. '주 **하나님**께서 말씀하신다.

큰 날개와 기다란 깃털을 가진
커다란 독수리 한 마리가,
화려한 빛깔의 날개를 활짝 펴고
레바논에 날아왔다.
독수리는 어느 백향목 꼭대기를 꺾고
그 가장 위쪽 순을 잘라서,
그것을 무역상들의 땅에 가져가
어느 상인들의 도성에 내려놓았다.
그리고 그 땅에서 난 순을 하나 따서,
강둑에 버드나무를 심듯
넉넉한 물가 비옥한 땅에 심었다.
순에 싹이 돋고 가지가 무성해져,

땅에 낮게 퍼지는 포도나무가 되었다.
그 포도나무 가지들이 독수리를 향해 뻗어 올라갔고,
뿌리는 땅속 깊숙이 뻗어 내렸다.
덩굴이 쭉쭉 뻗고
가지는 쑥쑥 자라났다.

7-8 큰 날개와 무성한 깃털을 가진
또 다른 커다란 독수리가 있었다.
그런데 이 포도나무가
멀리 있는 그 독수리로부터
물을 얻으려고,
심겨졌던 땅에서
그를 향해 뿌리를 뻗고,
가지들도 그를 향해 뻗어 갔다.
이 포도나무를 넉넉한 물가 비옥한 땅에 심은 것은,
가지를 내고 열매를 맺어
귀한 포도나무가 되게 하려는 것이었다.

9-10 주 하나님이 말한다.
그 포도나무가 과연 잘 자라겠느냐?
그 독수리가 뿌리째 뽑아 버려,
열매는 썩고
가지도 다 시들어
말라 죽은 포도나무가 되지 않겠느냐?
그런 포도나무를 뽑아 버리는 데는
힘이 많이 들지 않고, 손도 많이 필요 없다.
설령 다른 곳으로 옮겨 심는다 한들,
과연 잘 자라겠느냐?
뜨거운 동풍이 불어오면

시들어 버리지 않겠느냐?
심겨진 곳에서 말라 버려,
멀리 날려 가지 않겠느냐?'"

11-12 **하나님**의 메시지가 내게 임했다. "저 반역자 족속에게 말하여라. '알아
들었느냐? 이 이야기가 무엇을 뜻하는지 알겠느냐?'

12-14   그들에게 말하여라. 바빌론 왕이 예루살렘에 와서 왕과 지도자들을
바빌론으로 끌고 갔다. 그가 왕족 중에 하나를 데려다 언약을 맺고, 그
에게 충성을 맹세하게 했다. 바빌론 왕은 고위급 인사 전부를 포로로 붙
잡아 갔는데, 그것은 이 나라를 무력한—허튼 생각을 할 수 없는—상태
로 만들어, 언약을 지켜야만 살 수 있게 하려는 것이었다.

15   그런데 그가 반역을 했고, 이집트에 사절을 보내 군마와 대군을 청했
다. 이 일이 성공할 수 있으리라고 보느냐? 이렇게 하고도 너희가 무사
할 것 같으냐? 언약을 깨뜨리고도 벌을 면할 수 있겠느냐?

16-18   살아 있는 나 하나님을 두고 맹세하는데, 충성서약과 언약을 깨뜨린
왕은 그 나라 바빌론에서 죽을 것이다. 바빌론이 도성을 포위 공격하고
그 안의 모든 사람을 쳐죽일 때, 바로는 큰 대군을 갖고도 그 왕을 돕기
위해 손가락 하나 까닥하지 않을 것이다. 이것은 그가 엄숙히 맹세한 바
를 어기고 언약을 깨뜨리면서 이 같은 일을 서슴지 않았기 때문이다. 그
왕은 절대 무사하지 못할 것이다.

19-21   그러므로, 주 **하나님**이 말한다. 살아 있는 나 하나님을 두고 맹세하
는데, 나의 맹세를 업신여기고 나의 언약을 깨뜨린 그 왕은 대가를 톡톡
히 치를 것이다. 내가 추격대를 보내어 그를 붙잡으리라. 그를 바빌론으
로 데려가 재판할 것이다. 그의 정예병과 나머지 병사들 전부가 전장에
서 죽을 것이고, 살아남은 자들은 사방으로 흩어질 것이다. 그제야 너희
는 나 **하나님**이 말한 것을 알게 될 것이다.

22-24   주 **하나님**이 말한다. 내가 친히 높다란 백향목 끝에서 어린 가지 하나
를 꺾어다가, 높이 솟은 산, 이스라엘의 높은 산에 심을 것이다. 그것이

자라서 가지를 뻗고 열매를 맺어, 장대한 백향목이 될 것이다. 온갖 새들이 거기 깃들어 살게 될 것이다. 그 가지 그늘에 둥지를 틀 것이다. 나 하나님이, 높은 나무는 낮추고 낮은 나무는 높이며, 푸른 나무는 시들게 하고 마른 나무에 푸른 가지가 싹터 나오게 하는 줄, 들의 모든 나무가 알게 될 것이다. 나 하나님이 말했으니, 그것을 이룰 것이다.'"

각자 걸어온 길대로 심판하리라

¹⁻² **18** 나에게 임한 하나님의 메시지다. "어찌된 영문이냐. 나라에 이런 말이 돌다니.

> 부모가 덜 익은 사과를 먹더니,
> 자식들이 배탈이 났다.

³⁻⁴ 살아 있는 나 하나님을 두고 맹세하는데, 이스라엘에 더 이상 이 말이 돌지 않을 것이다. 남자나 여자, 아이나 부모, 자식 할 것 없이, 모든 영혼은 다 내 것이다. 너희는 너희 자신의 죄로 죽는 것이지, 다른 사람의 죄로 죽는 것이 아니다.

⁵⁻⁹ 정의롭고 올바르게 사는 의인이 있다고 하자. 그는,

> 이방 산당에 바쳐진 음식을 먹지 않고
> 이스라엘의 인기 높은 우상들을 숭배하지 않고
> 이웃의 배우자를 유혹하지 않고
> 함부로 성관계를 갖지 않고
> 누구도 학대하지 않고
> 담보물로 재산을 늘리지 않고
> 도적질하지 않고
> 주리는 이들에게 기꺼이 먹을 것을 주고
> 헐벗은 이들에게 입을 것 주기를 거절하지 않고
> 가난한 이들을 착취하지 않고

충동과 탐욕에 따라 살지 않고
사람을 차별하지 않고
나의 율례를 지키고
나의 규례를 높이며, 신실하게 그것을 따른다.
이처럼 올바르게 사는 사람은
참되고 충만한 삶을 살 것이다.
주 하나님의 포고다.

10-13 그런데, 이 사람에게 폭력을 휘두르고 살인을 자행하며 부모와 다르게 사는 자식이 있다고 하자. 그는,

이방 산당에 바쳐진 음식을 먹고
이웃의 배우자를 유혹하고
약자를 학대하고
도적질하고
담보물로 재산을 늘리고
우상을 숭배하고
역겨운 짓을 벌이고
가난한 이들을 착취한다.

이런 사람이 살 수 있을 것 같으냐? 천만의 말씀이다! 이런 추잡한 짓을 벌이는 자는 마땅히 죽을 것이다. 자신의 잘못으로 죽을 것이다.

14-17 그런데 이 사람에게도 자식이 있어, 자기 부모의 죄를 보면서 자랐다고 하자. 그런데 그는 부모처럼 살지 않는다. 그는,

이방 산당에 바쳐진 음식을 먹지 않고
이스라엘의 인기 높은 우상들을 숭배하지 않고
이웃의 배우자를 유혹하지 않고

> 누구도 학대하지 않고
> 돈을 꾸어 주기를 거절하지 않고
> 도적질하지 않고
> 주리는 이들에게 기꺼이 먹을 것을 주고
> 헐벗은 이들에게 입을 것 주기를 거절하지 않고
> 충동과 탐욕에 따라 살지 않고
> 가난한 이들을 착취하지 않는다.
> 그는 나의 말을 준행한다.
> 그는 나의 규례를 이행하며, 나의 율례를 따라 산다.

17-18 이런 사람은 그의 부모가 죄를 지었다고 해서 죽지 않는다. 그는 참되고 복된 삶을 살 것이다. 그러나 그의 부모는 자기 소행으로 인해 죽을 것이다. 그는,

> 약자를 압제하고
> 형제자매에게 강도짓을 하고
> 공동체에 큰 해를 끼치는 죄를 지었기 때문이다.

19-20 너희는 '부모의 죄값을 자식이 함께 치르는 것이 아닙니까?' 하고 묻는다만, 무슨 소리냐?

명백하지 않으냐? 그 자식은 공정하고 옳은 일을 했다. 힘써 정당하고 옳은 일을 한 그 자식은, 그로 인해 살 것이다. 바르고 행복하게 살아갈 것이다. 누가 죄를 지으면, 죄지은 그 사람이 죽는다. 자식은 부모의 죄값을 함께 치르지 않으며, 부모 역시 자식의 죄값을 함께 치르지 않는다. 네가 올바른 삶을 살면, 그 공로는 네게 돌아간다. 네가 악한 삶을 살면, 그 죄값 역시 네게 돌아간다.

21-23 그러나 악인이라도 죄짓던 삶에서 돌이켜 나의 율례를 지키고 정의와 공의로 살면, 그는 살 것이다. 참으로 살 것이다. 그는 죽지 않으리라. 그가 저지른 악행의 목록을 내가 삭제해 버릴 것이다. 그는 살 것이

다. 생각해 보아라. 내가 악인이 죽는 것을 기뻐하겠느냐? 나의 기쁨은 그들이 돌이켜서, 더 이상 잘못을 저지르지 않고 바르게 사는 것, 참된 삶을 사는 것이 아니겠느냐?

24 　반대로, 선하게 살던 사람이 바른 삶을 버리고 악인이 저지르는 온갖 추하고 역겨운 짓을 따라하는 경우도 마찬가지다. 이 사람이 살겠느냐? 나는 그가 행한 선행의 목록을 삭제해 버릴 것이다. 그는 자신의 반역과 그 쌓인 죄로 죽을 것이다.

25-28 　이를 두고 너희가 '공정하지 않다! 하나님이 공정하시지 않다!'고 말하느냐?

　이스라엘아, 잘 들어라. 내가 공정하지 않다고 보느냐? 공정하지 않은 쪽은 너희다! 선인이라도 선한 삶을 버리고 죄짓기 시작하면, 그는 그로 인해 죽을 것이다. 자기 죄로 죽는 것이다. 마찬가지로, 악인이라도 악한 삶에서 돌이켜 선하고 공명정대하게 살기 시작하면, 그는 자기 생명을 구할 것이다. 지금껏 자신이 저지른 모든 잘못을 직시하고 그것들과 단호히 결별하면, 그는 살 것이다. 참으로 살 것이다. 그는 죽지 않을 것이다.

29 　그런데 이스라엘은 계속 '공정하지 않다! 하나님이 공정하시지 않다!'며 징징거린다.

　이스라엘아, 나더러 공정하지 않다고 하느냐? 공정하지 않은 쪽은 너희다.

30-32 　이스라엘아, 요지는 이것이다. 나는 너희 각 사람이 걸어온 길대로 심판할 것이다. 그러니 돌이켜라! 반역 행위에서 돌이켜, 죄로 인해 나락에 떨어지는 일이 없게 하여라. 과거를 청산하여라! 부디 반역을 그쳐라. 마음을 새롭게 하여라! 영을 새롭게 하여라! 이스라엘아, 왜 죽고자 하느냐? 나는 누구의 죽음도 기뻐하지 않는다. 주 하나님의 포고다.

　과거를 깨끗이 청산하여라! 그리고 살아라!"

애가

19 이스라엘의 제후들을 위한 애가를 불러라.

¹⁻⁴

네 어머니는,
사자들 중에서도 실로 대단한 암사자였다!
젊은 사자 떼 가운데 몸을 웅크리고 살면서
새끼들을 크게 키웠다.
새끼들 중 하나가 자라서,
사나운 젊은 사자가 되었다.
그가 사냥하는 법을 배워,
사람을 잡아먹었다.
민족들이 경계했고,
덫을 놓아 그를 잡았다.
그들이 그를 갈고리로 꿰어
이집트로 끌고 갔다.

⁵⁻⁹

자신에게 운이 없다고,
새끼가 돌아올 가망이 없다고 생각한 암사자는,
다른 새끼를 골라
힘센 젊은 사자로 키웠다.
그는 다른 사자들과 어울려 먹이를 찾아다니는,
사나운 젊은 사자가 되었다.
그가 사냥하는 법을 배워,
사람을 잡아먹었다.
그는 사람들의 방어망을 뚫고 활보했으며,
그들의 도성을 폐허로 만들었다.
그가 포효하면
온 나라가 겁을 집어먹었다.
민족들이 합세하여 그를 사냥하러 나섰다.

모두가 그 사냥에 동참했다.
그들이 덫을 놓아
그를 포획했다.
그들은 그에게 나무 마구를 채워
바빌론 왕에게 데려갔다.
이제 더는 들리지 않는다.
이스라엘의 평화롭던 산들의 정적을 깨뜨리던 그 포효소리!

10-14 여기 또 다른 이야기가 있다.
네 어머니는 흐르는 강물 옆에 심긴,
포도원의 포도나무 같았다.
물이 넉넉하여
가지는 무성했고, 포도 열매 또한 풍성했다.
가지가 어찌나 튼튼하던지,
깎아서 제왕의 홀로 사용할 만했다.
포도나무는 하늘 높이 쑥쑥 자랐고,
쭉쭉 뻗은 가지들은
멀리서도 보일 정도로 무성했다.
그런데 분노의 손길이 그 나무를 잡고 뽑아
땅바닥에 내동댕이쳤다.
뜨거운 동풍이 불어오니 나무가 오그라지고
열매도 모두 떨어졌다.
튼튼했던 가지들은 다 말라서,
불쏘시개로밖에 쓸 수 없는 것이 되고 말았다.
이제 광야에 꽂힌 나무 막대기,
불모의 땅에 박힌 나무토막에 불과해,
그것은 불을 지필 때나
광야에 모닥불을 피울 때 쓸모 있을 뿐이다.
제왕의 홀로 사용할 만하던 그 튼튼한 가지들,

이제 흔적조차 없어졌다!

(이것이 애가로 불리는 슬픈 노래의 가사다.)

너희가 탐닉하던 것들을 모두 없애라

20 ¹ 일곱째 해 다섯째 달 십일에, 이스라엘의 지도자 몇 사람이 나를 찾아와 하나님의 인도를 구했다. 그들이 내 앞에 앉았다.

²⁻³ 그때 하나님의 메시지가 내게 임했다. "사람의 아들아, 이스라엘 지도자들과 이야기하고, 그들에게 전하여라. '주 하나님께서 말씀하신다. "너희가 내게 물으려고 왔느냐? 살아 있는 나 하나님을 두고 맹세하는데, 나는 너희가 묻는 것을 허락하지 않겠다. 주 하나님의 포고다."'

⁴⁻⁵ 사람의 아들아, 오히려 네가 그들에게 책임을 물어야 하지 않겠느냐? 그들의 조상이 저지른 모든 역겨운 짓을 그들의 코앞에 들이대라. 그들에게, 주 하나님께서 이렇게 말씀하신다고 전하여라.

⁵⁻⁶ '내가 이스라엘을 택한 날에, 나는 이집트 땅에서 그들에게 나 자신을 계시했다. 그때 나는 손을 들어 엄숙히 맹세하며, 야곱 백성에게 말했다. "나는 하나님, 곧 너의 하나님이다." 나의 손을 들어 엄숙히 맹세한 그날에, 나는 그들을 이집트 땅에서 이끌어 내어 내가 그들을 위해 택한 젖과 꿀이 흐르는 땅, 참으로 보석 같은 땅으로 데려가 주겠다고 약속했다.

⁷ 그때 나는 그들에게 말했다. "지금까지 너희가 탐닉하던 혐오스런 것들을 모두 없애라. 이집트 우상들로 너희를 더럽히지 마라. 오직 나만이 하나님, 곧 너희의 하나님이다."

⁸⁻¹⁰ 그러나 그들은 내게 반역했고, 도무지 내 말을 들으려 하지 않았다. 그 누구도 혐오스런 것들을 없애지 않았다. 모두가 제 목숨이나 되는 듯 이집트 우상들을 애지중지했다. 당장에 이집트에서 나의 진노를 그들에게 쏟아부을까 생각했지만, 나는 마음을 고쳐먹었다. 나는 내 감정이 아니라 내가 누구인지에 입각해서 행동했다. 이는 내가 그들을 둘러싼 민족들에게서, 모독이 아니라 공경을 얻고자 함이었다. 그 민족들은 내가 이집트에서 내 백성을 이끌어 내겠다고 약속하면서, 나 자신을 그들에게

계시하는 것을 보았기 때문이다. 나는 이스라엘을 이집트에서 데리고 나와 사막으로 인도했다.

11-12 나는 그들에게 삶의 규례를 정해 주었고, 내 앞에서 복된 순종의 삶을 사는 법을 보여주었다. 나는 그들에게 매주 지켜야 할 나의 거룩한 휴식, 나의 안식일을 정해 주었다. 이는 나 하나님이 그들을 거룩하게 하는 일에 관심이 있음을 보여주는, 그들과 나 사이의 징표였다.

13-17 그러나 이스라엘은 광야에서 내게 반역했다. 그들은 나의 율례를 따르지 않았고, 복된 순종의 삶을 살라고 내가 정해 준 규례를 무시했다. 그들은 나의 거룩한 안식일도 철저히 더럽혔다. 나는 당장에 광야에서 그들에게 나의 진노를 쏟아부을까 생각했지만, 마음을 고쳐먹었다. 나는 내 감정이 아니라 내가 누구인지에 입각해서 행동했다. 이는 내가 그들을 이끌어 내는 것을 본 민족들에게서, 모독이 아니라 공경을 얻고자 함이었다. 그러나 나는 그 광야에서 내 손을 들어 엄숙히 맹세하기를, 내가 그들을 위해 골라 놓은 젖과 꿀이 흐르는 땅, 보석 같은 땅으로 절대 그들을 데려가지 않겠다고 다짐했다. 내가 이렇게 나의 약속을 파기한 것은, 순종의 삶을 살라고 내가 준 규례를 그들이 멸시하고 나의 율례를 따르지 않았으며, 더 나아가 나의 거룩한 안식일을 더럽혔기 때문이다. 그들은 우상을 따라가는 것을 더 좋아했다. 하지만 나는 그들의 행위대로 다 갚지 않았다. 광야에서 그들을 다 쓸어버리지 않았고, 멸절시키지 않았다.

18-20 그 후 나는 광야에서 그들의 자녀들에게 말했다. "너희 부모들처럼 하지 마라. 그들의 행습을 좇지 마라. 너희는 그들의 우상들로 너희를 더럽히지 마라. 내가 바로 하나님, 너희의 하나님이다. 나의 율례를 지키고 나의 규례를 따라 살아라. 나는 하나님 곧 너희의 하나님이니, 나와 너희 사이의 징표와도 같은 나의 안식일을 거룩한 휴일로 지켜라."

21-22 그러나 그 자녀들도 내게 반역했다. 그들은 나의 율례를 따르지 않았고, 바르고 복된 삶을 살라고 준 나의 규례를 지키지 않았으며, 나의 안식일을 더럽혔다. 나는 당장에 광야에서 그들에게 나의 진노를 쏟아부을까 생각했지만, 마음을 고쳐먹었다. 나는 내 감정이 아니라 내가 누구

인지에 입각해서 행동했다. 이는 내가 그들을 이끌어 낸 것을 본 민족들에게서, 모독이 아니라 공경을 얻고자 함이었다.

23-26 그러나 나는 그 광야에서 내 손을 들어 엄숙히 맹세하기를, 나의 규례를 지키지 않고 나의 율례를 따라 살지 않은 그들을 온 세상에 흩어 버리고 사방으로 쫓아 버리리라 다짐했다. 그들은 나의 안식일을 더럽혔고, 조상이 빠져 살았던 우상들에 여전히 빠져 있었다. 악하게 살기로 작정한 그들이었기에, 나는 그들에게 선을 낳지 못하는 율례와 생명을 낳지 못하는 규례를 주었다. 나는 그들을 내쳤다. 더러운 시궁창에 처박힌 그들은, 맏이를 불살라 제물로 바치는 사악한 일까지 저질렀다. 그 소름끼치는 일 이후에 그들은 내가 하나님인 줄 깨달았어야 했다.'

27-29 그러므로, 사람의 아들아, 이스라엘에게 말하여라. 그들에게 하나님이 이렇게 말한다고 전하여라. '너희 조상은 그런 짓을 하고도 부족하여 나를 반역하고 모욕하기까지 했다. 내가 일찍이 그들에게 주겠다고 엄숙히 약속한 땅으로 그들을 인도했더니, 그들은 음란한 종교 산당이 서 있는 언덕이나 신전 창녀들이 있는 숲만 보면 그리로 달려갔고, 이교의 온갖 풍습을 받아들였다. 나는 그들에게 말했다. "그래, 너는 어느 언덕을 찾아가느냐?"'(지금도 그런 언덕을 '매춘 언덕'이라 부른다.)

30-31 그러므로, 이스라엘에게 전하여라. '주 하나님의 메시지다. 너희는 너희 조상이 걷던 길을 그대로 답습하며 삶을 더럽히고 있다. 그들의 추한 짓을 따라하며 너희도 창녀가 되었다. 너희는 자녀를 불살라 제물로 바치면서—오늘까지도!—너희 우상들처럼 부정한 존재가 되었다.

이스라엘아, 그러니 내가 너희의 묻는 것을 받아 줄 것 같으냐? 살아 있는 나 하나님을 두고 맹세하는데, 나 주 하나님은 너희가 묻는 것을 허락하지 않을 것이다!

32 너희 은밀한 생각대로 되지는 않을 것이다. 너희는 속으로 생각하기를, "우리도 다른 민족들처럼 될 것이다. 우리 마음대로 다룰 수 있는 신들을 만들어 예배할 것이다" 한다.

33-35 살아 있는 나 하나님을 두고 맹세한다. 주 하나님의 말이다. 그럴 일은 결단코 없을 것이다! 무시무시한 위력과 폭풍 진노 중에, 내가 너희를

다스리는 왕으로 등극하리라! 무시무시한 위력과 폭풍 진노 중에, 내가 너희를 여러 민족에게서 데리고 나오고, 흩어져 살던 나라들에서 거두어 모을 것이다. 내가 너희를 민족들의 광야로 데려가고 법정으로 끌고 가서, 직접 대면하여 심판할 것이다.

36-38 이집트 광야에서 내가 너희 조상을 대면하여 심판했듯이, 내가 너희를 대면하여 심판할 것이다. 너희가 도착하면 내가 너희를 샅샅이 조사하고 언약의 끈으로 포박할 것이다. 반역자와 배신자를 가려낼 것이다. 내가 그들을 포로 상태에서 벗어나게 하겠지만, 이스라엘로 다시 데려오지는 않을 것이다.

그제야 너희는 내가 **하나님**인 줄 알게 될 것이다.

39-43 너희 이스라엘 백성들아, 너희를 향한 **하나님**의 **메시지**다. 우상들을 섬길 테면, 계속 섬겨 보아라! 그러나 후에 너희는 생각을 다시 하게 될 것이다. 이교 예물과 우상들로 내 얼굴에 먹칠하던 짓을 그만두게 될 것이다. 나 주 **하나님**이 나의 거룩한 산, 이스라엘의 드높은 산에 서서 너희 이스라엘 온 백성을 향하여, 나를 경배하라고 말할 것이기 때문이다. 내가 두 팔을 활짝 펴고 너희를 받아 줄 것이다. 내가 너희에게 최고의 예물과 헌물을, 거룩한 제사를 요구할 것이다. 무엇보다도 너희가 흩어져 살던 땅과 나라들에서 내가 다시 너희를 데려오는 날에, 나는 너희 자신을 으뜸가는 예물로 받아 줄 것이다. 나는 온 세상이 보는 앞에서, 내가 거룩한 이임을 나타내 보일 것이다. 내가 너희를 이스라엘 땅, 곧 내가 너희 조상에게 주겠다고 엄숙히 손을 들어 약속한 땅으로 다시 들이는 날, 너희는 내가 **하나님**인 줄 알게 될 것이다. 그날 거기서, 너희는 지난 행위와 자신을 더럽히며 살아온 지난 길을 떠올리며 스스로를 혐오하게 될 것이다.

44 그러나 사랑하는 이스라엘아, 나는 나의 감정이 아니라 내가 누구인지에 입각해서 너희의 악한 삶, 너희의 부정한 과거를 처리할 것이다. 그날에, 너희는 내가 **하나님**인 줄 알게 될 것이다. 주 **하나님**의 포고다.'"

45-46 **하나님**의 **메시지**가 내게 임했다. "사람의 아들아, 얼굴을 남쪽으로 돌려

라. 남쪽을 향해 메시지의 포문을 열어라. 남쪽 황무지 숲을 대적하며 예언하여라.

47-48 남쪽 숲을 향해 말하여라. '**하나님의 메시지**를 들어라! 주 **하나님**께서 말씀하신다. 내가 네 안에 불을 놓으리라. 죽은 나무든 산 나무든, 모든 나무를 태워 버릴 불이다. 누구도 끄지 못할 불이다. 남쪽부터 북쪽까지, 나라 전역이 숯검정으로 뒤덮일 것이다. 그 불은 나 **하나님**이 일으켰으며, 결코 꺼지지 않을 것임을 모두가 알게 될 것이다.'"

49 내가 말했다. "오 **하나님**, 모두 저를 두고 '이야기를 지어내는 자'라고 합니다."

하나님의 칼

1-5 **21** **하나님의 메시지**가 내게 임했다. "사람의 아들아, 이제 얼굴을 예루살렘으로 향하고, 성소를 향해 메시지의 포문을 열어라. 이스라엘 땅을 대적하며 예언하여라. '**하나님의 메시지**다. 내가 너를 대적한다. 내 칼을 칼집에서 꺼내어 악인과 의인을 모두 쳐죽일 것이다. 선인이든 악인이든 가리지 않을 것이니, 남쪽에서 북쪽까지 모든 사람이 나의 칼을 받을 것이다! 내가 작정하고 칼을 꺼내 들었음을 모두가 알게 될 것이다.'

6 그러니 사람의 아들아, 탄식하여라! 괴로워하며 몸을 구부려라! 사람들 앞에서 소란을 피워라!

7 사람들이 '무엇 때문에 이렇게 탄식하며 난리를 피우는 거요?' 하고 물으면, 너는 이렇게 말하여라. '곧 전해질 소식 때문이다. 그 소식이 당도하면 모두 질겁해 숨이 막히고, 심장이 얼어붙고, 무릎이 후들후들 떨릴 것이다. 그 소식이 오고 있다. 아무도 막을 수 없다. 주 **하나님**의 포고다.'"

8-10 **하나님의 메시지**가 내게 임했다. "사람의 아들아, 그들에게 예언을 전하여라. '주께서 말씀하시기를,

칼이다, 칼!
날카롭게 번쩍이는 칼,
살육을 위해 날을 세우고
번갯빛이 나도록 광을 냈다.

나의 자녀여, 너는 나무 막대기 우상을 숭배하면서
유다의 홀을 멸시했다.

11 그 칼, 쥐고 휘두르라고
광을 낸 칼이다.
살인자에게 주어 휘두르게 하려고
갈고 닦은 칼이다.'

12 사람의 아들아, 비명을 지르며 통곡하여라.
그 칼이 내 백성을 친다!
이스라엘의 제후들과 나의 백성이
그 칼에 맞는다!
가슴을 쥐어뜯어라!
머리칼을 잡아 뜯어라!

13 '시험은 오게 마련이건만,
어찌하여 너는 훈육을 멸시했느냐?
이는 피할 수 없는 시험이다.
주 하나님의 포고다.'

14-17 그러니, 사람의 아들아, 예언하여라!
손뼉을 쳐서, 사람들의 주목을 끌어라.
그 칼이 한 차례, 또 한 차례, 그리고 또 한 차례
그들을 내리칠 것이라고 알려 주어라.

그것은 살육하는 칼,

학살하는 칼,

무자비한 칼,

아무도 피할 수 없는 칼이다.

사람들이 오른쪽과 왼쪽으로 고꾸라지며,

도미노처럼 픽픽 쓰러진다.

내가 도성의 성문마다

도살용 칼을 세워 놓으리라.

그 예리한 칼이

이리 번쩍 저리 번쩍하며

오른쪽에서 베고 왼쪽에서 찌르며,

마구 도륙할 것이다!

그런 다음 내가 손뼉을 쳐,

나의 진노가 풀렸음을 알리리라.

나 하나님이 말한다."

18-22 **하나님**의 메시지가 내게 임했다. "사람의 아들아, 바빌론 왕의 칼이 올 두 길을 정해 표를 하여라. 두 길은 같은 장소에서 출발하게 하여라. 각 길마다 시작 지점에 푯말을 세워라. 한 푯말에는 암몬 사람들의 랍바로 가는 길이라 적고, 다른 푯말에는 유다와 요새 예루살렘으로 가는 길이라 적어라. 그 두 길이 갈리는 지점에 바빌론 왕이 서서, 어느 길로 가야 할지 점을 쳐 결정할 것이다. 제비를 뽑거나, 우상 앞에서 주사위를 던지거나, 염소의 간을 살펴볼 것이다. 그가 오른손을 펴면, 이런 점괘가 나올 것이다. '예루살렘으로 가라!' 그리하여 그가 출정길에 오를 것이다. 성벽 부수는 무기를 들고서 살기등등한 함성을 지를 것이다. 공격용 축대를 쌓고 성문을 때려 부술 것이다.

23 맹세하던 유다 지도자들에게는 이것이 거짓 점괘로 보이겠지만, 바빌론 왕이 와서 그들의 죄를 상기시키고 그들을 붙잡아 갈 것이다.

24   그러므로 주 **하나님**이 말한다. '너희 죄가 만천하에 공개되고 죄상이 낱낱이 드러난 이상, 너희는 붙잡혀 가고야 말 것이다.

25-27   시드기야야, 이스라엘의 극악무도한 왕아, 시간이 다 되었다. 이제 죄값을 치를 때다. **하나님**이 말한다. 네 머리에서 왕관을 벗어 던져라. 이제, 잔치는 끝났다. 바닥을 기던 자들이 올라설 것이요, 높은 자리에 앉았던 자들이 바닥으로 거꾸러질 것이다. 파멸, 파멸, 파멸이다! 내가 전부 파멸시켜 폐허로 만들 것이다. 그곳은 정당한 권리를 가진 자가 올 때까지 계속 폐허로 남아 있을 것이다. 그 사람이 오면, 내가 그곳을 그에게 넘겨줄 것이다.'

28-32   그러나 사람의 아들아, 네가 할 일은 예언하는 것이다. 그들에게 전하여라. '이는 주 **하나님**께서 암몬 사람과 그들의 비열한 조롱을 대적하며 주시는 메시지다.

칼이다!
도살하는 칼이 **뽑혔다**!
면도날처럼 날카롭고
번갯빛처럼 번쩍거린다.
그 칼에 관해 암몬에 거짓 선전이 나돌고 있으나
죄값을 치르는 날,
그 칼이 암몬 사람의 목을 칠 것이다.
네 칼은 다시 칼집에 넣어라! 내가 너를 네 고향 땅에서,
네가 자란 땅에서 심판하리라.
내가 네게 나의 진노를 쏟아붓고,
뜨거운 분노로 씩씩거리며 네 목을 조일 것이다.
내가 너를, 사람을 능숙하게 고문하는
짐승 같은 자들에게 넘겨주리라.
너는 땔감이 될 것이다.
네 땅은 시체로 뒤덮이고,
너는 흔적조차 없이 사라져, 그대로 잊혀질 것이다.

나 **하나님**이 말한다.'"

피의 도성 예루살렘

22 ¹⁻⁵ **하나님**의 **메시지**가 내게 임했다. "사람의 아들아, 피비린내 진동하는 저 도성을 심판하려느냐? 네가 심판하겠느냐? 그렇게 하여라! 그 성읍 사람들이 저지른 역겨운 짓을 그들 코앞에 들이대어라. 그들에게 전하여라. '주 **하나님**께서 말씀하신다. 뼛속까지 살인자인 도성아, 너는 매를 벌었다. 우상에 빠진 도성아, 너는 스스로 부정해졌다. 손에 피를 묻히며 죄를 쌓았고, 우상을 만들어 자신을 더럽혔다. 스스로 명을 재촉한 너, 내가 너를 뭇 민족의 놀림거리, 온 세상의 웃음거리로 만들리라. 먼 나라든 가까운 나라든, 모두가 너를 추악하고 혼란스럽기로 이름난 곳이라 부르며 비웃을 것이다.

⁶⁻¹² 네 지도자들, 이스라엘 제후들은 서로 앞다투어 죄짓는 자들이다. 그리고 너는 부모를 업신여기고 외인을 억압하며, 고아와 과부를 학대한다. 너는 나의 거룩한 기물을 아무렇게나 다루며 나의 안식일을 더럽힌다. 네 백성은 거짓말을 퍼뜨리고 손에 피를 묻히며, 언덕 위 음란한 산당에 떼로 몰려가 간음을 일삼는다. 근친상간이 도처에 널렸다. 남자는 여자의 준비 여부나 의사와 상관없이 완력으로 성관계를 가진다. 성문화가 거의 무정부상태다. 상대를 가리지 않는다. 이웃도, 며느리도, 여동생도 범한다. 청부살인이 횡행하고, 고리대금이 만연하며, 강탈이 다반사다.

너는 나를 잊었다. 주 **하나님**의 포고다.

¹³⁻¹⁴ 자, 보아라! 내가 손뼉을 쳐서, 모두가 네 게걸스러운 탐욕과 짐승 같은 잔악함을 주목하게 했다. 과연 네가 버틸 수 있겠느냐? 내가 너를 손보기 시작하면, 네가 과연 감당할 수 있겠느냐?

¹⁴⁻¹⁶ 나 **하나님**이 말하였으니, 내가 끝장내겠다. 내가 너를 사방으로 던져 버리겠다. 온 세상에 흩어 버릴 것이다. 네 추잡한 삶을 끝장낼 것이다. 너는 민족들이 보는 앞에서, 스스로 오물을 뒤집어쓸 것이다. 그제야 너는 내가 **하나님**인 줄 알게 될 것이다.'"

17-22 **하나님**의 **메시지**가 내게 임했다. "사람의 아들아, 이스라엘 백성은 내게 찌꺼기다. 용광로 안에서 구리와 주석과 철과 납을 정련하고 남은 쓰레기, 무가치한 찌꺼기 더미다. 그러므로 그들에게 말하여라. '주 **하나님**이 말한다. 무가치한 찌꺼기가 되어 버린 너희에게 이제 통보한다. 내가 너희를 예루살렘에 한데 모으리라. 사람들이 은과 구리와 철과 납과 주석을 용광로 안에 모아 놓고 불을 뿜어 녹이듯이, 내가 나의 진노로 너희를 모아 녹일 것이다. 나의 진노의 불을 뿜어 너희를 용광로 안에서 녹여 버릴 것이다. 은이 녹듯 너희가 녹을 것이다. 그제야 비로소, 너희는 나 **하나님**이 나의 진노를 너희에게 퍼부었음을 깨닫게 될 것이다.'"

23-25 **하나님**의 **메시지**가 내게 임했다. "사람의 아들아, 유다에게 말하여라. '너는 나의 진노로 인하여 비 한 방울 내리지 않는 땅이다. 눈이 벌겋게 충혈된 네 지도자들은, 으르렁거리며 달려들어 닥치는 대로 물어뜯고 죽이는 사자 떼와 같다. 강탈을 일삼는 그들이 휩쓸고 간 자리에 무수한 과부들이 남았다.

26-29 네 제사장들은 나의 법을 어기고, 나의 거룩한 기물을 더럽혔다. 그들은 거룩한 것과 속된 것을 구별하지 못한다. 그들은 백성들이 옳고 그름을 구별하지 못하게 만든다. 나의 거룩한 안식일을 업신여기고, 나를 자기들 수준으로 끌어내리며 모독한다. 네 정치인들은 먹이만 있으면 달려들어 물어뜯고 삼키는 이리 떼와 같다. 네 설교자들은 특별한 비전과 계시를 받은 체하며 정치인들의 뒤치다꺼리를 도맡는다. 하나님이 말하지 않았는데도, "주 **하나님**께서 이렇게 말씀하셨다" 하며 설교한다. 강탈이 횡행하고 강도짓이 만연하며, 가난하고 빈궁한 이들이 학대를 당하며, 외국인들이 호소도 못한 채 부당하게 쫓겨난다.'

30-31 나는 이 모든 일에 맞서서 도성의 성벽을 보수하고 무너진 성벽의 틈에 서서, 내가 이 땅을 멸망시키지 못하게 막아 줄 누군가를 찾았다. 그러나 그런 자는 없었다. 그런 자를 한 사람도 찾지 못했다. 그러므로 나는 그들에게 나의 진노를 쏟아부을 것이다. 나의 뜨거운 분노로 그들을 바싹 태우고, 그들이 저지른 그 모든 행위의 대가를 치르게 할 것이다. 주

하나님의 포고다."

욕정에 사로잡힌 두 음녀

23 하나님의 메시지가 내게 임했다. "사람의 아들아, 두 여인이 있었다. 그들은 한 어머니에게서 났다. 그들은 어려서부터 이집트에서 창녀일을 했다. 사내들이 그들의 유방을 애무하고, 그들의 어린 젖가슴을 만지작거렸다. 그들의 이름은 언니가 오홀라요, 동생은 오홀리바다. 그들은 내 딸들이었고, 각기 아들딸을 낳았다.

1-4 오홀라는 사마리아고, 오홀리바는 예루살렘이다.

5-8 오홀라는 내 슬하에 있을 때부터 창녀짓을 하고 다녔다. 그녀는 앗시리아 사람들에게 욕정을 품었다. 푸른 제복을 말쑥이 차려입은 지휘관들, 특사와 총독들, 멋진 말을 탄 젊은 미남자들에게 말이다. 오홀라의 욕정은 제어불능이었다. 그녀는 앗시리아 엘리트들과 음행하고, 그들이 섬기는 우상으로 자신을 더럽혔다. 오홀라는 지칠 줄 몰랐다. 어렸을 적 이집트에서 시작한 창녀짓을 줄기차게 계속하며 사내들과 잠자리를 같이했고, 사내들은 그녀의 젖가슴을 가지고 놀며 정욕을 쏟아 냈다.

9-10 그래서 나는 그녀가 그토록 탐하는 앗시리아 사람들에게 그녀를 내주었다. 그랬더니 그들이 그녀의 옷을 찢어 벗기고, 그녀의 자식들을 빼앗아 갔다. 그리고 결국 모욕을 주며 그녀를 죽였다. 이제 그녀는 여자들 사이에서 '수치'라는 이름으로 불린다. 그녀에게 떨어진 역사의 심판이다.

11-18 그녀의 동생 오홀리바는 그 일을 다 지켜보았으면서도, 언니보다 더 심하게 욕정을 좇으며 창녀짓을 일삼았다. 그녀도 앗시리아 사람들에게 욕정을 품었다. 특사와 총독들, 말쑥한 제복을 입고 멋진 말에 올라탄 지휘관들, 곧 앗시리아의 엘리트들을 향해 그렇게 했다. 그녀도 언니만큼이나 더러워질 대로 더러워졌다. 두 여자 모두 같은 길을 간 것이다. 그러나 오홀리바는 언니를 능가했다. 그녀는 허리에 화려한 띠를 두르고 머리에 멋진 관을 쓴, 바빌론 사람들의 모습이 새겨진 적색 벽부조를 보더니, 중요한 인물 같은 그 모습에 반해 욕정을 누르지 못하고 바빌론으로 초대장을 보냈다. 바빌론 사람들이 한걸음에 달려와서 그녀와 간음

하며 안팎으로 더럽혔다. 그들이 그녀를 철저히 더럽힌 뒤에야, 그녀의 마음이 그들에게서 멀어졌다. 오홀리바는 아예 드러내 놓고 음행을 하며, 치부를 온 세상에 드러내 보였다.

18-21   나는 그녀의 언니에게 그랬던 것처럼 그녀에게도 등을 돌렸다. 그러나 그녀는 개의치 않았다. 그녀는 전보다 더 심하게 창녀짓을 일삼았다. 어린 시절 이집트에서 막 창녀생활을 시작했을 때를 생각하며 더 추잡하고 저속하고 난폭한 남자들—욕정에 사로잡힌 종마들—과 욕정을 불태우고 싶어 했다. 그녀는 이집트에서 남자들이 자기의 어린 젖가슴을 애무하던 시절을 그리워했다.

22-27   '그러므로, 오홀리바야, 주 하나님의 메시지다. 내가 너의 옛 정부들, 네가 싫증 냈던 그들을 충동질하여 너를 치게 하겠다. 바빌론 사람과 모든 갈대아 사람, 브곳과 소아와 고아 사람, 모든 앗시리아 사람—젊은 미남자들, 특사와 총독들, 엘리트 고관과 유명인사들—이 사방에서 너를 치러 올 것이다. 모두 멋지고 혈기왕성한 말을 타고 올 것이다. 완전무장한 그들이 전차와 병력을 이끌고 북쪽에서 밀고 내려올 것이다. 내가 그들에게 심판의 임무를 맡기겠다. 그들이 자신들의 법에 따라 너를 처단할 것이다. 그들이 맹렬한 공격을 퍼부을 때 나도 가차 없이 너를 대적할 것이다. 그들은 네 사지를 절단하고, 네 귀와 코를 잘라 내고, 무차별적으로 학살할 것이다. 그들이 네 아들딸을 종으로 붙잡아 가고 남은 자들을 불태울 것이다. 네 옷을 찢어 벗기고, 네 장신구들을 빼앗아 갈 것이다. 나는 네 음란한 생활, 이집트에서 시작한 창녀생활에 종지부를 찍을 것이다. 너는 더 이상 창녀짓을 꿈꾸지 않고, 더는 이집트 생활을 추억하지 않을 것이다.

28-30   주 하나님의 메시지다. 나는 너를 네가 증오하는 자들에게, 네가 퇴짜 놓은 자들에게 넘겨줄 것이다. 그들이 너를 증오하여 너를 발가벗기고, 음행하던 네 몸뚱이를 백주 대낮에 공개적으로 전시할 것이다. 너의 음란한 짓이 만방에 폭로되리라. 네 욕정이 너를 이 지경으로 이끌었다. 너는 이방 민족들과 바람을 피웠고, 그들이 섬기는 우상으로 스스로를 더럽혔다.

31-34   너는 네 언니를 그대로 따라했으니, 네 언니가 마셨던 잔도 받아야
할 것이다.

이는 주 하나님의 메시지다.

너는 네 언니의 잔을 마시게 되리라.
협곡처럼 깊고 대양처럼 넓은 그 잔을
남김없이 비우고,
따돌림과 조롱을 당할 것이다.
너는 취해 비틀거리다 자빠질 것이다.
네가 눈물 흘리며 마시게 될 거대한 그 공포의 잔은,
네 언니 사마리아가 마신 잔이다.
너는 그 잔을 깨끗이 비우고,
산산조각 내어, 조각까지 씹어 먹으리라.
그리고 마침내 네 젖가슴을 쥐어뜯으리라.
내가 말했다.
주 하나님의 포고다.

35 그러므로 주 하나님이 말한다. 네가 나를 아주 잊고서 등 뒤로 밀쳐놓았
으니, 이제 너는 네 행위의 대가를 치러야 한다. 음란에 빠져 창녀짓을
저지른 값을 치러야 한다.'"

36-39 그때 하나님께서 내게 말씀하셨다. "사람의 아들아, 오홀라와 오홀리바
를 심판하지 않겠느냐? 간음에서 살인에 이르기까지, 그들이 지금껏 저
지른 모든 역겨운 짓을 그들 앞에 들이대어라. 그들은 우상과 간통하고,
내 자녀인 그들의 아들딸을 제물로 잡아 우상의 상에 올리기까지 했다!
거기에 더하여, 그들은 나의 거룩한 성소를 더럽히고 나의 거룩한 안식
일을 범했다. 제 자식을 우상에게 제물로 바치던 날, 그들은 나의 성소에
침범해 들어와 그곳을 더럽혔다. 그것이 바로 그들이 한 짓이다. 나의 집

에서!

40-42   그뿐 아니라, 그들은 먼 곳까지 특사를 보내 사내들을 초청했다. 두 자매는 좋다고 달려온 그 사내들을 맞으려고, 몸을 씻고 화장하고 야한 속옷을 입었다. 그들은 향과 기름으로—나의 향과 기름으로—단장한 호화로운 침대에 몸을 기대고 누웠다! 술 취한 어중이떠중이들이 몰려와서, 다투어 가며 두 자매의 팔에 팔찌를 끼우고 머리에 관을 씌웠다.

43-44   내가 '그 두 자매는 이제 퇴물이다!' 하고 말해 주어도, 그들은 막무가내였다. 창녀를 찾아 헤매는 자들처럼, 밤낮을 가리지 않고 두 자매의 문을 두드렸다. 그들은 그렇게 오홀라와 오홀리바, 그 한물간 창녀들을 이용했다.

45   의로운 자들이 그들에게 심판을 선언하고, 간음죄와 살인죄를 물어 실형을 선고할 것이다. 그렇다. 간음과 살인이 그들이 평생 해온 짓이다.

46-47   **하나님**이 말한다. 폭도를 모아 그들을 덮치게 하여라. 공포와 약탈이 일어나리라! 폭도가 그들을 돌로 치고 난도질하게 하여라. 그들의 아들 딸들을 다 죽이고, 집을 불태워라!

48-49   내가 이 나라에서 음란을 끝장내고, 모든 여자들이 너희를 보고 경각심을 갖게 할 것이다. 욕정에 사로잡힌 너, 그 값을 치를 것이다. 우상과 난잡한 짓을 벌인 너, 그 대가를 톡톡히 치를 것이다. 그제야 너는 내가 주 **하나님**인 줄 알게 될 것이다."

오물로 뒤범벅된 이스라엘

1-5   **24** 아홉째 해 열째 달 십일에, **하나님**의 **메시지**가 내게 임했다. "사람의 아들아, 오늘 날짜를 기록해 두어라. 바로 오늘 예루살렘이 바빌론 왕에게 포위되었다. 그 반역자 무리에게 이야기를 하나 들려주어라.

'솥을 걸고
물을 가득 부어라.
고깃덩이를 집어넣어라.

최상등급 고기—허리와 가슴부위—로 하여라.
양 떼에서 가장 좋은 놈들을 골라
최상급 뼈를 넣어라.
솥 밑에 장작을 쌓아라.
불을 지펴
국을 펄펄 끓여라.

6 주 **하나님**이 말한다.

살인의 도성이여,
벗겨낼 수 없을 만큼 두껍게
찌끼와 오물이 낀 솥이여, 화가 있으리라!
고기를 한 점 한 점 다 꺼내어 솥을 비워라.
그것들을 누가 물어 가든 신경 쓸 것 없다.

7-8 도성 전체가
살해당한 자들의 피로 물들어 있다.
길거리 돌들마다 피가 흥건하나,
닦아내려는 사람이 없다.
모두가 보는 대로에 흐르는 피,
나의 진노를 불러일으킨다.
나의 보복을 불러들인다.

9-12 그러므로, 주 **하나님**이 말한다.

살인의 도성에 화가 있으리라!
나도 장작을 쌓겠다.
나무를 많이 넣고
불을 지펴서

고기를 푹 삶고, 양념도 곁들인 뒤에 국물은 쏟아 버리고,
뼈들은 태워 버리겠다.
빈 솥을 숯불 위에 올려놓고
놋쇠가 빨갛게 달아오르도록 달구어,
병균을 죽이고
오염물을 모두 태워 버리겠다.
하지만 소용없다. 너무 늦었다.
그러기에는 오물이 너무 두껍다.

13-14 두꺼운 껍질이 되어 버린 오물은 바로 너의 음행이다. 내가 너를 깨끗이 닦아 주려고 했지만, 너는 그것을 거부했다. 내 진노가 가라앉을 때까지 나는 너를 닦아 주지 않을 것이다. 나 **하나님**이 말했으니, 그대로 이룰 것이다. 지체하지 않을 것이다. 내 자비는 이제 동이 났다. 내 마음이 바뀔 일은 없을 것이다. 너는 네가 초래한 일을 겪을 것이다. 주 **하나님**의 포고다.'"

에스겔의 아내가 죽다

15-17 **하나님**의 메시지가 내게 임했다. "사람의 아들아, 내가 네게서 삶의 즐거움을 앗아 가련다. 큰 불행이 네게 닥칠 것이다. 그러나 부디 눈물을 보이지 마라. 슬픔을 속으로 삼켜라. 사람 앞에서 울지 마라. 평소처럼 옷을 입고 나가서 네 일을 보아라. 통상적인 장례의식도 치르지 마라."

18 아침에 내가 사람들에게 이 말씀을 전했는데, 그날 저녁에 내 아내가 죽었다. 다음 날 아침 나는 지시 받은 대로 행했다.

19 사람들이 내게 와서 물었다. "아니, 왜 이렇게 하십니까? 대체, 이 일의 의미가 무엇입니까?"

20-21 그래서 내가 말했다. "**하나님**께서 내게 이렇게 말씀하셨습니다. '이스라엘 가문에 전하여라. 이는 주 **하나님**의 말이다. 내가 나의 성소이자 너희의 자랑인 난공불락의 요새를 더럽힐 것이다. 너희 삶의 즐거움이요 최고 행복인 그곳을 더럽힐 것이다. 너희가 그곳에 두고 온 자식들 모

두가 죽임을 당할 것이다.

22-24 　그때 너희는 에스겔이 한 그대로 하게 될 것이다. 너희는 통상적인 장례의식도 치르지 못하고, 평소처럼 옷을 입고 나가서 너희 일을 해야 할 것이다. 눈물도 흘리지 못한 채, 죄로 병든 너희끼리 탄식소리나 내게 될 것이다. 에스겔이 너희의 표징이다. 너희는 그가 했던 대로 하게 될 것이다.

　이런 일이 일어날 때, 너희는 내가 주 **하나님**인 줄 알게 될 것이다.'

25-27 너 사람의 아들아, 내가 그들의 피난처요 큰 기쁨, 삶의 즐거움이자 최고 행복이던 그 자녀들을 앗아 갈 그날에, 생존자 한 사람이 네게 와서 그 도성에서 벌어진 일을 일러 줄 것이다. 그때 너는 닫혔던 입이 열려 그 생존자와 이야기하게 될 것이다. 네가 그들에게 표징이 될 것이고, 그제 야 그들은 내가 **하나님**인 줄 알게 될 것이다.”

심판

1-5 # 25　**하나님**의 메시지가 내게 임했다.

“사람의 아들아, 암몬이 있는 쪽으로 얼굴을 돌리고 그 백성을 대적하여 말씀을 전하여라. '주 **하나님**의 메시지에 귀 기울여라. 이는 **하나님**의 말 씀이다. 나의 성소가 더럽혀지고 유다 땅이 쑥대밭이 되어 이스라엘 백 성이 포로로 잡혀갈 때, 너희는 환호성을 올렸다. 그러므로 내가 너를 동 방의 민족에게 넘겨주겠다. 그들이 네 땅에 들어와 자기 소유처럼 누비 고 다니면서, 네 음식을 모두 먹어 치우고 네 우유를 다 마셔 버릴 것이 다. 내가 너의 수도 랍바를 낙타 목장으로, 너의 마을 전부를 가축 우리로 바꾸어 놓을 것이다. 그제야 너희는 내가 **하나님**인 줄 알게 될 것이다.

6-7 　주 **하나님**이 말한다. 너는 박수 치고 환호하며 이스라엘을 향해 비열 한 경멸을 퍼부었다. 그러므로, 내가 나서서 너를 민족들 앞에 약탈물로 내놓겠다. 누구든지 먼저 오는 자가 너를 차지할 것이다. 내가 민족들의 명단에서 네 이름을 지워 버릴 것이다. 너는 아주 망하고 나서야 내가 하

나님인 줄 알게 될 것이다.'"

8-11 "주 하나님이 말한다. 모압이 말하기를 '봐라, 유다도 별것 아니다'라고 한다. 그러므로, 내가 모압의 옆구리를 뚫어 버릴 것이다. 자랑하던 국경 성읍들, 곧 벳여시못과 바알므온과 기랴다임을 적의 공격에 노출시키겠다. 내가 모압과 암몬을 한 뭉텅이로 엮어 동방의 민족에게 넘겨줄 것이다. 암몬은 영영 사라지고, 모압은 혹독한 벌을 받을 것이다. 그제야 그들은 내가 하나님인 줄 알게 될 것이다."

12-14 "주 하나님이 말한다. 에돔은 유다 백성에게 지나친 복수심을 품고 앙갚음하는 죄를 지었다. 나 주 하나님이 에돔을 대적하여 많은 사람과 짐승들을 죽일 것이다. 내가 그 땅을 초토화시켜, 데만에서 드단까지 시체들이 즐비하게 할 것이다. 내가 내 백성 이스라엘을 들어, 에돔에게 복수할 것이다. 나의 진노를 힘입고 이스라엘이 보복을 행할 때에, 에돔은 이것이 나의 보복임을 깨닫게 될 것이다. 주 하나님의 포고다."

15-17 "주 하나님이 말한다. 블레셋 사람들은 지독한 앙심—오랜 세월 쌓이고 쌓인 원한!—을 품고 유다를 멸망시키려고 온갖 악랄한 수단을 썼다. 그러므로 나 주 하나님이 블레셋 사람들을 대적해 치고, 그렛 사람을 비롯해 바닷가의 남은 자들 전부를 베어서 쓰러뜨릴 것이다. 거대한 복수극과 함께 무시무시한 응징이 있을 것이다! 내가 보복을 행하는 날, 그들은 내가 하나님인 줄 알게 될 것이다."

두로가 받을 심판

1-2 **26** 열한째 해 어느 달 첫째 날에, 하나님의 메시지가 내게 임했다. "사람의 아들아, 두로가 예루살렘 소식을 듣고 환호성을

올리며 말했다.

'잘되었다! 길목 상권을 잡고 있던 도성이 박살났다!
이제 그가 하던 사업은 모두 내 차지다.
그가 망했으니,
이제 내가 흥하리라.'

3-6 그러므로, 주 **하나님**이 말한다.

'두로야, 내가 너를 치겠다.
해변에 밀어닥치는 파도처럼,
뭇 민족들이 네게 밀어닥치게 하겠다.
그들이 두로의 성벽을 박살내고,
그 성읍들을 허물어뜨릴 것이다.
내가 그 흙을 다 쓸어 내어
맨바위만 드러나게 할 것이다.
너는 바다 가운데 떠 있는 바위섬이 되어,
그물이나 펴서 말리는 곳이 되리라.
그렇다. 이것이 나의 말이다.' 주 **하나님**의 포고다.
'두로는 아무 민족이나 와서 거저 집어 가는, 약탈물이 될 것이다!
그의 주변 성읍들도 도살을 당하리라.
그제야 그들은 내가 **하나님**인 줄 알게 될 것이다.'

7-14 주 **하나님**이 말한다. 보아라! 내가 북쪽에서 왕 중의 왕인 바빌론 왕 느
부갓네살을 데려와, 두로를 치겠다. 그가 전차와 기마와 기병, 엄청난
대군을 이끌고 올 것이다. 그가 네 주변 성읍들을 모조리 처치하고 너를
포위할 것이다. 네 성벽 주위로 축대를 쌓고, 방패로 숲을 이루어 행진해
올 것이다! 네 성벽을 쇠망치로 때려 부수고 철제 무기로 네 탑들을 박살
낼 것이다. 지축을 뒤흔드는 말발굽소리와 함께 군마들이 전차를 끌고

성 안으로 쏟아져 들어오면, 너는 그것들이 일으키는 먼지를 뒤집어쓸 것이다. 지진 같은 군대다! 도성은 충격의 도가니가 되리라! 놀란 말들이 거리로 뛰쳐나와 이리저리 날뛸 것이다. 네 백성은 도살당하고, 네 거대한 기둥들은 성냥개비처럼 부러져 나뒹굴 것이다. 침략자들이 네 재산을 노략하고 네 물건을 모두 약탈한다! 그들이 네 저택을 때려 부수고, 깨진 석재와 목재를 바닷속으로 던져 버릴 것이다. 너의 잔치, 너의 유명한 파티들은 영영 사라질 것이다. 노래도 사라지고, 악기소리도 사라지리라. 내가 너를 바위뿐인 섬으로 만들어, 그물이나 펴서 말리는 곳이 되게 할 것이다. 네가 다시는 재건되지 못할 것이다. 나 **하나님**의 말이다. 주 **하나님**의 포고다.

15 이는 두로를 향한 주 **하나님**의 메시지다. 네가 무너져 내리는 소리에, 네가 다쳐 내는 신음소리에, 네가 학살당하는 광경에, 바다 섬들이 어찌 떨지 않겠느냐?

16-18 해변 전역에서, 왕들이 보좌에서 내려와 왕복과 화려한 옷을 벗어 던지고, 공포를 옷처럼 입은 채 떨 것이다. 땅바닥에 주저앉아, 네 모습을 보고 경악하며 몸을 바르르 떨 것이다. 네 죽음을 두고 애가를 지어 부를 것이다.

'가라앉았구나! 온 바다에 이름을 떨치던 도성이,
바다 밑바닥까지 가라앉았구나!
바다의 패권을 쥐고,
모두를 휘어잡아
벌벌 떨게 만들던
너와 네 백성이었는데.
이제 네 침몰소리에
섬들이 몸을 떨고,
네 추락의 여파로
바다 섬들이 흔들린다.'

19-21 주 **하나님**의 **메시지**다. '내가 너를 황폐하고 텅 빈 도성과 유령마을로 만들고, 거대한 심연을 끌어올려 너를 뒤덮을 그날에, 너를 아주 오래전에 죽은 자들의 무덤으로 내려보낼 것이다. 너는 그 오래된 폐허 속 무덤에서, 죽은 자들과 같이 살게 될 것이다. 네가 다시는 산 자들의 땅을 보지 못하리라. 내가 너를 죽음의 공포 속에 밀어 넣고, 그것이 너의 끝이 되게 할 것이다. 사람들이 수색대를 보내 너를 찾아보아도, 끝내 찾지 못할 것이다. 주 **하나님**의 포고다.'"

두로에 대한 애가

1-9 **27** **하나님**의 **메시지**가 내게 임했다. "너 사람의 아들아, 두로를 두고 크게 애가를 불러라. 바다의 관문이요, 먼 섬들에 이르기까지 세계를 누볐던 상인 두로에게 전하여라. '주 **하나님**께서 말씀하신다.

두로야, 너는 **뻐긴다**,
"나는 완벽한 배다. 위용 있고 아름답다"고.
대양을 주름잡던 너는
정말이지 아름다웠고, 완벽하게 건조된 배였다.
네 선체는
헐몬 산의 로뎀나무로,
네 돛대는
레바논의 백향목으로 만들었다.
네 노는
바산의 튼튼한 상수리나무로,
네 갑판은
키프로스 섬에서 가져온 잣나무에 상아를 박아 만들었다.
네 돛과 기는
화려한 자수가 놓인 이집트산 모시로,
네 자주색 갑판차일 역시

키프로스 섬에서 가져온 천으로 만들었다.
시돈과 아르왓 사람들이 네 노를 저었다.
두로야, 네 선원들은 경험 많은 뱃사람들이었다.
배 안의 목수들은
비블로스 출신의 노련한 뱃사람들이었다.
바다의 모든 배와 선원들이
너와 교역하기 위해 네 주위로 몰려들었다.

10-11 너의 군대는
페르시아, 룻, 붓 출신 군인들로 이루어졌다.
멋진 제복을 입은 정예군이었다.
그들이 네 명성을 만방에 드높였다!
네 도성 치안은
아르왓, 헬렉, 감맛 출신 용병들이 맡았다.
그들이 도성 성벽에 걸어 놓은 멋진 방패들은,
실로 네 아름다움의 정점이었다.

12 다시스는 네 많은 재물을 보고서 너와 거래했다. 그들은 은과 철과 주석 과 납을 주고 네 상품들을 가져갔다.

13 그리스와 두발과 메섹도 너와 거래했다. 그들은 종과 청동을 주고 네 상품들을 가져갔다.

14 벳도갈마도 마필과 군마와 노새를 주고 네 상품들을 가져갔다.

15 로단 백성도 너와 거래했다. 뭇 섬들도 상아와 흑단을 가지고 와서 너와 교역했다.

16 에돔도 네 상품들을 보고서 너와 거래했다. 그들은 마노와 자주색 옷감 과 수놓은 천과 가는 모시와 산호와 홍옥을 가지고 와서 너와 교역했다.

17 유다와 이스라엘도 너와 거래했다. 그들은 최고급 밀과 기장과 꿀과 기름과 향유를 주고 네 상품들을 가져갔다.

18 다마스쿠스도 네 창고에 가득한 재화에 반해서, 헬본의 포도주와 자

하르의 양털을 가지고 와서 너와 거래했다.

19 우잘 출신 단 사람들과 그리스인들도, 정련한 쇠와 계피와 향신료를 가지고 와서 너와 거래했다.

20 드단도 안장에 까는 담요를 가지고 와서 너와 거래했다.

21 아라비아와 게달의 모든 베두인 족장들도, 새끼양과 숫양과 염소를 가지고 와서 너와 교역했다.

22 남 아라비아의 스바와 라아마 출신 무역상들도, 최고급 향신료와 귀금속과 금을 가지고 와서 너와 거래했다.

23-24 앗시리아와 메대 동쪽의 하란과 간네와 에덴도, 우아한 천과 물들인 옷감과 정교한 양탄자를 가지고 와서 네 시장에서 팔며 너와 교역했다.

25 다시스의 큰 배들이 네 수입품과 수출품을 부지런히 실어 날랐다. 오, 바닷길을 종횡무진하며 막대한 사업을 벌이던 네가 아니던가!

26-32 네 선원들이 힘차게 노를 저어,
너를 큰 바다로 데려간다.
그때 동쪽에서 폭풍이 불어와
바다 한가운데서 네 배를 산산조각 내버렸다.
전부 가라앉는다. 네 귀중한 물품과 상품들,
선원과 승무원들, 배의 목수와 군사들 모두
바다 밑바닥으로 가라앉는다.
대침몰이다.
선원들의 울부짖는 소리가
해안까지 울려 퍼진다.
다들 배를 버린다.
베테랑 선원들은 뭍을 향해 헤엄친다.
침몰하는 너를 보며, 모두가 통곡하여 울부짖는다.
함께 비가를 부른다.
얼굴을 재로 문지르고
머리를 밀고

거친·베옷을 입은 채,
대성통곡한다.
목 놓아 애가를 부른다.
"바다에 두로 같은 자 또 누가 있으랴!"

33-36 상품을 싣고 바다를 종횡무진하던 너는,
뭇 민족에게 만족을 안겨 주었다.
세상 방방곡곡을 다니며 무역을 벌이면서
지상의 왕들을 부자로 만들어 주었다.
그러나 풍파로 파선된 너
바다 밑바닥까지 가라앉았고,
네가 사고팔던 모든 것도
너와 함께 바다 밑바닥까지 가라앉았다.
그 광경에 바닷가 모든 주민이 공포에 떤다.
왕들의 머리털이 곤두서고
그들의 얼굴이 잔뜩 일그러진다!
온 세상의 상인들이
두 손을 들고 혀를 내두른다.
어떻게 이런 끔찍한 일이!
오, 어떻게 이런 일이!'"

돈이 많아지자 거만해졌다

1-5 # 28 하나님의 메시지가 내게 임했다. "사람의 아들아, 두로의 통치자에게 전하여라. '주 하나님께서 말씀하신다.

마음이 교만한 너,
돌아다니면서 말한다. "나는 신이다.
하나님의 보좌에 앉아
온 바다를 지배하노라."

신이라니, 가당치 않다.

너는 사람일 뿐이다.

신이 되려고 애쓴다만,

그저 사람에 지나지 않는다.

보아라. 너는 네 자신이 다니엘보다 명민하다고 여긴다.

풀지 못할 수수께끼가 없다고 생각한다.

너는 총명하여

세계적인 부자가 되었다.

너는 네 창고에

금과 은을 잔뜩 쌓았다.

너는 좋은 머리를 굴려

사업에 성공했고, 떼돈을 벌었다.

그러나 돈이 많아지자 너는 거만해졌다.

콧대가 높아졌다. 어찌나 높아졌는지, 하늘을 찌를 정도다!

6-11 그러므로, 주 **하나님**이 말한다.

신처럼 행동하며

신이 된 것처럼 행세하는 너에게,

내가 분명히 경고한다. 내가 이방 사람과

민족들 중에 가장 악독한 자들을 불러 너를 덮치게 할 것이다.

그들이 칼을 뽑아서

모르는 것이 없다던 너의 명성을 땅에 떨어뜨릴 것이다.

신이라 자처하던

너의 허풍을 까발릴 것이다.

네 스스로 올랐던 상석에서 너를 끌어내려

깊은 바닷속에 처넣을 것이다.

너를 죽이러 온 자들 앞에서도

"무엄하다! 나는 신이다" 하고 주장하겠느냐?

그들에게 너는 그저 인간일 뿐이다.
너는 그 이방 사람들의 손에
개죽음을 당할 것이다.
내가 그렇게 말했기 때문이다.
주 하나님의 포고다.'"

11-19 **하나님**의 메시지가 내게 임했다. "사람의 아들아, 두로 왕을 위해 크게
애가를 불러라. 그에게 주 **하나님**의 메시지를 전하여라.

너는 전부를 가진 자였다.
너는 하나님의 동산, 에덴에 있었다.
너는 휘황찬란한 옷을 둘렀다.
온갖 보석이 달린 예복이었다.
홍옥수, 감람석, 월장석,
녹주석, 얼룩 마노, 벽옥,
청보석, 터키석, 취옥이
세공한 금테에 매달려 있었다.
네가 창조된 그날,
너를 위해 준비된 예복이었다.
너는 기름부음 받은 그룹이었다.
내가 너를 하나님의 산에 두었다.
너는 불타는 돌들 사이를
위풍당당하게 거닐었다.
너는 창조된 날부터
완벽 그 자체였다. 그런데
이후에 네게 결함이—악이!—발견되었다.
사고파는 일을 많이 하면서
너는 난폭해졌고, 죄를 지었다!
내 눈 밖에 난 너를 내가 하나님의 산에서 내쳤다.

내가 너를, 기름부음 받은 천사-그룹인 너를 밖으로 내쫓아,
더는 불타는 보석들 사이를 거닐지 못하게 했다!
너는 네 아름다움 때문에 거만해졌다.
너는 지혜를,
세상 영예를 얻는 수단으로 전락시켰다.
내가 너를 바닥에 내동댕이치고
왕들이 보는 앞에서 너를 때려눕혀,
네가 뻗음으로 그들의 조롱거리가 되게 했다.
너는 죄를 짓고, 짓고, 또 지으면서
부정한 방식으로 사업을 벌였고,
너의 거룩한 예배 처소를 더럽혔다.
그래서 내가 네 주위와 네 한가운데에 불을 놓았다.
그 불이 너를 살라 버렸다. 내가 너를 잿더미로 만들어 버렸다.
이제 누구라도 너를 볼 때
보이는 것이라고는
바닥에 나뒹구는 재뿐이다.
전에 너를 알았던 자들 모두가
두 손을 들고 혀를 내두른다.
 '어떻게 이런 일이!
어떻게 이런 일이!'"

20-23 **하나님**의 **메시지**가 내게 임했다. "사람의 아들아, 시돈과 맞서라. 그곳
을 대적하여 말씀을 전하여라. '주 **하나님**의 **메시지**다.

보아라! 시돈아, 내가 너를 대적한다.
내가 네 가운데서 나의 진면목을 드러낼 것이다.'
내가 모든 일을 바로잡고
나의 거룩한 임재를 나타내는 날,

그들은 내가 **하나님**인 줄 알게 될 것이다.
내가 명령을 내려 그곳에 전염병이 나돌게 하고,
거리마다 살인과 폭력이 난무하게 할 것이다.
사방에서 적군이 쳐들어오면,
사람들이 오른쪽, 왼쪽으로 나가떨어지리라.
그제야 그들은 내 말이 빈말이 아님을,
내가 **하나님**인 줄 알게 될 것이다.

24 이스라엘은
그들을 멸시하며 천대하는 자들,
그 가시와 엉겅퀴 같은 이웃들을 더 이상 참고 견딜 필요가 없으리라.
그들도 내가 **하나님**인 줄 알게 될 것이다.”

25-26 주 **하나님**께서 말씀하신다. “내가 이스라엘을 흩어져 살던 민족들로부터 모으고, 모든 민족 앞에 나의 거룩을 드러내 보이는 날에, 그들이 자기 땅, 곧 내가 나의 종 야곱에게 준 땅에서 살게 될 것이다. 거기서 그들이 안전하게 살 것이다. 집을 짓고 포도밭을 가꾸며 안전하게 살 것이다. 내가 그들을 멸시하고 천대하던 이웃들에게 심판을 내릴 것이다. 그제야 그들은 내가 **하나님**인 줄 알게 될 것이다.”

이집트가 받을 심판

1-6 **29** 열째 해 열째 달 십이일에, **하나님**의 메시지가 내게 임했다. “사람의 아들아, 이집트 왕 바로와 정면으로 맞서라. 그와 모든 이집트 사람을 대적하여 말씀을 전하여라. 그들에게 말하여라. ‘주 **하나님**께서 말씀하신다.

이집트 왕 바로야, 조심하여라.
너, 나일 강에 축 늘어져 어슬렁대며,
“나일 강은 내 것이다.

내가 만들었다"고 떠드는

늙은 용아,

너는 내 원수다.

내가 네 턱을 갈고리로 꿸 것이다.

나일 강의 물고기들이 다 네 비늘에 달라붙게 만들 것이다.

내가 너를 나일 강에서 끌어 올릴 때,

네 비늘에 붙어 있는 물고기들도 같이 따라오리라.

네 비늘에 붙어 있는 나일 강 물고기들도 같이

사막으로 끌고 가겠다.

너는 거기 허허벌판에 내동댕이쳐진 채 내리쬐는 태양 아래 썩어 가며,

들짐승과 공중 나는 새들의 먹이가 될 것이다.

이집트에 사는 모두가

내가 하나님인 줄 알게 될 것이다.

6-9 이스라엘에게 너는 갈대 지팡이에 불과했다. 그들이 잡으면 부서져 손에 상처를 입혔고, 그들이 기대면 부러져 그들을 나자빠지게 했다. 주 하나님의 메시지다. 내가 전쟁으로 너를 칠 것이다. 사람이든 짐승이든 모두 없애고, 나라를 텅 빈 광야로 만들 것이다. 사람들은 그제야 내가 하나님인 줄 알게 될 것이다.

9-11 네가 "나일 강은 내 것이다. 내가 만들었다"고 떠들었으니, 내가 너와 네 강들을 대적한다. 내가 북쪽으로는 믹돌로부터 남쪽으로는 수에네와 에티오피아 국경선에 이르기까지, 이집트 전 지역을 텅 빈 황무지로 바꾸어 놓으리라. 사람 하나 보이지 않고, 지나다니는 짐승 하나 없을 것이다. 그곳은 사십 년 동안, 텅 빈 사막으로 있을 것이다.

12 내가 이집트를 황무한 땅 중에서도 가장 황무한 땅으로 만들 것이다. 사십 년 동안 그 도성은 황폐한 곳 중에서도 가장 황폐한 곳으로 남을 것이다. 내가 이집트 사람들을 사방으로 흩어 버리고, 여기저기 포로로 잡혀가게 할 것이다.

13-16 주 하나님이 말한다. 그러나 이것이 그의 최후는 아니다. 사십 년이

지나면, 내가 그 흩어졌던 곳에서 다시 이집트 사람들을 모을 것이다. 이집트를 회복시킬 것이다. 나는 오래전 그가 시작되었던 곳, 바드로스로 그를 다시 데리고 갈 것이다. 거기서 그는 처음부터 다시 시작할 것이다. 그러나 계속 바닥을 기기만 할 뿐, 날아 비상하지는 못할 것이다. 다시는 강대국이 되지 못하고, 다시는 이스라엘이 의지하고 싶어 할 만한 나라가 되지 못한 채, 이제 이스라엘에게 이집트는 과거의 죄를 기억하게 하는 나라로만 존재할 것이다. 그제야 이집트는 내가 주 하나님인 줄 알게 될 것이다.'"

17-18 스물일곱째 해 첫째 달 첫째 날에, 하나님의 메시지가 내게 임했다. "사람의 아들아, 바빌론 왕 느부갓네살이 두로를 치느라 군대의 힘을 다 소진했다. 그들은 뼈가 휘도록 고생했으나 소득이 없었다.

19-20 　그러므로, 주 하나님이 말한다. '내가 바빌론 왕 느부갓네살에게 이집트를 내주려 한다. 그가 이집트의 재물을 노략질하고 그곳을 싹쓸이할 것이다. 그 약탈물로 군대에게 보수를 지급할 것이다. 그는 여러 해를 보수도 없이 나를 위해 일해 왔다. 내가 그에게 주는 보수는 이집트다. 주 하나님의 포고다.

21 　그때에 내가 이스라엘에 새 희망을 일으킬 것이다. 해방의 날이 도래할 것이다! 내가 너 에스겔에게 담대하고 확신에 찬 말을 주어, 외치게 할 것이다. 그제야 그들은 내가 하나님인 줄 알게 될 것이다.'"

이집트의 거만을 끝장내리라

1-5 **30** 주 하나님께서 내게 말씀하셨다. "사람의 아들아, 선포하여라. 그들에게 주 하나님의 메시지를 전하여라. 통곡하여라.

'재앙의 날이다!'
때가 되었다!
하나님의 큰 심판 날이 닥쳐왔다.

짙은 먹구름이 몰려온다.
뭇 민족에게 재앙이 임하는 날이다.
이집트에 죽음이 비 오듯 쏟아지리라.
이집트 사람들이 살육되고
재산을 빼앗기며
기둥뿌리까지 뽑혀 나가는 광경을 보면서,
에티오피아는 공포에 휩싸일 것이다.
에티오피아와 붓과 룻과 아라비아와 리비아와
이집트의 오랜 동맹국들 모두가,
이집트와 함께 쓰러질 것이다.

6-8 '나 **하나님**이 말한다.

이집트의 동맹국들이 쓰러지고,
거만하던 이집트의 힘이 꺾일 것이다.
북쪽 믹돌에서부터 남쪽 수에네에 이르기까지
이집트 전역에서 대학살이 벌어질 것이다!
주 **하나님**의 포고다.
이집트는 황폐해질 대로 황폐해지고,
도성들이 다 쑥대밭이 될 것이다.
내가 이집트에 불을 질러 잿더미로 만들고
그 우방국들을 때려눕히는 날,
그제야 그들은 내가 **하나님**인 줄 알게 될 것이다.

9 그 일이 일어나는 날, 내가 배로 사신을 보내어 만사태평인 에티오피아 사람들에게 경보를 발령할 것이다. 그들이 겁을 집어먹을 것이다. 이집트가 망했다! 심판이 다가온다!

10-12 주 **하나님**이 말한다.

내가 이집트의 거만을 끝장내리라.
바빌론 왕 느부갓네살을 이용해 그렇게 할 것이다.
그와 그의 군대, 잔인하기로 으뜸가는 민족을 이용해
이집트를 짓부술 것이다.
그들이 칼을 휘둘러
이집트 전역을 시체로 뒤덮을 것이다.
내가 나일 강을 말려 버리고
그 땅을 악당들에게 팔아넘길 것이다.
거기 들어갈 외국인을 고용해
온 나라를 결딴내고 거덜 낼 것이다.
나 하나님의 말이다.

13-19 주 하나님이 말한다.

내가 모든 우상을 박살내리라.
멤피스에 있는 거대한 신상들을 모조리 쓰러뜨릴 것이다.
이집트 왕은 영원히 사라지고,
그 자리에 내가 공포를 앉힐 것이다. 이집트 전체가 공포에 휩싸일 것이다!
내가 바드로스를 쑥대밭으로,
소안을 잿더미로 만들고, 테베에 벌을 내릴 것이다.
이집트의 요새 펠루시움에 나의 진노를 쏟고,
거드름 피우던 테베를 때려눕힐 것이다.
내가 이집트에 불을 지를 것이다.
펠루시움이 고통으로 몸부림치고,
테베가 결딴나며,
멤피스가 유린당하리라.
아웬과 비베셋의 젊은 용사들이 쓰러지고
도성 주민들이 포로로 붙잡혀 갈 것이다.
다바네스가 흑암에 휩싸일 그날,

내가 이집트를 박살내고

그 권세를 꺾어,

오만한 압제를 끝장낼 것이다!

그가 먼지 구름을 피우며 사라질 것이며,

그의 도성 주민들이 포로로 사로잡혀 가리라.

내가 그렇게 벌할 그날에,

그제야 이집트는 내가 하나님인 줄 알게 될 것이다.'"

20 열한째 해 첫째 달 칠일에, **하나님**의 **메시지**가 내게 임했다.

21   "사람의 아들아, 내가 이집트 왕 바로의 팔을 부러뜨렸다. 그런데 보아라! 그 팔은 아직 부러진 채 그대로다. 부목도 대지 못해 뼈가 붙지 않았고, 그래서 칼을 들 수도 없다.

22-26   그러므로, 주 **하나님**이 말한다. 내가 이집트 왕 바로를 원수로 여겨, 그의 다른 팔마저 부러뜨릴 것이다. 양팔을 모두 분질러 놓을 것이다! 그가 다시는 칼을 휘두르지 못하리라. 내가 이집트 사람들을 온 세상에 흩어 버리겠다. 바빌론 왕의 팔은 강하게 하여 내 칼을 그의 손에 쥐어 주겠지만, 바로의 팔은 부러뜨릴 것이다. 그가 치명상을 입은 사람처럼 신음할 것이다. 바빌론 왕의 팔은 나날이 강해지고, 바로의 팔에서는 힘이 빠져나가리라. 내가 바빌론 왕의 손에 내 칼을 쥐어 주면, 이집트 사람들은 그제야 내가 하나님인 줄 알게 될 것이다. 바빌론 왕이 칼을 뽑아 이집트를 향해 휘두를 것이며, 내가 이집트 사람들을 온 세상에 흩을 것이다. 그제야 그들은 내가 하나님인 줄 알게 될 것이다."

레바논의 백향목 같았던 이집트

1-9 **31** 열한째 해 셋째 달 첫째 날에, **하나님**의 **메시지**가 내게 임했다. "사람의 아들아, 이집트 왕 바로, 허세 부리는 그 늙은이에게 전하여라.

'천하를 호령하는 너,

너는 네 실상이 무엇인지 아느냐?

보아라! 앗시리아는 거목이었다. 레바논의 백향목만큼 거대했고,

아름다운 가지는 서늘한 그늘을 드리웠다.

구름을 뚫을 듯,

하늘을 찌를 듯, 높이 솟은 나무였다.

마실 물이 넘쳤던 그 나무,

태곳적 심연이 그를 높이 키워 주었다.

그 심연이

나무가 심겨진 곳 주위로

강을 두르고,

숲 속 모든 나무에 물줄기가 뻗어 가게 해주었다.

실로 거대했던 그 나무는,

숲 속 다른 모든 나무를 압도했다.

굵고 기다란 가지들이 쭉쭉 뻗어 나갔고,

뿌리는 땅속 깊은 곳까지 파고들어 물을 빨아들였다.

공중 나는 모든 새들이

그 가지에 둥지를 틀고,

모든 들짐승들이

그 가지 밑에 새끼를 낳았다.

강대한 민족들이 다

그 그늘 아래 모여 살았다.

참으로 위풍당당한 나무였다.

그 가지들이 얼마나 멀리까지 뻗었던가!

그 뿌리들은 얼마나 깊은 곳까지 파고들어 물을 빨아들였던가!

하나님의 동산에 있는 백향목도 그것에 견줄 수는 없었다.

그 어떤 소나무도 그것에 비길 수 없었다.

우람한 상수리나무들도 그 옆에서는

키 낮은 관목일 뿐이었다.

하나님의 동산에 있는 어떤 나무도
그처럼 아름답지는 않았다.
내가 그처럼 아름답게 만들었다.
예술품 같은 가지와 잎을 만드니,
에덴의 모든 나무,
하나님의 동산에 있는 모든 나무가 그를 부러워했다.'"

10-13 그러므로, 주 **하나님**께서 말씀하신다. "그런데 그가 구름을 뚫고 하늘 높이 솟더니, 자신의 높은 키를 뽐내며 으스댔다. 나는 그를 세계적으로 이름 높은 한 통치자에게 넘겨주어, 그 악의 대가를 치르게 했다. 나는 그를 용인할 수 없었다. 믿을 수 없을 만큼 무자비한 민족들이 그를 사정없이 찍어 쓰러뜨렸다. 부러진 가지들이 골짜기 전역에 흩어졌고, 잎이 무성한 가지들로 시내와 강이 막혔다. 그늘이 사라지자, 모두가 떠났다. 그는 이제 쓰러진 통나무에 불과할 뿐이다. 죽은 통나무에는 새들이나 잠시 앉았다 가거나, 들짐승이 그 아래에 굴을 파고 살 뿐이다.

14 이것이 거목이라 불리는 민족들이 맞을 최후다. 땅의 나무들이 심연에서 물을 빨아들이고 자라, 구름을 뚫고 하늘 높이 솟는 일은 더 이상 없을 것이다. 그것들 앞에는 죽음이 예정되어 있다. 흙에서 흙으로 돌아가는 인생처럼, 다시 땅으로 돌아갈 뿐이다.

15-17 주 **하나님**의 **메시지**다. 그 거목의 장례식 날에, 내가 그 심연을 통곡 속에 빠뜨렸다. 흐르는 강들을 막고, 대양들을 정지시켰으며, 레바논 산을 암흑으로 감싸 버렸다. 숲의 모든 나무가 혼절해 쓰러졌다. 그 나무가 바다에 쓰러질 때, 나는 온 세상이 그 충격에 떨게 했다. 그 나무를 지하에 던져, 이미 죽어 묻힌 다른 나무들과 함께 있게 했다. 에덴의 모든 나무와 물가에 심겨진 레바논의 으뜸 나무들—이미 그 나무와 함께 지하에 내려가 있던 나무들—과, 그 그늘에서 살았던 모든 자들과 죽임당한 모든 자들이 그것을 보며 위안을 얻었다.

18 에덴의 모든 나무 가운데서 너의 장려함에 비길 만한 것이 있더냐? 그러나 너는 이제 찍혀 쓰러지고, 에덴의 나무들과 함께 지하로 떨어질

것이다. 이미 죽어 거기 쌓여 있는 다른 통나무들처럼, 할례 받지 못하고
죽은 다른 자들과 같이 될 것이다.

이는 허세 부리는 늙은이, 바로를 두고 하는 말이다.

주 하나님의 포고다.'"

용과 같았던 이집트의 죽음

32 ¹⁻² 열두째 해 열두째 달 첫째 날에, 하나님의 메시지가 내게 임했
다. "사람의 아들아, 이집트 왕 바로를 두고 애가를 불러라.
그에게 말하여라.

'너는 네 자신을, 만방을 휘젓고 다니는
젊은 사자라고 생각하지만,
너는 코를 씩씩거리며 사방으로 몸을 뒤틀며 다니는,
바닷속의 용 같다.

³⁻¹⁰ 주 하나님이 말한다.

내가 너를 향해 나의 그물을 던질 참이다.
많은 민족들이 이 일에 동참하리라.
나의 예인망으로 너를 잡아 올릴 것이다.
그리고 나서 너를 빈 들판
땅바닥에다 내동댕이치고,
까마귀와 독수리를 불러
푸짐한 썩은 고기 파티를 벌이게 할 것이다.
내가 세상 전역에서 들짐승을 불러
네 창자를 배불리 먹게 할 것이다.
이 산 저 산에 네 살점을 떨어뜨리고
골짜기마다 네 뼈들을 흩뿌릴 것이다.
온 땅이, 산꼭대기까지

네 피로 흠뻑 젖고,
모든 도랑과 수로에 네 피가 흘러넘칠 것이다.
내가 너를 지워 없애는 날,
하늘에 휘장을 쳐서
별들을 가릴 것이다.
구름으로 해를 뒤덮고
달빛을 꺼 버릴 것이다.
네 위의 하늘 광채도 모두 꺼 버려,
네 땅을 암흑에 빠트릴 것이다.
주 하나님의 포고다.
내가 너로 낯설고 먼 나라로 포로로 잡혀가게 하는 날,
내가 온 세상의 사람들을 흔들어 놓을 것이다.
그들이 너를 보고 충격에 빠지고,
왕들이 보고 바들바들 떨리라.
내가 칼을 흔들면,
그들의 몸도 벌벌 떨 것이다.
네가 고꾸라지는 날, 그들은
"나도 저렇게 될 수 있다!"고 생각하며 벌벌 떨 것이다.

11-15 주 하나님이 말한다.

바빌론 왕의 칼이
너를 치러 오는 중이다.
내가 용사들의 칼을 이용해
너의 교만을 쓰러뜨리겠다.
가장 잔인한 민족을 이용해
이집트를 바닥에 고꾸라뜨리고,
그 허세와 건방을 박살낼 것이다.
강가에서 풀을 뜯는 가축들을 모조리

내가 쳐죽이리라.
다시는 사람의 발이나 동물의 뿔이
물을 휘저어 흐리게 하는 일이 없을 것이다.
내가 그 샘물과 시냇물을 깨끗게 하고,
그 강을 맑고 유유히 흐르게 할 것이다.
주 하나님의 포고다.
내가 이집트를 다시 광야로 돌려놓고
그 풍부한 생산물을 완전히 거덜 내고
거기 사는 모든 자를 쳐죽이면,
그제야 그들이 내가 하나님인 줄 알게 될 것이다.'

16 이것은 애가다. 불러라.
뭇 민족의 딸들아, 이 애가를 불러라.
이집트와, 그 거드름의 죽음을 두고 애가를 불러라."
주 하나님의 포고다.

17-19 열두째 해 첫째 달 십오일에, 하나님의 메시지가 내게 임했다.

"사람의 아들아, 거드름 피우는 이집트를 보며 한탄하여라.
그를 제 갈 길로 보내라.
이집트와
그의 딸들, 그 오만한 민족들을
지하로 속히 보내라.
죽은 자가 묻혀 있는 나라로 내려보내면서,
말하여라. '너는 네가 높다고, 힘 있다고 생각하느냐?
지하로 꺼져라! 그 부정한 무덤 속 이교도들과 함께 거기 누워 있어라!'

20-21 그는 전쟁터에서 살해된 자들과 함께 지하로 떨어질 것이다. 칼이 뽑혔
다. 저 허세 부리던 자를 끌고 가서 없애라! 지하에 가면, 죽어 묻힌 자들

중에 유명인사와 부하들이 그들을 반겨 주리라. '이교 무덤에 온 것을 환영하오! 전쟁 희생자 대열에 합류하시오!'

22-23 그곳에는 앗시리아와 그 무리가 묻혀 있고, 온 나라가 공동묘지를 이루고 있다. 앗시리아의 무덤은 지하에서도 가장 깊은 곳에 있다. 사방에 무덤을 이루고 있는 그들은 모두 전쟁터에서 살해된 자들로, 한때는 산 자들의 땅에 공포를 일으키던 자들이다.

24-25 교만하기 짝이 없던 엘람이 거기 있다. 공동묘지를 이루고 있다. 모두 전쟁터에서 살해된 자들로, 죽은 자들과 함께 이교 무덤에 내던져졌다. 한때는 산 자들의 땅에 공포를 일으키던 자들이지만, 지금은 무덤 속에서 다른 자들과 함께 자기 수치를 뒤집어쓰고 있다. 엘람은 이제 허세 부리다가 죽은 자들이 모인 번화가다. 전쟁터에서 도살된 자들의 이교 무덤이 장관을 이루고 있다. 한때 산 자들의 땅에 공포를 일으키던 그들이지만, 지금은 땅속 깊은 곳에서 다른 자들과 함께 자기 수치를 뒤집어쓰고 있다. 그들은 전쟁터에서 칼에 맞아 죽은 자들을 위해 따로 마련된 구역에 있다.

26-27 교만하기 짝이 없던 메섹과 두발이 거기 있다. 할례 받지 못한 자들이 모인 부정한 구역에서 공동묘지를 이루고 있는데, 전쟁터에서 도살된 자들과 함께 거기 내던져졌다. 산 자들의 땅에 공포를 일으키던 자들에게 주어진 응분의 대가다. 이제 그들은 땅속 깊은 곳에서 다른 자들과 함께 자기 수치를 뒤집어쓰고 있다. 그들은 칼에 맞아 죽은 자들을 위해 따로 마련된 구역에서, 다른 영웅들과 떨어져 있다. 갑옷을 갖춰 입고 칼로 머리를 괴고, 방패로 뼈를 가린 모습으로 무덤에 들어온 고대의 거물 장수들, 산 자들의 땅에 공포를 퍼뜨리던 그 영웅들과 떨어져 있다.

28 그리고 너 이집트는 다른 모든 이교도들과 함께, 칼에 맞아 죽은 자들의 구역에 있는 이교 무덤에 내던져질 것이다.

29 에돔이, 그의 왕과 제후들과 함께 거기 있다. 위세를 떨치던 자였지만, 지하로 내려가는 다른 자들과 함께 이교 무덤에 내던져졌다.

30 북방의 제후들이 모두 거기에 있다. 시돈 사람들도 거기에 다 와 있다. 모두가─잔인하고 포악하던 그들이 얼마나 큰 공포를 퍼뜨렸던가!─자

기 수치를 들고 지하로 내려와, 전쟁터에서 살해된 자들과 함께 부정한 지역에 내던져졌다. 땅속 깊은 곳으로 내려간 다른 자들과 함께 자기 수치를 뒤집어쓰고 있다.

31 바로는 그들 모두를 만나게 될 것이다. 허세 부리는 그 늙은이, 거기서 동무들을 만나고 반가워하리라. 바로와 도살당한 그의 군대가 그곳에 있을 것이다. 주 **하나님**의 포고다.

32 내가 그를 이용해 산 자들의 땅에 공포를 퍼뜨렸고, 이제 칼에 맞아 죽은 자들과 함께 그를 이교 지역에 내다 버릴 것이다. 바로와 그가 자랑하던 것들 전부를 던져 버릴 것이다. 주 **하나님**의 포고다."

에스겔을 파수꾼으로 세우시다

1-5 **33** **하나님**의 메시지가 내게 임했다. "사람의 아들아, 네 백성에게 전하여라. 그들에게 말하여라. '내가 이 땅에 전쟁을 일으키려 하고, 백성이 그들 중 한 사람을 골라 파수꾼을 세웠다고 하자. 그 파수꾼이 전쟁이 들이닥치는 것을 보고 나팔을 불어 백성에게 경고해 주었는데도, 누가 그 소리를 무시하고 있다가 닥쳐온 전쟁에 목숨을 잃었으면, 이는 그 사람의 잘못이다. 경고를 들었으면서도 무시했으니, 그 사람의 잘못이다. 만일 그가 듣고 따랐으면, 그는 목숨을 구했을 것이다.

6 그런데 전쟁이 들이닥치는 것을 보고도 그 파수꾼이 나팔을 불지 않아 그 전쟁에서 누가 목숨을 잃었다고 하자. 그때는 경고를 받지 못해 죽은 그 죄인이 흘린 피에 대해, 내가 그 파수꾼에게 책임을 물을 것이다.'

7-9 너 사람의 아들아, 네가 바로 그 파수꾼이다. 내가 너를 이스라엘을 위한 파수꾼으로 세웠다. 너는 내 메시지를 들을 때 그 즉시 사람들에게 경고하여라. 만일 내가 악인들에게 '악인이여, 너는 지금 죽음으로 직행하는 중이다!' 하고 말하는데, 네가 목소리를 높여 악한 길에서 돌이키라고 그들에게 경고하지 않거나 그들이 경고를 듣지 못한 채 자신의 죄 때문에 죽으면, 나는 그들이 흘린 피에 대해 네게 책임을 물을 것이다. 그러나 네가 그 악인들에게 악한 길에서 돌이키라고 경고했는데도 그들이 따르지 않으면, 그들은 자신의 죄 때문에 죽을 것이고 너는 목숨을 보

존할 것이다.

10 사람의 아들아, 이스라엘에게 전하여라. 그들에게 말하여라. '너는 "우리의 반역과 죄악이 우리를 짓누르고 있다. 우리는 기진하여 쓰러질 지경이다. 이 상태로 우리가 어떻게 살아갈 수 있을까?"라고 말했다.'

11 그들에게 전하여라. '살아 있는 나 하나님을 두고 맹세하는데, 나는 악인이 죽는 것을 기뻐하지 않는다. 나는 악인이 악한 길에서 돌이켜 살기를 바란다. 너희 삶의 방향을 바꾸어라! 악한 길을 떠나 그 반대 길로 가거라! 이스라엘아, 어찌하여 죽으려고 하느냐?'

12-13 사람의 아들아, 아직 더 남았다. 네 백성에게 전하여라. '의인이라도 반역의 길로 가기로 선택하면 과거의 의가 그를 구원해 주지 못한다. 악인이라도 반역의 길에서 돌이키고자 하면 과거의 악이 그를 막지 못할 것이다. 의인이라도 죄의 길을 택해 가면 목숨 부지하기를 기대할 수 없다. 내가 의인들에게 "살 것이다!"라고 말하는 것이 사실이지만, 그렇더라도 그들이 과거의 선행을 믿고 악행을 저지를 경우, 그 선행은 아무 소용이 없다. 그들은 자기 악한 행실로 인해 죽을 것이다.

14-16 반대로, 내가 악인에게 "너는 악하게 살았으니 이제 죽을 것이다" 하고 말했어도, 그가 죄를 회개하고 의롭고 바르게 살기 시작하면—가련한 자들에게 인정을 베풀고, 탈취한 것들을 돌려주고, 이웃을 해하지 않고 늘 사람을 살리는 길을 찾아 살면—그는 반드시 살 것이다. 그는 죽지 않을 것이다. 그의 죄가 하나도 기록에 남지 않을 것이다. 그는 옳은 일을 행하며 복된 삶을 살 것이다. 반드시 살 것이다.

17-19 네 백성은 "주가 공정하시지 않다"고 말하지만, 공정하지 않게 행동해 온 쪽은 바로 그들이다. 의인들이 의로운 삶을 버리고 죄에 빠져들면, 그들은 그로 인해 죽을 것이다. 그러나 악인이라도 악에서 돌이켜 바르고 의롭게 살기 시작하면, 그는 살 것이다.

20 너희는 여전히 "주가 공정하시지 않다"고 말하고 있다. 이스라엘아, 두고 보아라. 나는 너희 각 사람을 저마다 살아온 길에 따라 심판할 것이다.'"

21 우리가 포로로 잡혀 온 지 열두째 해가 되는 열째 달 오일에, 예루살렘에서 살아 나온 한 사람이 내게 와서 말했다. "도성이 함락되었습니다."

22 살아 나온 그 사람이 도착하기 전날 저녁에, 하나님의 손이 내게 임하여 닫힌 말문을 열어 주셨다. 아침이 되어 그가 도착할 즈음, 나는 전처럼 다시 말을 할 수 있게 되었다.

23-24 하나님의 메시지가 내게 임했다. "사람의 아들아, 이스라엘의 저 폐허 더미에 사는 자들이 이렇게 말한다. '아브라함은 혼자서도 이 땅 전부를 소유했다. 그런데 우리는 이렇게 다수니, 우리 소유권은 더욱 확실하다.'

25-26 그러니 그들에게 전하여라. '주 하나님께서 말씀하신다. 너희는 고기를 피째 먹고, 우상을 숭배하고, 살인을 일삼는다. 그런데 어떻게 너희가 이 땅의 소유자가 되기를 기대한단 말이냐? 너희는 칼을 의지하고 역겨운 짓을 벌이며, 무분별하게 아무하고 아무 때나 성관계를 갖는다. 그러고도 너희가 이 땅의 소유자가 되기를 기대한단 말이냐?'

27-28 에스겔아, 그들에게 전하여라. '주 하나님의 메시지다. 살아 있는 나 하나님을 두고 맹세하는데, 폐허에 사는 생존자들이 모두 살해될 것이다. 들판에 나가 있는 자들도 모두 들짐승에게 잡아먹힐 것이다. 산성과 동굴에 숨어 있는 자들은 전부 전염병에 걸려 죽을 것이다. 내가 그 나라 전체를 허허벌판으로 만들어 놓을 것이다. 그 거만과 오만을 아주 끝장내리라! 이스라엘의 산들은 황폐하고 위험하기 짝이 없는 곳이 되어, 누구도 감히 그곳을 지나다니지 않을 것이다.'

29 그들이 저지른 모든 역겨운 짓 때문에 내가 그 나라를 황폐한 땅으로 만들 그날이 되어서야, 그들은 내가 하나님인 줄 알게 될 것이다.

30-32 사람의 아들아, 너는 장안의 화젯거리다. 네 백성은 길에서나 집 앞에서 사람을 만나면, '어디, 하나님께서 새로 말씀하신 것이 있나 들어 보러 가자' 한다. 군중이 우르르 몰려와 네 앞에 앉는다. 그들은 네 말을 청해 듣는다. 그러나 그대로 행하지는 않는다. 네 앞에서는 입에 발린 찬사를 늘어놓지만, 그들의 관심은 오로지 돈과 성공이다. 그들에게 너

는 그저 오락거리다. 악기를 켜며 구슬픈 사랑 타령이나 하는 딴따라일 뿐이다. 그들은 네 말 듣는 것을 좋아하지만, 그뿐이다.

33 그러나 이 모든 일이 이루어지면—이제 곧 이루어지리라!—그들은 저희 가운데 예언자가 있었다는 사실을 깨닫게 될 것이다."

이스라엘의 목자들

1-6 **34** 하나님의 메시지가 내게 임했다. "사람의 아들아, 이스라엘의 목자들, 그 지도자들을 대적하여 예언하여라. 그렇다. 예언을 선포하여라! 그 목자들에게 전하여라. '주 하나님께서 말씀하신다. 자기 배나 채우는 너희 이스라엘의 목자들에게 화가 있으리라! 목자는 양 떼를 먹이는 자들이 아니냐? 그런데 너희는 양젖을 짜 마시고 양털로 옷을 지어 입고 양고기를 먹으면서, 양 떼는 먹이지 않는다. 너희는 약한 양들이 튼튼해지도록 돌보지도 않고, 아픈 양들을 치료하거나 상처 입은 양들을 싸매 주지도 않으며, 딴 길로 들어선 양들을 데려오거나 잃어버린 양들을 찾아 나서지도 않는다. 너희는 그들을 괴롭히기나 할 뿐이다. 그들은 지금 목자가 없어 사방에 흩어져 있다. 뿔뿔이 흩어져 이리 떼의 손쉬운 사냥감이 되었다. 양 떼가—내 양들이!—산과 들에 흩어져 위험천만한 지경에 처해 있다. 나의 양 떼가 온 세상에 흩어졌는데도, 그들을 돌봐 주는 자 하나 없다!

7-9 그러므로, 목자들아, 하나님의 메시지를 똑똑히 들어라. 살아 있는 나 하나님을 두고 맹세하는데—주 하나님의 포고다—내 양 떼가 이리 떼의 손쉬운 사냥감이 되어 버린 것은, 너희 목자들이 그들을 내팽개치고 너희 배만 불렸기 때문이다. 하나님이 말한다. 똑똑히 들어라.

10 두고 보아라! 내가 목자들을 불시에 덮쳐 내 양 떼를 되찾을 것이다. 내 양 떼의 목자였던 그들, 이제는 해고다. 제 배만 불리는 목자는 필요 없다! 내가 그들의 탐욕으로부터 내 양 떼를 구하리라. 더 이상 그들이 내 양 떼를 먹어 치우지 못하게 할 것이다!

11-16 주 하나님이 말한다. 이제부터는, 내가 친히 그들의 목자가 되어 주겠다. 내가 그들을 돌볼 것이다. 뿔뿔이 흩어진 양 떼를 찾아 나서는 목

자처럼, 내가 나의 양 떼를 찾아 나설 것이다. 폭풍우를 만나 흩어진 그들을 내가 구해 낼 것이다. 다른 민족의 땅과 타국으로 흩어진 그들을 모아서, 다시 고향 땅으로 데려올 것이다. 내가 이스라엘 산의 시냇가에서 그들과 그 동족을 먹일 것이다. 그들을 이스라엘의 푸른 목장으로 인도하여 한가로이 풀을 뜯게 하고, 이스라엘 산들의 기름진 목장에서 꼴을 먹게 할 것이다. 내가 친히 내 양 떼의 목자가 될 것이다. 그들이 마음 편히 쉬게 할 것이다. 내가 잃어버린 양들을 찾아 나설 것이다. 딴 길로 들어선 양들을 데려오고 상처 입은 양들을 싸매 주며, 약한 양들을 튼튼하게 하고 힘센 양들은 잘 감시하여, 그들이 착취당하지 않게 할 것이다.

17-19 너희, 내 사랑하는 양 떼야, 내가 나설 것이다. 내가 나서서 양과 양 사이, 숫양과 숫염소 사이의 시비를 가려 줄 것이다. 어째서 너희는 좋은 목장에서 풀을 뜯는 일에 만족하지 못하고, 그곳을 다 차지하려고 드느냐? 어째서 맑은 시냇물을 마시는 것으로 만족하지 못하고, 발로 물을 휘저어 흙탕물을 만들어 놓느냐? 어째서 나의 나머지 양들이 너희가 짓밟아 놓은 풀을 뜯고 너희가 흙탕친 물을 마셔야 한단 말이냐?

20-22 그러므로, 주 하나님이 말한다. 내가 직접 나서서, 살찐 양과 비쩍 마른 양들 사이의 일을 바로잡아 줄 것이다. 너희는 어깨와 궁둥이로 서로를 밀치고 약한 짐승들을 너희 뿔로 들이받아, 그들을 언덕 사방으로 흩어 버린다. 내가 와서 내 사랑하는 양 떼를 구하고, 그들이 더 이상 이리저리 채이지 않게 할 것이다. 내가 나서서 양과 양 사이의 모든 일을 바로잡아 줄 것이다.

23-24 내가 그들 위에 한 목자를 세울 것이다. 바로, 나의 종 다윗이다. 그가 그들을 먹이고, 그들의 목자가 될 것이다. 그리고 나 하나님이 그들의 하나님이 되고, 나의 종 다윗이 그들의 왕이 될 것이다. 나 하나님의 말이다.

25-27 내가 그들과 평화의 언약을 맺을 것이다. 내가 그 나라에서 사나운 맹수들을 내쫓아, 내 양 떼가 들판에서 평안히 지내며 숲 속에서도 안심하고 잠들 수 있게 할 것이다. 내가 그들과 내 언덕 주변 모든 것에 복이 있게 하리라. 때를 따라 비를 넉넉히 내려 주리라. 억수같이 복을 퍼부어 주리라! 과수원의 나무들이 과실을 맺고 땅은 소산을 내며, 그들은 그

땅에서 만족과 평안을 누리며 살리라. 내가 그들을 묶은 종의 사슬을 끊고 그들을 종으로 부리던 자들에게서 구해 낼 것이다. 그제야 그들은 내가 하나님인 줄 알게 될 것이다.

28-29 그들이 다시는 다른 민족에게 착취당하거나 맹수들의 먹이가 되지 않으며, 안전과 자유를 누리며 살게 될 것이다. 내가 그들에게 비옥한 동산을 주어, 푸성귀가 풍성하게 자라게 할 것이다. 더 이상 주린 배를 움켜쥐며 살거나, 다른 민족에게 조롱당하는 일이 없을 것이다.

30-31 그제야 그들은 나 하나님이 그들의 하나님임을, 내가 그들과 함께하고 있음을, 그들 이스라엘이 나의 백성임을 분명히 알게 될 것이다. 주하나님의 포고다.

> 너희는 나의 사랑하는 양 떼,
> 내 목장의 양 떼, 내 사람들이다.
> 그리고 나는 너희 하나님이다.
> 주 하나님의 포고다.'"

에돔이 받을 심판

1-4 **35** 하나님의 메시지가 내게 임했다. "사람의 아들아, 세일 산과 맞서라. 그것을 대적하여 예언을 선포하여라! 그들에게 전하여라. '주 하나님께서 말씀하신다.

> 세일 산아, 내가 너를 불시에 덮쳐,
> 내가 나서서 너를 쑥대밭으로 만들어 놓겠다.
> 네 성읍들을 돌무더기 황무지로 바꾸어 놓겠다.
> 너는 폐허만 남기고 사라질 것이다.
> 그제야 너는 내가 하나님인 줄 알게 될 것이다.

5-9 내가 이렇게 하는 것은, 네가 이스라엘을 향해 품고 있는 해묵은 악한 감정 때문이다. 너는 그들이 벌을 받아 바닥에 쓰러져 있는 모습을 빤히 보

면서도, 악랄하게 그들을 공격했다. 그러므로, 살아 있는 나 하나님을 두고 맹세하는데, 내가 너를 피범벅이 되게 할 것이다. 피를 그렇게 좋아하는 너이니, 피바람이 네 뒤를 쫓을 것이다. 내가 세일 산을 무너뜨려 돌무더기가 되게 하면, 그곳은 아무도 오가는 사람이 없는 땅이 될 것이다! 내가 네 산들을 시체로 덮어 버릴 것이다. 살해된 시신들이 네 언덕을 뒤덮고, 네 골짜기와 도랑들을 가득 채우리라. 내가 너를 폐허로, 네 모든 성읍을 유령마을—사람이 전혀 없는 곳—로 만들 것이며, 그제야 너희는 내가 하나님인 줄 알게 될 것이다.

10-13 너는 (하나님이 지켜보고 듣고 있는데도) 감히 이렇게 말했다. "저 두 민족, 저 두 나라는 이제 내 것이다. 내 차지가 될 것이다." 내가 네가 품었던 것과 같은 불타는 증오와 격노로 너를 칠 것이다. 내가 심판을 내릴 때에, 지금 내 말이 진심이라는 것을 똑똑히 알게 될 것이다. "그들은 길에서 죽어 뻗은 짐승이다. 우리가 가져다가 먹을 것이다" 했던 네 말을, 이스라엘의 산들을 가리켜 네가 퍼부었던 야비한 폭언들을, 나 하나님이 모두 듣고 있었음을 깨닫게 될 것이다. 너희는 거들먹거리고 허세를 부리면서 겁도 없이 나를 모욕했다. 내가 다 들었다.

14-15 주 하나님의 선고다. 온 땅이 환호하는 중에, 내가 너를 결딴낼 것이다. 이스라엘의 유산이 결딴나는 것을 보면서 어깨춤을 추던 너였다. 이제 너도 똑같은 일을 당하게 될 것이다. 네가 결딴나고, 세일 산이—그렇다. 에돔 땅 전역이—결딴날 것이다. 그제야 그들은 내가 하나님인 줄 알게 될 것이다!'"

이스라엘이 받을 복

1-5 **36** "사람의 아들아, 이스라엘의 산들을 향해 예언을 선포하여라. '이스라엘의 산들아, 하나님의 메시지에 귀 기울여라. 주 하나님이 말한다. 원수들이 너희에게 떼로 달려들어 "저 유구한 역사의 언덕들, 이제 다 우리 차지다!" 하면서 좋아했다. 여기, 주 하나님의 이름으로 선포하는 예언이 있다. 민족들이 사방에서 너희를 덮쳐 갈가리 찢어 약탈해 가고, 너희는 조롱과 놀림거리가 되었다. 그러므로 이스라엘

의 산들아, 주 **하나님**의 메시지를 잘 들어라. 산과 언덕에게, 도랑과 골짜기에게, 쑥대밭이 되어 버린 땅과 모두 뜯긴 채 주변 민족에게 조롱당하는 텅 빈 성읍들에게 이르는 말이다. 그러므로, 주 **하나님**이 말한다. 이제 내가 다른 민족들을 향해 불같은 진노를 터뜨릴 것이다. 그중에서도 특별히, 광포하고 오만하기 이를 데 없이 내 땅을 **빼앗아** 차지한 에돔을 향해 그리할 것이다.'

6-7 그러므로 이스라엘 땅을 향해 예언을 선포하여라. 산과 언덕에게, 도랑과 골짜기에게 말씀을 전하여라. '주 **하나님**의 메시지다. 잘 보아라! 잘 들어라! 내가 노했다. 내 마음이 탄다. 내가 이렇게 말하는 것은, 그동안 너희가 여러 민족들에게 모욕을 당했기 때문이다. 그러므로, 나 주 **하나님**이 말한다. 내가 엄숙히 맹세하는데, 다음 차례는 너희 주변 민족들이다. 그들이 모욕을 당할 것이다.

8-12 그러나 너희 이스라엘의 산들아, 너희는 새롭게 꽃피우리라. 내 백성 이스라엘을 위해 가지를 뻗고 열매를 맺으리라. 내 백성이 고향으로 돌아오리라! 자, 보아라. 내가 돌아왔다. 내가 너희 편에 섰다. 사람들이 전처럼 너희를 경작하고 씨를 뿌릴 것이다! 내가 온 이스라엘에 인구가 불어나게 하여, 성읍마다 사람들이 넘치고 폐허를 재건하게 할 것이다. 내가 이곳을 생명—사람과 짐승—이 약동하는 곳으로 만들 것이다. 나라 전역에 생명이 차오르고 넘쳐흐르게 하리라! 너희 성읍과 마을들이 옛날처럼 다시 사람들로 붐빌 것이다. 내가 이전 어느 때보다도 너희를 선대할 것이다. 너희는 내가 **하나님**인 줄 알게 될 것이다. 내가 너희 산들 위에 사람들을—내 백성 이스라엘을!—두어 너희를 돌보게 하고, 너희가 그들의 유산이 되게 할 것이다. 다시는 너희가 그들에게 가혹하고 혹독한 땅이 되는 일이 없게 할 것이다.

13-15 주 **하나님**이 말한다. 너희는 사람을 집어삼키는 땅, 아이를 잉태하지 못하게 하는 땅으로 악명 높지만, 이제 내가 너희에게 말한다. 너희가 사람을 집어삼키거나 아이를 잉태하지 못하게 하는 일은 다시 없을 것이다. 주 **하나님**의 포고다. 내가 다시는 이방인들이 너희를 조롱하거나 뭇 민족들이 너희를 얕잡아 보게 놔두지 않을 것이다. 너희는 더 이상 아이

를 잉태하지 못하게 하는 땅이 되지 않을 것이다. 주 하나님의 포고다.'"

16-21   하나님의 메시지가 내게 임했다. "사람의 아들아, 이스라엘 백성은 자기 땅에 살 때 더러운 행위로 그 땅을 부정하게 만들었다. 내가 그들에게 나의 진노를 쏟은 것은 그들이 그 땅에 부정한 피를 쏟았기 때문이다. 마구 잡이로 사람을 죽이고 더러운 우상을 숭배하여 나라를 부정하게 만든 그들에게, 나는 분노가 치밀어 올랐다. 그래서 그들을 발로 차서 내쫓아 여러 나라에 포로로 잡혀가게 했다. 그들이 살아온 삶대로 심판했다. 그들은 어디를 가든지 내 이름에 먹칠을 했다. 사람들이 말했다. '저 자들은 하나님의 백성인데, 하나님의 땅에서 쫓겨났다.' 어느 나라에 들어가든지, 이스라엘 백성은 거기서 내 거룩한 이름에 먹칠을 하여 나를 괴롭게 만들었다.

22-23   그러므로, 이스라엘에게 전하여라. '주 하나님의 메시지다. 이스라엘아, 내가 이렇게 하려는 것은 너희를 위해서가 아니라 나를 위해서다. 너희가 가는 곳마다 먹칠해 놓은 나의 거룩한 이름을 위한 일이다. 내가 나의 크고 거룩한 이름을 만방에 떨쳐 보일 것이다. 뭇 나라에서 땅에 떨어져 버린 내 이름, 너희가 가는 곳마다 더럽혔던 내 이름을 말이다. 내가 너희를 통해 뭇 민족 앞에서 나의 거룩을 나타내 보이는 날에, 비로소 그들은 내가 하나님인 줄 알게 될 것이다.

24-28   내가 하려는 일은 이것이다. 내가 너희를 그 나라들에서 데리고 나오고, 너희를 사방에서 모아다가 너희 고향 땅으로 데려가겠다. 내가 정결한 물을 부어 너희를 깨끗이 씻겨 줄 것이다. 너희에게 새 마음을 주고, 너희 안에 새 영을 넣어 줄 것이다. 내가 너희 안에서 돌로 된 마음을 도려내고, 자기 뜻 대신 하나님의 뜻을 좇는 마음을 불어넣을 것이다. 너희 안에 나의 영을 불어넣어, 내가 말하는 대로 너희가 행하고, 내가 명령하는 대로 살 수 있게 할 것이다. 너희는 내가 너희 조상에게 준 땅에서 다시 살게 되리라. 너희는 나의 백성이 되고, 나는 너희의 하나님이 되리라!

29-30   나는 너희를 그 역겨운 더러움에서 건져 낼 것이다. 내가 직접 밭에 명령을 내려 풍작을 이루게 할 것이다. 더 이상 기근을 보내지 않으며,

너희 과일농사와 밭농사가 번창하게 할 것이다. 앞으로는 기근 때문에 다른 민족들에게 모욕을 당하는 일이 없을 것이다.

31 너희는, 끔찍한 지난 삶을—그 악하고 부끄러운 일들—돌이켜 보며, 너희가 그동안 얼마나 역겨운 짓을 일삼아 왔는지 깨닫게 될 것이다. 너희 자신을 한없이 역겨워하리라.

32 똑똑히 알아 두어라! 내가 이렇게 하는 것은 너희를 위해서가 아니다. 부끄러운 줄 알아라. 이스라엘아, 너희가 모든 것을 얼마나 엉망진창으로 만들어 왔는지 아느냐!

33-36 주 하나님의 메시지다. 내가 너희의 더러운 삶을 깨끗이 씻겨 줄 그날에, 너희 도성들도 다시 사람이 살 만한 곳으로 만들 것이다. 폐허가 재건되고 버려진 땅이 다시 경작될 것이다. 그 땅은 더 이상 잡초와 가시뿐인 불모지로 보이지 않을 것이다. 사람들이 그 땅을 보고 탄성을 지르리라. "아, 쑥대밭이었던 곳이 에덴동산으로 바뀌었구나! 허물어져 망각 속에 묻혔던 도성들이 이처럼 번성한 곳이 되다니!" 그때, 너희 주변에 남아 있는 민족들은, 나 하나님이 무너진 곳을 다시 일으켜 세우고 텅 빈 불모지에 생명을 심는 이인 줄 알게 될 것이다. 나 하나님이 말했으니, 내가 이룰 것이다.

37-38 주 하나님의 메시지다. 내가 다시 한번 이스라엘의 청을 들어주려고 한다. 내가 그들의 수를 양 떼처럼 불어나게 할 것이다. 예루살렘이 축제 기간에 제물로 바치려고 가져온 양 떼로 붐비듯이, 허물어진 도성들이 사람들로 붐빌 것이다. 그제야 그들은 내가 하나님인 줄 알게 될 것이다.'"

마른 뼈들이 살아나다

1-2 **37** 하나님께서 나를 잡아채셨다. 하나님의 영이 나를 위로 들어 올리시더니, 뼈들이 널브러져 있는 넓은 벌판 한가운데에 내려놓으셨다. 그분이 나를 데리고 그 뼈들 사이를 두루 다니셨다. 뼈가 얼마나 많던지, 벌판 전역이 뼈로 뒤덮여 있었다. 햇볕에 바싹 말라 희어진 뼈들이었다.

3 그분이 내게 말씀하셨다. "사람의 아들아, 이 뼈들이 살 수 있겠느냐?"

내가 대답했다. "주 하나님, 오직 주만이 아십니다."

4 그분이 내게 말씀하셨다. "저 뼈들을 향해 예언을 선포하여라. '마른 뼈들아, 하나님의 메시지를 들어라!'"

5-6 주 하나님께서 그 마른 뼈들에게 이르셨다. "자, 보아라. 내가 너희에 게 생명의 숨을 불어넣겠고, 너희가 살아날 것이다. 내가 너희에게 힘줄 을 붙이고, 너희 뼈에 살을 입히고, 너희를 살갗으로 덮고, 너희 안에 생 명을 불어넣겠다. 그러면 너희가 살아나서, 내가 하나님인 줄 알게 될 것 이다!"

7-8 그래서 나는 명령받은 대로 예언을 선포했다. 그러자 무슨 소리가 들 리기 시작했다. 바스락바스락하는 소리였다! 뼈들이 움직이더니, 뼈와 뼈가 서로 붙기 시작했다. 계속 지켜보니, 그 뼈들에 힘줄이 붙고, 근육이 오르며, 그 위로 살갗이 덮였다. 그러나 그들 안에 아직 생기는 없었다.

9 그분이 내게 말씀하셨다. "생기에게 말씀을 선포하여라. 사람의 아들 아, 예언을 선포하여라. 생기에게 일러라. '주 하나님께서 말씀하신다. 생 기여, 오라. 사방에서 불어와, 저 살해당한 몸들에게 생명을 불어넣어라!'"

10 내가 명령받은 대로 말씀을 선포하자, 생기가 그들 속에 들어갔고, 그들이 살아났다! 그들이 제 발로 일어서는데, 엄청나게 큰 군대였다.

11 그때 하나님께서 내게 말씀하셨다. "사람의 아들아, 이 뼈들은 온 이 스라엘 집안이다. 그들이 하는 말을 들어 보아라. '우리 뼈가 말랐다. 우 리 희망이 사라졌다. 남은 것이 아무것도 없다.'

12-14 그러므로, 예언을 선포하여라. 그들에게 전하여라. '주 하나님이 말한 다. 나의 백성들아, 내가 너희 무덤을 파헤치고 너희를 꺼내어 살려 주겠 다! 곧장 너희를 이스라엘 땅으로 데려가 주겠다. 내가 무덤을 파헤치고 내 백성인 너희를 꺼내는 날, 너희는 내가 하나님인 줄 알게 될 것이다. 내가 너희 안에 나의 생명을 불어넣으면, 너희가 살아나리라. 내가 너희 를 너희 땅으로 데려갈 때에, 너희는 내가 하나님인 줄 알게 될 것이다. 내가 말했으니, 내가 이룰 것이다. 하나님의 포고다.'"

¹⁵⁻¹⁷ **하나님의 메시지가 내게 임했다.** "너 사람의 아들아, 막대기를 가져다가 그 위에 이렇게 써라. '유다와 그의 이스라엘 동료들.' 그 다음 다른 막대 기를 가져다가 그 위에 이렇게 써라. '에브라임의 막대기인 요셉과 그의 모든 이스라엘 동료들.' 그런 다음 그 두 막대기를 하나로 묶어 네 손에 서 한 막대기가 되게 하여라.

¹⁸⁻¹⁹ 네 백성이 네게 '지금 무얼 하는 겁니까?' 하고 묻거든, 그들에게 전 하여라. '주 하나님이 말한다. 나를 잘 보아라! 내가 에브라임 손에 있는 요셉 막대기, 곧 그와 연결된 이스라엘 지파들의 막대기와 유다 막대기 를 연결하여 그 둘을 한 막대기로 만들 것이다. 그 둘이 내 손에서 하나 의 막대기가 될 것이다.'

²⁰⁻²⁴ 또 너는, 네가 글을 새겨 넣은 그 막대기들을 가져다가 사람들이 잘 볼 수 있게 높이 쳐들고 그들에게 말하여라. '주 하나님이 말한다. 나를 잘 보아라! 나는 이스라엘 백성이 포로로 붙잡혀 간 땅에서 그들을 데리 고 나올 것이다. 내가 그들을 사방에서 모아다가 다시 고향으로 데리고 올 것이다. 그들이 그 땅, 이스라엘의 산에서 한 민족을 이루어 살게 하 고, 그들 모두를 다스릴 한 왕을 그들에게 줄 것이다. 다시는 그들이 두 민족, 두 왕국으로 나뉘는 일이 없을 것이다. 다시는 우상숭배와 추악하 고 역겨운 짓과 반역 행위로 자기 삶을 더럽히는 일이 없을 것이다. 내가 그들을 죄로 물든 소굴에서 구해 주리라. 그들을 깨끗이 씻겨 주리라. 그 들은 나의 백성이 되고, 나는 그들의 하나님이 될 것이다! 나의 종 다윗 이 그들을 다스리는 왕이 되고, 그들 모두가 한 목자 아래서 살게 될 것 이다.

²⁴⁻²⁷ 그들은 나의 규례를 따르고 나의 율례를 지킬 것이다. 그들은 내가 나의 종 야곱에게 준 땅, 그들의 조상이 살던 땅에서 살 것이다. 그들과 그들의 후손들이 거기서 영원히 살고, 나의 종 다윗이 영원히 그들의 왕 이 될 것이다. 내가 그들과 평화의 언약을 맺을 것이다. 이는 만물을 존 속시키는 언약이요, 영원한 언약이다. 내가 그들을 굳건히 지켜 주고, 나의 거룩한 예배 처소가 영원히 그들 삶의 중심에 자리 잡게 할 것이다. 내가 거기서 그들과 함께 살 것이다. 내가 그들의 하나님이 되고, 그들은

나의 백성이 될 것이다!

28 나의 거룩한 예배 처소가 영원히 그들 삶의 중심에 세워질 때, 뭇 민족은 나 **하나님**이 이스라엘을 거룩하게 하는 이인 줄 알게 될 것이다.'"

곡을 통해 나의 거룩을 나타내리라

1-6 **38** **하나님**의 **메시지**가 내게 임했다. "사람의 아들아, 마곡 땅에서 온, 메섹과 두발의 우두머리 곡과 맞서라. 그를 대적하여 예언을 전하여라. '주 **하나님**께서 말씀하신다. 곡아, 경고한다. 메섹과 두발의 우두머리인 너를 내가 대적한다. 내가 너를 돌려세우고 네 턱에 갈고리를 꿰어, 너와 네 모든 군대와 네 말과 군장—큰 방패, 작은 방패, 칼—을 갖춘 기병들과 완전 무장한 전사들을 모조리 끌어내 올 것이다! 페르시아와 구스와 붓이 무기를 들고 너와 함께 진군할 것이며, 고멜과 그 군대와 북방에서 온 벳도갈마와 그의 군대도 동참할 것이다. 많은 민족들이 너와 함께하리라!

7-9 너는 불려 나온 모든 무리와 함께 전투태세를 갖추어라. 만반의 준비를 갖추고 명령을 기다려라. 오랜 시간 후에, 네게 명령이 떨어질 것이다. 먼 미래에, 너는 전쟁의 참화를 딛고 일어선 나라에 이르게 될 것이다. 여러 민족의 땅에서 모여든 사람들이 거기, 오랫동안 폐허로 남아 있던 이스라엘의 산들에 모여 살고 있을 것이다. 여러 나라에 흩어져 살다 돌아온 그들이, 거기서 안전하고 평안히 살고 있을 것이다. 너와 모든 군대는 폭풍처럼 일어나서, 구름 떼처럼 그 땅에 몰려들어 그곳을 뒤덮을 것이다.

10-12 주 **하나님**의 **메시지**다. 그날이 오면, 너는 이런저런 궁리를 하다가 흉악한 계략을 꾸밀 것이다. 너는 말할 것이다. "저 무방비 상태의 나라에 쳐들어가자. 성벽도 세우지 않고 문도 잠그지 않은 채 태평하게 살아가는 저들을 덮쳐서 물건을 약탈하자. 포로로 잡혀갔다가 돌아온 저들, 잿더미에서 일어선 저 나라에 쳐들어가서, 세상의 중심부에 자리를 잡고 나날이 번창하는 저들의 경제를 다 털어 오자."

13 돈벌이에 혈안인 무역상 스바와 드단과 다시스가 네게 말할 것이다.

"약탈할 새 땅을 찾았군! 손쉽게 부자가 되려고 군대를 데려왔군!'"

14-16 그러므로, 사람의 아들아, 예언을 선포하여라! 곡에게 전하여라. '주 하나님의 메시지다. 내 백성 이스라엘이 견고하게 세워지면, 네가 그때 오겠느냐? 폭도 군단을 이끌고 먼 북방에서 내려오겠느냐? 질주하는 말을 타고 밀물처럼 땅을 뒤덮고 구름 떼처럼 나라를 뒤덮으며, 내 백성 이스라엘에게 쳐들어오겠느냐? 때가 이르면, 내가 너를 풀어 내 땅을 치게 할 것이다. 이는 뭇 민족이 보는 앞에서 내가 너 곡을 통해 나의 거룩을 만방에 나타내고, 그들이 나를 알아보게 하려는 것이다.

17-22 주 하나님의 메시지다. 여러 해 전에, 내가 나의 종 이스라엘의 예언 자들을 통해 말한 것이 바로 너를 두고 한 말이 아니냐? 여러 해에 걸쳐 그들은, 장차 내가 너를 불러 이스라엘을 칠 것이라고 예언했다. 곡아, 날이 이르면 네가 이스라엘 땅을 칠 것이다. 주 하나님의 포고다. 나의 불같은 진노가 터져 나오리라. 불타는 질투에 사로잡힌 내가 네게 말한 다. 그날 이스라엘 땅을 뒤흔들 지진이 있을 것이다. 물고기와 새와 들짐 승과—개미와 딱정벌레까지!—모든 사람이 내 앞에서 떨 것이다. 산이 허물어지고 해안 땅이 꺼질 것이다. 그날, 내가 전면전을 명하여 너 곡을 칠 것이다. 주 하나님의 포고다. 이스라엘의 산들에서 곡이 곡을 쳐죽일 것이다. 내가 곡을 심판의 홍수에 잠기게 하겠다. 전염병과 대학살이 일 어나고, 폭우와 우박과 용암이 너와 네 폭도 군대와 사람들에게 쏟아질 것이다.

23 내가 나의 위엄과 거룩을 네게 보일 것이다. 내가 온 세상에 나를 알 릴 것이다. 그제야 너는 내가 하나님인 줄 알게 될 것이다.'"

침략자 곡의 멸망

1-5 **39** "사람의 아들아, 곡을 대적하여 예언을 선포하여라. '주 하나 님의 메시지다. 메섹과 두발의 우두머리 곡아, 내가 너를 대 적한다. 내가 너를 돌려세우고 이끌어내겠다. 너를 먼 북방에서 이스라 엘의 산지로 끌고 내려오겠다. 그런 다음 내가 네 왼손의 활을 쳐 떨어뜨 리고, 네 오른손의 화살을 쳐 떨어뜨릴 것이다. 이스라엘의 산지에서,

너와 네 모든 군단과 너와 함께한 모든 자들이 죽임당할 것이다. 내가 너를 시체 뜯어 먹는 새와 짐승들에게 먹이로 던져 줄 것이다. 너는 넓은 들판에서 살해될 것이다. 내가 말했다. 주 하나님의 포고다.'

6   내가 마곡과 안전하게만 보이는 먼 섬들에도 불을 놓을 것이다. 그제야 그들은 내가 하나님인 줄 알게 될 것이다.

7   내가 내 백성 이스라엘 가운데 내 거룩한 이름을 드러낼 것이다. 내가 다시는 내 거룩한 이름이 진창에 처박히게 놔두지 않을 것이다. 그제야 뭇 민족은 나 하나님이 이스라엘의 거룩한 이인 줄 알게 될 것이다.

8   그렇게 될 것이다! 그렇다. 그렇게 될 것이다! 내가 네게 말한 그날에 그 일이 일어날 것이다.

9-10   사람들이 이스라엘 도성 밖으로 나와서, 크고 작은 방패, 활과 화살, 곤봉과 창을 쌓아 놓고 그 위에 불을 지펴, 거대한 화톳불을 피울 것이다. 그 불은 일곱 해 동안 계속 타리라. 사람들은 땔감을 구하러 숲에 들어갈 필요가 없을 것이다. 연료로 쓸 무기들이 쌓이고 쌓였기 때문이다. 그들은 자신을 발가벗기던 자들을 발가벗기고, 자신을 빈털터리로 만들던 자들을 빈털터리로 만들 것이다. 주 하나님의 포고다.

11   그날에, 내가 이스라엘 안에 곡을 묻을 매장지를 정할 것이다. 바다 동쪽 '여행자들의 휴식처'에 곡과 그의 폭도 군대를 묻을 것인데, 그 거대한 묘지로 인해 여행자들이 지나던 길이 막힐 것이다. 사람들은 그곳을 '곡의 폭도'라 부를 것이다.

12-16   땅을 정결하게 하기 위해 이스라엘이 그 시체들을 다 묻는 데만 일곱 달이 걸릴 것이다. 온 백성이 나와서 그 일을 거들 것이다. 그 일이 끝나고 내 임무를 마치면, 그날은 온 백성의 축제일이 될 것이다. 정결 매장 작업을 전담할 사람들이 고용되고, 그들이 나라 전역을 다니며 썩어 가는 부정한 시체들을 찾아낼 것이다. 일곱 달이 끝날 즈음에는, 대대적인 마지막 수색작업이 있을 것이다. 뼈 하나라도 발견되면 그 장소에 막대기로 표를 하고, 매장인들이 그것을 가져다가 집단 매장지인 '곡의 폭도'(근처 성읍은 '폭도 마을' 하모나라고 불린다)에 묻을 것이다. 그렇게 해서 그들은 땅을 정결케 할 것이다.

17-20   사람의 아들아, 주 하나님이 말한다. 새들을 불러라! 들짐승들을 불러라! 소리 높여 외쳐라. '모여서 오너라. 내가 이스라엘의 산지 위에서 너희를 위해 희생 제물 잔치를 열 것이다. 너희는 고기를 먹고 피를 마실 것이다. 기라성 같은 영웅들의 몸을 뜯을 것이요, 이름 높은 왕들의 피를 마실 것이다. 숫양과 어린양, 염소와 황소, 바산의 가장 좋은 육축들을 먹어 치울 것이다. 너희는 내가 베풀 그 희생 제물 잔치에서 배부를 때까지 기름진 살을 먹고 취할 때까지 피를 마실 것이다. 내가 너희를 위해 차릴 그 상에서, 말과 기병, 영웅과 온갖 용사들을 배불리 먹을 것이다.' 주 하나님의 포고다.

21-24   내가 민족들에게 나의 영광을 나타내 보일 것이니, 그들 모두가 내 손으로 심판을 행하는 모습을 목도하리라. 그날 이후로 이스라엘은 내가 그들의 하나님인 줄 알게 될 것이다. 그리고 이스라엘이 포로로 잡혀간 것은 그들의 죄 때문이었음을 뭇 민족이 알게 될 것이다. 이스라엘은 내게 반역했고, 그래서 나는 그들에게 등을 돌렸다. 내가 그들을 그들의 원수에게 넘겨주었고, 그들은 모두 죽임을 당했다. 나는 죄에 물든 삶을 산 더러운 그들에게 응분의 벌을 내렸다. 나는 등을 돌려 그들을 외면했다.

25-29   그러나 이제 나는 사로잡혀 간 야곱을 다시 부르고, 이스라엘의 모든 백성을 가엾이 여기며, 내 거룩한 이름을 위해 열심을 낼 것이다. 이스라엘이 그들의 땅에서 아무 두려움 없이 안전하고 평안히 살게 되는 날에, 마침내 나를 배반했던 부끄러운 기억이 사라지리라. 그들을 낯선 땅에서 다시 데려오고 원수의 영토에서 모은 다음, 나는 모든 민족이 지켜보는 앞에서 그들을 사용해 나의 거룩을 나타내 보이리라. 그제야 그들은 내가 그들의 하나님인 줄 확실히 알게 될 것이다. 나는 그들을 포로로 잡혀가게 했지만, 한 사람도 남김없이 다시 그들의 땅으로 모을 것이기 때문이다. 나는 이스라엘에 나의 영을 부어 내 생명으로 충만케 하고, 다시는 그들에게 등을 돌리지 않을 것이다. 얼굴을 마주하여 그들을 볼 것이다. 주 하나님의 포고다."

환상 중에 본 성전

40

¹⁻³ 우리가 포로로 잡혀 온 지 이십오 년째 되는 해—도성이 함락된 지 십사 년째 되는 해—첫째 달 십일에, 하나님께서 나를 사로잡아 이곳으로 데려오셨다. 거룩한 환상 중에 그분이 나를 이스라엘 땅으로 데려오셔서, 높은 산 위에 내려놓으셨다. 남쪽을 보니, 거기에 도성처럼 보이는 건물들이 있었다. 그분이 나를 그곳으로 데려가셨고, 거기서 나는 구릿빛 피부를 가진 한 사람을 만났다. 그는 아마 줄과 측량 장대를 들고 건물 입구에 서 있었다.

⁴ 그가 내게 말했다. "사람의 아들아, 잘 보고 들어라. 이제부터 내가 네게 보여줄 모든 것에 주목하여라. 이 일을 위해 내가 너를 이곳으로 데려왔다. 너는 본 것을 모두 이스라엘에게 말해 주어라."

⁵ 먼저, 성전 복합건물을 둘러싸고 있는 담이 보였다. 그 사람의 손에 측량하는 장대가 들려 있었는데, 길이가 3.18미터였다. 그가 담을 측량하니 두께가 3.18미터, 높이도 3.18미터였다.

⁶⁻⁷ 그가 동쪽으로 난 문으로 들어가 일곱 계단을 밟고 위로 올라가서 바깥쪽 문간의 깊이를 재니, 3.18미터였다. 문간 회랑 옆으로 문간방들이 있었는데, 가로와 세로가 각각 3.18미터인 정사각형의 방이었고, 2.25미터 두께의 벽으로 분리되어 있었다. 그 안쪽 문간은 성전 뜰로 들어가는 현관으로 이어졌는데, 깊이가 3.18미터였다.

⁸⁻⁹ 또 그가 문의 안쪽 현관을 재니, 깊이가 3.6미터이고, 측면 기둥들의 두께는 0.9미터였다. 그 현관은 성전 뜰 쪽으로 나 있었다.

¹⁰ 이 동문 안쪽에는 각 면마다 세 개씩 문간방이 있었다. 방의 크기는 모두 같았고, 동일한 모양과 크기의 벽들로 분리되어 있었다.

¹¹ 그가 문 바깥쪽 입구를 재니, 너비가 4.5미터, 깊이는 5.85미터였다.

¹² 각 문간방 앞에는 45센티미터 높이의 낮은 벽이 있었다. 그 문간방들

은 가로와 세로가 각각 3.18미터로 정사각형 모양이었다.

13 또 그가 한쪽 끝 문간방 지붕 모서리에서 다른 쪽 끝 문간방 지붕 모서리까지 재니, 그 사이의 거리가 11.25미터였다.

14 또 그가 문의 안쪽 벽들을 재니, 뜰로 이어지는 현관까지 거리가 27미터였다.

15 그 문의 입구에서 현관 끝까지의 거리는 22.5미터였다.

16 또 문 안쪽 문간방들과 그 사이의 벽에는 사방으로 돌아가며 좁은 창들이 나 있었다. 현관도 마찬가지였다. 창들은 모두 안쪽으로 나 있었다. 문간방 사이의 벽기둥들은 종려나무로 장식되어 있었다.

17-19 그런 다음 그가 나를 바깥뜰로 데리고 갔다. 그곳에는 뜰의 문들을 연결해 주는 포장된 보도를 따라, 서른 개의 방들이 줄지어 있었다. 그 보도의 길이는 문간의 길이와 같았고, 문간을 따라 옆으로 쭉 이어져 있었다. 그 보도는 바깥뜰로 가는 길이었다. 그가 문간 입구 정면에서부터 안뜰 입구까지의 거리를 재니, 45미터였다.

19-23 그런 다음 그가 나를 북쪽으로 데리고 갔다. 보니, 또 다른 문이 북쪽으로 나 있었고, 바깥뜰이 거기서 끝났다. 그가 그 문의 길이와 너비를 재었다. 문의 양쪽으로 세 개씩 문간방이 있었는데, 그 벽기둥이나 현관이 앞서 말한 문의 크기와 같았다. 길이가 26.5미터, 너비가 13.25미터였다. 창과 종려나무들도 동쪽 문의 것과 크기가 같았다. 일곱 계단을 밟아 문으로 올라가 보니, 현관이 안쪽으로 나 있었다. 동문의 경우처럼, 북문 맞은편에도 안뜰로 들어가는 문이 있었다. 두 문 사이 거리는 53미터였다.

24-27 그런 다음 그가 나를 남쪽의 남문으로 데리고 갔다. 그가 그 문의 벽기둥과 현관을 재니, 크기가 다른 문들과 같았다. 창이 달린 현관도 앞에서 본 다른 문들과 크기가 같았다. 일곱 계단을 밟아 문으로 올라가는데,

현관이 바깥뜰 쪽으로 나 있고, 양편의 벽기둥이 종려나무로 장식되어 있었다. 남문 맞은편에도 안뜰로 들어가는 문이 남쪽으로 나 있었다. 그가 뜰을 가로질러 두 문 사이의 거리를 재니, 53미터였다.

28-31 또 그가 나를 남쪽 문을 통해 안뜰로 데리고 갔다. 그가 그 문을 재니, 바깥쪽 문들과 크기가 같았다. 문간방, 연결 벽, 현관의 크기가 모두 똑같았다. 그 문과 현관에는 사방으로 돌아가며 창이 나 있었고, 길이가 26.5미터, 너비가 13.25미터였다. 안뜰로 들어가는 문은 모두 13.25미터 길이에 2.65미터 너비였다. 각 현관은 바깥뜰 쪽으로 나 있었다. 그 벽기둥 위에는 종려나무 모양이 새겨져 있고, 문으로 올라가는 여덟 계단이 있었다.

32-34 그런 다음 그가 나를 안뜰의 동쪽으로 데리고 가서, 거기에 있는 문을 재니, 그 크기가 다른 문들과 같았다. 문간방, 연결 벽, 현관의 크기가 모두 같았다. 그 문과 현관 양쪽에도 사방으로 돌아가며 창이 나 있었다. 재어 보니, 길이가 26.5미터, 너비가 13.25미터였다. 현관은 바깥뜰 쪽으로 나 있었고, 양편 벽기둥 위에는 종려나무가 새겨져 있었다. 또 여덟 계단이 있었다.

35-37 또 그가 나를 북쪽으로 난 문으로 데리고 가서 그 크기를 재니, 마찬가지로 다른 문들과 같은 치수였다. 문간방과 연결 벽과 창문 달린 현관이 있었고, 길이가 26.5미터, 너비가 13.25미터였다. 현관은 바깥뜰 쪽으로 나 있었고, 양편 벽기둥 위에는 종려나무가 새겨져 있었다. 마찬가지로 올라가는 여덟 계단이 있었다.

38-43 그 문의 현관 옆에 문이 달린 방이 하나 있었는데, 그 방은 번제물을 씻는 곳이었다. 방 양쪽에 상이 두 개씩 놓여 있었고, 그 위에서 번제, 속죄제, 속건제에 쓸 짐승을 잡았다. 현관의 바깥쪽에도 양 벽쪽으로 상이 두 개씩 놓여 있었다. 이렇게 안쪽에 네 개, 바깥쪽에 네 개, 모두 여덟 개의 상이 있었고, 거기서 제물로 바칠 짐승을 잡았다. 번제물을 바칠 때 쓰는

네 개의 상들은 모두 가로와 세로가 79.5센티미터인 정사각형 모양에 높이는 53센티미터였다. 제물로 바칠 짐승을 잡는 기구와 제사를 드릴 때 쓰는 그 밖의 기구들이 그 위에 놓여 있었고, 벽에는 8센티미터 길이의 갈고리들이 걸려 있었다. 그 상들은 제물로 바칠 짐승을 올려놓는 곳이었다.

44-46 안쪽 문과 안뜰이 이어지는 지점에 방이 두 개 있었다. 하나는 북쪽 문에 있으면서 남쪽으로 나 있었고, 다른 하나는 남쪽 문에 있으면서 북쪽으로 나 있었다. 그 사람이 내게 말했다. "남쪽으로 나 있는 이 방은 성전을 책임지는 제사장들을 위한 방이다. 그리고 북쪽으로 나 있는 저 방은 제단을 책임지는 제사장들의 방이다. 그들은 사독의 자손으로, 레위의 자손 중에서도 하나님께 가까이 나아가 그분을 섬기도록 허락받은 제사장들이다."

47 그가 또 안뜰을 재니, 가로와 세로가 53미터인 정사각형 모양이었다. 제단은 성전 앞에 놓여 있었다.

48-49 그가 나를 성전 현관으로 데리고 가서 현관의 벽기둥들을 재니, 양편 모두 높이가 2.65미터였다. 성전 문으로 들어가는 입구는 너비가 6.3미터이고, 연결 벽들의 두께는 1.35미터였다. 현관 자체는 너비가 10.6미터이고, 깊이는 6.36미터였다. 현관 어귀에는 열 개의 계단이 있었고, 벽기둥 옆으로 다른 기둥들이 서 있었다.

1-2 **41** 그가 나를 성전으로 데리고 가서 양편의 벽기둥을 재니, 그 두께가 각각 3.18미터였다. 입구의 너비는 5.3미터였다. 양벽은 두께가 각각 2.65미터였다.

또 그가 성전 안 성소를 재니, 길이가 21.2미터, 너비가 10.6미터였다.

3-4 그가 더 들어가서 성소 입구의 두 벽기둥을 재니, 그 두께가 각각 1.06미 터였다. 입구 자체 너비는 3.18미터이고, 입구 벽의 두께는 3.71미터였 다. 그가 성소 끝에 자리한 지성소를 재니, 가로와 세로가 10.6미터인 정 사각형이었다. 그가 내게 "이곳이 지성소다" 하고 일러 주었다.

5-7 그가 성전 벽을 재니, 두께가 3.18미터였다. 성전을 둘러싸며 곁방들 이 자리하고 있었는데, 너비가 각각 2.12미터였다. 이 곁방들은 삼층으 로 이루어져 있었고, 각 층마다 서른 개의 방이 있었다. 그 곁방들을 지 탱해 주는 들보가 성전 주위로 둘려 있었는데, 성전 벽에 붙어 있지 않고 자체로 독립되어 있었다. 성전을 둘러싼 곁방은 위층으로 올라갈수록 더 넓었다. 아래층에는 중간층을 거쳐 맨 위층으로 올라가는 계단이 있 었다.

8-11 내가 자세히 보니, 성전 둘레를 3.18미터 두께의 단이 둘러싸고 있었 는데, 그것이 곁방들의 기초였다. 곁방들의 외벽은 두께가 2.65미터였 다. 성전 곁방들과 제사장의 방들 사이에 너비가 10.6미터인 빈 터가 있 었고, 그 빈 터가 성전을 둘러싸고 있었다. 그 빈 터에서 곁방들로 들어 가는 입구가 둘 있었는데, 하나는 북쪽 면에 다른 하나는 남쪽 면에 있었 다. 성전을 빙 두르는 빈 터의 너비는 2.65미터였다.

12 서쪽 방향으로 서서 성전 뜰을 바라보고 있는 건물이 있었는데, 너비 는 37.1미터, 벽의 두께는 2.65미터였다. 벽과 건물의 길이는 47.7미터 였다.

13-14 그가 성전을 재어 보니, 길이가 53미터였다. 성전 뜰과 그 앞의 건물 과 벽을 합한 길이도 53미터였다. 또 성전의 전면과 동쪽으로 난 빈 터 의 너비도 각각 53미터였다.

15-18 그가 성전의 뒤뜰을 바라보고 있는 건물의 길이를 재니, 양쪽의 다락 을 포함해 53미터였다. 성소와 지성소와 뒤뜰로 나 있는 현관에 나무판 자를 대 놓았는데, 삼면으로 창틀과 문틀을 달았고, 바닥부터 창까지 벽 에 판자를 대 놓았다. 지성소로 들어가는 바깥쪽 입구와 지성소와 성소 를 나누는 벽들 사방에 그룹과 종려나무 모양이 일정한 간격으로 교차 하며 새겨져 있었다.

18-20 그룹의 얼굴은 각기 두 개였다. 사람 얼굴은 오른쪽 종려나무를 바라보고 있었고, 사자 얼굴은 왼쪽 종려나무를 바라보고 있었다. 그 모양이 성전 전체에 새겨져 있었는데, 성소 벽 바닥부터 문 높이까지 새겨져 있었다.

21-22 성소에는 직사각형 모양의 문틀이 있었다. 지성소 앞에는 나무로 만든 제단처럼 보이는 무언가가 있었는데, 1.59미터 높이에 가로와 세로가 각각 1.06미터인 정사각형 모양이었다. 모서리며 받침대며 옆면이 모두 나무로 되어 있었다. 그 사람이 내게 말했다. "이것은 **하나님** 앞에 놓는 상이다."

23-26 성소와 지성소 모두 겹문이 달려 있었다. 문마다 문짝이 두 개씩 있고, 각 문짝마다 돌쩌귀가 두 개씩 달려 있었다. 두 개의 문짝은 안쪽으로, 다른 두 개는 바깥쪽으로 열리게 되어 있었다. 성소의 문에는 그룹과 종려나무가 새겨져 있었다. 바깥 현관 앞에는 나무로 만든 차양이 있었다. 현관 양편에는 종려나무 모양이 번갈아 가며 새겨진 좁은 창들이 있었다.

1-9 **42** 그 사람이 나를 북쪽 바깥뜰로 이끌고 나가서, 빈 터 앞에 있는 방들과 북쪽을 바라보고 있는 건물로 데려갔다. 북향 건물은 길이가 53미터이고, 너비가 26.5미터였다. 안뜰과 바깥뜰 가장자리의 포장된 보도를 가르는 10.6미터를 사이에 두고 방들이 나란히 삼층으로 올려져 있었다. 안쪽 방들 앞으로 복도가 있었는데, 그 너비가 5.3미터, 길이가 53미터였다. 입구는 북쪽으로 나 있었다. 건물 삼층 방들은 일이층 방들보다 좁았지만 회랑은 더 넓었다. 이 방들에는 바깥뜰에 있는 것 같은 기둥들이 없어서, 삼층 방이 일이층 방들보다 작았다. 바깥뜰에는 그 방들과 나란히 바깥담이 둘러 있었다. 방들 앞에 세워진 그 담의 길이는 26.5미터였다. 바깥뜰 쪽 방들의 길이는 26.5미터이고, 성소 가장 가까이에 있는 방들의 길이는 53미터였다. 일층 방들은 입구가 동쪽으로 나 있었는데, 바깥뜰에서 그리로 들어오게 되어 있었다.

10-12 　남쪽 면에도 뜰의 바깥담을 따라 성전 뜰을 마주하고 있는 방들이 있었고, 그 앞으로 보도가 깔려 있었다. 북쪽 면의 방들과 똑같은 모습이었고—출구와 치수가 같았다—복도로 이어지는 입구는 동쪽으로 나 있었으며, 방들로 들어가는 문들도 북쪽에 있는 것들과 같았다. 남쪽 건물의 모양새는 북쪽과 거울에 비친 듯 똑같았다.

13-14 　그가 내게 말했다. "빈 터 옆의 북쪽 방과 남쪽 방들은 거룩한 방들로, 하나님 앞에 나아오는 제사장들이 거룩한 봉헌물을 먹는 곳이다. 제사장은 거룩한 제물, 곧 곡식 제물, 속죄 제물, 속건 제물을 그 방에 놓아둔다. 그 방들은 구별된 방들이요 거룩한 공간이다. 제사장들은 성소에 들어가 섬김의 일을 할 때 바깥뜰에 나와 백성과 섞여서는 안된다. 그 일을 할 때 입었던 신성한 의복을 벗고 평상복으로 갈아입은 다음에야 그렇게 할 수 있다."

15-16 　성전 내부를 재는 일을 마치자, 그는 나를 동쪽 문 밖으로 데리고 나가 성전의 바깥쪽을 재었다. 측량 장대로 그가 동쪽 면을 재니, 265미터였다.

17 　북쪽 면을 재니, 265미터였다.

18 　남쪽 면을 재니, 265미터였다.

19 　마지막으로, 그가 서쪽 면으로 가서 그곳을 재니, 265미터였다.

20 　그가 잰 사방의 벽은 모두 265미터였다. 그 벽들을 사이에 두고 거룩한 곳과 속된 곳이 구별되었다.

하나님의 영광이 나타나다

1-3 **43** 그 사람이 나를 동쪽 문으로 데리고 갔다. 오! 이스라엘 하나님의 찬란한 영광이 큰 물소리와 함께 동쪽에서 밀려들었고, 그 찬란한 영광의 광채에 땅이 환히 빛났다. 이는 그분께서 도성을 멸망시키러 오셨을 때 내가 보았던 것과 같은 모습이었다. 또 전에 그발 강가에서 본 것과도 같은 광경이었다. 이번에도 나는 얼굴을 땅에 대고 엎드렸다.

4-5 　하나님의 찬란한 영광이 동쪽 문을 통해 성전 안으로 쏟아져 들어왔

다. 그 영이 나를 일으켜 세우고 나를 안뜰로 데리고 갔는데, 내가 보니 성전에 **하나님**의 찬란한 영광이 가득했다!

6-9 그 사람이 내 곁에 서 있는데, 성전 안쪽에서 누군가가 나를 향해 말하는 소리가 들려왔다. "사람의 아들아, 이곳은 내 보좌가 있는 곳, 내 발을 놓는 곳이다. 내가 이스라엘 백성과 영원히 살 곳이다. 다시는 이스라엘 백성과 왕들이 창녀짓을 하거나 길가에 산당을 세우고 우상으로 내 거룩한 이름에 먹칠을 하는 일이 없을 것이다. 그들은 나를 예배하는 처소 바로 옆에서, 얇은 담 하나를 사이에 둔 채 우상숭배 산당들을 세우고, 더러운 의식으로 내 거룩한 이름을 진창에 처박았다. 그러니 내가 어찌 진노 가운데 그들을 멸하지 않을 수 있었겠느냐? 이제 창녀짓을 그치고, 그들의 왕들이 들여온 악취 나는 우상들을 모두 없애게 하여라. 그러면 내가 그들이 사는 곳으로 옮겨 가서 영원히 그들과 함께할 것이다.

10-11 사람의 아들아, 이스라엘 백성에게 이 성전에 관한 모든 것을 말해 주어라. 그들은 지금껏 살아온 방종한 삶에 대해 스스로 경악하게 될 것이다. 이스라엘 백성이 이 성전 배치도를 면밀히 살펴보게 하여라. 그들이 가던 길을 멈추게 될 것이다. 성전 전체 도면—입구와 출구, 비율, 규정과 법도—을 다 보여주어라. 그들이 볼 수 있도록 그림을 그려 주어 도안과 그 의미를 이해하게 하고, 그 취지대로 살 수 있게 하여라.

12 이것이 성전의 법이다. 성전이 산 정상에서 빛을 발하면, 그 주변 전체가 거룩한 땅이 된다. 그렇다. 이것이 성전의 법, 곧 성전의 의미다."

13-14 "(길이가 53센티미터인) 긴 자로 잰 제단의 치수는 이러하다. 밑받침 물받이는 길이가 53센티미터, 너비가 53센티미터이며, 테두리에는 10.6센티미터의 턱이 있다.

14-15 제단의 높이는 밑받침부터 첫째 선반까지 1.06미터이며, 너비는 53센티미터다. 첫째 선반부터 둘째 선반까지의 높이는 2.12미터, 너비는 53센티미터다. 그 위에는 2.12미터 높이의 제단 화덕이 있다. 화덕 위로

솟은 네 개의 뿔은 높이가 53센티미터다.

16-17 제단 맨 위에 있는 화로는 가로와 세로가 각각 6.36미터인 정사각형이다. 윗선반도 각 면이 7.42미터로 정사각형이며, 테두리의 턱은 26.5센티미터, 물받이는 너비가 53센티미터다.

제단의 계단은 동쪽으로 나 있다."

18 그 사람이 또 내게 말했다. "사람의 아들아, 주 하나님께서 말씀하신다. '제단에서 행할 규례, 번제물을 바치고 그 위에 피를 뿌리는 규례는 이러하다.

19-21 속죄 제물로 수송아지 한 마리를 제사장에게 가져오되, 내 앞에 나와서 나를 섬기는 사독 가문 출신 레위인 제사장들이 가져오게 하여라. 소의 피를 가져다가 제단 맨 윗선반 네 귀퉁이에 솟아 있는 네 뿔과 테두리 턱에 발라라. 이것은 제단을 정결하게 하고 거기서 희생 제물을 드릴 수 있게 하려는 것이다. 그런 다음 속죄 제물로 바친 수송아지를 가져다가 성소 바깥마당, 지정된 장소에서 불태워라.

22-24 이튿날에는, 흠 없는 숫염소 한 마리를 속죄 제물로 바쳐라. 수송아지를 바칠 때와 똑같은 방법으로 제단을 정결하게 하여라. 정결 의식을 마치면, 흠 없는 수송아지 한 마리와 양 떼 가운데서 흠 없는 숫양 한 마리를 골라 바쳐라. 그것들을 하나님 앞에 바칠 때는, 그 위에 소금을 뿌려 하나님께 번제물로 바쳐야 한다.

25-26 너는 칠 일 동안 매일 염소 한 마리를 속죄 제물로 마련하고, 수송아지 한 마리와 양 떼 가운데서 흠 없는 숫양 한 마리를 마련해 놓아라. 칠 일 동안 제사장들은 제단을 정결하게 하면서, 준비해야 한다. 이것이 제단을 봉헌하는 방식이다.

27 칠 일에 걸친 봉헌을 마치면, 팔 일째 되는 날부터는 제사장들이 너희의 번제물과 화목 제물을 바칠 것이다. 그러면 내가 너희를 즐거이, 기쁘게 받아들일 것이다! 주 하나님의 포고다.'"

성소 규례

44

그 사람이 나를 다시 동쪽으로 난 성소 바깥 문으로 데리고 갔다. 그런데 그 문이 닫혀 있었다.

2-3 하나님께서 내게 말씀하셨다. "이 문은 닫혔고, 언제까지나 닫혀 있을 것이다. 누구도 이 문을 통해 들어갈 수 없다. 하나님, 이스라엘의 하나님이 이 문으로 들어갔기 때문이다. 이 문은 영원히 닫혀 있을 것이다. 오직 왕만이 왕의 자격으로 거기 앉아 하나님 앞에서 먹을 수 있다. 그는 현관을 통해 이 문 안에 들어왔다가, 다시 그 길로 나가야 한다."

4 그 사람이 나를 이끌어 북쪽 문을 통해 성전 앞으로 데리고 갔다. 내가 보니, 하나님의 찬란한 영광이 하나님의 성전에 가득 차 있었다! 나는 얼굴을 땅에 대고 엎드려 경배했다.

5 하나님께서 내게 말씀하셨다. "사람의 아들아, 너는 정신 차려 눈여겨보고 귀담아들어라. 내가 이 하나님의 성전의 규례와 법규에 대해 네게 이르는 모든 말과, 성전과 성소 출입구에 대해 이르는 지침에 주목하여라.

6-9 저 반역자들, 곧 이스라엘 가문에게 전하여라. '주 하나님의 메시지다. 이스라엘아, 추악하고 역겨운 짓을 이제 그쳐라. 너희는 마음과 육체에 할례 받지 않은 불경하고 완악한 이방 사람들을 내 성소에 끌어들였고, 내게 희생 제물로 바친 것들을 그들이 먹도록 내놓았다. 너희는 추악하고 역겨운 짓을 서슴지 않았으며, 신의를 저버리고 나와 맺은 엄숙한 언약을 깨뜨렸다. 너희는 나의 거룩한 기물들을 돌보지 않았고, 나의 성소에 대한 경외심이 전혀 없는 이방인들을 고용하여 그 일을 떠맡겼다. 마음이나 육체에 할례를 받지 않은 불경하고 완고한 이방인들은, 이스라엘 사람들과 함께 살고 있어도 내 성소에 들어올 수 없다.'

10-14 온 이스라엘이 우상을 좇아가자, 거기에 편승하여 나를 버리고 떠난 레위인들은, 그 모든 잘못의 대가를 치르게 될 것이다. 이제부터 그들은 성소에서 머슴 일만 하게 될 것이다. 문지기 일이나 성전 허드렛일을 맡아서, 백성이 가져오는 희생 제물을 잡아 주고 그들을 섬기는 일을 하게 될 것이다. 우상들의 제사장 노릇을 하며 내 백성 이스라엘을 걸려 넘어

지게 한 그들이니, 내가 반드시 그들을 벌하기로 맹세했다. 주 **하나님**의 포고다. 그렇다. 그들은 자신들이 저지른 일의 대가를 치를 것이다. 이제 그들은 제사장직에서 해고되었다. 더 이상 내 앞에 나아와 내 거룩한 기물들을 돌보는 일을 하지 못한다. 거룩한 곳에 더 이상 들어가지 못한다! 그들은 추악하고 역겨웠던 삶의 부끄러움을 짊어지고 살아야 한다. 이제부터는 청소와 심부름이 그들의 일이다. 그것이 전부다.

15-16 그러나 모두가 나를 등지고 떠났을 때도 신실하게 나의 성소를 지키고 돌보았던 사독의 자손 레위인 제사장들은, 내 앞에 나아와 나를 섬길 것이다. 그들은 엄숙하게 희생 제물을 바치는 제사장의 일을 수행할 것이다. 주 **하나님**의 포고다. 그들만이 내 성소에 들어올 수 있다. 그들만이 내 상에 가까이 와서 내 일을 도우며 나를 섬길 수 있다.

17-19 그들이 안뜰 문에 들어올 때는, 반드시 모시옷을 입어야 한다. 안뜰 문이나 성전 안에서 섬길 때 양털로 만든 옷을 입어서는 안된다. 머리에는 모시 관을 쓰고 속에는 모시 속옷을 입어야 한다. 땀이 나게 하는 것은 어떤 것도 입어서는 안된다. 백성이 모여 있는 바깥뜰로 나갈 때는, 안에서 섬길 때 입은 옷을 벗어서 거룩한 방에 두고 평상복으로 갈아입은 다음에 나가야 한다. 잘못된 옷차림으로 그들이 수행하는 거룩한 일의 격을 떨어뜨리지 않게 해야 한다.

20 그들은 머리를 밀어서도 안되고 머리카락이 덥수룩하게 놔두어서도 안되며, 늘 단정하게 깎아야 한다.

21 어떤 제사장이든지, 일할 때 술에 취해 있으면 안된다. 안뜰에 있을 때는 포도주를 입에 대지 못한다.

22 제사장은 과부나 이혼한 여자와 결혼해서는 안된다. 그러나 이스라엘 처녀나 제사장의 아내였다가 과부가 된 여인과는 결혼할 수 있다.

23 제사장이 할 일은 내 백성이 거룩한 것과 일상적인 것, 부정한 것과 정결한 것을 분별하도록 가르쳐 보이는 것이다.

24 의견 대립이 일어나면, 제사장들이 나서서 중재해야 한다. 나의 판결과 법규와 율례에 입각해서 판단을 내려야 한다. 그들은 나의 명령대로 백성들이 정해진 축제일을 엄수하고, 나의 안식일을 거룩히 지키도록

할 책임을 맡은 자들이다.

25-27 제사장은 시체에 가까이 다가가 자신을 부정하게 해서는 안된다. 그러나 죽은 자가 그의 부친이나 모친, 아들이나 딸, 형제나 미혼 자매일 경우에는 시체에 가까이 다가갈 수 있다. 그러나 그는 정결 의식을 치른 후에도 칠 일을 더 기다려야 한다. 다시 성소에서 제사장 직무를 수행하기 위해 성소 안뜰로 돌아갈 때는, 먼저 자신을 위해 속죄 제물을 바쳐야 한다. 주 하나님의 포고다.

28-30 제사장들의 땅 소유에 대해 말하면, 내가 바로 그들의 유산이다. 그들에게는 이스라엘의 어떤 땅도 주어서는 안된다. 내가 그들의 땅이며 내가 그들의 유산이다. 그들은 곡식 제물과 속죄 제물과 속건 제물에서 양식을 얻을 것이다. 이스라엘 사람들이 예배를 위해 하나님께 바친 것들은 모두 그들의 몫이다. 사람들이 기른 것 중에 가장 좋은 것과 모든 특별 선물도 제사장들의 몫이다. 하나님께 예배하며 바친 모든 것이 그들의 몫이다. 먼저 그들을 섬겨라. 너희 소유 중에 가장 좋은 것으로 그들을 섬겨라. 그러면 너희 집이 복을 받을 것이다.

31 제사장은 길이나 들에서 죽은 짐승들 중에, 사람의 통상적 음식이 아닌 고기는 새든지 짐승이든지 먹어서는 안된다."

하나님을 위한 거룩한 공간

1-4 **45** "땅 유산을 나눌 때, 너희는 땅의 일부를 하나님을 위한 거룩한 공간으로 따로 떼어 놓아야 한다. 길이는 11.25킬로미터, 너비는 9킬로미터가 되게 하여라. 그 땅 전체가 거룩한 공간이다. 이 직사각형 구역 안에서, 성소를 위해 가로와 세로가 각각 225미터인 정사각형 땅을 떼어 놓고, 그 주변 사방으로 22.5미터를 재어 완충지대를 두어라. 이 거룩한 보호구역 안에, 길이 11.25킬로미터, 너비 4.5킬로미터 되는 구역을 정해 표를 하여라. 성소와 지성소가 거기 위치할 것이다. 이곳은 성소에서 예배를 인도하며 하나님을 섬기는 제사장들의 거주구역이다. 그들의 집이 거기에 늘어설 것이다.

5 거룩한 보호구역 북쪽으로, 길이 11.25킬로미터, 너비 4.5킬로미터

되는 지역을 떼어 놓아라. 그곳은 성소에서 예배 관련 직무를 맡는 레위 인들의 마을을 위한 땅이다.

6 거룩한 보호구역 남쪽으로는 길이 11.25킬로미터, 너비 2.25킬로미터 되는 지역을 재어 도성에 속한 땅으로 떼어 놓아라. 그 땅은 이스라엘 모든 가문이 공동으로 소유하는 지역이다.

7-8 중심부의 거룩한 정사각형 땅에서 동쪽과 서쪽으로 각각 11.25킬로미터까지는 왕의 몫이다. 이 땅은 동쪽으로는 요단까지, 서쪽으로는 지중해까지 이르는 지역으로, 이스라엘 왕의 소유다. 나의 왕들은 더 이상 내 백성을 못살게 괴롭히거나 짓밟지 않을 것이며, 각 지파에게 분배된 땅을 존중할 것이다.

9-12 이는 주 하나님의 메시지다. '이스라엘의 왕들아, 그동안 나는 참을 만큼 참았다. 내 백성을 못살게 굴고 착취하는 일을 그쳐라. 이제는 자세를 바꾸어 정의와 공의를 행하여라. 정직한 눈금, 곧 정직한 저울과 정직한 자를 사용하여라. 한 말은 언제나 18리터여야 한다. 한 되는 언제나 1.8리터여야 한다. 둘 모두의 기본 단위는 리터다. 너희 돈도 정직해야 한다. 위조지폐는 안될 말이다!'"

제사 규례

13-15 "너희가 바쳐야 할 제물은 이러하다. 너희 밀의 육십분의 일, 보리의 육십분의 일, 기름의 백분의 일, 그리고 이스라엘의 비옥한 초장에서 자라는 양들 200마리당 1마리씩이다. 이것들은 백성을 위해 드리는 속죄제의 곡식 제물, 번제물, 화목 제물로 사용될 것이다. 주 하나님의 포고다.

16-17 이 땅 모든 사람이 이스라엘 왕이 관장하는 이 특별 봉헌에 참여해야 한다. 거룩한 축제일과 매달 초하루와 안식일, 곧 이스라엘 백성이 지켜야 할 모든 축제일에 바칠 번제물과 곡식 제물과 부어 드리는 제물을 마련하는 일은 왕의 몫이다. 이스라엘 백성을 위한 속죄제에 바칠 속죄 제물, 곡식 제물, 번제물, 화목 제물을 마련하는 일은 그의 책임이다.

18-20 이는 주 하나님의 메시지다. 첫째 달 첫째 날에는, 흠 없는 수송아지 한 마리를 골라다가 성소를 정결하게 하여라. 제사장은 그 속죄 제물의

피를 가져다가 성전의 문기둥과 제단의 선반 네 모서리와 안뜰 문 입구에 발라야 한다. 그달 칠일에도, 모르고 죄를 지은 자들을 위해 그와 같이 다시 한번 행하여라. 이렇게 성전을 위해 속죄하여라.

21 첫째 달 십사일에, 너희는 유월절을 지켜야 한다. 칠 일 동안 이어지는 이 축제기간에는 누룩을 넣지 않은 빵을 먹어야 한다.

22-23 유월절 날에, 왕은 자신과 온 나라 백성을 위해 송아지 한 마리를 속죄 제물로 바쳐야 한다. 칠 일의 축제기간 동안, 그는 날마다 흠 없는 수송아지 일곱 마리와 숫양 일곱 마리를 **하나님**께 번제물로 바치고, 날마다 숫염소 한 마리도 바쳐야 한다.

24 왕은 수송아지 한 마리와 숫양 한 마리를 바칠 때마다, 20리터 상당의 곡식 제물과 4리터 상당의 기름도 함께 바쳐야 한다.

25 일곱째 달 십오일과 칠 일간의 축제기간에도, 그는 날마다 속죄 제물과 번제물과 곡식 제물과 기름을 전과 동일하게 바쳐야 한다.'"

※

1-3 **46** "'주 **하나님**의 메시지다. 안뜰 동쪽 문은 일하는 엿새 동안 닫아 두되, 안식일에는 열어야 한다. 그 문은 매달 초하루에도 열어야 한다. 왕은 그 문으로 들어와서 벽기둥 곁에 설 것이며, 그가 거기 현관에서 예배하는 동안 제사장들이 그의 번제물과 화목 제물을 바쳐야 한다. 그가 떠난 후에도, 그 문은 저녁때까지 닫지 말아야 한다. 안식일과 매달 초하루에는, 백성이 그 문 바깥 입구에 모여 **하나님**을 예배해야 한다.

4-5 안식일에 왕이 **하나님**께 바칠 번제물은, 흠 없는 어린양 여섯 마리와 흠 없는 숫양 한 마리다. 숫양과 함께 곡식 제물 20리터와 기름 4리터를 바치고, 각 어린양에는 소량의 곡식을 곁들여야 한다.

6-7 매달 초하루, 왕은 수송아지 한 마리와 어린양 여섯 마리와 숫양 한 마리를 흠 없는 것들로 바쳐야 한다. 숫양과 수송아지를 바칠 때는 각각 곡식 제물 20리터와 기름 4리터를 곁들이고, 각 어린양에는 소량의 곡식 제물을 곁들여야 한다.

8 　들어올 때 왕은 문 입구의 현관을 통해 들어와야 하고, 나갈 때도 그 길로 나가야 한다.

9-10 　그러나 정한 축제일에 이 땅의 백성이 하나님께 예배하러 올 때는 북쪽 문을 통해 들어온 자는 남쪽 문으로 나가고, 남쪽 문을 통해 들어온 자는 북쪽 문으로 나가야 한다. 들어온 문으로 되돌아 나가서는 안되며, 반대 문을 통해 나가야 한다. 백성들이 들어오고 나갈 때, 왕도 그들과 함께 섞여서 들어오고 나가야 한다.

11 　축제일과 정한 축일에 바칠 곡식 제물의 양은 20리터이며, 수송아지와 숫양에는 기름 4리터를, 각 어린양에는 소량의 곡식을 곁들여야 한다.

12 　왕이 자원하여 하나님께 번제물이나 화목 제물을 가져올 때는, 그에게 동쪽 문을 열어 주어야 한다. 그는 안식일에 하듯이 자기의 번제물이나 화목 제물을 바칠 것이며, 그런 다음 떠나야 한다. 그가 밖으로 나간 다음에는 문을 닫아야 한다.

13-15 　매일 아침, 너희는 하나님께 바칠 번제물로 일 년 된 흠 없는 어린양 한 마리를 가지고 와야 한다. 또 매일 아침, 곡식 제물로 곡식 약 4리터에 1.25리터의 기름을 부어 가지고 와야 한다. 이와 같이 하나님께 곡식 제물을 바치는 것은 반드시 지켜야 할 율례다. 어린양과 곡식 제물과 기름을 번제물로 바치는 일은 날마다 행해야 할 의식이다.

16-18 　주 하나님의 메시지다. 만일 왕이 자기 아들 중 하나에게 유산을 떼어서 주면, 그것은 대대로 그 가문의 소유가 된다. 그러나 왕이 어떤 종에게 자기 유산을 떼어서 선물로 주면, 그것은 해방의 해(희년)까지만 그 종의 소유가 되고, 그 후에는 다시 왕에게 되돌아간다. 왕의 유산은 오직 그의 아들들의 것이며, 대대로 그 가문이 소유한다. 왕은 백성 가운데 누구의 유산도 빼앗아서는 안되며, 그들의 땅 소유권을 빼앗아서도 안된다. 그는 오직 자기 재산을 떼어서 아들들에게 줄 수 있다. 내 백성 누구도 자기 땅에서 내쫓기는 일이 있어서는 안된다.'"

19-20 　그런 다음 그 사람이 나를 데리고 북쪽 문을 통해 제사장들의 거룩한 방으로 가서, 서쪽에 있는 뒷방 하나를 보여주었다. 그가 말했다. "여기는

제사장들이 속건 제물과 속죄 제물을 삶고 곡식 제물을 굽는 부엌이다. 바깥뜰에서 거룩한 그 일들을 하다가는 준비가 안된 백성을 위험에 빠 뜨리게 할 수 있으니, 이곳에서 제물을 준비해야 한다."

21-23 그가 다시 나를 이끌고 바깥뜰로 가서, 그 뜰의 네 모퉁이를 보여주었 다. 내가 보니, 모퉁이마다 뜰이 있었다. 바깥뜰 네 모퉁이마다 각각 길 이 18미터, 너비 13.5미터 되는 작은 뜰이 있었고, 크기는 모두 같았다. 그 뜰의 안쪽 벽에 돌로 만든 선반이 있었고, 그 선반 밑으로 요리용 화 덕이 놓여 있었다.

24 그가 일러 주었다. "여기는 성전에서 섬기는 자들이 백성의 희생 제 물을 삶는 부엌이다."

성전에서 흘러나오는 물

1-2 **47** 그가 다시 나를 성전 입구로 데리고 갔다. 내가 보니, 성전 현 관 아래쪽에서 물이 쏟아져 나와 동쪽으로(성전은 동쪽을 향 하고 있다) 흘러가고 있었다. 물은 성전 남쪽 면, 제단 남쪽에서 쏟아져 나오고 있었다. 그가 나를 데리고 북쪽 문으로 나가서, 밖을 돌아 동쪽 문으로 데리고 갔다. 물이 성전 남쪽 샘 아래에서 용솟음쳐 흘러나왔다.

3-5 그가 줄자를 가지고 동쪽으로 450미터를 재면서 갔고, 나는 발목까 지 차오르는 물을 헤치며 따라갔다. 그가 다시 450미터를 재면서 갔고, 나는 무릎까지 차오르는 물을 헤치며 따라갔다. 그가 다시 450미터를 재면서 갔고, 나는 허리까지 차오르는 물을 헤치며 따라갔다. 그가 다시 450미터를 재면서 갔는데, 이제는 물이 내 키보다 높아져 헤엄을 쳐야 했다. 물은 강물처럼 높았고 도저히 헤치며 걸어갈 수 없었다.

6-7 그가 말했다. "사람의 아들아, 잘 보았느냐?"

그런 다음 그가 나를 다시 강가로 데리고 갔다. 강가에 앉아서 보니, 강가 양편으로 많은 나무들이 늘어서 있었다.

8-10 그가 내게 말했다. "이 물은 동쪽으로 흘러서 아라바로 내려갔다가, 물들이 고여 있는 바다로 들어간다. 이 물이 바다로 흘러들어 가면, 그 바 닷물은 새로워진다. 이 강물이 흘러들어 가는 곳은 어디든지 생명이—엄

청난 물고기 떼가—가득하게 되는데, 그것은 이 강물이 바다의 짠물을 단물로 바꿔 놓기 때문이다. 이 강물이 흘러들어 가는 곳에는 생명이 차오른다. 엔게디에서 북쪽 에네글라임에 이르기까지, 어부들이 어깨를 나란히 하고 서서 해안선을 따라 그물을 내릴 것이다. 그 바다에는 지중해처럼, 온갖 종류의 물고기들이 가득할 것이다.

11 그 늪과 습지들은 새로워지지 않고, 계속 짠물로 남아 있을 것이다.

12 그러나 그 강가 양편으로는 온갖 종류의 과일 나무들이 자라며, 그 잎이 시들지 않고 열매도 끊이지 않을 것이다. 나무들은 때마다 신선한 열매를 맺을 것인데, 성소에서 나온 강물이 그 나무들에게 흘러가기 때문이다. 그 열매는 양식이 되고 그 잎은 약재가 될 것이다."

땅의 경계선과 분배

13-14 주 하나님의 메시지다. "다음은 이스라엘 열두 지파가 유산으로 나누어 가질 땅의 경계선이다. 요셉은 두 몫을 가질 것이다. 나머지 지파들은 땅을 똑같이 나누어야 한다. 나는 너희 조상에게 이 땅을 주기로 엄숙히 맹세했다. 이 땅이 너희 유산이 될 것이라고 내가 맹세했다.

15-17 이 땅의 경계선은 다음과 같다.

북쪽 경계선은 큰 바다 지중해에서 시작해 헤들론 길을 따라, 하맛 어귀와 스닷과 브로다, 다마스쿠스와 하맛 사이의 시브라임, 더 나아가 하우란과 접한 하셀 핫디곤까지 이른다. 이렇게 북쪽 경계선은 지중해에서 하살에논까지 이어지는데, 그 위로 다마스쿠스와 하맛 지역과 접경하고 있다. 이것이 북쪽 경계선이다.

18 동쪽 경계선은 다마스쿠스와 하우란 사이에서 시작해 길르앗과 이스라엘 땅 사이의 경계인 요단 강을 따라 아래로 가다가, 멀리 동쪽 바다 다말까지 이른다. 이것이 동쪽 경계선이다.

19 남쪽 경계선은 다말에서 시작해 서쪽으로 므리봇가데스 샘을 지나 이집트 시내를 따라가다가, 큰 바다 지중해까지 이른다. 이것이 남쪽 경계선이다.

20 서쪽 경계선은 큰 바다 지중해를 따라 북쪽으로 가다가, 동쪽 하맛

어귀로 접어드는 지점까지 이른다. 이것이 서쪽 경계선이다.

21-23 너희는 이 땅을 이스라엘 열두 지파별로 나누어라. 너희 유산으로 나누어 가지되, 너희 가운데 자녀를 낳고 사는 거류민들에게도 몫이 돌아가게 하여라. 그들도 너희처럼 이 땅에서 태어난 사람들로 대우해 주어라. 그들도 이스라엘 지파와 함께 유산을 얻게 하여라. 모든 거류민이 각자 사는 지역에서 자기 유산을 받게 하여라. 주 **하나님**의 포고다."

각 지파의 몫과 거룩한 땅

48

1 "지파들은 이러하다.

단. 북쪽 경계선에서 시작해, 헤들론 길을 따라 하맛 어귀와 하살에논까지, 곧 다마스쿠스 영토와 하맛을 북쪽으로 두고 동쪽에서 서쪽까지가 그들이 받을 몫이다.

2 아셀. 단 경계에 닿아 있는 동쪽에서 서쪽까지가 그들이 받을 몫이다.

3 납달리. 아셀 경계에 닿아 있는 동쪽에서 서쪽까지가 그들이 받을 몫이다.

4 므낫세. 납달리 경계에 닿아 있는 동쪽에서 서쪽까지가 그들이 받을 몫이다.

5 에브라임. 므낫세 경계에 닿아 있는 동쪽에서 서쪽까지가 그들이 받을 몫이다.

6 르우벤. 에브라임 경계에 닿아 있는 동쪽에서 서쪽까지가 그들이 받을 몫이다.

7 유다. 르우벤 경계에 닿아 있는 동쪽에서 서쪽까지가 그들이 받을 몫이다.

8-9 유다 경계에 닿아 있는 동쪽에서 서쪽까지는 구별된 지역으로, 너희는 그 땅을 거룩한 곳으로 따로 떼어 놓아야 한다. 가로와 세로가 11.25킬로미터인 정사각형 지역의 중심에 성소가 자리 잡는다. 너희는 길이 11.25킬로미터, 너비 4.5킬로미터 되는 구역을 **하나님**을 위해 따로 구별해야 한다.

10-12 그 지역은 이렇게 나뉜다. 북쪽과 남쪽으로 길이 11.25킬로미터, 동쪽과 서쪽으로 너비 4.5킬로미터 되는 구역은 제사장들의 몫이다. 하나님의 성소가 그 중심에 자리한다. 이것은 거룩하게 구별된 제사장들인 사독의 자손들을 위한 구역으로, 그들은 레위인들과 달리, 이스라엘이 그릇 행했을 때도 바른 길에서 벗어나지 않고 한결같이 나를 섬겼다. 이것은 그들이 받는 특별 선물이요, 이 땅이 주는 선물이며, 지극히 거룩한 땅으로, 레위인들의 구역과 닿아 있는 지역이다.

13-14 레위인들의 구역도 제사장들의 구역과 같은 크기로, 길이가 11.25킬로미터, 너비가 4.5킬로미터다. 이 구역의 땅은 단 한 평도 팔거나 거래할 수 없다. 이 땅은 가장 좋은 구역이며, 무엇보다 하나님께 거룩한 곳이다.

15-19 '거룩한 정사각형'의 나머지—길이 11.25킬로미터, 너비 2.25킬로미터 되는—구역은 평범한 용도로 사용된다. 도성과 건물들을 세우고, 도시를 중심으로 주위에 빈 터를 둔다. 도성의 북쪽과 남쪽과 동쪽과 서쪽 면의 길이는 각각 약 2.25킬로미터다. 112.5미터 너비의 초장이 도성을 사방으로 둘러싼다. 거룩한 제사장 구역과 붙어 있는 나머지 땅, 곧 도성의 동서로 각각 4.5킬로미터에 해당하는 땅은 농지로 사용하여, 도성에 필요한 식량을 마련한다. 이스라엘 모든 지파에서 온 일꾼들이 거기서 땅을 경작할 것이다.

20 거룩한 목적을 위해 구별된 이 특별지역은, 가로와 세로가 11.25킬로미터인 정사각형의 땅으로, '거룩한 정사각형'이다. 도성을 위해 구별된 구역도 여기에 포함된다.

21-22 이 땅의 나머지, 곧 11.25킬로미터 길이의 '거룩한 정사각형' 구역에서 동쪽으로 요단 강, 서쪽으로 지중해까지는 왕에게 속한 땅이다. 왕의 땅은 북쪽과 남쪽의 지파들이 받는 몫들 사이에 끼어 있으며, 성전을 중심에 둔 '거룩한 정사각형' 구역에서 동쪽과 서쪽으로 뻗어 있다. 레위인들을 위해 구별된 땅과 도성을 위해 구별된 땅이 왕에게 할당된 영토 한가운데 자리한다. '거룩한 정사각형' 구역은 동쪽과 서쪽으로 왕의 땅에 접해 있으며, 북쪽과 남쪽으로는 각각 유다 영토와 베냐민 영토에 접

해 있다.

23 나머지 지파들은 이러하다.

베냐민. 동쪽 경계선부터 서쪽 경계선까지가 그들이 받을 몫이다.

24 시므온. 베냐민 경계에 닿아 있는 동쪽에서 서쪽까지가 그들이 받을 몫이다.

25 잇사갈. 시므온 경계에 닿아 있는 동쪽에서 서쪽까지가 그들이 받을 몫이다.

26 스불론. 잇사갈 경계에 닿아 있는 동쪽에서 서쪽까지가 그들이 받을 몫이다.

27 갓. 스불론 경계에 닿아 있는 동쪽에서 서쪽까지가 그들이 받을 몫이다.

28 갓의 남쪽 경계선은 남쪽 다말에서 시작해 므리바가데스 샘에 이르고, 이집트 시내를 따라 큰 바다 지중해까지 이른다.

29 이것이 이스라엘 지파들이 그들의 유산으로 나눌 땅, 그들이 받을 몫이다." 주 하나님의 포고다.

30-31 "그 도성의 문들은 다음과 같다. 도성 북쪽 면은 길이가 2킬로미터이며, 문이 셋 있다(도성의 문들은 이스라엘 지파의 이름을 따서 부른다). 르우벤 문, 유다 문, 레위 문.

32 동쪽 면도 2킬로미터이며, 문이 셋이다. 요셉 문, 베냐민 문, 단 문.

33 남쪽 면도 2킬로미터이며, 문이 셋이다. 시므온 문, 잇사갈 문, 스불론 문.

34 서쪽 면도 2킬로미터이며, 문이 셋이다. 갓 문, 아셀 문, 납달리 문.

35 도성 사면의 합은 8킬로미터다.

이 도성의 이름은 이제부터 여호와 삼마로 불릴 것이다.

하나님께서 여기 계신다."

다니엘

머리말

다니엘서에 담긴 여러 이미지들은 2천 년이 넘는 세월 동안 하나님의 백성의 삶 속에 깊숙이 침투하여, 주권자 하나님을 향한 순종과 신뢰를 북돋는 역할을 해왔다.

일상의 압박과 스트레스 가운데서 하나님께 순종하고 역사의 거대한 격류 속에서 하나님의 길을 신뢰하기란 늘 어려운 일이지만, 고난과 박해의 시기에는 특히 그러하다. 살아남으려면 하나님 따위는 잊고 당대 문화에 순응하라는 압박 앞에서, 하나님께 순종하는 길을 택하기란 결코 쉬운 일이 아니다. 크고 힘센 것을 숭배하는 시대에 하나님을 신뢰하면서 사는 것 역시 쉬운 일이 아니다.

다니엘서가 쓰인 시대가 바로 그러했다. 시류를 거슬러 하나님께 순종하고 철저하게 하나님을 신뢰하도록 용기를 북돋는 목소리는 거의 들리지 않았다. 그러나 다니엘서의 이야기와 환상들은, 당시 사회가 주지 못했고 줄 수 없었던 것을 하나님의 백성에게 공급해 주었다. 세기를 거듭하는 동안, 다니엘서는 가슴 벅차게 하나님께 순종하고 꿋꿋하게 하나님을 신뢰하게 만들어 주었다.

"하나님의 이름을
영원무궁토록 찬양하여라.
그분은 모든 것을 아시며, 그분이 모든 일을 행하신다.
계절이 바뀌게 하시고, 역사를 주관하신다.
왕들을 세우시고, 왕들을 폐하신다.
총명을 주시고, 통찰을 주신다.
심오한 것을 파헤치시고, 비밀을 드러내신다.

어둠을 꿰뚫어 보시고, 빛을 쏟아 내신다!"
(단 2:20-22)

다니엘서는 이야기 부분과 환상 부분—여섯 개의 이야기
(1-6장)와 네 개의 환상(7-12장)—이 비슷한 비율로 나뉘어
있다. 이야기 부분에는, 역경 속에서도 하나님께 신실하게
순종하는 영혼들이 등장한다. 환상 부분에서는, 하나님은
안중에도 없이 사는 민족들에게까지 미치는 그분의 주권적
다스림이 파노라마처럼 펼쳐진다. 다니엘서는 영혼에 관한
여섯 이야기와, 하나님의 주권을 알리는 네 가지 환상으로
이루어져 있다고 말할 수 있다.

믿음과 생존을 다룬 여섯 이야기는, 우리가 하루하루 믿
음을 지키며 끝까지 살아가도록 용기를 북돋아 준다. 우리
중에 하나님께 충성하기에 좋은 환경에서 살거나, 희생적
제자도의 가치를 높이 평가해 주는 사람들 속에 사는 이는
거의 없을 것이다. 우리는 거의 매일같이, 유익과 이득을 위
해 현실에 순응할 것인가, 아니면 주께 충성을 다할 것인가
를 두고 힘겨운 선택의 기로에 선다. 이 이야기들은 우리가
매일 마주하는 이 선택에 무엇이 달려 있는지 똑바로 직시
하게 한다.

역사 속에서 일하시는 하나님의 구원 역사(役事)에 관
한 다니엘서의 네 가지 환상은, 하나님을 가릴 만큼 어지
러운 세계사의 소용돌이 한가운데서도 늘 하나님께 희망
을 두고 살아가라고 용기를 북돋운다. 이 환상들은 의도적
으로 난해하게 쓰인(묵시적인) 글이므로 이해하기가 쉽지

않고, 종종 열띤 연구와 해석의 대상이 되어 왔다. 이 책을 처음 읽는 독자들은, 여러 생경한 상징과 이미지들을 통해 이 책이 결국 증언하려고 하는 역사적 진실 하나에 집중하는 편이 좋을 듯하다. 뉴스 매체가 쏟아 내는 여러 사건들에 가려지기 쉬운 거대한 진실, 그것은 바로 '하나님께서 역사의 주관자'라는 사실이다.

오만한 통치자와 민족들이 일으키는 소음과 소란들, 그 모든 과시와 허세를 우리는 역사라 부르고 그런 것들로 인해 지금도 고통을 겪고 있지만, 우리 하나님께서는 그 모든 소용돌이 속에서도 아무 요동 없이 당신의 주권을 힘 있게 펼쳐 나가고 계신다. 우리는 결국 그분이 모든 것과 모든 사람을 당신의 통치 아래 두실 것을 믿는다. 다니엘서에서, 심지어 힘 있는 통치자인 느부갓네살 왕조차도 자신보다 더 대단한 힘이 있다는 것을 인정하게 되었다. 그는 하나님에 대해서 이렇게 이야기한다.

> "그분의 주권적 통치는 영원하고,
> 그분의 나라는 결코 쇠하지 않는다.
> 이 지상의 것들은 아무것도 아니며,
> 하나님의 천상의 군대가 모든 것을 지탱한다.
> 그분이 하시는 일 아무도 막을 자 없으며,
> 그분의 통치에 이의를 제기할 자 아무도 없다.……
>
> 그분이 하시는 일은 모두 참되고,
> 그 일을 다 바르게 행하신다.

그분은 교만한 자를
겸손하게 만드는 법을 아신다"(단 4:34-35, 37).

우리 중에 어떤 이들은 영혼 문제에 집중하기를 좋아하고,
또 어떤 이들은 역사의 큰 이슈들에 관해 다루기를 좋아한
다. 다니엘서는 그 모든 것, 곧 개인적인 것과 정치적인
것, 현재 일과 장래 일, 영혼 문제와 사회 문제 모두를 하나
로 담아낸 중요한 기록들 중 하나다.

다니엘

바빌론 왕궁의 유다 출신 젊은이들

1 **1-2** 유다 왕 여호야김이 다스린 지 삼 년째 되던 해에, 바빌론 왕 느부갓네살이 예루살렘에 전쟁을 선포하고 도성을 포위했다. 주께서 유다 왕 여호야김과 하나님의 성전 비품 일부를 느부갓네살의 손에 넘기셨다. 그는 왕을 포로로 잡아가면서 비품들도 함께 챙겨 고대 시날 땅인 바빌론으로 가지고 갔고, 그것들을 신전 보물창고에 넣어 두었다.

3-5 왕이 환관장 아스부나스에게 말하여, 이스라엘의 왕족이나 귀족 출신 젊은이들 가운데 신체가 건강하고 용모가 준수하며, 머리가 좋고 교양이 있으며, 장차 나라의 지도급 인사가 될 만한 재목—최고 인재!—을 골라 바빌론의 언어와 주술과 점술을 가르치게 했다. 또 왕은 그들의 식단을 왕실 식단과 똑같이 짜도록—매일 최고의 음식과 최고의 포도주를 상에 올리도록—지시를 내렸다. 그들은 삼 년 동안 교육을 받은 뒤 왕궁 고위직에 임명될 예정이었다.

6-7 뽑힌 자들 가운데 유다 출신 젊은이 넷이 있었으니, 그들은 다니엘과 하나냐와 미사엘과 아사랴였다. 환관장은 그들에게 바빌론식 이름을 지어 주었는데, 다니엘은 벨드사살, 하나냐는 사드락, 미사엘은 메삭, 아사랴는 아벳느고였다.

8-10 그런데 다니엘은 왕의 음식과 왕의 포도주로 자신을 더럽히지 않겠다고 마음먹고, 환관장에게 왕실 음식을 먹지 않게 해달라고 청했다. 하

나님의 은혜로 다니엘은 환관장의 총애를 받고 있었지만, 환관장은 다니엘에게 경고했다. "내 주인이신 왕께서 어떻게 하실지 두렵네. 왕께서 친히 이 식단을 정해 주셨는데, 만일 그대들의 건강이 다른 젊은이들만 못하다고 보시면, 분명 내 목을 베실 것이네!"

11-13 그러나 다니엘은 환관장 밑에서 다니엘과 하나냐와 미사엘과 아사랴를 돌보는 일을 맡은 감독관을 찾아가 호소했다. "부탁드립니다. 열흘 동안만 우리가 채소와 물만 먹고 지낼 수 있게 해주십시오. 그런 다음에, 왕실 음식을 먹는 다른 젊은이들과 우리를 비교해 보시고, 그때 나타난 결과를 가지고 결정을 내려 주십시오."

14-16 감독관이 그렇게 하기로 동의하고, 열흘 동안 그들에게 채소와 물만 주었다. 열흘이 지나서 보니, 그들은 왕실 음식을 먹은 다른 젊은이들보다 더 건강하고 원기 왕성해 보였다. 그래서 감독관은 계속 그들에게 왕실 음식과 음료를 먹이지 않았고, 대신 채소만 주어 먹게 했다.

17-19 하나님께서 이 네 젊은이들이 높은 학식과 함께 모든 일에 뛰어난 식견을 갖게 해주셨다. 거기다, 다니엘은 온갖 환상과 꿈을 해석하는 재능까지 받았다. 왕이 정한 훈련기간이 끝나자, 환관장은 그들을 느부갓네살 앞으로 데려갔다. 그들과 이야기해 본 왕은, 그들이 다른 모든 젊은이보다 월등하다는 것을 알아보았다. 누구도 다니엘과 하나냐와 미사엘과 아사랴에 필적하지 못했다.

19-20 그래서 그들은 왕을 모시는 자리에 오르게 되었다. 왕은 학문에 대해서나 세상일에 대해 그들에게 자문을 구했고, 그때마다 그들이 그의 나라 모든 마술사와 주술사를 합친 것보다 열 배는 낫다는 것을 깨닫게 되었다.

21 다니엘은 고레스 왕 일년까지 계속 왕을 모시는 자리에 있었다.

느부갓네살 왕의 꿈

1-3 **2** 느부갓네살 왕은 왕위에 오른 지 이 년째 되는 해부터 꿈을 꾸기 시작했다. 그는 그 꿈에 몹시 시달렸다. 그는 잠을 이룰 수가 없어, 꿈을 해석하려고 바빌론의 모든 마술사, 주술사, 마법사, 점성가를

불러들였다. 그들이 와서 왕 앞에 서자, 그가 그들에게 말했다. "내가 꿈을 꾸었는데, 도무지 떨쳐 버릴 수가 없구나. 그 꿈이 무슨 뜻인지 알아야만 잠을 이룰 수 있겠다."

4 점성가들이 아람 말로 아뢰었다. "왕이시여, 만수무강하시기를 빕니다! 저희에게 그 꿈을 들려주시면 뜻을 해석해 드리겠습니다."

5-6 왕이 점성가들에게 대답했다. "내가 칙령을 내린다. 너희는 내게 그 꿈의 내용과 뜻을 모두 말해 주어야 한다. 그렇지 못할 경우, 너희를 능지처참하고 너희 집을 다 허물어 버리겠다. 너희가 내게 그 꿈의 내용과 뜻을 모두 말해 주면, 내가 너희에게 후한 상과 큰 영예를 내릴 것이다. 그러니 그 꿈의 내용이 무엇이고 그 뜻이 무엇인지 내게 말해 보아라."

7 그들이 대답했다. "아뢰옵기 황공하오나 그 꿈을 저희에게 말씀해 주소서. 그리하면 저희가 그 뜻을 해석해 드리겠습니다."

8-9 왕이 대답했다. "나는 너희 속셈이 무엇인지 안다. 너희는 그저 시간을 벌려는 수작이다. 너희는 지금 궁지에 몰려 있다는 것을 알고 있다. 내 꿈을 말해 주지 못하면 큰일이 난다는 것을 알고서 그러는 것이다. 너희 속이 어떤지 훤하다. 너희는 내 마음이 바뀌기를 기다리면서, 그럴듯한 이야기로 대충 얼버무리려는 것이다. 어림없다! 먼저 내게 그 꿈의 내용을 말하여라. 그러면 내가 너희 해몽이 허풍이 아니라 믿을 만한 것인 줄 알겠다."

10-11 점성가들이 말했다. "왕께서 요구하시는 대로 할 수 있는 사람은 이 세상 어디에도 없습니다. 일찍이 어떤 위대한 왕이나 군주도 마술사나 주술사나 점성가에게 이런 요구를 한 적이 없습니다. 왕께서 물으시는 것은 신이나 여신이 알려 주지 않는 한, 답을 알기는 불가능합니다. 그런데 신들은 우리 같은 인간들과 어울리려 하지 않습니다."

12-13 이 말에 왕이 폭발했다. 평정을 잃은 그는 바빌론의 현인들을 모조리 잡아 죽이라고 명령을 내렸다. 사형집행 영장이 발부되었고, 다니엘과 그의 동료들도 명단에 포함되었다. 그들도 처형 대상이 된 것이다.

14-15 왕궁 경비대장 아리옥이 처형집행 일정을 잡고 있는데, 다니엘이 기지를 발휘해 그를 은밀히 만나서 물었다. "아니, 느닷없이 이 무슨 일입

니까?"

15-16 아리옥이 자초지종을 말해 주자, 다니엘은 왕에게 가서 시간을 조금만 주면 자신이 그 꿈을 해석해 드리겠다고 말했다.

17-18 그 후에 다니엘이 집으로 돌아가, 동료인 하나냐와 미사엘과 아사랴에게 사정을 알렸다. 그는 그들에게 하늘의 하나님이 자비를 베푸셔서 이 비밀을 풀 수 있게 해주시고, 그들 네 사람이 바빌론 현인들과 함께 죽지 않게 해주시도록 기도를 부탁했다.

꿈 해석: 다섯 왕국 이야기

19-23 그날 밤 환상 중에 다니엘이 그 비밀에 대한 답을 얻었다. 다니엘이 하늘의 하나님을 찬양하며 고백했다.

"하나님의 이름을
영원무궁토록 찬양하여라.
그분은 모든 것을 아시며, 그분이 모든 일을 행하신다.
계절이 바뀌게 하시고, 역사를 주관하신다.
왕들을 세우시고, 왕들을 폐하신다.
총명을 주시고, 통찰을 주신다.
심오한 것을 파헤치시고, 비밀을 드러내신다.
어둠을 꿰뚫어 보시고, 빛을 쏟아 내신다!
내 조상의 하나님, 모든 감사와 찬양을 주께 올려드립니다!
주께서 지금까지 저를 지혜롭고 굳세게 해주셨습니다.
또 이제 우리가 청한 것을 보여주셨습니다.
왕이 물은 비밀을 풀어 주셨습니다."

24 다니엘은 사형집행을 맡은 아리옥에게 돌아가서 말했다. "사형집행을 중단하십시오! 나를 왕께 데려가 주시면, 내가 왕의 꿈을 해석해 드리겠습니다."

25 아리옥은 한시도 지체하지 않았다. 그는 다니엘을 데리고 왕에게 달려

가서 말했다. "유다 포로 중에서 왕의 꿈을 해석할 사람을 찾았습니다!"

26 　왕이 다니엘(바빌론 이름은 벨드사살)에게 물었다. "정말 내 꿈이 무엇이고 그 뜻이 무엇인지 말할 수 있겠느냐?"

27-28 　다니엘이 왕에게 대답했다. "왕께서 물으신 비밀은 그 누구도―현인이나 주술사나 마술사나 점성가나 인간 그 누구도―밝혀낼 수 없는 것입니다. 그러나 하늘에는 그 어떤 비밀도 밝히시는 하나님이 계시고, 그분께서 이것을 밝혀 주셨습니다. 느부갓네살 왕께 장차 일어날 일들을 미리 알려 주시려는 것입니다. 왕께서 침상에 누워 계실 때 꾸셨던 꿈, 왕의 머릿속을 꽉 채웠던 환상은 이것입니다.

29-30 　왕이시여, 왕께서 침상에 누워 계실 때에 장래에 대한 여러 생각이 왕께 몰려들었습니다. 비밀들을 계시해 주시는 분께서 앞으로 일어날 일들을 왕께 보여주신 것입니다. 그러나 그 뜻이 무엇인지를 제게 드러내 보여주셨습니다. 이것은 제가 이 나라에서 가장 총명해서가 아니라, 그 뜻을 알려 드려 왕께서 그 꿈을 이해하실 수 있게 하시려는 것입니다.

31-36 　왕이시여, 왕께서는 거대한 신상이 왕 앞에 서 있는 것을 보셨습니다. 그것은 어마어마하고 무시무시한 모습이었습니다. 신상의 머리는 순금이고, 가슴과 팔은 은이며, 배와 둔부는 청동이고, 다리는 쇠이며, 발은 쇠와 도기가 섞인 혼합물이었습니다. 왕께서 그 신상을 보고 계시는 동안, 보이지 않는 손이 떠낸 돌 하나가 날아들어서 그 신상을 치고 쇠와 도기로 된 발을 부서뜨렸습니다. 그러자 그 신상 전체가 산산조각 났습니다. 쇠도 타일도 청동도 은도 금도, 모두 박살났습니다. 무더운 여름날 공터에서 이리저리 뒹굴다 사라지는 휴지조각같이 되고 말았습니다. 그러나 그 신상을 친 돌은 거대한 산이 되어 땅 위에 우뚝 섰습니다. 이것이 왕께서 꾸신 꿈입니다.

36-40 　이제 저희가 왕을 위해 그 꿈의 뜻을 해석해 드리겠습니다. 왕이시여, 왕께서는 지상에서 가장 강력한 군주이십니다. 하늘의 하나님께서 왕께 통치권과 권세와 힘과 영광을 주셨습니다. 그분이 온 세상 사람과 짐승과 새를 모두 왕의 손에 맡기셨습니다. 왕께서 바로 우두머리이시며, 금으로 된 머리이십니다. 하지만 후에 왕의 나라보다 못한 나라가 일

어나서 왕의 통치를 넘겨받을 것입니다. 그 다음에 일어날 세 번째 나라
는 청동 나라인데, 그 나라가 천하를 지배할 것입니다. 그 후 네 번째로 쇠
같이 강한 나라가 일어날 것인데, 쇠가 모든 것을 부수고 박살내어 가루
로 만들어 버리듯이, 그 나라가 앞선 나라들을 모조리 쳐부술 것입니다.

41-43 　그러나 쇠로 된 다리가 발과 발가락에 이르러서는 도기와 쇠가 섞인
혼합물이 되고 말듯이, 그 나라는 결국 쇠가 일부 섞인 잡종 나라로 쇠락
하고 말 것입니다. 그 발의 발가락이 일부는 도기고 일부는 쇠이듯이, 그
나라는 깨지지 않는 부분과 쉽게 깨지는 부분이 한데 뒤섞여 있는데, 쇠
와 점토가 서로 결합하지 못하는 것처럼 그 나라도 하나로 결속되지 못
할 것입니다.

44-45 　이 나라들이 나타나고 사라지는 동안 하늘의 하나님께서는 한 나라
를 세워 가실 것인데, 그 나라는 결코 무너지지 않을 나라요 어떤 나라의
지배도 받지 않을 나라입니다. 그 나라는 마침내 다른 나라와 충돌해 그
나라들을 모조리 쳐부수고 영원히 우뚝 설 것입니다. 그 나라는 보이지
않는 손이 산에서 떠낸 돌, 쇠와 청동과 도기와 은과 금을 다 쳐부순 그
돌과 같을 것입니다.

　위대하신 하나님께서 왕께 장차 일어날 일들을 알려 주신 것입니다.
그것은 분명 이런 꿈이고, 이런 뜻입니다.”

46-47 　다니엘이 말을 마치자, 느부갓네살 왕이 경외감에 사로잡혀 다니엘
앞에 엎드렸다. 그는 다니엘을 높이는 희생 제물을 바치고 향을 피울
것을 명령했다. 그가 다니엘에게 말했다. “그대의 하나님은 참으로 모
든 신을 뛰어넘는 신이시요, 모든 왕 위에 군림하는 군주이시다. 그대
가 이 비밀을 밝힌 것을 보니, 그분은 그 어떤 비밀도 밝혀내시는 분임
이 틀림없다.”

48-49 　왕은 다니엘을 나라의 높은 자리에 앉히고 큰 상을 내렸으며, 그를 바
빌론 전 지역을 관할하는 통치자와 바빌론의 모든 현인을 거느리는 우두
머리로 삼았다. 다니엘의 요청에 따라 왕은 사드락과 메삭과 아벳느고를
바빌론 전역에 관리로 내보냈고, 다니엘은 왕실 본부를 관할했다.

세 젊은이가 화덕에서 살아 나오다

1-3 **3** 느부갓네살 왕이 높이 27미터, 두께 2.7미터나 되는 금 신상을 만들어 바빌론 지방 두라 평야에 세웠다. 그러고는 그 지방 모든 주요 인사들—어느 정도 지위가 있는 모든 사람—에게 신상 봉헌식에 참석하라고 명령을 내렸다. 주요 인사들이 모두 봉헌식에 와서 느부갓네살이 세운 신상 앞에 자리를 잡았다.

4-6 그때 전령이 큰소리로 외쳤다. "모두 주목하시오! 종족과 피부색과 신념에 상관없이 모두들 들으시오! 악단이 연주를 시작하여 트럼펫과 트롬본, 튜바와 바리톤, 드럼과 심벌즈 소리가 들리면, 모두들 무릎을 꿇고 느부갓네살 왕께서 세우신 이 금 신상 앞에 절을 하시오. 무릎 꿇고 절하지 않는 자는, 누구든지 불이 활활 타오르는 화덕 속에 즉시 던져질 것이오."

7 바빌론의 악기들이 총망라된 큰 악단이 연주를 시작하자, 모든 사람이—종족과 피부색과 신념에 상관없이—무릎 꿇고 느부갓네살 왕이 세운 금 신상 앞에 절했다.

8-12 그때, 바빌론의 점성가 몇 사람이 나서서 유다 사람들을 고발했다. 그들이 느부갓네살 왕에게 말했다. "왕이시여, 만수무강하시기를 빕니다! 왕이시여, 왕께서 엄히 명하시기를, 큰 악단이 연주를 시작하면 모두 무릎 꿇고 금 신상 앞에 절해야 하며, 무릎 꿇고 절하지 않는 자는 누구든지 불이 활활 타오르는 화덕 속에 던져질 것이라 하셨습니다. 그런데 여기 어떤 유다 사람들이 있습니다. 그들은 바로 왕께서 바빌론 지방의 높은 관직에 앉히신 사드락과 메삭과 아벳느고입니다. 왕이시여, 그들이 왕을 업신여겨, 왕의 신들에게 경의를 표하지 않고 왕께서 세우신 금 신상에 절하지도 않습니다."

13-15 격분한 느부갓네살 왕은 사드락과 메삭과 아벳느고를 데려오라고 명령했다. 그들이 당도하자, 느부갓네살이 물었다. "사드락과 메삭과 아벳느고야, 너희가 나의 신들에게 경의를 표하지 않고, 내가 세운 금 신상에도 절하기를 거부한다는 것이 사실이냐? 내가 너희에게 한 번 더 기회를 주겠다. 지금부터라도 큰 악단이 연주하는 소리가 들리면 무릎을 꿇고 내가 세운 신상에 절하여라. 만일 절하지 않으면, 너희의 갈 길은 오직

하나다. 너희는 불이 활활 타오르는 화덕 속에 던져질 것이다. 어느 신이
너희를 내 손아귀에서 구해 낼 수 있겠느냐?"

16-18   사드락과 메삭과 아벳느고가 느부갓네살 왕에게 대답했다. "왕께서
그렇게 말씀하셔도, 저희는 달라질 것이 없습니다. 왕께서 저희를 불 속
에 던지신다고 해도, 저희가 섬기는 하나님은 왕의 불타는 화덕에서, 아
니 그보다 더한 불구덩이에서도 능히 저희를 구하실 수 있습니다. 그분
이 그렇게 하지 않으신다고 해도, 왕이시여, 저희에게 달라질 것은 아무
것도 없습니다. 저희는 왕의 신들을 섬기지 않을 것이며, 왕께서 세우신
금 신상에 절하지도 않을 것입니다."

19-23   느부갓네살은 노하여 얼굴이 일그러지면서 사드락과 메삭과 아벳느
고의 말을 도중에 끊었다. 그가 명령을 내려, 평소 때보다 일곱 배나 더
뜨겁게 화덕의 불을 지피게 했다. 그러고는 군사 중 몇몇 힘센 장정에게,
그들의 손발을 묶고 활활 타오르는 화덕 속에 던져 넣으라고 명령했다.
사드락과 메삭과 아벳느고는 관복을 입은 그대로 손과 발이 묶인 채, 활
활 타오르는 화덕 속에 던져졌다. 왕이 너무나 급하게 재촉한 데다 화덕
이 너무 뜨거워서, 사드락과 메삭과 아벳느고를 화덕에 던져 넣던 자들
도 거기서 나오는 화염 때문에 목숨을 잃고 말았다. 순식간에 맹렬한 불
이 사드락과 메삭과 아벳느고를 휩쌌다.

24   그때, 느부갓네살 왕이 소스라치게 놀라며 자리에서 벌떡 일어나 말
했다. "우리가 손발을 묶어 불 속에 던져 넣은 사람은 셋이 아니더냐?"
"그러합니다, 왕이시여." 그들이 말했다.

25   왕이 말을 이었다. "그런데 보아라! 내 눈에는 지금 네 사람이 보인
다. 그리고 그들은 아무 해도 입지 않고 불 속을 자유자재로 걸어 다니고
있다! 저 네 번째 사람은 꼭 신의 아들 모습 같구나!"

26   느부갓네살은 불이 활활 타오르는 화덕 어귀 가까이 가서 그들을 불렀
다. "높으신 하나님의 종, 사드락과 메삭과 아벳느고야, 이리 나오너라!"
그러자 사드락과 메삭과 아벳느고가 불 가운데서 걸어 나왔다.

27   모든 주요 인사와 각료, 왕의 자문관들이 몰려가 그들을 자세히 살펴
보니, 그 세 사람은 아예 불에 닿지도 않은 것 같았다. 머리털 하나 그슬리

지 않았고, 옷에도 자국이 전혀 없었으며, 불에 탄 냄새조차 나지 않았다!

28 느부갓네살이 말했다. "사드락과 메삭과 아벳느고의 하나님을 찬양하여라! 그가 천사를 보내어 자기를 신뢰한 종들을 구하셨다! 이들은 왕명을 어기고 목숨을 내놓으면서까지, 다른 신을 섬기고 경배하기를 거부했다.

29 그러니 내가 칙령을 내린다. 이제부터 사드락과 메삭과 아벳느고의 하나님에 대해 감히 함부로 말하는 자는, 종족과 피부색과 신념에 상관없이, 어느 곳의 누구든지 사지를 찢고 그 집을 허물어 버릴 것이다. 일찍이 그 어떤 신도 사람을 이렇게 구해 낸 적이 없었다."

30 왕은 사드락과 메삭과 아벳느고를 바빌론 지방에서 더 높은 직위에 앉혔다.

느부갓네살 왕의 두 번째 꿈

1-2 **4** 느부갓네살 왕은 종족과 피부색과 신념이 다른 천하 만민에게 조서를 내렸다. "모두에게 평화와 번영이 있기를 바란다! 나는 높으신 하나님이 내게 베푸신 은혜로운 기적을 영광으로 생각하여, 이를 백성에게 알리고자 한다.

3 그분의 기적은 실로 엄청나고,
그분의 이적은 놀랍기 그지없다.
그분의 나라는 영원하고,
그분의 통치는 대대로 이어진다.

4-7 나 느부갓네살은 왕궁에서 아무 걱정 없이 지내고 있었다. 그런데 어느 날 침상에 드러누워 있다가 무시무시한 꿈을 꾸게 되었다. 소름 끼치는 악몽이었다. 그 꿈의 뜻을 알기 위해 나는 바빌론의 현인들을 모두 데려오게 했다. 그들—마술사, 주술사, 점성가, 무당—이 다 모이자, 나는 내가 꾼 꿈을 들려주었다. 그러나 내게 그 꿈의 뜻을 설명할 수 있는 자가 아무도 없었다.

8 　　그 후에 다니엘이 나타났는데, 내 신의 이름을 따라 바빌론 이름으로 벨드사살이라고 하는 그는, 거룩한 신의 영으로 충만한 사람이었다. 나는 내가 꾼 꿈을 그에게 이야기해 주었다.

9 　　내가 말했다. '마술사들의 우두머리인 벨드사살아, 나는 네가 거룩한 신의 영으로 충만한 사람이라는 것을 알며, 네가 풀지 못할 비밀은 없다는 것도 알고 있다. 내가 꾼 꿈을 잘 듣고 그 뜻을 해석해 보아라.

10-12 　　침상에 드러누워 있다가 내가 보게 된 것은 이러하다. 세상의 중심에 커다란 나무 한 그루가 높이 솟아 있었다. 그 나무는 내 앞에서 거대하고 튼튼한 나무로 자라났다. 나무 꼭대기가 하늘에 닿아, 땅끝 네 귀퉁이에서도 보일 정도였다. 잎사귀는 아름답고 열매는 풍성했다. 모든 사람이 먹고도 남을 만했다! 들짐승들이 그 그늘 밑에서 쉬고 새들도 그 가지에 둥지를 틀었으며, 모든 생명체가 그 나무에서 양식과 보금자리를 얻었다.

13-15 　　침상에 드러누워 있을 때 나는 이런 것도 보았다. 한 거룩한 파수꾼이 하늘에서 내려와 이렇게 외쳤다.

　　　저 나무를 찍어 쓰러뜨리고, 가지들을 잘라 내라.
　　　잎을 떨어 버리고, 열매를 흩어 버려라.
　　　그 그늘 밑에 사는 짐승들을 몰아내고,
　　　그 가지에 깃든 새들을 소리쳐서 쫓아내라.
　　　그러나 그 그루터기와 뿌리는
　　　쇠사슬과 청동사슬로 동여 무성한 풀밭 땅속에 남겨 두어라.

15-16 　　　그가 하늘에서 내리는 이슬을 맞고
　　　풀 뜯는 들짐승들과 섞여 살게 하여라.
　　　그가 제정신을 잃고
　　　대신 짐승의 마음을 얻어,
　　　일곱 시절을
　　　계속 그렇게 지내게 하여라.

17 　천사들이 이 칙령을 전하고

　거룩한 파수꾼이 이 판결을 알리는 것은,

　높으신 하나님께서 인간 나라들을 다스리고 계심을

　살아 있는 모든 자가 알게 하려는 것이다.

　그분께서 모든 나라의 일을 뜻하신 대로 주관하시고,

　패배자를 일으켜 영도자로 세우신다.

18 이것이 나 느부갓네살 왕이 꾼 꿈이다. 벨드사살아, 이제 네 차례다. 내게 그 뜻을 설명해 보아라. 바빌론의 현인들은 누구도 갈피를 잡지 못했지만, 너라면 분명히 할 수 있을 것이다. 너는 거룩한 신의 영으로 충만한 사람이다.'"

다니엘의 꿈 해석

19 바빌론 이름으로 벨드사살이라고 하는 다니엘은 처음에 몹시 당황했다. 몰려드는 여러 가지 생각에 간담이 서늘해졌다.

　왕이 말했다. "벨드사살아, 진정하여라. 그 꿈이 무슨 뜻이든지 겁내지 말고 말하여라."

　벨드사살이 말했다. "저의 주인이시여, 이 꿈이 왕의 원수들에 대한 것이고, 그 뜻이 왕의 원수들에게 해당하는 것이라면 얼마나 좋겠습니까.

20-22 왕께서 보신 나무, 곧 그 꼭대기가 하늘에 닿고 세상의 네 귀퉁이에서 보일 정도로 거대하고 튼튼하게 자란 나무, 잎이 무성하고 모두가 먹고 남을 만큼 열매가 풍성한 나무, 들짐승들이 깃들고 새들이 둥지를 트는 그 나무는, 바로 왕이십니다.

　왕께서는 크고 강대해지셨습니다. 왕의 위엄은 하늘에 닿았고, 왕의 주권적 통치는 세상 끝까지 이르렀습니다.

23-25 그런데 하늘에서 거룩한 천사가 내려와서, '저 나무를 찍어 쓰러뜨리고 없애 버려라. 그루터기와 뿌리는 쇠사슬과 청동사슬로 동여 무성한 풀밭 땅속에 남겨 두어라. 그가 하늘에서 내리는 이슬을 맞으며 풀 뜯는 들짐승들과 섞여 일곱 시절을 지내게 하여라' 하고 명령했습니다. 왕이

시여, 그것은 왕을 가리킨 명령입니다. 높으신 하나님께서 저의 주인이신 왕께 형벌을 선고하셨다는 뜻입니다. 왕께서는 인간사회에서 쫓겨나 들짐승들과 섞여 살면서, 소처럼 풀을 뜯고 하늘에서 내리는 이슬을 맞으며 살게 되실 것입니다. 그렇게 계속해서 일곱 시절을 지내시면서, 왕께서는 마침내 높으신 하나님께서 인간 나라들을 다스리시고, 그분께서 모든 나라의 일을 주관하신다는 사실을 깨닫게 되실 것입니다.

26 　　나무 그루터기와 뿌리를 남겨 두라는 명령은, 하나님께서 세상의 모든 일을 주관하시는 분이라는 사실을 왕께서 깨달으신 후에야, 왕의 나라가 왕께 되돌아갈 것임을 뜻합니다.

27 　　그러니 왕이시여, 저의 조언을 받아 주십시오. 왕의 죄를 끊으시고, 이제부터 다른 사람들을 위해 살아가십시오. 악한 삶에서 돌이켜, 억눌리고 짓밟히는 자들을 보살펴 주십시오. 그리하면 왕께서는 복된 삶을 이어 가실 것입니다."

느부갓네살 왕이 하나님을 찬양하다

28-30 이 모든 일이 느부갓네살 왕에게 그대로 일어났다. 열두 달 후에, 왕이 바빌론 왕궁의 옥상을 거닐다가 이렇게 으스댔다. "보아라! 내가 세운 이 위대한 바빌론을! 내 영예와 영광에 어울리는 이 왕궁을!"

31-32 　　이 말이 그의 입 밖으로 나오자마자 하늘에서 음성이 들려왔다. "느부갓네살 왕아, 네게 내리는 판결이다. 너는 네 나라를 빼앗길 것이다. 너는 인간사회에서 쫓겨나 들짐승들과 섞여 살면서 소처럼 풀을 뜯어 먹게 될 것이다. 너는 일곱 시절 동안 이 형벌을 지고 살면서, 높으신 하나님께서 인간 나라들을 다스리시며, 그분께서 택하신 자에게 나라를 주어 맡기신다는 사실을 깨닫게 될 것이다."

33 　　그 말이 즉시 이루어졌다. 느부갓네살은 인간사회에서 쫓겨나 소처럼 풀을 뜯어 먹고, 하늘에서 내리는 이슬을 맞으며 살았다. 머리카락은 독수리의 깃털처럼 자랐고, 손톱은 매의 발톱처럼 자랐다.

34-35 "칠 년이 찼을 때, 나 느부갓네살은 하늘을 올려다보았다. 나는 제정신을 되찾았고, 높으신 하나님을 찬양하고 영원하신 분께 감사하며 영광을 돌렸다.

그분의 주권적 통치는 영원하고,
그분의 나라는 결코 쇠하지 않는다.
이 지상의 것들은 아무것도 아니며,
하나님의 천상의 군대가 모든 것을 지탱한다.
그분이 하시는 일 아무도 막을 자 없으며,
그분의 통치에 이의를 제기할 자 아무도 없다.

36-37 내가 제정신을 되찾자 위엄과 영화가 회복되었고, 내 나라를 다시 빛내게 되었으며, 유력자들이 다시 나를 찾아왔다. 내 나라의 왕으로 다시 세워지면서, 나는 이전보다 더 강해졌다. 그래서 내가 이렇게 노래한다. 나 느부갓네살이 하늘의 왕께 찬양을 드린다.

그분이 하시는 일은 모두 참되고,
그 일을 다 바르게 행하신다.
그분은 교만한 자를
겸손하게 만드는 법을 아신다."

벨사살 왕의 운명

1-4 **5** 벨사살 왕이 천 명의 귀족을 불러 큰 잔치를 베풀었다. 흥청망청 마셔 대는 술잔치였다. 잔뜩 취한 벨사살은, 아버지 느부갓네살이 예루살렘에 있는 하나님의 성전에서 탈취해 온 금잔과 은잔을 가져오라고 명령했다. 그 잔에다 술을 부어 귀족들과 왕비와 후궁들과 함께 마시려는 것이었다. 금잔과 은잔을 가져오자, 왕은 귀족들과 왕비와 후궁들과 함께 거기에 술을 담아 마셨다. 그들은 잔뜩 취해서, 금과 은, 청동과 쇠, 나무와 돌 등으로 만든 그들의 여러 신들을 찬양했다.

5-7 　　바로 그때, 갑자기 사람의 손가락이 나타나더니, 불빛이 비치는 왕궁의 흰 석회벽 위에 글을 쓰기 시작했다. 몸도 없이 손가락만 나타나 글을 쓰는 광경을 본 왕은 그 얼굴빛이 창백해지더니, 겁에 질려 제정신이 아니었다. 다리에 힘이 빠지는 듯 그는 무릎을 후들후들 떨었다. 그는 주술사와 점성가와 점쟁이들을 다 불러오라고 소리 질렀다. 바빌론의 점성가들이 모이자 왕이 말했다. "누구든지 벽에 쓰인 저 글을 읽고 내게 그 뜻을 말하는 자는 영예와 부—자주색 옷과 금목걸이—를 얻을 것이며, 내가 그를 이 나라에서 셋째 가는 통치자로 삼을 것이다."

8-9 　　한 사람씩 차례대로 시도해 보았으나, 그들은 도무지 그 뜻을 알 수 없었다. 벽에 쓰인 글을 읽지도 못했고, 왕에게 뜻을 해석해 주지도 못했다. 왕의 두려움은 점점 더 커졌고, 급기야는 얼굴에서 핏기가 완전히 가셨다. 귀족들도 안절부절못했다.

10-12 　　왕과 귀족들의 비명을 듣고 왕비가 연회장으로 왔다. 그녀가 말했다. "왕이시여, 만수무강하시기를 빕니다. 너무 당황하지 마시고 진정하소서. 왕의 나라에 거룩한 신의 영으로 충만한 자가 있습니다. 왕의 아버지께서 다스리실 때에, 탁월한 지성과 영적인 지혜로 이름 높았던 인물입니다. 그가 얼마나 대단했던지, 왕의 아버지 느부갓네살 왕은 그를 모든 마술사와 주술사와 점성가와 점쟁이들의 우두머리로 삼으셨습니다. 그 같은 인물이 없었습니다. 그는 무엇이든 할 수 있었습니다. 꿈을 해석하고 비밀을 밝히며 수수께끼를 풀었습니다. 그의 이름은 다니엘인데, 왕의 아버지께 하사받은 이름은 벨드사살입니다. 다니엘을 불러오게 하십시오. 이것이 무슨 일인지, 그가 왕께 말해 줄 수 있을 것입니다."

13-16 　　그리하여 다니엘이 불려 왔다. 왕이 그에게 물었다. "그대가 내 아버지께서 유다에서 붙잡아 온 포로 중 하나인 다니엘이오? 그대는 거룩한 영으로 충만하고, 지극히 명철하며, 더없이 지혜롭다고 들었소. 내가 현인과 주술사들을 불러들여 벽에 쓰인 저 글을 읽고 그 뜻을 해석하도록 했으나, 그들은 단어 하나, 음절 하나도 풀어내지 못했소. 하지만 그대는 꿈을 해석해 내고 비밀을 풀 수 있다고 들었소. 그러니, 저 글을 읽고 그 뜻을 내게 해석해 주시오. 그렇게 해준다면 그대는 부와 영예—자주색

옷과 금목걸이―를 얻고, 이 나라에서 셋째 가는 통치자가 될 것이오.”

17 다니엘이 왕에게 대답했다. “그 선물들은 거두어 주십시오. 다른 사람에게 주셔도 좋습니다. 그렇게 하시더라도, 저는 왕께 저 글을 읽어 드리고 그 뜻을 말씀드리겠습니다.

18-21 왕이시여, 들으십시오! 높으신 하나님께서는 왕의 아버지 느부갓네살에게 큰 나라와 높은 영예를 주셨습니다. 하나님께서 그의 이름을 높여 주셨으므로, 종족과 피부색과 신념에 상관없이, 천하 만민이 그를 두려워했습니다. 부친께서는 마음 내키는 대로 사람을 죽이기도 하고, 살리기도 하셨습니다. 또한 기분 내키는 대로 사람을 높은 자리에 앉히기도 하고, 바닥에 깔아뭉개기도 하셨습니다. 부친의 마음이 우쭐해지고 교만해지자, 하나님께서는 그를 높은 자리에서 내치시고 높았던 명예를 땅에 떨어뜨리셨습니다. 그는 제정신을 잃은 채 인간사회에서 쫓겨나 들짐승처럼 사셨습니다. 소처럼 풀을 뜯고 하늘에서 내리는 이슬을 맞고 사시다가, 마침내 깨달아야 할 바를 깨달으셨습니다. 그것은 높으신 하나님께서 인간 나라들을 다스리시고, 그분이 택하신 자에게 나라를 주어 맡기신다는 사실입니다.

22-23 그런데 느부갓네살의 아들인 왕께서는 이를 다 아시면서도, 부친 못지않게 오만하십니다. 보십시오. 왕께서는 감히 하늘의 주께 도전하셨습니다! 왕께서는 그분의 성전에서 가져온 신성한 잔들을 왕의 술자리에 가져오게 해서, 왕의 귀족들과 왕비와 후궁들과 함께 거기에 술을 담아 마셨습니다. 그 신성한 잔을 은과 금, 청동과 쇠, 나무와 돌로 만든 왕의 신들―보지도, 듣지도, 지각하지도 못하는 신들―을 위해 축배용으로 사용하셨습니다. 왕의 생사를 손에 쥐고 계신 살아 계신 하나님을 능멸하셨습니다.

24-26 그러므로 하나님께서 손을 보내셔서, 벽에 저 글을 쓰게 하신 것입니다. 쓰인 글은 이렇습니다. 메네, 데겔, 베레스. 이 단어들의 뜻은 이렇습니다.

메네. 하나님께서 왕의 통치 날수를 세어 보시니, 수가 맞지 않았다.

27 데겔. 왕을 저울에 달아 보시니, 무게가 모자랐다.

28 베레스. 왕의 나라가 쪼개져 메대와 페르시아의 손에 넘어갔다.”

🌟

29 벨사살은 약속을 이행했다. 그는 다니엘에게 자주색 옷을 입혔고, 그의 목에 커다란 금목걸이를 걸어 주었으며, 그를 그 나라에서 셋째 가는 통치자로 삼았다.

30-31 바로 그날 밤에, 바빌론 왕 벨사살이 살해되었고, 메대 사람 다리오가 왕위를 이어받았다. 그때 다리오의 나이는 예순두 살이었다.

사자 굴 속의 다니엘

1-3 **6** 다리오는 나라를 재정비했다. 지방 장관 백이십 명을 세우고, 나라 전역을 나누어 두루 관리하게 했다. 그들 위로 총리 세 사람을 세웠는데, 다니엘이 그들 가운데 하나였다. 총리는 지방 장관들의 보고를 받았고, 왕을 위해 나라의 질서를 바로잡는 일을 맡았다. 그런데 다니엘이 영적 능력과 지적 능력에서 다른 총리들과 비교가 되지 않을 만큼 월등했으므로, 왕은 나랏일 전부를 그에게 맡기려고 했다.

4-5 다른 총리와 지방 장관들이 모여 다니엘의 허물과 치부를 찾아내 그를 공격하려 했지만, 그들은 아무것도 찾아낼 수 없었다. 다니엘은 더할 나위 없이 올바르고 신실한 사람이었다. 태만이나 과실의 증거도 전혀 찾을 수 없었다. 마침내 그들은 찾는 것을 포기하고 나서 이같이 말했다. “이 다니엘이라는 자는 종교 문제로 트집을 잡지 않고서는 도저히 흠집을 낼 수 없다.”

6-7 총리와 지방 장관들은 머리를 맞대고 음모를 꾸민 뒤, 왕에게 가서 말했다. “다리오 왕이시여, 만수무강하시기를 빕니다! 왕의 총리와 지방 장관과 고위관료들이 회합을 갖고, 왕께서 이런 칙령을 내리셔야 한다고 의견을 모았습니다.

앞으로 삼십 일 동안 왕 외에 다른 어떤 신이나 인간에게 기도를 올려서는 안된다. 이를 따르지 않는 자는 누구든지 사자 굴에 던져질 것이다.

8 왕이시여, 이 칙령을 내리셔서, 모든 메대와 페르시아의 다른 법처럼 철회가 불가능하도록 하시기 바랍니다."

9 다리오 왕은 칙령이 담긴 조서에 서명했다.

10 다니엘은 왕이 서명한 조서가 공표된 것을 알았지만, 늘 하던 대로 기도했다. 그의 집 위층에 예루살렘 방향으로 난 창문이 있었는데, 그는 거기서 하루 세 번씩 무릎을 꿇고 그의 하나님께 기도하며, 감사와 찬양을 올려 드렸다.

11-12 음모를 꾸민 자들이 몰려와서, 다니엘이 하나님께 기도하며 도움을 구하는 모습을 지켜보았다. 그들은 곧장 왕에게 달려가, 그가 서명한 칙령을 상기시키며 말했다. "왕께서는 앞으로 삼십 일 동안 누구도 왕 외에 다른 신이나 인간에게 기도를 올려서는 안된다고 하지 않으셨습니까? 그렇게 하다가 적발되는 자는 누구든지 사자 굴 속에 던져질 것이라고 하지 않으셨습니까?"

왕이 말했다. "물론이오. 메대와 페르시아의 법처럼, 그것은 철회가 불가능한 명령이오."

13 그러자 그들이 말했다. "왕이시여, 유다 포로 중에 다니엘이라는 자가 왕을 무시하고 왕의 칙령을 어겼습니다. 그가 하루에 세 번씩 기도를 드리고 있습니다."

14 이 말을 들은 왕은 크게 당황하면서, 자기 때문에 곤경에 빠진 다니엘을 구하려고 몹시 애를 썼다. 그가 하루 종일 백방으로 노력했다.

15 그러나 음모를 꾸민 자들이 다시 와서 말했다. "왕이시여, 왕의 칙령은 결코 철회될 수 없다는 것이 메대와 페르시아의 법임을 기억해 주시기 바랍니다."

16 왕은 결국 포기하고, 다니엘을 붙잡아다 사자 굴 속에 던져 넣으라고 명령했다. 왕이 다니엘에게 말했다. "충성을 다한 그대의 하나님이 그대를 구해 주실 것이오."

17 사람들이 석판을 가져와 굴 입구를 막았다. 왕은 그의 인장 반지와

모든 귀족들의 인장 반지로 굴 입구를 봉인하여, 아무도 다니엘을 구해 줄 수 없게 했다.

18 그 후 왕이 왕궁으로 돌아갔다. 그는 저녁상을 물렸다. 잠도 이루지 못했다. 아무것도 먹지 않고 뜬눈으로 밤을 새웠다.

19-20 동이 트자마자 왕은 즉시 사자 굴로 달려갔다. 굴 가까이 이르자, 그는 초조한 마음으로 소리쳐 불렀다. "살아 계신 하나님의 종 다니엘이여, 충성을 다한 그대의 하나님이 그대를 사자들에게서 구해 주셨소?"

21-22 다니엘이 말했다. "왕이시여, 만수무강하시기를 빕니다! 저의 하나님께서 천사를 보내시고 사자들의 입을 막으셔서, 사자들이 저를 해치지 못하게 하셨습니다. 하나님 앞에서, 그리고 왕 앞에서 제가 결백하다는 사실이 입증되었습니다. 저는 결코 왕을 해하려고 한 적이 없습니다."

23 이 말을 들은 왕은 몹시 기뻤다. 그는 다니엘을 굴에서 끌어 올리라고 명령했다. 다니엘이 올라왔는데, 그에게는 상처 자국 하나 없었다. 그가 자기 하나님을 신뢰했기 때문이다.

24 왕은 다니엘을 밀고한 음모자와 그 처자식들을 사자 굴에 던져 넣으라고 명령했다. 그들이 굴 밑바닥에 닿기도 전에 사자들이 달려들어, 그들을 물어뜯고 갈기갈기 찢어 버렸다.

25-27 다리오 왕은 종족과 피부색과 신념에 상관없이, 그 땅의 모든 백성에게 이같이 공포했다.

그대들에게 평화가 있기를, 평화가 넘치기를 바란다!
내가 칙령을 내리노니, 내 나라에 사는 모든 백성은 다니엘의 하나님을 예배하고 경외해야 한다.
그분은 살아 계신 하나님이시요, 영원히 다스리신다. 그분의 나라는 쇠하지 않는다.
그분의 통치는 영원하다.
그분은 구원자이시며 구조자이시다.
그분은 하늘과 땅에서 실로 놀라운 기적을 행하시는 분이다.
그분이 다니엘을 사자들의 입에서 구해 주셨다.

28 이때부터 다니엘은 다리오의 남은 통치 기간과, 뒤이어 페르시아 사람
고레스의 통치 기간 동안 선대를 받으며 지냈다.

네 마리 짐승 환상

1 **7** 바빌론 왕 벨사살 일년에, 다니엘이 꿈을 꾸었다. 침상에 누워 자
다가 본 환상에 그는 혼비백산했다. 그것은 악몽이었다. 그는 그
꿈을 글로 적었다.

2-3 "그날 밤 꿈에서, 나는 하늘의 네 바람이 바다에 휘몰아치고 거대한
폭풍을 일으키는 것을 보았다. 그러자 바다에서 서로 다르게 생긴 거대
한 짐승 네 마리가 올라왔다.

4 첫째 짐승은 사자같이 생겼고, 독수리의 날개를 가지고 있었다. 내가
지켜보고 있는 사이 짐승의 날개가 뽑히더니, 몸이 펴져 사람처럼 두 발
로 서게 되고 사람의 마음까지 지니게 되었다.

5 그 다음 본 두 번째 짐승은 곰처럼 생겼고, 이리저리 휘청거리며 서
있었는데, 입에 갈빗대 세 개를 물고 있었다. 누군가가 그에게 말했다.
'덮쳐라! 삼켜라! 배가 터지도록 먹어라!'

6 그 다음 또 다른 짐승을 보았는데, 이번에는 표범처럼 생긴 짐승이었
다. 짐승의 등에 새의 날개가 네 개 달려 있고 머리도 네 개인데, 그가 통
치권을 부여받았다.

7 그 후, 네 번째 짐승이 내 꿈에 나타났다. 그 짐승은 정말 소름끼칠 정
도로 무시무시했다. 커다란 쇠이빨을 가지고 있어서, 먹이를 우두둑 씹
어 꿀꺽 삼켰으며, 남은 것은 모조리 짓밟아 뭉갰다. 그 짐승은 다른 짐승
들과 달랐다. 뿔이 열 개나 달린 진짜 괴물이었다.

8 내가 그 뿔들을 주시하며 그 의미하는 바를 생각하고 있는데, 뿔 하
나가 또 돋아났다. 자그마한 뿔이었다. 본래 있던 뿔 중에 세 개가 뽑혀
나가면서 새로 돋아난 뿔에 자리를 내주었다. 자그마한 그 뿔 안에는 사
람의 눈이 여러 개 있고 커다란 입까지 있어서, 거만하게 떠들어 댔다.

9-10 내가 그것들을 지켜보고 있는데,

보좌들이 놓이고
옛적부터 계시는 분이 앉아 계셨다.
그분의 옷은 눈처럼 희고,
그분의 머리카락은 양털같이 희었다.
그분의 보좌는 불꽃처럼 타올랐고,
그 바퀴들은 활활 타는 불길 같았다.
그 보좌로부터
불의 강이 쏟아져 나왔다.
그분을 시중드는 자가 수천이고,
그분을 모시고 서 있는 자가 수만이었다.
법정이 열리고,
책들이 펼쳐졌다.

11-13 내가 지켜보는데, 그 자그마한 뿔이 계속 거만하게 떠들어 대고 있었다. 그때, 내 눈앞에서 그 괴물이 살해되어 활활 타오르는 불 속에 던져졌다. 다른 짐승들은 얼마 동안 연명했으나 실제로는 죽은 목숨이었고, 통치 력도 잃었다. 이어 꿈에서,

13-14 나는 인자처럼 보이는 어떤 이가,
회오리 구름을 타고 오는 광경을 보았다.
그가 옛적부터 계시는 분께 이르러
그분 앞으로 인도되었고,
통치권을―왕의 위엄과 영광을―부여받았다.
이제, 종족과 피부색과 신념에 상관없이, 만민이 그를 섬길 것이다.
그의 통치, 영원하고 끝이 없으리라.
그의 권세, 무궁하여 변치 않으리라.

15-16 그러나 나 다니엘은 혼란스러웠다. 꿈에서 본 환상들로 마음이 복잡했다. 그래서 거기 서 있는 이들 중 하나에게 가까이 가서, 내가 본 것이 무슨 뜻인지 물었다. 그러자 그가 내게 그 꿈을 해석해 주었다.

17-18 그가 말했다. '그 거대한 짐승 네 마리는 앞으로 지상에 나타날 네 나라를 뜻한다. 그러나 결국 높으신 하나님의 거룩한 백성이 나라를 얻을 것이며, 영원히—그렇다, 영원무궁히—그 나라를 차지하게 될 것이다.'

19-22 그러나 나는 더 알고 싶었다. 그 넷째 짐승이 무엇인지 궁금했다. 그 짐승은 다른 짐승들과 많이 달랐고, 쇠이빨과 청동발톱을 가진 무시무시한 괴물이었으며, 먹이를 갈기갈기 찢어 삼키고 남은 것들은 바닥에 짓이겼다. 나는 그 짐승 머리에 난 열 뿔과, 본래 있던 뿔 세 개를 제치고 돋아난 뿔에 대해서도 알고 싶었다. 새로 난 뿔에는 눈들이 달려 있었다. 큰 입은 오만하게 떠들어 댔으며, 다른 뿔들을 압도했다. 나는 그 뿔이 하나님의 거룩한 백성과 전쟁을 벌여 그들을 이기는 광경을 지켜보았다. 그러나 그때에 옛적부터 계시는 분이 개입하셔서, 높으신 하나님의 백성을 위해 모든 일을 바로잡아 주셨다. 마침내, 하나님의 거룩한 백성이 나라를 차지했다.

23-25 거기 옆에 서 있는 이가 이어서 말했다. '넷째 짐승은 지상에 나타날 넷째 나라다. 그것은 앞선 세 나라들과 다를 것인데, 닥치는 대로 씹어 먹고 뱉어 내는, 그야말로 괴물 나라가 될 것이다. 그 열 뿔은 그 나라에 차례대로 등장할 열 왕이다. 그 후에 또 다른 왕이 등장할 것인데, 그는 이전 왕들과 다를 것이다. 먼저 그는 앞의 세 왕부터 제거할 것이다. 그런 다음 높으신 하나님을 모독하고 높으신 하나님을 따르는 이들을 핍박하면서, 거룩한 예배와 윤리적 법도를 아주 없애 버리려고 할 것이다. 하나님의 거룩한 백성은 한 때와 두 때와 반 때 동안 그의 핍박을 받을 것이다.

26-27 그러나 법정이 열리면, 그 뿔은 권세를 빼앗기고 멸절될 것이다. 그러면 통치권과 권능과 하늘 아래 모든 나라의 영광이 높으신 하나님의 백성에게 넘어갈 것이다. 그들의 통치는 영원히 이어질 것이다. 모든 통치자들이 그들을 섬기고 복종할 것이다.'

28   이렇게 끝났다. 나 다니엘은 유령을 본 사람처럼 큰 충격을 받았다. 그러나 나는 이 모든 것을 혼자서 마음속에 간직해 두었다."

숫양과 숫염소 환상

8 "벨사살 왕 삼년에, 또 다른 환상이 나 다니엘에게 임했다. 그것 은 두 번째 환상이었다.

2-4   그 환상에서 보니, 나는 엘람 지방의 수도 수사에 있는 을래 수로에 서 있었다. 주위를 둘러본 나는, 수로 입구에 숫양 한 마리가 서 있는 것을 보고 깜짝 놀랐다. 그 숫양에게는 커다란 두 뿔이 있었는데, 하나가 다른 하나보다 컸고 더 큰 쪽이 나중에 난 뿔이었다. 내가 지켜보는 사이, 그 숫양이 마구 달려, 처음에는 서쪽, 그 다음에는 북쪽, 그 다음에는 남쪽을 향하여 들이받았다. 어떤 짐승도 그와 맞설 수 없었다. 그는 제멋대로 날뛰면서, 자기가 짐승들의 왕이라도 되는 듯 거들먹거렸다.

5-7   내가 그 모습을 지켜보며 그것이 의미하는 바를 생각하고 있는데, 이마 한가운데 거대한 뿔 달린 숫염소 한 마리가 서쪽에서 올라오더니, 발이 땅에 닿지 않을 정도로 온 땅을 종횡무진하며 뛰어다녔다. 그 숫염소가 수로 입구에 있던 두 뿔 달린 숫양에게 가까이 가서, 마구 성을 내며 그것을 들이받았다. 숫염소는 불같이 성을 내며 숫양을 들이받아 두 뿔을 부러뜨려 버렸다. 그 숫양은 숫염소의 상대가 되지 못했다. 숫염소가 숫양을 바닥에 쓰러뜨리고 마구 짓밟았지만, 누구도 숫양을 구해 줄 수 없었다.

8-12   그러자 숫염소의 덩치가 엄청나게 커졌다. 숫염소의 힘이 최고조에 이르자, 거대한 뿔이 부러져 나가더니 그 자리에 큰 뿔 네 개가 동서남북 사방을 가리키며 돋아났다. 그런 다음, 그 큰 뿔들 가운데 하나에서 또 다른 뿔이 돋아 나왔다. 처음에는 작았지만 곧 엄청난 크기로 자라면서, 남쪽과 동쪽과 아름다운 팔레스타인 땅을 향해 뻗어 나갔다. 그 뿔은 별들 곧 천상 군대에 미칠 만큼 높아지더니, 별 가운데 얼마를 땅에 떨어뜨리고는 마구 짓밟았다. 그것은 심지어 천상 군대의 통수권자이신 하나님의 권세에까지 도전했다! 또 그것은 매일 드리는 예배를 폐하고 성소

를 더럽히기까지 했다. 하나님의 거룩한 백성도 매일 드리는 예배와 같은 운명에 처했다. 그것은 그들의 죄에 대한 심판이었다. 그 뿔이 하나님의 진리를 내동댕이쳤다. 그것은 의기양양하게 모든 물건과 모든 사람을 제 손아귀에 넣었다.

13 　그런 다음 나는 거룩한 두 천사가 나누는 이야기를 엿듣게 되었다. 한 천사가 물었다. '우리가 보는 이 일, 곧 매일 드리는 예배가 폐지되고 죄로 인해 참혹한 심판을 받으며, 하나님의 거룩한 백성과 성소가 유린되는 일이 언제까지 계속될 것인가?'

14 　다른 천사가 대답했다. '저녁과 아침으로 2,300번의 희생제가 드려진 다음에야 성소가 다시 세워질 것이다.'"

15 　"나 다니엘이 이 환상을 보고 그 뜻을 깨달으려고 애쓰는데, 갑자기 내 앞에 사람처럼 생긴 어떤 이가 서 있었다.

16-17 　그때, 을래 수로 옆쪽에서 어떤 사람이 큰소리로 외쳤다. '가브리엘아, 그에게 말해 주어라. 이 환상을 설명해 주어라.' 그러자 그가 내게 다가왔다. 그 순간 나는 겁에 질려 얼굴을 땅에 대고 엎드렸다.

17-18 　그가 말했다. '이 환상은 세상 끝에 관한 것이다.' 그가 입을 열어 말하자마자, 나는 기절하여 땅바닥에 얼굴을 댄 채 쓰러졌다. 그러나 그가 나를 잡아 일으켜 세웠다.

19 　그가 이어서 말했다. '장차 세상이 끝나고 진노의 심판 날이 닥칠 때에, 무슨 일이 있을지 네게 말하려고 한다.

20-22 　네가 본 두 뿔 가진 숫양은 메대와 페르시아의 두 왕을 나타낸다. 그리고 그 숫염소는 그리스 사람들의 나라를 나타낸다. 그 이마의 거대한 뿔은 그리스의 첫째 왕이다. 그것이 부러져 나간 뒤에 새로 돋아난 네 뿔은 첫째 왕 이후에 등장할 네 왕이다. 그들의 권세는 앞선 왕만 못할 것이다.

23-26 그들의 나라가 식어 가고
반역이 달아오를 때,

한 왕이 등장할 것이다.
그는 철면피에다 권모술수의 화신이다.
그의 권세는 나날이 커지고 또 커질 것이다.
그는 허풍을 떨면서 의기양양하게,
무엇이든 제멋대로이며,
영웅과 거룩한 이들을 사정없이 해치울 것이다.
그는 갖은 음모와 계략으로 죄를 짓고,
엄청난 성공을 거둘 것이다!
자신을 천하무적이라 여기며,
거치적거리는 자들을 모조리 없애 버릴 것이다.
그러나 그는 만왕의 왕이신 분에게까지 대적하다가,
결국 박살이 나고 말 것이다.
그를 부순 것은 사람의 손이 아니다.
저녁과 아침의 2,300번의 희생제에 대한 이 환상은,
틀림없으며 기밀사항이다.
너 혼자 비밀로 잘 간직하여라.
이는 먼 훗날에 대한 것이다.'"

27 "나 다니엘은 정신이 없어서, 여러 날 동안 기운을 차리지 못했다. 이후 내 자신을 추스려 다시 왕을 보필했다. 그러나 이 환상으로 내 마음은 여전히 혼란스러웠다. 나는 그 뜻을 이해하지 못했다."

다니엘의 기도

1-4 **9** "메대 출신으로 아하수에로의 아들인 다리오가 바빌론 땅을 다스리는 왕이 되었다. 그의 통치 첫해에, 나 다니엘은 성경을 읽으면서 예언자 예레미야에게 주어진 **하나님**의 말씀, 곧 예루살렘이 폐허로 있어야 할 햇수가 칠십 년이라는 것을 곰곰이 생각했다. 나는 응답을 들으려고 주 **하나님**께 나아갔다. 거친 베옷을 걸치고 금식하며, 잿더미 위

에 무릎을 꿇고 간절히 기도했다. 나는 내 하나님 앞에 마음을 쏟고 영혼을 토해 냈다.

4-8 '오 주님, 위대하고 존귀하신 하나님, 주께서는 주의 언약을 한결같이 지키시며, 주를 사랑하여 주의 말씀을 지키는 자들을 결단코 버리지 않으십니다. 그러나 우리는 죄라는 죄는 다 짓고 살아왔습니다. 악행을 일삼고 반역하면서, 주께서 밝히 보여주신 길을 이리저리 피해 다녔습니다. 우리 왕과 지도자와 조상과 땅의 모든 백성에게 주의 말씀을 전해 주던, 주의 종 예언자들의 말에도 귀를 막았습니다. 주께서는 언제나 의로우시건만, 우리가 보여드리는 것은 죄와 수치뿐입니다. 우리 모두가 그러합니다. 유다 백성도, 예루살렘 주민도, 고향 땅의 이스라엘도, 주께 반역한 탓에 여러 곳으로 내쫓긴 이스라엘도 그러합니다. 하나님, 우리 모두가—왕과 지도자, 우리 조상들도—온 세상의 웃음거리가 되고 말았습니다. 당연한 일입니다. 우리는 죄인이기 때문입니다.

9-12 우리 하나님이신 주의 자비만이 우리의 유일한 희망입니다. 우리는 아무 권리도 주장할 수 없는 반역자들이기 때문입니다. 주께서는 우리에게 살길을 일러 주시고, 주의 종인 예언자들을 통해 분명한 가르침을 주셨습니다. 그럼에도 우리는 주의 말씀에 귀 기울이지 않았습니다. 온 이스라엘이 주의 말씀을 업신여겼습니다. 우리는 주의 교훈을 무시했으며, 그저 제멋대로 살았습니다. 그리고 이제 그 대가를 치르고 있습니다. 하나님의 종 모세에게 주신 계시에 명백히 적혀 있는 준엄한 저주가, 지금 우리 가운데 실행되고 있습니다. 주를 거역했던 죄의 값입니다. 주께서는 우리와 우리 통치자들에게 행하시겠다고 말씀하신 일을 마침내 시행하셨습니다. 이토록 참혹한 재앙을, 일찍이 없었던 최악의 재앙을 우리에게 내리셨습니다. 예루살렘에 내리셨습니다!

13-14 모세에게 주신 하나님의 계시에 적혀 있는 그대로, 그야말로 모든 것을 쓸어버리는 재앙이었습니다. 아무것도 남지 않았습니다. 주께서는 이 재앙이 하나도 남김없이 우리에게 내리도록 하실 수밖에 없었습니다. 우리는 한사코 죄를 고집하면서 주를 무시하고, 주의 경고를 망각했기 때문입니다. 우리 하나님이신 주께서 우리에게 행하신 일은 전적으

로 옳습니다. 감히 주를 업신여기기만 했던 우리였기 때문입니다.

15-17 하지만 주님, 주께서는 우리의 하나님이십니다. 주께서는 큰 능력을 떨쳐 보이시며 주의 백성을 이집트 땅에서 건져 내신 분입니다. 이 일은 아직도 뭇 사람들의 입에 오르내리고 있습니다! 우리는 우리가 죄인이고 악하게 살아온 것도 압니다. 그러나 주께서는 언제나 모든 일을 바로잡으시고 사람을 바로 세우시는 일을 행하는 분이시니, 제발 이제도 그렇게 해주십시오. 주의 도성, 주의 거룩한 산, 예루살렘 위에 부어진 진노를 거두어 주십시오. 모든 것은 우리 잘못이며, 우리와 우리 조상의 죄 때문이라는 것을 잘 압니다. 지금 우리는 주변 민족들의 웃음거리가 되었습니다. 이웃 나라의 멸시를 받고 있습니다. 그러니 하나님, 주의 종이 전심으로 드리는 이 기도를 들어주십시오. 폐허가 된 주의 성소에 자비를 베풀어 주십시오. 우리를 위해서가 아니라, 주님이 어떤 분이신지를 나타내 보이시기 위해서라도 그렇게 해주십시오.

18 하나님, 우리에게 귀를 기울여 주십시오. 잿더미가 된 도성, 주의 이름으로 불리는 이 도성을 보살펴 주십시오. 우리는 주님의 응답을 받을 자격이 없음을 잘 압니다. 그러므로 주의 자비에 호소합니다. 우리에게 남은 마지막 희망은 이 기도뿐입니다.

19 주님, 들어주십시오!
주님, 용서하여 주십시오!
주님, 우리를 굽어살피시고, 행하여 주십시오!
주님, 지체하지 마십시오!
주의 이름으로 불리는 주의 도성과 주의 백성의 일은
곧 주님의 일이기도 합니다!'"

가브리엘이 환상을 설명하다

20-21 "내가 나의 **하나님** 앞에서 내 죄와 내 백성 이스라엘의 죄를 아뢰고, 내 하나님의 거룩한 산을 위해 마음을 쏟아 간절히 기도하고 있는데, 기도에 몰두해 있던 저녁 예배 시간 무렵, 이전 환상에서 봤던 사람 모습의

가브리엘이 새처럼 날아서 내게 다가왔다.

22-23   그가 내 앞에 서서 말했다. '다니엘아, 너에게 깨달음을 주려고 내가 왔다. 네가 기도를 시작하자마자 응답이 내렸고, 나는 그 응답을 네게 전해 주려고 왔다. 네가 참으로 큰 사랑을 받고 있구나! 그러니 이 응답을 잘 들어라. 계시의 분명한 뜻에 귀를 기울여라.

24   네 백성과 네 거룩한 도성의 반역을 제압하고, 죄를 멈추게 하고, 범죄를 쓸어 내고, 모든 일을 영원히 바로잡으며, 예언자가 본 것을 확증하고, 지성소에 기름을 붓는 데 일흔 이레의 기간이 정해졌다.

25-26   너는 다음의 사실을 반드시 깨닫고 알아야 한다. 예루살렘을 재건하라는 말씀이 내리는 때부터 기름부음 받은 지도자가 오기까지, 일곱 이레가 지날 것이다. 재건 기간은 길을 닦고 못을 두르는 일까지 포함해서 예순두 이레가 걸릴 것인데, 힘겨운 시간이 될 것이다. 예순두 이레 후에, 기름부음 받은 지도자가 살해될 것이다. 그의 최후다. 새로 오는 지도자의 군대가 도성과 성소를 폐허로 만들 것이다. 홍수에 휘말리듯 도성이 종말을 맞을 것이다. 마지막까지 전쟁이 휘몰아쳐서 그 땅이 전부 황폐하게 될 것이다.

27   그런 다음 한 이레 동안 그는 많은 자들과 강력한 동맹을 맺을 것인데, 그 이레의 반이 지날 즈음, 그가 예배와 기도를 그 땅에서 추방할 것이다. 예배 장소에는 신성을 모독하는 역겹고 흉측한 우상이 세워지겠고, 신성을 모독한 자가 마지막을 맞을 때까지 그곳에 서 있을 것이다.'"

티그리스 강 가에서 본 환상

1   **10** 페르시아의 고레스 왕 삼년에, 바빌론 이름으로 벨드사살이라고 하는 다니엘이 한 메시지를 깨달았다. 그것은 큰 전쟁에 대한 진상을 알려 주는 메시지였다. 그는 계시를 받아 그 메시지의 뜻을 깨달았다.

2-3   "그때에, 나 다니엘은 예루살렘을 위해 세 주간 애곡하는 시간을 갖고 있었다. 나는 간단한 음식만 먹었고, 조미료나 고기나 포도주는 입에 대지 않았다. 세 주가 지나기 전에는 목욕도 하지 않고 면도도 하지 않았다.

4-6 첫째 달 이십사일에, 나는 큰 강 티그리스 강 둑에 서 있었는데, 거기서 위를 올려다보고 깜짝 놀랐다. 허리에 순금 허리띠를 매고 모시옷을 입은 어떤 이가 거기에 있었다! 그의 몸은 보석 조각처럼 단단하고 반짝였으며, 얼굴은 빛났고 눈은 횃불처럼 이글거렸다. 팔과 발은 청동처럼 광채가 났고, 깊이 울리는 음성은 거대한 합창소리 같았다.

7-8 그 광경을 나 다니엘 혼자서만 보았다. 같이 있던 다른 사람들은 그 광경을 보지 못했는데도 두려움에 사로잡혀 모두 도망쳐 숨었다. 사람들이 모두 떠나 홀로 남겨진 나는, 무릎이 후들후들 떨리고 얼굴에 핏기도 가셨다.

9-10 그때 그의 음성이 들려왔다. 그가 말하는 소리에 나는 정신을 잃은 채 얼굴을 땅바닥에 대고 쓰러졌다. 그러자 어떤 손이 나를 어루만지더니, 내 손과 무릎이 땅에 닿도록 일으켰다.

11 그가 말했다. '뛰어난 자 다니엘아, 귀 기울여 나의 메시지를 들어라. 일어서라. 곧게 서라. 네게 이 소식을 전해 주려고 내가 보냄을 받았다.'
그의 말을 듣고 내가 일어섰으나, 여전히 떨고 있었다.

12-14 '다니엘아, 진정하여라.' 그가 계속해서 말했다. '두려워하지 마라. 네가 이 일을 깨달으려고 네 자신을 낮춘 순간부터, 하나님은 네 기도를 들으셨다. 그리고 내가 너에게 왔다. 페르시아 왕국의 천사장이 내 길을 가로막아 시간이 세 주나 지체되었지만, 가장 높은 천사장 가운데 하나인 미가엘이 나서서 나를 도와주었다. 나는 그를 페르시아 왕국의 왕과 함께 있게 놔두고 떠나왔다. 마침내 네 백성에게 일어날 일을 네게 보이기 위해 이렇게 온 것이다. 이 환상은 장차 있을 일에 대한 것이다.'

15-17 그가 말을 하는 동안, 나는 땅만 보며 아무 말도 하지 못했다. 그때 갑자기 사람 손 같은 것이 내 입술을 어루만졌다. 그러자 내 입이 열리고 그에게 말을 하기 시작했다. '주여, 저는 주를 보고서 두려움에 사로잡혔습니다. 무릎이 후들후들 떨리고 움직일 수조차 없습니다. 사지가 굳고 숨을 쉬기조차 어려운데, 미천한 종인 제가 어떻게 감히 주와 이야기할 수 있겠습니까?'

18-19 그러자 사람 모습의 그가 다시 한번 나를 어루만지며 힘을 북돋아 주

었다. 그가 말했다. '친구여, 두려워하지 마라. 평안하여라. 다 잘될 것이다. 용기를 가져라. 힘을 내라.'

그가 말을 할 때에, 내 속에서 용기가 솟아올랐다. 내가 말했다. '이제 말씀하십시오. 주께서 제게 용기를 불어넣어 주셨습니다.'

20-21 그가 말했다. '너는 내가 왜 네게 왔는지 아느냐? 이제 나는 돌아가서 페르시아의 천사장과 싸워야 한다. 내가 그를 물리치면 그리스의 천사장이 올 것이다. 그러나 나는 그 전에 먼저, 진리의 책에 기록된 것을 네게 말해 주려고 한다. 그 싸움에서 나를 도울 수 있는 이는 너희 천사장 미가엘밖에 없다.'"

11

1 "나 역시, 메대 사람 다리오 일년부터 있는 힘을 다해 그를 도왔다.'"

남쪽 왕과 북쪽 왕이 싸우리라

2 "'이제 내가 이 일의 진상을 말해 주겠다. 페르시아에 세 왕이 더 등장하겠고, 그 다음 넷째 왕은 그들 모두보다 더 큰 부를 얻을 것이다. 그는 재물이 쌓인 만큼 힘도 커졌다 여기고, 그리스 나라 전체를 상대로 전쟁을 일으킬 것이다.

3-4 그때 한 강력한 왕이 나타나서 거대한 영토를 차지하고, 세상을 좌지우지할 것이다. 그러나 전부를 장악한 듯 보였던 권력의 정점에서, 그의 나라는 동서남북 사방 넷으로 나뉠 것이다. 그의 상속자들은 아무것도 얻지 못하고, 그의 왕위도 계승하지 못할 것이다. 다른 자들이 그것을 놓고 쟁탈전을 벌여 나눠 가질 것이다.

5-6 그 후 남쪽 왕이 강해지겠으나, 그의 제후들 중 하나가 그보다 강력해지면서 더 큰 영토를 다스리게 될 것이다. 수년 후에, 남쪽 왕과 북쪽 왕은 협정을 맺고 평화 조약을 굳건히 하기 위해 남쪽 왕의 딸과 북쪽 왕이 결혼을 하게 될 것이다. 그러나 그녀의 영향력은 약화되고, 그녀의 아이도 살아남지 못할 것이다. 그녀와 그녀의 종들, 그녀의 아이와 그녀의

남편 모두 배신당하고 말 것이다.

6-9 그 얼마 후에, 왕족 출신의 한 사람이 나타나서 권력을 잡을 것이다. 그가 자기 군대를 이끌고 북쪽 왕의 요새에 쳐들어가 대승을 거둘 것이다. 그는 그 나라의 양철 신상과 그것에 딸린 금은 장신구들을 모조리 수레에 싣고 이집트로 가져갈 것이다. 후에 전력을 회복한 북쪽 왕이 남쪽 왕의 지역으로 쳐들어가겠지만, 성공하지 못할 것이다. 그는 결국 퇴각하고 말 것이다.

10 그러나 이후, 그의 아들들이 대군을 일으켜 남쪽 요새로 물밀듯이 쳐들어갈 것이다.

11-13 격분한 남쪽 왕이 전장에 나가 북쪽 왕과 그의 대군과 싸워 대승을 거둘 것이다. 들판에 널린 시체들이 다 치워지기도 전에, 피에 광분한 그는 더 나아가 수만 명을 죽이는 대학살을 자행할 것이다. 그러나 그의 승리는 오래가지 못할 것이다. 처음보다 더 큰 군대를 규합한 북쪽 왕이, 엄청난 군사와 물자를 동원해 수년 후에 다시 쳐들어올 것이기 때문이다.

14 그때에, 많은 사람들이 일어나 남쪽 왕을 치러 나갈 것이다. 너희 백성 중에서도 성미 급한 자들이 꿈에 도취해 그 대열에 합류하겠지만, 소란만 일으키다가 말 것이다.

15-17 북쪽 왕이 와서, 공격용 축대를 쌓고 요새화된 도성을 함락시킬 것이다. 남쪽 군대는 무너질 것이다. 이름 높던 정예부대도 그의 공격을 당해 내지 못할 것이다. 북쪽 왕은 그 땅을 다 차지하게 된 것처럼 의기양양하게 들어올 것이다. 그는 아름다운 지역, 팔레스타인을 점령하고 그곳에 주둔할 것이다. 그리고 하나도 빼지 않고 모조리 장악해 갈 것이다. 그는 남쪽 왕을 완전히 파멸시키려고 거짓 평화 조약을 맺고, 심지어 자기 딸을 남쪽 왕과 결혼시키기도 할 것이다. 그러나 그 계략은 결국 성공하지 못하고 수포로 돌아갈 것이다.

18-19 후에, 그가 해안 지역으로 관심을 돌려 많은 사람들을 포로로 잡겠지만, 마침내 한 장군이 나타나 그의 행패를 끝장낼 것이다. 북쪽 왕의 행패는 그 자신에게로 돌아갈 것이다! 그는 자기 나라로 돌아가서 군대를 추스르겠지만, 이미 한풀 꺾인 뒤여서 금세 잊혀지고 말 것이다.

20 　그의 뒤를 이을 자는 별 볼 일 없는 위인으로, 처음부터 통치력과 명성과 권위가 형편없을 것이다. 그는 오래가지 못할 것이다. 싸움 한번 제대로 해보지 못하고 조용히 역사의 무대에서 사라질 것이다.

21-24 　그의 뒤를 이을 자는 실격자 취급을 받고 무시당하며 출셋길이 막혔던 인물로, 난데없이 등장해 모든 사람을 깜짝 놀라게 하면서 나라를 손아귀에 넣을 것이다. 그는 불도저처럼 밀어붙여 원수들을 모조리 깔아뭉개고, 심지어는 그와 동맹을 맺고 왕위에 오른 왕까지 짓뭉개 버릴 것이다. 휴전협정을 맺어 놓고도 서슴지 않고 위반하며, 몇몇 심복과 일을 도모해 마침내 전권을 장악할 것이다. 그는 비옥한 지방들을 골라 내키는 대로 침공할 것이다. 닥치는 대로 빼앗고 추종자들과 함께 사치와 향락을 일삼는 그의 행패는, 그의 가까운 조상이나 먼 조상 모두를 능가할 것이다.

24-26 　그는 요새 도성들을 칠 계획을 세우지만, 결국 근시안적인 계획이었음이 드러날 것이다. 또 그는 남쪽 왕을 치려고 대군을 모아 전의를 불태울 것인데, 남쪽 왕도 이에 응해 자기 군대를—더 큰 대군을—모으고 싸울 태세를 갖출 것이다. 그러나 그 기세는 오래가지 못할 것이다. 내부 배신자의 악한 음모에 휘말려 그의 왕실이 벌집을 쑤셔 놓은 것처럼 될 것이기 때문이다. 남쪽 왕의 군대는 박살이 나고, 전장은 시체로 뒤덮일 것이다.

27 　그 두 왕은 서로 음흉한 계략을 품고 협상 자리에 앉아서 거짓말을 주고받을 것이다. 그러나 그 거짓투성이 조약으로 얻는 것은 아무것도 없을 것이다. 이것이 끝이 아니다. 이야기가 끝나려면 아직 멀었다.

28 　북쪽 왕은 노획물을 가득 싣고 자기 나라로 돌아가는 귀국길에, 거룩한 언약을 깨뜨리겠다는 생각을 할 것이다.

29-32 　일 년 후에, 그는 다시 남쪽을 침공해 올 것이다. 그러나 두 번째 침공은 첫 번째 침공에 훨씬 못 미칠 것이다. 로마 배들이 당도하면, 그는 꽁무니를 빼고 그의 나라로 달아날 것이다. 그러나 귀국길에 그는, 거룩한 언약에 대해 분이 가득하게 될 것이다. 그는 거룩한 언약을 배신한 자들의 뒤를 봐주며 그들을 우대할 것이다. 그의 경호부대원들이 성소와 성

채에 난입해 그곳을 더럽힐 것이다. 그들은 매일 드리는 예배를 폐하고, 신성모독적이고 역겨운 우상을 그곳에 세울 것이다. 북쪽 왕은 거룩한 언약을 배신한 자들을 감언이설로 꾀어 매수할 것이다. 그러나 용기를 내어 하나님께 충성을 다하는 이들은 완강히 저항할 것이다.

33-35   심지가 곧은 이들은 스스로 모범을 보여, 사람들에게 옳고 그름을 가르칠 것이다. 그들은 한 시절 동안 극심한 시련을 겪을 것이다. 어떤 자들은 살해되고, 어떤 자들은 화형을 당할 것이며, 어떤 자들은 포로로 끌려가고, 어떤 자들은 약탈을 당할 것이다. 극심한 시련 중에 그들은 약간의 도움을 얻겠지만, 충분하지는 않을 것이다. 도움을 주는 자들도 마지못해 도와줄 것이다. 심지가 곧고 충성스런 이들은 이 시련을 통해 단련되고 씻기며 정화될 것인데, 이야기가 끝나려면 아직 멀었기 때문이다.

36-39   한편, 북쪽 왕은 계속 제멋대로 날뛸 것이다. 그는 자신이 모든 신보다 더 위대하다며 스스로를 높일 것이다. 그는 신들의 신이신 하나님에게까지 도전하며 으스댈 것이다. 얼마 동안은—진노의 심판의 때가 다 찰 때까지—그가 무사할 것이다. 포고된 것은 반드시 시행되어야 하기 때문이다. 그는 자기 조상의 신들도 전혀 존중하지 않을 것이다. 여자들 사이에서 가장 인기 높은 신 아도니스에 대해서도 그러할 것이다. 그는 모든 신과 여신을 업신여기면서, 자신이 그들보다 더 위대하다고 뻐길 것이다. 심지어 그는 거룩한 이들의 하나님까지도 업신여길 것인데, 하나님께서 경배 받으시는 장소에 누구도 들어 보지 못한 우상을 들여놓고, 그것을 금은보석으로 화려하게 장식할 것이다. 그는 낯선 신의 깃발을 높이 들고 주요 요새들을 공략할 것이며, 그 신을 섬기기로 한 자들을 권력의 요직에 앉히고 땅을 하사할 것이다.

40-45   이 이야기의 마지막은 이러하다. 남쪽 왕이 그와 맞서겠고, 북쪽 왕이 폭풍처럼 그를 덮칠 것이다. 전차부대와 기병부대와 대함대를 몰고 모든 것을 휩쓸며 내려올 것이다. 그가 아름다운 땅을 공격하고, 그 앞에서 사람들이 추풍낙엽처럼 쓰러질 것이다. 에돔과 모압과 몇몇 암몬 사람만이 화를 면할 것이다. 그는 손을 뻗어 이 나라 저 나라를 집어삼킬 것이다. 이집트도 예외가 되지는 못한다. 그는 이집트의 금은보화를 모

조리 긁어모을 것이다. 리비아 사람과 에티오피아 사람들도 그에게 동조할 것이다. 그러나 그때 북쪽과 동쪽에서 불안한 소문이 들려와 그는 겁에 질릴 것이다. 그가 크게 노하여 사태를 진압하러 달려가지만, 지중해 바다와 거룩한 산 사이에 진─그 왕의 천막!─을 치는 순간, 그는 마지막을 맞게 될 것이다. 누구도 그를 도울 수 없으리라!'"

마지막 때

12 ¹⁻² "바로 그때, 위대한 천사장이자 네 백성의 수호자인 미가엘이 나설 것이다. 그리고, 세상이 만들어진 이래 최악의 환란이 임할 것이다. 그러나 네 백성, 그 책에 기록되어 있는 이들은 한 사람도 빠지지 않고 그 환란에서 구원을 받을 것이다. 오래전에 죽어 묻힌 많은 자들이 깨어나서, 어떤 자들은 영원한 생명을 얻고 어떤 자들은 영원한 수치를 겪게 될 것이다.

³ 지혜롭게 산 사람들은 총총한 밤하늘의 별처럼 밝게 빛날 것이다. 사람들을 바른 길로 인도하여 살린 사람들은 별처럼 영원히 빛날 것이다.

⁴ 다니엘아, 이 말씀은 기밀사항이다. 너만 보고 들었으니, 이것을 비밀로 간직해라. 마지막 때까지 이 책을 봉인해 두어라. 그때까지 많은 사람들이 이 내용을 알아내려고 이리저리 뛰어다닐 것이다.'"

⁵⁻⁶ "나 다니엘이 이 모든 말씀을 곱씹고 있을 때, 두 인물이 나타났다. 한 사람은 강 이쪽 언덕에, 다른 한 사람은 저쪽 언덕에 서 있었다. 그들 중 한 사람이, 모시옷을 입고 강물 위쪽에 서 있는 셋째 사람에게 물었다. '이 놀라운 이야기는 언제 끝이 납니까?'

⁷ 모시옷을 입고 강물 위쪽에 서 있는 사람이, 하늘을 향해 두 손을 들었다. 그는 영원하신 분을 두고 엄숙히 맹세하면서, 이 이야기는 한 때와 두 때와 반 때 동안 이어지다가, 거룩한 백성을 압제하는 자가 패망할 때 완성된다고 말했다.

⁸ 명확히 듣기는 했지만, 나는 그 뜻을 이해하지 못했다. 그래서 물었

다. '주님, 제게 그 뜻을 알려 주시겠습니까?'

9-10 '다니엘아, 너는 그저 네 할 일을 계속하여라.' 그가 말했다. '이 메시지는 마지막이 될 때까지, 마지막이 올 때까지 기밀사항으로 봉인되어 있을 것이다. 많은 사람이 깨끗이 씻겨져 새사람이 될 것이다. 그러나 악한 사람은 무슨 일이 벌어지는지도 모른 채 계속 악을 저지를 것이다. 지혜 있게 사는 사람들은 그 되어지는 일을 깨닫게 될 것이다.'"

11 "매일 드리는 예배가 성전에서 사라지고, 그 자리에 역겹고 흉측한 우상이 세워지는 때로부터 1,290일이 흐를 것이다.

12 1,335일 동안 인내하며 견디는 사람들은 진실로 복되다.

13 그러니 네가 어떻게 해야겠느냐? 불안해하거나 염려하지 말고, 네 할 일을 해나가라. 마음을 편히 가져라. 모든 일이 끝날 때, 너는 일어나서 상급을 받을 것이다."

호세아

머리말

사랑 이야기가 홍수를 이루는 세상이다. 하지만 대개는 거
짓이다. 실은 사랑 이야기가 아니라 욕정과 섹스 판타지,
지배욕에 대한 이야기일 뿐이다. 우리는 요람에서부터 사
랑에 대한 거짓말들을 듣고 자란다.

그런 거짓말들은 우리의 인간관계—남자와 여자, 부모
와 자녀, 친구와 친구 사이—에 혼란을 가져올 뿐 아니라
더 나아가, 우리가 하나님과 맺는 관계에도 혼란을 가져온
다. 모든 현실 위에 태산처럼 우뚝 솟아 있는 거대한 실재
는 바로 하나님은 사랑이시라는 사실, 곧 하나님이 이 세
상을 사랑하신다는 사실이다. 이 사랑은 우리가 매일같이
마주하고 다루는 현실의 작은 일 하나하나에까지 모두 스
며들어 있다.

그런데 사랑에 대한 거짓말들에 속아 지성과 상상력이
제 기능을 잃은 사람은, 우리 삶을 이루는 근원적 요소인
이 사랑을—'사랑'이라는 명사와 '사랑하다'라는 동사를—
제대로 이해할 수 없게 된다. 삶의 근본 방향을 잡아 주는
말이어야 할 "하나님은 사랑이시다"에, 세상의 참모습을
가리고 왜곡시키는 온갖 문화적 낙서들이 덧칠되어 있다
면, 우리는 삶을 참되게 사는 일에 크게 진보할 수가 없다.
참되게 살기 위해서는 사랑에 대해 참되게 말하는 이야기
들이 필요하다.

호세아는 사랑의 예언자다. 하지만 우리가 상상하거나
공상하는 그런 사랑이 아니다. 예언자 호세아는, 당신의
백성을 향한 하나님의 사랑의 비유(parable)다. 다시 말
해, 호세아는 하나님께서 계시하시고 행하신 사랑을 비유

로 보여주는 삶을 산 것이다. 우리는 이 이야기에 놀란다. 예언자가 매춘부와 결혼해 자녀를 낳으라는 명령을 받는 이야기이니 말이다. 그러나 이 이야기의 메시지는 우리를 더욱 놀라게 한다. 그것은 하나님이 바로 이러한 방식으로 우리를 사랑하신다는 것이다. 하나님은 우리의 상태가 최악일 때 우리를 찾아오시고, 우리를 얻기까지 끊임없이 구애하시고, 참된 사랑을 몰랐던 우리를 마침내 사랑의 사람들로 변화시키신다. 그분은 말씀하신다.

> "내가 그들의 방자함을 고쳐 주고,
> 그들을 아낌없이 사랑하리라. 이제 나의 노가 다 풀렸다.
> 내가 이스라엘과 다시 시작할 것이다.
> 그는 봄철의 백합화처럼 활짝 피어나리라.
> 상수리나무처럼 깊이 뿌리 내리고,
> 거대한 숲을 이루리라!
> 그는 거목처럼 장려해질 것이다.
> 백향목 숲 같은 향기를 낼 것이다!
> 그의 곁에 있는 자들도 그로 인해 복을 받아,
> 황금들판처럼 번성하리라.
> 모두가 그들에 대해 이야기꽃을 피우며,
> 그들을 두고 하나님의 으뜸가는 자녀라 칭송할 것이다.
> 에브라임은 이제 가짜 신들과의 관계를 끝냈다.
> 이제부터 그에게 해답과 만족을 주는 이는 바로 나다.
> 나는 풍요로운 과일나무와 같다.
> 네게 필요한 모든 것이 내 안에 다 있다"(호 14:4-8).

이 이야기와 이 안의 언어들을 마음으로 받아들일 때, 우리는 하나님에 대해 전보다 훨씬 더 정확히 알게 된다. 그때에야 비로소 우리는, 우리를 사랑하시는 하나님을 대하는 일과 우리를 사랑하지 않는 이웃을 사랑하는 일에 있어, 그동안 우리를 무능하게 만들어 온 온갖 왜곡된―감상적이고 신경증적인―형태의 사랑들로부터 치유받기 시작한다.

호세아

1 브에리의 아들 호세아에게 임한 하나님의 메시지다. 이는 유다 왕 웃시야, 요담, 아하스, 히스기야의 통치기간 중에 그에게 임했다. 이 시기는 요아스의 아들 여로보암이 이스라엘의 왕으로 다스리던 때이기도 하다.

나라 전체가 사창가가 되었다

2 **하나님**께서 호세아에게 하신 첫 말씀은 이러하다.

"너는 창녀 하나를 만나 그녀와 결혼하여라.
그리고 그 창녀에게서 자식을 낳아라.
이 나라 전체가 사창가가 되어 버렸기 때문이다. 나라 전체가
나 **하나님**에게 부정을 저지른 창녀들의 소굴이 되어 버렸다."

3 호세아는 그렇게 했다. 그는 디블라임의 딸 고멜을 택했다. 고멜은 임신하여 호세아의 아들을 낳았다.

4-5 그러자 **하나님**께서 호세아에게 말씀하셨다.

"그의 이름을 이스르엘이라고 하여라. 머지않아 나는 이스라엘 백성이

이스르엘에서 저지른 대학살에 대해 대가를 치르게 할 것이기 때문이다.
나는 그렇게 해서 이스라엘 왕국과 셈을 끝낼 것이다.
값을 치를 날이 다가오고 있다! 내가 이스르엘 골짜기에서
이스라엘의 활과 화살들을 다 부서뜨리고, 그것들을 땔감으로 삼을 것
이다.”

6-7 고멜이 다시 임신했다. 이번에 그녀는 딸을 낳았다. 하나님께서 호세아
에게 말씀하셨다.

“그 아이의 이름은 ‘자비를 못 얻음’이라고 하여라.
나는 이제 이스라엘이라는 말만 들어도 신물이 나기 때문이다.
내 자비는 동이 났다. 이제 더 이상의 용서는 없다.
하지만 유다는 다르다. 그들에게는 계속 자비를 베풀 참이다.
내가 그들을 구원할 것이다. 그들이 구원받는 것은
그들의 군비나 군대, 말과 사람의 힘 때문이 아니라,
오직 그들의 하나님 때문이다.”

8-9 ‘자비를 못 얻음’이 젖을 떼자, 고멜은 다시 임신하여 아들을 낳았다. 하
나님께서 말씀하셨다.

“그 아이의 이름을 ‘아무것도 아닌 자’라고 하여라.
너희는 내게 아무것도 아닌 자들이 되었고,
나 하나님도 너희에게 아무것도 아닌 하나님이 되었기 때문이다.

10-11 그러나 장차 이스라엘은 인구가 폭발적으로 늘어, 그 수가 바닷가의 모
래알같이 될 것이다. 전에 ‘아무것도 아닌 자’라고 불렸던 바로 그곳에
서, 그들은 ‘하나님의 귀한 자’로 불리게 될 것이다. 유다의 모든 자들과

이스라엘의 모든 자들이 한 백성이 되어 함께 모일 것이다. 그들은 한 사람을 그들의 지도자로 세울 것이다. 그 무엇도 그들을 막을 수 없으리라! 그들은 이스르엘에서 위대한 날을 맞을 것이다!"

❈

1 **2** "너희 형제들의 이름을 '하나님의 귀한 자'로 고쳐 불러라. 너희 자매들의 이름을 '자비를 얻은 자'로 고쳐 불러라."

이제 파티는 끝났다

2-13 "너희 어머니를 법정으로 끌어내라. 그녀를 고발하여라!
그녀는 더 이상 내 아내가 아니고,
나는 더 이상 그녀의 남편이 아니다.
그녀에게 창녀처럼 입고 다니지 말라고,
가슴을 전시하고 다니지 말라고 전하여라.
그녀가 내 말을 따르지 않으면, 나는 그녀의 옷을 다 빼앗고,
갓 태어난 아기처럼 완전히 발가벗길 것이다.
그녀의 피부를 바싹 마른 가죽처럼 만들고,
그녀의 몸을 황량한 불모지와
사막에 쌓여 있는 뼈 무더기처럼 되게 할 것이다.
하나같이 사창가에서 태어난 그녀의 자식들도
나는 다 저버릴 것이다.
사실을 똑바로 보아라. 너희 어머니는 창녀였고,
사생아들을 낳았다.
그녀는 말한다. '나는 내 애인들을 찾아갈 거예요!
그들은 내게 포도주를 건네고 만찬을 베풀어 줄 거예요.
옷을 입혀 주고, 어루만지며,
향수를 뿌려 치장해 줄 거예요!'
그러나 나는 그녀를 꼼짝 못하게 만들 것이다.
그녀를 엉겅퀴 밭에 던지고,

막다른 뒷골목에 내다 버릴 것이다.
그녀는 애인들을 사냥하러 나서겠지만
하나도 건지지 못할 것이다.
위를 보나 아래를 보나
하나도 낚지 못할 것이다. 그제야 그녀는 말하리라.
'남편에게, 내 첫 남자였던 그에게 돌아가야겠어요.
이렇게 사는 것보다는 그때가 훨씬 나았으니까.'
그녀는 몰랐다. 그동안 그녀에게 포도주를 건네고,
만찬을 베풀며, 아름답게 단장시킨 이가
다름 아닌 나였다는 것을.
그녀가 광란의 바알 파티에서 허비해 버린
그 세련된 옷과 보석들을 건넨 이가
다름 아닌 나였다는 사실을 말이다.
나는 곧 그녀를 재판에 불러낼 것이다. 포도주도, 만찬도 이제 끝이다!
실크 속옷도 가운도 다 지난 이야기다.
나는 그녀의 음부가 노출되게 만들 것이며,
그녀 곁에서 하룻밤 애인 행세하던 자들도 그녀를 돕지 못할 것이다.
이제 파티는 끝났다. 내가 다 멈추게 할 것이다.
광란의 주말, 성스러움과 거리가 먼 축제일을 모두 멈추게 할 것이다.
그녀가 '화대 받아 산 것들!'이라고 자랑하던
사치스런 정원과 화려한 분수들을 내가 다 부서뜨릴 것이다.
그것들은 들개나 들고양이가 와서 먹을 것을 찾는
쓰레기 더미가 될 것이다.
나는 난잡한 종교에 탐닉한 그녀가 대가를 치르게 할 것이다.
육욕을 좇는 바알 숭배,
그에 따르기 마련인 그 모든 난잡한 성생활,
나는 안중에도 없이,
한껏 꾸미고 남자들을 좇아다닌 일에 대한 대가 말이다."
하나님의 메시지다!

백성을 향한 하나님의 사랑

¹⁴⁻¹⁵ "이제, 내가 하려는 일은 이것이다.

나는 처음부터 다시 시작하려고 한다.

그녀를 다시 광야로 데려갈 것이다.

우리가 첫 데이트를 했던 곳으로.

나는 거기서 그녀에게 구애하며,

장미 꽃다발을 선물할 것이다.

'비탄의 골짜기'를 '희망의 땅'으로 바꾸어 놓을 것이다.

그러면 그녀는 어린 소녀였을 적 그랬던 것처럼,

막 이집트에서 나왔을 적 그랬던 것처럼, 나를 대할 것이다."

¹⁶⁻²⁰ 계속 이어지는 하나님의 메시지다.

"그때는 네가 나를 '서방님!' 하고 부를 것이다.

다시는 나를 '주인님'이라 부르지 않을 것이다.

나는 비누로 너의 입을 깨끗이 씻기고,

입가에 묻은 더러운 거짓 신들의 이름을 말끔히 지워,

다시는 네가 그 이름들을 속삭이지 않게 할 것이다.

또, 너와 들짐승과 새와 파충류들 사이에

평화조약을 체결하고,

모든 전쟁 무기를 모조리 없앨 것이다.

생각해 보아라! 짐승과 악당들로부터 괴롭힘 당하지 않는 삶을!

나는 너와 결혼해 영원히 같이 살 것이다. 영원히!

나는 사랑과 애정을 가지고, 너와 정식으로 결혼할 것이다.

그렇다. 내가 너와 결혼하고 너를 떠나지 않을 것이며,

네가 떠나도록 내버려 두지도 않을 것이다.

너는 참으로 내가 하나님인 것을 알게 될 것이다."

21-23 "바로 그날에, 내가 응답할 것이다." 이는 하나님의 메시지다.
"나는 하늘에 응답하고 하늘은 땅에 응답할 것이며,
땅은 곡식과 포도주와 올리브기름에 응답하고,
그것들 모두는 이스르엘에 응답할 것이다.
나는 그녀를 좋은 땅에 심어,
'자비를 못 얻음'에게 자비를 베풀 것이다.
'아무것도 아닌 자'에게 '너는 이제 내게 귀한 자'라고 말해 주고,
그는 내게 '주는 내 하나님이십니다!' 하고 말할 것이다."

때가 되면 그들이 돌아오리라

1 **3** 또 하나님께서 내게 명령하셨다. "처음부터 다시 시작하여라. 네
아내를 다시 사랑하여라.
지금도 최근에 사귄 남자와 침실에 누워 있는 네 아내,
너를 속이는 네 아내를 말이다.
하나님인 내가 이스라엘 백성을 사랑하듯, 그녀를 사랑하여라.
마음 내키는 대로 온갖 신들과 놀아나는 그들을
내가 여전히 사랑하듯 말이다."

2-3 나는 그렇게 했다. 그녀를 되찾기 위해 큰돈을 지불했다.
종 하나를 살 수 있는 돈을 들였다.
나는 그녀에게 말했다. "이제부터 당신은 나와 같이 살 것이오.
몸을 파는 일, 여러 남자들과 놀아나는 일은 이제 끝이오.
당신은 나와 같이 살고, 나는 당신과 같이 살 것이오."

4-5 이스라엘 백성은 오랜 시간을
안전과 보호 없이,
종교와 위로 없이,
경건과 기도 없이 살게 될 것이다.

그러나 때가 되면, 그들은 돌아올 것이다. 이 이스라엘 백성은
그들의 하나님과 그들의 다윗 왕을 찾아서 돌아올 것이다.
연단 받은 그들이 돌아와서 하나님을 경외하며 살 것이다.
그분이 주시는 온갖 좋은 선물을 받아 누리면서,
그분의 사랑 이야기의 결말을 맞을 준비를 할 것이다.

신실한 자 아무도 없다

1-3 **4** 모든 이스라엘 사람들아, 주목하여라! 하나님의 메시지다!
하나님께서 백성 모두를 고발하신다.
"신실한 자 아무도 없다. 사랑하는 자 아무도 없다.
하나님에 대해 초보적인 지식이라도 가진 자 아무도 없다.
악담과 거짓말과 살해, 도둑질과 문란한 성생활,
무정부 상태, 끊임없는 살인들!
이 모든 일 때문에 땅이 울고,
땅의 모든 것이 비탄에 빠졌다.
들의 짐승과 나는 새들,
심지어 바다의 물고기까지도 기운을 잃고, 생기를 잃었다."

4-10 "그러나 비난할 대상을 찾지 마라.
손가락질할 생각 마라!
너, 제사장인 네가 바로 피고다.
너는 벌건 대낮에 비틀거리며 다닌다.
너를 따라 예언자들도 밤새도록 비틀거린다.
네 어머니도 다를 게 없다.
내 백성이 파멸한 것은
그들이 무엇이 옳고 참된 것인지 모르기 때문이다.
네가 지식에 등을 돌렸기에,
나도 너희 제사장들에게 등을 돌렸다.

네가 하나님의 계시를 알려고 하지 않으니,
나도 더 이상 네 자녀들을 알려고 하지 않는다.
제사장들은 그들의 수만큼이나 많은 죄를 짓는다.
그들은 자신의 영광을 팔아 수치를 샀다.
그들은 내 백성의 죄를 마구 먹어대고,
최신 유행하는 악을 범하는 일에 누구보다 빠르다.
그 결과가 이것이다. 누가 제사장이고 누가 일반 백성인지
구분할 수 없다.
나는 그들 모두가 죄의 대가를 치르게 하여,
그들이 살아온 잘못된 삶의 결과를 맛보게 할 것이다.
그들은 먹어도 여전히 배가 고프고,
섹스를 해도 만족을 느끼지 못할 것이다.
창녀와 놀아나려고 그들이
나, 곧 그들의 하나님을 저버렸다."

종교를 나들이로 여기는 너희여

11-14 "포도주에 취해
내 백성이 인사불성이 되었다.
그들은 죽은 나무에게 묻는가 하면,
막대기에게 대답을 기대한다.
섹스에 취해 집으로 돌아가는 길도 잊어버리고,
하나님을 대신해 자기 음부를 숭배한다.
그들은 산꼭대기에서 예배를 보며,
종교를 나들이 정도로 여긴다.
팔다리를 늘어지게 쭉 뻗고
언덕 위 상수리나무와 느릅나무 아래에 눕는다.
너희가 모르는 사이에 딸들이 창녀가 되고,
아들의 아내들이 여러 남자와 잠자러 다닌다.
그러나 나는 몸 파는 너희 딸이나

간음하는 너희 며느리들의 뒤를 쫓지 않을 것이다.
내가 뒤쫓는 자는 그 창녀들과 놀아나는 사내들,
그 성스럽다는 사창가에서 예배하는 자들이다.
창녀들 때문에 인생을 파멸시키는 어리석은 백성이여!"

15-19 "이스라엘아, 너는 네 삶을 스스로 파멸시켰다.
유다도 같이 끌고 내려갈 생각은 마라!
길갈의 음란한 산당에 가지 말며,
죄의 도시 베델에 가지 마라.
하나님의 이름을 망령되이 부르거나,
'하나님이 너희에게 복 주신다'는 실없는 소리를 하고 다니지 마라.
이스라엘은 노새처럼 완고하다.
그러니 어떻게 하나님이 어린양을 치듯
그를 드넓은 초장으로 인도하실 수 있겠느냐?
에브라임은 우상에 중독되었다.
그대로 내버려 두어라.
술이 바닥나면,
하는 일이라곤 섹스, 섹스, 또 섹스다.
낯짝 두꺼운 그들은, 그 지저분한 방탕을
얼마나 사랑하는가!
회오리바람이 그들을 손아귀에 움켜쥐고 있고,
그들의 섹스 숭배는 결국 그들을 성 불구자로 만들어 놓는다."

하나님을 보아도 알아보지 못한다

1-2 **5** "제사장들아, 귀 기울여 들어라!
이스라엘 백성들아, 주목하여라!
왕족들아, 다들 잘 들어라!
너희는 나라의 정의를 책임진 자들이다.

그러나 너희가 한 일이 무엇이냐?
미스바에서 백성들을 착취하고
다볼에서 그들을 벗겨 먹으며,
싯딤에서 그들을 희생 제물 삼았다.
내가 너희를 한 무더기로 벌하리라.

3-4 나는 너희, 에브라임을 속속들이 잘 알고 있다.
그렇다. 이스라엘아, 나는 너희를 꿰뚫어 보고 있다!
에브라임아, 너는 음란한 종교에 푹 빠졌다.
이스라엘 전체가 뿌리까지 썩었다.
그들은 오고 싶어도 하나님에게 돌아오지 못할 것이다.
그들의 악한 삶이 나쁜 습관이 되어 버렸기 때문이다.
그들은 내쉬는 숨까지도 창녀의 숨이다.
그들은 나 하나님을 보아도 알아보지 못할 것이다.

5-7 집채만 한 오만으로 잔뜩 부풀어 오른 그들,
세상 앞에 망신거리다.
그들, 이스라엘, 에브라임, 유다가 한 무더기로
비틀대며 죄의 도시를 누빈다.
설령 그들이 똑바로 살 결심을 하고
다시 한번 하나님을 찾아 나선다 해도,
그들은 이미 때가 늦었다는 사실을 알게 될 것이다.
나 하나님은 그들을 떠난 지 이미 오래다.
그들은 너무 오랫동안 나를 농락했다.
그들은 온 나라를 사생아들로 가득 채웠다.
메뚜기 재앙이 덮쳐,
그들의 포도밭을 황무지로 만들어 버릴 것이다.

8-9 기브아에서 숫양 뿔나팔을,

라마에서 군대나팔을 불어라!
'죄의 도시'에 적군의 침입을 알려라!
베냐민이 겁을 집어먹고 사색이 되게 하여라!
에브라임은 황폐해져,
쑥대밭이 될 것이다.
나는 이스라엘 지파들에게 그들의 실상을
가감 없이 말해 주겠다.

10 이스라엘의 통치자들은 자기 백성을 속이는
사기꾼이고 도둑놈들이다.
그래서 나는 노한다. 크게 노한다.
그들은 뼛속까지 사무치도록 내 진노를 느끼게 되리라.

11-12 잔혹한 에브라임은 이제 잔혹한 일을 당할 것이다.
자기가 준 대로 받을 것이다!
그는 헛된 길을 한사코
고집했다.
그러므로 나는 에브라임에게 고름이며,
유다 집에는 썩은 오물이다.

13 에브라임이 제 몸 병든 것을 깨닫고,
유다가 고름 흐르는 제 상처를 보았다.
에브라임은 앗시리아로 달려가,
그 대왕에게 도움을 청했다.
그러나 그는 너희를 고쳐 줄 수 없다.
그는 고름이 흐르는 너희의 상처를 치료해 줄 수 없다.

14-15 나는 에브라임에게 달려드는 큰곰,
유다에게 달려드는 어미 곰이다.

내가 그들을 갈기갈기 찢어 버릴 것이다. 그렇다. 내가 그렇게 할 것이다!
누구도 나를 막을 수 없다.
내가 그들을 끌고 갈 것이며,
누구도 그들을 도와줄 수 없다.
그런 다음 나는 내가 있던 곳으로 되돌아가,
그들이 제정신을 차릴 때까지 기다릴 것이다.
그들이 밑바닥까지 내려가면,
어쩌면 나를 찾을지도 모르니."

내가 너를 어찌해야겠느냐?

1-3 **6** "이제 우리가 하나님께 돌아가자.
주께서 우리를 상하게 하셨으나, 이제 치료해 주실 것이다.
우리를 아프게 치셨지만,
다시 일으켜 주실 것이다.
우리가 이틀 내에 회복되고,
사흘째에는, 주께서 우리를 완전히 새롭게 해주실 것이다.
생기 넘치는 우리가 제 발로 서서,
그분의 얼굴을 마주 볼 수 있으리라.
우리가 하나님을 알자.
힘써 하나님을 알자.
날마다 새벽이 어김없이 오듯,
그분께서도 날마다 어김없이 오신다.
땅을 새롭게 하는 봄비처럼,
그분이 우리를 찾아오신다."

4-7 "에브라임아, 내가 너를 어떻게 해야겠느냐?
유다야, 내가 너를 어떻게 하면 좋겠느냐?
너희의 사랑 고백은

아침안개처럼, 새벽이슬처럼 덧없다.
그래서 내가 예언자들을 보내어 너희를 흔들어 깨우고,
그들이 네 **뼛**속까지 파고드는 내 말을 전한다.
빛처럼 번득이는 내 심판에,
너희가 깨어 있게 하려는 것이다.
내가 찾는 것은 너희의 변함없는 사랑이지, 더 많은 종교가 아니다.
내가 원하는 것은 너희가 **하나님**을 아는 것이지, 더 많은 기도회에 나가는
것이 아니다.
너희는 언약을 깨뜨렸다. 아담처럼!
너희는 나와의 신의를 깨뜨렸다. 은혜를 모르는 비열한 인간처럼!

8-9 길르앗은 '죄의 도시'가 되었다.
거리마다 피가 흐른다.
전에는 도둑들이 행인을 강탈하더니,
이제는 제사장 무리가
세겜으로 여행중인 예배자들을 습격한다.
그들에게 신성한 것이란 없다.

10 나는 이스라엘 나라에서 실로 충격적인 광경을 보았다.
에브라임이 종교 매음굴에서 예배하는 모습,
이스라엘이 그와 함께 그곳 진창에서 뒹굴고 있는 모습이 그것이다.

11 유다야, 네 잘못도 저들 못지않다.
너 역시 이제 뿌린 대로 거둘 때가 되었다."

하나님의 경고에도 그분을 무시하는 이스라엘
1-2 **7** "내가 이스라엘에게 다시 시작할 기회를 줄 때마다,
그의 더러운 전과를 말소해 줄 때마다,
에브라임은 금세 새로운 죄들로 전과를 쌓았고,

사마리아는 굵직한 반역죄를 더했다.
두 얼굴을 한 그들, 한 입으로 두말하는 그들,
너희를 속여 먹고, 벗겨 먹는다.
내가 모든 범죄를 기록하고 있다는 것을
그들은 생각도 못한다.
머리부터 발끝까지 지저분한 죄를 뒤집어쓰고 있는 그들,
나는 그들의 본색을, 그들이 하는 짓을 다 보고 있다.

3-7 그들은 사악한 곡예로 왕을 즐겁게 하고,
재주 좋은 거짓말로 제후들의 비위를 맞춘다.
색욕으로 달아오른 그들,
뜨겁게 달궈진 화덕 같다.
반죽된 가루가 빵이 될 때까지
계속 달궈져 있는 화덕.
왕실 축제일이 되면, 제후들은
포도주와 격앙된 군중들의 우롱에 취한다.
빨갛게 달아오르는 난로처럼
그들은 욕망으로 달아오른다.
밤새도록 쌓인 욕망은
아침에 불이 붙어, 게걸스럽게 널름거리는 불꽃이 된다.
흉악한 그들, 화산처럼 폭발하여
그들의 통치자들을 태워 재로 만든다.
그렇게 왕들이 하나씩 죽어 나가는데,
아무도 나에게 관심 갖지 않는다.

8-10 에브라임은 이방인과 뒤섞여, 자기 자신을 잃어버렸다.
에브라임은 팔푼이다.
낯선 자들이 자기를 다 빨아먹는데도
눈치채지 못한다.

제 머리가 백발이 되었는데도
알아차리지 못한다.
오만이 집채만큼 부풀어 오른 이스라엘,
세상 앞에 망신거리다.
하나님은 안중에도 없이 떠도는 이스라엘,
그 모든 경고에도, 여전히 하나님을 무시하고 다닌다.

11-16 에브라임은 새대가리다.
아둔하고 미련하기 짝이 없다.
처음에는 이집트에 붙어서 짹짹거리더니,
다음에는 앗시리아에게 팔랑거리며 날아간다.
나는 그물을 던져 그들을 잡아들일 것이다.
그들의 날개를 잘라 버릴 것이다.
혼쭐을 내줄 것이다!
집을 뛰쳐나간 그들, 화가 있으리라!
내게 도전한 그들, 큰일을 맞으리라!
내게 밥 먹듯이 거짓말하는 그들을
내가 도와주어야 하는가?
내게 마음을 쏟아 기도하고 부르짖는 대신에
그들은 창녀들과 어울려 침대에서 소리를 질러 대고,
음란한 광란의 종교 파티에서 피가 흥건하게 놀면서도
정작 나에게는 등을 돌렸다.
그들에게 똑똑한 머리와 건장한 신체를 주었건만,
내게 돌아온 것은 무엇인가? 사악한 음모뿐이다!
그들은 바람개비처럼 이리저리 돌지만,
내 쪽으로는 돌지 않는다.
그들의 통치자들은 칼에 베이고, 살해될 것이다.
조롱과 신성모독의 대가다.
그들의 최후는?

세상 모든 사람의 조롱거리가 되는 것이다."

죄짓기용 제단이라니!

8 1-3 "나팔을 불어라! 경보를 울려라!
독수리 떼가 하나님의 백성 위를 선회하고 있다.
나와의 언약을 깨뜨리고,
나의 계시에 도전한 그들을 노리고 있다.
이스라엘은 '나의 하나님! 우리는 주를 아는 백성입니다!' 하고
부르짖겠지만,
그들의 행동은 전혀 딴판이다.
이스라엘은 복된 것을 다 잃을 것이며,
원수가 그들을 잡으러 올 것이다.

4-10 그들은 왕들을 세우면서, 내게 묻지도 않는다.
제후들을 세우면서, 내가 그 일에 관여하지 못하게 한다.
대신에, 그들은 은과 금으로 여러 우상을 만든다.
그들을 파멸시킬 우상들을.
사마리아야, 금송아지 신상을 쓰레기통에 던져라!
그 쓰레기 때문에 내 노가 끓어오른다.
도대체 언제가 되어야 바로잡히겠느냐?
너희 이스라엘은!
그것은 사람이 조각한 물건이다.
하나님이 아니다.
그 사마리아 송아지,
부러져 산산조각이 날 것이다.
그들을 보아라! 헛바람을 심는 그들,
결국 광풍을 수확하게 될 것이다.
쭉정이인 밀은
밀가루를 생산하지 못한다.

설령 만들어 낸다 해도,

남들이 다 먹어 치울 것이다.

이스라엘은 통째로 먹혔다가 내뱉어졌다.

이방인들에게 그들은 쓰레기다.

그들은 앗시리아로 쪼르르 달려갔다.

미련한 들나귀들도 자기 종족을 떠나지 않거늘,

어찌하여 미련한 나귀 에브라임은 밖으로 나돌며 돈 주고 정부를 산단 말인가.

이방인에게 몸을 파는 그들,

이제 내가 한곳에 모으고 대적할 것이다.

그들은 곧 죄의 대가를 치르게 될 것이다.

대왕의 압제 아래 놓인 삶이 무엇인지 깨닫게 될 것이다.

11-14 에브라임은 제단들을 많이 세우고는,

죄짓는 데 사용한다.

믿어지느냐? 죄짓기용 제단이라니!

내가 그들을 위해 나의 계시를 상세히 적어 놓았는데도

그들은 글을 읽을 줄 모르는 체한다.

그들은 내게 희생 제물을 바치고

그 고기로 잔치를 벌인다.

나 하나님은 조금도 기쁘지 않다!

아주 지긋지긋하다. 그들의 죄를 낱낱이 기억해 둘 것이다.

그 죄를 벌하여,

그들을 다시 이집트로 돌려보낼 것이다.

이스라엘은 자기 창조자를 잊었고,

그저 궁궐 짓는 일로 분주했다.

유다는 요새 세우는 일에만 몰두했다.

내가 그 도성에 불을 보내어,

그 요새들을 불태워 버릴 것이다."

더러운 영적 공기에 오염된 너희 영혼

¹⁻⁶ **9** 이스라엘아, 광란의 파티로 너희 삶을 허비하지 마라.
이교도들과의 파티로 너희 삶을 탕진하지 마라.

너는 틈만 나면 너희 하나님을 저버리면서

거리의 음란한 종교 파티에 끼어들어,

닥치는 대로 창녀처럼 네 자신을 판다.

그 파티 음식은 아무리 먹어도 너희 배를 채워 주지 못하고,

결국 전보다 더 허기질 것이다.

이런 식이라면 머지않아 너희는 **하나님**의 땅에서 살지 못하게 될 것이다.

너희 가운데 어떤 자들은 이집트에서 파산하고,

어떤 자들은 앗시리아에서 환멸을 맛보게 될 것이다.

너희는 이집트와 앗시리아에서 피난민 신세가 되어,

하나님을 예배할 기회도 얻지 못할 것이다.

배급받는 빵과 물로 겨우 연명하지만,

너희 영혼은 더러운 영적 공기에 오염될 것이다.

하나님의 나라에서 추방된 너희는

하나님에 주릴 것이다.

너희는 옛 거룩한 날들을 그리워하게 될까?

하나님의 축제일들을 그리워하게 될까?

조심하여라! 용케 작은 재난을 피해 간다고 해도,

결국 너는 이집트의 불구덩이 속으로 들어가게 될 것이다.

이집트는 너희에게 저승사자가 될 것이다!

잡초 밭에서 근근이 목숨을 부지하는 너희에게

은으로 만든 신이 무슨 도움이 되겠느냐?

⁷⁻⁹ 시간이 다 되었다. 재앙이 문턱까지 와 있다.

빚을 청산해야 할 날이다!

이스라엘이 이렇게 고함쳤느냐? "저 예언자는 미쳤다!

'영의 사람'은커녕 미치광이일 뿐이다!"라고 고함쳤느냐?
다시 생각하여라. 너희가 지금 큰 곤경에 처한 것은
너희의 큰 죄 때문이다.
그 예언자는 지금 하나님의 명을 받아 일하며,
에브라임을 보살피고 있다.
그러나 모두가 그에게 딴죽을 걸려고 하니,
그는 모든 곳에서, 심지어 하나님의 집에서도 미움을 받는다.
백성은 갈수록 질이 나빠지고,
오래전 기브아에서 있었던 범죄,
차마 입에 담기도 역겨운 그것에 버금가는 죄를 짓는다.
하나님께서 그들의 죄를 모두 기록해 두고 계시니,
그들로 죄의 대가를 치르게 하실 것이다.

돼지가 오물에 빠지듯 죄에 빠졌다

10-13 "오래전 내가 이스라엘을 처음 만났을 때,
마치 사막에서 포도송이를 만난 것 같았다.
내가 너희 조상을 발견했을 때,
마치 열매 맺는 무화과나무를 처음 발견한 것 같았다.
그러나 이방 산당 바알브올에 이르자,
그들은 돼지가 오물에 빠지듯 죄에 빠졌고,
새로 알게 된 친구들과 함께 진창을 뒹굴었다.
이제 에브라임은 검정 새 떼처럼 변덕스럽고 산만하다.
아름다움은 간곳없고, 허둥지둥 떠들어 댈 뿐이다.
정신없고 시끄러우며, 불감증에 불임까지.
아무것도 내세울 것이 없다. 수태도, 출산도 하지 못한다.
설령 아기를 낳는다 해도, 나는 그들에게
부모 자격이 없다고 선언하고 아이들을 빼앗아 갈 것이다!
그렇다. 내가 등 돌리고 떠나면,
암흑의 날이 임하리라!

내가 보니 에브라임은 자녀들이 미쳐 날뛰는 것을 방관하고 있구나.
차라리 그들을 잡아다가 당장 죽이는 편이 나으련만!"

14 하나님, 그들에게 주십시오! 그들에게,
메마른 자궁과 말라붙은 젖가슴을 주십시오.

15-16 "길갈의 이방 산당에서 그들의 악이 모두 드러났다.
오, 그곳에 있는 자들을 내가 얼마나 혐오하는지!
그처럼 악한 짓을 저지른 그들,
내 땅에서 내쫓을 것이다.
더 이상 그들에게 사랑을 허비하지 않을 것이다.
그들의 지도자들은 반항하는 청소년 같다.
에브라임은 큰 타격을 입었다.
이제 뿌리가 시들어, 열매를 맺지 못한다.
설령 기적적으로 아이를 가진다 해도,
귀여운 아기들은 살아남지 못할 것이다. 내가 반드시 그렇게 할 것이다!"

17 나의 하나님이 그들에게서 손을 떼셨다.
도무지 들으려 하지 않는 그들,
이방 민족들 사이에서 이리저리 떠돌며,
방랑하는 처지가 될 것이다.

너는 네 힘을 믿었다
1-2 **10** 이스라엘은 한때 푸르게 우거진 포도나무였고,
풍성한 열매를 맺었다.
그러나 수확이 풍성해지자,
그만큼 예배가 난잡해졌다.
돈이 많아지자,
자기들 형상대로 우상을 만드는 일에 돈을 쏟아부었다.

다들 환한 미소를 짓고 다니지만, 순전히 거짓이다.
범죄와 다름없는 미소다.
하나님께서 그들이 예배하는 산당들을 허물어뜨리시고,
그 우상들을 가루로 만들어 버리실 것이다.

3-4 그들은 이렇게 말하며 다닌다.
"왕이 왜 필요한가?
하나님도 개의치 않는 우리들인데.
그런 우리가 왕이라고 신경 쓸까?
대체 왕이 무슨 소용인가?"
그들은 큰소리치며
거짓말을 밥 먹듯 하고,
뒷거래를 일삼는다.
하지만 그 거창한 말들은
결국 허풍과 쓸데없는 잡소리에 지나지 않았다.

5-6 사마리아 사람들이 '죄의 도시'로 몰려가서
금송아지 신을 숭배한다.
흥행사격인 제사장들의 안내를 받아
밖으로 나가서, 소리를 질러 대고 날뛴다.
송아지 신을 가운데 두고 잔뜩 폼을 잡지만,
그것이 얼마나 거짓되고 부끄러운 일인지 깨닫지 못한다.
그들은 금송아지를 앗시리아로 가져가서,
대왕에게 선물로 바칠 계획까지 세운다.
그렇게 에브라임은 스스로를 웃음거리로 만들고,
그 우스꽝스런 우상들로 이스라엘을 욕보인다.

7-8 사마리아는 이제 흘러간 역사다. 그 왕은
강물 위를 떠내려가는 죽은 가지다.

이스라엘이 즐겨 찾으며 죄짓던 곳들이
모두 무너져 내리리라.
엉겅퀴와 잡초들이
그 허물어진 제단을 장식할 것이다.
그러면 그들은 산들을 향해 이렇게 말할 것이다. "우리를 덮어 다오!"
또 언덕들을 향해 이렇게 말할 것이다. "우리 위에 무너져 다오!"

9-10 너의 죄는 기브아에서 처음 시작되었다.
오래전의, 차마 입에 담을 수 없는 충격적인 죄.
너는 계속 그 죄를 고집해 왔지만,
이제 기브아에서 그 끝을 볼 것이다.
모든 죄를 끝장내는 전쟁을 통해 그렇게 될 것이다.
내가 그들로 하여금 교훈을 얻게 할 것이다.
나라들이 패를 지어 그들을 칠 때,
그들은 기브아에 기브아를 더한 만큼의
쓴맛을 보게 될 것이다.

11-15 에브라임은 곡식 밟기를 좋아하던
잘 훈련된 암송아지였다.
지나가다 그녀의 튼실하고 매끄러운 목을 본 나는,
에브라임에게 멍에를 씌우고
들에서 부리고자 했다.
유다는 밭을 갈게 하고, 야곱은 써레질을 시키려 했다.
의를 심어,
사랑을 거두기를 원했다.
자, 준비된 땅을 갈자.
하나님과 더불어 땅을 갈자.
마침내 의가 무르익어 수확할 때가 되면
그분이 오실 것이니.

그러나 너희는 악한 길을 갔고,

악의 곡물을 수확했으며, 거짓의 야채를 먹었다.

너는 네 힘을 믿었으며,

무기와 사람의 힘을 자랑했다.

전쟁이 네 백성 가운데 화산처럼 터져서,

너의 방어진들이 모조리 쑥대밭이 되고 말 것이다.

승리한 살만 왕이

벳아벨 성을 쑥대밭으로 만들고,

엄마와 아기들을

바위에 메어치던 때처럼 될 것이다.

이것이 바로 너희, 하나님의 백성이라는 너희 앞에 놓인 일이다.

이것이 모두 너희가 저지른 전대미문의 악 때문이다.

어느 날 아침, 너희가 자리에서 일어나 보면,

이스라엘이, 왕과 왕국도 사라져 버린 것을 보게 될 것이다.

내가 어찌 너를 단념하겠느냐?

11 ¹⁻⁹ "이스라엘이 어린아이였을 적, 나는 그를 사랑했다. '내 아들아!' 하고 큰소리로 그를 불러냈다. 이집트에서 불러냈다.

그러나 다른 자들이 부르자,

그는 나를 버리고 가버렸다.

그는 인기 좋은 음란한 신들을 숭배하고,

갖고 놀기 좋은 신들로 종교 놀음을 벌였다.

그래도 나는 그의 곁을 떠나지 않았다. 에브라임의 길을 인도해 주었다.

압제받던 그를 구해 주었다.

그러나 그는 나의 도움을 전혀 인정하지 않았다.

내가 그의 유모차를 밀어 주고,

아기처럼 번쩍 들어 뺨을 부비고,

허리 굽혀 젖을 주던 일을 알아주지 않았다.

이제 그는 다시 이집트로 돌아가고 싶어 한다.

앗시리아한테 가고 싶어 한다.

내게 돌아올 생각은 하지 않는다!

그래서 도성들이 위험한 곳이 되었다.

살인사건이 급증하고, 개선의 노력은 번번이 무산되었다.

내 백성은 나를 저버리는 일에 필사적이다.

바알 신에게 달려가 도와 달라고 기도하지만,

그 신은 손가락 하나 까딱하지 않는다.

그러나 에브라임아, 내가 어찌 너를 단념하겠느냐?

이스라엘아, 내가 어찌 너를 단념하겠느냐?

내가 어찌 너를 아드마처럼 망하도록 놔두며,

가련한 스보임처럼 황폐해지도록 내버려 둘 수 있겠느냐?

나는 그런 생각을 하는 것조차 견딜 수 없다.

내 온몸이 거부한다.

아무리 노여워도 나는 그렇게 하지는 않을 것이다.

에브라임을 멸망시키지 않을 것이다.

왜 그러겠느냐? 나는 하나님이지 사람이 아니기 때문이다.

나는 '거룩한 하나님'이며, 지금 여기, 너희 가운데 있다.

10-12 내 백성이 마침내 **하나님**을 따르게 될 것이다.

내가 포효하리라.

사자처럼!

그러면 놀란 내 자녀들이 서쪽에서 뛰어오리라.

그들이 놀란 새들처럼 이집트에서 나오고,

겁먹은 비둘기들처럼 앗시리아에서 나오리라.

내가 그들을 다시 고향집으로 데려갈 것이다."

하나님의 말씀이다!

영혼을 파멸시키는 거짓말들

에브라임은 입만 열면 거짓말이다.
이스라엘이 하는 말은 한 마디도 믿을 수 없다.
유다도 나을 것이 없다. 그도,
값싼 신들에 중독되었다.

¹⁻⁵ **12** 신에 대한 환상에 사로잡힌 에브라임은
환영과 망상을 좇는다.
그는 쉼 없이 거짓말을 해댄다.
영혼을 파멸시키는 거짓말들을.
에브라임도 유다도 앗시리아와 뒷거래를 하고
이집트에게 잘 보이려 애쓴다.
하나님께서 이스라엘을 고발하신다.
야곱의 자녀들이 벌을 받으러 법정에 끌려나온다.
'발뒤꿈치' 야곱이 모태에서 형을 눌러 이겼다.
장성한 다음에는, **하나님**과도 대결하여 이기려고 했다.
그러나 **하나님**은 꺾이지 않으시는 분,
하나님께서 그를 꺾으셨다.
무릎 꿇은 야곱은
울며 기도했다.
하나님은 베델에서 그를 만나셨고,
그곳에서 그와 말씀을 나누셨다.
하나님은 만군의 **하나님**,
자신을 계시해 주신 **하나님**, 자신을 알려 주신 **하나님**이시다.

⁶ 너희는 무엇을 기다리느냐? 너희 **하나님**께로 돌아오너라!
사랑과 정의에 헌신하여라!

너희 하나님을 기다려라.
그분을 단념하지 마라. 결단코!

7-8 장사치들이 대대적으로 사기를 치고,
사람들을 속이려 혈안이 되었다!
에브라임이 뻐기며 말한다. "봐라, 이제 나는 부자다!
나는 성공했다!
게다가 내가 과거의 흔적을 얼마나 잘 감추었는지,
사기의 흔적, 죄의 자국을 절대 찾지 못할 것이다!"

9-11 "그러나 속단하지 마라! 나는 하나님, 너희 하나님이다!
너희가 이집트에 살던 시절부터 나는 너희 하나님이었다!
내가 다시 너희로 장막생활을 하게 만들 것이다.
광야에서 예배하던 때로 되돌려 보낼 것이다.
나는 예언자들을 통해
진실을 말하고,
예언자들을 들어 진실을 이야기한다.
길르앗에 만연한 종교 스캔들과
길갈에 유행하는 속 빈 종교를 폭로하고,
그들의 예배 장소가 실은
악취 진동하는 쓰레기장임을 드러내 보인다."

12-14 너희는 너희 조상 야곱의 삶을 되풀이할 참이냐?
그는 죄를 짓고 아람으로 도망쳤고,
출세를 위해 영혼까지 팔았으며,
배신과 사기로 성공했다.
너희가 진정 누구인지를 말해 주는 자는 하나님이 보내신 예언자들이다.
그들은 너희를 이집트에서 인도해 냈고, 신실한 목자로 너희를 섬겼다.
그러나 에브라임은 끊임없이 죄를 짓고,

변명의 여지없이 하나님을 모독했다.
이제 그는 자신이 걸어온 멸망의 길에 대한 대가를 치러야 한다.
그가 행한 그대로 그의 주께서 되갚아 주실 것이다.

사람의 입맛에 맞춰 주는 종교

1-3 **13** 전에 하나님은 에브라임,
곧 이스라엘에게 끔찍한 선고를 내리신 적이 있다.
추잡하고 음란한 바알 종교에 빠졌던 그들은,
붙잡혀서 유죄 선고를 받았다. 그들은 죽었다!
그런데 이제 그들은 또다시 죄 비즈니스를 열고,
자기들 용도에 맞게 신상들을 제조한다.
사람의 입맛에 맞춰 주는 종교다. 알아서 척척 해주는 전문가들이 있어,
너희가 신에 대해 원하는 것은 무엇이든 내놓는다.
믿어지느냐? 그들은 죽은 신에게 살아 있는 아기를 제물로 바친다.
살아 있는 아기를 죽이고는 금송아지에게 입을 맞춘다!
속이 텅텅 빈 남자들, 생기가 다 빠져 버린 여자들,
이런 자들에게 남는 것이란 없다.
길거리에서 바람에 나뒹구는 폐지 조각 같고,
세찬 바람에 몰려가는 연기 같다.

4-6 "지금도 나는 너희 하나님이다.
너희를 이집트에서 구원해 낸 그 하나님이다.
너희가 아는 유일한 참 하나님이며,
구원을 베푸는 유일무이한 하나님이다.
너희가 광야에서 고생할 때,
아무 가진 것 없던 그 시절, 내가 너희를 돌봐 주었다.
너희를 보살피고, 너희 필요를 살펴서,
너희에게 필요한 모든 것을 베풀어 주었다.
그런데 너희는 버릇이 없어졌다. 더 이상 내가 필요 없다고 여겼다.

나를 잊어버렸다.

7-12   내가 그들에게 달려들 것이다. 사자처럼,
숲 속을 활보하는 표범처럼.
새끼를 빼앗긴 암곰처럼 그들에게 달려들어,
그들의 오장육부를 찢어 놓을 것이다.
늑대들이 그들을 먹어 치우고,
까마귀들이 그들의 뼈를 말끔히 발라 먹을 것이다.
이스라엘아, 내가 너를 쓸어버리겠다.
누가 나를 막아 세울 수 있겠느냐?
너희를 구원해 주리라 철석같이 믿었던 그 왕은 지금 어디에 있느냐?
네가 그렇게 간절히 원했던 지방 수령들, 지금 다 어디에 있느냐?
'왕을 주십시오! 지도자를 주십시오!' 하면서
나를 다그쳐 얻어 낸 네 통치자들, 다들 어디에 있느냐?
오래전 내가 너에게 왕을 준 것은 사실이지만,
내가 흔쾌히 한 일은 아니었다.
이제 넌더리가 나서, 그를 치워 버렸다.
나는 너의 배신 행위들을 일일이 기록해 두었다.
에브라임의 죄는 모두 문서화되어 안전한 곳에 보관되어 있다.

13-15   진통이 시작되고 아기가 나올 시간이 되어도,
아둔한 에브라임은 태를 열고 나올 줄 몰랐다.
생명으로 나오는 길이 열렸음에도,
그는 나오지 않았다.
내가 나서서 그들을 끌어내어 살려야 할까?
가만두면 죽을 것이 분명한데 끄집어내 주어야 할까?
사망아, 누가 너를 두려워하느냐?
무덤아, 누가 너의 위협을 신경 쓰느냐?
마침내 내가 슬픔을 폐지시키고,

비탄을 추방시키리라.
에브라임, 그 문제아가
아무리 망나니짓을 해도, 결국 그렇게 되리라.

15-16 **하나님**의 광풍이 오고 있다.
노호하며 사막에서 오고 있다.
광풍이 온 나라를 휩쓸어,
폐허와 잔해만 남길 것이다.
도성은 약탈당할 것이며,
애지중지하던 물건들은 다 사라질 것이다.
사마리아가 자기 하나님께 맞서 반역했으니
이제 그 대가를 치러야 하리라.
그의 백성은 죽임을 당하고, 아기들은 바위에 메어침을 당하며,
임신한 여인들은 배가 찢길 것이다."

돌아오너라! 너의 하나님께 돌아오너라!

1-3 **14** 오, 이스라엘아, 돌아오너라! 너의 하나님께 돌아오너라!
너는 거꾸러졌지만, 아주 끝장난 것은 아니다.
참회를 준비해
하나님께 돌아오너라.
그분께 기도하여라. "우리 죄를 없애 주시고,
우리 참회를 받아 주십시오.
우리의 회개 기도를,
속죄물로 받아 주십시오.
앗시리아는 우리를 구원하지 못합니다.
군마들은 우리를 원하는 곳으로 데려다 주지 못합니다.
다시는 우리 손으로 만든 것들에게,
'우리 신이여' 하고 말하지 않겠습니다.
주님은 우리의 마지막 희망이십니다.

고아를 불쌍히 여기시는 분은 주님밖에 없지 않습니까?"

4-8 "내가 그들의 방자함을 고쳐 주고,
그들을 아낌없이 사랑하리라. 이제 나의 노가 다 풀렸다.
내가 이스라엘과 다시 시작할 것이다.
그는 봄철의 백합화처럼 활짝 피어나리라.
상수리나무처럼 깊이 뿌리 내리고,
거대한 숲을 이루리라!
그는 거목처럼 장려해질 것이다.
백향목 숲 같은 향기를 낼 것이다!
그의 곁에 있는 자들도 그로 인해 복을 받아,
황금들판처럼 번성하리라.
모두가 그들에 대해 이야기꽃을 피우며,
그들을 두고 하나님의 으뜸가는 자녀라 칭송할 것이다.
에브라임은 이제 가짜 신들과의 관계를 끝냈다.
이제부터 그에게 해답과 만족을 주는 이는 바로 나다.
나는 풍요로운 과일나무와 같다.
네게 필요한 모든 것이 내 안에 다 있다."

9 참으로 잘살고자 한다면,
이 사실을 분명히 알아두어라.
정말 좋은 것을 찾고 싶다면,
이 사실을 철두철미하게 새겨라.
하나님의 길은, 너희를 그 원하는 곳으로 데려다 준다.
의롭게 사는 자들은 그 길을 평탄하게 걷지만,
그릇되게 사는 자들은 늘 비틀거리다 넘어지고 만다.

요엘
머리말

재난이 닥치면 하나님에 대한 이해가 흔들린다. 돌연한 발병이나 죽음, 국가적 재앙, 사회적 대혼란, 개인적 상실, 전염병, 홍수나 가뭄에 의한 참사를 만나면, 평소 하나님에 대해 아무 생각 없이 살던 사람도 단번에 신학자가 된다. 그리고 다음과 같은 풍문이 떠돈다. "하나님은 없다", "하나님께서 진노하셨다", "하나님께서 나를 미워하신다", "하나님은 무능하시다", "그동안 많이 참으신 하나님이 이제 폭발하셨다."

예언자의 직무는 바로 이런 재앙의 순간에 일어나서, 하나님이 어떤 분이시며 어떤 일을 하시는지 사람들에게 명확히 밝히는 것이다. 좋은 예언자, 다시 말해 진정한 예언자는 그 재난을, 사람들을 죄에서 해방시키고 하나님 앞에서 자유롭게 살 수 있게 하는 방편으로 삼는다. 그런 의미에서 요엘은 훌륭한 예언자다. 그는 이스라엘에게 닥친 한 사건을 가지고, 그들이 지금껏 단 하루도 하나님과 상관없이 살아온 날이 없었음을 각인시키는 전거로 활용했다. 우리의 삶은 늘 하나님과 관련이 있다.

요엘이 전거로 사용한 사건은 이스라엘에 닥친 끔찍한 메뚜기 재앙으로, 모든 농작물이 완전히 초토화된 엄청난 규모의 재난이었다. 요엘은 이것을 적군의 대대적인 침공 사태에 비유했다.

메뚜기 군대는 마치 말들과 같다.
질주하는 말들의 군대.
그것이 내는 소리는 산등성이를 울리는

천둥소리 같고,
풀과 잡목을 태워 버리는
마른번개소리 같으며,
피에 주리고 기세등등한
무적 군대의 고함소리 같기도 하다.
사람들은 그 군대를 보기만 해도
겁에 질려, 얼굴이 백지장이 된다(욜 2:4-6).

다른 종류의 재앙이었더라도, 요엘은 마찬가지로 유용하게 활용했을 것이다. 그는 그 재앙을 커다란 스크린에 투사해, 사람들이 그들 가운데 계시는 하나님을 뚜렷이 볼 수 있게 해주었다. 그런 다음 그 초점을 더욱 확장시켜, 그 안에 '모든' 사람과 '모든' 것을 포함시켰다. 실로 이 세상 전체를 하나님의 선고가 행해지는 '판결 골짜기' 속으로 밀어 넣은 것이다. 하나님의 백성들은 이 잊을 수 없는 그림을 오래도록 기억하며, 매일의 결정들이 초래하는 영원한 결과에 대해 경각심을 갖고 하루하루를 살았다.

어떤 의미에서, 재앙은 우리 삶에 새로운 사태를 유발시키는 것이 아니라, 쳇바퀴처럼 돌아가는 바쁜 일상과 자기 몰두에 묻혀서 보이지 않던 진실, 곧 우리 삶의 도덕적·영적 차원을 우리 눈앞에서 드러나게 해준다. 우리는 진실을 마주하게 된다. 우리가 살면서 내렸던 모든 결정들—어떻게 말하고 행동할지, 사람들을 어떻게 대할지, 하나님의 명령에 어떻게 순종할지 등—이 하나님의 심판의 빛 안에서 적나라한 실상을 드러내게 된다.

일상적인 생활에서는, 옳고 그름의 문제나 그것에 관한 우리의 결정이 가지런히 정리되고 명확하게 정의된 모습으로 드러날 때가 드물다. 요엘의 예언자적 설교는, 우리의 일상을 흔드는 크고 작은 모든 일들이 궁극적으로 하나님과 연결되어 있음을 밝힌다. 동시에, 하나님은 언제나 우리에게 새로운 기회를 주시고, 믿음과 순종의 삶을 새롭게 시작할 수 있게 해주시는 분임을 깨닫게 한다.

아직 늦지 않았다.
여기, **하나님**께서 친히 주시는 **메시지**가 있다!
"내게 돌아오너라! 진심으로 돌아오너라!
오되, 금식하고 울며, 너희 죄를 슬퍼하며 오너라!"

너희 삶을 고쳐라. 너희 옷만 바꾸지 말고.
하나님께, 너희 하나님께 돌아오너라.
하나님은 은혜로우시며 자비로우신 분이기 때문이다.
그분은 심호흡을 하시며 많이 참아 주신다.
이토록 오래 참으시고 넘치게 사랑하시는 하나님은,
언제든 재난을 취소할 준비가 되어 있으시다.
누가 알겠는가? 어쩌면 그분께서 당장 그렇게 해주실지,
어쩌면 뜻을 돌이켜 동정을 베풀어 주실지.
하실 말씀, 하실 일을 다 하신 다음에,
어쩌면 **하나님**께서 차고 넘치도록 복을 부어 주실지!
(욜 2:12-14)

요엘서는 임종 전, 아직 하나님의 영광을 위해 살 수 있는 시간과 장소가 남아 있을 때, 우리로 하여금 '임종의 참회'를 할 수 있도록 이끄는 책이다.

요엘

현실을 직시하여라. 그리고 슬피 울어라!

¹⁻³ **1** 브두엘의 아들 요엘에게 임한 하나님의 메시지다.

나라의 원로들아, 주목하여라!
모든 자들, 어디 사는 누구든지 귀 기울여라!
너희는 이런 일을 들어 본 적 있느냐?
전에도 이런 일이 일어난 적 있더냐?
너희는 이것을 너희 자녀들에게 들려주고
자녀들은 또 그들의 자녀들에게,
그 자녀들은 또 그들의 자녀들에게 이것을 들려주어,
이 메시지가 사라져 없어지지 않게 하여라.

⁴ 씹어 대는 메뚜기 떼가 남긴 것을,
뜯어 대는 메뚜기 떼가 와서 다 먹어 버렸다.
뜯어 대는 메뚜기 떼가 남긴 것을,
삼켜 대는 메뚜기 떼가 와서 다 먹어 버렸다.
삼켜 대는 메뚜기 떼가 남긴 것을,
우적대는 메뚜기 떼가 와서 다 먹어치워 버렸다.

5-7 너희 취한 자들아, 술에서 깨어나라!
현실을 직시하여라. 그리고 슬피 울어라!
이제 술은 다 떨어졌고,
마시고 싶어도 남은 술이 없다.
내 나라가 침략당하고 있다.
수를 헤아릴 수 없고, 누구도 당해내지 못하는 군대가 밀려 들어온다.
사자 이빨,
호랑이 송곳니를 가진
그 군대는 내 포도밭을 황폐케 하고
내 과수원을 벌거벗겼으며,
온 나라를 쑥대밭으로 만들어 놓았다.
마치 달 표면처럼 황량하다.

8-10 약혼자를 잃고서 상복을 입은
젊은 처녀처럼 울어라.
곡식도 포도도 없어,
하나님의 성소에서
예배가 중단되었다.
제사장들이 쩔쩔매고,
하나님의 사역자들이 어쩔 줄 몰라한다.
밭이 메말랐고,
땅이 애곡한다.
밀밭도 죽었고,
포도밭도 말라붙었다. 올리브기름도 구할 수 없다.

11-12 땅 파는 농부들아, 절망하여라!
포도 재배자들아, 가슴을 쥐어뜯어라!
밀과 보리가 사라진 것을 슬퍼하여라.
작물들이 다 죽었다.

포도밭이 말라 버렸고,
무화과나무도 시들어 버렸다.
석류도, 대추야자도, 사과나무도
다 말라 죽었다! 그리고 사람들의 마음속에 있던
기쁨도 마르고, 시들어 버렸다.

쥐 죽은 듯 고요한 예배처

13-14 너희 제사장들아,
예복을 입고 함께 통곡하여라.
백성의 예배를 인도하는 너희들,
그들의 비탄도 인도하여라.
너희, 내 하나님의 종들아,
거친 베옷을 입고 밤을 지새워라.
예배하는 곳이 쥐 죽은 듯 고요하다.
봉헌도 없고, 기도도 없고, 아무것도 없다.
거룩한 금식을 선포하여라. 특별 집회를 소집하여라.
지도자들을 다 불러 모아라.
이 땅의 백성들을 다 모아라.
그들로 하나님의 성소에 들어와, 하나님께 간절히 기도하게 하여라.

15-18 그날이 왔다! 재앙의 날이다!
하나님의 심판 날이 이르렀다.
강하신 하나님께서 임하셨다.
실로 큰일이 닥쳤다!
식탁 위에 놓이던 음식은 그저 옛이야기며,
하나님의 성소에 흐르던 기쁨과 노래도 옛이야기가 되었다.
밭의 씨들이 다 말라 죽고,
창고가 텅텅 비어 폐가가 되었다.
곡식 저장고들도 빈 채 버려졌다.

작물이 모두 죽었으니, 그런 건물은 이제 필요가 없다!
농장의 동물들도 신음한다. 오, 그들의 비참한 신음소리!
가축들이 먹을 것을 찾지 못해,
떼 지어 이리저리 헤매고 다닌다.
양들도 먹을 것이 없다.

19-20 **하나님! 기도합니다. 주께 부르짖습니다!**
들판이 타들어 가고,
나라 전체가 먼지 구덩이로 변해 갑니다.
숲과 초원도 걷잡을 수 없이 불타고 있습니다.
목말라 죽어 가는 들짐승들,
마실 것을 찾아 주를 바라봅니다.
샘과 시냇물이 다 말라 버렸고,
나라 전체가 바싹 타들어 갑니다.

메뚜기 군대

1-3 **2** 시온에서 숫양 뿔나팔을 불어라!
내 거룩한 산에서 경보나팔을 불어라!
온 나라를 흔들어 깨워라!
하나님의 심판이 다가오고 있다. 그날이 임박했다!
암흑의 날이다! 재앙의 날이다!
환한 언저리 하나 없는 먹구름이 몰려온다!
산을 타고 넘어오는 새벽빛같이,
거대한 군대가 쳐들어온다.
이런 일은 전에도 없었고
앞으로도 없을 것이다.
이 군대는 마른번개가 앞장서 모든 것을 태우고
지나간 자리는 불이 모든 것을 핥아 버린다.
그들이 이르기 전에는 에덴동산 같았던 이 나라가,

그들이 떠난 뒤에는 죽음의 골짜기로 변했다.
무사한 것이 하나도 없다.

4-6 메뚜기 군대는 마치 말들과 같다.
질주하는 말들의 군대.
그것이 내는 소리는 산등성이를 울리는
천둥소리 같고,
풀과 잡목을 태워 버리는
마른번개소리 같으며,
피에 주리고 기세등등한
무적 군대의 고함소리 같기도 하다.
사람들은 그 군대를 보기만 해도
겁에 질려, 얼굴이 백지장이 된다.

7-11 그 침략자들이 공습해 온다.
바리케이드를 넘어온다. 그 무엇으로도 그들을 막을 수 없다.
그 군인들, 각자 명령받은 대로 행한다.
잘 훈련되어, 한 치의 흐트러짐도 없는 그들이다.
서로 방해하는 일 없이,
각자 자신의 임무를 알아내 척척 수행한다.
아무 겁 없고, 아무 두려움 없으며,
확고부동하고, 거침이 없다.
그들은 도성을 초토화시키고
방어벽을 기어오르며,
집들을 약탈하고,
문들을 부수며, 창문들을 박살낸다.
그들이 지진처럼 와서,
토네이도처럼 휩쓸어 버린다.
해와 달이 불 꺼지듯 꺼지고,

별들도 캄캄해진다.
자기 군대를 호령하시듯,
하나님께서 천둥으로 고함치신다.
그 군대의 규모를 보라!
그분의 명령을 따르는 그들의 기세를 보라!
하나님의 심판 날, 크고 두려운 날,
누가 살아남을 수 있으랴?

너희 삶을 고쳐라

12 그러나 들어라. 아직 늦지 않았다.
여기, **하나님**께서 친히 주시는 메시지가 있다!
"내게 돌아오너라! 진심으로 돌아오너라!
오되, 금식하고 울며, 너희 죄를 슬퍼하며 오너라!"

13-14 너희 삶을 고쳐라. 너희 옷만 바꾸지 말고.
하나님께, 너희 하나님께 돌아오너라.
하나님은 은혜로우시며 자비로우신 분이기 때문이다.
그분은 심호흡을 하시며 많이 참아 주신다.
이토록 오래 참으시고 넘치게 사랑하시는 하나님은,
언제든 재난을 취소할 준비가 되어 있으시다.
누가 알겠는가? 어쩌면 그분께서 당장 그렇게 해주실지,
어쩌면 뜻을 돌이켜 동정을 베풀어 주실지.
하실 말씀, 하실 일을 다 하신 다음에,
어쩌면 **하나님**께서 차고 넘치도록 복을 부어 주실지!

15-17 시온에서 숫양 뿔나팔을 불어라!
회개의 날, 금식의 날을 선포하여라.
대회를 소집하고, 모두 모이게 하여라.

모인 자들을 거룩하게 구별하여라.
장로들을 오게 하며,
아이들과 젖 먹는 아기들도 오게 하고,
신혼부부들도 오게 하여라.
신방에서 나와, 그 자리에 참여하게 하여라.
성소 현관과 제단 사이에서,
제사장들, 하나님의 종들은 울며 회개하여라.
중보의 기도를 드려라. "**하나님**, 주의 백성에게 자비를 베풀어 주십시오!
주의 분깃인 그들이 조롱거리가 되지 않게 해주십시오.
이방인들이 쳐들어와 그들 위에 군림하면서
 '저들의 하나님은 어디 있느냐?' 하며 비웃지 못하게 해주십시오."

18-20 그러자, **하나님**께서 당신의 땅을 되찾으시기 위해 행동에 나섰다.
그분께서 자기 백성을 불쌍히 여기셨다.
하나님께서 응답하셨고, 당신의 백성에게 말씀하셨다.
"보아라, 들어라. 내가 선물을 보내리라.
곡물과 포도주와 올리브기름을 보낼 것이다.
금식은 끝났다. 이제 마음껏 먹어라!
더 이상 너희가
이방인들에게 멸시받게 놔두지 않을 것이다.
북방에서 내려올 마지막 적을 내가 저지해 주겠고,
그들을 황무지에 던져 버릴 것이다.
그들 가운데 절반은 사해에서,
나머지 절반은 지중해에서 최후를 맞을 것이다.
거기서 그들이 썩어, 천지에 악취가 진동할 것이다.
큰 적일수록 큰 악취를 풍길 것이다."

다시 열매 맺는 나무들

21-24 땅아, 두려워 마라! 즐거워하며 경축하여라!
하나님께서 큰일을 행하셨다.
들짐승들아, 두려워 마라!
들과 초장이 다시금 푸르러진다.
나무들이 다시 열매를 맺는다.
무화과나무도 포도나무도 다 풍작이다!
시온의 자녀들아, 경축하여라!
너희 하나님 안에서 즐거워하여라!
그분께서 너희에게 한 스승을 주셔서
바르게 사는 길을 너희에게 가르쳐 주실 것이다.
전처럼, 하늘에서 내리는 비와 같은 말씀들로
너희 영혼을 새롭게 하고 살지게 해주실 것이다.
너희 몸이 먹을 음식 또한 넘쳐 나리라. 창고에는 곡식이 가득하고,
통에는 포도주와 올리브기름이 흘러넘치리라.

25-27 "메뚜기 떼에 휩쓸린 세월을 내가 보상해 주겠다.
야만적이고 치명적이며
흉포하고 흉물스런 메뚜기 떼,
그 거대한 침략군을
내가 너희에게 보냈다.
그러나 이제 너희는 좋은 음식으로 배부를 것이다.
너희 하나님께 찬양이 흘러넘치리라.
너희를 급습하여 놀라게 한 하나님을 향해.
다시는 내 백성이 멸시당하는 일이 없으리라.
너희는 분명히 알게 될 것이다.
내가 이스라엘 한복판에서 너희와 함께 있다는 것을,
내가 하나님, 바로 너희 하나님이라는 것을,

오직 한분 참 하나님이라는 것을.
다시는 내 백성이 멸시당하는 일이 없을 것이다."

내 영을 부어 줄 것이다

28-32 "그러나 이것은 시작일 뿐이다.

나는 모든 부류의 사람들에게
내 영을 부어 줄 것이다.
너희 아들들이 예언하고,
너희 딸들도 예언할 것이다.
너희 노인들은 꿈을 꾸고,
너희 젊은이들은 환상을 볼 것이다.
내가 종들에게, 남종과 여종 모두에게
내 영을 부어 줄 것이다.
내가 위로는 하늘에 놀라운 일을 일으키고,
아래로는 땅에 징조를 일으킬 것이다.
피와 불과 연기의 소용돌이가 있을 것이며,
해는 잿빛이 되고 달은 핏빛이 될 것이다.
하나님의 심판 날,
어마어마하고 무시무시한 그날이 이르기 전에 이 일들이 일어나리라.
누구든지 '하나님, 구원해 주십시오!' 하고 외치는 자는
구원을 받을 것이다.
시온 산에서, 또 예루살렘에서
많은 이들이 구원을 받을 것이다.
하나님께서 말씀하신 그대로 이루어질 것이다.
살아남은 이들 중에는
하나님의 부름을 받는 사람들도 있을 것이다."

하나님께서 민족들을 심판하시다

1-3 **3** "그렇다. 그때에,
내가 유다와 예루살렘을 회복시킬 그때에,
모든 이방 나라들을 모아
심판의 골짜기로 데려가리라.
그들 모두를 재판에 부치고,
그들이 내 백성 이스라엘에게 한 일을 심판하리라.
그들은 내 백성을 이방 세계로 흩어 버렸고
내 땅을 약탈했다.
그들은 내 백성을 두고 제비를 뽑았으며
물건처럼 사고팔았다.
그들은 남자아이를 팔아 창녀를 샀고,
여자아이를 팔아 포도주를 사서 마셨다."

4-8 "너희 두로와 시돈과 블레셋아,
무엇을 하겠다는 것이냐?
너희가 지금 나에게
보복을 하겠다는 것이냐?
그렇다면 그만두어라.
나는 그 일이 네게 부메랑이 되어 돌아가게 할 것이다.
너희는 내 것을 약탈했다. 내게서 은과 금을 빼앗았으며,
귀중한 것들을 모조리 훔쳐서, 그것으로 너희 신전을 꾸몄다.
너희는 유다와 예루살렘 사람들을
머나먼 땅 그리스 사람들에게 종으로 팔아넘겼다.
너희가 저지른 일 그대로 내가 너희에게 되갚아 줄 것이다.
내가 너희 아이들을 이웃 나라에 종으로 팔아넘길 것이다.
그러면 그들이 너희 아이들을 머나먼 땅 스바 사람들에게 팔아넘길
것이다."

하나님의 선고다.

9-11 사악한 민족들에게 이렇게 소리쳐라.
전투를 준비하라!
병사들을 준비시켜라!
무기를 들고 전진하라!
너의 삽을 쳐서 칼을 만들고,
너의 괭이를 쳐서 창을 만들어라.
병약한 자도 가슴을 펴고 말하여라.
"나는 강한 용사다."
이방인들아, 서둘러라! 어디에 있든지, 빨리 서둘러라!
대오를 갖추어라.
준비하고 있어라.
하나님에게 박살날 준비를!

12 이방 나라들이
심판의 골짜기에 모이게 하여라.
거기서 내가 자리 잡고 앉아
사방의 모든 민족에게 심판을 내릴 것이다.

13 "낫을 들어라.
이제 추수할 때다.
포도주 틀이 가득 찼으니,
포도를 짓밟아라.
포도주 통에
최상급 악이 흘러넘친다.

14 혼란과 소동의 소용돌이에 휩싸인

판결 골짜기!
하나님의 심판 날이
판결 골짜기에 이르렀다.

15-17 하늘이 검게 변하고,
해와 달이 어두워지며, 별빛이 꺼진다.
하나님이 시온에서 포효하시고, 예루살렘에서 고함치신다.
땅과 하늘이 공포에 떤다.
그러나 **하나님**은 안전한 피난처,
이스라엘 자녀들의 견고한 아지트다.
그때 너희는 확실히 알게 되리라.
내가 너희 **하나님**이며,
나의 거룩한 산,
시온에 살고 있음을.
예루살렘은 거룩한 도성이 되고,
'불가침 지역'이라는 푯말이 그 앞에 나붙을 것이다."

젖이 언덕에 넘쳐흘러 강을 이루리라

18-21 "놀라운 날이다!
포도주가 산에 넘쳐흘러 시내를 이루고,
젖이 언덕에 넘쳐흘러 강을 이루며,
생수가 유다의 구석구석에 흘러넘치리라.
하나님의 성소에서 샘물이 흘러나와
모든 공원과 정원에 물을 댄다!
그러나 이집트는 망하여 잡초뿐인 공터가 되고,
에돔은 황량한 불모지가 될 것이다.
모두 그들이 유다 백성에게 저지른 잔인무도한 짓과,
힘없고 죄 없는 이들에게 행한 흉악한 일들과 살인죄 때문이다.
그러나 유다는 사람들로 북적대고,

예루살렘은 언제까지나 사람 사는 곳이 될 것이다.
내가 아직 용서하지 않은 죄들도 다 용서해 주리라."
하나님께서 시온에 들어오셔서, 거기서 영원히 사신다.

아모스
머리말

다른 어떤 방식보다도 종교를 명분으로 해서 더 많은 착취와 학대가 행해진다. 섹스나 돈이나 권력도, 악의 원천으로서의 종교에 필적하지 못한다. 종교는 그동안 인류에게 알려진 것 중 가장 위험한 힘이다. 어떤 사람이(혹은 정부나 종교나 기관 등이) 하나님께서 어떤 명분이나 사업을 자신에게 명했거나 허가했다고 확신하게 되면, 그는 그 일을 이루기 위해 수단 방법을 가리지 않게 된다. 세계적으로, 종교에 기반을 둔 증오와 살인과 압제의 역사는 가히 현기증을 일으킬 정도다. 이에 대해 무언가 행동을 취한 사람들의 선두에는, 바로 성경의 예언자들이 있다.

성경의 예언자들은, 종교가 정직하고 겸손하고 자비로운 제 모습을 잃지 않도록 역사상 가장 강력하고 효과적으로 목소리를 높였고, 지금도 높이고 있다. 불의를 잡아내는 선수들인 예언자들은, 특히 종교의 탈을 쓴 불의를 기가 막히게 잘 잡아낸다. 그들의 레이더망을 벗어날 길은 없다. 위선을 꿰뚫어 보는 명수로서, 종교로 치장한 위선을 여지없이 들추어낸다. 예언자들은 직위나 권력이나 권위에 눌리는 법이 없다. 수나 규모나 화려한 외양 따위에 속지도 않는다.

예언자들은 사람이 하나님에 대해 하는 말이나, 하나님을 위해 무엇을 한다는 것에는 별 관심이 없다. 다만 하나님께 귀를 기울여 듣고, 들은 말씀에 비추어 인간의 모든 말과 행동을 철두철미하게 따져 볼 뿐이다. 이러한 예언자들 중에서도 타의 추종을 불허하는 이가 바로 아모스다. 그는 짓밟히는 가난한 자들의 대변자요, 하나님의 이름을 도용해 자기들의 죄를 정당화하는 힘 있는 부자들의 고발자였다.

사람들은 이런 이야기를 듣기 싫어한다.
진실은 인기가 없는 법이다.
그러나 적나라하게 드러난 진실이 여기 있다.
너희는 가난한 이들을 악랄하게 짓밟고
그들에게서 빵을 빼앗는다.
그러므로 너희는 결코 너희가 건축한 화려한 집에
들어가 살지 못할 것이다.
너희는 결코 너희가 재배한 값비싼 포도주를
마시지 못할 것이다.
나는 너희 위법이 어느 정도인지,
너희 죄가 얼마나 중대한지 정확히 알고 있다. 참으로
섬뜩하다!
너희는 의롭게 사는 이들을 괴롭히고
이리저리 뇌물을 받아 가며 가난한 이들을 바닥에 내친다.

정의는 패하고 악이 판치는 세상이다.
정직한 이들이 손을 놓아 버린다.
저항하고 꾸짖어 봐야 소용없고,
힘만 허비할 뿐이다.

악을 따르지 말고 선을 추구하여라.

그래서 살아라!
너희는 **하나님**, 곧 만군의 하나님이
너희의 절친한 친구인 것처럼 말한다.
좋다. 그 말대로 살아라.
그러면 정말로 그렇게 될 것이다.

악을 미워하고 선을 사랑하며,
사람들 앞에서 그것을 실천하여라.
그러면 **하나님**, 곧 만군의 하나님께서
너희 남은 자들을 눈여겨 보시고, 은혜를 베풀어 주실
지 모른다(암 5:10-15).

우리 가운데 이 문제에서 안심해도 좋은 사람은 없다. 하나
님께 기도하고 경배하는 그리스도인은, 우리처럼 하나님께
기도하고 경배하는 이들을 동무로 사귈 필요가 있으며, 무
엇보다 성경의 예언자들을 깊이 알고 지낼 필요가 있다. 우
리 자신의 종교가 제 잇속만 챙기는 행위로 변질되지 않으
려면, 우리의 모든 언행을 예언자들의 불꽃같은 눈에 비추
어 점검해야 한다. 예언자가 분명히 밝혀 놓은 정의를 중요
하게 여기지 않는 신앙생활은 우리를 오히려 더 나쁜 인간
으로 만들 뿐이요, 하나님의 길에서 멀어지게 만들 뿐이다.

아모스

1 드고아에서 양 치던 목자 아모스가 이스라엘에 대해 받은 **메시지**다. 웃시야가 유다를 다스리고 요아스의 아들 여로보암 2세가 이스라엘의 왕이던 시기, 곧 대지진이 있기 이 년 전에, 이 메시지가 환상 가운데 그에게 임했다.

이스라엘 이웃 나라에 내리실 심판

2 **메시지**는 이러하다.

하나님께서 시온에서 포효하시고,
예루살렘에서 고함치신다!
청천벽력 같은 그 소리에 양 치는 목자의 초장이 시들고,
갈멜 산 꼭대기가 벌벌 떤다.

3-5 **하나님**의 메시지다.

"다마스쿠스가 서너 가지 큰 죄를 저질렀으니,
내가 더는 그를 참아 주지 않을 것이다.
그는 길르앗을 사정없이 때려눕혔다.

쇠망치, 나무망치로 무자비하게 두들겨 팼다.
그래서다. 나는 하사엘의 왕궁에 불을 놓고,
벤하닷의 요새들을 태워 버릴 것이다.
다마스쿠스의 성문들을 박살낼 것이며,
죄의 골짜기에 사는 범죄자 왕,
낙원 왕궁에서 호령하는 그 악독한 우두머리를 쫓아낼 것이다.
그 땅의 백성들은
그들이 본래 살던 곳, 기르로 돌려보낼 것이다."
하나님의 포고다.

6-8 하나님의 메시지다.

"가사가 서너 가지 큰 죄를 저질렀으니,
내가 더는 그를 참아 주지 않을 것이다.
그는 주민 전부를 몰아내서는,
그들을 에돔에 팔아 버렸다.
그래서다. 나는 가사의 성벽을 불태워 허물고,
그의 요새들을 모조리 태워 버릴 것이다.
내가 범죄자 왕을 아스돗에서,
그 악독한 우두머리를 아스글론에서 쫓아낼 것이다.
내가 손을 들어 에그론을 칠 것이며,
블레셋 사람들을 하나도 남김없이 모두 죽일 것이다."
하나님의 포고다.

9-10 하나님의 메시지다.

"두로가 서너 가지 큰 죄를 저질렀으니,
내가 더는 그를 참아 주지 않을 것이다.
그는 주민 전부를 에돔에 넘기고,

자기 친족들과 맺은 조약을 깨뜨려 버렸다.
그래서다. 나는 두로의 성벽을 불태워 허물고,
그의 요새들을 모조리 태워 버릴 것이다."

11-12 **하나님**의 메시지다.

"에돔이 서너 가지 큰 죄를 저질렀으니,
내가 더는 그를 참아 주지 않을 것이다.
그는 자기 형제를 사냥감 쫓듯 쫓아서 살해한다.
무자비하고 무정하다.
분을 품고서 밤낮으로 미쳐 날뛰며,
야비하기 이를 데 없다.
그래서다. 나는 그의 수도 데만을 불태워 허물고,
보스라의 요새들을 태워 버릴 것이다."

13-15 **하나님**의 메시지다.

"암몬이 서너 가지 큰 죄를 저질렀으니,
내가 더는 그를 참아 주지 않을 것이다.
땅을 더 차지하겠다고,
그는 임신한 길르앗 여인들의 배를 갈랐다.
그래서다. 나는 그의 수도 랍바의 성벽을 불태워 허물고,
그의 요새들을 태워 버릴 것이다.
전쟁이 고함친다! 으르렁댄다!
회오리바람과 함께 닥치는 대로 쓸어 간다!
왕이 포로로 붙잡혀 갔고,
그의 제후들도 그 뒤를 따른다."
하나님의 포고다.

※

¹⁻³ # 2

하나님의 메시지다.

"모압이 서너 가지 큰 죄를 저질렀으니,
내가 더는 그를 참아 주지 않을 것이다.
그는 에돔 왕의 시신을
불에 태워 모독했다.
그래서다. 나는 모압을 불태워 허물고,
그리욧의 요새들도 태워 버릴 것이다.
모압은 고함소리 중에,
전쟁나팔소리와 함께 망할 것이다.
내가 그 왕을 왕좌에서 끌어내리고,
그의 제후들도 다 죽일 것이다."
하나님의 포고다.

⁴⁻⁵ **하나님의 메시지다.**

"유다가 서너 가지 큰 죄를 저질렀으니,
내가 더는 그를 참아 주지 않을 것이다.
그들은 하나님의 계시를 거절했고,
내 명령 따르기를 거부했다.
그러면서도 그들은 오래된 거짓말,
그들의 조상을 막다른 골목으로 내몬 거짓말은 잘도 집어삼킨다.
그래서다. 나는 유다를 불태워 허물고,
예루살렘의 요새들을 다 태워 버릴 것이다."

이스라엘에 내리신 하나님의 심판

⁶⁻⁸ **하나님의 메시지다.**

"이스라엘이 서너 가지 큰 죄를 저질렀으니,
내가 더는 그를 참아 주지 않을 것이다.
그들은 사람을 사고판다.
그들에게 사람은 그저 물건일 뿐이다. 돈벌이 수단이다.
신발 한 켤레를 갖겠다고 가난한 사람을 팔아 버린다.
그들은 자기 할머니도 팔아 치우는 자들이다!
돈 없는 자들을 바닥에 메치고,
불운한 자들을 수렁으로 떠민다.
형이고 아우고 할 것 없이 다들 '신성한 매춘부'와 동침하며,
내 거룩한 이름을 더럽힌다.
그들이 가난한 이들로부터 강탈한 물건이
이방 신의 산당에 수북이 쌓여 있다.
그들은 그곳에 둘러앉아
사기 쳐 빼앗은 포도주를 들이킨다.

9-11 그러나 나는, 나는 언제나 너희 편이었다.
나는 너희와 맞서던 아모리 사람들을 멸했다.
큰 백향목처럼 키가 크고,
굵은 상수리나무처럼 억센 그들을 멸했다.
내가 그들을 꼭대기에서부터
뿌리 끝까지 멸했다.
그렇다. 나는 너희를 이집트에서 건져 내고,
너희의 사십 년 광야 길을 안전하게 인도해 주었다.
그리고 나는 너희가 아모리 사람들의 땅을
식은 죽 먹듯 차지하게 했다.
나는 너희 젊은이들 중에서 예언자들을 길러 냈고,
으뜸가는 젊은이들을 구별하여 거룩을 훈련시켰다.
그렇지 않은가, 이스라엘이여!"
하나님의 포고다.

12-13 "그런데 너희는 훈련받는 젊은이들이 탈선하게 만들고,
젊은 예언자들에게는 '예언을 그만두라!'고 말했다.
나는 도저히 너희를 두고 볼 수 없다.
참을 만큼 참아서 터지기 일보 직전이다.
용량을 초과하여 짐을 실은 마차처럼,
나는 지금 삐걱거리며 신음소리를 내고 있다.

14-15 내가 행동에 들어가면, 너희는 어찌할 작정이냐?
제아무리 빨리 달아나도 너희는 내게서 도망치지 못한다.
힘센 자들의 힘도 소용없다.
전사들도 소용없다.
활 잘 쏘는 자들도 소용없다.
잘 달리는 자들도 소용없다.
전차를 모는 자들도 소용없다.
너희 가운데 최고로 용감한 전사라 해도
아무 소용 없다.
그저 걸음아 나 살려라 하고, 옷도 챙겨 입지 못한 채 내뺄 것이다."
하나님의 포고다.

하나님의 말씀을 받은 예언자

1 **3** 이스라엘아, 귀 기울여 들어라. 하나님께서 너희를 심문하신다.
너희 모두와, 그분이 이집트에서 건져 주신 모든 족속에게 말씀
하신다. 모두, 귀 기울여 들어라!

2 "지상의 모든 족속 중에서
내가 특별히 너희를 골라내었다.
지금 내가 너희 모든 죄에 대해 심문하는 것은
너희가 받은 이 특별한 부름 때문이다."

3-7 두 사람이 손을 잡고 걷고 있으면,
둘이 같은 곳으로 가고 있다는 말이 아니냐?
사자가 숲 속에서 포효하고 있으면,
먹이를 움켜쥐었다는 말이 아니냐?
젊은 사자가 만족하여 으르렁거리고 있으면,
저녁거리를 잡았다는 말이 아니냐?
새가 바닥에 떨어졌으면,
돌에 맞았다는 말이 아니냐?
덫이 탁 하고 닫혔으면,
무언가 덫에 걸렸다는 말이 아니냐?
마을에 경보가 울리면,
주민들이 놀라는 것은 당연하지 않겠느냐?
재앙이 도성을 휩쓸고 있으면,
그 뒤에는 하나님이 계신 것이 아니겠느냐?
그렇다. 하나님, 곧 주께서 무슨 일을 하실 때
당신의 예언자들에게 미리 그 모든 것을 말씀해 주시지 않고서는 무슨
일을 하시는 법이 없다.

8 사자가 포효하는데
누가 겁먹지 않을 수 있겠느냐?
하나님께서 말씀하시는데
어떤 예언자가 입을 다물고 있을 수 있겠느냐?

9-11 앗시리아의 요새들에게 알려라.
이집트의 요새들에게 알려라.
그들에게 전하여라. "사마리아의 산 위에 모여,
유심히 아래를 내려다보아라.
잔인과 공포가 얼마나 들끓고 있는지를!

그들은 올바른 일을 하나도 할 줄 모른다. 그럴 마음도 없다."
하나님께서 말씀하셨다.
"그들은 폭력과 어둠을 쌓아 왔다."
이는 하나님의 말씀이다. "그러므로 적이 그 나라를 포위할 것이며,
너를 무력화시키고 너의 요새를 약탈할 것이다."

12 하나님의 메시지다.

"사자에게서 어린양을 구하려던 목자가
겨우 두 다리와 귀 조각 정도나 건져 내듯이,
사마리아에 사는 이스라엘 사람들 중에도
소수만 건짐을 받을 것이다.
겨우 낡은 의자 몇 개,
부러진 탁자다리 정도만 남을 것이다.

13-15 야곱 가문에 대한 고발이다. 귀 기울여 듣고 증언하여라."
이는 하나님, 곧 만군의 하나님의 말씀이다!
"주목하여라! 그날 나는 이스라엘이 자기 죄에 대해 대가를 치르게 할
것이다.
베델에 악한 제단들을 세운 것에 대해 대가를 치르게 할 것이다.
뿔 달린 제단들은 뿔이 전부 잘려 나가고
산산조각 날 것이다.
내가 겨울 궁궐을 허물고,
여름 궁궐을―화려한 건물들을 모조리 다―박살낼 것이다.
사치스런 집들,
호사스런 저택들, 다 허물어질 것이다."
하나님의 포고다.

너희는 하나님께 굶주리지 않았다

4 ¹ "사마리아 언덕에서 풀을 뜯는 너희 바산의 암소들아,
귀 기울여 들어라.

가난한 이들에게 비열하고
밑바닥 사람들에게 잔인한 여자들!
게을러빠지고 제멋대로인 너희는 남편에게 요구한다.
'시원한 술 한 잔 갖다 주세요!'

²⁻³ 잘 들어라. 나 하나님이 나의 거룩을 두고 맹세한다!
조심하여라. 심판의 날이 다가오고 있다!
그들이 너희를 밧줄로 묶어 끌고 가면서,
뒤처지는 자들은 몽둥이로 다스릴 것이다.
그들은 너희를 한 줄로 꿰어
훼파된 성벽들 밖으로 끌고 가서,
저승으로 던져 넣을 것이다."
하나님의 포고다.

⁴⁻⁵ "너희는 베델로 가서 죄를 지어라!
길갈로 가서도 죄를 지어라!
제물을 가져와 아침마다 예배를 드려라.
사흘마다 십일조를 바쳐라.
흠 없는 제물을 불살라 바치며 감사제를 드려라.
자원 제물을 바치면서 큰소리로 알려라!
이런 것이 바로 너희 이스라엘 사람들이 좋아하는
종교 쇼다."
하나님의 포고다.

⁶ "너희는 알고 있지 않느냐? 바로 내가 너희 식료품실과 곳간을
텅 비게 만들었고,

너희를 주리고 궁핍하게 만들었다는 것을.
그래도 너희는 나에게 굶주리지 않았다. 너희는 계속해서 나를 무시했다."
하나님의 포고다.

7-8 "그렇다. 바로 내가 추수 전 세 달 동안
비를 내리지 않았다.
어떤 마을에는 비를 내리고
어떤 마을에는 비를 내리지 않았다.
어떤 들판에는 비를 내리고
어떤 들판에는 비를 내리지 않아 농작물이 말라 죽게 했다.
사람들이 마실 물을 찾아 미친 듯 이 마을 저 마을을 헤맸으나,
목마름을 해결할 수 없었다.
그래도 너희는 여전히 나에게 목말라하지 않았다.
그저 나를 무시할 뿐이었다."
하나님의 포고다.

9 "나는 너희 작물들을 쳐서 병들게 하고
너희 과수원과 농장들을 말라 죽게 했다.
메뚜기들이 너희 올리브나무와 무화과나무를 다 먹어 치웠지만,
그래도 너희는 계속 나를 무시했다."
하나님의 포고다.

10 "나는 전에 이집트에서 일어난 기근이 너희를 찾아오게 했고,
너희 뛰어난 젊은이들과 최상급 말들을 죽였다.
진영 안에 어찌나 썩는 냄새가 진동하는지,
너희는 코를 막고 다녔을 정도다.
그런데도 너희는 여전히 내게 주목하지 않았다.
계속 나를 무시할 뿐이었다."
하나님의 포고다.

11 "나는 지진과 불로 너희를 쳤고,
소돔과 고모라처럼 너희를 황폐하게 만들었다.
너희는 불 속에서 꺼낸
타는 막대기 같았다.
그래도 너희는 나를 바라보지 않았다.
여전히 나를 무시하기만 했다."
하나님의 포고다.

12 "이스라엘아, 이 모든 일을 내가 했고,
바로 내가 그렇게 하기로 작정했다.
오 이스라엘아, 시간이 다 되었다!
이제 너의 하나님을 만날 준비를 하여라!"

13 여기 오신 분이 누구신지 보아라. 산을 만드신 분! 바람을 지으신 분이다!
아담이 나기 전에 모든 계획을 세우시고,
어둠 속에서 새벽이 동트게 하시듯,
무에서 유를 만들어 내시며,
높고 높은 산등성이를 타고 넘으시는 분이다.
그분의 이름은 **하나님**, 곧 만군의 하나님이시다.

나를 찾아라, 그래서 살아라

5 이스라엘 가문아, 귀 기울여 들어라.
내가 힘주어 전하는 **메시지**, 이 비극적 경고에 귀 기울여라.

2 "처녀 이스라엘이 바닥에 고꾸라졌다.
그녀는 다시 일어서지 못할 것이다.
바닥에 계속 고꾸라져 있다.
부축해 일으켜 주는 자 아무도 없다."

3 이것은 메시지, 곧 하나님의 말씀이다.

> "천 명이 행진하며 나갔던 도성은
> 결국 백 명만 남게 되고,
> 백 명이 행진하며 나갔던 도성은
> 결국 열 명만 남게 될 것이다. 오, 이스라엘 가문이여!"

4-5 이스라엘 가문을 향한 하나님의 메시지다.

> "나를 찾아라. 그래서 살아라.
> 베델의 산당 주위를 기웃거리지 말고,
> 길갈에 가보겠다고 시간 낭비하지 마라.
> 공연히 브엘세바로 내려갈 것도 없다.
> 길갈은 오늘 있다가 내일이면 사라지고 말 것이며,
> 베델은 그저 빈껍데기에 불과하다."

6 그러니, 하나님을 찾아라. 그래서 살아라!
너희는 잿더미와 폐허뿐인 채
너희 생을 마감하고 싶지는 않을 것이다.
하나님께서 불을 내리시면,
그 불을 끌 수 있는 자는 아무도 없기 때문이다.

7-9 정의에 초를 치고,
의를 짓밟아 누더기로 만드는 너희에게 화가 있으리라.
너희가 사는 곳이 어떤 곳인지 알기나 하느냐?
너희는, 하나님이 별들을 흩뿌려 놓으신 우주,
하나님이 아침마다 깨우시고
밤마다 잠들게 하시는 세상에 살고 있다.
하나님은 대양에서 물을 퍼내어,

땅에 마실 물을 주신다.

하나님, 곧 계시된 하나님께서 이 모든 일을 행하신다.

손쉽게 만들어 내신 것처럼, 그분은 손쉽게 이 모든 것을 멸하실 수도 있다.

이 거대한 경이를, 그분은 단숨에 폐허가 되게 하실 수도 있다.

10-12 사람들은 이런 이야기를 듣기 싫어한다.

진실은 인기가 없는 법이다.

그러나 적나라하게 드러난 진실이 여기 있다.

너희는 가난한 이들을 악랄하게 짓밟고

그들에게서 **빵을** 빼앗는다.

그러므로 너희는 결코 너희가 건축한 화려한 집에

들어가 살지 못할 것이다.

너희는 결코 너희가 재배한 값비싼 포도주를

마시지 못할 것이다.

나는 너희 위법이 어느 정도인지,

너희 죄가 얼마나 중대한지 정확히 알고 있다. 참으로 섬뜩하다!

너희는 의롭게 사는 이들을 괴롭히고

이리저리 뇌물을 받아 가며 가난한 이들을 바닥에 내친다.

13 정의는 패하고 악이 판치는 세상이다.

정직한 이들이 손을 놓아 버린다.

저항하고 꾸짖어 봐야 소용없고,

힘만 허비할 뿐이다.

14 악을 따르지 말고 선을 추구하여라.

그래서 살아라!

너희는 **하나님**, 곧 만군의 하나님이

너희의 절친한 친구인 것처럼 말한다.

좋다. 그 말대로 살아라.
그러면 정말로 그렇게 될 것이다.

15 악을 미워하고 선을 사랑하며,
사람들 앞에서 그것을 실천하여라.
그러면 하나님, 곧 만군의 하나님께서
너희 남은 자들을 눈여겨 보시고, 은혜를 베풀어 주실지 모른다.

16-17 다시, 나의 주님의 메시지다. 하나님, 곧 만군의 하나님께서 말씀하신다.

"거리로 나가 통곡하여라!
가게와 상점마다 곡하는 소리로 넘쳐나게 하여라!
소리 내어 울부짖어라. '저는 안됩니다! 우리는 안됩니다! 이대로는 안
됩니다!' 하고 외쳐라.
관공서도 상점도 공장도 일터도 모두 문을 닫고,
사람들을 다 통곡에 동원시켜라.
너희에게 가는 날, 나는 그 소리가 크고 분명하게 들리기를 원한다."
하나님의 포고다.

냉엄한 현실을 대면하여라

18-20 하나님의 심판 날이 오기를 바라는 너희 모두에게 화가 있으리라!
어떻게 너희는 하나님 뵙기를, 그분이 오시기를 바랄 수 있느냐?
하나님이 오신다는 소식은, 너희에게 낭보가 아니라 흉보가 될 것이다.
그날은 최고의 날이 아니라, 최악의 날이 될 것이다.
그날은, 어떤 사람이 사자를 피해 도망치다가
곰 아가리 속으로 뛰어드는 것과 같다.
하루 종일 힘들게 일하고 집에 돌아온 여자가
이웃에게 강간당하는 것과 같다.
하나님께서 오시는 날, 그날은 우리가 환상이 아니라 냉엄한 현실,

잿빛 현실을 대면하는 날이다.

21-24 "나는 너희 종교 행사들을 도저히 참을 수 없다.
너희 집회와 성회는 이제 신물이 난다.
너희가 벌이는 종교 프로젝트들,
너희가 내거는 허영에 찬 슬로건과 목표에 진절머리가 난다.
너희의 기금 모금 계획,
홍보 활동과 이미지 연출도 지긋지긋하다.
너희 자아나 만족시키는 시끄러운 음악들은, 나는 이제 들을 만큼 들었다.
너희가 나를 향해 노래한 적이 언제더냐?
내가 바라는 것이 무엇인지 알고 있느냐?
내가 바라는 것은 정의다. 큰 바다 같은 정의!
내가 바라는 것은 공평이다. 강 같은 공평!
이것이 바로 내가 바라는 것, 내가 바라는 전부다.

25-27 사랑하는 이스라엘 가문아, 광야에서 지낸 사십 년 동안, 너희는 내가 명한 제물과 헌물로 나를 신실하게 예배하지 않았더냐? 그런 너희가 어찌하여 그럴듯한 조각상을 만들어 너희 지배자라 부르고, 싸구려 별 신상들을 이리저리 메고 다니는 지경이 되었느냐? 너희가 그것들을 그토록 사랑하니, 내가 너희를 다마스쿠스 너머 먼 곳까지 붙잡혀 가게 하는 날, 그것들을 챙겨 가져가려무나." **하나님**, 곧 만군의 하나님의 메시지다.

하루하루 즐기는 데만 관심 있는 자들

1-2 **6** 시온에 거하니 만사형통하고,
사마리아 산에 사니 만사태평하다고 믿는 너희에게 화가 있으리라.
너희는 너희가 최고인 것처럼,
너희 사는 곳이 지상 최고의 장소인 양 말한다.

글쎄다, 잠에서 깨어나 주위를 둘러보아라. 어깨에 힘을 빼라.
갈레를 보아라.
대도시 하맛에 가보아라.
블레셋 사람들이 사는 가드를 둘러보아라.
어떠냐, 주제파악이 좀 되지 않느냐?
그 도성들에 비하면, 너희는 별 볼 일 없지 않느냐?

3-6 재앙을 향해 돌진하는 너희에게 화가 있으리라!
대재난이 목전에 다가왔다!
사치하며 사는 자들,
다른 사람을 종처럼 부리려는 자들에게 화가 있으리라!
그저 자신의 오늘만 즐길 뿐,
다른 사람의 내일에 대해서는 무관심한 자들에게 화가 있으리라!
인생을 자신만의 파티로 여기는,
바람둥이 남녀들에게 화가 있으리라!
고생 없이 안락한 생활에 중독된 자들,
남이 부러워하고, 폼 나는 인생에 집착하는 자들에게 화가 있으리라!
그들은 나라가 망해 가는데도
더없이 무관심했다.

7 그러나 정말로 다가오고 있는 일은 이렇다.
그들은 줄지어 낯선 타향으로 끌려갈 것이다.
넝마 차림의 비참한 무리가 되어,
그들은 애처로이 울며 조국을 떠날 것이다.

너희는 정의를 난장판으로 만들었다

8 주 **하나님**께서 맹세하셨다. 그분은 하신 말씀을 엄숙히 지키신다.
만군의 하나님께서 말씀하신다.

"나는 야곱의 오만을 미워하며,
그의 요새들을 경멸한다.
나는 그 도성과
거기 사는 모두를 다 적들에게 넘겨 버릴 것이다."

9-10 어떤 집에 열 사람이 있었는데, 모두 죽었다. 한 친척이 시신을 묻어 주
려고 왔다가, 한 사람이 살아서 곳간에 숨어 있는 것을 보았다. 그가 묻
는다. "당신 말고 또 있습니까?" 생존자는 이렇게 대답한다. "아니요,
없습니다. 여기서는 말을 그만합시다! 이렇게 더럽혀진 곳에서 **하나님**
의 이름을 들먹이며 인사를 나눌 순 없지 않습니까."

11 주목하여라. **하나님**께서 명령을 내리신다.
그분이 큰 집들을 조각내시고,
작은 집들을 가루로 만들어 버리실 것이다.

12-13 너희는 자갈밭에서 경마대회를 여느냐?
소를 부려 바다로 가느냐?
그러면 말들은 불구가 되고,
소는 익사할 것이다.
너희는 정의를 난장판으로 만들고,
의를 퉁퉁 부은 시체로 만들었다.
시시한 업적들에 허풍을 떨고
힘없는 자들을 두들겨 패면서,
의기양양하게 "내가 한 일을 보라!"고 떠벌리면서 말이다.

14 "그래, 너희 이스라엘 사람들아, 즐길 수 있을 때 마음껏 즐겨라.
내가 한 이방 군대를 일으켰으니, 그들이 곧 너희를 치러 갈 것이다."
이는 너희 **하나님**, 곧 만군의 하나님의 말씀이다.
"그들이 너희를 완전히 요절낼 것이다.

너희는 한 군데도 성한 곳이 없게 될 것이다."

첫째 환상: 메뚜기 재앙

1-2 **7** 나의 주 **하나님**께서 내게 이런 환상을 보여주셨다. 그분께서 거대한 메뚜기 군대를 준비하셨는데, 왕에게 바치는 첫 번째 수확이 끝나고 두 번째 뿌린 씨가 막 싹을 내는 때였다. 그 메뚜기들은 푸른 빛이 도는 것이면 무엇이든 다 먹어 치웠다. 이파리 하나 남기지 않았다.

내가 소리쳤다. "**하나님**, 나의 주님! 용서해 주십시오. 그리하시면 야곱이 어떻게 되겠습니까? 미약하기 그지없는 존재입니다."

3 **하나님**께서 뜻을 돌이키셨다.

"이 일은 일어나지 않을 것이다." 그분이 말씀하셨다.

둘째 환상: 불폭풍

4 **하나님**께서 내게 이런 환상을 보여주셨다. 오! **하나님**, 나의 주 **하나님**께서 불폭풍을 불러일으키셨다. 그 불폭풍은 대양을 불살라 버렸다. 약속의 땅도 불살라 버렸다.

5 내가 말했다. "**하나님**, 나의 주님! 부디, 멈추어 주십시오. 이렇게 간구합니다! 그리하시면 야곱이 어떻게 되겠습니까? 미약하기 그지없는 존재입니다."

6 **하나님**께서 뜻을 돌이키셨다.

"좋다. 이 일도 일어나지 않을 것이다." **하나님**, 나의 주께서 말씀하셨다.

셋째 환상: 다림줄

7 **하나님**께서 내게 이런 환상을 보여주셨다. 나의 주께서 손에 다림줄을 들고 어느 벽 뒤에 서 계셨다.

8-9 **하나님**께서 내게 말씀하셨다. "아모스야, 무엇이 보이느냐?"

내가 말했다. "다림줄이 보입니다."

그러자 나의 주께서 말씀하셨다. "내가 한 일을 보아라. 내가 내 백성

이스라엘 한가운데에 다림줄을 드리워 놓았다. 나는 더 이상 그들을 봐
주지 않을 것이다. 이제 끝이다!

> 이삭의 음란한 종교 산당이 허물어지고,
> 이스라엘의 사악한 산당들이 산산조각 날 것이다.
> 내가 여로보암 왕가에 맞서 내 칼을 들 것이다.”

10 베델 산당의 제사장인 아마샤가 이스라엘의 왕 여로보암에게 사람을 보
냈다.

　“아모스가 왕을 제거할 음모를 꾸미고 있습니다. 그는 이스라엘 한복
판에서 일을 벌이고 있습니다. 그의 말이 나라를 무너뜨리고 말 것이니,
그의 입을 막아야 합니다. 왕께서는 아모스가 뭐라 말하고 다니는지 아
십니까?

11　　‘여로보암은 살해될 것이고,
　　이스라엘은 포로로 사로잡힐 것이다’ 하고 말합니다.”

12-13 그러고 난 후 아마샤는 아모스를 찾아가 맞섰다. “선견자 양반, 이곳을
떠나시오! 당신의 고향인 유다로 돌아가, 거기서 눌러 사시오! 설교는
거기서나 하고, 여기 베델에서는 더 이상 설교하지 마시오! 다시는 이
곳에 코빼기도 보이지 마시오! 여기는 왕의 예배당, 왕족 산당이란 말
이오.”

14-15　　그러나 아모스가 아마샤의 말을 되받았다. “나는 설교자로 자처한 적
이 없고, 설교자가 되겠다고 생각해 본 적도 없소. 나는 가축을 기르고
나뭇가지나 치며 살았을 뿐인데, 어느 날 **하나님**께서 나를 농장에서 불
러내시고 ‘내 백성 이스라엘에게 가서 설교하라’고 말씀하셨소.

16-17　　그러니 **하나님**의 말씀을 잘 들으시오. 당신은 내게 ‘이스라엘에게 설
교하지 마라. 이삭 가문에 대해 적대적인 말을 하지 마라’ 하지만, **하나
님**께서는 당신에게 이렇게 말씀하시오.

네 아내는 동네 창녀가 되고,
네 자녀는 살해될 것이다.
네 땅은 경매에 붙여지고,
너는 집을 잃고 친구도 없이 살다가 죽을 것이다.
이스라엘은 포로로 끌려가 유랑민이 될 것이다. 고향을 떠나 멀리."

넷째 환상: 신선한 과일 한 바구니

1 **8** 나의 주 **하나님**께서 보여주신 환상이다. 그분이 내게 신선한 과일 한 바구니를 보여주시며 말씀하셨다.

2 "아모스야, 무엇이 보이느냐?"
내가 말했다. "잘 익은 신선한 과일 한 바구니가 보입니다."
하나님께서 말씀하셨다. "맞다. 나는 이제 내 백성 이스라엘과 관계를 끝내련다. 더 이상 우리 사이에 아무 문제도 없는 척하지 않을 것이다.

3 그날이 오면, 왕실 소속 가수들이 슬피 울며 통곡할 것이다."
내 주 **하나님**께서 말씀하셨다.
"사방천지에 시체들이 흩뿌려질 것이다.
쉿! 입을 다물어라!"

4-6 너희, 힘없는 이들을 짓밟는 자들아,
가난한 이들을 하찮게 여기는 자들아, 귀 기울여 들어라!
"놀러 나가고 싶은데
월급날이 왜 이리 멀까?
나가서 즐기고 싶은데
주말이 왜 이리 멀까?" 하면서,
베푸는 것 없이 늘 받아 내려고만 하고
정직하게 땀 흘려 일하지 않는 너희,
너희는 가난한 이들을 착취하고 이용하다가도,
이용 가치가 사라지면 주저 없이 버린다.

7-8 야곱의 오만을 대적하시는 **하나님**께서 맹세하여 말씀하신다.
"내가 그들의 죄를 하나도 남김없이 다 추적하고 있다."
하나님의 맹세가 땅의 기초를 흔들고,
세상 전체를 갈기갈기 찢어 놓을 것이다.
하나님의 맹세가 강물처럼 불어나,
집과 땅을 휩쓸어 삼킬 것이다.
잦아들고 나면,
뒤에는 진흙뻘만이 남을 것이다.

9-10 "심판 날이 임할 것이다!"
하나님, 나의 주님의 말씀이다.
"내가 정오에 태양을 꺼버릴 것이다.
벌건 대낮에 땅이 암흑천지가 되리라.
내가 너희 파티를 장례식이 되게 할 것이며,
너희가 부르는 노래를 장송곡이 되게 할 것이다.
모두가 누더기 옷을 걸치고,
움푹 들어간 눈에 대머리가 되어 걸어 다닐 것이다.
너희에게 일어날 수 있는 최악의 일을 상상해 보아라.
너희의 외아들이 살해당한다면 어떨까.
심판 날을 짐작하게 하는 힌트다.
사실 그날은, 그것보다 훨씬 끔찍할 것이다.

11-12 그렇다. 심판 날이 다가오고 있다!"
이는 나의 주 **하나님**의 말씀이다.
"내가 나라 전체에 기근을 보낼 것이다.
음식이나 물이 아니라, 나의 말씀이 부족해서 생긴 기근이다.
사람들이 이리저리
동서남북으로 헤매고 다닐 것이다.
하나님의 말씀을 듣겠다며 어디든 가서, 아무 말에나 귀 기울이겠지만,

아무리 애써도 결국 듣지 못할 것이다.

13-14 심판 날에,
사랑스런 젊은 여자들이 말씀에 주려 허덕이고,
씩씩한 젊은 남자들이 하나님에 주려 허덕일 것이다.
죄와 섹스를 숭배하는 사마리아의 이방 산당에서
'단의 신을 두고 맹세한다!',
'브엘세바 여신의 축복을 빈다!'고 말하는 자들도 같은 처지가 되리라.
그들의 삶이 산산조각 나서,
다시는 추스르지 못할 것이다."

다섯째 환상: 산당의 붕괴와 민족 전멸

1-4 **9** 나는 나의 주께서 그 산당의 제단 옆에 서 계신 것을 보았다. 그분
께서 말씀하셨다.

"산당 기둥머리를 쳐서,
바닥이 흔들리게 하여라.
사람들 머리 위로 지붕이 떨어질 것이다.
살아남는 자들은 내가 다 죽일 것이다.
누구도 피하지 못한다.
누구도 도망가지 못한다.
땅속으로 기어들어가도,
내가 그들을 찾아내 끌고 올 것이다.
별 있는 데까지 올라가도
내가 그들을 찾아내 끌어내릴 것이다.
갈멜 산 꼭대기에 몸을 숨겨도,
내가 그들을 찾아내 데려올 것이다.
바다 밑바닥까지 잠수해 들어가도,
내가 용을 보내 그들을 삼켜 올릴 것이다.

적군에게 산 채로 포로로 잡혀가도,
내가 칼을 보내 그들을 죽일 것이다.
나는 마음을 정했다.
그들을 해하고, 돕지 않을 것이다."

5-6 나의 주, 만군의 **하나님**께서
땅에 손을 대신다. 살짝 건드렸을 뿐인데, 땅이 진동한다.
온 세상이 초상집이 된다.
홍수 때 이집트의 거대한 나일 강처럼,
땅이 불어 올랐다가 잦아든다.
하나님께서 하늘 높이 탑이 치솟게 하시고
바위처럼 굳센 땅에 기초를 놓으셔서,
당신의 궁전을 세우신다.
바닷물을 불러올려,
땅 위에 쏟으신다.
하나님, 너의 하나님께서 이 모든 일을 행하신다.

7-8 "너희 이스라엘 사람들아, 너희가 저기 먼 곳의 구스 사람들보다 조금이
라도 나은 줄 아느냐?" **하나님**의 포고다.

    "내가 모든 민족의 운명에 다 관여한다는 것을 모르느냐? 이스라엘
을 이집트에서 건져 주었듯이, 나는 블레셋 사람을 갑돌에서, 아람 사람
을 기르에서 구해 주었다. 나 주 **하나님**이 너희를 주시하고 있다. 죄의 왕
국인 너희를 조만간 지면에서 쓸어버릴 것이다. 그러나 야곱 가문을 완
전히 멸하지는 않으리라." **하나님**의 포고다.

9-10 "내가 여기서 명령을 내린다. 나는 이스라엘을 체 속에 던져 넣고 모든
민족 앞에서 심하게 흔들어, 죄와 죄인들을 모조리 걸러 낼 것이다. 진짜
알곡은 하나도 잃어버리지 않겠지만, 죄인들은 모조리 걸러 낼 것이다.

'우리 생애에 나쁜 일은 일어나지 않는다. 나쁜 일의 조짐도 없을 거야'
하고 말하는 죄인들을 다 걸러 낼 것이다."

다윗의 집을 다시 일으켜 세울 것이다

11-12 "그러나 심판 날에, 나는 허물어진 다윗의 집을 다시 일으켜 세울 것이다.
지붕에 난 구멍을 수리하고, 깨진 창문을 새 것으로 바꿀 것이다. 다윗의
백성은 다시금 강해져서, 적국 에돔에 남은 자들과 나의 주권적 심판 아
래 있는 모든 자를 차지하게 될 것이다." 하나님의 포고다. 그분께서 이 일
을 행하실 것이다.

13-15   "정말 그렇다. 이제 얼마 남지 않았다." 하나님의 포고다.
    "이 일은 정신이 없을 만큼 숨 가쁘게 일어날 것이다. 하나가 끝나면
곧 다음 일이 벌어져, 너희가 따라잡지 못할 정도로 많은 일들이 연이어
일어날 것이다. 너희 눈이 미치는 모든 곳에, 복이 쏟아지리라! 산과 언
덕 위에서 포도주가 흘러나오듯, 복들이 흘러넘칠 것이다. 내 백성 이스
라엘을 위해 내가 모든 것을 바로잡을 것이다.

> 그들이 파괴된 도성을 재건하고,
> 포도밭을 가꾸어 좋은 포도주를 마시며,
> 정원을 가꾸어 신선한 채소를 먹을 것이다.
> 내가 그들을 그들이 살아갈 땅에 심어,
> 내가 그들에게 준 땅에서 다시는 뿌리 뽑히지 않게 할 것이다."

하나님, 너의 하나님께서 그렇게 말씀하신다.

오바댜

머리말

성경의 어느 한 부분을 읽을 때에는 전체 맥락에 비추어 읽어야 한다. 단역에 불과해 보이는 오바댜에게도 분명한 자기 자리가 있다. 성경 안의 인물이든 성경 밖의 인물이든, 사실 모두가 중요하다. 오바댜가 맡은 임무는 에돔에 대한 하나님의 심판의 말씀을 전하는 것이었다.

성경은 첫 무대에서 쌍둥이 형제 야곱과 에서 이야기를 들려준다(창 25-36장). 그들은 모태에서 나올 때부터 서로 다투었다. 야곱은 이스라엘 백성의 조상이 되었고, 에서는 에돔 백성의 조상이 되었다. 이스라엘은 주로 요단 강과 사해의 서쪽에 자리 잡았고, 에돔은 남동쪽에 자리 잡았다. 이웃하는 그 두 민족은 늘 사이가 좋지 않았고, 오랜 전쟁과 반목의 세월을 보냈다. 이스라엘이 패망하고—주전 721년 먼저 북이스라엘이 앗시리아에게, 주전 586년 남유다가 바빌론에게—포로로 붙잡혀 가자, 에돔은 피를 나눈 친족이 당하는 참사를 강 건너 불구경하듯 지켜보며 한껏 고소해했다. 그러나 하나님은, 기뻐하지 않으셨다.

"사악한 외적들이 예루살렘을 공습하여 약탈하는데도,
그저 수수방관했다.
너도 그들 못지않게 악질이다.
자기 형제가 얻어맞고 있는데 고소해하다니,
그래서는 안되었다.
유다의 아들들이 진창에 처박히는 것을 보고 깔깔 웃다니,
그래서는 안되었다.
고생하고 있는 그들에게 큰소리를 해대다니,

그래서는 안되었다.
삶이 파탄 난 그들을 되레 이용하다니,
그래서는 안되었다.……

모든 사악한 민족들을 심판하실
하나님의 날이 가까이 왔다.
네가 행한 그대로 네게도 이루어질 것이다.
네가 행한 일이 부메랑이 되어
네 머리를 칠 것이다"(옵 11-12, 15절).

언뜻 보기에 오바댜의 짧고 굵은 예언은, 에돔이 하나님의
선민에게 저지른 잔인한 불의에 대한 맹렬한 고발장 같다.
에돔은 악당이고, 하나님의 언약 백성은 희생자라는 식으
로 말이다.

그러나 예언의 마지막에 등장하는 문장은, 수세기에 걸
친 증오와 반목과 독설을 박차고 나오는 커다란 진일보(進
一步)다. 수세기에 걸쳐 에돔에게 괴롭힘을 당해 온 이스
라엘에게 돌연 계시된 내용은, 장차 그들이 부당한 처지에
서 벗어나 오랜 원수인 에돔 사람들을 통치하는 위치에 오
르게 된다는 것이었다. 그러나 이스라엘의 몫은 받은 대로
갚아 주는 앙갚음이 아니었다. 그들이 할 일은 폭력의 악순
환을 이어 가는 것이 아니라, 받은 통치권으로 하나님의 정
의를 시행하는 것이었다. 그들은 자신을 새로운 맥락—하
나님 나라—으로 바라보고, 새로운 소명—하나님의 통치
를 나타내는 일—을 깨닫는다. 미미하기는 하지만(스물한

절 가운데 한 절!), 이것은 분명 서광이다(이것이 마지막 문구다!).

> 시온 산의 구원받은 남은 자들이
> 에서의 산에 들어가,
> 정의롭고 공정하게 다스릴 것이다.
> **하나님** 나라를 높이는 통치를 펼칠 것이다.
> (옵 21절)

마지막 심판 날의 핵심은, 보복과 독설이 아니다. 오바댜의 예언 말미에는 정의의 서광이 있을 뿐이지만, 그 서광은 점점 커져 마침내 빛의 나라를 이룰 것이고, 그 나라에서 모든 민족이 영원한 하늘 보좌에서 임하는 정의로운 심판을 받게 될 것이다.

오바댜

1 오바댜가 전하는 메시지,
   주 하나님께서 에돔을 향해 하시는 말씀이다.
   우리는 이 소식을 하나님께 직접 들었다.
   사악한 민족들에게 보냄받은 한 특사를 통해 들었다.

   "일어나 전투태세를 갖춰라.
   에돔과 전쟁을 벌일 준비를 하여라!"

2-4 "에돔아, 귀 기울여 들어라.
   내가 너를 보잘것없는 자로 만들려 한다.
   사악한 민족들 중에 가장 멸시받는 보잘것없는 민족으로 만들려 한다.
   너는 네가 대단한 자인 것처럼 굴었다.
   산의 우두머리인 양 높은 바위 위에 앉아서, 마음속으로
   '나를 건들 자 누구랴. 내게 손댈 자 누구랴!' 하고 생각했다.
   그러나 이제 생각을 바꾸어라. 네가 독수리처럼
   높디높은 절벽 위에 보금자리를 잡더라도,
   아니, 별들 사이에 둥지를 틀더라도,

내가 너를 땅으로 끌어내릴 것이다."
하나님의 확실한 말씀이다.

5-14 "도둑이 들면
집이 몽땅 털리지 않느냐?
밤길에 강도를 만나면
가진 것을 다 털리지 않느냐?
에서는 그렇게 하나씩 빼앗겨,
지갑과 호주머니를 다 털릴 것이다.
너의 옛 파트너들이 너를 궁지로 몰고,
너의 옛 친구들이 너를 대놓고 속여 먹을 것이다.
너의 옛 술친구들이 네 등에 칼을 꽂을 것이다.
너의 세상이 무너지리라. 주먹이 어디서 날아오는지도 모를 것이다.
그러니 놀라지 마라." 이는 하나님의 확실한 말씀이다!
"내가 에돔에서 현인들을 다 쓸어버리고,
에서의 산에서 유명한 현자들을 모조리 없애 버릴 날이 올 것이다.
데만아, 너의 위대한 영웅들이 너를 버리고 도망칠 것이다.
에서의 산에 남아 있는 자 아무도 없으리라.
네가 네 형제 야곱에게 행한 잔학한 일들이
낱낱이 역사에 기록되었다.
그 일로 너는 모두에게 멸시를 받을 것이다.
역사에 설 자리를 잃을 것이다.
그날, 너는 팔짱을 낀 채 그저 보고만 있었다.
낯선 자들이 네 형제의 군대를 붙잡아 끌고 가는데도,
사악한 외적들이 예루살렘을 공습하여 약탈하는데도,
그저 수수방관했다.
너도 그들 못지않게 악질이다.
자기 형제가 얻어맞고 있는데 고소해하다니,
그래서는 안되었다.

유다의 아들들이 진창에 처박히는 것을 보고 깔깔 웃다니,
그래서는 안되었다.
고생하고 있는 그들에게 큰소리를 해대다니,
그래서는 안되었다.
삶이 파탄 난 그들을 되레 이용하다니,
그래서는 안되었다.
그들의 고난, 그들의 비참한 모습을 보며 웃고 떠들다니,
다른 민족들은 몰라도 너만큼은 그래서는 안되었다.
얻어맞아 바닥에 쓰러진 그들의 옷을 벗겨 가다니,
그래서는 안되었다.
길 끝에서 기다리고 섰다가 피난민의 길을 막지 말았어야 했다.
모든 것을 잃고 목숨만 건진 무력한 생존자들에게 등을 돌리다니,
그래서는 안되었다."

이스라엘의 승리

15-18 "모든 사악한 민족들을 심판하실
하나님의 날이 가까이 왔다.
네가 행한 그대로 네게도 이루어질 것이다.
네가 행한 일이 부메랑이 되어
네 머리를 칠 것이다.
너희가 내 거룩한 산에서 파티를 벌인 것처럼,
모든 사악한 민족들이 하나님의 진노를 마시게 될 것이다.
마시고 마시고 또 마시고,
그렇게 마시다 꼬꾸라질 것이다.
그러나 시온 산은 다르다. 그곳에는 쉼이 있다!
그곳은 안전하고 거룩한 장소!
강탈자들에게 모든 것을 빼앗긴 야곱 가문이
제 것을 다시 찾을 것이다.
그날 야곱 가문은 불이 되고,

요셉 가문은 맹렬한 화염이 될 것이며,
에서 가문은 밀짚이 될 것이다.
에서는 화염에 휩싸여 연기로 사라질 것이다.
잿더미만 남을 것이다."
하나님께서 그렇게 된다고, 분명히 말씀하셨다.

19-21 남방에서 온 자들이 에서의 산을 차지할 것이다.
산기슭에서 올라온 자들이 블레셋 사람들을 괴멸시킬 것이다.
그들이 에브라임과 사마리아의 농장을 차지하고,
베냐민이 길르앗을 차지할 것이다.
그 전에, 이스라엘 포로들이 돌아오고,
사르밧 북쪽에 이르기까지 가나안 땅을 차지할 것이다.
저 먼 북서쪽 스바랏에서 예루살렘 포로들이 돌아와
남쪽 도성들을 차지할 것이다.
시온 산의 구원받은 남은 자들이
에서의 산에 들어가,
정의롭고 공정하게 다스릴 것이다.
하나님 나라를 높이는 통치를 펼칠 것이다.

요나
머리말

요나를 모르는 사람은 없다. 성경을 한 번도 읽어 보지 않은 사람도 '고래' 운운하며 우스갯소리를 할 만큼 그를 알고 있다. 그 정도로 요나 이야기는 우리에게 친숙하다. 요나 이야기에는 재미있는 측면이 있다. 기를 쓰고 하나님에게서 달아나려고 애쓰지만, 좌충우돌하며 결국 뜻을 이루지 못하는 요나의 모습은 우스운 익살극의 한 장면 같다. 요나서 1:3에는 이런 장면이 등장한다. "요나는 일어나서, **하나님**을 피해 다른 방향인 다시스로 달아났다.……**하나님**에게서 최대한 멀리 달아나려는 것이었다."

그러나 재미있는 이야기가 시시한 이야기라는 뜻은 결코 아니다. 사실 이것은 매우 심각한 이야기다. 미소 짓거나, 때로는 웃어 가며 요나서를 읽어 내려가다 보면, 어느새 하나님과 안전거리를 유지하기 위해 우리가 세워 놓은 경계들이 풀어지면서 꼼짝없이 하나님의 뜻과 명령을 마주하게 되는 경험을 하게 된다. 예외 없이 모두가 그렇다.

이야기는 성경이 '하나님 이야기' 안에서 우리 자신을 발견하도록 돕는 대표적 방식이다. 성경 이야기는 우리를 만드시고 구원하시는 하나님의 이야기다. 진리에 대한 추상적 진술들과는 달리, 이야기는 독자의 옆구리를 꾹꾹 찔러 그 이야기 속에 뛰어드는 참여자로 만든다. 우리는 어느 순간 무대 위에 올라가 있다. 처음에는 구경꾼이나 비평가로 시작했더라도 탁월한 이야기(성경은 참으로 탁월한 이야기다!)를 만나면, 어느새 이야기를 듣는 사람에서 이야기 안의 사람으로 바뀐다.

　요나 이야기가 믿음의 삶을 격려하는 이야기로 오랫동안 사랑받아 온 것은, 그가 지고하고 위대한 영웅이 아니기 때문이다. 요나는 우리 자신과 동일시하기 어려운 존재가 아니다. 요나는 그리 대단한 일을 한 것이 없다. 그는 우리가 우러러보아야 할 이상적 인물이 아니라, 어리석은 우리와 별반 다르지 않은 인물로 그려지고 있다. 한마디로, 그는 우리 수준의 사람이다. 요나는 심지어 바른 일을 할 때도(결국 니느웨에서 말씀을 전하기는 하지만) 잘못을 저지른다(하나님께 화를 낸다). 그러나 하나님께서는 처음부터 끝까지 그런 요나의 어리석음을 재료 삼아 일하시고, 결국 당신의 목적을 이루어 내신다. 우리 모두에게 성경의 요나 같은 친구가 한두 사람쯤은 꼭 있어야 한다.

요나

1-2 **1** 오래전 어느 날, **하나님**의 말씀이 아밋대의 아들 요나에게 임했다. "일어나 큰 도시 니느웨로 가거라! 가서 그들에게 말씀을 전하여라. 그들의 악행을 내가 더 이상 두고 볼 수 없다."

3 그러나 요나는 일어나서, **하나님**을 피해 다른 방향인 다시스로 달아났다. 욥바 항으로 내려간 그는, 다시스로 가는 배를 발견했다. 그는 뱃삯을 지불하고 다시스로 가는 사람들과 함께 배에 올랐다. **하나님**에게서 최대한 멀리 달아나려는 것이었다.

4-6 **하나님**께서 바다에 거대한 폭풍을 보내셨다. 집채만 한 파도가 일어났다.

배가 당장이라도 산산조각 날 것 같았다. 선원들은 공포에 사로잡혀, 저마다 모시는 신들에게 필사적으로 도움을 청하며 소리를 질러 댔다. 그들은 배의 무게를 줄이기 위해 배에 실었던 물건 전부를 바다에 던졌다. 그 와중에, 요나는 배 밑창에 내려가 잠을 자고 있었다. 그는 아주 깊이 잠들어 있었다. 선장이 그에게 와서 말했다. "아니, 지금 뭐하는 거요? 잠을 자고 있다니! 일어나서, 당신의 신에게 기도하시오! 어쩌면 당신의 신이 우리가 처한 곤경을 보고 우리를 구해 줄지도 모르잖소."

7 그러자 선원들끼리 말했다. "한번, 진상을 파헤쳐 봅시다. 이 배에 탄 사람들 중에 누가 이 재앙을 불러왔는지 제비를 뽑아 알아보는 게 어떻

겠소."

그들이 제비를 뽑으니, 요나가 걸렸다.

8 그들이 요나에게 다그쳐 물었다. "어서 털어놓으시오. 대체 무엇 때문에 이 재앙이 일어난 거요? 당신은 뭐하는 사람이며, 어디서 왔소? 어느 나라, 어느 가문 출신이오?"

9 요나가 대답했다. "나는 히브리 사람입니다. 바다와 육지를 창조하신 하늘의 하나님을 예배하는 사람이오."

10 그 말에 흠칫 놀란 선원들은 겁에 질려 말했다. "대체 당신이 무슨 일을 저지른 거요?" 요나가 이야기를 들려주자, 선원들은 그가 하나님을 피해 달아나는 중이라는 사실을 알게 되었다.

11 그들이 말했다. "이 폭풍을 가라앉히려면 우리가 어떻게 해야 되겠소?" 바다가 거칠게 날뛰고 있었다.

12 요나가 말했다. "나를 들어 바다에 던지시오. 그러면 폭풍이 멈출 겁니다. 모두 내 잘못 때문이오. 내가 이 폭풍의 원인이니, 나를 없애면 폭풍도 사라질 것이오."

13 그러나 그것은 안될 말이었다. 그들은 어떻게든 해변으로 노를 저어 돌아가려고 애썼다. 하지만 배는 한 치도 더 나아가지 못했다. 폭풍은 점점 더 거칠고 광포해졌다.

14 그러자 그들은 하나님께 기도했다. "오 하나님! 이 자가 살아온 삶 때문에 우리를 죽이지 말아 주십시오. 이 자를 죽인다고 해서 우리를 벌하지 말아 주십시오. 주는 하나님이시니, 주께서 가장 좋게 여기시는 대로 행해 주십시오."

15 그들은 요나를 들어 배 밖으로 던졌다. 그러자 즉시 바다가 잠잠해졌다.

16 선원들은 큰 충격을 받았다. 그들은 바다에 대한 두려움 대신 하나님을 향한 경외심에 사로잡혔다. 그들은 하나님께 경배했고, 제물을 바치고 서약을 했다.

17 그때 하나님이 한 거대한 물고기를 보내시니, 그것이 요나를 집어삼켰다. 요나는 사흘 낮과 밤을 그 물고기 뱃속에 있었다.

요나가 회개하고 살아나다

2 ¹⁻⁹ 그러자 요나는 물고기 뱃속에서 그의 하나님께 기도했다. 그가 아뢰었다.

"심한 고통 속에서 하나님께 기도드렸더니,
그분이 내 기도를 들으셨습니다.
무덤의 뱃속에서 '도와주십시오!' 외쳤더니,
주께서 나의 부르짖음을 들으셨습니다.
주께서 나를 대양 깊은 곳에,
물 가득한 무덤 속에 던지셨습니다.
대양의 파도와 물결이
내게 부딪쳐 왔습니다.
나는 말했습니다. '내가 내던져졌습니다.
주의 시야 밖으로 내던져졌습니다.
다시는 눈을 들어
주의 거룩한 성전을 보지 못할 것입니다.'
대양이 나의 멱살을 잡았습니다.
태곳적 심연이 나를 꽉 움켜쥐었습니다.
산들의 뿌리가 놓인 해저에서
해초들이 내 머리를 휘감았습니다.
나는 사람의 몸이 닿을 수 있는 가장 깊은 곳까지 내려갔습니다.
내 뒤에서 문들이 쾅 소리를 내며 아주 닫혀 버린 듯했습니다.
그러나 하나님, 나의 하나님!
주께서 나를 그 무덤에서 끌어올려 살리셨습니다.
내 목숨이 사그라져 갈 때에
내가 하나님을 기억했고,
나의 기도가 주께 이르렀으며,
주의 거룩한 성전에까지 닿았습니다.
헛된 신들, 가짜 신들을 예배하는 것은

유일하신 참 사랑을 등지는 것입니다.
나는 주님을, 오직 **하나님**을 예배하며,
소리쳐 감사드리겠습니다!
그리고 주 앞에서 약속한 것을 이행할 것입니다!
구원은 **하나님**께만 있습니다!"

10 **하나님**께서 그 물고기에게 말씀하시니, 물고기가 요나를 해변에 뱉어
냈다.

요나가 니느웨로 가다

1-2 **3** 그런 다음, **하나님**께서 요나에게 다시 한번 말씀하셨다. "일어나
큰 도시 니느웨로 가거라! 가서 그들에게 말씀을 전하여라. 나는
그들의 악행을 더 이상 두고 볼 수 없다."

3 이번에는 요나가 **하나님**의 명령에 순종하여, 니느웨를 향해 즉시 출
발했다.

니느웨는 가로질러 지나가는 데만 꼬박 사흘이 걸리는 아주 큰 도성
이었다.

4 요나는 그 도성에 들어가서 하룻길을 걸으며 말씀을 전했다. "사십
일만 지나면 니느웨는 쑥대밭이 될 것이다."

5 니느웨 사람들이 듣고 하나님의 말씀을 믿었다. 그들은 도성 전체에
금식을 선포하고, 자신들의 회개를 나타내 보이기 위해 베옷으로 갈아
입었다. 부자도 가난한 자도, 이름 있는 자도 이름 없는 자도, 지도자도
백성들도 모두들 그렇게 했다.

6-9 이 소식이 니느웨의 왕에게 전해지니, 그도 왕좌에서 일어나 왕복을
벗은 뒤에 베옷으로 갈아입고 잿더미 위에 앉았다. 그러고는 니느웨 전
역에 다음과 같은 공문을 발표했다. "누구든지 물 한 모금이라도 마시거
나 밥 한 술이라도 입에 대서는 안된다! 남자든 여자든 짐승이든—너희
양 떼와 소 떼를 포함해—모두 마찬가지다! 사람이든 짐승이든 모두 베
옷을 입고, 하나님께 살려 달라고 부르짖어라. 모두 악한 생활에서 돌이

키고, 손을 더럽히는 강포한 길에서 떠나야 한다. 누가 알겠는가? 행여 하나님이 뜻을 돌이키셔서, 우리에 대한 생각을 바꾸실지! 우리에게 노하기를 그치시고 우리를 살려 주실지!"

10 하나님께서 그들이 악한 길에서 돌이키는 것을 보시고, 그들에 대한 생각을 정말로 바꾸셨다. 그들에게 행하겠다고 말씀하신 일을 행하지 않으셨다.

내, 이럴 줄 알았습니다

1-2 **4** 요나는 화가 치밀어 올랐다. 그는 분을 터뜨리며 **하나님**께 소리를 질러 댔다. "**하나님**! 내, 이럴 줄 알았습니다. 고국에 있을 때부터 이렇게 될 줄 알았습니다! 그래서 내가 다시스로 도망치려고 했던 것입니다! 주님은 지극히 은혜로우시며 자비로우신 분이라는 것을, 웬만해서는 노하지 않으시고, 사랑이 차고 넘치며, 벌을 내리려고 했다가도 툭하면 용서해 주시는 분이라는 것을, 내가 진작부터 알고 있었습니다!

3 그러니 **하나님**, 저들을 죽이지 않으실 거라면, 나를 죽여 주십시오! 차라리 죽는 게 낫겠습니다!"

4 **하나님**께서 말씀하셨다. "대체 무엇 때문에 화를 내는 것이냐?"

5 그러자 요나가 자리에서 일어났다. 그는 씩씩거리며 도성 동쪽으로 나가 앉았다. 그는 잎이 많은 나뭇가지를 꺾어 임시로 햇빛가리개를 만들고, 그 그늘 밑에 앉아서 도성에 무슨 일이 일어나는지 지켜보았다.

6 **하나님**께서 넓은 잎사귀를 가진 나무 하나가 땅에서 솟아 나오게 하셨다. 그 나무가 요나 머리 위로 자라서 그를 시원하게 덮어 주니, 그의 화가 누그러지고 기분도 한결 나아졌다. 그는 그 그늘을 즐겼다. 다시 살 맛이 났다.

7-8 그러나 **하나님**께서 벌레를 한 마리 보내셨다. 그 벌레가 다음 날 새벽까지 그 그늘나무를 갉아 구멍을 내자, 나무는 시들어 버렸다. 해가 솟았고, **하나님**께서 푹푹 찌는 뜨거운 동풍을 보내셨다. 해가 요나의 머리 위에 내리쬐니, 그의 정신이 혼미해지기 시작했다. 그는 죽고 싶다며 기도했다. "차라리 죽는 게 낫겠습니다!"

9 　그러자 하나님께서 요나에게 말씀하셨다. "네가 이 그늘나무를 가지고 화를 내는 것이 옳으냐?"

　요나가 대답했다. "옳다마다요! 그것 때문에 화가 나서 죽겠습니다!"

10-11 　하나님께서 말씀하셨다. "그래, 네가 아무 수고한 것도 없는 그 나무에 대해, 네 마음이 하룻밤 사이에 즐거움에서 분노로 바뀌었단 말이냐? 그 나무는 네가 심지 않았고 물 한번 준 적 없으며, 그저 어느 날 밤에 자랐다가 다음 날 밤에 죽었을 뿐이다. 그렇다면, 아직 옳고 그름을 분별하지 못하는 철부지 같은 자들이 십이만 명이나 되고, 아무 죄 없는 동물들이 가득한 이 큰 도성 니느웨에 대해, 내가 내 마음을 분노에서 즐거움으로 바꾸지 못할 까닭이 무엇이란 말이냐?"

미가
머리말

예언자는 말을 사용하여 세상을 재창조하는 사람이다. 세상 만물은—하늘과 땅, 남자와 여자, 들짐승과 날짐승 할 것 없이 모두—본래 하나님의 말씀으로 창조되었다. 예언자는, 폐허가 된 세상의 도덕적 황폐와 영적 무질서를 목도하고, 인간의 불순종과 불신이 허물어뜨린 것을 다시금 말로 재건하는 사람이다. 예언자는 하나님께로부터 말하는 법을 배운 이들이다. 그들의 말은 하나님께 뿌리를 둔 말, 하나님을 힘입은 말, 하나님의 열정이 서린 말이다. 그 말이 우리 공동체의 언어로 표현되면, 우리는 하나님께 불려가 그분 앞에 서게 된다. 인간의 죄가 만들어 놓은 엉망진창 속에 들어오셔서 견책하고 회복시키시는 하나님 앞에 서게 된다.

> 하나님께서 말씀하신다. "그 중대한 날이 오면,
> 나는 상처받고 집 잃은 모든 자들,
> 내게 맞고 쫓겨난 모든 자들을 다시 불러 모을 것이다.
> 찌그러졌던 그들을 엘리트 집단으로 변모시킬 것이다.
> 오래 길 잃은 그들을 강한 민족으로 만들고,
> 하나님이 통치하고 있음을 나타내 보이는 전시품으로 삼을 것이다.
> 이제부터 영원까지,
> 내가 시온 산에서 그들을 다스리고 있음을 알릴 것이다."
> (미 4:6-7)

가만 놔두면 우리는 하나님을 늘 어떤 대상으로 바꾸어 놓는다. 우리가 다룰 수 있는 무엇, 내 이익을 위해 이용할 수 있는 어떤 것—어떤 감정이나 사상이나 이미지 등—으로 바꾼다. 예언자는 이런 행태에 코웃음을 친다. 그들은 우리를 가르쳐 하나님의 임재와 음성에 반응하도록 한다.

미가는 주전 8세기에 혜성같이 등장하여 예언자로 활동하고 문서를 남긴 기라성 같은 '문서 예언자' 4인방(다른 셋은 이사야, 호세아, 아모스)의 마지막 멤버였다. 사람들을 일깨워 하나님의 임재와 그분의 음성에 반응하게 했던 동료 예언자들처럼, 그 역시 은유의 귀재였다. 다시 말해, 미가는 언어를 우리가 볼 수 있고, 만질 수 있고, 냄새 맡을 수 있고, 들을 수 있고, 맛볼 수 있는 어떤 것을 규정하거나 밝히는 도구로만 사용하지 않았다. 그는 언어를 사용해 우리를 하나님이 현존하시는 세계 안으로 밀어 넣었다. 그분의 임재를 경험한다는 것은, 우리의 감각 경험이 가리킬 뿐 잡아내지는 못하는, 보다 더 큰 세계 속으로 들어간다는 의미다. 그곳에는 사랑과 자비, 정의와 믿음, 죄와 악 같은 실재가 있고, 무엇보다 하나님이 계신다.

주와 비길 신이 어디에 있습니까?
우리의 죄과를 말끔히 없애 주시고
사랑하는 백성의 지난 죄들을 씻겨 주시며,
못 본 것으로, 못 들은 것으로 해주십니다.
주께서는 노를 오래 품지 않으십니다.
자비가 주의 전공이며, 주께서 가장 좋아하시는 일이기 때문입니다.
긍휼이 우리를 향해 진군해 오고 있습니다.

주께서 우리 허물을 짓밟으시고,
우리 죄들을
대양 밑바닥에 가라앉혀 주실 것입니다.
우리 조상 야곱에게 하신 약속을 이루어 주시며,
우리 큰 조상 아브라함에게 베푸셨던 긍휼을
우리에게도 변함없이 베풀어 주실 것입니다.
오래전, 우리 조상에게 약속하셨던 모든 것을
다 이루어 주실 것입니다(미 7:18-20).

말씀으로 일깨워지는 실재야말로 이 세상 모든 의미 있는
행위의 대부분이 일어나는 자리다. "그저 말일 뿐"인 것은
없다.

미가

1 모레셋 사람 미가에게 임한 하나님의 메시지다. 사마리아와 예루
살렘에서 벌어질 일들에 대한 것으로, 때는 유다 왕 요담과 아하
스와 히스기야가 다스리던 시대였다.

사마리아와 예루살렘을 애도하다

2 백성들아, 너희는 들어라.
땅과 그 위에 있는 모든 자들아, 들어라.
주 하나님께서 너희와 맞서 증인으로 나서신다.
주께서 성전에서 나오신다.

3-5 보아라. 하나님께서 오신다! 처소에서 나오신다!
내려오셔서, 산과 언덕 사이를 활보하신다.
산들이 그분 발아래 으깨지고,
골짜기들이 쪼개진다.
바위산이 자갈더미가 되고,
강 골짜기는 체에 물 빠지듯 허물어진다.
이 모든 것이 야곱의 죄 때문이다.

이스라엘 가문의 잘못 때문이다.
"야곱이 대체 무슨 죄를 지었기에?" 하고 너희가 묻느냐?
사마리아를 보아라. 명백하지 않느냐?
유다의 음란한 종교 산당들을 보아라.
예루살렘이 무죄하더냐?

6-7 "내가 사마리아를 돌무더기로 만들고,
     쓰레기만 어지러이 나뒹구는 공터로 만들 것이다.
     그 무너진 건물의 잔해를 골짜기에 갖다 버려,
     기초가 다 드러나게 할 것이다.
     조각하고 주조해서 만든 남신과 여신들,
     모두 땔감이나 고철로 팔려 나갈 것이다.
     신성하다는 다산의 숲이
     다 불타 쓰러지고,
     신으로 숭배하던 막대기와 돌들도
     모두 박살날 것이다.
     그것들은 다 그녀가 매춘으로 벌어들인 것들이다.
     창녀가 화대로 번 것의 결국은 이러할 것이다."

8-9 이것이 내가 슬피 울며 통곡하는 이유다.
     내가 누더기를 걸치고 맨발로 다니고,
     이리 떼처럼 짖어 대며,
     밤에도 부엉이처럼 울어 댄다.
     하나님이 벌을 내리셔서,
     유다가 나을 길 없는 상처를 입었다.
     심판이 성문을 통과해 들어왔다.
     예루살렘이 고발당했다.

10-16 '떠버리 성'에서 이 일에 대해 떠들지 마라.
눈물만 낭비할 뿐이다.
'먼지 성'에 가서는
먼지구덩이에서나 뒹굴어라.
'경보 성'에도
경보가 울렸다.
'탈출 성'의 시민들도
결코 살아 나오지 못할 것이다.
'최후 생존 성'아, 슬피 울어라.
생존자 하나 없을 것이니.
'쓴 성'의 주민들,
달콤한 평화를 기다리지만 다 헛된 것이다.
하나님의 혹독한 심판이 임하여
'평화 성'에 들이닥쳤다.
'전차 성'에 사는 너희,
전차를 타고 모두 내뺀다.
너희는 시온의 딸들을 꾀어
하나님 대신 전차를 믿게 만들었다.
이스라엘도 같은 죄를 지었는데,
너희가 출발점이었다.
'작별 성'에 가서
작별 선물이나 주어라.
'신기루 성'이 손짓했다만,
이스라엘 왕들에게 실망만 주었다.
'상속 성'이
상속을 잃어버리고 말았다.
'영광 성'이

영광의 끝을 보고 말았다.
귀중한 마을을 잃어버린 너희,
통곡하며 머리를 밀어라.
거위알처럼 머리를 밀어라. 모두 다 사로잡혀 갔다.
다시 돌아오지 못할 것이다.

하나님은 참을 만큼 참으셨다

1-5 **2** 악을 꾀하는 자들,
잠자리에서도 범죄를 꿈꾸는 자들에게 화 있으리라!
동이 트면 그들은
자리에서 벌떡 일어나, 왕성한 정력으로 계획했던 일을 실행에 옮긴다.
탐나는 밭을 손아귀에 넣고,
탐나는 집을 빼앗는다.
이웃과 그 가족을 못살게 굴고,
사람들을 이용해 먹을 궁리만 한다.
하나님은 참을 만큼 참으셨다. 그분께서 말씀하신다.
"내게 계획이 있다.
이 잡종번식하는 악은 결국 재난을 부를 것이다!
너희는 이제 죽은 목숨이다.
달아나지 못한다.
심판의 날이 왔다.
너희를 조롱하는 노래가 지어져 퍼지고,
너희 자신은 서러운 노래를 부르게 되리라.
'망했다.
집과 땅은 모두 경매에 넘어가고,
다 빼앗기고 아무것도 남지 않았다!
최고가를 부르는 입찰자에게 모두 팔려 넘어갔다'"
너희 편이 되어 줄 자 아무도 없으리라.
하나님과 그분의 배심원들 앞에서, 너희를 변호해 줄 자 아무도 없으리라.

6-7 설교자들이 "설교하지 말라"고 말한다.
"그런 설교 하지 마라.
우리에게 그런 나쁜 일이 일어날 리 없다.
어떻게 야곱 가문에게 그런 소리를 하느냐?
하나님이 화를 터뜨리신다니?
그분이 그러실 분이냐?
그분은 선량한 사람들 편이 아니시더냐?
그분은 스스로 돕는 자들을 도우시는 분이 아니시더냐?"

8-11 "'선량한 사람들'이라니!
내 백성의 원수인 너희가 말이냐?
너희는 저녁 산책을 나온 무고한 자들을 상대로
강도짓을 한다.
무장하지 않은 민간인을 약탈하는 군인들처럼
그들에게서 옷을 노략질한다.
민가에서 여인들을 쫓아내고,
그 아이들을
폭력과 악의 희생 제물로 삼는다.
여기서 나가라, 너희 떼거리여.
여기는 너희 있을 곳이 아니다!
너희는 이곳을 오염시켰고,
이제 너희가 오염되었다. 몰락했다!
너희는, 미소 띤 얼굴과 기름칠한 혀를 가진 자가 나타나서,
아침부터 밤까지 거짓말을 늘어놓으며
'당신이 원하는 모든 것,
더 많은 돈과 최고의 포도주를

하나님에게서 얻어 낼 수 있는 법을 설교해 주겠다'고 하면,
너희는 그 자리에서 그를 설교자로 고용한다!"

✻

12-13 "야곱아, 내가 다 불러 모을 것이다.
　나는 모두를 되찾기 원한다. 이스라엘의 남은 자들을,
　내가 그들을 한곳에 모을 것이다.
　우리의 양들처럼, 축사의 소들처럼
　그들이 떼 지어 집으로 돌아오리라!
　그리고 나 하나님이, 그들을 가두었던 모든 것을 허물고
　탁 트인 곳에 풀어 줄 것이다.
　그들은 그들의 왕을 따라갈 것이다.
　내가 앞장서서 그들을 이끌 것이다."

선을 미워하고 악을 사랑하는 너희

1-3 **3** 그때에 내가 말했다.

　"야곱의 지도자들아, 이스라엘의 지도자들아, 들어라.
　너희는 정의에 대해 눈곱만큼이라도 아느냐?
　선을 미워하고 악을 사랑하는 너희,
　너희 직무설명서에는 과연 정의 항목이 있기라도 한 것이냐?
　너희는 산 채로 내 백성의 가죽을 벗기고,
　그 뼈에서 살을 발라 낸다.
　너희는 그 뼈를 바수고 살을 썰어서,
　그릇에 던져 넣고 국을 끓여 먹는다."

4 그러나 때가 오고 있다. 그때, 그 지도자들이
　울며불며 하나님께 도움을 청하겠지만, 그분은 듣지 않으실 것이다.
　그들이 자행해 온 악 때문에,

그분께서 얼굴을 돌리실 것이다.

5-7 예언자들을 향한 **하나님**의 **메시지**다.
내 백성을 속이는 설교자들에게 하시는 말씀이다.
"사례금을 두둑이 받고 배불리 대접받을 때면,
예언자들은 이렇게 설교한다.
'인생은 아름답도다! 모두에게 평화가 있기를!'
그러나 사례금을 받지 못하거나 인기를 끌지 못하면,
그들의 설교는 '하나님이 복 주시기를'에서 '하나님의 저주가 있기를'로
돌변한다.
그러므로, 너희는 눈이 멀 것이다. 눈멀어 아무것도 보지 못하게 될 것
이다.
짙은 어둠 속에 살면서 아무것도 알 수 없으리라.
그 예언자들에게는 이미 해가 졌다.
그들의 날은 이미 저물었다. 이제부터는 밤이 계속될 것이다.
비전을 제시한다는 자들, 모두 혼란에 빠지고,
전문가라는 자들, 당황하여 허둥댈 것이다.
하나님에 대해 아무것도 모른다는 사실을 애써 감추면서,
그저 명성 뒤에 숨어 궁색한 변명만 늘어놓을 것이다."

8 그러나 나, **하나님**의 능력으로 가득해지고
하나님의 정의의 영, 능력의 영으로 가득해진 나는,
야곱의 죄악과 이스라엘의 죄와
맞설 준비가 되었다.

9-12 야곱의 지도자들과
이스라엘의 지도자들은

정의를 멸시한다.

바른 삶을 뒤틀고 비튼다.

그들은 사람을 죽여 시온을 세우고,

죄악을 저질러 예루살렘을 키운다.

재판관들은 가장 비싼 값을 부르는 자들에게 판결을 팔고,

제사장들은 돈으로 가르침을 상품처럼 판매한다.

예언자들은 높은 사례금을 받고 설교하면서,

겉으로는

하나님을 의지하는 시늉을 하며 말한다.

"하나님은 우리 편이시다.

재난을 당하지 않도록 우리를 지켜 주실 것이다."

바로 너희 같은 자들 때문에

시온은 다시 밭으로 돌아가고,

예루살렘은 결국 돌무더기가 될 것이다.

산 위에는 성전 대신,

몇 그루 잡목만 서 있게 될 것이다.

하나님께서 이루실 평화

4 1-4 그러나 해야 할 말과 해야 할 일이 모두 끝나고 나면,
산 위에는 하나님의 성전이 설 것이다.

굳건히 서서, 주변 언덕들 위로 높이 솟아

모든 산을 다스리게 되리라.

사람들이 그리로 흘러들고,

많은 민족들이 그리로 향하며 말할 것이다.

"가자, 하나님의 산에 오르자.

야곱의 하나님의 성전으로 올라가자.

그분께서 우리에게 살 길을 가르쳐 주실 것이니,

우리는 하나님의 길을 배울 것이다."

시온에서 참된 가르침이 나오고,

예루살렘에서 하나님의 계시가 나오리라.
그분께서 여러 민족 가운데 정의를 세우시고,
먼 곳에서 일어나는 분쟁도 해결해 주실 것이다.
그들은 칼을 팔아 삽을 마련하고,
창을 팔아 갈퀴와 괭이를 마련할 것이다.
민족들은 싸움을 그치고,
서로를 죽이는 법을 연마하던 것도 그칠 것이다.
사람마다 자신의 나무 그늘 아래 앉아 지내고,
여인들도 안심하며 자신의 정원을 가꿀 것이다.
이는 만군의 하나님의 말씀이니,
그분께서 말씀하신 것을 반드시 행하신다.

5 다른 민족들은
마음대로 신들을 골라잡아 살겠지만,
우리는 하나님을 높이며 살고,
우리 하나님께 영원히 충성을 다할 것이다.

6-7 하나님께서 말씀하신다. "그 중대한 날이 오면,
나는 상처받고 집 잃은 모든 자들,
내게 맞고 쫓겨난 모든 자들을 다시 불러 모을 것이다.
찌그러졌던 그들을 엘리트 집단으로 변모시킬 것이다.
오래 길 잃은 그들을 강한 민족으로 만들고,
하나님이 통치하고 있음을 나타내 보이는 전시품으로 삼을 것이다.
이제부터 영원까지,
내가 시온 산에서 그들을 다스리고 있음을 알릴 것이다.

8 그리고 너, 예루살렘 주위를 배회하며
초라한 판자촌에서 근근이 살아가는 너는,
네 과거의 영광이 회복될 것이다.

예루살렘의 딸이 왕국의 중심이 될 것이다."

9-10 그런데 왜 멸망의 날처럼 울부짖느냐?
지금도 너에게는 왕이 있지 않느냐?
아마도 그가 자기 일을 제대로 하고 있지 않는가 보구나.
네가 출산중인 여인처럼 몹시 두려워하는구나.
딸 예루살렘아, 계속 몸을 비틀고 비명을 질러라.
사실 지금 너는 출산중인 여인과 같다.
너는 머지않아 성을 떠나서,
벌판에서 지내야 할 것이다.
그 다음 바빌론에 도착하여,
예루살렘에서 잃었던 것을 그곳에서 찾게 될 것이다.
하나님께서 다시 네게 새 삶을 주시고,
네 원수들의 손아귀에서 건져 주실 것이다.

11-12 그러나 지금은, 그들이 떼를 지어 너를 치고 있다.
이방 민족들이 말하기를,
"그녀가 쓰러지면 발로 걷어차라! 그녀를 짓밟아라!
시온이 땅바닥을 기는 꼴을 보고 싶다" 한다.
저 신성모독자들은 하나님이 지금 무슨 생각을 하시는지,
무슨 일을 하고 계시는지 모른다.
하나님께서 지금 그분의 백성을 만들어 내시고,
그분의 밀을 타작 중이시며,
그분의 금을 정련하고 계신다는 사실을 그들은 모른다.

13 딸 시온아, 발로 서라!
타작을 받아 쭉정이를 털어 버리고,
정련을 받아 불순물을 빼어 버려라.

나는 지금 너를 아무도 범할 수 없는 민족으로,
사악한 민족들을 쳐부수는 하나님의 불전차로 다시 만드는 중이다.
너는 그들의 전리품을 하나님께 성물로 드릴 것이며,
그들의 재물을 온 땅의 주께 바칠 것이다.

목자처럼 이스라엘을 다스릴 지도자

¹ **5** 그러나 딸아, 지금은 희생당할 준비, 최악의 상황을 맞을 준비를
하여라!
우리를 포위한 저들은,
이스라엘의 왕을 욕보일 것이고,
동네북처럼 그를 두들겨 팰 것이다.

²⁻⁴ 그러나 너 다윗의 고향 베들레헴아,
작은 마을인 네게서
지도자가 나올 것이다.
이스라엘을 목자처럼 다스릴 지도자가 나올 것이다.
그는 벼락출세해 지도자 행세를 하는 자가 아니라,
뿌리 깊은 명문가 출신이다.
그때까지 이스라엘은 남의 집에 맡겨지겠으나,
마침내 진통이 끝나고 아이가 태어날 것이다.
그러면 흩어졌던 형제들이 고향으로,
이스라엘 집으로 돌아올 것이다.
그 지도자는 우뚝 서서 하나님의 힘을 덧입고,
계시된 하나님의 위엄으로, 목자와 같은 통치를 펼칠 것이다.
모든 사람이 집에서 안전하고 즐겁게 지내며,
온 세상이 그를 존경하리라.
세상에 평화를 가져오는 그를!

⁵⁻⁶ 행여 깡패 같은 앗시리아 사람이 쳐들어와서

우리 강토를 짓밟더라도, 걱정할 것 없다.
그들이 제 분수를 깨닫고 짐을 싸서 돌아가게 만들어,
우리가 그들을 장악할 것이다.
우리 목자이신 그분의 통치가 사방으로 뻗어 가,
앗시리아까지, 니므롯 같은 다른 이방 나라에까지 이를 것이다.
우리 목자이시며 통치자이신 그분께서
우리의 오랜 원수와 새로운 적들을 막으시고,
우리 강토를 침략하고 유린하는 모든 세력으로부터 우리를 구원하실
것이다.

7 정선되고 정화된 야곱 무리는
민족들 가운데 우뚝 솟은 존재가 되리라.
하나님께서 내려 주시는 이슬 같은 존재가 되리라.
여름철 내리는 소낙비와 같아서,
사람이 예측하지 못하며,
어림잡거나 어찌할 수 없는 존재가 되리라.

8-9 그렇다. 정선되고 정화된 야곱 무리는
민족들 가운데 우뚝 솟은 존재가 되리라.
짐승의 제왕,
양 떼 속을 활보하는 젊은 사자 같을 것이다.
닥치는 대로 잡아먹는 너를
막아설 자 아무도 없겠고,
승리를 거두고 의기양양해진 네 앞에는
더 이상 맞설 적이 없으리라!

10-15 "그날이 오고 있다."
하나님의 포고다.

"전쟁이 그칠 날, 전쟁이 사라질 날이 오고 있다.
내가 너희 군마들을 도살하고 너희 전차들을 부술 것이다.
너희 진영과 요새들을
허물어뜨릴 것이다.
종교와 흑마술을 거래하는 암시장을
없앨 것이다.
너희가 조각하고 주조한 신들을 박살내고,
남근 모양의 기둥들을 잘라낼 것이다.
세상을 제멋대로 주무르고,
자기 일과 자기가 만든 것을 경배하던 행위는 이제 끝이다.
나는 너희가 숭배하던 '섹스와 권력' 산당을 뿌리 뽑고,
하나님과 맞서던 것들을 모조리 멸망시킬 것이다.
치솟는 진노를 발하여,
내 말에 귀 기울이지 않은 사악한 민족들을 모조리 쓸어버릴 것이다."

하나님께서 이스라엘의 죄를 밝히시다

1-2 **6** 이제 귀 기울여라. **하나님**의 말씀에 귀 기울여라.

"법정에 출두하여라.
고소할 일이 있거든, 산들에게 말하여라.
언덕들에게 진술하여라.
산들아, 이제, **하나님**의 진술을 들어 보아라.
땅아, 배심원 땅아, 들어 보아라.
내가 내 백성을 고소한다.
이스라엘을 고소한다.

3-5 사랑하는 백성들아, 내가 너희에게 무엇을 잘못했느냐?
내가 너희를 괴롭혔느냐? 너희를 지치게 했느냐? 대답해 보아라!
나는 이집트에서 고생하던 너희를 건져 주었다.

종살이하던 너희를 큰 값을 치르고 구해 주었다.
너희 길을 인도하라고 모세를 보냈고,
아론과 미리암까지 함께 보냈다!
모압의 발락 왕이 어떤 계략을 꾸몄는지,
브올의 아들 발람이 어떻게 그것을 맞받아쳤는지 떠올려 보아라.
싯딤에서부터 길갈에 이르기까지의 일들을 떠올려 보아라.
그 모든 하나님의 구원 이야기를 다시 되살려 보아라."

6-7 어떻게 해야 내가 하나님 앞에 나아가
높으신 그분께 합당한 경의를 표할 수 있을까?
제물을 한아름 바치고,
일 년 된 송아지를 그 위에 얹어 바치면 될까?
수천 마리의 숫양, 수천 통의 올리브기름을 바치면
하나님께서 감동하실까?
맏아들을, 금쪽같은 아기를 희생 제물로 바치면
그분께서 마음을 움직여 내 죄를 없애 주실까?

8 아니다. 그분께서는 이미 말씀해 주셨다. 사람이 어떻게 살아야 하는지,
하나님께서 찾으시는 것이 무엇인지 분명히 말씀해 주셨다.
간단하다. 이웃에게 공의를 행하고,
자비를 베풀고 사랑에 충실하며,
자신을 중심에 두지 말고
하나님을 중심에 모시면 된다.

9 주목하여라! 하나님께서 도성을 향해 소리 높이신다!
귀 기울여 듣는 게 좋을 것이다.
그러니 너희 모두 들어라!
중대한 일이다.

10-16 "너희는 내가, 속이고 **빼앗아** 부자가 된 너희를
그냥 좌시하리라고 생각했느냐?
너희의 부정한 거래와 더러운 계략을
그냥 참아 줄 것이라고 생각했느냐?
허세와 거짓말로 내 백성을 등쳐 먹는
광포한 부자들, 이제 넌더리가 난다.
나는 참을 만큼 참았다. 이제 너희는 끝났다.
마지막 한 푼까지, 너희 죄의 대가를 톡톡히 치르게 되리라.
아무리 많이 가져도, 결코 채워지지 않을 것이다.
배도 허기지고, 마음도 허기질 것이다.
아무리 애써도, 결국 내세울 것 하나 없게 될 것이다.
삶도 파산하고 영혼도 황폐해지리라.
잔디를 심어도
잔디밭을 얻지 못하리라.
잼을 만들어도
빵에 바르지 못하리라.
사과를 짜도
사과주스를 마시지 못하리라.
너희는 너희 왕, 오므리를 본받아 살았다.
아합 가문 사람들의 퇴폐적인 삶을 따랐다.
그들의 유행을 종처럼 좇았으니,
내가 이제 너희를 파산시킬 것이다.
너희의 인생은 조롱거리와 재미없는 농담거리로 전락할 것이다.
무가치하고 거짓된 인생이었다고 비웃음을 살 것이다."

이스라엘의 부패

1-6

7

나, 슬픔에 휩싸였다!
절망의 늪에 빠졌다!

지금 내 모습은 마치, 수프나 샌드위치나 샐러드를 만들기 위해
밭에 양배추와 당근과 옥수수를 찾으러 나갔다가,
아무것도 얻지 못하고 빈손으로 돌아온 사람 같다.
반듯한 사람, 하나도 찾아볼 수 없다.
바르게 사는 사람, 씨가 말랐다.
거리에는 모두, 서로 잡아먹고
잡아먹히는 짐승들뿐이다.
모두, 악행의 전문가들이다.
지도자들은 타락해, 뇌물을 요구한다.
힘 있고 돈 있는 자들은
어떻게든 원하는 것을 차지하고야 만다.
가장 좋다는 것이 엉겅퀴다.
가장 낫다는 것이 잡초들이다.
그러나, 더 이상은 아니다. 이제 시험 기간이 왔다.
망신을 당하고 꽁무니를 빼는 저 꼴을 보아라!
이웃을 믿지 마라.
친구라도 비밀을 털어놓지 마라.
말조심하여라.
아내에게도 마찬가지다.
이웃과 가족이 해체되고 있다.
가까운 자, 아들과 딸과 친척일수록,
더 사이가 나쁘다.
가족이 원수다.

7 그러나 나는, 희망을 버리지 않을 것이다.

나는 **하나님**께서 행하실 일을 기다릴 것이다.
모든 것을 바로잡으시고,
내게 귀 기울여 주실 것을 기대하며 살 것이다.

날개를 활짝 펼칠 날

8-10 원수들아, 내 앞에서 뻐기지 마라.
내 비록 넘어졌지만, 아주 끝난 것은 아니다.
지금은 어두운 곳에 처했으나
하나님께서 내 빛이시다.
나는 **하나님**의 진노와 벌을 받아들일 수 있다.
받아 마땅하기 때문이다. 죄를 지었기 때문이다.
그러나 이 벌은 영원하지 않다. 그분은 내 편이시며,
마침내 여기서 나를 꺼내 주실 것이다.
환히 불을 밝혀 주시고, 내게 당신의 길을 보여주실 것이다.
그날에, 나는 전체 그림을 보면서 그분이 옳았다는 것을 깨닫게 되리라.
내 원수도 그것을 깨달아,
망신과 수치를 당하게 될 것이다!
"그래, 너의 **하나님**은 지금 어디 있느냐?"고
나를 놀려대던 원수가,
시궁창에 처박혀 뒹구는 꼴을
내 두 눈으로 똑똑히 보게 될 것이다.

11-13 오, 그날이 온다! 네 성을 재건할 날이,
네가 기지개를 펴고 날개를 활짝 펼칠 날이 온다!
그날, 흩어졌던 자들이 돌아오리라.
동쪽으로는 앗시리아로, 서쪽으로는 이집트로,
바다 건너, 산들 너머로 뿔뿔이 흩어졌던 자들,
떨어져 있던 고향친구와 가족들이 모두 돌아온다.

그러나 다른 사람들의 운명은 역전되리라.
그들이 사는 곳은 폐허가 되리라.
그들이 살아온 방식, 그들이 저지른 일들 때문이다.

14-17 오 하나님, 주의 백성을 주의 지팡이로 목양하여 주십시오.
주께서 사랑하시는 귀한 양 떼의 길을 인도하여 주십시오.
낙원 한가운데 있는 숲에서
오직 주의 백성으로 하여금,
옛적 길르앗의 푸른 초원에서처럼,
바산의 무성한 초원에서처럼 풀을 뜯으며 살게 해주십시오.
저희가 이집트에서 나왔을 때처럼
기적과 이적을 다시 일으켜 주십시오.
저 사악한 민족들이 제 분수를 알게 해주십시오.
오만한 그들, 굴욕을 당하여 말을 잃고 정신도 잃게 해주십시오.
뱀과 땅벌레처럼 땅을 기고
바위 밑구멍에서 기어 나왔다가,
우리 하나님과 직면하게 해주십시오.
그리하여, 거룩한 두려움과 떨림에 사로잡히게 해주십시오.

18-20 주와 비길 신이 어디에 있습니까?
우리의 죄과를 말끔히 없애 주시고
사랑하는 백성의 지난 죄들을 씻겨 주시며,
못 본 것으로, 못 들은 것으로 해주십니다.
주께서는 노를 오래 품지 않으십니다.
자비가 주의 전공이며, 주께서 가장 좋아하시는 일이기 때문입니다.
긍휼이 우리를 향해 진군해 오고 있습니다.
주께서 우리 허물을 짓밟으시고,
우리 죄들을

대양 밑바닥에 가라앉혀 주실 것입니다.
우리 조상 야곱에게 하신 약속을 이루어 주시며,
우리 큰 조상 아브라함에게 베푸셨던 긍휼을
우리에게도 변함없이 베풀어 주실 것입니다.
오래전, 우리 조상에게 약속하셨던 모든 것을
다 이루어 주실 것입니다.

나훔

머리말

역사의 무대는 드넓다. 때때로 이 무대에 거물들이 등장해 거들먹거리고, 무력과 재력을 휘두르며 위협과 겁박을 일삼는다. 그들은 자신이 무대의 중심에 있다고 생각하지만, 사실은 다르다. 그들은 무대 중앙 근처에도 가지 못했다. 그들이 큰 소란을 일으키고 사람들의 이목을 끄는 것은 사실이며, 상당한 주목과 찬탄을 얻어 낼 때도 있다. 세계 열강들, 강력한 군대들, 유력한 인사들이 바로 그들이다. 세계 뉴스의 일면을 장식하는 존재는 언제나 그런 초강대국 몇몇 나라와 그 통치자들이다. 그들 가운데 몇몇은 공원 벤치 등에 새겨 넣은 이름을 오늘까지 남기고 있기도 하다. 하지만 그것들은 불멸을 얻어 보겠다는 부질없는—실로 가련한—시도였을 뿐이다.

허장성세 부리는 자들이 일으키는 소동에 시선을 빼앗기게 되면, 무대 중앙에서 지금 진행되고 있는 일—하나님께서 하고 계신 일—을 보지 못할 위험이 있다. 하나님께서 일하시는 방식에는 특징이 있다. 그분은 대개 조용히 일하시고, 기도를 통해 일하신다. 시인 조지 메리디스(George Meredith)가 읊은 대로, '마음을 쪼개며 보도블록을 밀고 올라오는 보이지 않는 힘들, 조용한 사람들과 나무들 안에 숨어 있는 힘들"이 있는 것이다. 그러나 우리가 요란스럽고 커다란 것에만 반응하도록 길들여진다면, 우리는 하나님의 말씀과 그분의 일하심을 놓치고 말 것이다. 하지만,

하나님을 가벼이 여기지 마라.

그분은 너희가 만만히 대할 수 있는 분이 아니시다.
그분은 원수들에게 보복하신다.
맹렬한 노를 발하시며 적들에 맞서 일어나신다.
하나님은 버럭 화를 내시는 분이 아니시다.
강한 분이지만 오래 참으신다.
그러나 누구든 그분 앞에서 얼렁뚱땅 넘어갈 수 없다.
누구든 대가를 치르고야 만다(나 1:2-3).

때때로 하나님께서는 어떤 이들에게 이런 위세 부리는 인물과 민족과 운동들의 귀추를 유심히 살펴보는 임무를 맡기셔서, 나머지 사람들이 그런 것에 쏟던 관심을 끊고 역사의 주인이신 하나님께로 시선을 돌리게 하신다. 주전 7세기 나훔이 바로 그런 임무를 맡았다. 그 당시는 앗시리아로 인해 온 세상이 공포에 떨던 시절이었다. 나훔이 예언의 말씀을 전했을 당시, 앗시리아(수도는 니느웨였다)는 실로 천하무적으로만 보였다. 앗시리아 없는 세상은 상상도 할 수 없었다. 나훔의 임무는 그런 자유로운 세상에 대한 상상을 가능하게 해주는 것이었다. 하나님의 백성이 앗시리아 공포증에서 벗어나, 주권자 하나님을 믿고 그분께 기도할 수 있게 해주는 것이었다. 나훔의 설교, 성령이 주신 비유, 하나님의 논리는 한껏 부풀려진 앗시리아의 실체를 드러내고 니느웨의 소란을 정리해 줌으로써, 이스라엘로 하여금 앗시리아의 위세가 실은 허세에 지나지 않는다는 사실을 보게 해주었다. 이제 그들은 상황의 본질에 주목할 수 있었다. 나훔은 이렇게 선포한다.

니느웨에 내리시는 **하나님**의 명령이다.

"너는 이제 끝장이다.
니느웨는 끝났다.
내가 너의 신전을 모조리 부술 것이다.
네 신과 여신들을 쓰레기통에 처넣을 것이다.
나는 지금 너의 무덤을 파는 중이다. 비석 없는 무덤을.
이제 너는 없는 것이나 마찬가지다. 아니, 그보다 못
하다." ……

"앗시리아야, 나는 네 원수다."
만군의 **하나님**께서 말씀하신다.
"내가 네 전차들을 불태울 것이다. 잿더미로 만들 것
이다.
'사자 나라'가 이제 송장들로 뒤덮이리라.
전쟁 사업은 이제 끝났다. 네가 할 일은 더 이상 없다.
전쟁을 보도할 일도 더 이상 없고,
승리를 선언할 일도 더 이상 없다.
너의 전쟁 사업은 이제 영원히 끝났다."
(나 1:14; 2:13)

예언자 나훔은 니느웨, 곧 앗시리아에 임할 재앙이라는
단 하나의 메시지만을 전했기에, 자칫 그를 니느웨를 증
오한 사람 정도로 오해하기 쉽다. 그러나 나훔은 더 큰 그
림을 보며 말씀을 전하고 그 내용을 기록하기에, 적들의

죄 못지않게 이스라엘의 죄 역시 혹독한 고발을 당하고 있다. 나훔의 취지는 적국에 대해 종교적 증오심을 조장하는 것이 아니다. 그는 다만 이렇게 말하고 있다. "원수 앗시리아를 우러러보지도 말고 두려워하지도 마라. 저 자들도 우리와 똑같은 기준으로 심판을 받게 될 것이니."

나훔

하나님을 가벼이 여기지 마라

1 **1** 엘고스 사람 나훔이, 니느웨에 대해 하나님께서 보여주신 것을
기록한 보고서다.

2-6 **하나님을 가벼이 여기지 마라.**
그분은 너희가 만만히 대할 수 있는 분이 아니시다.
그분은 원수들에게 보복하신다.
맹렬한 노를 발하시며 적들에 맞서 일어나신다.
하나님은 버럭 화를 내시는 분이 아니시다.
강한 분이지만 오래 참으신다.
그러나 누구든 그분 앞에서 얼렁뚱땅 넘어갈 수 없다.
누구든 대가를 치르고야 만다.
토네이도와 허리케인은
그분의 발자취고,
폭풍 구름들은
그분께서 발을 터실 때 이는 먼지다.
그분께서 바다에 고함을 치시면, 바다가 마른다.
강들이 말라 버린다.
바산과 갈멜의 산들이 떨고,

레바논의 과수원들이 오그라든다.
산들이 뿌리째 흔들리고,
언덕들이 녹아 개펄이 된다.
하나님이 두려워 땅이 몸을 떤다.
온 세상이 겁에 질린다.
이 불길 같은 진노에 대항할 자 누구랴?
이 맹렬한 격노를 견딜 자 누구랴?
그분의 진노는 용암처럼 쏟아지고,
그분의 격노는 돌을 바스러뜨린다.

7-10 **하나님**은 선하시다.
힘겨울 때 피난처가 되어 주신다.
도움을 구하는 자 누구든,
딱한 사정에 처한 자 모두를
기꺼이 맞아 주신다.
그러나 사람들이 도피처로 삼는 곳은
모조리 쓸어버리신다.
누구도 하나님을 피해 도망칠 수 없다.
하나님을 거슬러 꾀를 쓰느라 왜 시간을 낭비하느냐?
그런 계략은 무엇이든 끝장나고 만다.
말썽을 피우는 자들, 두 번 다시 기회는 없다.
기름을 흠뻑 먹인
마른장작 더미처럼,
활활 타서 재가 될 것이다.

11 **하나님**께 맞서려는 악한 음모들이, 니느웨에
개미 떼처럼 바글거린다.
유혹과 배신,
온갖 거짓말들을 지어내는 원산지다.

12-13 이에 대해 **하나님**께서 하시는 말씀을 들어라.

"너, 지금 세상 꼭대기에 있다만
곧 바닥으로 고꾸라져,
모든 박수와 갈채를 잃어버릴 것이다.

유다야, 지금까지 내가 너를 괴롭게 했지만,
이제부터는 달라질 것이다.
네 목에서 멍에를 끌러 주고
그것을 쪼개어 불태워 버릴 것이다.
너를 속박했던 끈을
풀어 줄 것이다."

14 니느웨에 내리시는 **하나님**의 명령이다.

"너는 이제 끝장이다.
니느웨는 끝났다.
내가 너의 신전을 모조리 부술 것이다.
네 신과 여신들을 쓰레기통에 처넣을 것이다.
나는 지금 너의 무덤을 파는 중이다. 비석 없는 무덤을.
이제 너는 없는 것이나 마찬가지다. 아니, 그보다 못하다."

15 보아라! 전령이 기쁜 소식을 들고 온다.
산을 넘어 소식을 전한다. 평화가 왔다!
축제일이다! 유다여, 잔치를 벌여라!
하나님을 예배하고 그분께 다시 헌신하여라!
그 원수, 이제 걱정할 필요가 없다.
그는 끝장났으니, 마음 놓아라.

니느웨는 망한다

2 무시무시한 파괴자가 오고 있다!
경비병들아, 군수품을 챙겨라.
정신 바짝 차리고
전투태세를 갖춰라.

2 **하나님**께서 야곱의 자존심,
이스라엘의 자존심을 회복시켜 주셨다.
이스라엘은 힘든 시절을 넘어왔다.
지옥을 경험하고 돌아왔다.

3-12 햇빛에 번쩍거리는 무기들,
눈부신 전투복 차림의 군인들,
당장이라도 돌격할 태세를 갖춘
번쩍번쩍 광이 나는 전차들,
하늘을 찌를 듯한 창들의 숲이
지평선 위로 무시무시한 모습을 드러낸다.
전차들이 거리로 쏟아져 들어와
광장을 가득 메운다.
햇빛 아래 횃불같이 타오르고,
번개처럼 이리저리 번쩍인다.
앗시리아 왕이 부하들을 소집하지만,
다들 비틀거리다 자빠진다.
공격을 막기 위해 성벽으로 달려가 보지만,
이미 너무 늦었다.
병사들이 성문을 뚫고 쏟아져 들어오고,
왕궁이 허물어진다.
곧 끝장난다.

니느웨가 발가벗겨졌다. 니느웨가 멸망했다.
여종과 남종들이 비둘기처럼 흐느껴 울고,
가슴을 치며 통곡한다.
니느웨는
마개가 열린 물통이다.
고함소리 들려온다. "어떻게든 막아라! 어떻게든 막아라!"
하지만 이미 늦었다. 니느웨는 곧 빈 통이 된다. 텅 빈 통.
다른 고함소리 들려온다. "은을 털어라!
금을 털어라!
노다지다!
원하는 대로 다 꺼내가라!"
망했다! 저주받아 망했다! 아주 폐허가 되었다!
가슴은 철렁 내려앉고
다리에 힘이 풀린다.
속이 뒤집히고
얼굴은 새하얗게 질린다.
명성 높던 맹수 앗시리아의 사자에게,
그 새끼들에게,
이 무슨 일이란 말이냐?
적수가 없이
느긋하게 새끼들을 품던 맹수,
그 수사자와 암사자에게 이 무슨 일이란 말이냐?
사냥을 나가면 어김없이
갓 잡은 신선한 먹이를 물고 와서 암사자와 새끼들을 먹이던
그 수사자에게,
피가 뚝뚝 떨어지는 고기들을 쌓아 놓고
축제를 벌이던 그 사자 굴에, 이 무슨 일이란 말이냐?

13 "앗시리아야, 나는 네 원수다."
만군의 **하나님**께서 말씀하신다.
"내가 네 전차들을 불태울 것이다. 잿더미로 만들 것이다.
'사자 나라'가 이제 송장들로 뒤덮이리라.
전쟁 사업은 이제 끝났다. 네가 할 일은 더 이상 없다.
전쟁을 보도할 일도 더 이상 없고,
승리를 선언할 일도 더 이상 없다.
너의 전쟁 사업은 이제 영원히 끝났다."

1-4 **3** '살인자 성'이여, 너는 망할 것이다.
거짓말이 가득하고, 약탈물이 쌓이고, 폭력에 중독된 성이여!
나팔소리 울리고 바퀴소리 요란하다.
말들이 날뛰고 전차들이 비틀거린다.
칼과 창을 휘두르며
기수들이 질주한다.
거리에 시체들이 나뒹굴어
땔감처럼 쌓이고,
하수구와 골목마다 송장들이 쌓여
모든 길이 막힐 지경이다!
그리고 창녀들! 끝없는 창녀들!
치명적 매력의 창녀 도성이여,
너는 악한 주문으로 민족들을 유혹해 파멸시키는
마녀다.

5-7 "창녀 니느웨야, 나는 네 원수다.
나 만군의 **하나님**이 너를 대적한다!
세상을 호리는 너의 그 비단옷을 벗겨

온 세상 앞에서 발가벗길 것이다.
모든 민족이 네 적나라한 실체를 보게 할 것이다.
네 정체가 무엇이며 무슨 짓을 해왔는지 보게 할 것이다.
네게 개똥을 퍼부은 다음,
모두가 볼 수 있게 전시대에 올려놓고 이렇게 써붙일 것이다.
'창녀 전시 중.'
너를 보는 자들이 모두 역겨워하며 말할 것이다.
'니느웨, 저 돼지우리,
저렇게 더러울 줄이야.
두 번 다시 쳐다보기도 싫다. 추하다, 추해!'"

8-13 네가 이집트의 테베보다 강하냐?
나일 강 옆에 자리하여,
거대한 강이 보호벽과 방어벽이 되어 준다며,
천하무적이라며 뻐기던 테베 말이다.
남쪽은 에티오피아가,
북쪽은 이집트가 그를 도와 경계를 서 주었고,
언제든 나서서 도와줄
힘센 친구들, 붓과 리비아가 있었다.
하지만 테베가 어떻게 되었느냐?
성 주민 전체가 끌려가 난민이 되었다.
대낮에 대로에서
아기들이 길바닥에 메쳐져 죽고,
고관들이 경매에 부쳐져 팔려 갔으며,
유명인사들이 사슬에 묶여 끌려갔다.
니느웨야, 알아 두어라. 너도 그렇게 될 것이다.
어디에 부딪히는지도 모른 채
이리저리 비틀거리며, 누울 곳을 찾는 취객처럼 될 것이다.
너의 요새는 복숭아나무 같다.

익을 대로 익어 수확만 기다리는 복숭아.
나무를 살짝만 흔들어도,
배고파 쩍 벌린 입속으로 우수수 떨어진다.
현실을 똑바로 보아라. 네 전사들은 힘없는 겁쟁이들이다.
그들은 봉에 지나지 않는다.
네 국경은 틈이 벌어진 문이다.
적들이 들어오는 것은 식은 죽 먹기다. 무슨 수로 그들을 막겠느냐?

14-15 포위에 대비해 물을 비축하여라.
방어망을 강화하여라.
기초를 다져라. 진흙을 가져다가
벽돌을 만들어라.
하지만 안됐구나. 너무 늦었다.
원수가 놓은 불이 너를 사를 것이다.
원수가 휘두르는 칼이 너를 갈기갈기 찢어 놓을 것이다.
너는 메뚜기 떼에게 뜯기듯 물어뜯길 것이다.

15-17 그렇다. 메뚜기 떼에 당하는 것, 네게 합당한 운명이다.
너 자신이 바로 메뚜기 재앙이기 때문이다.
상점과 상인들을 끝없이 늘려 온 너,
사는 자와 파는 자의 수가 하늘의 별들보다 많다!
메뚜기 떼 재앙이다. 온 지역을 깡그리 털어먹은 다음
날아가 버리는 메뚜기 떼다.
네 관료들이 메뚜기들이고,
네 브로커와 은행가도 메뚜기들이다.
처음에는 너를 위해 봉사한다며
만면에 웃음을 띠고 선심을 쓰지만,

후에, 뭔가 묻거나 불평할 것이 있어 찾아가면,
그들은 종적도 찾을 수 없다.

18-19 앗시리아의 왕아!
목자가 되어 백성을 돌보라고 네가 세운 지도자들은
지금 딴짓을 하느라 정신없다.
그들은 책임을 다하고 있지 않다.
네 백성이 뿔뿔이 흩어져 길을 잃고 헤매는데,
아무도 보살펴 주지 않는다.
너는 돌아올 수 없는 강을 건넜다.
네가 입은 상처는 치명적이다.
네 운명에 대한 이야기를 듣게 되면,
온 세상이 박수를 치며 환호할 것이다.
네 흉악은
세상 구석구석까지 마수를 뻗쳤다.
그 악에 고통을 받지 않은 사람이 없다.

하박국

머리말

믿음의 삶은 당혹스러울 정도로 예측 불허인 모험의 여정
이다. 다음에 무슨 일이 닥칠지 알지 못하며, 예상대로 일
이 성사되는 경우는 많지 않다. 흔히 우리는, 자신이 하나
님의 택함과 사랑을 받는 자이므로 하나님께 특별대우를
받을 것이라 여긴다. 자연스러운 기대이기는 하다. 그분을
따르는 제자가 되었으니 이제 막다른 골목을 만나거나, 진
창길로 접어들거나, 목적지가 다른 여행자들에게서 끔찍한
일을 당하는 일 따위는 없을 것이라 기대한다. 이해 못할 바
는 아니다. 그러나 하나님을 따르는 제자들이라고 해서 인
생길에서 특별대접을 받는 것은 아니다. 이 사실은 늘 우리
를 놀라게 한다. 그런데 더욱 놀라운 사실은, 그러한 순간
에 우리의 길동무가 되어 주는 이들을 '성경' 속에서 만날
수 있다는 것이다.

그 반가운 길동무 중 하나가 바로 예언자 하박국이다.
예언자들이 하는 일의 대부분은 '우리'에게 하나님의 말씀
을 전해 주는 것이다. 그들은 우리에게 하나님의 심판과 구
원, 도전과 위로의 말씀을 들으라고 촉구하는 설교자들이
다. 그들은 우리가 하나님을 마음대로 상상하지 못하도록,
진짜 하나님을 알려 준다. 하나님의 말씀에 귀 기울이라고
외치는 예언자들은 세련된 완곡어법을 사용하는 자들이 아
니라, 가히 우리 면상에 주먹을 날리는 식으로 설교하는 이
들이다. 그러나 하박국은 우리의 말을 '하나님'께 해주는
예언자다. 그는 도무지 이해하기 힘든 일 앞에서 우리가 느
끼는 당혹감과 하나님에 대한 실망감을 서슴지 않고 하나
님께 털어놓는다. 그는 하나님께 우리 말에 귀 기울여 주실

것을 요구한다. 그것도 예언자답게 정색을 하고 단호한 말투로 말이다.

> **하나님**, 얼마나 더 외쳐야
> 저를 도와주시렵니까?
> "사람 살려! 살인이다! 경찰!" 하며
> 얼마나 더 소리 질러야 저를 구하러 오시렵니까?
> 어찌하여 날이면 날마다 악을 목격하고,
> 고난과 맞닥뜨리게 하십니까?
> 혼란과 폭력이,
> 싸움과 다툼이 도처에서 터져 나옵니다.
> 법과 질서는 땅에 떨어졌고,
> 정의는 농담거리가 되었습니다.
> 악인이 의인을 맥 못 추게 하고
> 정의를 거꾸로 뒤집습니다(합 1:1-4).

하박국을 자극시켰던 것은 주전 7세기의 국제 정세였다. 그는 하나님께서 강력한 바빌론 군대를 들어서 하나님의 백성을 심판하실 예정인 것을 알게 되었다. 아니, 하나님을 모르는 이방 민족을 들어 하나님을 섬기는 경건한 민족을 벌하시겠다니! 하박국은 도저히 이해할 수 없어서, 즉시 하나님께 따졌다. 하나님께서 당신의 일을 제대로 하고 계신 것 같지 않다는 자신의 생각을 있는 그대로 털어놓았다. 그날 이후, 단 하루도 거르지 않고 누군가는 하박국처럼 당혹감에 사로잡혀 다음과 같은 말을 내뱉었다. "하나님, 도무지 이해가 되지 않습니다!"

그러나 우리의 길동무 예언자 하박국은 더 나아가, 보다 중요한 일을 행한다. 그는 기다린다. 그리고 귀 기울여 듣는다. 그렇게 기다리고 듣는 가운데, 그리고 그 내용으로 기도하는 가운데, 어느새 그는 하나님의 주권이라는 보다 큰 세상을 발견하고, 그 세상의 주민으로 살아가게 된다. 그 자리에서 비로소 그는, 하나님을 믿는 삶, 하나님을 한결같이 신뢰하는 삶이야말로 충만한 삶이요 유일하고 참된 삶임을 마침내 깨닫게 된다.

하나님, 주님에 대해 전하는 조상들의 말을 듣고,
놀라서 무릎을 꿇습니다.
그들에게 하신 일을 오늘 우리에게도 행해 주십시오.
그들을 위해 역사하신 것처럼, 오늘 우리를 위해서도
역사해 주십시오.
심판하실지라도,
자비를 잊지 말아 주십시오. 주께서는 분명 그렇게 하
실 것입니다.……

체리나무에 꽃이 피지 않고
딸기가 익지 않아도,
사과가 다 벌레 먹고
밀농사가 흉작이어도,
양 우리에 양이 없고
외양간에 소가 없어도,

나, 하나님께 즐거운 찬송 부르리라.
나의 구원자 하나님 앞에서 즐겁게 뛰어놀리라.
나, 하나님의 통치와 승리를 믿고
용기를 얻어 기운을 차리네.
사슴처럼 뛰어다니는 나,
산 정상에 오른 듯한 기분이라네!(합 3:1-2, 17-19)

하박국은 우리와 출발점이 같았다. 그 역시 우리처럼 혼란에 빠져 있었고 불평했으며, 심지어 하나님을 고발하기도 했다. 그러나 그는 그 자리에 머물지 않았다. 그는 더 나아갔다. 결국 그는, 하나님을 사랑하는 자들에게는 삶 속의 모든 것들이 협력하여 선을 이루어 내는, 그런 세상에 도달하게 되었다. 우리를 길동무로 데리고서 말이다.

하박국

1 하나님께서 하박국에게 알려 주신 문제다.

하나님, 얼마나 더 외쳐야
저를 도와주시렵니까?
"사람 살려! 살인이다! 경찰!" 하며
얼마나 더 소리 질러야 저를 구하러 오시렵니까?
어찌하여 날이면 날마다 악을 목격하고,
고난과 맞닥뜨리게 하십니까?
혼란과 폭력이,
싸움과 다툼이 도처에서 터져 나옵니다.
법과 질서는 땅에 떨어졌고,
정의는 농담거리가 되었습니다.
악인이 의인을 맥 못 추게 하고
정의를 거꾸로 뒤집습니다.

너희를 벌하려 바빌론을 일으킬 것이다

"너희 주변의 사악한 민족들을 둘러보아라.
잘 살펴보아라. 충격 받지 않도록 마음 단단히 먹어라.

너희가 믿기 어려워할 일이
이제 곧 일어날 것이다.
내가 너희를 벌하려 바빌론 사람들을 일으킬 것이다.
흉악하고 잔악한 바빌론 사람들,
천하를 정복하고
뭇 민족들을 좌지우지하는 바빌론,
제멋대로가 법인
그 무시무시하고 가공할 자들 말이다.
그들의 말은 바람처럼 빠르게 뛰고,
피에 주린 늑대처럼 달려든다.
별안간 튀어나와
질풍노도같이 습격해 온다.
그들은 썩은 고기 위를 빙빙 돌다
내려와 덮치는 독수리들 같다.
그들은 살인광이다. 살인에 미쳤다.
그들은 사람을 쥐 잡듯 잡는다.
그들은 왕들에게 모욕을 주고
장군들을 놀림감으로 삼는다.
요새들도 우습게 여겨,
식은 죽 먹기로 허물어 버린다.
그들은 바람처럼 너희를 휩쓸고 지나갈 것이다.
죄로 인해 뻔뻔해진 그들, 그들에게는 힘이 곧 신이다."

어찌하여 침묵하고 계십니까?

12-13 **하나님**, 주께서는 영원부터 계신 분이 아니십니까?
거룩하신 하나님, 우리가 이대로 죽는 것은 아니겠지요?
하나님, 정말 주의 심판을 수행할 도구로 바빌론 사람들을 택하셨습니까?
반석이신 하나님, 설마 그들에게 징계의 일을 맡기신 것은 아니겠지요?
아니, 진담이실 리가 없습니다!

주님은 악을 묵과하시는 분이 아니십니다!
그렇다면, 무슨 일이라도 하셔야 하지 않습니까?
어찌하여 침묵하고 계십니까?
극악무도함이 판을 치고, 악인들이 의인들을 집어삼키는데도,
주님은 마냥 보고만 계십니다!

14-16 사람들을 그저
바닷속 물고기 떼 취급하고 계십니다.
방향도 모르고 목적지도 없이,
그저 갈팡질팡 헤엄쳐 다니는 물고기들 말입니다.
그런데 악한 바빌론 사람이 와서 낚시질을 해댑니다.
사정없이 잡아들입니다.
잡을 수 있을 만큼 잡아서 바구니를 가득 채웁니다.
낚시가 잘된 날이라고, 그의 기분은 최고가 됩니다!
그는 자기 낚싯대를 찬양하며,
낚시 도구들을 제단 위에 올려놓고 절을 합니다!
그는 그렇게 유쾌한 하루를 보내고는,
돌아가서 밤에 실컷 먹고 즐깁니다!

17 이 일을 계속 허용하시렵니까?
이 바빌론 낚시꾼이
주말에 물고기를 잡듯,
사람을 잡아 죽이는 상황을 계속 허용하실 생각입니까?

1 **2** 이런 내 질문에 하나님께서는 뭐라고 대답하실까?
나는 마음의 준비를 단단히 하고서,

망루에 올라 지평선을 살펴보련다.
하나님께서 무슨 말씀을 하실지,
내 불평에 뭐라고 대답하실지
기다려 보련다.

자아 충만, 텅 빈 영혼

2-3 그러자 **하나님**께서 대답해 주셨다. "이것을 기록하여라.
지금 네 눈에 보이는 것을 기록하여라.
뛰어가는 사람도 읽을 수 있도록
커다랗고 두꺼운 글자로 써라.
이 환상, 이 메시지는
앞으로 올 일을 가리키는 증언이다.
이 일은 빨리 당도하고 싶어, 지금 뛰어오는 중이다.
거짓말이 아니다.
더디 오는 것처럼 보여도, 기다려라.
지금 오는 중이다. 제때에 도착할 것이다."

4 "그를 보아라. 자만심으로 한껏 부풀어 오른 그,
자아로 가득하다만 영혼은 텅 비었다.
그러나 하나님 앞에서 충실하고 한결같은 믿음으로
바르게 서 있는 자는,
온전히 살아 있다. 진정 살아 있다.

5-6 잘 알아 두어라. 돈은 사람을 속인다.
거만한 부자들, 오래가지 못한다.
무덤이 송장에 주려 있듯,
그들은 재물에 주려 있다.
죽음처럼 그들도 늘 더 많이 삼키려 하지만,

얻는 것이라곤 시체뿐이다.
그들은 죽은 민족들로 가득한 공동묘지,
송장으로 가득한 묘지다.
이런 자들, 두 번 다시 쳐다보지 마라.
곧 온 세상의 비웃음거리가 될 것이다.

6-8 '너는 네 자신을 뭐라 생각하느냐?
훔치고 강탈해 부자가 된 너 말이다.
그 짓을 네가
얼마나 더 오래 할 수 있을 것 같으냐?'
네게 해를 입은 자들이 깨어 일어나,
네게 받은 대로 갚아 줄 날이 멀지 않았다.
이 민족 저 민족을 약탈해 온 너,
이제 네 차례다.
살아남은 모든 자들이 너를 약탈하려고,
네가 저지른 살인과 학살을 그대로 갚아 주려고 혈안이 되어 있다.

9-11 너는 네 자신을 뭐라 생각하느냐?
닥치는 대로 빼앗아 차지하는 너,
정상에 앉아 있으니, 재앙이 미칠 수 없을 거라고 생각하느냐?
마음 푹 놓고 즐기고 있느냐?
천만에, 너는 네 집의 파멸을 자초했다.
다른 사람을 파멸시킴으로 네 자신의 파멸을 불렀다.
네 토대를 스스로 침식시켰고,
네 영혼을 스스로 부식시켰다.
네 집의 벽돌들이 고함치며 너를 고발할 것이다.
그 목조 뼈대들이 증인으로 나설 것이다.

12-14 너는 네 자신을 뭐라 생각하느냐?

살인으로 성읍을 세우고, 범죄로 도성을 세우는 너,
만군의 **하나님**이
그런 일은 결국 잿더미가 되게 한다는 사실을 모르느냐?
네가 그 일에 힘을 쏟을수록
점점 더 하찮은 존재가 되게 한다는 사실을 모르느냐?
그러나 물이 바다를 덮음같이,
온 땅에 **하나님**의 영광을 깨달아 아는 지식이 가득하리라.

15-17 너는 네 자신을 뭐라 생각하느냐?
이웃을 불러 술 파티를 벌이고,
술을 잔뜩 먹여
광란의 섹스 파티로 끌어들이는 너,
즐거운 시간을 보냈다고 생각하겠지만,
틀렸다! 너는 망신을 당한 것이다.
네가 줄곧 마신 것은,
하나님의 진노의 잔이다.
자리에서 일어나면 숙취로 머리가 쑤실 것이다.
네가 레바논에 휘두른 폭력,
네가 자행한 동물 학살,
네가 저지른 살인과 상해,
많은 곳에서 일삼은 폭행이,
가시지 않은 숙취가 되어 너를 괴롭힐 것이다.

18-19 대체 정교한 조각품 신을 만들어 무엇하려느냐?
거짓말밖에 할 줄 모르는
화려한 주물생산품 신을 만들어 무엇하려느냐?
말도 할 줄 모르는 신들을 제작해서
뭘 하자는 것이냐?
너는 네 자신을 뭐라 생각하느냐?

너는 나무 막대기에다 대고 '깨어나라' 외치고,
말 못하는 돌멩이를 향해 '일어나라' 외친다.
그것들이 대체 무엇을 가르쳐 줄 수 있느냐?
그것들은 순전히 거죽뿐이다.
속은 텅 비었다.

20 그러나 보아라! **하나님**은 그의 거룩한 성전에 있다!
모두 조용히 하여라. 거룩한 침묵을 지켜라. 귀 기울여 들어라!"

하박국의 기도

1-2 **3** 합주에 맞춘, 예언자 하박국의 기도다.

하나님, 주님에 대해 전하는 조상들의 말을 듣고,
놀라서 무릎을 꿇습니다.
그들에게 하신 일을 오늘 우리에게도 행해 주십시오.
그들을 위해 역사하신 것처럼, 오늘 우리를 위해서도 역사해 주십시오.
심판하실지라도,
자비를 잊지 말아 주십시오. 주께서는 분명 그렇게 하실 것입니다.

3-7 하나님께서 다시 길을 나서신다.
옛 구원의 길을 되밟아 오신다.
데만을 지나 남쪽에서 올라오신다.
거룩하신 분께서 바란 산에서 오신다.
하늘이 그분의 광휘로 번쩍이고,
그분을 찬양하는 소리가 땅을 울린다.
새벽빛 같은 그분의 빛이 구름처럼 몰려와 뒤덮고,
두 줄기 빛이 그분의 손에서 뿜어 나온다.
그분 손에 깃든 저 힘이 보이느냐!

그분 앞서 재앙이 행진해 오고,
역병이 그분 발꿈치를 따라온다!
그분이 멈추시면 땅이 흔들리고,
주위를 둘러보시면 민족들이 몸을 떤다.
태곳적부터 있던 산들이 산산조각 나고,
옛적부터 있던 언덕들이 바람 빠진 풍선처럼 푹 꺼진다.
하나님께서 걸어오시는 길은
가장 오래된 산과 언덕들보다 더 오래되었다.
내가 보니, 모두가 근심에 빠졌고 공포에 사로잡혔다.
옛 광야의 적들, 구산과 미디안이
그분의 눈에 띄지 않기만을 바라며, 잔뜩 겁에 질려 있다.

❋

8-16 **하나님, 강을 보고 그리 노하십니까?**
오랜 강에게 노하십니까?
말과 전차로 구원을 행하셨을 때,
주께서는 바다에게 격노하셨습니까?
주께서는 주의 활시위를 당기시고
화살을 퍼부으셨습니다.
강을 들어 땅을 쪼개셨습니다.
다가올 일을 보면서,
산들은 몸을 비틀며 고통스러워했습니다.
홍수가 들이닥치고,
대양이 노호하여 집채만 한 파도가 일어났습니다.
해와 달이 흠칫 놀랐습니다.
주의 번쩍이는 활이 그들을 멈춰 세웠고,
주의 번개 같은 창이 그들을 꿰찔렀습니다.
노한 주께서 땅을 짓밟으셨고,
격노한 주께서 사악한 민족들을 내리밟으셨습니다.

주의 백성을 구원하려,
특별히 선택한 백성을 구원하려, 주께서 일어나셨습니다.
주님은 사악한 왕을
혼쭐나도록 패 주시고,
머리끝부터 발끝까지
그를 홀딱 발가벗기셨으며,
잘린 머리를 그의 창에 꽂으시고서
그의 군대를 날려 버리셨습니다.
사방으로 흩어진 그들,
결국 상어 밥이 되었습니다!
주께서는 주의 말을 타고 바닷속을 질주하시고,
파도를 타고 달리셨습니다.
그 소리를 들을 때 내 배가 떨렸고,
입술이 떨려 말을 더듬었습니다.
다리에 힘이 풀려,
비틀거리다 자빠졌습니다.
저는 물러나 앉아 기다립니다.
우리를 공격하는 자들에게 닥칠 운명의 날을 기다립니다.

17-19 체리나무에 꽃이 피지 않고
딸기가 익지 않아도,
사과가 다 벌레 먹고
밀농사가 흉작이어도,
양 우리에 양이 없고
외양간에 소가 없어도,
나, **하나님**께 즐거운 찬송 부르리라.
나의 구원자 하나님 앞에서 즐겁게 뛰어놀리라.
나, **하나님**의 통치와 승리를 믿고

용기를 얻어 기운을 차리네.
사슴처럼 뛰어다니는 나,
산 정상에 오른 듯한 기분이라네!

(합주에 맞춰 회중이 부르는 노래)

스바냐

머리말

우리는 자신에게 하나님을 이용할 권리는 주면서도 우리의 인간관계는 건드리지 않는 종교를 찾는다. 우리는 사람들 —남자와 여자와 아이들—과의 관계에서 염증을 느낄 때면, 찾아가서 위로와 영감을 얻을 수 있는 하나님을 원한다. 우리는 전쟁 같은 세상살이에서 우리의 칼날을 벼려 주는 하나님을 원한다.

하나님께 줄을 대면서도, 사람들과의 관계는 우리 좋을 대로 하도록 내버려 두는 종교를 원하는 성향은 그 뿌리가 매우 깊다. 인류 역사에서 가장 장려되고 가장 잘 팔린 종교는 언제나 이런 유였다. 지금도 이런 종교가 가장 장사가 잘된다.

성경의 예언자들은 바로 이런 종교를 뿌리 뽑으려 했다. 그들은 이 일을 위해 죽기 살기로 싸웠다. 하나님은 스바냐를 통해 이렇게 말씀하셨다.

"속 편하게 앉아서
자기만 편히 즐기는 살찌고 게으른 자들,
'하나님은 아무 일도 하지 않으신다. 좋은 일도, 나쁜 일도 하지 않으신다.
그분은 참견도 하지 않으신다. 우리도 그렇다'고 말하는 자들을 벌할 것이다"(습 1:12).

견실한 영적 삶은 하나님과 사람들 사이의 관계에 뿌리를 내린다. 그러기에 자칫 우리는 영적인 삶을 하나님과 나 사이의 개인적인 그 무엇으로 오해하기 쉽다. 기도와 노래,

위안과 영감을 주는 영적 독서, 마음이 통하는 사람들과 함께 드리는 예배 등의 어떤 사적인 것. 그러나 이런 식의 생각에 계속 머물 경우 자칫 우리는, 내가 싫은 사람과 나를 싫어하는 사람을 대하는 방식은 하나님과 전혀 상관없는 문제라고 생각할 수 있다.

예언자들은 이런 생각을 하는 우리에게 일갈한다. "그렇지 않다. 당신이 하는 모든 행동, 모든 생각, 모든 느낌이 하나님과 관련이 있다. 당신의 모든 인간관계가 하나님과 관련되어 있다." 우리는 모든 것이 상관관계를 맺고 있는 세상에 살고 있으며, 그 관계들 안에서 어떤 결과가 생겨난다. 그리고 그 결과들은 하나님에게서 최종 마무리된다. 이것을 가리키는 성경의 용어가 바로 최후의 심판 날이다. 스바냐는 그의 말을 듣는 사람들을 향해 이날을 준비할 것을 간절히 선포한다.

하나님을 찾아라,
하나님의 정의로 살아가는 너희, 은밀히 단련 받은 너희여.
하나님의 바른 길을 추구하여라. 평온하고 올바른 삶을 추구하여라.
하나님의 진노의 날에, 행여 화를 면할지 모른다.
(습 2:3)

이 최종 결산의 날은, 아무리 자주 아무리 많이 강조해도 지나치지 않다. 스바냐는 모든 예언자와 한목소리로, 우리를 향해 그 중대성과 긴급성을 외치고 있다.

스바냐

심판의 날

1 스바냐에게 임한 하나님의 메시지다. 스바냐는 구시의 아들이고, 구시는 그다랴의 아들, 그다랴는 아마랴의 아들, 아마랴는 히스기야의 아들이다. 이것은 유다 왕, 아몬의 아들 요시야가 다스릴 때 임한 메시지다.

2 "내가 땅을 말끔히 청소하리라.
먼지 하나 남기지 않으리라." 하나님의 포고다.

3 "사람도 동물도,
새와 물고기도,
죄를 일으키는 것은 무엇이든!
없애 버릴 것이다!"

4-6 "유다부터 시작할 것이다.
예루살렘 거주민들부터 시작할 것이다.
내가 거기서,
음란한 바알 산당과 그 사제들을 흔적도 없이 쓸어버릴 것이다.

밤에 지붕 위로 살금살금 기어올라가
별 신과 여신들에게 절하는 자들을 없애 버릴 것이다.
하나님을 경배하면서도
다른 왕과 신들에게 절하는 자들, 그들도 없애 버릴 것이다.
하나님을 완전히 내다 버리고,
하나님 생각이나 기도 한번 하지 않는 자들은 말할 것도 없다."

7-13 "이제 입을 다물어라!
주 **하나님**인 내 앞에서 경건하게 침묵하여라!
시간이 되었다. 나의 심판 날이 다가왔다.
거룩한 날이 정해지고, 초대받은 손님들도 거룩하게 구별되었다.
그 거룩한 날, **하나님**의 심판 날,
내가 지도자와 왕의 아들들을 벌할 것이다.
이방의 남녀 제사장들처럼 차려입고 다니는 자들,
이교의 기도와 행습을 들여오는 자들을 내가 벌할 것이다.
또 이교의 미신들을 수입해 들여오는 자들,
거룩한 장소를 지옥구덩이로 만들어 놓는 자들을 내가 벌할 것이다.
심판 날이다!" **하나님**의 포고다!
"도성의 '물고기 문'에서 두려움에 떠는 울음소리가 들린다.
'둘째 구역'에서 공포에 질린 울음소리가 들린다.
언덕에서 와르르 무너져 내리는 굉음소리가 들린다!
거리에서 장사하는 사람들아, 통곡하여라!
돈벌이는 끝났다. 돈의 신은 죽었다.
심판 날,
나는 예루살렘의 모든 구석과 복도를 샅샅이 훑을 것이다.
속 편하게 앉아서
자기만 편히 즐기는 살찌고 게으른 자들,
하나님은 아무 일도 하지 않으신다. 좋은 일도, 나쁜 일도 하지 않으신다.

그분은 참견도 하지 않으신다. 우리도 그렇다'고 말하는 자들을 벌할 것이다.

그러나 기다려 보아라. 그들은 가진 것 전부를 잃게 되리라.

돈도 집도 땅도, 다 잃을 것이다.

집을 지어 올려도, 거기 들어가 살지 못할 것이다.

포도원을 만들어도, 거기서 나는 포도를 맛보지 못할 것이다."

대낮에 흑암이 드리우는 날

14-18 "하나님의 큰 심판 날이 코앞에 닥쳤다.

카운트다운이 시작된다. 칠, 육, 오, 사…….

내 심판 날은 비탄에 젖은 통곡의 날이다.

억센 사내들도 도와달라고 비명을 지른다.

그날은 빚을 갚는 날이다. 내 노를 치르는 날이다.

비통과 격통의 날,

재난과 파멸의 날,

대낮에 흑암이 드리우는 날,

폭풍구름과 먹구름의 날,

소름끼치는 전쟁의 함성이 들리는 날이다.

요새들이 함락되고

방어진이 허물어진다.

그들은 무엇에 얻어맞았는지도 모를 것이다.

장님처럼 더듬거리며 다닐 것이다.

그들은 하나님을 거스른 죄인이다!

그들의 피는 구정물처럼 버려지고,

그들의 내장은 찌끼처럼 밟힐 것이다.

돈을 써서 빠져나갈 생각은 아예 마라.

너희 돈은 아무 쓸모없다.

이날은 하나님의 심판 날, 나의 진노의 날이다!

너희 죄로 인해 나의 노가 활활 타오른다.

그것은 썩은 세상을 태우는 불,
썩어 가는 인간들을 끝장내는 들불이다."

하나님을 찾아라!

2 그러니 함께 모여라. 전열을 정비하여라!
　　너희는 뭐가 필요한지도 모르는 민족이다.
폭풍 속의 나뭇잎처럼 날아가기 전에,
하나님의 진노의 심판이
너희를 쓸어버리기 전에,
그 격렬한 진노가
전력으로 너희에게 떨어지기 전에,
어서 모여라.

³ **하나님**을 찾아라,
하나님의 정의로 살아가는 너희, 은밀히 단련 받은 너희여.
하나님의 바른 길을 추구하여라. 평온하고 올바른 삶을 추구하여라.
하나님의 진노의 날에, 행여 화를 면할지 모른다.

이스라엘 이웃 나라들이 받을 심판

⁴⁻⁵ 가사가 으스러질 것이다.
아스돗은 정오가 되기 전에 모두 쫓겨나고,
에그론은 뿌리째 뽑힐 것이다.
바닷가 사람들,
그렛의 뱃사람들이 재앙을 맞으리라!
너희, 블레셋 땅 가나안에 정착한 너희에게
하나님의 말씀은 나쁜 소식이다.
"너희는 망하기로 정해졌다.
살아남을 자 없을 것이다!"

6-7 뱃사람들의 땅이
목초지가 되고,
목동과 양들의 땅이 될 것이다.
유다 가문 중에 남은 자들이 그것을 차지하여
날마다 바다 옆 땅에서 양을 치고,
저녁이 되면 아스글론에 있는 집으로 돌아가 잠잘 것이다.
그들의 **하나님**께서 그들을 돌봐 주시리라.
그분께서 모든 것을 전처럼 좋게 만들어 주시리라.

8-12 "내가 모압의 그 악독한 조롱소리,
암몬이 내뱉은 비웃음소리를 들었다.
그들이 잔인한 말로 내 백성을 깔아뭉개고,
이스라엘의 국경에서 으스댔다.
그러므로, 나 살아 있는 하나님이 스스로 맹세하여 말한다."
만군의 **하나님**,
곧 이스라엘의 하나님께서 말씀하신다.
"모압은 소돔처럼 망하고,
암몬은 고모라처럼 유령도시가 되리라.
모압은 돌밭이 되고, 암몬은 불모의 땅,
영원한 황무지가 될 것이다.
내 백성 가운데 남은 자들이 그들을 끝장내고,
그들을 뿌리째 뽑아 없애 버릴 것이다.
이것은 그들의 거만과,
만군의 **하나님**의 백성을
조롱하고 비웃은 것의 대가다.
하나님이 무시무시한 모습으로, 거룩한 공포로 나타날 것이다.

땅에서 만들어진 모든 신은 다 찌그러지고 박살나, 바람에 날려 가리라.
마침내 먼 곳과 가까운 곳의 모든 자들이,
저마다 땅에 엎드려 주를 경배하리라.
에티오피아 사람들아,
너희도 마찬가지로 죽을 것이다. 내가 그렇게 할 것이다."

13-15 그런 다음, 하나님께서 북쪽으로 손을 뻗쳐
앗시리아를 멸하실 것이다.
니느웨를 황폐화시킬 것이며,
사막처럼 마르고 황무한 곳으로 만드실 것이다.
니느웨는 유령도시,
들짐승들이 출몰하는 곳이 되어,
너구리와 늑대들이
그 폐허 위에 누워 잘 것이다.
창문에서 부엉이들이 울고, 문간에서 갈까마귀들이 깍깍댈 것이다.
그 목조 장식품들은 새들이 앉는 홰로 쓰일 것이다.
잘나가던 도성,
"내가 일등이다!
내가 최고다!" 하고 뻐기던
화려한 도성이,
어찌하여 버림받은 땅,
들짐승의 소굴이 되어 버렸단 말인가?
지나가는 자들, 관심도 갖지 않는다.
그저 고개를 절레절레 흔들 뿐이다.

시궁창이 된 도성

1-5 **3** 반역의 도성,
압제자들의 본거지, '시궁창 도성'에 재앙이 닥친다!

충고를 받아들이려 하지 않고
잘못을 고치려 하지 않으며,
하나님을 신뢰하지 않고
자기 신에게 가까이 갈 생각도 하지 않는 도성!
그곳의 지도자들은
탐욕스런 사자요,
재판장들은 아침마다
사냥감을 찾아 어슬렁대는 탐욕스런 이리 떼다.
그녀의 예언자들은 이득을 찾아 달려든다.
그들은 기회주의자들, 믿을 수 없는 자들이다.
제사장들은 성소를 더럽힌다.
그들은 하나님의 법을 도구 삼아 영혼을 불구로 만들어 죽인다.
그 가운데 계시는 **하나님**은 언제나 의로우신 분,
악이 범접치 못하는 분이시다.
아침마다 정의를 베푸시고,
저녁까지 힘차게 그 일을 행하신다.
그러나 악한 인간들,
양심도, 수치심도 없는 자들은 끝까지 악을 고집한다.

6 "그래서 내가 사악한 민족들을 잘라내 버리고,
  그 방어진들을 허물어뜨렸다.
  그 길에 돌무더기를 가득 쌓아,
  아무도 다니지 못하게 만들었다.
  그 도성들은 폐허 더미가 되었고,
  사람이 살 수 없는 곳, 살지 않는 곳이 되었다.

7 나는 이렇게 생각했다. '이제는 그녀가 나를 존중하겠지.
  내 충고와 훈계를 받아들이고

어려움에서 벗어날 길,
내가 내릴 벌을 피할 길을 찾아 나서겠지.'
그러나 그녀는 아무 변화가 없다. 아침 일찍 일어나서
또다시, 하던 짓을 계속 한다."

8   하나님의 포고다.
"좋다. 정녕 원하는 것이라면, 그렇게 살아라.
네가 법정에 설 날이 다가온다.
그러나 내가 법정에 증거를 들고 갈 테니 명심하여라.
내가 모든 민족, 모든 나라를
법정으로 불러들여,
내 맹렬한 노를 맛보게 해줄 것이다.
나의 열심은 불이다.
땅을 정화하고 정련하는 불이다."

하나님이 이스라엘의 왕이시다

9-13   "그러나 마지막에는, 내가 이 백성의 처지를 바꾸어 주리라.
그들에게 오염되지 않은 순전한 언어를 주어,
그들은 그 말로 예배 중에 하나님을 부르며
하나 되어 힘써 나를 섬길 것이다.
에티오피아 강 너머에서 그들이 돌아올 것이다.
기도하며 올 것이다.
흩어지고 잡혀갔던 내 백성 모두가,
예배 때 드릴 예물을 가지고 고향으로 돌아올 것이다.
너희는 더 이상
과거의 죄를 부끄러워하지 않아도 되리라.
내가 너의 오만한 지도자들을 모두 제거해 버리겠다.
그들이 내 거룩한 언덕에서
경건을 가장하여 거만을 떠는 일은 더 이상 없을 것이다!

내가 네 가운데 알짜배기들을 남겨 두리니,
그들은 심령이 가난한 이들,
이스라엘 중에 남은 자들, 진정한 이스라엘이다.
그들이 하나님 안에 거할 것이다.
그 알짜배기 거룩한 이들은
악을 행치 않을 것이다.
거짓말하지 않고,
아첨하거나 유혹하는 말도 하지 않을 것이다.
자기 처지에 만족하며,
아무 염려 없이 평화롭게 살 것이다."

14-15 그러니 딸 시온아, 노래하여라!
이스라엘아, 서까래가 들썩이게 환호성을 올려라!
딸 예루살렘아,
기뻐하여라! 경축하여라!
너를 대적하시던 하나님께서 당신의 심판을 뒤집으시고
네 원수들이 꽁무니를 빼도록 만드셨다.
지금부터는, 하나님께서
이스라엘의 왕이시다.
다시는
악을 두려워할 필요가 없다!

하나님께서 너와 함께 계신다

16-17 예루살렘은 이런 말을 듣게 될 것이다.
"두려워 마라.
사랑하는 시온아,
낙심하지 마라.
너의 하나님께서 너와 함께 계신다.

그분은 너를 구원하시는 힘센 전사이시다.
되찾은 너로 말미암아 기뻐하시며,
너를 잠잠히 사랑하시고,
너를 보고 노래하며 즐거워하신다."

18-20 "포로생활 중에 쌓인 슬픔들,
다 사라질 것이다.
나, 너의 하나님이 너를 위해 두려움과 슬픔을 없애 주리라.
네가 충분히 짐을 졌다.
나는 네 삶을 비참하게 만들던 모든 자들도 제거할 것이다.
저는 자들의 발을 고치고,
집 없이 떠돌던 자들을 집으로 데려올 것이다.
미움을 받던 나라에서
그들이 공경을 받을 것이다.
심판 날에,
내가 너희를 고향으로 돌아가게 할 것이다. 거대한 가족 상봉이 있으
리라!
온 세상에서 너희가
이름을 떨치고 높임을 받을 것이다.
너희 눈으로 보게 되리라.
고통스럽게 이별한 자들이 재회하는 광경을!"
이것은 하나님의 약속이다.

학개
머리말

예배를 드리는 장소는 중요하다. 그러나 예배에 있어서 건물 자체가 중요한 것은 아니다. 도시 한가운데 웅장한 고딕 대성당이 서 있다고 해서, 그 도시가 예배를 중심으로 돌아간다는 의미는 아니다. 들판 언저리에 판자를 엮어 허름하게 지은 예배당이라고 해서, 반드시 작업복 차림의 겸손한 성인들이 모인다는 보장도 없다.

수세기에 걸쳐 하나님의 이름으로 벌어진 온갖 건축 프로젝트들—광야 성막, 부흥회 텐트, 고딕 대성당, 노변 채플, 회당, 성전, 집회소, 가두 선교관, 카타콤 등—을 돌이켜 볼 때, 건물과 그곳에 모이는 사람들의 믿음과 삶 사이에 필연적인 연관관계가 있는 것 같지는 않다.

그래서 흔히 우리는 건물 문제를 아예 무시해 버리면서 "예배당 건물은 중요하지 않다. 어떤 사람들이 모여 예배 드리는지가 중요하다"거나, "나는 대자연의 성당에서 하나님을 예배하고 싶다"고 말한다. 이런 선언 뒤에는 "우주를 만드신 하나님은 사람의 손으로 만든 예배당에 계시지 않는다"는 성경구절이 따라붙는다. 이것은 토론에 쐐기를 박는 발언이다. 하나님은 건물 안에 계시지 않는다. 논의 끝. 우리는 자주 이렇게 말한다.

그러면 우리는 학개를 어떻게 보아야 할까? 학개는 우리가 '예언자'라고 높여 부르는 (우리가 경청해야 할) 사람이다. 하나님께서 학개를 보내시자, 총독과 대제사장도 "그를 주목했다. 그의 말에 귀 기울임으로써 **하나님**을 높였다"(학 1:12). 그런데 그가 세 달 반 동안 맡아 수행했던 임무는, 하나님의 백성을 격려하여 하나님의 성전을 재건하는 일이었다(그것도 불과 칠십여 년 전에 하나님의 명령에 의해 파괴된 성전을). 학개 2:1-5에서는 이렇게 말한다.

> **하나님**의 말씀이 예언자 학개를 통해 임했다. "'……스룹바벨아, 일을 시작하여라!' **하나님**의 말이다.
> '여호사닥의 아들 대제사장 여호수아야, 일을 시작하여라!
> 너희 모든 백성들아, 일을 시작하여라!' **하나님**의 말이다.
> '그렇다. 내가 너희와 함께하니, 일을 시작하여라!' 만군의 **하나님**이 말한다! '……나는 지금도 너희 가운데 살아 숨 쉬고 있다. 겁내지 마라. 뒤로 물러나지 마라.'"

회개와 구원을 설교했던 위대한 예언자들과 비교하면, 학개의 메시지는 그리 '영적'으로 들리지 않는 것이 사실이다. 그러나 하나님의 경륜에 따라 우리에게 맡겨진 일을 두고 영적 등급을 매기는 것은 지혜로운 태도가 아니다. 우리는 천사가 아니다. 우리는 몸을 둘 공간이 필요한 존재다. 비범한 신앙도 그것이 펼쳐지는 무대는 평범한 세상이며, 우리는 물질—벽돌과 진흙, 판자와 못—을 통해 평범한 세상에 발을 딛고 뿌리를 내리며 살아간다. 때로는 예배당 건물을 수리하는 일이 예배당에서 기도하는 일 못지않은 순종의 행위가 될 수 있다. 학개는 우리가 그 때를 놓치지 않게 해준다.

학개

성전을 재건하여라

1 페르시아 다리오 왕 이년 여섯째 달 첫째 날에, 예언자 학개가 스알디엘의 아들 유다 총독 스룹바벨과 여호사닥의 아들 대제사장 여호수아에게 **하나님**의 **메시지**를 전했다.

2 만군의 **하나님**의 **메시지**다. "이 백성이 시간만 끌고 있다. 그러면서 하는 말이 지금은 내 성전, **하나님**의 성전을 재건할 때가 아니라고 한다."

3-4 곧이어, **하나님**께서 더 많은 말씀을 주셨고 학개가 받아서 말했다. "**하나님**의 집, **하나님**의 성전이 무너져 있는 이때에, 너희 자신은 멋진 새 집을 짓고 산단 말이냐?"

5-6 그리고 잠시 후에, 만군의 **하나님**께서 다시 말씀하셨다.

"너희 삶을 유심히 들여다보아라.
그리고 곰곰이 생각해 보아라.
너희는 그동안 많은 돈을 썼지만,
지금 보여줄 것이 많지 않다.
그릇을 가득 채웠지만,
너희는 배불러 본 적이 없다.
마시고 또 마셔 댔지만,

너희는 늘 목마르다.
여러 벌의 옷을 껴입었지만,
너희는 따뜻하지 않다.
너희를 위해 일하는 자들,
그들이 그 일로 무엇을 얻었느냐?
그리 많지 않다.
녹슬어 구멍 난 양동이, 그것이 전부다.

7 그래서 만군의 **하나님**이 말한다.

너희 삶을 유심히 들여다보아라.
그리고 곰곰이 생각해 보아라."

8-9 **하나님**께서 말씀하셨다.

"내가 너희에게 원하는 일이 있다.
작은 산에 올라가 나무를 베어 오너라.
그것을 가지고 내려와 성전을 재건하여라.
나를 위해 그 일을 하여라. 나를 높여라.
너희는 너희 자신을 위해 큰 야망을 품었지만,
결국 얻은 것은 아무것도 없다.
너희가 내 성전에 가져온 시시한 것들,
아무것도 아닌 그것들을 내가 흩어 버렸다.

9-11 이유가 무엇인지 묻느냐? (기억하여라. 이는 만군의 **하나님**의 **메시지**
다.) 내 집이 무너졌는데도, 너희는 너희 집 돌보는 일로만 바빴다. 그것
이 이유다. 너희의 인색함 때문이다. 그래서 내가 여름 가뭄을 보내어 너
희가 보잘것없는 수확을 얻게 했다. 구두쇠 같은 너희의 인색함 때문에

내가 밭과 언덕을 마르게 했고, 정원과 과수원을 죽였으며, 식물과 과실을 시들게 했다. 이 땅에서는 그 무엇도—사람도, 동물도, 곡식도—번창하지 못할 것이다."

※

12 그러자 스알디엘의 아들 스룹바벨 총독과 여호사닥의 아들 여호수아 대제사장과 모든 백성이, 그들의 **하나님**의 음성에 귀를 기울였다. 정말로 귀 기울여 들었다. **하나님**께서 그들에게 예언자 학개를 보내시자, 그들이 그를 주목했다. 그의 말에 귀 기울임으로써 **하나님**을 높였다.

13 **하나님**의 특사 학개는 백성에게 **하나님**의 메시지를 전했다. "내가 너희와 함께한다!" **하나님**의 말씀이다.

14-15 이렇게 하여 **하나님**께서 스룹바벨, 여호수아, 그리고 모든 백성을 움직이셔서, 그들이 만군의 **하나님**의 성전 일에 착수하게 하셨다. 이 일은 다리오 왕 이년 여섯째 달 이십사일에 일어났다.

1-3 **2** 일곱째 달 이십일일에, **하나님**의 말씀이 예언자 학개를 통해 임했다. "스알디엘의 아들 스룹바벨 총독과 여호사닥의 아들 여호수아 대제사장과 모든 백성에게 전하여라. '너희 중에 예전 성전, 그 찬란했던 성전을 본 사람이 있느냐? 그렇다면, 지금 너희가 보는 것은 어떠냐? 보잘것없지 않느냐?

4-5 그러니 스룹바벨아, 일을 시작하여라!' **하나님**의 말이다.
'여호사닥의 아들 대제사장 여호수아야, 일을 시작하여라!
너희 모든 백성들아, 일을 시작하여라!' **하나님**의 말이다.
'그렇다. 내가 너희와 함께하니, 일을 시작하여라!' 만군의 **하나님**이 말한다! '너희가 이집트를 떠날 때 나와 맺은 언약을 실행하여라. 나는 지금도 너희 가운데 살아 숨 쉬고 있다. 겁내지 마라. 뒤로 물러나지 마라.'

6-7 만군의 **하나님**이 말한다. '내가 너희 모르게 하늘과 땅, 바다와 들판을 뒤흔들어 놓겠다. 그리고 사악한 민족들을 모조리 흔들어 무너뜨릴

것이다. 그들이 재물을 한가득 가지고 너희에게 올 것이다. 내가 이 성전을 빛나는 것들로 가득 채울 것이다.' 만군의 하나님의 말이다.

8 '은도 나의 것이요
금도 나의 것이다.'
만군의 하나님의 포고다.

9 '이 성전은 시작할 때보다 마칠 때가 더 좋을 것이다. 처음도 영광스러웠으나, 마지막은 훨씬 더 영광스러울 것이다. 내가 온전함과 거룩을 나눠주는 장소가 될 것이다.' 만군의 하나님의 포고다."

10-12 (역시, 다리오 왕 이년) 아홉째 달 이십사일에, 하나님의 메시지가 학개에게 임했다. "만군의 하나님이 말한다. 제사장들에게 이렇게 묻고 판단해 보라고 해라. 어떤 사람이 신성한 고기, 곧 제사 때 제단에 바쳐진 구별된 고기 한 조각을 주머니에 넣고 다니다가, 그 주머니가 빵이나 국이나 포도주나 기름에 닿았다고 하자. 그러면 접촉만으로 그 음식이 거룩해지느냐?"

제사장들이 말했다. "아닙니다."

13 그러자 학개가 말했다. "그렇다면, 시체를 만져 더러워진 사람은 어떠하냐? 그가 음식을 만지면, 그것이 부정해지느냐?"

제사장들이 말했다. "네, 부정해집니다."

14 그러자 학개가 말했다. "'그래서 이 백성이 부정해지고, 이 민족이 부정해진 것이다. 그들이 하는 모든 일이 부정해졌다. 그들이 나를 위해 하는 모든 일이 부정해졌다.' 하나님의 말씀이다.

15-17 '과거를 돌아보아라. 너희가 내 성전 재건을 시작하여 첫 기초를 놓기 전까지, 사정이 어떠했느냐? 너희 밭의 수확이 그렇게 더디고 양이 적었던 까닭은, 너희가 하나님의 성전 재건 일에 그토록 굼뜨고 뭉그적대었기 때문이 아니냐? 너희는 곡물과 포도주를 예전의 반밖에 거두지

못했다. 나는 너희를 가뭄과 병충과 우박으로 쳤고, 너희가 하는 모든 일이 타격을 받았다. 그러나 너희는 당황하는 빛이 없었다. 여전히 나를 무시했다.' 하나님의 포고다.

18-19 '오늘, 아홉째 달 이십사일부터는 앞을 내다보아라. 성전 재건이 시작된 오늘부터 앞을 내다보아라. 지금까지 너희 밭에서 난 것들―포도나무, 무화과나무, 석류나무, 올리브나무―중에 열매가 풍성하게 달린 것이 하나라도 있었느냐? 그러나 오늘부터는 복을 기대해도 좋다.'"

20-21 아홉째 달 이십사일, 기억할 만한 이날에, 하나님의 메시지가 두 번째로 학개에게 임했다. "유다 총독 스룹바벨에게 전하여라.

21-23 '내가 모든 것을 뒤흔들어 놓을 것이다. 모든 것을 뒤집어서 처음부터 다시 시작하게 할 것이다. 정부를 전복시키고, 강대국들을 멸할 것이며, 무기와 병기들을 없애고, 군대를 혼란에 빠뜨려 저희끼리 서로 죽이게 만들 것이다.' 이것은 하나님의 메시지다. '그날에 내가 너, 스알디엘의 아들 스룹바벨을 내 종으로 삼을 것이다. 내 주권과 권위를 보이는 징표, 나의 인장으로 쓸 것이다. 내가 밭을 살펴보고, 너를 이 일의 일꾼으로 택했다.'" 만군의 하나님의 메시지다.

스가랴
머리말

스가랴는 동시대인인 학개와 더불어 유다 백성이 파괴된 성전을 재건하도록 독려하는 일을 맡았던 예언자다. 그들의 설교는 개인적 문제에 빠져 있던 유다 백성을 일으켜, 하나님의 백성으로서 공동의 과업에 힘을 모으게 했다. 두 예언자는 팀을 이루어 그 과업의 성취를 이끌어 냈다.

그러나 스가랴가 한 일은 그 이상이었다. 왜냐하면 당시 백성들이 직면한 문제는 무너진 성전과 도성만이 아니었기 때문이다. 하나님의 백성으로서의 정체성이 무너져 버린 상태였고, 한 세기 동안을 이리 채이고 저리 채이면서 조롱과 멸시, 배신과 학대를 당해 온 그들이었다. 한때는 자긍심 높던 백성으로서, 아브라함, 모세, 사무엘, 다윗, 이사야 등 기라성 같은 위인들과 영광스런 역사를 자랑했지만, 오랜 굴욕의 세월을 보내면서 과거의 유산을 모두 잃고, 하나님의 백성이라는 존엄한 정체성마저 잃어버릴 위험에 처해 있었다.

스가랴는 오랜 포로생활이 허물어뜨린 그 존엄한 정체성을 회복시키는 일에 중심 역할을 감당했던 예언자다. 그의 환상과 메시지는, 하나님의 백성의 상상력에 새로운 활력을 불어넣었다. 그 환상들은 하나님의 백성에게 주권자이신 하나님의 모습을 뚜렷이 각인시켰고, 유다 백성들이 오랜 오욕과 굴욕의 세월을 이겨 낼 수 있게 하는 힘이 되었다.

만군의 하나님의 메시지다.

"너희 조상들이 나를 노하게 했을 때, 나는 너희를 벌주기로 작정했고 그 뜻을 굽히지 않았다. 그때와 마찬가지로, 이제 나는 예루살렘과 유다 나라에 복을 주기로 작정했다. 두려워하지 마라. 진실만을 말하여라. 개인적인 일에서나 법정에서나 옳은 일을 행하여라. 술수를 부려 다른 사람을 착취하지 마라. 거짓된 일이나 거짓된 말을 하지 마라. 나는 그런 것들을 미워한다. 너희는 순박하고 정직하게 살아라. 이것이 내가 너희에게 원하는 일이다." **하나님**의 포고다.

(슥 8:14-17)

또한 새로운 믿음의 어휘로 이루어진 그의 메시지는, 그들의 삶 속에서 일하시는 하나님의 장기적인 계획이 반드시 이루어질 것임을 믿게 했다.

만군의 **하나님**이 친히 나서서,
그분의 양 떼, 유다 백성을 돌보아 주신다.
그분께서 그들의 영을 소생시켜 주시고,
하나님이 그들 편임을 자랑스러이 여기게 하시리라.
하나님께서 그들을 들어 당신의 재건 사역에 쓰실 것이다.
그들을 주초와 기둥으로,
도구와 기구들로,
재건 사역의 감독자로 쓰시니,
그들은 자랑스러운 일꾼 군대가 될 것이다.

당당하고 일사불란하게, 씩씩하고 힘 있게,
늪과 진창을 서슴없이 통과해 행진한다.
하나님께서 그들과 함께하시니, 그들을 꺾을 자 아무
도 없으리라(슥 10:3-5).

하지만 그것이 다가 아니다. 여러 차원에서 작용하는 스
가랴의 수수께끼 같은 환상들과 시적 이미지가 가득한
그의 메시지는, 타임캡슐처럼 지금도 하나님의 백성의
삶에 영향을 끼치고 있다. 그리하여 하나님과 그분의 뜻
을 말해 줄 언어가 부재한 이 세상 속에서, 하나님이 당
신의 목적을 이루어 가시는 도구로 쓰시는 그분의 백성
들에게, 지금도 계속해서 지혜와 소망과 확신을 제공해
준다.

그날이 오면, 추운 밤이 사라지리라! 밤이 아예 모습
을 감추리라! 낮이 계속될 그날이—언제일지는 **하나
님**만이 아신다—오고 있다. 저녁때가 되어도 새로운
아침이 동터 오른다.
그날이 오면, 예루살렘에서 새로운 강이 흘러나
와, 반은 동쪽 바다로 반은 서쪽 바다로 흐르리라! 여
름과 겨울 일 년 내내, 그렇게 흐를 것이다!
그날이 오면, **하나님**께서 온 세상의 왕, 오직 한분
하나님이 되시리라!(슥 14:6-9)

스가랴

¹⁻⁴ **1** 다리오 왕 이년 여덟째 달에, 하나님의 메시지가 잇도의 손자요 베레갸의 아들인 예언자 스가랴에게 임했다. "나 하나님은 너희 조상들에게 몹시 노했었다. 그러니 만군의 하나님의 이 메시지를 백성에게 전하여라. '내게 돌아오너라. 그러면 내가 너희에게 돌아가리라. 너희 부모들을 닮지 마라. 일찍이 예언자들이 그들에게 외쳤다. "만군의 하나님의 메시지다. 너희 악한 삶에서 떠나라. 너희 악한 행실을 그만두어라." 그러나 그들은 내 말을 모두 무시했고, 한사코 듣지 않았다.'

⁵⁻⁶ 너희 조상들은 지금 어디에 있느냐? 죽어서 땅에 묻혔다. 그들에게 설교했던 예언자들은 어디에 있느냐? 그들도 죽어 묻혔다. 그러나 내 종 예언자들이 선포했던 메시지는 죽지 않았다. 메시지는 너희 조상들에게 들어가 제 역할을 해냈다. 그렇지 않느냐? 메시지는 그들을 일깨웠고, 그들은 이렇게 말하며 돌아왔다. '그분은 말씀하신 대로, 아주 분명하게 행하셨습니다. 우리는 빠져나갈 수 없었습니다.'"

첫째 환상: 네 명의 기수

⁷ 다리오 왕 이년 열한째 달 이십사일에, 하나님의 메시지가 잇도의 손자요 베레갸의 아들인 예언자 스가랴에게 임했다.

⁸ 어느 날 밤 내가 보니, 한 사람이 붉은 말을 타고 있었다. 그는 자작나

무 숲 속 그늘에 있었다. 그의 뒤에는 말이 더 있었다. 붉은 말 한 마리와
밤색 말 한 마리와 흰 말 한 마리였다.

9 내가 말했다. "주여, 이 말들이 지금 여기서 무엇을 하고 있습니까?
이것은 무슨 의미입니까?"

전령 천사가 말했다. "내가 보여주마."

10 그러자 자작나무 숲의 기수가 목소리를 높여 말했다. "이들은 하나님
께서 땅 위의 일을 조사하라고 보내신 기수들이다."

11 그들이 자작나무 숲에서 하나님의 천사에게 자기들이 보고 온 것을
보고했다. "저희가 온 땅을 두루 살펴보았는데, 다 좋습니다. 모두 제대
로 돌아가고 있습니다."

12 하나님의 천사가 보고를 드렸다. "만군의 하나님, 예루살렘과 유다의
도성에 대해 언제까지 노하시렵니까? 언제쯤 진노를 누그러뜨리시렵니
까? 칠십 년이면 충분한 세월이지 않습니까?"

13-15 하나님께서 좋은 위로의 말씀으로 전령 천사를 안심시켜 주셨다. 그
러자 전령 천사가 나를 향해 말했다. "그들에게 전하여라. 만군의 하나
님께서 이렇게 말씀하셨다고 일러 주어라. 하나님의 메시지다. '내가 예
루살렘과 시온을 많이 아낀다. 그들을 진정으로 나의 것으로 여긴다. 그
러나 온 세상을 다 가진 것처럼 살고 있는 저 사악한 민족들에 대해서는
진노가 머리끝까지 치민다. 전에는 다소 화가 나는 정도였는데, 이제는
그들이 도를 넘었다. 나는 이제 행동에 나서려고 한다.

16-17 내가 예루살렘에 돌아왔다. 이번에는 동정의 마음을 품고 돌아왔다.'
하나님께서 말씀하신다.
'나는 내 성전이 반드시 재건되도록 할 것이다.'
만군의 하나님의 포고다!
'재건 공사는 이미 시작되었다.'
다시 한번 전하여라. 만군의 하나님의 포고다.
'나의 도성들이 다시 번성하고,
하나님이 다시 시온을 위로할 것이다.

예루살렘이 다시 나의 총애를 받게 되리라.'"

둘째 환상: 네 뿔과 네 대장장이

18 고개를 들어 보니, 놀라운 또 다른 환상이 보였다. 네 뿔이 있었다!

19 내가 전령 천사에게 물었다. "이것은 무슨 의미입니까?"

그가 말했다. "이것은 유다와 이스라엘과 예루살렘을 멀리 흩어 버린 권세들이다."

20 그때 하나님께서 그 환상에서 네 대장장이를 더 보여주셨다.

21 내가 물었다. "이것은 무슨 뜻입니까?"

그가 말했다. "유다를 흩어 버리고 희망을 모두 꺾은 그 뿔들과 싸우려고 온 대장장이들이다. 그들이, 유다를 사방으로 흩어 버린 사악한 민족들의 뿔을 꺾어 버릴 것이다."

셋째 환상: 줄자를 가진 사람

1-5 **2** 나는 고개를 들어 보고 놀랐다.

어떤 사람이 손에 줄자를 들고 서 있었다.

내가 말했다. "무엇을 하려는 것입니까?"

그가 말했다. "나는 지금 예루살렘의

너비와 길이를 측량하러 가는 중이다."

밖으로 나가던 전령 천사는 바로 그때,

안으로 들어오는 다른 천사를 만나 말했다.

"뛰어가라! 가서 측량사에게 말하여라. '예루살렘 성벽이 터질 것이다.

사람과 짐승들로 꽉 차 벽이 터져 버릴 것이다.

그러나 내가 예루살렘과 함께할 것이다.' 하나님의 포고다. '성벽 없는

예루살렘에게 불 성벽이 되어 주고, 그 안에서 빛이 되어 주리라.'"

6-7 "일어서라! 거기서 나오너라. 지금 당장!" 하나님께서 말씀하신다.

"너희가 멀리 끌려간 그곳에서 돌아오너라."

하나님의 포고다. "내가 너희를 사방으로 흩었지만,
이제 시온아, 바빌론에서 나와 집으로 돌아오너라. 지금 당장!"

8-9 만군의 하나님, 곧 내게 사명을 주어 여기까지 오게 하신 영광의 하나님
께서, 너희를 발가벗기고 집을 빼앗은 사악한 민족들에 대해 이렇게 말
씀하셨다. "너희를 때리는 자는 곧 나를 때리는 자다. 그들은 나를 때려
코피를 내고 눈을 시퍼렇게 멍들게 만든다. 때가 되면, 내가 신호를 내릴
것이다. 그러면 그들은 발가벗겨질 것이다. 자기 종들의 손에 붙들려 내
동댕이쳐질 것이다." 그러면 너희는 만군의 하나님께서 내게 이 사명을
주셨다는 것을 분명히 알게 되리라.

10 "소리쳐 외쳐라, 경축하여라, 시온의 딸아!
내가 간다. 내가 네 이웃으로 이사를 갈 것이다!"
하나님의 포고다.

11-12 그때가 되면 많은 이방 민족들이 하나님 편에 설 것이다. ("그들은 내 가
족이 되리라! 내가 그들의 집에서 살리라!") 그러면 너희는 분명히 알게
될 것이다. 만군의 하나님께서 내게 사명을 주어 여기 보내셨다는 것을.
그날, 하나님께서 거룩한 성지에서 그분의 유산인 유다를 되찾으실 것이
다. 예루살렘은 다시 그분의 특별한 도성이 될 것이다.

13 모두들, 조용히 하여라! 쉿! 하나님 앞에서 침묵하여라. 그분의 거룩한
집에서 무슨 일이 일어나고 있다. 그분이 움직이고 계신다!

넷째 환상: 하나님의 천사 앞에 선 여호수아

3 ¹⁻² 전령 천사가 내게 대제사장 여호수아를 보여주었다. 그가 하나님의 천사 앞에 서 있는데, 고발자가 나타나 그를 고발했다. 그러자 하나님께서 고발자에게 말씀하셨다. "고발자야, 나 하나님이 너를 책망한다. 내가 너는 책망하지만, 예루살렘은 택한다. 놀랐느냐? 모든 것이 불타서 재가 되겠지만, 내가 예루살렘은 거기서 끄집어낸다!"

³⁻⁴ 천사 앞에 서 있던 여호수아는 더러운 옷을 입고 있었다. 천사가 시중드는 자들에게 말했다. "그의 더러운 옷을 벗겨 주어라." 그런 다음 그는 여호수아에게 말했다. "보아라. 내가 너의 죄를 벗겨 주고, 깨끗한 옷을 입혀 주었다."

⁵ 내가 소리 높여 말했다. "그의 머리에 깨끗한 새 관을 씌워 주시면 어떻겠습니까?" 그러자 그들이 여호수아의 머리에 깨끗한 새 관을 씌워 주었다. 그렇게 그에게 새 옷 입히는 일을 모두 마쳤다. 하나님의 천사는 그 과정을 모두 지켜보았다.

⁶⁻⁷ 그리고 난 뒤 하나님의 천사가 여호수아에게 명령을 내렸다. "만군의 하나님께서 내리시는 명령이다. '만일 내가 이르는 대로 살고 계속 나를 섬기며 순종하면, 너는 결정권을 가지고 여기 일을 감독하게 될 것이다. 여기 서서 나를 수종 드는 자들 모두가 너를 받들어 섬길 것이다.

⁸⁻⁹ 대제사장 여호수아야, 명심하여라. 여기서 너와 함께 일하는 네 동료들도 명심해야 한다! 자, 이제 내가 "가지"라고 부르는 내 종을 소개해 주겠다. 내가 지금 여호수아 앞에 두는, 일곱 눈을 가진 돌을 유심히 보아라.' 만군의 하나님의 포고다. '내가 그 위에 이런 문구를 새겨 넣을 것이다. "내가 이 땅의 모든 더러운 죄를 하루 만에 벗겨 주리라."

¹⁰ 그때가 오면, 서로 모두가 사이좋게 지낼 것이다. 서로의 집을 오가며, 친구처럼 친하게 지낼 것이다.'"

다섯째 환상: 순금 등잔대와 두 올리브나무

4 ¹ 전령 천사가 다시 나를 불러 주목하게 했다. 마치 깊은 잠에서 깨어난 듯했다.

2-3 그가 말했다. "무엇이 보이느냐?"

내가 대답했다. "윗부분에 그릇이 달린 순금 등잔대가 하나 보입니다. 그 그릇에 일곱 개의 등잔이 붙어 있는데, 각 등잔이 그릇과 관으로 연결되어 있습니다. 그리고 그릇 양편으로 올리브나무가 한 그루씩 서 있습니다."

4 내가 물었다. "이것은 무슨 의미입니까?"

5-7 전령 천사가 말했다. "모르겠느냐?"

내가 말했다. "모르겠습니다."

그러자 그가 말했다. "스룹바벨에게 주시는 하나님의 메시지다. '이것은 네가 힘으로 몰아붙일 수 있는 일이 아니다. 오직 내 영으로만 되는 일이다.' 만군의 하나님께서 말씀하신다. '그러니 큰 산아, 네가 무엇이냐? 스룹바벨 옆에서 너는 모래성에 지나지 않는다. 그는 성전의 머릿돌을 놓을 것이며, 그날 크나큰 함성이 울리리라.'"

8-10 그 후, 하나님의 말씀이 내게 임했다. "스룹바벨이 성전 건축을 시작했고 그가 그 일을 완성할 것이다. 그날 온 백성이 만군의 하나님께서 너희에게 말씀을 주셨음을 확실히 알게 될 것이다. 미약한 출발이라고 이날을 경멸하는 자가 있느냐? 스룹바벨이 마지막 돌을 놓는 날에 감히 그를 비웃는 자 없을 것이다!"

전령 천사가 앞의 환상을 다시 보이며 말했다. "일곱 등잔은 탐조등처럼 세상의 어두운 구석구석을 탐색하는 하나님의 눈이다."

11-12 "그러면 등잔대 양쪽의 두 올리브나무는 무엇입니까?" 내가 물었다. "그것은 무엇을 의미합니까? 또 등잔에 기름을 흘려보내는 올리브나무의 두 가지는 무엇을 의미합니까?"

13 전령 천사가 말했다. "깨닫지 못하겠느냐?"

내가 말했다. "모르겠습니다."

14 그가 말했다. "그것은 온 땅의 주인이신 분 옆에 서서 온 세상에 금 등잔 기름을 공급해 주는 두 사람이다."

여섯째 환상: 날아가는 책

5 다시 고개를 들어 보니—놀랍게도!—날개를 단 책이 보였다! 날아가는 책이었다!

2 전령 천사가 내게 말했다. "지금은 무엇이 보이느냐?"

내가 말했다. "날아가는 거대한 책 한 권이 보입니다. 길이가 9미터, 너비가 4.5미터나 됩니다!"

3-4 그가 내게 말했다. "이 책은 온 세상 모든 도둑과 거짓말쟁이들에게 내려지는 판결이다. 책의 처음 절반은 도둑에 관한 내용이고, 나머지 절반은 거짓말쟁이에 관한 내용이다. 내가 이것을 보냈다." 만군의 하나님의 포고다. "이 판결이 모든 도둑과 거짓말쟁이의 집에 빠짐없이 날아들 것이다. 집 하나하나에 내려앉아 기둥과 돌을 허물어뜨릴 것이다."

일곱째 환상: 양동이 속의 여인

5 전령 천사가 나타나서 말했다. "위를 보아라. 무엇이 보이는지 말해 보아라."

6 내가 말했다. "대체 저것이 무엇입니까?"

그가 말했다. "모든 곳, 모든 자의 죄를 담고 어디론가 가는 양동이다."

7 그때 납으로 만들어진 양동이 뚜껑이 열리고, 한 여자가 그 속에 앉아 있는 모습이 보였다!

8 그가 말했다. "이 여자는 '악독'이다." 밖으로 나오려는 그녀를 그가 다시 양동이 속으로 밀어 넣고는, 납 뚜껑을 단단히 고정시켰다.

9 그 다음 내가 위를 보니, 놀랍게도 여자 둘이 날아가는 광경이 보였다. 날개를 활짝 펼친 그들이, 큰 양동이를 공중으로 들고 올라갔다.

10 내가 전령 천사에게 말했다. "저들이 저 큰 양동이를 어디로 가져가는 겁니까?"

11 그가 말했다. "동쪽 시날 땅으로 가는 중이다. 거기서 그들은 창고를 하나 지어, 거기에 양동이를 보관할 것이다."

여덟째 환상: 네 대의 전차

6 ¹ 다시 고개를 들어 보니, 또 다른 기이한 광경이 보였다! 두 산 사이로 전차 네 대가 돌진해 오고 있었다. 두 산은 청동으로 되어 있었다.

²⁻³ 첫째 전차는 붉은 말들이 끌고 있고, 둘째 전차는 검은 말들이, 셋째 전차는 흰 말들이, 그리고 넷째 전차는 얼룩말들이 끌고 있었다. 말들은 모두 힘이 셌다.

⁴ 내가 전령 천사에게 물었다. "이것은 무슨 의미입니까?"

⁵⁻⁷ 그가 대답했다. "이들은 하늘의 네 바람으로, 온 땅의 주인이신 주님이 보내셨다. 검은 말들은 북쪽을 향하고, 바로 그 뒤를 흰 말들이 따른다. 얼룩말들은 남쪽을 향한다." 힘센 말들은 온 땅을 순찰하러 가고 싶어 발을 구르며 흥분했다. 전령 천사가 명령을 내렸다. "가라! 온 땅을 조사하여라!" 그러자 그들이 사방으로 달려 나갔다.

⁸ 천사가 나를 불러 말했다. "저들을 보아라! 북쪽으로 가는 말들이, 나의 영을 나르고 있다. 고요하고 견고하다. 북쪽으로 가는 말들에게서는 더 이상 문제가 없을 것이다."

왕관을 여호수아의 머리에 씌워라

⁹⁻¹² 그런 다음, **하나님**의 **메시지**가 내게 임했다. "바빌론으로 사로잡혀 갔던 헬대와 도비야와 여다야에게 예물을 걷어라. 그들이 방금 이곳에 도착했다. 지금 스바냐의 아들 요시야의 집에 있으니, 그들에게서 은과 금을 거두어 그것으로 왕관을 만들어라. 왕관 하나는 여호사닥의 아들 대제사장 여호수아의 머리에 씌우고, 그에게 이 **메시지**를 전하여라.

¹²⁻¹³ 만군의 **하나님**의 **메시지**다. 정신 바짝 차려라. 여기 "가지"라는 이름을 가진 사람이 있다. 그가 지금 있는 곳에서 가지처럼 뻗어 나와 **하나님**의 성전을 지을 것이다. 그렇다. 그가 바로 **하나님**의 성전을 지을 사람이다. 또한 왕좌에 앉아 왕의 역할을 맡아서 통치할 것이다. 왕좌에 앉은 제사장이 될 것이다! 그는 왕과 제사장이 조화롭게 공존할 수 있음을 보여줄 것이다.'

¹⁴ 다른 왕관은 왕권의 상징으로, **하나님**의 성전 안에 두어라. 헬렘과

도비야와 여다야, 그리고 스바냐의 아들 헨이 그것을 관리할 것이다.

15 먼 곳에서 사람들이 와서 천막을 치고 **하나님**의 성전 짓는 일을 도울 것이다. 이 일은 만군의 **하나님**께서 너희에게 말씀하셨다는 확증이 되어 줄 것이다. 이 모든 일은 너희가 온 마음으로 너희 **하나님**의 목소리에 응답하고 순종할 때 이루어진다."

너희가 정말 나를 위해 금식했느냐?

1 **7** 다리오 왕 사년 아홉째 달 사일에, **하나님**의 메시지가 다시 스가 랴에게 임했다.

2-3 베델 성읍이 사레셀과 레겜멜렉이 이끄는 대표단을 보내어 **하나님**의 축복을 구하고, 만군의 **하나님**의 성전 제사장과 예언자들과 의논하게 했다. 그들은 이렇게 물었다. "예루살렘 멸망 칠십 주기인 금년 팔월에도, 늘 해오던 것처럼 애곡과 금식을 위한 날을 하루 정해서 지켜야 합니까?"

4-6 그러자 만군의 **하나님**께서 내게 **메시지**를 주셔서, 그들 곧 백성 전체와 제사장들에게 전하게 하셨다. "너희는 과거 칠십 년 동안 다섯째 달과 일곱째 달에 금식의 날을 정하여 지켜 왔다. 그런데 너희가 정말 나를 위해 그 일을 했느냐? 축제일들을 지킨 것이 정말 나를 위한 일이었느냐? 아니었다. 나는 사람에게 관심이 있는데, 너희는 종교에 관심이 있다.

7-10 이 일에 대해 너희에게 새로 해줄 말은 없다. 예루살렘이 사람들로 북적이는 번창한 도성이었을 때, 그 주변에 있던 네겝과 스불라까지 사람들로 가득했을 때, 이미 예언자들이 내 메시지를 전하지 않았느냐? [이는 **하나님**께서 스가랴에게 주신 메시지다.] 그렇다. 지금도 메시지는 동일하다. 만군의 **하나님**이 그때도 말했고 지금도 말한다.

'서로 정의롭게 대하여라.
너희 이웃을 사랑하여라.
서로 자비를 베풀어라.
과부들, 고아들, 나그네들, 가난한 이들을 착취하지 마라.

서로 음모와 계략을 꾸미지 마라. 그것은 악이다.'

11-13 그러나 어떠했느냐? 너희 조상들이 그 말씀을 들었느냐? 그렇지 않다.
그들은 이를 악물고 반항했다. 귀를 닫았다. 그들은 **하나님**의 계시에 마
음을 굳게 닫았고, 이전 예언자들이 만군의 **하나님**의 명령을 받아 전했
던 성령충만한 설교에 대해 마음을 굳게 닫았다. 그래서 **하나님**께서 노
하셨다. 정말로 노하셨다. 그분이 그들에게 명확히 전하신 말씀을 그들
은 한 마디도 듣지 않았다.

13-14　　[이는 만군의 **하나님**의 말씀이다.] 그들이 내 말을 듣지 않는다면, 나
도 그들의 말을 듣지 않겠다. 내가 그들을 사방으로 흩어 버렸다. 그들은
나그네 신세가 되어 타지를 떠돌았다. '약속의 땅'은 잡초와 깡통과 엉겅
퀴만 무성한 공터가 되었다. 생명의 흔적조차 찾을 수 없었다. 그들은 꿈
의 땅을 황무지로 바꾸어 놓았다."

내가 예루살렘으로 돌아왔다

1-2 **8**　　만군의 **하나님**께서 이 메시지를 주셨다.

만군의 **하나님**의 메시지다.

"시온을 향한 내 마음이 뜨겁다!
시온을 생각하면 분노가 치민다. 그것은 내 문제이기 때문이다!"

＊

하나님의 메시지다.

3 "내가 시온으로 돌아왔다.
내가 예루살렘으로 다시 돌아왔다.
예루살렘은 이제 새 이름으로 불리리라.
'진리의 도성',

'만군의 하나님의 산', '거룩의 산'으로 불리리라."

4-5 만군의 하나님의 메시지다.

"노인들이 예루살렘에 돌아와서 거리의 벤치에 앉아 이야기꽃을 피우고, 지팡이를 짚고 안전하게 나들이할 것이다. 노인들이 살기 좋은 도성이 될 것이다. 도성의 광장은 웃고 떠들며 뛰노는 아이들로 가득할 것이다. 아이들이 자라기 좋은 도성이 될 것이다."

6 만군의 하나님의 메시지다.

"고향으로 돌아오는 일과, 소수의 생존자들이 하나님의 성전을 재건하는 일이 너무나 큰일로 여겨지느냐? 그러나 내게 너무 큰일이 있겠느냐? 그렇지 않다. 일의 성사를 결정하는 이는 나다."

7-8 만군의 하나님의 메시지다.

"내가 동쪽 나라와 서쪽 나라에서 내 백성을 거둬들일 것이다. 그들을 다시 예루살렘으로 데려올 것이다. 그들은 내 백성이 되고, 나는 그들의 하나님이 될 것이다. 내가 그들 곁을 지키고, 옳은 길로 인도할 것이다."

9-10 만군의 하나님의 메시지다.

"내가 예언자들을 통해 하는 말에 귀 기울이는 너희여, 이 말의 의미를 분명히 알고 굳게 붙들어라. 만군의 하나님의 성전이 다시 세워졌다. 성전이 재건되는 중이다. 우리는 어려운 시기를 지났다. 전에 너희는 쥐꼬리만 한 돈을 벌기 위해 일했고, 그것도 운이 좋아야 손에 쥘 수 있었다. 거리가 위험해, 늘 경계하며 다녀야 했다. 내가 세상을 전쟁터로 만들었기 때문이다.

11-12 그러나 이제 상황이 변했다. 이제 나는 살아남은 자들 편에 설 것이다.

> 파종과 수확이 다시 시작되고,
> 포도나무들이 포도열매를 맺을 것이다.
> 동산에 초목이 우거지고,
> 이슬과 비로 모든 것이 푸르러질 것이다.

12-13 살아남은 자들은 살아가는 데 필요한 것 전부를—그 이상을—얻을 것이다. 너희 유다와 이스라엘 백성들아, 지금까지는 너희가 저주받은 백성 취급을 받았지만, 이제 내가 너희를 구원할 것이다. 이제부터 너희는 복받은 백성이 될 것이다. 두려워하지 마라. 내가 지금 일하고 있음을 굳게 믿어라.”

14-17 만군의 **하나님**의 메시지다.

“너희 조상들이 나를 노하게 했을 때, 나는 너희를 벌주기로 작정했고 그 뜻을 굽히지 않았다. 그때와 마찬가지로, 이제 나는 예루살렘과 유다 나라에 복을 주기로 작정했다. 두려워하지 마라. 진실만을 말하여라. 개인적인 일에서나 법정에서나 옳은 일을 행하여라. 술수를 부려 다른 사람을 착취하지 마라. 거짓된 일이나 거짓된 말을 하지 마라. 나는 그런 것들을 미워한다. 너희는 순박하고 정직하게 살아라. 이것이 내가 너희에게 원하는 일이다.” **하나님**의 포고다.

애도의 날이 축제의 날로 바뀌리라

18-19 만군의 **하나님**의 메시지가 다시 내게 임했다.

“넷째, 다섯째, 일곱째, 열째 달에 지키던 애도의 날이, 유다를 위한 축제의 날로 바뀌리라. 그날은 경축일이 될 것이다. 진리를 맞아들여라! 평화를 사랑하여라!”

²⁰⁻²¹ 만군의 **하나님**의 **메시지**다.

"무슨 일인지 알아보려고 각지에서 사람들이, 지도자들이 몰려오리라. 그들이 서로 의논하며 말할 것이다. '이 일에 동참해야 하지 않겠는가? **하나님**의 복을 받는 일에 우리도 동참해야 하지 않겠는가? 만군의 **하나님**께 기도해야 하지 않겠는가? 망설일 이유가 무엇인가? 가자!'

²² 많은 민족들과 힘 있는 나라들이, 만군의 **하나님**이 주는 복을 얻고자 예루살렘에 몰려들 것이다."

²³ 만군의 **하나님**의 **메시지**다.

"그때에, 서로 언어가 다른 열 사람이, 유다 사람 하나의 옷소매를 붙들고 말할 것이다. '우리도 당신과 같이 가게 해주시오. 하나님께서 당신과 함께하신다는 말을 우리가 들었다오.'"

온 세상이 하나님을 바라본다

9 ¹⁻⁶ 전쟁에 대한 경고.

하나님의 **메시지**가 다마스쿠스에 임하리라.
하드락의 나라에 도전장을 보내리라.
온 세상이 **하나님**을 바라본다.
이스라엘뿐 아니라,
경계를 맞대고 있는 하맛과
스스로 똑똑하다고 여기는 두로와 시돈도 그분을 바라본다.
두로는 제법 큰 왕국을 이루었다.
은도 땔감처럼 많이 쌓았고,
금도 건초더미처럼 높이 쌓았다.
그러나 하나님께서는 그를 확실히 망하게 하실 것이다.

재산 전부를 대양에 처넣으시고,
남은 것들은 큰 불을 놓아 태워 버리실 것이다.
그 광경을 본 아스글론은 잔뜩 겁을 먹고 혼이 나갈 것이고,
가사는 비통해하며 가슴을 쥐어뜯을 것이다.
에그론은 막다른 골목과 맞닥뜨리리라.
가사의 왕이 죽을 것이다.
아스글론은 텅 비고,
한 악인이 아스돗을 장악할 것이다.

6-8 "내가 오만한 블레셋 사람들의 코를 납작하게 만들 것이다.
그 피 묻은 노획물을 뱉게 만들어,
악한 짓을 멈추게 할 것이다."
남은 것들은 모두 하나님의 것이 될 것이다. 살아남은 백성은
유다에서 한 가족을 이룰 것이다.
그러나 에그론 같은 적들은 여부스 사람들의 전철을 밟아,
역사의 쓰레기통 속에 처박히리라.
"내가 내 나라에 진영을 세우고
침략자들로부터 지켜 주리라.
누구도 다시는 내 백성을 해치지 못할 것이다.
내가 언제나 그들을 지켜 줄 것이다."

나귀 타고 오시는 겸손한 왕

9-10 "딸 시온아, 환호성을 올려라!
딸 예루살렘아, 환성을 올려라!
네 왕이 오고 계신다!
모든 것을 바로잡으시는 선한 왕,
새끼 나귀 타고 오시는 겸손한 왕이시다.
내가 전쟁을 끝냈다. 에브라임에 전차들이 사라졌고,
예루살렘에 군마들이 사라졌다.

칼과 창, 활과 화살들도 사라지고 없다.
그분께서 민족들에게 평화를 가져오신다.
사방 온 세상, 칠대양에 이르기까지,
평화로운 통치를 펼치시리라.

¹¹⁻¹³ 내가, 너와 맺은 피의 언약을 기억하고
절망의 감옥에 갇힌 너를 풀어 주리라.
죄수들아, 집으로 돌아오너라! 희망을 한아름 안고서!
바로 오늘, 내가 너에게 두 배의 복을 약속한다.
너는 잃었던 모든 것을 두 배로 되돌려 받게 될 것이다!
유다는 이제 내 무기, 내가 당기는 활이다.
에브라임은 활시위에 메긴 화살로 쓸 것이다.
시온아, 내가 네 아들들을 깨워,
그리스야, 내가 네 아들들을 칠 것이다.
이제부터는
사람들이 내 칼이다."

¹⁴⁻¹⁷ 그때 하나님이 나타나셔서,
번개처럼 화살을 쏘실 것이다!
주 하나님께서 나팔을 부시고,
회오리바람을 일으키며 진군하신다.
만군의 하나님께서 그들을 보호해 주시리라.
전면전을 벌이시리라.
모든 전쟁을 끝내는 전쟁,
총력전을.
마침내 그들의 하나님이 이기시고, 그들을 구해 주시리라.
그들은 유순한 양 같은 존재가 되고,
왕관에 박힌 오색찬란한
보석 같은 존재가 되리라.

그날에, 그들이 반짝이리라! 빛을 발하리라!
젊은 남자들이 원기 왕성해지고, 젊은 여자들은 사랑스러우리라!

하나님께서 구원을 약속하시다

10 봄비가 내릴 때니,
하나님께 비를 내려 달라고 기도하여라.
비를 만들어 내시는 분,
봄 폭풍우를 만들어 내시는 분,
밀과 보리를 기르시는 분께.

2-3 "가게에서 파는 신들이 횡설수설 떠든다.
종교 전문가들도 헛소리나 지껄인다.
거들먹거리는 그들,
내뱉는 말이라곤 허풍뿐이다.
백성들이 길 잃은 양 떼처럼 방황한다.
목자 없는 가련한 양들처럼 길을 잃고 헤맨다.
목자라는 자들에게 내 노가 폭발한다.
숫염소만도 못한 자들, 내가 그들을 염소 다루듯 하리라."

3-5 만군의 **하나님**이 친히 나서서,
그분의 양 떼, 유다 백성을 돌보아 주신다.
그분께서 그들의 영을 소생시켜 주시고,
하나님이 그들 편임을 자랑스러이 여기게 하시리라.
하나님께서 그들을 들어 당신의 재건 사역에 쓰실 것이다.
그들을 주초와 기둥으로,
도구와 기구들로,
재건 사역의 감독자로 쓰시니,
그들은 자랑스러운 일꾼 군대가 될 것이다.

당당하고 일사불란하게, 씩씩하고 힘 있게,
늪과 진창을 서슴없이 통과해 행진한다.
하나님께서 그들과 함께하시니, 그들을 꺾을 자 아무도 없으리라.

6-12 "내가 유다 백성을 강하게 만들 것이다.
내가 요셉 백성을 구원하고,
그들의 고통을 아는 나, 그들을 새롭게 하리라.
모든 과거를 씻고 새 출발하게 하리라.
이유를 묻느냐? 나는 그들의 **하나님**이기 때문이다.
그들에게 필요한 일을 내가 해줄 것이다.
에브라임 백성은 만방에 이름을 떨치고,
그들의 삶은 기쁨으로 차오를 것이다.
오, 그들의 자녀들도,
하나님의 복을 만끽하게 되리라!
내가 휘파람을 불면, 그들이 내게로 뛰어오리라.
내가 그들을 자유롭게 풀어 주었으니, 오, 그들이 번성하리라!
비록 내가 그들을 사방으로 흩어 보냈지만,
이제 그들이, 그 먼 곳에서 나를 기억할 것이다.
이야기를 간직하여 자녀들에게 전해 주고,
때가 이르면 그들이 돌아올 것이다.
내가 그들을 이집트 서쪽에서 데려오겠고,
앗시리아 동쪽에서 그들을 몰아올 것이다.
내가 그들을 기름진 길르앗으로,
숲이 우거진 레바논으로 다시 데려올 것이다.
온 땅이,
귀향의 무리로 가득하리라.
험한 바다를 뚫고, 성난 파도를 가볍게 타고 그들이 돌아올 것이다.
사나웠던 강들이 실개울로 변할 것이다.

화려했던 앗시리아는 발가벗겨지고,
악당 이집트는 사기꾼으로 드러날 것이다.
그러나 내 백성은, 나 **하나님**의 힘으로 강해질 것이다!
그러면 그들은 능히 내 길을 걸어갈 것이다." **하나님**께서 그렇게 말씀하신다!

¹⁻⁴ **11** 오만한 레바논아, 이민자들을 위해 네 국경을 열어라!
너의 보초 서던 나무들이 불에 탈 것이다.
우람한 소나무들아, 통곡하여라! 자매인 백향목들아, 애곡하여라!
너의 하늘 높이 솟았던 나무들이 이제 땔감이 되었다.
바산의 상수리나무들아, 통곡하여라!
너의 울창하던 숲이 이제 그루터기 밭이 되었다.
목자들의 통곡소리를 듣느냐?
그들은 가진 모든 것을 잃었다.
사자들의 포효소리가 들리느냐?
대단하던 요단의 정글이 이제 황무지가 되었다.
사로잡혀 갔다가 돌아오는 이들을 위해 자리를 마련하여라!

거짓 목자

⁴⁻⁵ **하나님**께서 내게 명령하셨다. "곧 도살될 처지의 양들을 위해 목자가 되어 주어라. 양을 사들일 자들은 손쉽게 돈을 벌기 위해 그들을 도살할 것이다. 그러고도 아무 문제없다. 양을 파는 자들은 이렇게 말한다. '운도 좋지! 하나님께서 내 편이시다! 나는 부자가 되었다!' 그들의 목자들도 양에게 전혀 관심이 없다."

⁶ **하나님**의 포고다. "이제 나는 이 땅의 백성들에게서 아주 손을 떼어버릴 작정이다. 지금부터 그들은 철저히 혼자 힘으로 살아야 한다. 이전투구, 적자생존, 약육강식의 세상이 펼쳐지리라. 내게 도움을 구할 생각은 마라."

⁷⁻⁸ 그래서 나는 돈밖에 모르는 악덕 주인들에게 가서 그 양들을 넘겨받

아, 도살당할 처지에 있던 양들을 돌보았다. 나는 양을 치는 막대기 두 개를 가져다가, 하나에는 '사랑스러움'이라 하고 다른 하나에는 '화합'이라고 이름을 써넣었다. 그러고는 그 양들을 돌보았다. 한 달도 못 되어 나는 부패한 목자들을 내쫓아 버렸다. 더 이상 봐줄 수 없었기 때문이다. 그들도 나를 견디지 못했다.

9 　그 후 나는 양들에게도 지쳐서 이렇게 말했다. "너희에게 지쳤다. 더 이상 너희를 돌보지 않겠다. 이제 죽든지 살든지, 너희가 알아서 해라. 공격을 당해도 할 수 없다. 살아남는 것들은 서로 잡아먹어라."

10-11 　그러고 나서 나는 '사랑스러움'이라 이름 붙인 막대기를 무릎 위에서 부러뜨렸다. 내가 모든 백성과 맺었던 아름다운 언약을 깨뜨린 것이다. 막대기와 언약이 한번에 깨졌다. 탐욕스런 주인들은 내 행동을 보고, 배후에 하나님이 계시다는 사실을 알아차렸다.

12 　내가 그들에게 "내게 적절한 삯을 알아서 쳐 달라"고 말했다. 그들은 삯으로 은 삼십 개를 내게 주었는데, 모욕적일 만큼 적은 액수였다.

13 　하나님께서 내게 말씀하셨다. "그 돈을 자선 헌금함 속에 던져 넣어라." 내가 한 일에 대해 그들이 쳐준 값이 고작 그 정도였다! 나는 은 삼십 개를 가져다가 하나님의 성전에 있는 자선 헌금함 속에 던져 넣었다.

14 　그러고는 '화합'이라는 이름의 다른 막대기를 가져다가 무릎 위에서 부러뜨렸다. 유다와 이스라엘 사이의 화합을 깨뜨린 것이다.

15-16 　그때 하나님께서 말씀하셨다. "아둔한 목자처럼 옷을 차려입어라. 내가 이 땅에 바로 그런 목자 하나를 세우려고 한다. 희생자들에게 무심하고 길 잃은 자들을 낮추어 보며, 상처 입은 자들을 멸시하고 양식 있는 시민들을 우습게 여기는 그런 목자 말이다. 그가 목자 일을 하는 것은 단 하나, 양 떼를 이용하고 못살게 굴어 제 잇속을 챙길 생각 때문이다.

17 　너, 아무짝에도 쓸모없는 목자야,
　양 떼를 방치하고 나 몰라라 하는 네게 화가 있으리라!
　네 팔이 저주를 받으리라!
　네 오른쪽 눈이 저주를 받으리라!

네 팔은 힘이 빠져 무용지물이 되고,
네 오른쪽 눈은 멀어 한 치 앞도 보지 못하게 될 것이다."

예루살렘의 구원

1-2 # 12 전쟁에 대한 경고.

이스라엘을 향한 하나님의 메시지, 하나님의 포고다. 하늘을 공간에 펼쳐 놓으시고, 땅을 굳건한 기초 위에 놓으시며, 인간에게 자기 생명을 불어넣어 주신 바로 그 하나님께서 말씀하신다. "잘 보아라. 이제 나는 예루살렘을 한 잔의 독한 술이 되게 할 것이다. 유다와 예루살렘을 포위한 자들은, 그 술에 취해 인사불성이 되어 비틀거릴 것이다.

3 그 큰 날에, 나는 예루살렘이 모두의 길을 막아서는 거대한 돌이 되게 할 것이다. 그 돌을 들어 옮기려는 자들은 다 부서져 내릴 것이다. 모든 이방 민족이 힘을 모아 그 돌을 없애고 싶어할 것이다."

4-5 하나님께서 말씀하신다. "그 큰 날에, 내가 모든 군마와 기수를 공황 상태에 빠뜨려 미치게 할 것이다. 그러나 유다는 언제나 내가 보살필 것이다. 적의 말들을 눈멀게 하는 순간에도 그들을 지킬 것이다. 그러면 유다의 가문들이 깨닫고 이렇게 말하리라. '우리 지도자들이, 그들의 하나님 만군의 하나님의 능력을 덧입어 저토록 강해졌다.'

6 그 큰 날에, 내가 유다 가문을 바싹 마른 숲 속의 불붙은 성냥과 같은 존재, 건초 가득한 헛간 속의 타오르는 횃불과 같은 존재가 되게 할 것이다. 그들은 보이는 모든 것을 불사를 것이다. 오른편에 있는 사람부터 왼편에 있는 사람까지, 모두 불사를 것이다. 예루살렘은 이주해 오는 사람, 귀향하는 사람들로 북적일 것이다.

7-8 나 하나님은, 유다의 평범한 가정들을 회복시키는 일부터 시작할 것이다. 유다 평민들이 맞을 영광이 다윗 가문과 예루살렘 지도자들의 영광 못지않을 것이다. 그 큰 날에, 나는 예루살렘에 사는 모든 자들을 돌볼 것이다. 가장 낮고 약한 사람도 다윗처럼 영광스러워질 것이다. 다윗 가문은 백성을 인도하는 하나님의 천사 같은 존재가 될 것이다.

9 　그 큰 날에, 나는 그동안 예루살렘을 대적한 모든 이방 민족들을 없애 버릴 것이다.

10-14 　그런 다음, 다윗 가문과 예루살렘 주민에게 은총과 기도의 영을 부어 줄 것이다. 그러면 그들이, 나 곧 그들에게 처참히 상처 입은 이를 알아보리라. 그들에게 찔린 창 자국을 알아보리라! 그들은 슬피 울 것이다. 참으로 슬피 울 것이다! 맏이를 잃은 부모가 슬피 우는 것처럼, 울며 통곡할 것이다. 그날 예루살렘에서 일어날 큰 통곡은, 므깃도 벌판 하다드 림몬의 통곡만큼이나 비통할 것이다.

　　모두가 눈물 흘리며 슬피 울 것이다.
　　땅과 땅 위의 모든 자들이.
　　다윗 가문이 울고,
　　그 가문의 여인들도 울고.
　　나단 가문이 울고,
　　그 가문의 여인들도 울고.
　　레위 가문이 울고,
　　그 가문의 여인들도 울고.
　　시므이 가문이 울고,
　　그 가문의 여인들도 울고.
　　나머지 모든 가문이 울고,
　　그 가문들의 여인들도 울리라."

죄를 씻어 주리라

1 **13** "그 큰 날에, 한 샘이 열려 다윗 가문과 예루살렘 모든 지도자의 죄를 씻어 주며, 그들의 때 묻고 더러운 삶을 깨끗이 씻어 주리라.

2-3 　만군의 **하나님**께서 말씀하신다. "그 큰 날에, 내가 가게에 전시된 신들을 모조리 없애고, 그들의 이름이 영영 잊혀지게 할 것이다. 사람들은 그런 신들이 있었다는 사실조차도 잊게 되리라. 그날 나는 병든 말로 세

상을 오염시키던 예언자들을 없애 버릴 것이다. 만일 그때도 누가 병든 말로 오염을 퍼뜨리는 짓을 계속하면, 그의 부모가 나서서, '이제 그만! 너는 이제 끝났다! **하나님**에 대한 네 거짓말이 모두를 위험에 **빠뜨린다**'고 말하며, **하나님**에 대해 거짓 예언하는 그를, 그 자리에서 칼로 찔러 죽일 것이다. 그의 부모가 그 일을 할 것이다!

4-6   그 큰 날에, 거짓말을 일삼던 예언자들은 사람들 앞에서 까발려져 수치를 당할 것이다. 그들은 '환상' 운운하며 사람들을 속였던 일을 후회하게 되리라. 예언자 의상을 차려입고 예언자 행세를 하던 일도 끝장날 것이다. 그들은 그런 일을 들어 본 적도 없다는 듯 시치미를 뗄 것이다. '내가 예언자였다고? 천만에. 난 그저 농부일 뿐이오. 농장에서 자랐다오.' 그때 누가 '그러면 당신 눈은 어디서 멍들었소?' 하고 물으면, 이렇게 말할 것이다. '친구 집 문에 부딪혔다오.'"

7-9   "칼아, 움직여 내 목자를 쳐라!
내 가까운 동료인 그를 쳐라!"
만군의 **하나님**의 포고다.
"그 목자를 죽여라! 양 떼를 흩어라!
그 양들도 내가 내 손등으로 치리라!"
하나님의 포고다.
"온 나라의 삼분의 이가 황폐해지고,
삼분의 일만 남을 것이다.
살아남은 삼분의 일은 정련하는 불 속에 내가 던져 넣을 것이다.
그들을 은을 정련하듯 정련하고,
금을 제련하듯 제련할 것이다.
그러면 그들이 내 이름을 부르며 기도할 것이다.
내가 친히 그들에게 대답해 주리라.
내가 '오, 내 백성이여' 하고 말하면,
그들은 '**하나님**, 나의 **하나님**!' 하고 말하리라."

그날이 오고 있다

14

1-2 주목하여라. 하나님의 심판 날이 오고 있다.
"높이 쌓인 약탈품을 적들이 나누어 가질 것이다.
내가 이방 민족들 전부를 불러
예루살렘을 침탈하게 할 것이다.
집들이 약탈당하고,
여자들이 강간당할 것이다.
도성 사람의 절반이 사로잡혀 가,
반만 남게 될 것이다."

3-5 그 후 하나님이 전진해 오셔서 이방 민족들과 싸움을—거대한 전쟁을!
—벌이실 것이다. 바로 그날에, 그분께서 예루살렘을 마주보고 동쪽 올
리브 산에 우뚝 서실 것이다. 올리브 산 한가운데가 갈라져서, 동서로 뻗
은 넓은 골짜기가 만들어질 것이다. 그 산의 절반은 북쪽으로 옮겨 가고,
나머지 절반은 남쪽으로 옮겨 갈 것이다. 그때 너희는 살기 위해 아셀까
지 뻗은 골짜기 아래로 달음질쳐 도망갈 것이다. 전에 유다 왕 웃시야 시
절에 있었던 대지진 날처럼, 너희가 살고자 달음박질할 것이다. 그때 내
하나님께서 모든 거룩한 천사들을 이끌고 당도하실 것이다.

6-7 그날이 오면, 추운 밤이 사라지리라! 밤이 아예 모습을 감추리라! 낮
이 계속될 그날이—언제일지는 하나님만이 아신다—오고 있다. 저녁때
가 되어도 새로운 아침이 동터 오른다.

8 그날이 오면, 예루살렘에서 새로운 강이 흘러나와, 반은 동쪽 바다
로 반은 서쪽 바다로 흐르리라! 여름과 겨울 일 년 내내, 그렇게 흐를 것
이다!

9 그날이 오면, 하나님께서 온 세상의 왕, 오직 한분 하나님이 되시리라!

10-11 예루살렘 주위로 드넓은 땅이 펼쳐질 것이다. 북쪽으로 게바, 남쪽으로
는 림몬까지. 그 중앙에 예루살렘이 우뚝 솟고, 우람한 문들— '베냐민

문에서 '첫 문'과 '모퉁이 문', '하나넬 망대'와 왕실 포도원에 이르기까지—이 사람들로 가득한 도성을 둘러쌀 것이다. 다시는 예루살렘이 멸망당하는 일이 없을 것이다. 그 도성은 안전할 것이다.

12-14 　그러나 예루살렘을 공격한 자들은 하나님께서 끔찍한 재앙으로 치실 것이다. 걸어 다니는 자들의 몸에서 살이 썩어 떨어져 나갈 것이다. 눈동자가 썩어 눈구멍에서 빠져나오고, 혀도 입안에서 썩을 것이다. 사람들이 선 채로 죽어 갈 것이다! 광기와 절망이 그들을 휩쓸리라. 같은 편 군인들끼리 싸우고 죽이며, 거룩한 공포에 휩싸일 것이다! 그때 유다도 그 소동을 틈타 돌진할 것이다!

14-15 　그 민족들에게서 빼앗은 보물들—금, 은, 최신 유행상품들—이 높이 쌓일 것이다. 재앙은 짐승들—말, 노새, 낙타, 나귀들—에게도 닥칠 것이다. 적진의 살아 있는 모든 것이 재앙을 맞을 것이다.

※

16-19 예루살렘을 대적하던 이방 민족들 중에 살아남은 생존자들은, 해마다 예루살렘으로 가서, 왕이신 만군의 하나님을 예배하고 초막절을 지킬 것이다. 해마다 그들 중에 누구라도 왕이신 만군의 하나님을 예배하러 예루살렘 순례길에 오르지 않으면, 그의 땅에는 비가 내리지 않을 것이다. 이집트 사람들이 순례길에 올라 하나님을 예배하지 않으면, 그들에게도 비가 내리지 않을 것이다. 초막절을 지키러 올라오지 않는 민족에게는 재앙이 닥칠 것이다. 이집트나 그 어느 민족도, 초막절을 경축하러 순례길에 오르지 않으면 벌을 받을 것이다.

20-21 　그날, 그 큰 날에, 모든 말방울에 '하나님께 거룩'이라는 글귀가 새겨지고, 하나님의 성전 안에 있는 모든 그릇이 제단 위 잔과 접시처럼 거룩해질 것이다. 예루살렘과 유다의 부엌에 있는 모든 그릇과 냄비들도 만군의 하나님 앞에서 거룩해질 것이다. 음식과 희생 제물을 마련하여 예배하러 오는 자들이 그 그릇들을 사용할 것이다. 그 큰 날에, 만군의 하나님의 성전에서 사고파는 일이 사라질 것이다.

말라기

머리말

인생 대부분이 위기의 시간인 것은 아니다. 다행스러운 일이 아닐 수 없다. 인생에서 고통과 상실, 혼란이나 어려움이 쉴 새 없이 이어지는 삶을 감당할 수 있는 사람은 많지 않다. 그러나 위기의 시간이 갖는 가치는 소중하다. 위기의 시간에는 모든 것이, 정말 모든 것이 중대한 의미를 갖게 된다. 그야말로 생사가 갈리는 시간이기 때문이다. 말한 마디, 행동 하나도 예사로울 수 없다. 그런 시간에는 언제나 하나님이, 하나님과 우리의 관계가 핵심 사안으로 떠오른다.

그러나 평범한 시기, 흔히 하는 말로 "별일 없이 사는" 때는, 하나님에 대한 관심이 삶의 언저리로 밀려나고 우리는 자신에게 몰두한 채 살아간다. 그런 시기에 종교는 "신에 대해 질문하는 일" 정도로 축소되어, 하나님에 대해 의문을 제기하거나 불평을 늘어놓거나 할 뿐이다. 예배는 기분전환용일 뿐이며, 우리는 하나님의 뜻을 물을 생각 없이 (결혼 같은) 개인적 일을 결정해 버리고, 일상의 모든 일을 하나님과는 아무 상관없다는 듯 처리하며 하루하루를 살아간다.

말라기의 예언은 바로 그러한 상태를 정조준한다. 말라기는 위기를 알아차리지 못하는 우리를 위해 새로운 위기를 만들어 낸다. 그는 우리가 우리 일에만 집중하고 있을 때 하나님의 위기에 눈뜨게 한다. 그는 우리로 하여금 늘 마음의 허리를 동이고 하나님께 귀를 기울이며 살아가게 한다. 지금 우리에게 오고 계신 하나님을 기대하고 맞이하며, 그분께 늘 응답할 태세를 갖추고 살아가게 한다.

하나님께서 말씀하신다. "너희는 내게 무례하고 거친 말을 했다.

너희가 묻는다. '언제 우리가 그렇게 했습니까?'

너희는 이렇게 말했다. '하나님을 섬겨 봐야 득 될 게 없다. 대체 얻는 것이 무엇이란 말인가? 그분의 말씀 대로 행하고 만군의 하나님 앞에서 엄숙하고 침울하게 살았는데, 달라진 게 뭐지? 하지만 자기 인생을 제 마음 대로 사는 자들은 행운아다. 법이란 법은 모두 어기며 살아도 잘만 산다. 하나님의 한계를 시험하는데도, 그 들은 별 탈 없이 잘산다.'"

그때, 하나님을 높이며 살아온 사람들이 한자리에 모여 이야기를 나누었다. 하나님께서 그들을 보시며 그들의 말을 귀 기울여 들으셨다. 하나님 앞에 한 책이 펼쳐지고 그 모임이 기록되었다. 하나님을 경외하는 자들, 하나님의 이름을 높인 자들의 이름이 다 기록되 었다.

만군의 하나님께서 말씀하셨다. "그들은 내 사람들 이다. 모두 내 사람들이다. 내가 행동에 나설 때 그들은 특별 대우를 받을 것이다. 부모가 자신을 높이는 자녀를 아끼고 품어 주듯이, 내가 그들을 그렇게 대해 줄 것이 다. 다시 한번, 너희는 바른 일을 하는 사람과 그렇지 않 은 사람, 하나님을 섬기는 사람과 그렇지 않은 사람의 운명이 얼마나 다른지 보게 될 것이다"(말 3:13-18).

말라기는 구약성경의 대미를 장식한다. 그는 메시지의 마지막 몇 문장에서, 모세와 엘리야라는 두 거인을 우리 앞에 불러 세운다. 하나님께서 과거에 행하신 일과 말씀에 뿌리 박고 살아가게 해주는 모세, 그리고 하나님께서 앞으로 하실 일에 깨어 있게 해주는 엘리야.

"내가 내 종 모세를 통해 주었던 계시, 온 이스라엘을 위해 호렙에서 명령으로 주었던 계시, 바른 삶을 위한 그 모든 규례를 기억하고 지켜라.
　　그러나 동시에 앞을 내다보며 살아라. 내가 **하나님**의 큰 날—결정적 심판의 날—을 위해 예언자 엘리야를 보내어 길을 닦게 할 것이다. 그는 부모의 마음을 돌려 자녀를 돌보게 하고, 자녀의 마음을 돌려 부모를 공경하게 할 것이다. 만일 그들이 그것을 거절하면, 내가 와서 그 땅을 저주 아래 둘 것이다"(말 4:4-6).

우리를 위대한 모세와 불같은 엘리야 앞에 불러 세움으로써, 말라기는 '하나님과 영혼' 문제를 대수롭지 않게 여기던 우리를 정신이 번쩍 들게 한다.

말라기

¹ **1** 메시지, 곧 말라기를 통해 이스라엘에게 주신 **하나님**의 말씀이다.

²⁻³ **하나님**께서 말씀하셨다. "내가 너희를 사랑한다."

너희가 대답했다. "정말 그렇습니까? 주께서 어떻게 저희를 사랑하셨는데요?"

"역사를 보아라"(**하나님**의 대답이다). "내가 너 야곱을 에서와 얼마나 다르게 대해 왔는지 보아라. 나는 야곱을 사랑했고 에서는 미워했다. 나는 머리인 양 우쭐대던 에서를 꼬리가 되게 만들었고, 그의 나라 전체를 유령도시로 만들었다."

⁴ 에돔(에서)은, "우리가 쓰러졌지만 아무렇지도 않게 다시 일어설 수 있다"고 말한다. 그러나 만군의 **하나님**께서 이렇게 말씀하신다. "그래 한번 해보아라. 과연 그럴 수 있는지 보자. 내가 때려눕히면 다시 일어서지 못한다. 너희를 보고 사람들이 '악의 땅!', '**하나님**께 저주받은 족속!'이라고 말하리라.

⁵ 그렇다. 잘 보아라. 그러면 내가 얼마나 충실하게 너희를 사랑해 왔는지 깨닫게 될 것이다. 너희는 더 큰 것을 바라며 이렇게 말할 것이다. '이스라엘의 경계를 넘어서까지, **하나님**의 이름이 더욱 높아지기를!'"

6 "아들은 자기 아버지를 높이고, 일꾼은 자기 주인을 높이는 법이 아니
냐? 그런데 내가 너희 아버지인데도, 너희는 과연 나를 높이느냐? 내가
너희 주인인데도, 너희는 과연 나를 존중하느냐?" 만군의 **하나님**께서
너희를 질책하신다. "너희 제사장들이 나를 멸시한다!

너희는 말한다. '그럴 리가요! 저희가 어떻게 주님을 멸시한단 말씀
입니까?'

너희의 조악하고 천박한 예배로 나를 멸시한다.

너희가 묻는다. '멸시하다니, 무슨 말씀이십니까? 대체 어떻게 멸시
한다는 말씀인가요?'

7-8 너희는, '**하나님**의 제단은 더 이상 중요하지 않다. **하나님**을 예배하는
일은 더 이상 최우선적인 과제가 아니다'라고 말한다. 이것이 나를 멸시
하는 일이 아니고 무엇이냐? 또 너희는 예배 때 보잘것없는 짐승을 가져
와서 제물로 바친다. 너희 자신도 갖고 싶어 하지 않을, 눈멀고 병들고
다리 저는 짐승들을 가져온다. 이것이 멸시가 아니면 무엇이냐? 너희
상관을 그런 식으로 속이려고 해보아라. 너희에게 무엇이 돌아오겠느
냐?" 만군의 **하나님**께서 너희에게 물으신다.

9 "무릎 꿇고, 내게 은혜를 베풀어 달라고 기도하여라. 너희 제사장들
은 모두를 구렁에 빠뜨렸다. 이런 짓을 해놓고도 내가 너희 말을 들어주
리라고 생각하느냐?" 만군의 **하나님**께서 너희에게 물으신다.

10 "아예 성전 문을 닫아 걸어 버리는 것이 어떻겠느냐? 그러면 누구도
성전에서 아둔하고 천치 같은 예배를 드리며 종교놀음을 하지 못할 테
니 말이다. 나는 기쁘지 않다. 만군의 **하나님**은 하나도 기쁘지 않다. 너
희의 거짓 예배 따위는 원하지 않는다!"

너희는 나를 모독한다

11 "나는 온 세상에서 높임을 받는다. 세상 도처에, 나를 예배할 줄 아는 자
들, 자기에게 가장 귀한 것을 바치며 나를 높이는 자들이 있다. 그들은
세상 곳곳에서 말한다. '만군의 **하나님**이 가장 높으시다!'

12-13 너희만 예외다. 너희는 나를 높이기는커녕 모독한다. 너희는 '예배가

뭐 그리 중요한가, 예배에 무엇을 가져오는지가 그렇게도 중요한가?'라고 말하고, '예배는 지루하다. 내게 아무 도움이 되지 않는다'는 말로 나를 모독한다. 너희는 고개를 빳빳이 세우고, 나 만군의 **하나님** 앞에서 잘난 체한다! 또 너희는 내게 싸구려나 폐품, 쓰레기 같은 것들을 바친다. 내가 그런 것들을 받으리라고 생각하느냐? 나 **하나님**이 말한다!

14 　나를 위해 뭔가 큰일―값진 희생제―을 할 것처럼 잔뜩 폼을 잡다가, 결국은 하잘것없는 것만 가져오는 자에게 저주가 있을 것이다! 나는 위대한 왕이요, 세상 도처에서 높임을 받는 만군의 **하나님**이다. 결단코 그런 일을 두고 보지 않을 것이다!"

하나님의 거룩을 더럽히는 일

1-3 **2** "제사장들아, 너희에 대한 기소장이다! 너희가 순종하며 귀 기울여 듣지 않고, 나 만군의 **하나님**을 높이며 예배하지 않으면, 내가 너희를 저주 아래 둘 것이다. 내가 너희의 모든 복을 저주로 바꿀 것이다. 이미 저주가 시작되었다. 너희는 나를 높이는 일에 별 관심이 없기 때문이다. 그렇다. 그 저주는 너희 자손들에게까지 미칠 것이다. 내가 너희 얼굴에 악취 나는 쓰레기를, 너희 축제에서 나오는 쓰레기를 바를 것이다. 너희에게 곧 닥칠 일이다!

4-6 　그렇게 하면 너희가 정신을 차릴 것이다. 레위 제사장들과 맺은 언약, 곧 만군의 **하나님**의 언약에 새로운 생명을 불어넣기 위해 내가 너희를 기소한다는 것을 깨닫게 될 것이다. 내가 레위와 언약을 맺은 것은 그에게 생명과 평화를 주기 위해서였다. 나는 그와 맺은 언약을 지켰고, 그는 나를 높였다. 그는 경외심을 품고 내 앞에 섰다. 진리를 가르쳤으며, 거짓을 말하지 않았다. 평화와 의를 실천하며 나와 동행했다. 그는 많은 사람을 수렁에서 건지고, 바른 길로 이끌었다.

7-9 　제사장의 일은 진리를 가르치는 것이다. 사람들에게 길을 안내하는 것이다. 제사장은 만군의 **하나님**의 특사다. 그런데 너희 제사장들은 제사장의 일을 저버렸다. 도리어 많은 사람들의 삶을 망쳐 놓았다. 너희는 제사장 레위의 언약을 쓰레기로 만들었다. 만군의 **하나님**이 말한다. 그래서

내가 이렇게 너희의 실상을 만천하에 폭로한다. 이제 모두가 너희를 역겨워하고 피해 간다. 너희가 내 말을 듣지 않고, 내 계시를 참되고 치우침 없이 가르치지 않기 때문이다."

10 우리는 모두 한 아버지에게서 나지 않았느냐? 모두 같은 하나님에 의해 창조되지 않았느냐? 그런데 어째서 우리는 서로 잘 지내지 못하는 것일까? 어째서 우리를 하나로 묶어 주는, 조상들의 언약을 더럽히고 있는가?

11-12 유다는 하나님을 속였다. 신뢰를 저버리는 역겨운 일이 이스라엘과 예루살렘에서 벌어졌다. 유다는 이방 신들을 예배하는 여자들과 사랑에 빠져 도망갔고, 하나님의 거룩을 더럽혔다. 그들에게 하나님의 저주가 있을 것이다! 그들을 집에서 내쫓아라! 그들은 공동체 일원이 될 자격이 없다. 만군의 하나님께 아무리 많은 제물을 들고 온다고 해도 소용없다.

13-15 유다의 두 번째 죄는, 너희 예배장소를 우는 소리와 불평하는 소리로 가득 채운 것이다. 그들이 원하는 것을 하나님에게서 얻지 못했기 때문이다. 너희는 그 이유를 알고 있느냐? 너희가 너희 어린 신부를 맞으며 결혼 서약을 했을 때 하나님께서 거기 증인으로 계셨는데도, 너희가 그 서약을 깨 버렸기 때문이다. 너희는 서약 맺은 동반자, 언약 맺은 아내와의 약속을 깨뜨렸다. 결혼은, 너희가 아닌 하나님의 작품이다. 그 세부사항 하나하나에까지 그분의 영이 깃들어 있다. 그분이 결혼에서 원하시는 것이 무엇인지 아느냐? 다름 아닌, 하나님의 자녀가 되는 것이다. 그러니 너희는 부부 간의 도리를 잘 지키며 살아야 한다. 너희 배우자를 속여서는 안된다.

16 "나는 이혼을 미워한다." 만군의 하나님, 이스라엘의 하나님께서 말씀하신다. "나는 결혼으로 맺어진 '한 몸'이 찢어지는 것을 싫어한다." 그러니 늘 너희 자신을 살펴라. 경계를 늦추지 마라. 속이지 마라.

17 너희가 하는 말은 하나같이 하나님을 괴롭힌다.

"우리가 어떻게 그분을 괴롭힙니까?" 하고 너희가 묻는다.

바로 이런 말로 하나님을 괴롭힌다. "하나님은 죄인도, 죄도 다 사랑하신다. 하나님은 뭐든지 사랑하신다." "심판이라고? 하나님은 너무 좋으신 분이어서 심판 같은 것은 하지 않으신다."

1 **3** "보아라! 나를 위해 길을 닦으라고, 내가 특사를 보낼 것이다. 너희가 찾던 지도자가 불시에 자기 성전에 들어설 것이다. 그렇다. 그가 바로 너희가 기다리던, 언약의 특사다. 보아라! 그가 오고 있다!" 만군의 하나님의 메시지다.

2-4 그러나 그가 올 때 과연 누가 견뎌 낼 수 있을까? 그가 나타날 때 과연 누가 살아남을 수 있을까?

그는 용광로 속의 맹렬한 불 같다. 그는 가장 강력한 세정제 같다. 그는 금과 은을 정련하고 더러운 옷을 깨끗이 빨듯이, 레위 제사장들을 정련하고 깨끗게 할 것이다. 그리하여 마침내 그들을 하나님께 합당한 자들, 의의 제물을 바치기에 합당한 자들로 만들어 낼 것이다. 그때에야 비로소 유다와 예루살렘은, 오래전처럼 하나님께 합한 존재, 기쁨을 드리는 존재가 될 것이다."

5 "그렇다. 내가 심판을 들고 너희를 찾아가는 중이다. 나는 마술 부리는 자들, 간음하는 자들, 거짓말하는 자들, 일꾼을 착취하는 자들, 과부와 고아들을 이용하는 자들, 집 없는 이들을 박대하는 자들, 곧 나를 높이지 않는 자들의 죄를 드러낼 증거를 내놓겠다. 그들이 꼼짝 못하도록." 만군의 하나님의 메시지다.

십일조

6-7 "나는 하나님이다. 그렇다. 언제나 하나님이다. 나는 변하지 않는다. 내가 변하지 않기에, 너 야곱의 자손이 지금까지 멸망하지 않은 것이다. 너희는 오랜 세월 동안 내 명령을 무시했다. 내가 너희에게 이르는 일을 하나도 행하지 않았다. 내게 돌아오너라. 내가 너희에게 돌아갈 수 있도록." 만군의 하나님께서 말씀하신다.

"너희가 묻는다. '저희가 어떻게 돌아가야 합니까?'

8-11 정직한 일부터 시작하여라. 정직한 자들은 하나님의 것을 훔치지 않는다. 그러나 너희는 날마다 내 것을 훔친다.

너희가 묻는다. '저희가 어떻게 주님의 것을 훔쳤단 말씀인가요?'

십일조와 헌물이다! 지금 너희가―너희 모두가―저주 아래 있는 것은, 너희가 내 것을 훔쳤기 때문이다. 너희의 온전한 십일조를 성전 보물 보관소로 가져와서, 내 성전 곳간이 넉넉해지게 하여라. 이 일을 가지고 나를 한번 시험해 보아라. 내가 너희에게 하늘을 열어 주는지 않는지, 너희가 감히 꿈도 꾸지 못한 복들을 너희에게 쏟아부어 주는지 않는지. 내가 약탈자들을 막고, 너희 밭과 정원들을 보호해 줄 것이다." 만군의 하나님의 메시지다.

12 "너희는 '가장 행복한 나라'로 손꼽힐 것이다. 은총이 넘치는 나라에서 살게 될 것이다." 만군의 하나님의 말씀이다.

하나님을 높이며 살아온 사람들

13 하나님께서 말씀하신다. "너희는 내게 무례하고 거친 말을 했다.

너희가 묻는다. '언제 우리가 그렇게 했습니까?'

14-15 너희는 이렇게 말했다. '하나님을 섬겨 봐야 득 될 게 없다. 대체 얻는 것이 무엇이란 말인가? 그분의 말씀대로 행하고 만군의 하나님 앞에서 엄숙하고 침울하게 살았는데, 달라진 게 뭐지? 하지만 자기 인생을 제 마음대로 사는 자들은 행운아다. 법이란 법은 모두 어기며 살아도 잘만 산다. 하나님의 한계를 시험하는데도, 그들은 별 탈 없이 잘산다.'"

16 그때, 하나님을 높이며 살아온 사람들이 한자리에 모여 이야기를 나누었다. 하나님께서 그들을 보시며 그들의 말을 귀 기울여 들으셨다. 하나님 앞에 한 책이 펼쳐지고 그 모임이 기록되었다. 하나님을 경외하는 자들, 하나님의 이름을 높인 자들의 이름이 다 기록되었다.

17-18 만군의 하나님께서 말씀하셨다. "그들은 내 사람들이다. 모두 내 사람들이다. 내가 행동에 나설 때 그들은 특별 대우를 받을 것이다. 부모가 자신을 높이는 자녀를 아끼고 품어 주듯이, 내가 그들을 그렇게 대해 줄

것이다. 다시 한번, 너희는 바른 일을 하는 사람과 그렇지 않은 사람, 하나님을 섬기는 사람과 그렇지 않은 사람의 운명이 얼마나 다른지 보게될 것이다."

의의 태양이 떠오르리라

1-3 **4** "두고 보아라. 그날이 오고 있다. 산불처럼 맹렬한 그날이. 악을 행하는 거만한 자들은 모두 땔감처럼 태워져 부서질 것이다. 오직 그을린 흙과 재만 남으리라. 그들에게는 암흑의 날이 될 것이다. 그러나 너희는 기대하여라! 내 이름을 높이는 이들에게는 의의 태양이 떠오를 것이다. 거기에서 치유의 빛이 흘러나올 것이다. 너희는 기운 펄펄한 망아지처럼 에너지가 넘치고, 악한 자들을 밟게 될 것이다. 그날에, 그들은 너희에게 밟혀 재처럼 뒹굴 것이다." 만군의 **하나님**께서 말씀하신다.

4 "내가 내 종 모세를 통해 주었던 계시, 온 이스라엘을 위해 호렙에서 명령으로 주었던 계시, 바른 삶을 위한 그 모든 규례를 기억하고 지켜라.

5-6 그러나 동시에 앞을 내다보며 살아라. 내가 **하나님**의 큰 날—결정적 심판의 날—을 위해 예언자 엘리야를 보내어 길을 닦게 할 것이다. 그는 부모의 마음을 돌려 자녀를 돌보게 하고, 자녀의 마음을 돌려 부모를 공경하게 할 것이다. 만일 그들이 그것을 거절하면, 내가 와서 그 땅을 저주 아래 둘 것이다."